本书为
· 教育部中外人文交流中心重要专项任务成果
· 北京外国语大学"双一流"建设重大标志性项目"文明互鉴：中国文化与世界"（2021SYLZD020）研究成果

中外人文交流年鉴

2021-2022

The 2021-2022 Yearbook of Chinese-Foreign
People-to-People Exchange

主　编　张朝意
副主编　薛维华

中国社会科学出版社

图书在版编目(CIP)数据

中外人文交流年鉴. 2021—2022 / 张朝意主编. 北京：中国社会科学出版社，2024. 11. -- ISBN 978-7-5227-4268-7

Ⅰ. G125-54

中国国家版本馆 CIP 数据核字第 2024KV6402 号

出 版 人	赵剑英
责任编辑	赵　丽
责任校对	王　涵
责任印制	郝美娜

出　　版	中国社会科学出版社
社　　址	北京鼓楼西大街甲 158 号
邮　　编	100720
网　　址	http://www.csspw.cn
发 行 部	010-84083685
门 市 部	010-84029450
经　　销	新华书店及其他书店
印　　刷	北京明恒达印务有限公司
装　　订	廊坊市广阳区广增装订厂
版　　次	2024 年 11 月第 1 版
印　　次	2024 年 11 月第 1 次印刷
开　　本	787×1092　1/16
印　　张	27.25
字　　数	581 千字
定　　价	158.00 元

凡购买中国社会科学出版社图书，如有质量问题请与本社营销中心联系调换
电话：010-84083683
版权所有　侵权必究

《中外人文交流年鉴（2021—2022）》
工作人员名单

领 导 小 组　于长学　王定华　夏　娟　赵　刚

顾 问 组　（按姓氏拼音排序）
　　　　　　　贾德永　马箭飞　王成安　武　斌　杨晓春　张西平

编写委员会

主　　编　张朝意

副 主 编　薛维华

编 辑 委 员　（按姓氏拼音排序）
　　　　　　　包振山　曹煜晴　陈崛斌　陈滔伟　李亚兰　鲁少勤
　　　　　　　梁延省　刘美玲　刘逸中　龙恒宇　马秀杰　牛　宇
　　　　　　　孙镜然　宋　勉　田卫卫　田小惠　王纪澎　王宝珍
　　　　　　　王展鹏　徐丽莉　谢松余　岳　恒　杨　宾　杨冬敏
　　　　　　　朱润蓬　张　敏　张馨心

《中外人文交流年鉴 2021—2022》编写人员名单

中俄人文交流	张朝意　周　旋
中美人文交流	陈崛斌　陈颖芝　李柯凝　宋艳珂　胡浩怡
	金晓晨　韩嘉桐　陈嘉欣
中英人文交流	王展鹏　杨景文　林俊昊　杨　慧　温嘉璇
	谢家辉　李玉婷　徐梓红　陆　准
中欧人文交流	田小惠　魏欣然　梁　羽　王　妍　王健睿　肖明佳
中法人文交流	张　敏　萨日娜　王　鲲　谈　佳　洪　晖
	张迎旋　全　慧　车　迪
中印尼人文交流	潘　玥
中国—南非人文交流	刘逸中　马秀杰　郝家坤　王柯晓
中德人文交流	徐丽莉
中印人文交流	李亚兰
中日人文交流	田卫卫
上合组织人文交流	曹煜晴　申金鑫
金砖国家人文交流	孙镜然
中非合作论坛人文交流	马秀杰　刘逸中　魏宜美　王婠婷
中国—东盟人文交流	刘美玲　包振山　王如梦
中—南太人文交流	刘美玲　王如梦
其他双边人文交流（教育、科技、文化、卫生部分）　王纪澎	
其他双边人文交流（体育、媒体、旅游、妇女、地方部分）　杨　宾	
附录	李光宗

序

岁去弦吐箭，年来字成篇。《中外人文交流年鉴》（以下简称《年鉴》）出版至第三辑，新添了2021—2022两年内容。

两年间，百年变局加速演进。正如党的二十大报告中深刻指出："一方面，和平、发展、合作、共赢的历史潮流不可阻挡，人心所向、大势所趋决定了人类前途终归光明。另一方面，恃强凌弱、巧取豪夺、零和博弈等霸权霸道霸凌行径危害深重，和平赤字、发展赤字、安全赤字、治理赤字加重，人类社会面临前所未有的挑战。"中国秉持共商共建共享的全球治理观，自2021年以来，先后提出了"全球发展倡议""全球安全倡议""全球文明倡议"，直面"四大赤字"，为化解信任危机、破解全球难题提供中国方案，在更加主动引领全球治理体系变革的同时，将中外人文交流带入了创新发展的新阶段。面向新时代的人文交流，面向未来的全球文明，倡导"中国方案，世界贡献""中国智慧，世界分享"，中外合力形成文明交流互鉴的新气象、新格局，这也成为本辑《年鉴》最为突出的特点。

《年鉴》呈现了中外人文交流迈入21世纪第三个十年初的新面貌。在体制机制上，民间与官方、地方与中央、长效与短效、双边与多边的互动与结合更加顺畅多元；在议程设置上，具有鲜明中国特色的内容、方案、主题设计更为凸显；在学术研究上，智库参与更加深入，产出更为丰硕；在技术应用上，线上下的交流互动频繁，新媒体渠道通达，科技感、氛围感十足。随着工作实际与实践探索的深入，中外人文交流的效果导向、科技导向、学术导向、大众导向、青年导向等迭代路径愈加清晰，推进了更多新平台、新组织、新渠道的形成，以及更多新形式、新方法、新技术的应用。为此，本辑《年鉴》在保持前两辑基本编目设置的基础上，特别增设了重要文件、大事记、典型案例等栏目条目，以便于读者概览与宏观。

"志合者，不以山海为远。"我们欣喜地看到，尽管国际环境纷繁，国际人文交流活动始终热忱未减，空间隔离也未能阻断。推进人文交流不仅是我们的愿望，更是全世界人民共同的心愿。伴随新一轮科技革命加深加广，人工智能浪潮席卷而来。面对广阔的合作发展前景，尽管险阻重重，尽管遭遇挫折与困难，依然有众多国际友人和我们一道推进理念共通、平台共享、实践共进，不断探索、共克时艰，在各种形式多样的活动中，共商文明对话与互鉴、共促国际理解与互信、共谋全球文明建设之路、发展之路和未来之路。而《周易》有云："刚柔交错，天文也；文明以止，人文也。观乎天文，以察时变；观乎人文，以化成天下。"中国传统的巨大智慧

序

启迪着我们应对时局的方略，也提示我们在品读《年鉴》、放眼全球之时，当以人文观、文明观、天下观，实践交流互鉴，探索化成之道。

——以人文观之，进一步树立以人民为中心的导向。习近平总书记指出：人是文明交流互鉴最好的载体。人文交流的主体始终是人民。人文交流的真正发生与实际作用的产生，在于人文之浸润。人文交流的根蒂，在于用交流触达人心、涵养人心，使友谊的种子在彼此间发芽生根，茁壮养成。因此，以人为本、以文化人，要把增进各国人民彼此福祉，满足各国人民对美好生活的向往作为根本出发点和落脚点，增强各国人民的安全感、幸福感、信任感、获得感，实现各国人民的自由全面发展，才能维系并推动中外有广度、有深度、有温度地进行人文交流与合作。

——以文明观之，进一步凸显交流互鉴的价值。"深化人文交流互鉴是消除隔阂和误解、促进民心相知相通的重要途径。"民相知、民相亲的前提是不同国家的民众之间需要具备基本的沟通理解，"文明以知"是人文交流服务人类文明的公共产品；在理解之上的情感认同与同向同行，"文明以智"是人文交流滋育人类文明的共同镜鉴；行之有道、行之有效，立言有为，"文明以治"是人文交流贡献人类文明的行动力量；有法有度、有理有节，文明的进步需要亲和力，也需要边界感，"文明以止"是有效防控和疗愈"文明冲突"创伤的济世良方。在国际人文交流中，就要自信而坚定的用好自身文化资源，"文明以知"提供中国道路、"文明以智"分享中国智慧、"文明以治"实践中国模式、"文明以止"展现中国价值。

——以天下观之，进一步构建人类命运共同话语。近年来，"三大全球倡议"与"一带一路"倡议协同增效，以人民之心为心，以天下之利为利，形成了中国情怀、国际视野中的全球表达。加强国际人文交流合作，求和平、谋发展、促合作、图共赢，推进构建人类命运共同体形成全球共识，还需要更多共同话语和共同表达，为不同文明相遇相知相信创造契机，促进理解、化解分歧。"语通中外、道济天下"，我们呼吁基于全球语言的对话、全球文化的沟通、全球治理的共识，通过尊重差异、共享价值、传承创新，共同建设"持久和平、普遍安全、共同繁荣、开放包容、清洁美丽"的世界、人类命运休戚与共的和谐家园。

"大道之行也，天下为公。"面对共同挑战，和衷共济、和合共生是人类走向美好未来的必由之路，也是中国人民基于中华文化传达给世界的中国方案。《年鉴》是天下之公器，也肩负着文以载道、化成天下的使命担当。教育部中外人文交流中心与北京外国语大学将继续携手，集各界之智、聚众家之力，不断拓展中华文化的传播之道、架设全球共识的达成之道、贡献人类价值的共享之道！

《中外人文交流年鉴》编委会
2024 年 8 月

目　录

第一编　中外高级别人文交流机制

中俄人文交流 …………………………………………………………（3）
中美人文交流 …………………………………………………………（45）
中英人文交流 …………………………………………………………（96）
中欧人文交流 …………………………………………………………（125）
中法人文交流 …………………………………………………………（149）
中印尼人文交流 ………………………………………………………（163）
中国—南非人文交流 …………………………………………………（177）
中德人文交流 …………………………………………………………（187）
中印人文交流 …………………………………………………………（195）
中日人文交流 …………………………………………………………（204）

第二编　多边中外人文交流平台

上合组织人文交流 ……………………………………………………（237）
金砖国家人文交流 ……………………………………………………（253）
中非合作论坛人文交流 ………………………………………………（271）
中国—东盟人文交流 …………………………………………………（288）
中—南太人文交流 ……………………………………………………（319）

第三编　其他双边中外人文交流

教育人文交流 …………………………………………………………（331）
科技人文交流 …………………………………………………………（332）
文化人文交流 …………………………………………………………（334）
卫生人文交流 …………………………………………………………（340）
体育人文交流 …………………………………………………………（341）

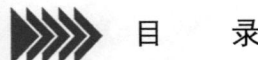

目 录

媒体人文交流 …………………………………………………………（344）
旅游人文交流 …………………………………………………………（348）
妇女人文交流 …………………………………………………………（351）
地方人文交流 …………………………………………………………（353）

附 录 ……………………………………………………………（355）

第一编

中外高级别人文交流机制

中俄人文交流

一　综合

【中俄人文合作委员会第二十二次会议召开】　中俄人文合作委员会第二十二次会议于2021年11月16日通过视频连线的方式召开，国务院副总理孙春兰与俄罗斯副总理戈利科娃共同出席。孙春兰指出，过去一年，双方围绕庆祝《中俄睦邻友好合作条约》签署20周年，创造性开展工作，推动人文交流迈上新台阶。中俄科技创新年推出两国国家级主题年的最长合作清单，双方商定科技创新合作路线图，中俄联合科技创新基金投入运营，联合科研攻关、联合实验室建设、共建大科学装置等取得重要进展，带动了双方高校办学、人才培养、文化交流、青年往来等各领域合作，进一步夯实了中俄友好的社会和民意基础。孙春兰介绍了中国共产党十九届六中全会情况。她强调，双方要在两国元首的战略引领下，继续弘扬中俄世代友好理念，共同办好2022—2023年中俄体育交流年，共襄北京冬奥盛会，赓续传统友谊，深化人文合作，为发展中俄新时代全面战略协作伙伴关系、构建人类命运共同体注入新的动力。戈利科娃充分肯定两国人文交流特别是科技创新年活动取得的丰硕成果，表示愿与中方一道，继续发挥主题年的带动作用，打造更多务实合作项目，为造福双方人民、服务两国关系作出更大贡献。

【中俄友好、和平与发展委员会第十三次全体会议和2021年中方全体会议召开】　2021年12月28日，中俄友好、和平与发展委员会第十三次全体会议和2021年中方全体会议分别以视频形式召开。全国政协副主席、委员会中方主席夏宝龙和俄方主席季托夫在委员会第十三次全体会议上分别致辞。会议全面总结并积极评价委员会两年来的工作成果，就加快落实中俄两国元首共识、深化睦邻友好、推进民间交往深入交换意见，明确未来工作重点。夏宝龙强调，在习近平主席和普京总统战略引领下，中俄新时代全面战略协作伙伴关系保持良好发展势头。委员会作为中俄民间交往的主渠道，要以更强烈的使命感和责任感，开展好中俄民间外交，为中俄友好世代相传、中俄关系持续高水平发展作出贡献。季托夫祝贺中国共产党成立100周年和中国脱贫攻坚战取得胜利，表示俄方愿以明年委员会成立25周年和俄中体育交流年为契机，推动两国民间交流合作取得新发展。黑龙江省委副书记、省长胡昌升代表地方合作理事会中方17个成员单位对会议的召开表示

祝贺。他说，2021年，地方合作理事会充分发挥民间交往主渠道作用，稳步推进跨境基础设施互联互通，巩固经贸、能源、矿产等传统优势领域合作成果，拓展双方在数字经济、绿色低碳等新领域合作，为中俄关系健康稳定快速发展贡献地方力量。

【中俄人文合作委员会第二十三次会议召开】 2022年11月22日，中俄人文合作委员会第二十三次会议通过视频连线方式召开，国务院副总理孙春兰与俄罗斯副总理戈利科娃出席会议。双方高度评价日益深入的人文合作对中俄关系的积极作用和深远意义，充分肯定过去五年中俄人文合作取得的丰硕成果，各领域合作持续深化，先后举办了以地方合作、科技创新、体育交流为主题的三个国家年，累计开展各类活动近2000项，双方合作办学机构和项目增加到116个，建成联合实验室、研究中心80个。双方表示要在习近平主席和普京总统的战略引领下，推动中俄人文合作迈向更高水平。孙春兰介绍了中国共产党第二十次全国代表大会的情况。她指出，人文交流在中俄关系发展中具有基础性、先导性、持久性的作用，要坚持落实好各领域合作共识，创新机制和方式，推进人文合作走深走实，为促进中俄新时代全面战略协作伙伴关系发展、构建人类命运共同体作出新的更大贡献。戈利科娃表示，愿同中方一道，继续发挥体育交流主题年的带动作用，深化各领域务实合作，携手打造双边人文交流的典范，促进中俄友好薪火相传，不断巩固两国关系的社会民意基础。会议期间，两国副总理共同见证了有关领域合作协议的签署。

二 中俄教育交流

【北京大学—莫斯科大学孔子学院2021年线上中国语言文化夏令营活动开幕】 2021年8月23日北京时间下午，北京大学—莫斯科大学孔子学院2021年线上中国语言文化夏令营活动顺利在云端开幕。夏令营活动由中外语言合作交流中心资助，北京大学汉语国际推广工作办公室和北京大学外国语学院共同主办。莫斯科大学孔子学院组织学生在北京开展的超过十五次夏令营活动中，有十三次是在北京大学举行，这些活动不仅巩固和提升了参加者的汉语知识，也实现了中俄双方在多方面的联系和知识上的彼此促进。

【中俄教育合作分委会第二十一次会议召开】 2021年9月7日，中俄教育合作分委会第二十一次会议以线上视频形式举办。教育部副部长田学军与俄罗斯科学和高等教育部副部长阿法纳西耶夫共同主持会议。双方回顾了一年来中俄教育合作成果，围绕新教育协议的签署，以及高等教育、留学工作、语言教学、基础教育、补充教育、机制化项目、多边合作等议题进行了充分交流，达成了广泛共识。双方商定，将发挥教育合作分委会机制平台更大作用，拟定发展中俄新时代全面战略协作伙伴关系需要的教育合作协议，做好对教育合作影响长远的重点工作，筹备好中俄人文合作委员会第二十二次会议，为推进两国教育和两国教育合作高质量发展作出新的贡献。会后，田学军副部长与阿法纳西耶夫副部长共同签署了《会议纪要》，并见证国家留学基金委与莫斯科大学、圣彼得堡大学签署合作协议，共同启动中俄院士共话未来高端学术论坛。

【第一届中俄法律圆桌会议成功举办】 2021年9月17日，由中华人民共和国教育部指导，吉林大学法学院、吉林大学中俄法律中心、吉林大学理论法学研究中心承办的第一届中俄法律圆桌会议："复苏与发展：后疫情时代的欧亚区域合作机制与法律创新"成功在线举办。来自中国、俄罗斯的20余名学者参加了此次会议。吉林大学副校长蔡立东教授做了主旨发言。他指出，中俄两国法律界互学借鉴有着深厚的历史积淀。在后疫情时代，中俄未来的合作前景也极为广阔，两国如何在既往合作的基础上，航向不偏，动力不减，实现更高水平的真诚合作，具有极为重要的意义。会议设置了"后疫情时代的法律与治理""中俄法治发展""国际法治发展"等分议题，两国学者进行了深入的探讨和交流。吉林大学法学院、中俄法律研究中心致力于推动中俄两国法学界的交流，在项目设计、人员交流等方面加大力度，顺应国际发展趋势，为中俄两国学者的学术沟通提供桥梁。

【中俄合作办学发展研讨会暨中俄合作办学高校联盟第三次会议召开】 2021年10月9—11日，中俄合作办学发展研讨会暨中俄合作办学高校联盟第三次会议召开，此次会议在中国教育国际交流协会指导下，由中俄合作办学高校联盟主办，华北水利水电大学承办。各成员高校参会代表围绕"融通中俄优质资源，推动中俄合作办学高质量发展"进行了专题研讨，教育部中外合作办学评估专家吴安新等12位专家、学者，结合各单位办学实践，就中外合作办学质量评估、人才培养模式、俄语与专业教学等问题分享了各自的经验和看法。与专题研讨会同步进行的还有第一届中俄合作办学高校俄语演讲比赛，来自各成员高校的35名选手进行了激烈角逐。

【中俄文化艺术大学联盟第二届全体大会召开】 2021年10月21日，"中俄文化艺术大学联盟第二届全体大会——中俄高等教育合作发展新思维、方向、模式与路径"在北京语言大学以线上线下融合模式顺利召开。联盟中方牵头院校刘利校长在致辞中说道，过去的两年间国际局势复杂多变，疫情起伏，充满挑战。联盟发挥平台作用，正式上线官方中文网站，其规模进一步发展壮大，成员单位由原来的26所扩展到了33所。刘利希望未来联盟成员间建立定期联络机制，有针对性地拓展合作，深化文化交流，联合开展科研合作，推动两国文化艺术领域人才培养和人文交流。大连外国语大学刘宏校长、圣彼得堡国立影视学院亚历山大·叶夫梅诺夫院长、莫斯科国立舞蹈学院列奥诺夫娜·玛琳娜·康斯坦金诺夫娜院长等分别致辞。北京舞蹈学院郭磊院长发表了题为《中俄友好下的舞蹈之交》的主旨演讲。张宝钧副校长在最后的总结发言中回顾了联盟成立的背景，肯定了联盟在面对困境时仍旧努力做出的成绩。未来，联盟院校可以从留学生招生、留学俄罗斯、科研合作、合作办学等方面推动合作共赢。

【怀进鹏在中俄人文合作委员会第二十二次会议上发言】 2021年11月16日，中俄人文合作委员会第二十二次会议以视频连线方式召开，教育部部长怀进鹏出席会议并代表中俄教育合作分委会发言。怀进鹏表示，一年来，两国教育部门认真落实中俄元首战略共识和总理定期会晤成果，在中俄人文合作委员会框架下合力推动中俄教育合作再上新台阶。两国高校合作更有深度，新签署合作协议300余项，中俄同类大学联盟成为全球最大的双边高校合作网络。留学合作更有温度，双方在携手抗疫背景下更加关爱留学生，2020年含远程学习在内的双向留学生共5.7万名。语言合作更有热度，俄罗斯4万人在368所大中小学学习中文，中国9万人在868所学校学习俄语，孔子学院和俄语中心等机构积极助推中俄语言互通。传承友好更有长度，双方持续落实《中俄青少年世代友好宣言》，举办系列青少年线上活动。多边协作更有力度，双方在上合组织等多边合作中相互坚定支持，为国际公平正义贡献"中俄教育力量"。怀进鹏提出，2022年中俄双方将承前启后，开创教育合作新局面；提质增效，强化教育各领域合作和多边协作；开拓创新，为发展中俄新时代全面战略协作伙伴关系注入新动力。

【中俄教育类高校联盟"2021教师教育论坛"举行】 2021年12月2日，由中俄教育类高校联盟主办，华中师范大学承办的"2021中俄教师教育论坛"在线上举办。本届论坛主题为"人工智能时代的教师教育变革与创新"，北京师范大学副校长周作宇和莫斯科国立师范大学校长阿列克谢·卢布科夫分别代表联盟双边秘书处在开幕式上致辞。中俄教育类高校联盟21所成员校校领导、专家学者及国际交流相关负责人参会。周作宇在致辞中指出，教育是中俄交流的重要内容，发挥着夯实人文之基，厚植民意之根的作用。中俄教育类高校联盟成立七年来，举办了"奔向俄罗斯"俄语奥林匹克竞赛、"奔向北京"汉语奥林匹克竞赛、中俄教师教育论坛等具有广泛影响力的品牌活动。北京师范大学副校长、教育学部教授陈丽作为专家代表作了以"互联网推动教育创新发展的趋势"为主题的主旨报告，指出了互联网推动中国教育创新的八个趋势并进行了深刻阐述。莫斯科国立师范大学教授叶莲娜·鲍里索夫娜·普奇科娃、华中师范大学人工智能教育学部教授刘三女牙分别围绕人工智能和教师教育作了主旨报告。同日，中俄教育类高校中方联盟校召开会议，表决通过了华南师范大学加入中俄教育类高校联盟的申请，并确定下一届轮值单位为陕西师范大学。

【中俄职业教育交流与合作研讨会成功举办】 为落实习近平主席提出的建立金砖国家职业教育联盟的倡议，2021年12月22日，中国教育国际交流协会在线举办了中俄职业教育交流与合作研讨会。中国教育国际交流协会副秘书长余有根、中国驻俄罗斯大使馆教育参赞蒋中亮等领导出席开幕式并致辞。

两国政府部门、职业院校、行业组织和培训机构的代表围绕后疫情时代中俄职业教育合作进行了专题研讨。大家一致表示，"一带一路"倡议和欧亚经济联盟建设的对接为双方教育交流与合作提供了强大动力。基于双方经济社会发展需求，两国政府一致同意将职业教育合作为未来合作的优先方向。中国教育国际交流协会职业教育与培训部主任何培对中俄职教合作提出三点建议：一是要聚焦两国产能合作规划和布局调整，发挥特色优势，为助推双方经济发展与合作培养更多高水平技术技能人才；二是坚持共建共享原则，通过促进中俄职业教育合作，共享职业教育发展成果和宝贵经验；三是践行教育合作多边主义，积极推动金砖五国深化职业教育领域合作，建立金砖国家职业教育联盟，开展务实多边合作。

【俄罗斯青少年中文空中课堂项目正式启动】 2022年2月18日，由教育部中外语言交流合作中心与中俄中学联盟共同打造的俄罗斯青少年中文空中课堂启动仪式在线上召开，启动仪式由中俄中学联盟中方秘书处秘书长王庆利主持。中外语言交流合作中心赵国成副主任强调：语合中心此次携手中俄中学联盟双方成员学校，共同完成的"俄罗斯青少年中文空中课堂项目"，以全新的线上中文学习模式进行，不仅打破了传统教学空间的概念，也为俄罗斯青少年体验和了解中国教育理念提供了平台。赵主任也期待着两国青年一代互鉴共进，努力参与不同文明交流对话，为构建人类命运共同体贡献青春、智慧和力量。此次活动是中俄中学联盟历史上第一个如此大规模的学习项目，不仅满足了俄罗斯青少年学习中文的愿望，也为哈尔滨市乃至全国的俄语教学注入强劲动力，为两国培养具有全球视野和跨语言、跨文化交流能力的下一代作出贡献。俄罗斯雅库茨克市教育局局长A.K.谢苗诺夫详细介绍了雅库茨克市中文教育的情况，展望了今后俄罗斯中文教育的美好前景。中俄中学联盟作为中俄中学交流的先行者，力争通过该项目打造对俄汉语教学的全新平台，传播中文文化，促进中俄交流，展现新时代中国中学教育包容并蓄、开放创新的风貌。

【2022中俄工科大学联盟第五届年会开幕式暨校长论坛举行】 2022年6月1日，2022年中俄工科大学联盟（阿斯图联盟）第五届年会开幕式暨校长论坛在线举办。会议由中俄工科大学联盟主办，联盟轮值主席单位西安交通大学承办。中国教育部国际司欧亚处处长刘剑青，俄罗斯联邦教科部国际合作司双边合作处处长维克托·罗曼尼科夫，中国驻俄罗斯联邦大使馆公参曹士海，联盟俄方常设主席、莫斯科鲍曼国立技术大学校长米哈伊尔·戈尔金，联盟中方执行长、哈尔滨工业大学副校长、中国工程院院士刘宏等出席开幕式。曹士海代表中国驻俄罗斯大使馆对年会的召开表示祝贺。他指出，中俄工科大学联盟致力于推动中俄人文交流以及高等教育领域的务实合作，为推动全球可持续发展和完善全球治理不断贡献智慧和力量。维克托·罗曼尼科夫表示，经过11年发展，联盟发展了优质品牌项目，开展了各类学术及人文交流活动，完善了

联盟运行机制，成为中俄高校合作的典范。刘剑青希望能够持续扩大留学规模、优化留学生专业及学历结构。刘宏代表联盟常设主席单位哈尔滨工业大学表示，中俄工科大学联盟始终致力于精英工科大学之间的交流，不断探索新合作模式。希望未来能够围绕人类共同关注的"碳中和"等前沿领域，创新合作模式，推动优质教育资源开放互通，实现联盟自身的内涵式、可持续发展。随后，中俄工科大学联盟校长论坛在线举行。来自联盟的中俄双方各29所高校领导及代表参加了此次论坛，与会嘉宾围绕着"大学·城市·发展"主题展开讨论。中俄工科大学联盟以人文交流项目为引领，促进中俄教育内涵式发展，丰富国际合作模式，打造品牌项目，助力青年成长发展，培育青年学生的国际视野、合作意识和包容精神，开创了中俄同类高校联盟的先河。

【2022年俄罗斯及独联体国家本土中文教师在线研修班】 2022年7月4—19日，由教育部中外语言交流合作中心主办、黑龙江大学承办的"2022年俄罗斯及独联体国家本土中文教师在线研修班"顺利举行。本期研修班共有来自俄罗斯、乌克兰等国家和地区的60余名学员，学员均为拥有丰富教学经验的国外本土中文教师。俄罗斯及周边国家本土中文教师培训项目是受教育部语合中心委托的研修项目，此次研修项目共开设12门课程和11门答疑课，在教学内容上突出展示中国现代教育理念及现代化教学手段。在教学形式上讲练结合，让本土教师了解最新的教学法、教学理论以及汉语本体研究成果。培训班取得良好的效果。

【中俄人文合作委员会教育合作分委会第二十二次会议召开】 2022年9月15日，教育部副部长孙尧以视频方式主持召开中俄人文合作委员会教育合作分委会第二十二次会议。孙尧与俄罗斯科学和高等教育部副部长阿法纳西耶夫共同回顾了一年来中俄教育合作进展，充分肯定了取得的主要成绩，并就进一步开展中俄双向留学、高等教育、基础教育、职业教育、补充教育、教育数字化、语言教育及多边教育等领域合作进行磋商并达成共识。会议签署了《中俄人文合作委员会教育合作分委会第二十二次会议纪要》。

【俄罗斯中央学者之家开设中国学学部】 2022年9月20日，俄罗斯高等教育和科学部中央学者之家举行中国学学部启动揭幕仪式。来自俄罗斯高等教育与科学部、俄中友好协会、俄罗斯多家学术研究和文化教育机构的百余位代表参加活动。此次开设中国学学部，由俄罗斯中俄人文合作发展中心发起，并得到俄罗斯高等教育和科学部支持，中俄人文合作发展中心主席、技术学博士尹斌担任学部主席。中央学者之家致力于开展科学文化成果普及工作，开设生态、能源、国际问题等学部。中国驻俄罗斯大使馆公使衔参赞刘庆华在揭幕仪式上表示，中俄各领域务实合作不断深化，中俄世代友好的理念深入人心。中国驻俄罗斯大使馆感谢和欢迎各位俄罗斯汉学家和智库学者继续为两国关系发展建言献策，相信中央学者之家中国学学部的成立将有利于促进汉学研究。俄中友好协会第一副主席库利科娃女士表示，中国学学部在俄中人文交流方面负有非常大的责任，希望学部邀请更多研究中国问题的权威专家学者，为两国文化互动贡献力量。莫斯科国立鲍曼技术大学副校长谢尔盖·科尔舒诺夫认为中国学学部的成立将建成深化两国人文交流的又一桥梁。尹斌表示，中国学学部将通过圆桌会议、学术研讨等形式搭建交流合作平台，组织俄罗斯学者研究探讨与中国相关的热点问题。学部计划开设各类中国文化讲座和展览，举办文艺演出等活动，进一步促进中俄科教人文领域合作。

【"译"起成长——2022年俄罗斯高级中文口译人才实训班正式启动】
2022年9月28日，由中外语言交流合作中心主办，对外经济贸易大学、俄罗斯中文教师协会承办的"2022年俄罗斯高级中文口译人才实训班"举行线上启动仪式。此次实训班是促进中俄语言交流合作的重要举措之一，旨在从企业用工、政府高级别磋商等重大活动的口译工作实际出发，创新采用"中俄双师"+"一对一教学评估"模式，配以交传、同传等模拟实操强化训练，力求全面提升每位参训学员的口译水平。俄罗斯外交部特命全权大使基里尔·巴尔斯基、中国驻俄罗斯大使馆教育处公参曹士海、中外语言交流合作中心副主任静炜、俄罗斯中文教师协会主席塔拉斯·叶甫琴科（易福成）等出席并致辞。静炜表示，语合中心与各方通力合作举办本次实训班，旨在瞄准优化口译能力的"小切口"，推动解决高水平翻译人才队伍建设的"大问题"，精准对接市场方向、通过提升融通中俄话语体系等方式，创新口译人才培养思路和方法，为中俄新时代全面战略协作伙伴关系深化发展做好更多人才储备。基里尔·巴尔斯基表示，高级口译人员应具备优秀的专业标准和职业素养，既要练好扎实的基本功，又要不断在实践中提升本领，努力使自己成为一名缔结两国关系的重要使者。塔拉斯·叶甫琴科（易福成）表示，未来，俄罗斯中文教师协会将继续与中外语言交流合作中心深化合作，设计更多高水平的中文培训项目，点亮大家的职业人生。

【首届俄罗斯青少年五子棋大赛】
2022年10月1日，由俄罗斯伏尔加格勒国立社会师范大学孔子学院（以下简称"伏师大孔子学院"）和伏尔加格勒武术协会联合举办的"首届青少年五子棋大赛"成功开幕。本次活动主要面向当地喜爱五子棋活动的中小学生，共有29名选手参加比赛。伏师大孔子学院外方院长卡捷琳尼科娃和伏尔加格勒武术协会主席沃罗宁分别致开幕辞。他们首先对参赛的选手们表示热烈欢迎，特别提出，此次比赛是双方继联合开展武术课教学，连续两年共同举办"中国体育节"之后的又一创新活动。伏师大孔子学院教师瓦列莉亚为现场观众做了中国棋牌知识讲座，介绍了中国麻将、围棋和象棋等其他棋牌类项目。卡捷琳尼科娃表示伏师大孔子学院今后将为中俄友谊搭建更多文化交流平台，鼓励大家努力学习汉语，通过参加孔子学院活动深入了解中国文化。

【俄罗斯国立人文大学孔子学院成立15周年】 2022年10月25日，莫斯科第一所孔子学院——俄罗斯国立人文大学孔子学院（以下简称孔子学院）成立15周年庆祝大会隆重举行。中国驻俄罗斯使馆教育处公参曹士海、俄罗斯国立人文大学校长别兹鲍罗多夫、对外经济贸易大学校长夏文斌、孔子学院学术委员会委员等150余人以线下和线上形式出席会议。驻俄罗斯使馆张汉晖大使为孔子学院成立15周年发来贺信。张大使指出，学习和传播对方语言对促进中俄两国关系的健康稳定发展、巩固、传承两国人民世代友好具有重要意义。他祝愿孔子学院越办越好，为中俄各领域合作培养更多优秀人才，为传承两国人民世代友好、促进两国人文交流做出更大贡献。中国国际中文教育基金会副理事长、秘书长赵灵山在贺信中充分肯定了孔子学院为深化中俄全面战略协作伙伴关系、促进多元多彩的世界文明发展所作出的独特重要贡献，并对孔子学院未来发展表达美好祝愿。俄罗斯国立人文大学校长别兹鲍罗多夫在致辞中对孔子学院15年来所取得的巨大成就表示祝贺，并表示，俄中两国的高校合作与交流具有良好的前景和广阔的空间。对外经贸大学校长夏文斌充分肯定孔子学院15年来所取得的斐然成绩，并表示对外经贸大学将以孔子学院为平台，继续扩大与俄罗斯国立人文大学在学术研究、人才培养等方面的合作。

【俄罗斯汉语教学现状与未来发展研讨会成功举办】 2022年10月25日，俄罗斯汉语教师协会和俄罗斯国立人文大学孔子学院共同举办的俄罗斯汉语教学现状与未来发展研讨会在俄罗斯国立人文大学举行。中国驻俄罗斯使馆教育处公参曹士海、俄罗斯外交部特命全权大使、莫斯科国际关系学院教授巴尔斯基、俄罗斯国立人文大学副校长巴芙莲科等出席开幕式。会议由俄罗斯汉语教师协会主席、俄罗斯国立人文大学孔子学院俄方院长易福成主持。曹士海公参在致辞中表示，俄罗斯汉语教学历史悠久，为促进中俄两国关系发展、增进两国人民友谊作出了重要贡献。研讨会为与会者提供了交流教育教学经验、提升汉语教学技能的平台。俄罗斯国立人文大学第一副校长巴芙莲科教授表示，汉语教学对增进俄中两国关系、促进两国人民交流发挥着重要作用。俄罗斯推广汉语协会会长巴甫洛娃在致辞中介绍了协会在汉语教学方面所做的工作，希望与孔子学院能就汉语教学推广和发展进行更加深入的交流与合作。研讨会为期两天，以线上线下结合方式举行。来自莫斯科、圣彼得堡、伊尔库茨克、符拉迪沃斯托克等地师生共110多人与会，专家围绕汉语教学法的创新与运用、汉语教材形式与内容的发展趋势以及数字化技术在汉语教学的应用等议题展开热烈研讨。

【2022中俄教育科学论坛成功召开】 2022年11月1—2日，中国教育科学研究院与俄罗斯教育科学院举办了2022中俄教育科学论坛，本次论坛的主题是"教育体系的科研支撑"。中国教育科学研究院院长崔保师在致辞中指出，本次论坛的主题突显了科研与治理、科研与发展之间的关系，对于促进中俄教育智库对话、服务两国教育改革发展具有重要的现实意义和深远的历史意义。教育科学研究应当瞄准国家重大战略需求，服务教育决策科学化、法治化、民主

化，在教育改革发展中担负起支撑、驱动和引领作用。俄罗斯教育科学院院长奥尔加·尤里耶夫娜·瓦西利耶娃在致辞中指出，此次论坛为双方在相关研究领域的合作指明了方向，明确了路径。中俄友好、和平与发展委员会妇女委员会主席斯维特拉娜·尤里夫娜·奥尔洛娃在致辞中指出，俄罗斯高度重视中俄教育科研合作的传统，希望以此次论坛为契机，开启与中国教育科学院的长期合作伙伴关系。来自中俄两国的学者和研究人员围绕教育质量保障体系发展、疫情后数字化时代教育教学转型、儿童课外教育及创新能力培养、职业教育创新发展、学习压力的心理研究等话题开展了深入交流和研讨。

【"汉语教学师资培养：中俄高校的经验与前景展望"国际研讨会举行】
2022年11月9—10日，"汉语教学师资培养：中俄高校的经验与前景展望"国际研讨会在雅罗斯拉夫国立师范大学举行。中国驻俄罗斯使馆教育处公参曹士海、雅罗斯拉夫尔市副市长加夫里洛夫、雅罗斯拉夫国立师范大学校长格鲁兹杰夫等出席开幕式。曹士海在致辞中对研讨会成功举办表示祝贺，他指出，汉语教学师资培养研讨会已成为汉语教学工作者一年一度的盛会，是俄罗斯汉语教学发展的品牌活动，为促进中俄人文合作作出了重要的贡献。目前中俄关系保持高水平发展势头，两国各个领域合作深入发展需要更多掌握两国语言、了解双方文化的高层次人才。加夫里洛夫认为，俄中两国互为友好邻邦，汉语教学对增进俄中两国关系，促进两国人民交流发挥着重要作用。当地政府将尽一切努力支持中俄高校开展合作，进一步促进汉语教学在俄罗斯的发展。研讨会为期两天，以线上线下结合的方式举行。来自莫斯科、圣彼得堡、下诺夫哥罗德、符拉迪沃斯托克等地学者积极参会。与会学者围绕汉语师资培养、汉语教学本地化策略以及教育技术发展等进行了交流，探讨提升汉语教学水平的路径，展望汉语教学发展的前景。

【中俄教育类高校联盟举办2022年校长圆桌论坛暨教师教育学术研讨会】
2022年11月16—17日，由中俄教育类高校联盟主办、新西伯利亚国立师范大学承办的"2022年校长圆桌论坛暨教师教育学术研讨会"以线上线下相结合的形式举办。本届研讨会的主题为"未来的教育的未来——全球数字化背景下的教师教育"，来自中俄教育类高校联盟21家成员单位的校领导、学者和专家，以及国际交流与合作相关负责人参会。北京师范大学副校长周作宇指出，以数字技术为代表的颠覆性技术，给教育带来了重大影响。为了塑造和平、公正和可持续的未来，教育本身亟待转型。推动教师教育变革，深化教师管理综合改革，师范类高校责无旁贷。周作宇分享了北京师范大学改革探索的经验，特别介绍了"优师计划"的实施情况。东北师范大学副校长韩东育、华中师范大学副校长彭双阶、赫尔岑国立师范大学校长谢尔盖·塔拉索夫等围绕各自办学实践和数字化转型经验作了报告。莫斯科国立师范大学校长还代表双方秘书处汇报了联盟成立八年以来在联合研究、师生互访、人文活动等方面取得的成果。在教师教育学术研讨会环节，联盟成员高校的专家学者和博士生就"教育数字化""融合教育的数字化发展"等7个议题进行深入研讨。

【莫语大孔院举办第四届"全俄最佳中文教师"授课大赛】 为促进中俄教育交流合作，不断提高国际中文教育质量，增进中俄青年对彼此文化的理解，2022年11月16—18日，莫语大孔院举办第四届"全俄最佳中文教师"授课大赛，来自俄罗斯高校和孔子学院的中文教师、白俄罗斯孔子学院的老师积极参加了比赛。比赛分为教学技能竞赛和大师班互动两个阶段。11月22日至12月3日，北京外国语大学孔子学院工作处、莫斯科国立语言大学孔子学院、外语教学与研究出版社共同举办了2022年俄罗斯本土中文教师线上研修班。研修班面向俄罗斯本土中文教师，紧扣俄罗斯中文教学实际情况和本土教师培训需求，聚焦中文教学方法与技巧，提升了本土教师的中文教学实践能力。

【"希望寄托在你们身上"——毛泽东同志莫斯科大学讲话65周年纪念活动举办】 2022年11月17日，"希望寄托在你们身上"——毛泽东同志在莫斯科大学发表重要讲话65周年纪念活动在莫斯科举行。驻俄罗斯大使张汉晖、莫斯科国立大学校长萨多夫尼奇、莫斯科国立研究大学（莫斯科动力学院）校长罗卡列夫、俄中友协第一副主席库利科娃等出席活动并致辞。张汉晖表示，65年前，毛泽东同志在莫斯科大学发表重要讲话，激励留苏学生燃烧青春、承载祖国富强的希望；5年前，习近平总书记给莫斯科大学中国留学生回信，让新时代留学生更加坚定了学以报国、实现民族复兴的伟大志向。在两代领袖的殷切期望和亲切关怀下，一代代留苏留俄学子在"为党留学，为国留学"之路上砥砺前行。在习近平主席和普京总统的战略引领下，中俄高等教育合作稳步推进，双方高校和教育机构间已签署3000多项合作协议，建有12个同类大学联盟和3个在建联盟，涵盖双方800多所高校，构建了全球最大的双边高校合作网络；两国元首亲自支持和推动创建的深圳北理莫斯科大学，成为中俄教育合作的典范；莫斯科大学和北京大学联合成立的中俄数学中心，成为中俄基础学科高端学术交流和人才培养的重要平台。萨多夫尼奇表示，65年前，毛泽东主席在莫斯科大学发表重要讲话，成为激励几代中国青年奋发向上的巨大动力；2017年，习近平主席给莫斯科大学中国留学生回信，充分体现了中国领导人对广大新一代留学生的殷切希望与亲切关怀，彰显了习近平主席本人对发展中俄新时代全面战略协作关系的高度重视与战略引领。2025年莫斯科大学将迎来270年校庆，莫斯科大学将充分发挥自身优势和独特资源，与中国合作伙伴一道，共同推动俄中新时代战略协作伙伴关系迈向新阶段。

【中俄友好、和平与发展委员会中方教育理事会第七届年会暨"后疫情时代的中俄人文交流与教育合作发展"论坛在西安召开】 2022年11月19日，中俄友好、和平与发展委员会中方教育理事会第七届年会暨"后疫情时代的中俄人文交流与教育合作发展"论坛在西安召开。开幕式上，中国驻俄罗斯使馆教育处公使衔参赞曹士海，外交部欧亚司参赞、中俄友好、和平与发展委员会中方秘书处负责人张伟，西安外国语大学党委副书记、副校长王启龙，中俄友好、和平与发展委员会俄方教育理事会主席、深圳北理莫斯科大学第一副校长谢·米·沙赫赖以及中俄友好、和平与发展委员会中方教育理事会主席、中国人民大学副校长杜鹏先后致辞。致辞中主要提到，当前中俄关系保持着高水平的发展势头，各领域合作不断深化，中俄人文交流基础好、根基深，双方交流对话机制日趋健全，发展前景非常广阔。希望各理事单位通过本次会议凝聚集体智慧，为后疫情时代的中俄人文交流与教育合作发展贡献新的思路，同时充分发挥自身优势，把工作重点放在年轻人身上，为推动疫情后中俄人文交流注入新动力、做出新贡献。

【首届中俄同类大学联盟校长论坛召开】 2022年12月8日，首届中俄同类大学联盟校长论坛在线上召开。论坛由中国教育部国际合作与交流司、俄罗斯科学和高等教育部国际合作司主办，对外经济贸易大学与莫斯科大学、俄罗斯圣彼得堡国立经济大学、教育部中外人文交流中心联合承办。来自中俄双方教育部门和外交部门的领导及会议组织方领导分别在开幕式上致辞。俄罗斯联邦科学与高等教育副部长鲍切诺娃指出，中俄双方始终致力于加强人文交流和教育国际合作，希望中俄同类大学联盟能够把握双方教育合作新机遇，推动合作模式与时俱进，助力中俄教育人文合作创新发展。中国教育部国际合作与交流司副司长席茹强调，联盟对促进中俄人文交流和教育合作具有重要作用，鼓励联盟加强建设引领、强化人才培养、深化产学研用合作、促进交流互鉴，凝心聚力推动联盟行稳致远。俄罗斯联邦驻华使馆科学和高等教育部代表波兹尼亚科夫指出，联盟为中俄教育合作的模式创新和路径探索提供了宝贵经验，希望中俄高校能够继续深化多领域、全方位的合作。中国驻俄罗斯大使馆教育处公使衔参赞曹士海高度肯定了联盟作为中俄教育人文合作特色品牌和交流平台的突出作用，希望联盟能够继续凝聚智慧和共识，促进团结协作、互利共赢，为中俄教育交流和友好关系的发展注入动力。中国教育部中外人文交流中心主任杜柯伟强调，中俄双方高度重视两国人文交流和教育合作，联盟将为中俄友好关系贡献智慧和力量。萨多夫尼奇、龚旗煌、马克西姆采夫、戈尔丁等联盟校长分别讲话。全体会议结束后，各联盟校长共同签署谅解备忘录，为中俄同类大学联盟的合作揭开新的篇章。随后，会议举行中俄体育类大学联盟成立仪式。圣彼得堡国立经济大学副校长舒耶芭娃致闭幕辞。她表示，中俄同类大学联盟将继续精诚合作，开创中俄教育人文交流新局面。中俄同类大学联盟由13个以学科或地域分类的大学联盟组成，双方参与院校达700所，是目前世界上最大的高等教育交流合作网络。

【第十届中俄经济类大学联盟年会线上召开】 2022年12月9日，第十届中俄经济类大学联盟年会在线上召开，此次年会由联盟秘书长单位对外经济贸易大学和俄罗斯圣彼得堡国立经济大学联合主办，共37所联盟成员高校参加会议。联盟秘书长单位校领导分别致开幕辞。对外经济贸易大学校长夏文斌指出,中俄经济类联盟的成立发展正值中俄关系的黄金十年,十年来联盟在成员的精诚合作、携手同行下成立、成长和进步,取得了一系列重要成果。俄罗斯圣彼得堡国立经济大学副校长瓦西连卡在致辞中指出,过去十年,在联盟框架下中俄经济类大学在国际交流、人才培养、科学研究等方面开展了卓有成效的合作,相信联盟成员能够保持合作势头,在新的国际形势下开展更加广泛、深入和创新的合作。俄方秘书长塔吉扬娜·乌勒茹姆采娃高度肯定了联盟成员间的密切合作与深入交流,希望未来联盟继续精诚合作、优势互补,进一步深化人才培养、科学研究、学术交流等多方面多领域的合作。中方秘书长吴军提出未来秘书处将继续牵头推进联盟各项工作的开展,持续发挥中俄经济类大学联盟的平台作用和品牌效应,在《中俄同类大学联盟关于教育、科学和创新优先方向开展合作的谅解备忘录》框架下,进一步落实中俄人文合作委员会会议的精神,推进中俄教育合作高质量发展。

【"2022中俄儿童创意节"举办】 2022年12月9日,2022中俄儿童创意节颁奖典礼及优秀作品展示活动成功举办。活动由中国教育国际交流协会和俄罗斯伊万诺沃国际儿童院共同主办,吉林艺术学院承办。中国教育国际交流协会会长刘利民、中国教育部国际合作与交流司二级巡视员席茹、俄罗斯教育部国际合作与公共关系司代理司长拉苏汉诺夫、俄罗斯伊万诺沃国际儿童院代理院长马雷舍夫、中国驻俄罗斯大使馆公使衔参赞曹士海、俄罗斯驻华大使馆一等秘书波兹尼业科夫以视频方式出席活动并致辞。刘利民会长在致辞中表示,中俄青少年交流历史悠久,合作基础坚实广泛。中俄两国青少年在本次活动中以"童话之旅"为主题创作的作品,既展示了中俄童话的独特魅力,也传达了两国青年一代对中俄友好的美好祝福。他勉励两国青少年努力为增进两国文明交流互鉴、传承两国世代友好贡献力量。活动以"童话之旅"为主题,邀请中俄两国青少年穿越童话之路,以绘画、视频等方式探索友好邻邦同龄小伙伴的精神世界,了解两国丰富的文化遗产,增进理解与友谊,用实际行动践行《中俄青少年世代友好宣言》。活动得到两国青少年学生的积极参与,共收到7000多份作品,其中中俄各有30个优秀作品脱颖而出,共同参加线上展示活动。

【第十四届俄罗斯东欧中亚与世界高层论坛举办】 2022年12月20—21日,由北京外国语大学、中国俄罗斯东欧中亚学会、中国社会科学院俄罗斯东欧中亚研究所联合举办的第十四届俄罗斯东欧中亚与世界高层论坛以线上方式进行。北京外国语大学党委副书记、校长杨丹出席论坛开幕式并致辞。他首先祝贺中国俄罗斯东欧中亚学会成立四十周年,并对学会在中国相关领域学术研究中所做的贡献给予了高度肯定。杨丹强调了区域国别研究的重要性,他指出,俄罗斯和东欧、中亚国家是中国"一带一路"建设的重要参与者,是亚欧国家互利合作、和平发展的重要合作伙伴。随着区域国别学成为一级学科，建构中国自主的区域国别学知识体系便成为我国学者面临的新任务。中国式现代化驱动了中国区域国别研究的发展，也指明了区域国别学的前进方向。他强调推动"五度融合"，构建中国区域国别学学科发展的新生态。

三　中俄科技交流

【中俄能源合作提供"新动力"　科技创新打造"新空间"　双边经贸攀登"新高度"】　科技创新是当前中俄两国最富前景的合作领域之一。2021年4月，两国发布关于合作建设国际月球科研站的联合声明，展示了两国在月球及深空领域合作的信心和决心。国际月球科研站将是中俄两国为推动联合国外空活动长期可持续发展做出的又一重要贡献，双方秉持"共商、共建、共享"原则，推动国际月球科研站广泛合作，共同推动人类航天科技发展和经济社会进步。2021年5月19日，中俄核能合作项目——田湾核电站和徐大堡核电站开工仪式在两国元首的共同见证下举行。田湾核电站7、8号机组和徐大堡核电站3、4号机组的顺利开工，既展示了中俄在高端装备制造和科技创新领域的重大合作成果，也将助推双方各领域务实合作提质升级。

2020年和2021年是中俄科技创新年，这是两国首次举办以"科技创新"为主题的国家年，并推出了两国国家级主题年的最长合作清单。中俄新时代全面战略协作伙伴关系不断获得新动力、取得新成果、达到新高度。此外，双方在数字经济、绿色经济、人工智能、5G、大数据等领域的合作方兴未艾，为中俄科技创新发展拓展了新空间。

【2021中俄极地研究讨论会召开】2021年4月25日，由俄罗斯北方（北极）联邦大学、中国环境科学学会极地环境与生态专业委员会以及哈尔滨工业大学共同主办的"2021中俄极地研究讨论会"在哈尔滨工业大学举行。研讨会旨在通过两校极地领域顶尖学者的科研沟通提升两校极地科研水平，中国工程院院士、中国环境科学学会极地环境与生态专业委员会主任任南琪、校长助理沈毅出席会议并致辞。沈毅介绍了我国对于北极事务的政策以及哈尔滨工业大学在极地方面所取得的成就，他希望中俄两校能够在极地领域进行更深层次的交流。国内外极地领域知名学者参加了会议，就极地环境、材料、大气、健康、生活等多领域进行了研讨交流。

【2021中俄高端催化国际研讨会召开】　2021年5月21日，"2021中俄高端催化国际研讨会"开幕式在黑龙江大学以线上与线下相结合的方式举办。本次研讨会是中俄科技创新年的重点活动，邀请了中俄两国从事催化研究的院士专家参会，旨在为中俄两国在化工、能源、环境等领域从事催化科学研究和技术开发的专家学者提供开展学术交流、分享研究成果、探索催化领域前沿科技的国际交流平台，并在学术交流的基础上促进中俄两国学者深化合作。中

第一编 中外高级别人文交流机制

俄双方在中俄科技创新年框架下共同开展了多项科技创新领域的交流合作活动，为中俄新时代全面战略协作伙伴关系增添了新内涵。黑龙江省充分发挥地域、资源、教育和人才等方面优势，不断增进中俄两国学者间的学术交流、深入开展实质性科技合作，为推动中俄关系不断迈向更高水平、助力两国共同发展作出积极努力。黑龙江大学校长付宏刚、俄罗斯驻哈尔滨总领事奥谢普科夫、中国科学院大连化学物理研究所院士李灿和俄罗斯科学院副院长帕尔蒙出席开幕式并致辞。

【2021 中俄国际技术对接活动在徐州举办】 2021 年 5 月 28 日，2021 中俄国际技术对接活动在徐州举办，来自俄罗斯的 6 个优选科技项目的专家开展线上推介，并与参会企业进行沟通交流。本次推介项目涵盖了农业、新材料、生物医学等领域，在市场上均有一定的应用场景。本次国际技术对接活动是连接俄罗斯国际产业创新前沿技术与江苏省产业创新合作的重要桥梁。此次"2021 中俄国际技术对接活动"，推动了一批先进技术、人才团队的交流沟通和产业合作，促进了中俄双方的深入合作，推动中国与俄罗斯的科技创新合作取得新的发展，同时也为徐州的国际化发展助力。

【2021 中俄（南京）数字经济创新合作论坛在南京召开】 2021 年 6 月 22 日，2021 中俄（南京）数字经济创新合作论坛在雨花台区成功举办，科技部原副部长吴忠泽、科技部国际合作司原司长靳晓明、俄罗斯联邦驻华商务代表处主任康斯坦丁·西多连科、俄罗斯联邦驻华大使馆科技代表保尔·洛金诺夫等嘉宾出席了论坛，中国驻俄罗斯大使馆科技参赞郑世民、俄罗斯科学院通讯院士瓦季姆·沙赫诺夫通过视频连线向论坛发来祝辞。作为南京创新周的重要活动之一，论坛围绕数字经济创新发展，展开深层次的研讨和交流，为数字领域企业、专家、机构提供了重要的交流合作平台。雨花台区区长张连春表示，论坛的成功举办将转化为加深两国科技创新交流合作的强大动力。保尔·洛金诺夫表示，南京的科技创新氛围浓厚，希望未来能有更多的俄罗斯企业、机构与南京的企业开展交流合作。

【2021 中俄项目开发合作对接会"云端"举办】 2021 年 11 月 3 日，金砖国家新工业革命伙伴关系创新基地（简称"金砖创新基地"）携手俄罗斯最大的科技园斯科尔科沃创新中心，举办"2021 中俄项目开发合作对接会暨俄罗斯斯科尔科沃创新中心国际营项目——2021 中俄项目开发合作"对接会。8 位俄罗斯科创项目负责人，通过线上方式介绍各项目情况并回答中国与会机构代表提出的问题，寻求与中国企业的合作机会。斯科尔科沃创新中心被誉为"俄罗斯硅谷"，已有近 3000 家企业，涵盖 IT、生物医药、能源和先进制造业四大领域。此次参与线上路演的俄罗斯项目包括健康异常检测技术、工业运营管理技术、工业物联网平台技术等。该科技园由俄罗斯政府授权设立的非营利性组织斯科尔科沃基金会负责园区建设、运营和管理。自金砖创新基地启动建设以来，厦门推出了 26 条措施，鼓励加强与金砖国家在政策协调、人才培训、项目开发等

中俄人文交流

领域的合作。

【**第三届中俄能源商务论坛在京召开**】 2021年11月29日，第三届中俄能源商务论坛以线上与线下结合方式在北京召开。论坛由中国石油天然气集团有限公司主办，俄罗斯石油股份公司配合，中国国家能源局和俄罗斯总统能源发展战略和生态安全委员会为协调单位。中国国家能源局局长章建华主持论坛开幕式。与会代表讨论了中俄天然气、新能源、电力、清洁能源、煤炭、核能领域的合作，并就能源绿色低碳转型、人工智能、电网智能化数字化管理、新能源发展、石化领域项目实施、绿色金融合作等话题进行了交流。论坛期间共签署15份成果文件，并发布《中俄能源合作投资指南（俄罗斯部分）》，为中方企业在俄开展能源业务提供了法律制度、监管政策、行业前景、业务流程、合作机会等领域的全方位信息服务指引。中俄两国100余家单位、300余位代表参加论坛。双方商定，第四届中俄能源商务论坛将在俄罗斯举办。

【**中俄数字经济高峰论坛成功举办**】 2022年1月4日，2021年中俄数字经济高峰论坛通过云会议形式在北京市、广东省深圳市、吉林省珲春市和俄罗斯莫斯科等地连线举办。本次论坛由中国科协和俄罗斯科工联共同主办，以"开放·创新·融合驱动数字未来"为主题，是中俄科技创新年系列活动"中俄数字经济示范项目"的重要组成部分，旨在积极搭建中俄数字经济领域的学术、技术和产业交流合作高端平台，推动两国在数字经济领域的广泛深入交流，促进两国数字技术创新与产业发展。中国科协书记处书记王进展、俄罗斯科工联第一书记德鲁卡连科发表视频致辞。双方一致认为，中国科协与俄罗斯科工联共同推进的中俄数字经济示范项目，已成为两国数字经济领域科技人文交流的标志性活动。两年来，中俄在贸易、抗疫等方面取得了突出合作成效，数字技术的交流合作推广为金融以及建筑、汽车等行业发展注入了新动力。希望未来双方在持续推动人才高频互动、技术开源开放、产业融合发展等方面深化务实合作，共同培养高端人才，以中俄双语发布科研成果，共促数字经济发展，为中俄新时代全面战略协作伙伴关系发展增添新内涵。2019年9月，中国科协与俄罗斯科工联在双方总理见证下签署《关于进一步加强科技人文交流与合作的谅解备忘录》，"中俄数字经济示范项目"是落实谅解备忘录的重要举措和中俄科技创新年的重要活动之一，于2020年正式启动。

【**"2022—俄罗斯工程院院士中国行交流活动"惠州站成功举办**】 2022年12月4日，由俄罗斯工程院中国代表处、北京中科钛领科技有限公司主办，惠州市中科慧谷科技服务有限公司、惠州学院化学与材料工程学院协办，惠州市读者文化园承办的"2022—俄罗斯工程院院士中国行"交流活动惠州站成功在惠州读者文化园举办。本次论坛活动契合惠州"2+1"产业，以"石油能源新材料"为主题，论坛重点围绕俄罗斯工程院院士课题成果进行分享，并对惠州中俄科技合作等内容进行专场研讨。中科钛领集团不断加强与俄罗斯工程院的全面合作，致力于推动俄罗斯工程院高端人才、科技成果在中国产业场景下的合作与应用实践。俄方提出了符合惠州大湾区产业集群发展的措施和建议，并表示俄罗斯工程院将和惠州建立深层次合作关系，将俄罗斯工程院相关科技成果嫁接到惠州科研和产业发展等领域，达成精准的需求匹配，推动先进技术、人才团队的交流与沟通，加快推动中国与俄罗斯各产业领域的合作交流。

【中俄科技人文交流合作联合委员会第二次会议在线上举行】 2022年12月6日，来自中俄两国的20多家学术团体、科研院所及民间机构的50多位代表在北京和莫斯科两地隔空连线，交流、分享中俄两国科技人文交流合作成果。会议由中国科学技术协会与俄罗斯科学工程协会联合会共同主办。中国地理学会与俄罗斯地理学会应邀共同出席了本次会议，两会以"中俄两国地理学会双边合作助力中俄两国关系健康发展"为主题，汇报了双方近年来丰硕的合作成果，详细列举了两会在学术交流、科学考察、青年交流与培养、教育科普、人文交流方面开展的一系列丰富多彩的交流活动。中俄两方介绍了2022年执行谅解备忘录的情况及未来合作展望。

四　中俄文化交流

【文化传友谊合作开盛举——第十一届中俄文化大集启幕】 2021年6月21日，由中国文化和旅游部、黑龙江省人民政府与俄罗斯联邦文化部、俄罗斯阿穆尔州政府共同主办，以"中俄携手谋发展，龙江两岸共繁荣"为主题的第十一届中俄文化大集启幕。作为中俄双方文化部门共同主办的国际性文化盛会，每届中俄文化大集，以文化交流活动为主要内容，以文化贸易为重点，以建设区域性、规模性、机制性、综合性中俄文化交流合作平台和品牌项目为目标，进行高层交流和民众互动，给两国民众留下了深刻印象。文化贸易是大集的重中之重。每届大集均面向全国招商，为中俄两国文化商品搭建了销售平台。历经10余年，中俄文化大集已成为中俄两国文旅交流合作的重要平台和品牌项目、成为边境地区全方位合作的典范，正在推动中俄两国文旅交流与合作向更深层次、更宽领域和更大范围延伸，使各领域合作交流迈上新台阶。随着中俄文化大集规模和质量的逐年提升，中俄主办方立足本地的同时，把目光放远，面向欧亚、北美、南美等国际市场，举办了"中国工艺品俄罗斯展销会""中俄文化旅游推介会""沿黑龙江旅游产业带推进工作会议"等一系列以文化贸易、文化旅游为主要内容的经贸活动。近几年，除在主办城市黑河市、布拉戈维申斯克市设立会场外，中俄双方还在各自沿边城市设立多个分会场，共同参与中俄文化大集活动。

【2021年俄罗斯"中国文化节"开幕】 2021年9月9日，由中国文化和旅游部与俄罗斯文化部共同主办的2021年俄罗斯"中国文化节"开幕，中国文化和旅游部部长胡和平与俄罗

斯文化部部长柳比莫娃分别致开幕辞。胡和平在致辞中表示，中俄两国山水相连，是好邻居、好朋友、好伙伴。多年来，在习近平主席和普京总统的亲自推动下，中俄两国推进全面战略合作，两国关系成熟、稳定、坚固。在文化和旅游领域，中俄两国互办"文化节""旅游年"，举办中俄文化大集等，取得了丰硕成果。本届俄罗斯"中国文化节"涵盖开幕式音乐会、精品舞剧线上展演、青年交流活动、线上专家论坛4个板块，活动持续至12月，向俄罗斯人民展现独特的东方艺术、当代中国和中国人民的生活。文化节期间举办青年文化交流项目、线上专家论坛、精品舞剧线上展演等，中国歌剧舞剧院经典舞剧《孔子》在文化节闭幕式上进行了展播。

【2021年度"谊于画语—中俄绘画交流展"在京开幕】 2021年11月5日，由人民艺术创作院、人民艺术网主办的"谊于画语—中俄绘画交流展"在北京市城市副中心人民艺术创作院宋庄分院开幕。俄罗斯"斯特罗加诺夫国立美术学院"原油画系主任瓦连京·德米特里耶夫教授、著名画家亚历山大·巴比奇、维克多·贝科夫以及哈萨克斯坦画家玛丽亚姆·阿里巴依等出席了开幕式。中俄绘画交流展既是一次高质量的学术展览，也是一场中俄文化交流的盛会。

【中俄绘画艺术交流展开幕】 2021年12月18日，"庆祝《中俄睦邻友好条约》签订20周年—中俄绘画艺术交流展"在合肥公麟美术馆隆重开幕。开幕式上首先由安徽省归国华侨联合会党组书记、主席李世蕴，莫斯科华侨华人联合会会长、中国和平统一促进会俄罗斯分会常务副会长李娜，安徽省政协港澳台侨委专职副主任刘文君，合肥市文学艺术界联合会党组副书记、主席唐德鹏共同为《中俄文化艺术（安徽）交流基地》揭牌。本次共展览中俄两国艺术家的优秀作品80多幅（件），其中俄罗斯油画58幅，安徽省名家作品20余件。这些作品无论思想性还是艺术性，都堪称佳作。这是近年来中俄艺术文化领域的一次具有代表性的、高水平的交流活动。

【中俄文化艺术交流展在郑开幕】 2021年12月27日，"推进中西文化交流展示家国情怀—迎2022新年中俄文化艺术交流展"在郑州绿城书院展览馆开幕。此次展览展出俄罗斯列宾美术学院提供的油画及我省市著名书画家的书法、国画作品共计100幅。展出作品用独特的艺术语言，突出反映了和谐多彩、中西融通、团结友好、深度发展的鲜明主题，全方位展现了两国人民友好交往、共同抗击疫情的美好情谊，将对推动与深化两国的文化艺术交流合作产生深远的现实影响。

【中俄青少年助力冬奥线上交流活动举办】 2022年2月2日，中国宋庆龄基金会主办、中国宋庆龄青少年科技文化交流中心和北京俄罗斯文化中心共同承办的"文化小大使，一起向未来"——中俄青少年助力冬奥线上交流活动成功举办。中俄双方青少年线上线下隔空联动，在两国教师指导下分别体验了中国雕版印刷与俄罗斯套娃绘制等特色文化项目，在文化交流互动中增进友谊、畅

第一编 中外高级别人文交流机制

叙未来，共同表达了对北京冬奥会的祝福与支持。在北京俄罗斯文化中心，中国青少年代表学习了俄罗斯传统工艺品套娃的相关知识和最具代表性的纹样，在俄方老师的指导下亲手绘制了属于自己的作品。在京的俄罗斯青少年代表来到中国宋庆龄青少年科技文化交流中心，深入学习中国雕版印刷的历史和制作工艺，亲身体验雕版画的拓印过程，为俄罗斯青少年朋友了解中国传统文化打开了一个新窗口。中俄文的"祝福冬奥，一起向未来"标语，表达了两国青少年对北京冬奥会的热切期盼以及对中俄友谊的美好祝愿。

【2022年"国际中文日"全球精彩活动】 2010年，联合国全球新闻部将国际中文日定在4月20日，农历二十四节气的谷雨，以纪念"中华文字始祖"仓颉造字的贡献。为迎接2022年度的国际中文日，俄罗斯远东联邦大学孔子学院举办了以"携手迎春，展望未来"为主题的国际中文日系列活动。国际中文日活动首先在各类教学点，以微型特色中国文化体验课的方式拉开帷幕。有以汉字"春"造型为主题的中国剪纸课，有古诗诵读课，有汇集中国文化元素的绘画课，有毛笔字课，还有手语歌课。远东联邦大学孔子学院还举行了赛画、吟诗、秀书法等活动。俄罗斯学生通过丰富多彩的特色中国文化体验课，感受了中国文化的博大精深，表达出对中国传统文化的热爱。师生们还共同挥笔洒墨秀书法，以书法彰显中国人"用心做人、真诚做事"的道德文化。

【第十二届中俄文化大集活动开幕】 2022年8月25日，第十二届中俄文化大集活动开幕式在黑龙江省黑河市和俄罗斯布拉戈维申斯克市同步举行，中国文化和旅游部副部长饶权与俄罗斯文化部副部长娅里洛娃以视频方式致辞。饶权表示，中俄文化大集始于2010年，12年来，在中俄文化大集活动框架下，中国黑龙江省与俄罗斯远东地区开展了一系列卓有成效的文化和旅游交流与合作，为新时代中俄全面战略协作伙伴关系发展不断注入新动力。相信中俄文化大集必将进一步有力推动中俄边境地区和地方间的文化和旅游合作，成为深化两国人民友谊的桥梁。娅里洛娃表示，中俄文化大集是一年一度最受中俄两国民众期待的文化活动，是中俄友谊和两国边境地区睦邻友好的象征，双方应继续大力支持。本届中俄文化大集活动于2022年8月25日至2023年2月以线上线下形式同步举办，内容包括文艺交流直播间、"互联网+"中俄贸易展、全民艺术节、中俄沿边文旅宣介、中俄青少年艺术交流等多种形式的活动。

【中俄人文合作委员会文化合作分委会第二十二次会议召开】 2022年8月30日，中俄人文合作委员会文化合作分委会第二十二次会议以视频形式召开。中国文化和旅游部副部长饶权与俄罗斯文化部副部长娅里洛娃共同主持了会议。双方回顾了分委会第二十一次会议以来两国文化领域合作情况，就下一步继续深化合作交换了意见。饶权表示，过去一年来，在两国元首战略引领下，中俄新时代全面战略协作伙伴关系持续高水平发展，两国在文化领域的合作不断取得进展，为两国关系发展奠定了坚实的人文基础。他建议，要充分发挥机制性会议的引领作用，推进多边框架下的文化合作。要深化两国地方间文化合作，办好中俄文化大集、互办文化节等品牌活动，加强两国文化遗产保护合作。娅里洛娃支持中方关于加强两国文化交流的建议。她表示，俄方十分重视与中方开展文化合作，俄方愿与中方共同努力，继续深化两国文化交流。会后，饶权和娅里洛娃共同签署了会议纪要。

【"中俄国际学术文化交流会"在京举行】 2022年10月17日，中国国际科技促进会国际院士联合体工作委员会与俄罗斯工程院共同举办的"中俄国际学术交流会"在北京隆重举行。俄罗斯、新加坡代表以线上视频会议形式参加。俄罗斯工程院院士、工程院科技合作副院长阿纳托利·斯别兰斯基，《发动机》杂志主编、工程院院士亚历山大·巴扎诺夫等出席了活动。中方参会的主要领导和专家有中国科学院院士、第三世界科学院院士、国际宇航科学院院士、"嫦娥之父"、国际院士联合体第一主席欧阳自远院士，国际院士联合体执行主席孙成院士等，联合国NGO国际信息发展组织副主席、新加坡南洋科学院首席执行官、国际院士联合体执委会常务副主席王郁涛等国际学者也在交流会上发言。欧阳自远、阿纳托利·斯别兰斯基、孙成院士先后为会议致辞，一致希望中俄双方继续加强各领域合作，促进学术文化领域合作机制化发展，巩固新时代中俄全面战略协作伙伴关系发展的民意和社会基础。

【2022年中国"俄罗斯文化节"圆满落幕】 2022年12月31日，中国"俄罗斯文化节"落下帷幕。文化节由中国文化和旅游部与俄罗斯文化部共同主办，邀请中俄两国艺术家、文化领域专家和青少年学生一同参与，受到两国民众高度关注。由俄罗斯国家青年交响乐团与北京交响乐团"大手拉小手"少年管弦乐团联袂出演的中俄青少年音乐会作为本次文化节的闭幕活动，于2022年12月31日在人民日报新闻客户端、人民日报视频客户端同步首播，并于中国文化网持续展播至2023年1月10日。中俄两国的青年演奏家们共同演奏了普罗科菲耶夫、肖斯塔科维奇、柴科夫斯基等俄罗斯作曲家的经典乐曲及《热巴舞曲》《森吉德玛》《晚会》等耳熟能详的中国经典音乐作品，为两国观众送上新年的祝福，传递出两国世代友好的信号。文化节期间，俄罗斯民族舞蹈秀《科斯特罗马》于2022年12月21日至2023年1月10日在中国文化网、CGTN俄语频道社交媒体账号先后播出，通过13个舞蹈主题介绍俄罗斯不同地域的风俗和文化传统，把不同民族、不同信仰的人们紧密联系起来。以"国家文化遗产保护"为题的中俄线上圆桌会议于2022年12月23日成功举行，中俄文化领域专家学者就国家文化遗产的传承、保护与发展充分交换了意见。

五　中俄卫生交流

【中俄举行防疫合作专题视频磋商】 2021年1月21日，外交部领事司司长崔爱民与俄罗斯联邦消费者权益保护和公益监督署副署长斯摩棱斯基举行防疫合作专题视频磋商。中俄卫生防疫部门、海关及驻对方使馆代表参加此次磋商。双方表示将共同努力减少疫情跨境传播，维护中俄人员健康往来和货物流通安全有序，不断深化双边务实合作。

【《俄罗斯黄皮书：俄罗斯发展报告（2021）》在北京发布】 2021年7月27日，由中国社会科学院俄罗斯东欧中亚研究所、中国社会科学院俄罗斯研究中心、社会科学文献出版社共同主办的《俄罗斯黄皮书：俄罗斯发展报告（2021）》（以下简称黄皮书）发布会在北京举行。黄皮书针对2020年俄罗斯发展形势进行了总结和分析，反映了2020年新冠疫情暴发背景下俄罗斯政治、经济、外交、社会等诸多领域呈现出的新变化和新特点，并重点解读了疫情中的中俄关系。黄皮书指出，2020年，两国在政治、经济、能源、安全、人文和外交等领域的合作成果显著，反映了新时代中俄全面战略协作伙伴关系的蓬勃活力。同时，通过列举中俄两国在元首互动、提供医疗物资援助等多方面开展的抗疫合作，黄皮书认为，突如其来的新冠肺炎疫情验证了中俄友好关系与战略的高水平协作，抗疫成为两国开展合作的新领域。黄皮书着重分析了中俄能源合作，指出能源合作是中俄所有经贸合作中分量最重、成果最多、合作范围最广的领域。此外，黄皮书还对中俄金融合作、跨境通道建设、科技创新合作、数字经济合作等内容进行了分析。

【中俄双方强化防疫措施和提高通关效率努力化解过货积压情况】 2021年12月30日，中国驻俄罗斯大使张汉晖在接受卫星通讯社采访时表示，旷日持久的疫情给各国边境口岸货物运输带来了严峻挑战。对此，中俄双方主管部门和有关地方本着友好协商、互谅互解的精神始终保持密切有效沟通，从强化防疫措施和提高通关效率等方面入手，及时协调出台了一系列措施，在确保防疫安全的基础上努力化解过货积压情况。张汉晖说，为进一步提高过货效率，经双方沟通，俄罗斯运输部于2021年11月同意采纳和完善中方提出的"原车不必挂原挂"的建议，在俄罗斯大型运输公司开展试点工作。此举可进一步提高运输车辆周转效率，共同推动缓解口岸运输压力，提升口岸过货水平。

【中俄开启医疗康复领域深度合作】 2022年6月28日，中俄先进医学技术合作研讨会暨中国康复技术转化及发展促进会与俄罗斯国际科技合作之家协会战略合作协议签约仪式在北京和莫斯科线上同时举行。本次中俄医学领域深度战略合作，旨在充分结合双方在科学研究、临床资源、成果转化及政策建言等方面的优势，促进两国生命健康领域的交流合作，进一步加强中俄医疗器械企业与医药企业的贸易合作，同时拓展以中医为代表的中国传统医学发展新路径。中国驻俄罗斯特命全权大使张汉晖表示，希望通过本次合作，努力开启中俄两国乃至世界人民的生命健康事业新篇章。中国工程院院士俞梦孙作了题为《人民健康工程与中医现代化》的主旨发言。俄中友好、和平与发展委员会医学委员会副主席弗拉基米尔·叶戈罗夫和俄卫生部首席康复专家加琳娜·伊万诺娃女士分别介绍了中俄医学领域友好合作的经验和未来在医疗康复方面的合作前景。中俄相关企业负责人就深度开展高端医疗及康复技术业务合作进行了交流。

【第二届中俄医学和健康计量研讨会召开】 2022年7月14—15日，第二届"中俄医学和健康计量研讨会"以视频会议的形式顺利召开。研讨会由国家市场监督管理总局计量司和俄罗斯联邦技术规范与计量署主办。来自中国计量科学研究院、门捷列夫全俄计量科学研究院、全俄计量服务科学研究院、全俄光学物理计量研究院等机构40余位代表参加此次会议。与会代表就共同关注的医学和健康等领域重点议题开展了交流。今年的会议在俄方参会的计量机构以及会议报告总量方面均超过去年。很显然，在新冠肺炎疫情持续背景下，医学和健康是中俄两国计量院共同关注的话题，也是面临的重要挑战之一。中俄两方表达了在该领域开展深入交流与合作的意愿，并希望未来能够携手应对新兴健康计量挑战。

【2022中俄蒙生命健康国际学术研讨会在满洲里召开】 2022年8月4日，由内蒙古自治区科学技术协会、满洲里市人民政府、内蒙古自治区人民医院、俄罗斯鄂木斯克州政府、俄罗斯伊尔库茨克市政府、蒙古国东方省政府、蒙古国卫生部国家肿瘤研究中心临床医院共同主办的2022中俄蒙生命健康国际学术研讨会在满洲里召开。内蒙古自治区科学技术协会主席赵吉、满洲里市人民政府副市长程国斌出席开幕式并讲话。会议采用"线上+线下"方式进行，来自中日友好医院、北京大学第三医院、中国中医科学院阜外医院、北京协和医学院等医院和相关单位代表近100人参加了会议。会议秉持共同构建人类命运共同体、共享优质医疗卫生资源和科技创新成果的理念，以"创新医学科技，推动构建人类卫生健康共同体"为主题，聚焦生命健康领域。赵吉在讲话中指出，生命健康的研究最具跨学科和交叉融合特征，是科技皇冠上的明珠，是对人类智慧极限的挑战。他表示，期待中国的医学科技工作者更多地"走出去"。推动中俄蒙三国医学和健康产业高质量发展是大家的共同愿景，本次会议的举办，必将促进中俄蒙医疗卫生方面成果的交流，进一步提高卫生健康领域的水平，推动三国间的务实合作。

【中俄生物医药高端论坛暨国际药理学大会在哈召开】 2022年8月5—8日，"中俄生物医药国际工程科技战略高端论坛暨第十三届中俄国际药理学大会"在哈尔滨市举行。会议由中国工程院、中俄医科大学联盟、中国药理学会、哈尔滨医科大学共同主办，黑龙江省欧美同学会等10家单位承办。论坛旨在聚焦国际科技前沿，立足和服务国家创新驱动发展战略，围绕如何充分发挥联盟平台优势，深化中俄两国在生物医药领域的交流与合作展开广泛研讨，有助于推动中俄生物医药产业形成创新发展的新局面。中俄医科大学联盟成立于2014年7月1日，由哈尔滨医科大学杨宝峰院士与莫斯科国立谢切诺夫医科大学校长彼得·格雷鲍奇卡院士共同倡议

第一编　中外高级别人文交流机制

发起。联盟涵盖中俄两国120所高水平大学，是中俄两国高校间建立的规模最大、参与人员最广的学术联盟。8年来，该联盟坚持以促进中俄医学交流合作为己任，在医学教育、人才培养、科学研究、医疗新技术研发及人文交流等领域开展广泛合作，取得丰硕成果，受到中俄两国领导人的高度肯定，被写入中俄两国关于发展新时代全面战略协作伙伴关系的联合声明。

【首届中俄医学论坛在郑州举行】
2022年8月27—28日，郑州大学医学国际论坛暨首届中俄医学论坛在河南郑州顺利举行。论坛旨在加强中俄在医学领域的合作，共同推进医学研究事业的发展，为人类的生命健康做出新的贡献。世界联合外科肿瘤学会（WFSOS）主席伊戈尔·列舍托夫、俄罗斯自然科学院院士米哈伊尔·戈尔什科夫、中国工程院杨宝峰院士、王红阳院士、赵铱民院士等二十余位中俄顶级专家学者通过线上线下方式参加了论坛。郑州大学党委常委、副校长韩国河致辞。他首先介绍了郑州大学医学学科历经九十多年的建设发展，其在高等医学人才培养、医学科技创新、医疗服务能力提升等方面取得了显著成绩，为中部地区乃至全国的医学教育和医疗卫生健康事业高质量发展作出了突出贡献。他希望中俄专家学者深化学术交流合作，共同推进医学学科发展，更好地为高等医学教育和卫生健康事业高质量发展作出新的更大贡献。中俄学者围绕医学领域的研究前沿，介绍了新技术、新理论、新方法、新思考。论坛的举办加强了中俄医学领域的学术交流，对郑州大学临床医学世界一流学科的建设发展具有十分积极的意义。

【2022年中俄国际癫痫与神经退行性疾病论坛成功召开】　为加强中俄医药卫生领域合作，促进癫痫与神经退行性疾病领域学术交流，2022年10月22日，由哈尔滨医科大学和中俄医科大学联盟主办的"2022年中俄国际癫痫与神经退行性疾病论坛"在线上召开。来自国内多所高校、医科大学及俄罗斯巴什基尔国立医科大学、中俄医科大学联盟院校的相关领域专家学者，就癫痫及神经退行性疾病的药物治疗、共患病、影像学、外科应用、病因学等方面进行了学术交流。

六　中俄体育交流

【中国男子、女子手球集训队抵俄集训】　2022年4月3日，中国男子、女子手球集训队一行43人抵达俄罗斯首都莫斯科，开启了为期3个月的训练、比赛。此访是2022—2023年中俄体育交流年框架内的重要活动。在俄罗斯手球协会的大力支持下，经过两周的训练、比赛，两支队伍已经展现出了训练成效。中俄希望通过手球交流，增进两国体育界和人民的了解和友谊，为中俄友好作出贡献。按照中俄两国手球协会战略合作备忘录内容，两国手球协会将进一步加强交流合作。

【第二届莫斯科"孔子杯"中国体

育与文化艺术项目大赛在俄举行】 第二届莫斯科"孔子杯"中国体育与文化艺术项目大赛于2022年7月14日在俄罗斯首都莫斯科民族之家和莫斯科儒学专家中心举行。大赛得到了中国驻俄罗斯大使馆、俄中友好、和平与发展委员会等机构的支持。活动不仅展示了功夫、武术、围棋、书法、绘画、中医、茶道、烹饪等中国传统体育和艺术项目,还组织了"俄罗斯孩子眼中的中国""中国孩子眼中的俄罗斯"儿童艺术展,以及体育文化等主题的圆桌会议。莫斯科民族之家负责人谢尔盖·阿努夫里延科对新华社记者表示,俄中两国都是体育大国,都拥有丰富的文化资源。"孔子杯"的活动不仅为向莫斯科民众展示中国传统体育和文化元素提供了平台,同时也为俄中两国民间交流搭建了桥梁。他表示,2022年和2023年是中俄体育交流年,相信作为民心相通的桥梁,"孔子杯"活动的举办对帮助俄罗斯人深入了解中国传统体育和文化,加深两国人民友谊发挥着重要作用。

【中俄人文合作委员会体育合作分委会第22次会议召开】 2022年8月17日,国家体育总局副局长李颖川和俄罗斯联邦体育部副部长莫洛佐夫以视频形式共同主持召开了中俄人文合作委员会体育合作分委会第22次会议,就2022—2023年中俄体育交流年、中俄青少年运动会、金砖国家体育合作等共同关心的问题交换了意见,达成了共识。双方高度评价中俄体育友好关系,表示将落实好两国元首达成的重要共识,共同办好中俄体育交流年,特别是第三届中俄冬季青少年运动会,通过体育交流进一步促进两国民心相通。俄方表示支持中方举办线上金砖国家运动会和金砖国家体育部长会,期待金砖体育合作取得丰硕成果。会上,双方签署了中俄人文合作委员会体育合作分委会第22次会议纪要。中俄人文合作委员会体育合作分委会会议每年召开一次,由国家体育总局和俄罗斯体育部轮流主办。

【首届中俄大学生武术文化交流会举办】 2022年9月15日,由齐鲁师范学院与俄罗斯维亚茨克国立大学、俄罗斯伊热夫斯克国立技术大学联合举办的线上"首届中俄大学生武术文化交流会"分别在山东省济南市、俄罗斯基洛夫州维亚特卡市和乌德穆尔特共和国伊热夫斯克市同时举行。山东省人民政府外事办公室副主任孙业宝代表省政府欢迎俄方两地积极参与此次中俄大学生武术文化交流会,表示愿与俄罗斯合作伙伴共同打造教育国际合作高端平台等一系列重要活动,希望中俄大学生武术文化交流会能够发挥中国传统武术经久不衰的文化魅力和国际影响力,办出自己的特色和品牌。山东省与俄罗斯部分高校联合成立了中俄(山东)教育国际合作联盟,双方建立了常态化交流机制和平台。此次武术交流作为中俄教育合作联盟推动下的又一个重要活动成果,为中俄高校"共话友谊、共商合作"增添了新形式、搭建了新渠道。俄罗斯基洛夫州州长亚历山大·索科洛夫、乌德穆尔特共和国国家政策部长爱德华·彼得罗夫和教育部部长斯韦特兰娜·博洛特尼科娃分别发表致辞。活动期间还举行了齐鲁师范学院与伊热夫斯克国立技术大学"中俄语言文化中心"揭牌仪式。

【2022—2023年"中俄体育交流年"健身气功友好交流活动圆满成功】2022年10月29日,2022—2023年"中俄体育交流年"健身气功友好交流活动圆满成功。该活动由国家体育总局、俄罗斯健身气功联合会举办,武汉体育学院承办,武汉武术学院协办。该活动旨在以"功"会友,分享学习成果,交流两国文化。活动内容主要是对上半年的教学活动进行展演验收,以及项汉平教授与大家分享健身气功的最新科研动态。中俄两国领导人对体育事业的重视极大提升了中俄体育交流的高度、深度和温度,续写了中俄元首外交的又一段佳话。

【中俄冰球友谊赛在莫斯科举办】2022年11月19日,中俄体育交流年主题交流活动——中俄冰球友谊赛在莫斯科举行。中国驻俄罗斯大使张汉晖、俄罗斯体育部长马特钦出席开幕式并致辞。开幕式前,张汉晖亲切会见了中国国家冰球集训队队员,对中国冰球队到俄罗斯集训表示热烈欢迎。张汉晖表示,体育领域合作一直是中俄人文交流的重要组成部分,为增进两国民心相通发挥着越来越积极的作用。马特钦高度赞赏中方在国际体坛旗帜鲜明地反对体育政治化的立场,期待两国在体育领域开展更紧密的合作。他欢迎中国体育健儿积极参加明年将在叶卡捷琳堡举办的世界体育青年联欢节。2022年2月普京总统访华并出席北京冬奥会开幕式期间,两国元首共同宣布启动2022—2023年中俄体育交流年,更加凸显体育交流在传承中俄世代友好、推动中俄关系发展中的重要意义。

【第三届中俄冬季青少年运动会闭幕】2022年12月20日,第三届中俄冬季青少年运动会在长春闭幕。中国代表团的148名运动员分别参加了8个大项45个小项的全部比赛。本届运动会旨在延续中俄双方体育界传统友谊,为培养更多的冰雪后备人才奠定基础。赛场上,双方运动员同场竞技,相互交流,既丰富了比赛经验,又收获了宝贵友谊。中俄冬季青少年运动会是中俄运动员交流切磋的平台,对中国青少年运动员而言,更是提升技术、积累经验的好机会。

【《2022—2023年中俄体育交流年行动计划议定书》签署】2022年12月22日,国家体育总局局长高志丹以视频形式会见了俄罗斯体育部长奥列格·马迪钦,双方回顾了2022—2023年中俄体育交流年取得的丰硕成果,展望了2023年交流年活动设想,共同签署了《2022—2023年中俄体育交流年行动计划议定书》。中国驻俄罗斯大使张汉晖、俄罗斯驻华大使莫尔古洛夫线上出席并致辞。高志丹在致辞中表示,习近平主席和普京总统共同启动了2022—2023年中俄体育交流年,在两国领导人的战略引领下,中俄体育合作深化拓展、亮点频频,竞技体育和奥运合作成果丰硕,群众体育和地方体育交流精彩纷呈,刚刚落幕的第三届中俄冬季青少年运动会掀起了交流年的活动高潮。双方将在交流年框架下开展共计600余项交流活动,涵盖了竞技体育、群众体育、体育产业、体育科研、青少年体育、残疾人体育等各领域，以及两国教育、文化、旅游、卫生、青年、地方合作等其他人文交流项目。

七　中俄媒体交流

【**中俄人文合作委员会媒体合作分委会第十四次会议在线召开**】　中俄人文合作委员会媒体合作分委会第十四次会议在2021年7月29日以视频连线方式召开。两国政府主管部门、中央和地方媒体以及新媒体机构代表40余人参会。会议对上一年度两国媒体合作的进展与成果进行了回顾。去年以来，中俄媒体克服疫情影响，携手并肩，砥砺前行，继续保持良好协作。两国媒体围绕两国高层交往、"一带一路"倡议与"大欧亚伙伴关系"协调发展、疫情防控等重要主题开展积极客观公正的报道，在涉及两国核心利益的问题上仗义执言，为营造有利的国际舆论环境发挥了积极作用。策划实施"2020中俄优秀视听作品互译互播""中俄短视频大赛"等项目，进一步丰富产业合作的内容与形式。展望中俄媒体领域下一步工作，双方一致认为，应加强理念沟通和战略协作，继续在涉及双方核心利益、重大关切的问题上相互支持；加强议题设置，以更加主动的姿态在国际舆论场发出自己的声音，共同捍卫真正的多边主义，弘扬和平、发展、公平、正义、民主、自由的全人类共同价值。双方将进一步创新合作模式，深化节目互译互播、联合制作、图书翻译出版等领域合作，办好品牌媒体项目，拓展新媒体领域合作，激发中俄媒体合作的新动能。

【**2021中俄媒体视频交流活动在哈尔滨举行**】　2021年10月21日，由中俄友好、和平与发展委员会地方合作理事会、中共黑龙江省委宣传部、俄罗斯驻哈尔滨总领事馆共同主办的"睦邻友好与共同未来"2021中俄媒体视频交流活动在哈尔滨举行。中共黑龙江省委常委、宣传部部长贾玉梅，俄罗斯萨哈（雅库特）共和国政府副主席鲍里索夫等参加本次活动。贾玉梅表示，站在新的发展起点上，黑龙江省将紧紧围绕睦邻友好、共同未来这一主题。她希望，中俄媒体要进一步加强互联互通，依托与俄罗斯独特的人缘、地缘、文缘、商缘优势，创新开展形式多样的媒体交流活动，建立健全共建中俄边境媒体交流合作联系机制，积极开展边境媒体、智库交流对话，通过"中俄博览会""中俄电视周""中俄文化大集"等商贸展会推动文化交流、文化贸易，推动中俄媒体交流合作迈出新步伐、开辟新境界，在信息互换、共同采访、联合报道等方面开展务实合作，为构建人类命运共同体贡献媒体力量。

【**促进交流互鉴　深化务实合作——2021年中俄网络媒体论坛成功举办**】　2021年11月22日，2021年中俄网络媒体论坛在北京和莫斯科以视频连线方式召开，论坛围绕"促进交流互鉴　深化务实合作"的主题，共同探讨了互联网媒体发展的趋势、创新与合作等话题。中国国家互联网信息办公室副主任牛一兵，俄罗斯联邦数字发展、通信与大众传媒部副部长切尔科索娃·贝拉·穆哈比耶夫娜，全国政协常委、中国日报社社长兼总编辑周树春出席论坛并发表致辞。据悉，中俄网络媒体论坛举办五年来，积极落实习近平主席和普京总统达成的重要共识，成为引领两国网络媒体、互联网企业交流合作的权威机制性对话平台。深化媒体合作是中俄战略协作和人文交流的重要组成部分。2021年以来，中俄双方在网络媒体交流、网络监管等领域取得了一系列新的重要合作成果。2022年北京冬奥会期间，中俄媒体将进一步深化合作，以新兴科技助力媒体报道比赛盛况。论坛期间，在中国互联网发展基金会的倡议下，两国网络媒体共同达成了《2021年中俄网络媒体共识》。《共识》表示要聚焦两国共同利益，讲好两国友好故事，深化中俄文化交流互鉴，夯实两国关系的民意基础，增强中俄互信；提升中俄网络媒体影响力，拓宽合作领域，创新合作方式，更新报道内容，完善合作机制；积极开发和使用互联网新生代信息技术。今日俄罗斯国际通讯社北京分社社长阿列克谢萨维茨基和央视国际网络有限公司国际传播事业群总经理衣炜作为中俄网络代表共同宣读了《共识》。

【2021年中俄"Magika"媒体节成功举办】 2021年11月29日讯，为促进中俄两国的合作，增进青年之间的交流，近日，由俄罗斯顿河国立技术大学联合中国日报网举办的2021年中俄"Magika"媒体节在云端开幕，与会嘉宾热烈探讨了中俄动漫领域的合作与发展。中国日报网副总编辑李欣在开幕式上表示，中国的动漫电影、在线动漫飞速发展，形成了一整套从创意、制作、发行到衍生品开发等一系列完整的产业链，中国和俄罗斯动画片在各个频道及在线平台上播出。此前，中国日报网曾四次与俄方一道举办了"中俄网络媒体论坛"以及中俄青年营交流营活动，建立了深厚的友谊，加深了中俄两国网络传播媒体间的了解与合作，同时在动漫、漫画、游戏等领域进行了良好的沟通。在中俄圆桌会议上，北京电影学院动画学院院长李剑平和中国传媒大学动画与数字艺术学院动画系主任艾胜英分享了中国的动画产业现状及发展情况。此次媒体节在中俄人文交流合作框架下，推动了中俄动漫产业发展，激发了中俄青年的创意热情，为中俄睦邻友好和新时代中俄全面战略协作伙伴关系发展增加了新的时代内涵。

【中俄青少年迎新年线上联欢会】
2021年12月25日，山东师范大学与俄罗斯圣彼得堡孔子学堂联合举办了"2022年中俄青少年新年线上联欢会"，中俄双方近百名学生线上或线下参演并观看了此次联欢会。中俄青少年代表分享了自己的学习体会和经验，表演了小品、歌曲、舞蹈、情景剧等节目，中间穿插进行了现场知识问答和互动小游戏。中俄青少年建立了网络交流群，并迅速在交流群中展开了活跃的讨论。

【2022年远东媒体峰会举行】
2022年6月10日，"2022年远东媒体

峰会"在俄罗斯符拉迪沃斯托克的远东联邦大学举行。峰会由俄罗斯滨海边疆区政府、远东联邦大学、俄罗斯记协、俄罗斯记协滨海边疆区分会等联合主办。来自中国、俄罗斯、意大利等国家的10多家媒体代表展开交流，主要议题包括"媒体如何在建立睦邻友好关系中发挥作用"等。中国东北网代表表示，希望与俄罗斯媒体伙伴创新合作方式，丰富交流载体，进一步相互支持互换稿件、联合采访、互开专栏；加强新媒体合作，积极讲好中俄睦邻友好故事、传播好中俄睦邻友好声音；推动两国地方艺术团体、智库机构等交流合作，促进中俄各领域合作迈上新台阶。

【中俄人文合作委员会媒体合作分委会第十五次会议在线召开】 2022年7月27日，中俄人文合作委员会媒体合作分委会第十五次会议以视频连线方式召开。国家广播电视总局副局长乐玉成和俄罗斯数字发展通信与大众传媒部副部长切尔科索娃出席会议并作主旨发言。两国中央和地方媒体以及网络视听机构代表40余人参会。会议回顾总结并高度评价2021年以来双方合作开展情况，认为在复杂严峻的国际形势下，两国媒体克服困难、加强协作，取得了积极成效，在新闻报道、内容创作、大型活动等方面相互支持，坚决维护两国共同利益，有力服务中俄关系发展大局。双方签署了会议纪要及《中俄人文合作委员会媒体合作分委会2022—2023年度工作计划》，确定将共同实施中俄青年歌会、中俄头条、网络媒体论坛、主题摄影展等40余个重点合作项目。

【中俄视听传播周成功启动】 2022年11月20日中俄视听传播周成功启动。本届"视听周"由国家广播电视总局、俄罗斯数字发展通信与大众传媒部共同支持，举办了"2022中俄优秀视听作品互译互播"、中俄青年歌会、中俄短视频大赛、中俄动画产业对话会等活动。中国国家广播电视总局副局长乐玉成、俄罗斯数字发展通信与大众传媒部副部长切尔科索娃、俄罗斯驻华大使莫尔古洛夫在启动仪式上发表视频致辞。乐玉成表示，两国视听合作呈现良好发展态势，在联合制作、互译互播、版权贸易等方面不断取得新成果。中方愿与俄方进一步加强视听领域在内容创作、技术研发、营销推广等方面合作，为中俄友好关系发展营造良好舆论氛围。切尔科索娃感谢中方倡议举办"视听周"活动，愿同中方一道继续推动两国视听媒体合作，策划举办务实合作项目。莫尔古洛夫说，面对疫情负面影响，两国媒体积极创新方式方法，推动俄中媒体交流合作不断发展。此次"视听周"活动是双方媒体亮点合作项目，将有益于增进两国人民相互了解。

【2022年第二届中俄"Magika"媒体节成功举办】 2022年12月8日，第二届中俄"Magika"媒体节成功举办。本次媒体节旨在推动中俄动漫产业发展，激发中俄青年的创意热情，创新两国青年的交流合作机制和方式，推进人文合作走深走实，为促进中俄新时代全面战略协作伙伴关系发展、构建人类命运共同体作出更大贡献。本次活动于2022年10月3—9日进行，俄方举行线

下动漫视频设计制作比赛，获胜队伍根据中国日报网发布的任务制作动画视频。通过参与、制作动画视频活动，中俄青年增进了交流和了解，现在"Magi-ka"媒体节已成为中俄人文交流框架下的重要活动之一，也是中俄青年间举办的唯一一个动漫交流活动。

八　中俄电影交流

【俄罗斯电影周开幕式在京举办】
2021年9月6日，为期一周的俄罗斯影片展映活动正式拉开序幕。近年来中俄在各领域的交流与互动愈加频繁，文化领域的"俄罗斯电影周"最受瞩目。此次电影周将于9月6—10日、9月8—12日分别在北京和长沙两地展映影片，《最后的前线》《猎手T34》《边境迷雾》《生死球赛》《89高地》《卓娅》六部俄罗斯反法西斯题材代表作品参加展演。其中《猎杀T34》和《边境迷雾》曾于中国国内上映并获得好评，《猎杀T34》还获得第五届成龙国际动作电影节"钢铁人评委会特别奖章"及"最佳剪辑奖"。这六部电影也是2020年和2021年俄罗斯国内外热度很高的电影。

【2021厦门·俄罗斯电影周开幕】
2021年12月17日，"全年金鸡、全城金鸡"2021年中国金鸡百花电影节系列配套活动"2021厦门·俄罗斯电影周"正式拉开帷幕。本次电影周除了带来为期7天（12月17—23日）的展映外，还首次加入了"短片展映""游园嘉年华"等配套活动，并在北京俄罗斯文化中心设立了分会场。俄罗斯电影周已连续两年在厦门成功举办，在推动中俄电影及文化交流发展上发挥了重要作用。在电影周开幕式现场，俄罗斯电影集团常驻中国代表谢尔盖·博格切夫谈到，俄罗斯电影集团一直十分看重厦门的影视发展与潜力。开幕式结束后播放了《格罗姆少校：瘟疫医生》，其余参加展映的影片是《梦之队》《俄罗斯突袭》《巴尔干边界》。此外，此次电影周的"短片展映"环节，展映了包括俄罗斯国宝级电影大师亚历山大·索科洛夫创作的《帝国》《士兵之梦》等在内的十部短片佳作。12月20日，俄罗斯众多优秀青年导演的短片参与角逐的"最佳短片奖"揭晓，评委会将奖项授予了达利亚·比涅夫斯卡娅编剧执导的《我叫彼得》。

【"2022俄罗斯科幻电影展"在南京展映】　2022年1月14—16日，由南京电影协会主办的"2022俄罗斯科幻电影展"在南京的五大影院展映。参加展映的是6部俄罗斯经典科幻电影：《两栖人》《电子云层下》《暴风雨之星》《通向星际的道路》《死者来信》和《博物馆的来访者》。俄罗斯联邦驻华大使馆新闻官叶戈罗夫先生为本次俄罗斯科幻电影展映活动发来贺辞。他表示："电影在中俄文化交流中一直发挥着重要作用。希望以本次活动为契机，加强中国和俄罗斯在科幻电影、电影文化等方面的交流，一起发现中俄两国优秀的青年电影人，让科幻电影打开新的局面。"

【俄罗斯国立电影大学与北京电影

学院举行了第 12 届国际暑期学校活动】
2022 年 7 月 25 日至 8 月 5 日，俄罗斯国立电影大学与北京电影学院举行了第 12 届国际暑期学校活动，来自中国、俄罗斯、白俄罗斯、哈萨克斯坦、乌兹别克斯坦和其他一些国家的大学生参加了本次活动。暑期学校活动期间，开设了国内外著名电影人主讲的大师班，同时，还提供特邀版权影片展映以及电影项目咨询。国立电影大学动漫和多媒体系主任、第 12 届暑期学校艺术总监叶琳娜·雅列冈科介绍说，今年的暑期学校采取在线和离线混合方式举办。大学生以"亚洲全息幻影"为主题的联合作品非常成功。大家以团队的形式，在 2 周时间里制作出几个长短适中的动画片，充满民族韵味。动漫和电脑绘图教研室主任斯塔尼斯拉夫·索科洛夫对中国大学生赞美有加，认为中国动漫专业大学生的水平很高。暑期学校进展得非常成功，国立电影大学期望继续举办此类活动。

【俄罗斯电影节在京开幕】 2022 年 9 月 26 日，俄罗斯电影节在北京举行开幕式。此次电影节得到了俄罗斯联邦文化与电影署与俄罗斯文化部的支持，中国电影界人士、俄罗斯大使馆代表和记者参加了开幕式。俄罗斯驻华大使馆人文交流处处长多尔日耶夫·安德里扬、中国电影评论学会理事及影评人谭飞、行业专家包冉出席开幕式。中俄两国电影产业从业者进行了线上交流，期待中俄合拍的电影越来越多，打造更多在两国都能口碑与票房双丰收的电影。电影节举办时间为 9 月 26 日至 10 月 15 日，在此期间，中国电影观众可以免费欣赏到包括《绝杀慕尼黑》《莫斯科陷落》《天际行者》《太空救援》《夺命地铁》在内的 17 部俄罗斯经典电影。参展的 17 部电影类型丰富，涵盖科幻、战争、动画电影等，是俄罗斯电影创作繁荣发展的缩影，为中国观众了解俄罗斯电影文化及人文情怀提供了一扇窗口。

【俄罗斯电影佳片大赏在京召开新闻发布会】 2022 年 9 月 26 日，俄罗斯电影佳片大赏在京揭幕。俄罗斯电影佳片大赏已在全世界超过 23 个国家和地区成立。俄罗斯联邦文化部、电影制作与数字发展部总监德米特里·达维登科，俄罗斯驻华大使馆人文交流处处长安德里扬·多尔日耶夫，俄罗斯国家电影公司的 CEO 英娜·沙利托，网络视听专业委员员、影视及网络视听行业专家包冉，中国电影评论学会理事及影评人谭飞等出席发布会，畅聊两国的影视文化合作为中俄文化交流谱写的新篇章。发布会采用线上加线下的方式进行交流，中俄双方嘉宾纷纷表示愿以此次活动为契机，相互学习借鉴电影摄制经验，不断加深电影合作，进一步促进两国文化友好交流。安德里扬·多尔日耶夫致辞表示，此次活动为双方电影人提供了相互交流学习的机会，中俄电影界的交流也会更加务实。英娜女士对未来两国电影文化的交流寄予厚望，期待中俄两国展开深入合作。

【第二届中俄动画产业对话会举办】
2022 年 12 月 1 日，第二届中俄动画产业对话会以视频连线方式举办。此次活动是广电总局和俄罗斯数字发展通信与大众传媒部共同支持的"2022 中俄视听传播周"项下活动之一，由中华广播影视交流协会、中国动画学会、俄罗斯动画协会共同主办。近30家中俄动画制作机构、播出平台、衍生品研发公司的50余名代表参会，围绕"加强内容合作共筑中俄友谊""推动产品交流共谋产业发展"两个主题进行深入交流、洽谈合作。活动展示并推介包括《熊猫和开心球》《大运河奇缘》《神秘世界历险记》《背包历险记》《恐龙城市》《宇宙的奥秘》等在内的近百个动画项目，就进一步推进联合制作、版权贸易、译制播出、衍生品开发等达成合作共识。

【俄罗斯符拉迪沃斯托克市举办首届中国动画片节】 2022年12月12日，首届符拉迪沃斯托克市中国动画片节在"乌苏里"影院隆重开幕。此次活动由符拉迪沃斯托克市政府和中国驻符拉迪沃斯托克总领馆共同举办，为期一周，中方提供《白蛇：缘起》《熊出没：变形记》和《熊出没：重返地球》3部动画电影，在当地"乌苏里"和"电影院"两个场地放映。开幕式上，符拉迪沃斯托克市副市长斯婕格尼、中国驻符拉迪沃斯托克总领事朴扬帆先后致辞，符拉迪沃斯托克第十三、四十二、四十七三所学校的学生们观看了《白蛇：缘起》。斯婕格尼副市长表示，相信电影的魔力能使俄罗斯观众更好地了解伟大的邻邦中国。朴扬帆总领事表示，动画领域交流是中俄人文合作的重要组成部分。今年是中国动画诞生一百周年，一百年来，中国动画取得了巨大进步，众多优秀作品成为经典。希望此次动画片节能帮助俄罗斯小观众领略到不一样的文化，成为他们人生路上一段美好的中国记忆。总领馆愿继续与符拉迪沃斯托克市政府密切协作，促进中俄互学互鉴，推动世代友好薪火相传。

九　中俄旅游交流

【中国和俄罗斯人文合作委员会旅游合作分委会第十八次会议召开】
2021年11月11日，中国文化和旅游部副部长张旭与俄罗斯旅游署署长多古佐娃以视频方式共同主持召开了中俄人文合作委员会旅游合作分委会第十八次会议。张旭表示，在两国元首战略引领下，中俄携手并肩、和衷共济，克服疫情带来的不利影响，在更大范围、更宽领域、更深层次上推进双边关系发展。过去一年里，两国旅游领域合作机制高效运行、相关品牌活动蓬勃开展、多边框架下合作顺利进行。就未来合作而言，他建议双方应继续发挥中俄旅游合作分委会、中俄蒙旅游部长会晤等机制的引领作用，扩大中俄文化大集、"万里茶道"等品牌活动的影响力，加强在上海合作组织、金砖国家等多边框架下的协作，以务实举措推动中俄旅游合作健康、可持续发展，以更多实际成果为推动中俄新时代全面战略协作伙伴关系实现更高水平发展注入更多正能量。多古佐娃高度评价了分委会机制在推动俄中旅游合作中发挥的重要作用。她表示，俄方高度重视俄中旅游合作，愿与中方共同努力，在相互理解、信任的基础上，继续积极开展多种形式合作，交流经验、分享成果，推动两国旅游合作创新发展，造福两国人民。

【2022 中国·黑瞎子岛中俄旅游发展研讨会顺利召开】 2022 年 8 月 1 日中国·黑瞎子岛中俄旅游发展研讨会在抚远召开。抚远市委副书记、市长范继涛到会致辞，文化和旅游部审读组成员、原国家旅游局综合司司长张坚钟，黑龙江省文化和旅游厅副厅长、党组成员何大为，哈巴罗夫斯克边区旅游部部长蓬图斯等参加研讨会。范继涛表示，黑瞎子岛的联合保护与开放开发一直备受两国关注。作为中俄共拥的内陆界岛，黑瞎子岛是对俄经贸、旅游合作的最佳平台。抚远始终把中俄旅游合作作为黑瞎子岛开放发展的重要内容，未来将围绕创建 5A 旅游景区，全面深化对俄合作，集中发展精品旅游项目，共同打造国际旅游岛。蓬图斯表示，中国是俄罗斯在旅游领域最重要、最主要的合作伙伴，两国互为主要客源市场和旅游目的地，希望本次研讨会的召开能进一步密切两国在旅游领域的合作关系，加强中俄旅游界的务实交流。

【2022 年中俄文旅产品推介会在黑河市举办】 2022 年 8 月 23 日，2022 年中俄文旅产品推介会在黑龙江省黑河市成功举办。本次推介会是第十二届中俄文化大集的子活动之一，由黑河市人民政府、黑龙江省文化和旅游厅、俄罗斯阿穆尔州经济发展与对外联络部联合主办。中俄两国共 14 个城市以线上推介的形式进行交流，共同谋划今后中俄文旅产业发展大计。此次推介会打破以往中俄边境口岸城市相互宣传旅游资源产品的惯例，将推广触角延伸到广东珠海、云南腾冲等内地城市，同时把黑龙江省直面俄罗斯的五个重要节点城市连成一线，成为既有边境网络，又有拓展纵深的对俄文旅资源产品矩阵，对俄罗斯游客构成强大吸引力，为今后开展中俄深度跨境游奠定了基础。俄罗斯整合阿穆尔州、布拉戈维申斯克市等七个城市旅游资源产品，特别是适合中国人旅游度假的精品线路，在本次推介会中做了集中展示。双方在会后积极对接，研判跨境旅游发展形势及合作事宜。

【"中国旅游文化周"暨"天涯共此时——中秋节"双主题活动在莫斯科举办】 2022 年 9 月 1—15 日，在中国文化和旅游部"中国旅游文化周"和"天涯共此时——中秋节"活动框架下，中国驻莫斯科旅游办事处和莫斯科旅游图书馆共同举办了"中国旅游文化"主题推广活动。持续半个月的活动分线上、线下两个部分同步进行。通过数字资源，精准推送当地民众喜爱的内容，举办"中国图书展览"、画灯笼等现场活动，向图书馆赠送俄语版中国文化和旅游类图书、地图册、宣传折页和俄文中国杂志等纸质资料。此外，设置"中华文化展示柜"，摆放书籍、杂志、文化和旅游外宣文创衍生品，并特别陈列《流浪地球》《港珠澳大桥》《我和我的祖国》《中国机长》等影片，生动地展示了中华文化符号，向俄罗斯读者更直观地呈现出一个活力洋溢的现代中国以及当代中国人的精神风貌，与世界分享中国经验、中国智慧、中国方案。活动丰富了读者阅读活动形式，使他们生动直观地看到中国的壮丽山河和历史古迹，感受中华文化的魅力。

【2022"走近东北虎豹·共建生态

文明"会议进行】 2022年11月23日,2022"走近东北虎豹·共建生态文明"中俄专家线上交流活动举行。针对东北虎豹跨境保护工作,中俄知名专家学者围绕合作机制建设、野生种群调查监测数据共享、虎豹保护管理救助、人与野生动物和谐共生、志愿巡护队伍建设等内容进行了广泛深入的研讨。国家林草局东北虎豹监测与研究中心副主任、东北虎豹生物多样性国家野外科学观测研究站副站长等专家表示,中俄双方通过长期持续的科学监测,发现虎豹种群在国境线两边都快速增长,希望双方签署北京师范大学和虎豹国家公园科研合作长期协议,共同完成中俄虎豹种群数据(2016—2022年)联合分析,联合撰写和发布中俄跨境区域虎豹种群报告。建议双方扩大科研合作范围,筹备出版相关学术专著、图册。

十 中俄档案交流

【档案领域合作纳入中俄联合声明】 2021年6月28日,国家主席习近平在北京同俄罗斯总统普京宣布发表《中华人民共和国和俄罗斯联邦关于〈中俄睦邻友好合作条约〉签署20周年的联合声明》(以下简称《声明》),正式决定《中俄睦邻友好合作条约》延期。《声明》是指导中俄关系在新形势下继续向前不断发展的一份重要的纲领性文件。《声明》第七条明确将"深化两国档案领域合作"作为加强两国人文交流的重点落实任务之一,充分体现了两国政府对档案工作的高度重视。《中俄睦邻友好合作条约》签署20年来,两国档案领域合作积极平稳地发展,取得了丰富务实的成果,合作机制也从工作组提升到政府间分委会。《声明》为新时代中俄档案领域合作注入了动力,将有力推动两国档案部门进一步加强合作。国家档案局有关负责同志表示,将准确把握新时代中俄关系对档案工作的要求,继续加强与俄罗斯档案部门的沟通与协调,稳步落实《2021—2025年中俄档案合作分委会工作大纲》中的各项任务,创新合作方式,丰富合作内容,不断提高合作水平,推动两国档案领域合作取得新成果,为进一步深化中俄新时代全面战略协作伙伴关系贡献力量。

【俄驻华大使向国家档案局转交历史档案】 2021年6月28日,国家档案局局长、中央档案馆馆长陆国强近日会见了俄罗斯驻华大使安德烈·杰尼索夫一行。杰尼索夫向陆国强转交了俄罗斯联邦档案署署长阿尔基佐夫给陆国强的信,亲手将俄罗斯联邦档案署查找到的中国共产党早期历史档案——递交到陆国强手中,并予以讲解。他表示,2019年俄罗斯联邦档案署将1949年中华人民共和国开国大典彩色影像档案送交给中方,引发两国热烈反响。俄方将会提供更多的档案材料,以增进双方档案合作交流,丰富新时代中俄关系内涵。杰尼索夫表示,俄中两国历史有着紧密的联系,中共六大会址常设展览馆在俄罗斯民众中非常受欢迎,参观游客络绎不绝。陆国强表示,非常感谢俄方档案部门克服新冠疫情影响，在短时间内查找整理出这些珍贵的历史档案。在喜迎中国共产党成立100周年之际，这份礼物可谓珍贵，体现了俄罗斯政府和俄罗斯档案同行对中国共产党成立100周年的真诚祝福。我们一定保管好、利用好这些珍贵档案资料，并发挥好它们的价值，让中国人民了解俄罗斯人民对我们的深情厚谊。双方还就此前签订的《2021—2025年中俄档案合作分委会大纲》涉及的相关工作进行了沟通。双方一致认为，今年是《中俄睦邻友好合作条约》签署20周年，将为中俄两国档案领域合作提供非常有利的条件，推动两国档案部门之间的合作在更高水平、更深层次持续发展。

【俄罗斯国家社会政治史档案馆将重要档案复印件赠送给中方】 2021年10月1日，俄罗斯国家社会政治史档案馆在中国成立72周年招待会上将一份1928年通过的中国共产党章程原版复印件赠送给俄罗斯中国企业家协会。俄罗斯国家社会政治史档案馆副馆长玛丽娜·阿斯塔霍娃表示，苏共与中共关系的历史还没有得到充分研究。她说："从与中国共产党的关系角度看，苏联共产党的许多资料都未得到研究，在列宁、托洛茨基、季诺维也夫、斯大林的著作中可以找到很多细节。还有很多工作需要做，但这很有意思。我们保存有大量文件，也有一些非常稀有的文件，因为当时，这些文件仅打印了2—3份。我们已将部分保存的文件提供给中国共产党。"

【中俄人文合作委员会档案合作分委会第五次会议召开】 2021年10月11日，中俄人文合作委员会档案合作分委会第五次会议以视频会议形式召开。中国国家档案局局长陆国强与俄罗斯联邦档案署署长阿尔基佐夫共同主持会议，中俄两国档案合作分委会成员，外交部档案馆、中央军委办公厅档案局有关负责同志，俄罗斯外交部历史文献局、俄罗斯联邦武装力量档案局代表，以及中俄地方档案部门代表等参加会议。陆国强表示，过去一年，虽然新冠疫情仍在蔓延，线下的交流受阻，但是中俄两国关系迈上了新台阶，档案领域的合作和交流不断深化。6月28日，习近平主席与普京总统共同发表《中俄睦邻友好合作条约》签署20周年的联合声明，首次写入"深化两国档案领域合作"，这既是对近年来中俄两国档案部门合作交流成果的充分肯定，也对进一步深化两国档案领域的合作寄予了厚望。在中国共产党百年华诞之际，俄罗斯联邦档案署转交了与中国共产党早期历史有关档案，中方也向俄罗斯联邦档案署提供了有关档案的复制件。两国外交部门分别在线上举办了"庆祝《中俄睦邻友好合作条约》签署20周年"档案文献展。中国档案部门举办了多种形式的展览展示活动，用档案见证历史，讲好中俄两国人民友谊的故事，为进一步密切两国关系贡献了档案力量。阿尔基佐夫表示，普京总统和习近平主席共同发表的《联合声明》，强调了两国档案合作的重要作用。俄方高度评价中方所做的大量工作，认为近年来双方开展了很多务实工作，中俄档案合作取得了突破性进展。相信在双方的共同努力下，中俄档案领域合作将取得更多新成果。双方回顾了分委会第四次会议以来两国档案领域合作情况，通报了《2021—2025年中俄档案合作分委会工作大纲》的执行情况，就继续加强两国档案领域务实合作交换了意见。双方商定继续查找并交换对方感兴趣的档案复制件，于今年共同举办纪念东方劳动者共产主义大学和中国劳动者共产主义大学100周年线上展览，在2022年上半年共同出版《中苏文化关系档案汇编（1949—1960年）》中文版和俄文版，抓紧开展《中苏经济关系档案汇编（1949—1959年）》的编辑工作，继续加强地方档案部门之间的合作。会后，两国档案部门的负责人共同签署了会议纪要。

【2021年中国中俄关系史研究会年会】 2021年11月12—13日，中国中俄关系史研究会与清华大学中俄战略合作研究所在北京会议中心联合主办了"中国中俄关系史研究会年会暨《东方—俄罗斯—西方：历史与现实》（中俄文版）、《俄藏档案文献与中共创建史》发布研讨会"。中国社会科学院近代史研究所、中国社会科学院边疆研究所、中国社会科学院世界历史研究所、中国社会科学院俄罗斯东欧中亚研究所、新华社、中央党史和文献研究院以及清华大学人文社科学院（中俄战略合作研究所）、北京大学国际关系学院、中国现代国际关系研究院、北京外国语大学等数十所科研院校的五十多位专家参加了会议。会议由中国中俄关系史研究会第五届理事会会长季志业研究员和清华大学原副校长倪维斗院士致开幕辞。会上发布了研究会编辑的两部论文集《东方—俄罗斯—西方：历史与现实》《中俄关系的历史与现实—俄藏档案文献与中共创建史》。俄罗斯俄中友协领导、俄罗斯科学院远东研究所、东方手稿研究所及圣彼得堡彼得大帝理工大学、俄罗斯经济大学、俄罗斯东方文献出版社等相关专家、领导见证了文集的发布，从学术研究的层面一致肯定了两部文集在中俄相关学术研究领域的助推作用。专家们从中俄关系史的研究方法、民国中苏关系史问题、中俄关系的现状、当代俄国政治以及当代中俄关系的发展等各方面发表了精彩的演讲，分享了各自最新的研究成果。此外，会议表决通过了《中国中俄关系史研究会新章程》，选举了中国中俄关系史研究会第六届理事会常务理事，选举邢广程为第六届理事会会长，选举陈开科为第六届理事会秘书长。

【中俄人文合作委员会档案合作分委会第六次会议召开】 2022年8月31日，中俄人文合作委员会档案合作分委会第六次会议以视频会议形式召开。国家档案局局长陆国强与俄罗斯联邦档案署副署长尤拉索夫共同主持会议，中俄两国档案合作分委会成员，外交部档案馆、中央军委办公厅档案局有关负责同志，俄罗斯外交部历史文献局、俄罗斯联邦武装力量档案局代表以及中俄地方档案部门代表等参加会议。陆国强表示，中国国家档案局愿同俄罗斯联邦档案署一道，在中俄人文合作委员会框架下，推动档案领域务实合作不断取得新成果。尤拉索夫表示，近年来，中俄两国档案领域合作取得了一系列成果。俄方感谢中方对俄罗斯档案部门工作的支持，希望俄中档案工作者共同努力，取得更多成绩。双方回顾了分委会第五次会议以来两国档案领域合作情况，通报了《2021—2025年中俄档案合作分委会工作大纲》的执行情况，就继续加强两国档案领域务实合作交换了意见。双方商定继续查找并交换对方感兴趣的档案复制件，共同出版《中苏文化关系档案文献汇编（1949—1960年）》中文版和俄文版，继续做好《中苏经济关系档案汇编（1949—1959年）》的筹备工作，持续加强地方档案部门之间的合作。会后，陆国强和尤拉索夫共同签署了会议纪要。

十一　中俄青年交流

【中俄青少年舞蹈杂技艺术节在北京举行】　2021年4月23日，中俄青少年舞蹈杂技艺术节在北京牛栏山一中举行。中俄双方青少年演员在舞台上为观众表演了具有各自民族特色的舞蹈及杂技，演出形式多样，亮点纷呈。小演员们动作精湛，表演大方，展现出高超的才艺，精彩的演出博得观众们的阵阵掌声。为了打造此次精品演出，中俄两国青少年艺术团在国内舞蹈作品中优中选优，在艺术和作品形式上严格把关，充分展现了两国不同的文化魅力。本次活动为两国青少年提供了深入了解、增进友谊的文化交流良机。

【中国·俄罗斯—中外青少年人文交流邀请展在北京举行】　2021年9月18日，《"纯洁的冰雪　激情的约会"中国·俄罗斯—中外青少年人文交流邀请展》开幕式在北京举行。北京奥运城市发展促进会秘书长付晓辉、北京俄罗斯文化中心主任卡西亚诺娃主任、北京金台艺术馆馆长袁熙坤以及近百名中俄青少年出席了活动。邀请展是"中外青少年人文交流活动"系列活动之一，围绕"纯洁的冰雪　激情的约会"的冬奥主题，旨在鼓励各国青少年通过美术作品弘扬和传播奥林匹克精神，让冬奥会的魅力带动青少年参加体育运动、增强体质、健全人格、锤炼意志，营造校园美育体育发展的良好社会氛围。活动得到了多个国家驻华大使馆及北京奥运城市发展促进会的支持。北京俄罗斯文化中心主任卡西亚诺娃女士在致辞中说道，此次活动给孩子们提供了相互认识与更多了解两国文化的机会。中国和俄罗斯青少年创作的251幅"北京冬奥"主题作品参展，来自中俄两国的青少年们分别用汉语和俄语朗诵了现代奥林匹克运动之父顾拜旦所著《体育颂》，共同创作了一幅美术作品。卡西亚诺娃女士和袁熙坤先生共同为画作用中文与俄文题词"纯洁的冰雪　激情的约会"，两国青少年们互赠礼物，以表达中俄友谊代代相传的心愿。活动在中国与俄罗斯的学生们精彩的文艺表演中落下帷幕。

【"2021中俄大学生艺术联欢节"颁奖典礼暨展演活动在吉林长春举办】2021年10月14日，"2021中俄大学生艺术联欢节"颁奖典礼暨展演活动在吉林省长春市以线上线下相结合的形式举办。本次活动在中国教育部和俄罗斯联邦科学与高等教育部的指导下，由中国教育国际交流协会和俄罗斯圣彼得堡国立经济大学主办，吉林大学承办。活动主题为"青春乐章——献礼《中俄睦邻友好合作条约》签署20周年"。中国教育国际交流协会会长刘利民和俄中友好协会第一副主席加林娜·库利科娃向中俄两国大学生发来视频，勉励两国青年为促进民心相通，推动构建人类命运共同体贡献力量。中国教育国际交流协会副会长、秘书长王永利、吉林大学常务副校长郑伟涛现场出席颁奖典礼并致辞。俄罗斯联邦科学与高等教育部国际合作司副司长尤里·拉斯佩尔托夫、圣彼得堡国立经济大学校长伊戈尔·马克西姆采夫线上视频致辞。"2021中俄大学生艺术联欢节"自2021年8月启动以来，中方35所高校、俄方55所高校选送199个文艺节目。经过专家组评审，最终评选出中俄共有46个金奖节目，119个优秀节目。来自中俄20所高校的19个文艺节目参加颁奖典礼之后的展演，中俄两国青年学生以歌舞、器乐、朗诵、戏剧等多种形式的表演充分展现两国优秀文化和当代大学生风采。"中俄大学生艺术联欢节"作为中俄"国家年""语言年"在教育领域的机制化项目，自2003年启动以来，受到两国大学生的热烈欢迎，有效增进了中俄两国青年学生的相互了解和友谊。本次活动通过线上会议平台面向中俄参展高校和吉林省高校进行全程直播。

【"2021中俄儿童创意节"优秀作品展开幕】 2021年11月29日，作为中俄"国家年""语言年"在教育领域的机制化项目，中国教育国际交流协会与俄罗斯伊万诺沃国际儿童院共同主办的"2021中俄儿童创意节"优秀作品展开幕活动以线上线下结合方式举行。此次活动以"畅想2049——中俄建交百年"为主题，邀请中俄两国青少年以绘画、摄影、动画、微电影等方式抒发对中俄两国未来的美好憧憬和祝福。创意节的主题带领两国青少年跨越时空来到2049年，共同畅想两国建交百年的时刻。活动收到了约1.4万份作品。经专家评审，上千份作品脱颖而出，其中365件作品参与线下和云端展览。活动彰显了中俄青少年对两国未来的美好憧憬和践行《中俄青少年世代友好宣言》的决心。1.4万名俄中青少年参加了此次活动。双方还将100件作品进行电子封存，约定于2049年中俄建交百年之际共同开启。

【2021年中俄青年创业孵化器交流项目"云论坛"在渝举行】 2021年12月8日，中俄青年创业孵化器交流项目"云论坛"在重庆举办。本次活动由中华全国青年联合会和俄罗斯青年联盟共同主办，俄罗斯青年联盟乌里扬诺夫斯克分部主要负责人，中国国际青年交流中心、团市委、重庆市青年联合会相关负责人以及俄罗斯青年企业家和部分重庆青年企业家、创业青年代表参加活动。本次活动以数字产业、低碳经济、中俄贸易为主题。"俄罗斯支点"中小企业家联合会乌里扬诺夫斯克分会主席等俄方代表介绍了乌里扬诺夫斯克经济发展的情况。中关村大数据产业联盟副秘书长、专家委员会主任陈新河以《数字经济时代的大数据创新创业》为题为企业家授课。双方企业家代表纷纷为项

目作了详细介绍。中俄青年创业孵化器项目连续4年落地重庆，为重庆青年创新创业、对外交流提供了强大力量。双方将以此次活动为契机，进一步深化交流互促、拓展合作空间，为两地乃至两国友好交流贡献更多青春力量。

【中俄青年发展论坛在北京举办】
2022年4月21日，由全国青联、俄罗斯"国际合作领袖"组织主办，外交学院承办的中俄青年发展论坛在北京举行。来自中国和俄罗斯的青年组织负责人代表、青年企业家代表、国际关系等领域青年专家代表，以及百余名中俄优秀青年参加了论坛。中国政府欧亚事务特别代表、中国原驻俄大使李辉，全国青联副主席、共青团中央书记处书记傅振邦，外交学院院长徐坚，俄罗斯驻华大使安德烈·杰尼索夫等出席活动并致辞。李辉在致辞中强调，青年是国家的希望、民族的未来，保持中俄关系发展势头、将世界引向正确方位需要两国青年贡献力量。傅振邦在致辞中指出，面对全球性挑战，中俄青年对历史最好的纪念，就是沿着历史前进的正确方向担当责任、创新行动，做世代友好的生力军、多边主义的捍卫者、共同发展的先锋队。论坛上，12位中俄青年代表围绕"引领数字经济·青年奋斗""捍卫数字安全·青年担当"和"应对国际失序·青年作为"等议题进行了发言，深入探讨中俄青年如何响应全球发展倡议，加强数字经济等领域交流合作，如何树立共同、综合、合作、可持续的安全观，捍卫真正的多边主义、构建人类命运共同体等重要议题。

【中俄青年论坛在莫斯科举行】
2022年4月25日，"中俄关系未来无限"青年论坛在莫斯科举办。为了庆祝中国共产主义青年团成立100周年，积极推进中俄青年友好交流，中国驻俄罗斯大使馆与俄罗斯联邦青年事务署、俄罗斯青年联盟共同举办本次论坛。中国驻俄罗斯大使张汉晖在现场致辞中表示，中国共青团成立之初，就同俄罗斯青年运动建立了紧密联系，此后中俄两国青年和青年组织间始终保持着密切联系，特别是近年来青年交流与合作已成为中俄关系的重要组成部分。俄罗斯联邦青年事务署副署长普拉东诺夫表示，俄中青年交流拥有悠久的历史和广泛的合作基础。近年来，在俄中人文合作委员会青年合作分委会的领导下，俄罗斯联邦青年事务署与中方密切配合，推动两国青年合作事业保持蓬勃发展。愿同中方一道开展更多青年交流活动和项目，相信两国青年合作将取得更多丰硕成果。俄罗斯青年联盟主席克拉斯诺鲁茨基表示，俄罗斯青年联盟热烈祝贺中国共青团成立100周年。加强同中方在青年领域的合作是俄罗斯青年联盟的优先事项之一。除了"中俄关系未来无限"主论坛，活动下设"经济发展造福人民""体育交流年一起向未来""科技创新引领时代"三个分论坛，以及中俄文化体验项目和美食节等多个环节。论坛期间，中国留俄学生总会和全俄公共青年组织"俄罗斯大学生联盟"签署并互换《合作谅解备忘录》。

【第11届"俄语日"在广州举办】
2022年5月28日，由广东外语外贸大学俄语中心和俄罗斯联邦驻广州总领事馆共同主办的第11届"俄语日"暨

"中俄体育交流年续写两国友好新篇章"短视频大赛颁奖仪式在线上举办。广东外语外贸大学党委书记、校长石佑启在致辞中指出，本次"俄语日"是在2022—2023年"中俄体育交流年"主题框架下举办的，对进一步推动中俄人文交流发展，促进中俄新时代全面战略协作伙伴关系继续深入具有非常重要的意义。俄罗斯联邦驻广州总领事馆总领事亚历山大·切尔诺乌索夫在致辞中对广东外语外贸大学俄语中心的工作给予高度肯定，连续十届"俄语日"活动和一系列推广俄语和俄罗斯文化的活动，不仅成为了普及俄语、传播俄罗斯文化的桥梁纽带，更为两国青年相互了解提供了广阔平台。

【中俄青少年线上知识竞赛在哈尔滨举行】 2022年6月1日，俄罗斯远东国立交通大学与哈尔滨市第六中学共同举办了《中俄青少年线上知识竞赛》。活动旨在以知识竞赛的形式加深中俄双方青少年的友谊，构建起中俄青少年沟通交流的桥梁，建立愈加成熟、稳定、坚韧的中俄关系。知识竞赛分别在俄罗斯远东国立交通大学和哈尔滨市第六中学设立分会场。哈尔滨市南岗中学等学校的师生线上观摩了竞赛。中华人民共和国驻俄联邦哈巴罗夫斯克总领馆总领事崔国杰在致辞中赞扬了主办学校为两国外语教学做出的贡献，并希望参赛的同学增进了解、加深友谊、加强中俄两国的文化交流，为中俄友谊之树常青贡献力量。

【中俄少年儿童主题绘画展开幕】 2022年9月28日，上海市青少年活动中心携手俄中友协哈巴罗夫斯克分会、哈巴罗夫斯克对外友协等单位，共同举办的"和平友谊未来"2022年中俄少年儿童主题绘画展在线上线下同时拉开帷幕。活动共收到了来自上海以及黑龙江、山东、江苏、广东等地区的中国少年儿童201份绘画作品，来自莫斯科、圣彼得堡、哈巴罗夫斯克等地的俄罗斯少年儿童100余幅优秀画作。孩子们用绘画描绘出了对友谊的珍视，对未来的期许和对和平的向往。

【"我眼中的家乡"中俄青少年交流活动举办】 2022年9月28日，由青岛市人民对外友好协会、俄中友好协会彼尔姆分会共同举办的"我眼中的家乡"中俄青少年交流活动在中国青岛、俄罗斯彼尔姆分别设会场举行，旨在增进两市青少年友谊，打造两市青年友好交往品牌。两个友好城市在近20年的友好交往中，通过互访、高校合作、夏令营等活动，友谊不断深化。2014年，青岛二中经国家汉办审批在俄罗斯彼尔姆二中建立的孔子课堂，成为俄罗斯中学里开设的第一所孔子课堂。活动中，中俄同学分别用对方语言介绍了自己所在城市的历史和自然景观。青岛的同学们演唱了歌曲，为整个活动画上了圆满的句号。

【"2022中俄大学生艺术联欢节"颁奖典礼及展演活动在俄罗斯圣彼得堡举办】 2022年11月2日，"2022中俄大学生艺术联欢节"颁奖典礼及展演活动在俄罗斯圣彼得堡成功举办。本次活动由中国教育国际交流协会和圣彼得堡国立经济大学共同组织，活动主题为

"青春乐章——保护中俄文化遗产"。中国教育国际交流协会刘利民会长在致辞中表示，中俄人文交流，特别是青少年交流活动取得丰硕成果，为中俄两国关系健康发展注入了新的动力与活力。"中俄大学生艺术联欢节"已成为中俄人文交流的品牌与名片，为深化两国青年交流理解、传承中俄世代友好作出了重大贡献。他勉励两国青年积极参与联欢节活动，争做深化两国人民理解和友谊的先锋与桥梁，共同创造中俄两国和世界的美好明天。中国教育部国际合作与交流司席茹副司长表示，中国教育部愿与俄罗斯科学与高等教育部、中俄两国高校同仁一道，大力支持两国青年学生的交流活动，搭建更多相互了解的平台。俄罗斯联邦科学与高等教育部国家青年政策与教育司涅格洛娃副司长充分肯定了联欢节有效推动两国青年合作事业的发展，增进两国青年的相互了解和友谊的作用。

【2022年"中俄青年创业孵化器"交流项目年度论坛举办】 2022年11月25日，由中华全国青年联合会和俄罗斯青年联盟共同主办的2022年"中俄青年创业孵化器"交流项目年度论坛，以线上线下结合方式在中国国际青年交流中心举办。活动以"深化伙伴关系 创新助力发展"为主题，中俄20余个项目承办城市代表和青年企业家代表100余人参加了活动。全国青联副主席傅振邦、俄罗斯青年联盟主席巴维尔·克拉斯诺鲁茨基、俄罗斯青年事务署副署长巴维尔·阿布拉莫夫出席了论坛全体会议并致辞。傅振邦在致辞中表示，"中俄青年创业孵化器"交流项目启动实施以来，为培养两国青年创新创业人才，促进两国青年在创新创业领域的务实合作，不断丰富中俄人文交流内涵作出了积极贡献。新形势下，两国青年组织应当持续深入抓好孵化器项目，找准务实合作痛点堵点，提升工作实效，积极带动两国地方青年交流，不断开创中国和俄罗斯共同繁荣的光明未来。俄罗斯中国总商会会长、中诚通国际投资有限公司总经理周立群和进出口商协会俄中委员会主席、"全部来自中国"公司经理安德烈·科甘就中俄贸易政策和发展情况作主旨发言，展望了未来合作前景。论坛还围绕数字经济等议题开展了专题讨论

【"2022中俄大学生艺术联欢节"颁奖典礼及展演活动举办】 2022年12月2日，由中国教育部、俄罗斯联邦科学与高等教育部指导的"2022中俄大学生艺术联欢节"颁奖典礼及展演活动以线上线下结合的方式在俄罗斯圣彼得堡市举办。本次活动主题为"青春乐章——保护中俄文化遗产"，经过推荐报名、遴选，进入最终展演环节的中俄高校共计17所，中方7所。西安交通大学入围作品2项，数量并列第一，其中舞蹈节目《只此青绿》获金奖、合唱节目《山楂树》获优秀奖，学校获优秀组织奖。颁奖典礼及展演活动由中国教育部、俄罗斯联邦科学与高等教育部指导，中国教育国际交流协会会长刘利民、中国教育部国际合作与交流司副司长席茹、俄罗斯联邦科学与高等教育部国家青年政策与教育司副司长涅格洛娃等出席颁奖

典礼。"中俄大学生艺术联欢节"自2003年启动以来,已成为中俄人文交流的品牌与名片,为深化两国青年交流理解、传承中俄世代友好作出重大贡献,有效推动了两国青年合作事业的发展,增进了两国青年的相互了解和友谊。

十二 中俄地方交流

【2021辽宁中俄经济文化座谈会在沈阳召开】 2021辽宁中俄经济文化座谈会于2月20日在沈阳召开。会议旨在纪念《中俄睦邻友好合作条约》签订20周年,搭建辽宁省对俄经贸和人文交流平台。座谈会由辽宁省人民对外友好协会、辽宁省人民政府外事办公室、铁岭市人民政府和俄罗斯驻沈阳总领事馆共同主办,会议采取线上线下相结合的方式进行。会议在沈阳市设主会场,在大连市、本溪市、丹东市、铁岭市、葫芦岛市分别设分会场。与会代表就开展对俄罗斯经贸、投资和人文等领域友好交流与合作进行了深入研讨和交流,推介了一批对俄经贸、人文合作项目。辽宁省政协第十届、第十一届副主席,辽宁省中俄友好协会会长高鹏表示,希望此次活动能够推进辽宁省对俄罗斯各领域交流与合作向纵深发展。俄罗斯驻沈阳总领事契尔年科表示,尽管疫情情况比较复杂,辽宁省与俄罗斯的合作仍不断发展,双边经贸往来持续增长,在运输与物流方面取得了重要成就,人文和文化交流活动丰富多彩。会议期间,辽宁省中俄友好协会与铁岭市开发区签署了《合作备忘录》,丹东两岸边民互市贸易合作社与俄罗斯农业食品有限责任公司签署了《战略合作协议书》。

【中俄青少年"云端合唱"促进音乐美育交流】 2021年6月8日,第五届"冰上丝绸之路"远东中俄青少年艺术交流周暨第十二届"春之声"中俄青少年"歌在飞"合唱交流系列活动结束线上展演。此次,千余名中俄青少年相聚云端、纵情高歌,促进了两国地区间的音乐美育交流。中国黑河市与俄罗斯布拉戈维申斯克市被誉为"中俄双子城",此次活动由黑河市教育局与布拉戈维申斯克市教育局共同举办,是两市教育部门在合唱教育方面的突破性尝试。黑河市各学段共有38个优秀作品进行网上视频展演,布拉戈维申斯克市8个作品参加线上展演。两国青少年通过互联网欣赏节目、交流情感,把对美好生活的热爱融入歌声之中。中俄两地区的教育部门希望通过此次活动,进一步加强文化艺术交流,携手促进两国儿童青少年全面发展。

【中俄地方合作交流论坛暨中俄友城合作论坛在哈举行】 2021年6月16日,中俄地方合作交流论坛暨中俄友城合作论坛在哈尔滨举行。中俄友好、和平与发展委员会地方合作理事会中方主席、省委书记、省人大常委会主任张庆伟出席开幕式并致辞,俄方主席单位雅罗斯拉夫尔州政府副主席阿夫杰耶夫代表米罗诺夫主席、中国政府上海合作组织事务特别代表兼上合组织中方国家协调员孙立杰大使和中国人民对外友好协会副会长宋敬武分别致辞。张庆伟表示，在习近平主席和普京总统的顶层设计、正确引领和直接推动下，中俄全面战略协作伙伴关系进入历史最好时期，为双方地方合作带来了崭新机遇。中俄地方合作交流论坛暨中俄友城合作论坛，旨在进一步落实两国元首达成的共识，为中俄地方间交流搭建有效平台，把中俄地方合作理事会打造成两国地方合作最重要、最活跃的渠道。阿夫杰耶夫在致辞中说道，两国全方位互利合作不断拓展深化，俄方将借助欧亚经济联盟和"一带一路"建设对接机遇，深化双方在经贸、人文等领域合作，助力两国地方合作迈上新台阶。孙立杰代表外交部对论坛的召开表示祝贺。他说，黑龙江为促进中俄地方合作发挥了重要作用，已经成为中俄务实合作的亮丽"名片"和连接两国民心的坚实"纽带"。宋敬武在致辞中表示，中俄两国地方合作是双边关系的重要组成部分，也是中俄关系发展的重要增长点。开幕式后，举办了中俄地区经贸、投资、科技、工业企业对接会等活动。

【2022年中俄数字经济高峰论坛暨佳木斯市平行论坛举行】 2022年中俄数字经济高峰论坛暨佳木斯市平行论坛于11月1日在建三江米都大厦举行。论坛由中国科学技术协会、俄罗斯科学工程协会联合会、黑龙江省人民政府共同主办。论坛以"数字农业、中华粮仓"为主题，围绕科技农业、绿色农业、质量农业、品牌农业领域，探索数字经济在现代农业中的应用，开展论坛交流、现场互动、签订战略合作协议等活动，旨在务实推进中俄两国在数字经济领域的深度合作，打造中俄科技创新合作新生态，助力建设高标准佳木斯国家农业高新技术产业示范区。

【2022辽宁中俄经济交流会成功举办】 2022年11月29日，由辽宁省人民对外友好协会、铁岭市人民政府和俄罗斯驻沈阳总领事馆共同主办的"辽宁中俄经济交流会"以视频会议的形式举行。省政协第十届、第十一届副主席、辽宁省中俄友好协会会长高鹏到会并作重要讲话，俄罗斯驻沈阳总领事契尔年科、铁岭市政府副市长丁一楠、俄中友协伊尔库斯克分会会长阿夫捷耶夫等分别在活动上发表致辞。本次活动以"赓续传统友谊·畅通海陆通道"为主题，中俄双方各界人士紧紧围绕国内国际两个市场、两种资源和各自特色优势，进行了深入交流和研讨。高鹏指出，辽宁省中俄友好协会紧紧围绕辽宁省委省政府中心工作，秉承服务经济社会发展大局的理念开展对俄罗斯民间友好工作，深度参与"中蒙俄经济走廊"建设，提升地方合作水平，为中俄"新时代全面战略协作伙伴关系"贡献辽宁力量。契尔年科表示，今天的交流会是加强辽宁与俄罗斯双边合作的重要一步。俄罗斯将积极发展与中国在远东和西伯利亚区域间的联系，扩大全球运输和贸易路线，吸引更多中国投资和技术。

【烟台举办2022中俄经贸与人才交流会】 2022年12月1日下午，烟台市举办了2022中俄经贸与人才交流会，来自俄罗斯的工商界企业家代表、莫斯科国立大学等多所高校的专家与烟台部分商协会以及农业、生物技术、医疗等行业企业进行了线上交流。交流会由中国国际贸易促进委员会烟台市委员会主办，俄罗斯全俄发展中心、俄罗斯亚洲工业家与企业家联合会协办。烟台与俄罗斯在经贸、科研、教育、人文交流等领域开展的务实合作不断迈上新台阶。中俄双方希望以后在农业、生物技术、新能源、人工智能、计算机等领域建立多种形式的合作交流。现场还成功举行了引才专员签约仪式。

（撰稿人：张朝意、周旋）

中美人文交流

一 中美教育交流

【复旦大学和弗吉尼亚大学举办中美关系研讨会】 2021年1月12日，复旦大学和弗吉尼亚大学合作举办了"重启中美关系的时刻到了？——拜登政府时期的中美关系"研讨会。会议聚焦探讨拜登政府的执政能否使日益紧张的美中关系朝着新的、更积极的方向发展。数百位全球预约报名的线上参会者和众多在校师生来到复旦大学的美国研究中心参加此次活动。会议分为"美国和中国的国内政治"与"对于中美关系的意义"两个环节。与会专家普遍认为，在拜登任期内，中美两国有望在一些全球性问题上加强合作，同时，中美双方应该加强互信，妥善处理分歧，寻求合作的新机遇，推动中美关系健康稳定地向前发展。这次研讨会为中美两国专家提供了一个重要的交流平台，有利于推动中美关系健康稳定发展。

【中美教育合作未来展望论坛举办】 2021年1月16日，中国教育国际交流协会出国留学服务分会联合南南国际教育智库研究院在线举办了中美教育合作未来展望论坛。美方教育专家强调了美国高等教育系统一直以来对国际学生的欢迎态度，包括对中国留学生的欢迎。这一点对于加强中美教育合作、促进相互理解和推动中美关系发展具有积极意义。会议强调了教育和文化交流对中美关系的重要性，并为中美教育合作提供了新的理论和展望。通过加强教育交流，中美两国可以促进人才培养、知识传递和文化交流，为两国关系的深化和友好合作打下坚实基础。

【美国华盛顿州塔科马市林肯中学校长向习近平致信】 2021年初，中国驻旧金山总领馆向美国华盛顿州塔科马市林肯中学校长埃尔文转达了国家主席习近平对该校师生的新春祝福，希望他们继续加强交流，成为中美人民友好的桥梁和纽带。埃尔文校长在春节前夕致信习近平主席，汇报了近年来对华交流情况并表达新春祝福。他回顾了2015年习近平主席访校并赠送礼物、邀请学生访华的经历，以及学生们难忘的访华经历和被北京大学录取等情况。埃尔文指出，习近平主席希望两国学生发挥引领作用，成为两国相互支持和共同恢复关系的榜样，而塔科马市和福州市的友好关系也展现了合作的典范，应在两国间分享。

【美国中西部中国留学人员举行元宵节联欢晚会】 2021新春期间，中国驻芝加哥总领馆和美国中西部地区各高校中国学生学者联谊会共同主办新春美国中西部地区中国留学人员元宵节联欢晚会。来自美国中西部9个州高校的中国留学人员和艺术家献上了精彩节目。中国驻芝加哥总领事在晚会致辞中表示了对留学生们的关心和鼓励，并传递了祖国对海外留学人员的关怀。美国中西部地区10所大学的校长也为晚会送上了新春祝福。

【美国特洛伊大学携兵马俑走进《国家宝藏》】 2021年2月18日，美国特洛伊大学携带其校园内的兵马俑复刻品参加了央视《国家宝藏》第三季国宝盛典。特洛伊大学展示了他们校园内的兵马俑复刻品，向观众展示了这一中国文化遗产在美国的风采。自2016年以来，特洛伊大学校园内的两百尊兵马俑复刻品见证了校园内发生的各种故事和活动。这种中西文化的交融使得特洛伊大学校园内形成了奇妙而浪漫的氛围，并将继续传承下去。特洛伊大学携手校园内的兵马俑复刻品为观众带来了这次新的"相遇"，展示了特洛伊大学在推动中美人文教育交流方面的积极参与。

【第四届哥伦比亚大学中美国际教育论坛于线上举行】 2021年3月20日，第四届哥伦比亚大学中美国际教育论坛在线上举行。哥伦比亚大学教育学院校长Thomas Bailey教授、全国政协常委、副秘书长、民进中央副主席朱永新教授和华东师范大学教授、博士生导师、上海纽约大学名誉校长俞立中先生担任主旨演讲嘉宾。本次论坛以"打破陈规，探索教育新航向"为主题，共包含六大分论坛，涵盖了公益组织与农村教育、教育创新、教育科技、多元化教育、幼儿教育和低龄留学等主题，深度剖析了中国现阶段教育存在的问题、中美教育界的联系以及未来教育展望等。

【"重塑中美教育交流"研讨会举办】 2021年3月25日，中国教育国际交流协会在北京举办了"重塑中美教育交流"研讨会。会议围绕"中美教育交流现状""中美学生双向流动的限制因素""中美关系紧张对教育交流的影响"和"展望后疫情时代中美教育交流"四个议题展开讨论，并强调了中美教育交流的重要性，讨论了中美学生双向流动现状、限制因素以及中美关系紧张对教育交流的影响。与会代表提出了加强合作、打破障碍、促进民心相通的建议，并分享了各自高校在教育交流方面的经验和成果。该研讨会就中美教育交流进行深入讨论，并提出了促进双方合作和解决限制因素的建议，致力于重塑中美教育交流，推动双方教育合作走上正轨。

【北京大学和乔治城大学两校学生共论"全球发展与文化对话"】 2021年4月16日，北京大学中外人文交流研究基地与乔治城大学美中全球议题对话项目合作在线上举办了"中美关系的未来：全球发展与文化对话"活动。活动旨在促进中美青年之间的交流和理解。活动分为两组进行深入研讨，讨论的议题涵盖了中美文化交流和全球发展。通过讨论，与会者不仅在文化交流和全球发展方面展开了深入思考和交流，也表达了对未来中美交流的期待。同时，该活动也鼓励与会者在信息时代保持理性、独立和清醒的态度，为中美关系的发展作出贡献。

【《中美人才培养计划》"121项目"第十八届学生毕业典礼举行】 2021年6月22日，《中美人才培养计划》"121项目"第十八届学生毕业典礼在南京师范大学举行，该活动由中国教育国际交流协会、中教国际教育交流中心和美国州立大学联合主办。主办单位对毕业生在疫情期间的表现表示赞赏，肯定了中美大学生双向交流项目的意义和成果，强调了中美交流和友谊的重要性，希望学生把个人理想和追求融入国家的发展中，鼓励毕业生成为中美两国友谊的使者。

【第六届中美高校图书馆合作发展论坛举行】 2021年7月16—17日，第六届中美高校图书馆合作发展论坛在广东广州召开，由中国高校人文社会科学文献中心与美国中国图书馆员学会共同主办。论坛以"疫情常态化与后疫情时代高校图书馆文献与服务"为主题，旨在反思和探索疫情对高校图书馆的影响以及如何在后疫情时代提供更好的文献与服务。与会的中美高校图书馆员们围绕这些议题展开了深入的讨论和交流，分享了疫情背景下高校图书馆文献信息资源建设、服务方面的短板、问题、应对措施以及经验和未来资源与服务的新方向。同时，也讨论了疫情背景下文献资源与服务的跨校、跨国合作经验，以及其他危机下的文献建设与服务的历史经验。此次论坛为中美高校图书馆员们提供了一个重要的学术交流平台，促进了两国图书馆界的合作与发展。

【第十四届中美大学生交流论坛IMUSE举行】 2021年8月23日，第十四届中美大学生交流论坛在线上举行，论坛由IMUSE组委会主办，全国青年联合会国际部副部长周际、全国青联国际部项目官员杨伊凡、能源基金会首席执行官兼中国区总裁邹骥，以及来自清华大学、北京大学、麻省理工学院、韦尔斯利学院等17所中美知名高校的专家和优秀青年学子出席。本次论坛以"向善而行——全球议题的青年行动"为主题。会议认为快速发展的全球化趋势将带来更加包容、多元的国际关系格局，青年们应加强沟通交流、消除成见，助力建立良好的中美关系。双方代表聚焦公共健康、气候变化与商业向善三方面议题，通过互动交流，深入探讨了中美两国未来发展中的问题与解决方案。

【第六届中美青年学者论坛召开】 2021年9月22日，第六届中美青年学者论坛在北京正式开幕，由环球时报社、美国卡特中心和北京大学中外人文交流研究基地共同主办，旨在促进中美青年学者之间的交流与合作。在开幕式上，与会者强调了当前中美关系面临的困境，并希望青年学者能够发挥更多的作用，加深对两国国内政治变化的了解，认识到相互了解和重建互信的必要性。与会者认为，管理好中美关系关系到世界的前途命运，每个关心两国和世界未来的人都应该努力使中美关系保持稳定。中美之间的竞争应该是关于如何成为更好的自己，而不是争夺主导地位或支配国际秩序。他们呼吁中美双方推动改革，提高治理水平，使两国民众都能享受到最好的政策成果。

【美国肯恩大学校长受邀参加中国

驻纽约总领馆国庆庆祝活动】 2021年9月30日,为庆祝中华人民共和国成立72周年,中国驻纽约总领馆举办线上庆祝活动,邀请领区各界人士一道共话友谊。美国肯恩大学校长拉蒙·雷波雷特受邀发表了视频祝福。他表示,教育合作是促进不同国家人民和文化之间理解与合作的最佳基础,温州肯恩大学的成功则展示了中美之间的紧密联系。他认为,这一独特的伙伴关系为中美创造了更好的文化交流条件,而他也期待着与中国继续合作推动该校发展。

【教育部部长怀进鹏应邀请出席教师专业国际峰会】 2021年10月19日,教育部部长怀进鹏应美国教育部部长卡多纳邀请,以视频方式参加了2021年教师专业国际峰会,该峰会由美国教育部、经济合作与发展组织和国际教师工会联盟共同举办。来自15个国家的教育部部长、官员和教师协会代表共同讨论教育发展的重要议题。怀进鹏部长在会上强调,中国政府将坚定不移地扩大教育对外开放,希望与世界各国共同建立全球教师交流互鉴的平台。此外,中国政府还致力于加强数字资源的建设与共享,有效应对当前疫情带来的挑战,以更好地适应新时代教育发展的需求。教师专业国际峰会已然成为各国教育政策制定者和教师进行交流对话的重要平台,促进了全球范围内教育领域的合作与发展。

【中美省州大学校长研讨会举行】
2021年10月21日,中美省州大学校长研讨会在北京举行,来自中美各地的校长和代表出席会议,共同探讨了在当前国际形势下如何持续促进中美省州高校间的合作与交流,扩大两国民间教育交流的影响力。会上提出了关于中美教育的倡导和建议,包括在推动学科和师资队伍建设、创新人才培养模式、推动中美学分互认等方面的积极探索,为中美高校开展深层次、宽领域、实质性的交流搭建了平台。此次会议还就通过创新思维和信息技术等方法稳固和开拓中美高校间合作以及通过教育合作促进地方经济与人文交流合作等主题展开了研讨和交流。通过圆桌会议,与会代表达成共识,即中美省州大学将构建新时代的国际合作交流立体平台,积极开展教师交流,建立优势学科联盟,继续推动优质教育资源共享,提高国际课程质量,培养具有国际化视野的人才。

【国家主席习近平夫人彭丽媛向天津茱莉亚学院校园落成典礼致贺信】
2021年10月26日,天津音乐学院和美国茱莉亚学院合作设立的天津茱莉亚学院和天津音乐学院茱莉亚研究院举办了校园落成典礼,国家主席习近平夫人彭丽媛向该校致贺信。她在信中表示,中美双方加强教育合作,有利于培养更多优秀人才,增进文化交流互鉴,传播艺术和友谊。因此,中美两国应广泛开展人文交流,促进两国人民相知相亲,为中美两国人民友好注入动力。

【教育部部长怀进鹏会见美国茱莉亚学院荣誉院长一行】 2021年10月29日,教育部部长怀进鹏会见来访的美国茱莉亚学院荣誉院长、天津茱莉亚学院理事会主席约瑟夫·波利希一行。怀进鹏积极评价了茱莉亚学院与天津音乐学院开展的办学合作,肯定了双方在培养高水平音乐艺术人才、促进中美艺术互鉴方面的成效。双方表达了继续携手促进中美教育交流和人文交流的共识。

【中美化学教育双边论坛召开】2021年11月27日，中美化学教育双边论坛于线上召开，论坛由中国化学会、美国化学会与中国国际科技交流中心共同主办。论坛通过中国化学会视频号等网络平台进行了直播，累计6万余人次观看直播。以"面向未来的化学教育"为主题，论坛邀请中美两国知名化学教育家就基础化学教育和高等化学教育进行研讨，以期促进中美两国在化学教育领域的交流与共同进步，引起中美两国相关部门及社会公众对化学教育的关注和思考。

【中美职教院校校长对话活动开展】2021年12月1日，中美职教院校校长对话活动在南京工业职业技术大学举办，来自江苏美国高职教育合作联盟的14所高校以及美国的15所高校共100余名代表通过网络视频的方式参加了这次活动。江苏美国高职教育合作联盟表示，将不断完善中美高校合作机制，共同探索符合中美教育发展趋势的人才培养合作模式，进一步扩大中美人文交流和人才流动。在对话活动期间，"江苏美国高职教育合作联盟"揭牌仪式以及南京工业职业技术大学与美国加州太平洋学院签订合作协议等活动也相继举行。

【第三届"中美大学智库对话"会议举行】2021年12月7—8日，第三届"中美大学智库对话"会议在线上举行，由复旦大学美国研究中心和圣地亚哥加州大学21世纪中国研究中心共同主办，来自中国复旦大学、北京大学、清华大学、南京大学、中国人民大学5所大学，以及美国圣地亚哥加州大学、普林斯顿大学、耶鲁大学、南加州大学4所大学的中美双方学者参加。会议围绕美国总统拜登上任后第一年中美关系评估、中美关系面临的挑战、中美关系的历史经验和重要原则、中美关系中的机遇及如何在战略竞争中促进合作等议题展开热烈学术讨论。与会学者认为两国在各领域都要开展深入坦诚的对话，并在应对全球性挑战和国际地区问题上加强协调合作，并提出新形势下处理中美关系的新框架。此次活动是中美两国高端学术交流活动的重要组成部分，为进一步促进中美相互理解起到了推动作用。

【第五届哥伦比亚大学中美国际教育论坛于线上举行】2022年3月26—27日，第五届哥伦比亚大学中美国际教育论坛在线上举行。本届论坛以"Embrace the Essence of Education——以不变应万变，教育不离其宗"为主题，共包含四大分论坛，涵盖了教育创业、心理教育、素质教育与创新教育四个主题，致力于探讨如何回归教育的本质，为中美两国的教育专家和观众提供了交流的平台和探索教育新理念的机会。

【中美高等教育合作暨《中美人才培养计划》工作研讨会召开】2022年3月31日，中美高等教育合作暨《中美人才培养计划》工作研讨会以线上线下相结合的形式举办。会议就《中美人才培养计划》项目21年来的成果进行了讨论，分享了各高校执行项目的成效和经验，并对未来项目的发展提出思考和建议，强调了对中美教育交流的持续重视，鼓励开展多主体、多模式、多领域的合作。同时，与会者分享了各自的实践成果，就项目的未来发展提出了宝贵的思考和建议，也强调了筑牢底线意识和提高风险应对能力的重要性。中教国际教育交流中心主任在会上报告了《中美人才培养计划》项目2021年的工作情况和2022年的工作计划，并提出了未来5年工作的重点是"提质创新，做好高水平对外开放"。最后，会议呼吁各项目院校继续以《中美人才培养计划》为纽带，保持中美教育合作交流的持续性，并以国际化人才培养为基础，推动高校国际化的全面发展。

【**美国人杰克向全球讲述武当故事获"最具魅力奖"**】 2022年4月10日，"汉语桥"全球外国人汉语大会——故事会颁奖典礼在杭州举行，美国人杰克以讲述武当故事的形式获得"最具魅力奖"。他在比赛中介绍了自己与武当山的渊源，并讲述了对道教文化的理解。该大会由教育部中外语言交流合作中心主办，杭州文化广播电视集团承办，旨在为世界各国中文学习者提供一个展示中文能力的舞台。

【**《中美人才培养计划》"121项目"第十九届学生毕业典礼顺利举办**】 2022年6月15日，《中美人才培养计划》"121项目"第十九届学生毕业典礼在线上举行，邀请了来自80多所中美高校的校领导、国际处和学院负责人等约500人出席。各方代表纷纷发表致辞，对毕业生们取得的成就表示赞赏，并鼓励他们在未来继续为中美人文交流做出积极贡献。本届毕业典礼的举办对展示人才联合培养成果、巩固中美高校之间的合作关系起到了积极的作用。

【**中美高等教育交流与合作的展望分论坛召开**】 2022年6月18日，南京大学—约翰斯·霍普金斯大学中美文化研究中心成立35周年线上会议举办，联合国全球契约责任管理教育原则倡议组织（PRME）全球委员、中美中心校友黄海峰教授作为召集人主持了分论坛——"中美高等教育交流与合作的展望"。与会者包括活跃于中美外交、高等教育、政策研究、外交与智库方面卓有成就的中美专家学者。活动围绕中美高等教育交流与合作展开，包括主旨演讲和对话环节。主题涵盖了中美高等教育合作的现状、重要性以及司徒雷登的教育理念对合作的启示。与会嘉宾分享了对中美高等教育合作前景的看法，并就如何更好地认识中美文化研究中心的核心价值进行了讨论。

【**"重启美中教育交流"研讨会于线上举办**】 2022年8月18—19日，美国腹地协会（US Heartland China Association）与中国驻美大使馆联合组织了"重启美中教育交流"（US-China Education Exchange: Preparing for Re-opening）研讨会，20余所中美高校参会。本次研讨会讨论了在当前百年未有之大变局与世纪疫情相互交织、中美关系面临诸多挑战的背景下，两国如何共同推进中美高校互动，中美应如何在高等教育领域重启交流、开拓合作等问题。

【**北京外国语大学和摩根国立大学共同举办中美学生全球健康联合研究论坛**】 2022年9月29日，中美学生全球健康联合研究论坛于线上召开。论坛以全球健康为主题，就新冠疫情期间美国和中国地方公共卫生应急管理进行了比较分析、对中国和美国对西非国家经济共同体的医疗援助——贝宁案例进行了讨论，探讨了世界卫生组织在新冠疫情期间的表现，并对中美公共卫生援助在新冠疫情期间进行了比较研究。

【中美高校对话会召开】 2022年11月26日，由中国高等教育学会和华中科技大学联合主办的中美高校对话会在武汉召开，来自中美两国近30名专家学者参加了讨论。会议以"后疫情时代流动性、教学与科研合作"为主题，就如何营造合作氛围、探索更加开放包容、互惠共享的合作形式、推动构建全球高等教育新格局等议题进行了讨论。会议总结指出，中美两国要共同促进交流合作，增强流动性，接受双方之间的不同和独一无二的特点，有包容性地加深中美相互理解，携手解决全球性挑战，建立一个更好的高等教育模式。

【中美人才计划会议召开】 2022年12月2日，中美人才计划会议在线上举行，该会议由教育部组织，中教国际教育交流中心与美国州立大学与学院协会承办，吸引了重庆大学、苏州大学等50多所国内高校参加。会议肯定了中国高校与美国高校在"中美人才计划"项目上取得的成绩和成果，鼓励中国高校展望国际化人才培养与国际化师资队伍建设前景，更加精准、深入地与美国高校开展合作，拓宽合作广度与深度。同时，会议强调了中美应加强高校学术交流与科研合作，通过教师队伍国际化实现人才培养国际化、教学管理国际化以及学校发展国际化。此外，各高校畅谈了与美国高校合作的现状、项目模式、发展规模，希望在"中美人才计划"平台上互鉴、互帮、互助，担负起教育部"中美人才计划"的使命和责任，这种平等互利、合作共赢的精神将有助于推动中美教育领域的进一步发展和合作。

【中美高校教师汉语文化研究与教学论坛召开】 2022年12月10—11日，国际中文教育交流周重要活动"中美高校教师汉语文化研究与教学论坛"在厦门举办，由厦门大学—美国普渡大学以线上形式联合主办，汉考国际、中文联盟协办，来自全球17个国家和地区、167所高校和研究机构的135位专家学者及高校师生参与其中。这场论坛聚焦国际中文教育的前沿理论和实践问题，与会者就国际中文教育的体系化建构、语言学与专用中文教学、互动语言学在汉语二语教学中的应用等方面展开了深入研讨。论坛还设有主旨论坛、分论坛、圆桌论坛和工作坊等多个议程，涵盖了广泛而深入的议题。通过这些活动，学者们就国际中文教育的新动态、挑战和前景进行了深入交流和探讨。闭幕式上，中美学者共同倡议成立了中美高校国际中文教师学会，旨在团结和组织热心的国际中文教育工作者，共同促进中美人文交流。

【首届全美中文教育成果展收官】 2022年12月11日，首届全美中文教育直播成果展在线上举办。此次成果展由美国国际文教学会（AAICE）主办，美国中文教师协会（CLTA）和汉考国际（CTI）协办，共有来自美国47个州和加拿大的4000余名师生参与。活动特别邀请了多名业内专家和顾问咨询委员，以及美国教育界的专家和评委们对精选直播作品进行点评。经过评选，共有370余项作品在全美中文教育成果展的网站上公开展示，其中250余项作品参与了现场大展盛典。本次成果展的主题为"中文之乐"，旨在全方位展现学生学习中文和中华文化的风采。此次中文成果展为国际中文教育提供了活动范例。

二 中美科技交流

【**美国科技媒体"协议"（Protocol）问卷调查结果显示美国科技企业希望与中国合作**】 2021年3月15日，美国科技媒体"协议"（Protocol）发布了针对美国科技行业从业人员的调查问卷结果，该问卷内容包括如何看待美国科技产业的作用、与中国的合作、人工智能等相关问题，受访者为全美1578名科技界人士。调查结果显示，57%的受访者认为美国对中国科技企业的限制措施做得过头，60%的受访者认为美国科技企业应该与中国科技公司开展更紧密的合作，58%的受访者认为与中国的相关对抗将给美国科技企业带来损害。美国哥伦比亚大学教授、可持续发展中心主任杰弗里·萨克斯在网上发表的题为《为何美国应寻求与中国合作》的署名文章指出，美国与中国及其他国家合作带来的收益远大于对抗。

【**中国科学院院长与美国国家科学院院长举行视频会晤**】 2021年4月1日，应美国国家科学院提议，中国科学院院长、中国科学院学部主席团执行主席侯建国与美国国家科学院院长玛西亚·麦克纳特（Marcia McNutt）举行视频会晤。侯建国指出，中美两国科学院一直保持着良好的合作关系，双方在前沿及热点科学问题研讨、科技发展战略咨询和政策对话等方面有着长期而卓有成效的交流合作。会晤中，双方围绕前沿科学、城市可持续发展、空间科学等领域继续举办联合研讨会等事项达成初步共识，并就联合国《生物多样性公约》第十五次缔约方大会、利用中国500米口径球面射电望远镜联合开展天文学研究、推动两国青年科学家及学生交流以及开展科研伦理对话等议题进行了深入研讨。

【**第六届创新使命部长级会议部长级圆桌会召开**】 2021年5月31日，第六届创新使命部长级会议部长级圆桌会以线上方式召开，智利能源部部长胡安·卡洛斯·霍韦特主持会议，中国科技部部长王志刚、美国能源部部长詹妮弗·格兰霍姆等20余个国家和国际组织的高级别代表出席会议并致辞。王志刚在致辞中表示，创新使命部长级会议在过去5年为促进全球清洁能源发展作出了重要贡献，未来10年是全球发展清洁能源、应对气候变化的关键10年，创新合作仍然是创新使命部长级会议第二阶段的主题词。王志刚呼吁创新使命部长级会议各成员继续加强清洁能源技术研发合作、加强知识和信息共享、持续推动清洁能源技术的市场化应用，突破制约清洁能源大规模发展的关键技术瓶颈，同时要帮助更多国家发展清洁能源，最终实现全面改善能源结构，保障能源安全，促进绿色发展的愿景，共同建设更加清洁美丽的地球家园。

【第九届全球云计算大会·中国站举办】 2021年6月16—18日，第九届全球云计算大会·中国站在宁波举办。大会中，近40位专家、学者以及企业家代表的演讲吸引了千余位企业家代表参会。在本届全球云计算大会主论坛上，国家发改委国际合作中心副主任刘建兴等十余位专家围绕数字经济发展、数据与人工智能在未来的应用、混合云的首次应用、数字化赋能中国制造等话题进行了探讨。

【科技部副部长黄卫会见中国美国商会总裁毕艾伦一行】 2021年7月20日，科技部副部长黄卫会见了中国美国商会总裁毕艾伦（Alan Beebe）及商会部分会员企业代表。双方就中美科技关系、外资企业参与中国科技创新等话题进行了交流。黄卫表示，中国将继续努力改善科技创新生态环境，为外资企业在华开展技术创新合作创造良好条件。黄卫指出，中美科技合作是互利共赢的，希望中国美国商会继续发挥桥梁作用，加强两国相互了解和理解，推动美国对华交往合作，促进两国企业间研发合作和良性竞争，实现共同发展。毕艾伦介绍了中国美国商会的近期工作，表示愿继续为促进两国理解和沟通多做努力，为相关领域的科技创新交流与合作创造条件，携手有效应对全球挑战。

【第六届科技外交官创新资源对接活动举办】 2021年11月18日，由北京市科学技术委员会、中关村科技园区管理委员会指导、北京技术交易促进中心主办、创为信国际技术咨询（北京）有限公司承办的第六届科技外交官创新资源对接活动以线上方式举办。活动以"汇聚全球生物医药创新资源，共促北京国际科技创新中心建设"为主题，旨在实现生物医药领域国际创新资源的精准对接，推动国际先进技术与成果在北京落地转化，打造有影响力的国际创新合作平台。来自美国等多个国家和地区的专家围绕"生物医药国际创新合作的新趋势、新机遇与新路径"主题展开对话，共同分析生物医药领域国际合作的趋势挑战及特色做法，为北京地区加强生物医药国际创新合作带来启示。

【中美土壤学会双边合作工作组成立大会召开】 2021年12月7日，第八个世界土壤日后首个工作日，中美土壤学会双边合作工作组成立大会以视频会议的形式隆重召开。中国土壤学会理事长张佳宝院士和美国土壤学会主席乌利（April Ulery）教授代表中美土壤学会分别致辞，对中美土壤学会双边合作工作组的成立表示热烈的祝贺，并对工作组提出了殷切的希望和要求。会上，中美双边工作组成员就会议交流、双边互访、项目合作和出版共享等方面展开讨论，积极推进中美土壤学会双边国际合作与交流工作。大会确定了中美土壤学会双边合作工作组首届成员，为全面推进中美土壤学会双边合作奠定了坚实的基础，对中国土壤学会加强国际合作与交流具有重要意义。

【中国科学院与美国得克萨斯大学的科研团队在《美国国家科学院院刊》上合作发表文章】 2022年2月22日，中国科学院深圳先进技术研究院团队与美国得克萨斯大学奥斯汀分校科研团队在《美国国家科学院院刊》杂志上合作发表文章，题为《利用细菌载体进行肿瘤靶向零背景光声成像》，实现了活体深层组织肿瘤靶向零背景光声成像。在本项工作中，研究人员提出了一种名为"GPS"的策略，为基因编码开关蛋白真正走向活体应用提供了思路。"GPS"方法为细菌等活细胞在体光声成像提供了全新范式，可通过光开关蛋白信号差分策略，消除血液背景干扰，提升目标检测灵敏度和特异性，并利用细菌载体靶向归巢能力，为肿瘤内基因药物可视化提供新手段。

【科技部副部长、国家外国专家局局长李萌主持召开外国专家建言座谈会】 2022年2月25日，科技部副部长、国家外国专家局局长李萌主持召开外国专家建言座谈会，来自美国等多个国家的11位在京工作的外国专家围绕中国国际人才交流、科技管理、学风建设和科研伦理等方面提出了具体的意见和建议。李萌在总结讲话中强调，中国将继续加大开放创新的步伐，积极主动融入全球创新网络，加强在科技研发、知识产权保护等方面的创新政策对话，加大国家科技计划开放力度，支持海外科学家参与国家科技计划项目，支持中外科学家开展联合研究，希望在华工作的外国专家当好科技合作和人文交流的民间大使，把新时代的中国全面展现给世界。

【美国斯坦福大学和天津大学等单位的科研团队在《科学》上合作发表文章】 2022年3月24日，来自美国斯坦福大学和中国天津大学、首都医科大学附属北京天坛医院等单位的科研团队在《科学》杂志发表了题为《拓扑超分子网络实现可拉伸有机电子器件的高导电性》的文章。中美科学家通过合作，首先研制了本征可拉伸电极材料，并开展了肌电记录、软体动物信号记录和大脑核团精准定位等生物医学领域的系列性研究。这种创新性导电聚合物材料加工成的柔性电极和柔性电子器件不仅能助力神经外科手术更加精准，而且可以作为脑机接口中记录神经界面电信号、实施精准刺激的关键技术，有望在脑科学研究与临床应用中发挥重要作用。

【中国科学技术大学—美国化学会精准化学联合论坛举办】 2022年5月27日，中国科学技术大学—美国化学会精准化学联合论坛在线上举办。中国科学技术大学副校长杨金龙和美国化学会出版部高级副总裁萨拉·泰根（Sarah Tegen）出席论坛并致开幕辞。双方宣布将开展合作，筹备创办全球首本精准化学英文学术期刊《精准化学》（Precision Chemistry），共同推进精准化学领域的学科发展和国际交流。本次论坛聚焦精准化学的核心研究主题如精准计算、精准合成、精准组装、精准调控等。中美双方专家分别介绍了各自在精准化学领域的最新研究成果并分享了对于这一理念的思考和未来期望。基于此次论坛的举办，中国科学技术大学化学与材料科学学院与美国化学会出版部计划未来合作，继续组织以精准化学为主题的系列会议，加紧筹备创办《精准化学》期刊，为这一领域的全球科学家提供高质量的学术交流平台。

【中国科学技术发展战略研究院举办中美线上学术活动】 2022年5月

31日，中国科学技术发展战略研究院举办中美线上学术活动，邀请美国杜克大学创新政策中心执行主任、战略院特邀外国专家丹尼斯·西蒙（Denis Simon）作学术报告，题为《中国在全球创新体系中不断演变的角色》。会议还邀请了中国科学院创新发展研究中心主任穆荣平、中国科学院大学经济与管理学院教授柳卸林作为评论专家。西蒙基于其与密歇根州立大学教授范佩雷（Fan Peilei）合著的新书《中国与全球创新体系》，从中国科技创新体系的运行、研发情况、经费支持等方面，客观介绍了中国最新的科技政策和进展。西蒙梳理了从新中国成立至今的中国科技发展历史，以实践经验和典型案例说明中国正在成为创新型国家，中国的发展在全球创新体系中发挥着重要作用。中美科技合作在全球创新体系中具有积极影响，解决全球问题离不开中美两国的合作，应该以合作的态度和方式把中国纳入全球创新体系中。

【2022年中美脑科学创新合作论坛举办】 2022年6月24日，由中国科学技术交流中心和湖北省对外科技交流中心共同主办的"2022年中美脑科学创新合作论坛"通过线上线下结合方式举办。来自中国科学院精密测量科技创新研究院、清华大学、武汉大学中南医院、华中科技大学同济医学院、武汉科技大学、上海科技大学和来自美国国立卫生研究院、哈佛大学、耶鲁大学、约翰·霍普金斯大学、加州大学旧金山分校、得克萨斯州休斯敦贝勒医学院和俄亥俄州辛辛那提儿童医院的中美两国高校和科研机构的一线科研人员围绕脑科学技术、脑科学疾病和脑科学原理三项议题开展交流研讨。

【中美脑科学国际学术研讨会举办】 2022年7月9日，中国科学技术交流中心联合首都医科大学北京天坛医院和总部位于美国威斯康星州的国际帕金森病与运动障碍学会共同举办"中美脑科学国际学术研讨会"。本次会议聚焦运动障碍疾病的临床需求与对策。中国科学技术交流中心副主任吴程在致辞中表示，脑科学是国际交叉学科研究的高地，对人类健康具有重要意义。推动脑科学研究和临床实践，解决多系统萎缩、阿尔茨海默病、帕金森病、亨廷顿舞蹈病等世界性医学难题是全球科学家和医务工作者的共同课题和努力方向。中美专家分别围绕运动障碍神经调控、帕金森病和脑脊运动系统工作方式作了学术报告。

【科技部副部长张广军会见中国美国商会总裁何迈可一行】 2022年7月21日，科技部副部长张广军会见了中国美国商会总裁何迈可（Michael Hart）及商会部分会员企业代表。双方就中美科技关系、科技创新政策、在华跨国企业研发等议题进行坦诚交流。张广军表示，当前世界面临气候变化、能源短缺等诸多问题，中美应通过加强科技交流合作，共同应对全球性挑战，为人类进步作出应有贡献。他指出，中国政府将实施更加开放包容、互惠共享的国际科技合作发展战略，并将持续改善中国科技创新生态环境，为包括美国在内的世界各国企业在华开展研发创新提供更多机遇。科技部愿与中国美国商会和美国在华科技型企业加强联系，推动两国产业界开展务实合作，助力双边关系发展。何迈可介绍了中国美国商会发布的《美国企业在中国白皮书》有关情况。他表示，美国企业在华发展对美中双方都有积极意义，中国美国商会将继续为增进两国相互理解发挥桥梁作用。

【第二届"能源桥—中美能源产业创新合作论坛"开幕】 2022年8月10日，第二届"能源桥—中美能源产业创新合作论坛"在线上开幕。论坛由中国科学技术交流中心、清华大学与底特律中国工程师协会联合举办，采用线上方式进行。本次"中美能源桥"论坛聚焦电动汽车和智慧电网两大主题，中美双方十多位业内专家作出专题报告，探讨两国在绿色能源领域合作。各方认为中美两国在高科技和新能源产业领域各有优势，双方加强交往合作有利于优势互补，互利双赢。

【中国科学技术大学和美国化学会合作出版新刊《精准化学》】 2022年8月22日，中国科学技术大学和美国化学会出版部举办线上签约仪式，宣布共同出版新刊《精准化学》（Precision Chemistry）。这是中国科学技术大学与美国化学会在出版方面的首次合作，也是中国科学院与美国化学会加强合作关系中的重要一步。《精准化学》将发表化学及交叉领域中以精准化为导向的、高水平的、具有重要意义和吸引广泛兴趣的原创研究成果，包括但不限于计算、设计、合成、表征、应用等方面的前沿性研究成果。期刊由中国科学院院士、中国科学技术大学教授杨金龙担任创刊主编，于2022年冬季开始接收投稿，发表原创论文、综述、展望、快报以及多样化的短篇社评。

【科技部部长王志刚主持召开外国科学家座谈会】 2022年8月28日，科技部部长王志刚在浦江创新论坛期间主持召开外国科学家座谈会，围绕"科技创新共同推动全球发展"主题，与外国科学家进行深入交流，就新时代进一步推进科技创新开放合作听取意见。王志刚指出，中国政府将坚持把创新作为引领发展的第一动力，实施更加开放包容、互惠共享的国际科技合作战略，主动融入全球创新网络，积极落实习近平主席提出的全球发展倡议，推动科技成果惠及更多国家和人民。座谈会上，来自美国等多个国家的15位科学家代表先后发言，就基础研究、企业创新、科技人才、开放合作等方面提出了意见建议。科学家们对中国科技创新取得的成就、中国政府加大开放合作的力度、中国发展为全球科技人才提供的创新机遇等表示称赞。他们表示，科技是应对全球性问题挑战的关键措施，迫切需要世界各国加强科技创新领域的合作与交流，为人类进步和发展贡献力量。

【"纪念物理学家吴健雄诞辰110周年国际学术论坛"在美国举办】 2022年9月25日，"纪念物理学家吴健雄诞辰110周年国际学术论坛"在位于美国马里兰州蒙哥马利县的美国邮政总局会议中心举办。论坛由中国物理学会和美国物理学会共同主办、南京大学美国校友会承办。中国科学技术协会主席万钢出席论坛，呼吁与会人员弘扬以吴健雄为代表的科学家精神，作出科技界应有的贡献。中国科技部部长王志刚以视频形式发表致辞，他对吴健雄为世界物理学发展及中美科技人文交流作出的突出贡献致以崇高敬意，并指出新一轮科技革命和产业变革加速发展，科技创新成为百年变局中的关键变量，各国更应团结一心，携手前行，坚定不移开展国际科技交流合作，实现共同进步。

【国际科技创新中心网络服务平台"京科"全新升级上线】 2022年9月27日，北京市科学技术委员会、中关村科技园区管理委员会举行媒体通气会，发布全新升级的国际科技创新中心网络服务平台"京科"。升级后的"京科"平台致力于解决目前各类科技信息、资金、政策、资源分散等问题，提供综合性、权威性"一站式"服务平台。平台海外用户覆盖美国等110余个国家和地区。

【中国美国商会2022年科技创新峰会举办】 2022年9月29日，中国美国商会2022年科技创新峰会通过线上线下结合方式举办。科技创新峰会是中国美国商会的年度重要活动，旨在通过打造多元化、跨行业的交流平台，帮助美国在华企业交流技术创新，分享实践经验，实现互利共赢，本次峰会主题为"新冠疫情等外部环境变化下，企业如何通过科技创新推动可持续发展"。科技部副部长张广军在致辞中肯定了中国美国商会及会员单位在推动中美交流合作中发挥的积极作用。张广军表示，企业是中美科技创新合作的重要力量，在华美资企业既是中美友好合作的受益者，也是积极的建设者和推动者。他强调，中美应共同努力，从加强政策沟通、推进学术交流、深化产业合作、构建产业链供应链共同体等方面推动中美科技创新交流合作。

【第七届伯克利中美峰会举办】 2022年10月1日，第七届伯克利中美峰会（Berkeley China Summit）在加州大学伯克利分校举办。本次峰会以"探索未知，合作共赢"为主题，邀请了2014年诺贝尔化学奖得主威廉·莫尔纳（William E. Moerner）、中国驻旧金山总领事张建敏等作主旨演讲。主旨演讲中，张建敏从尊重、理性和责任三方面对于中美关系面临的严重困难和多重挑战提出了建议，呼吁中美两国相互尊重，对世界和平、全球发展负起责任。威廉·莫尔纳分享了相关学术领域的最新动态及科研成果，鼓励在座的学生与嘉宾以自身兴趣作为起点，不断追寻科学真理。本届论坛另设3个分论坛，讨论议题包括创业创新、Web3.0、碳中和与气候变化，希望在应对气候变化、科技创新等全球性问题上，促进美中两国携手合作。

【2022中美创新创业交流会举办】 2022年11月1日，2022中美创新创业交流会在中国深圳举办，来自美国硅谷和中国深圳等地的政府机构、商协会、头部科技企业、风投机构和优质初创企业代表以线上和线下的形式参加了会议。本次交流会由深圳市商务局主办，旨在推动中美之间高科技创新资源的协同合作和交流，聚集改善科技创新生态、激发创新创造活力，为北美创新项目落地深圳搭建合作平台。在自由交流环节，多家北美背景的企业和机构代表表示，当下新一轮科技革命和产业变革突飞猛进。

【中国APEC合作基金"传统药物

科技创新的监管科学与国际共享"国际研讨会召开】 2022年11月8日，中国APEC合作基金"传统药物科技创新的监管科学与国际共享"国际研讨会以视频方式在线召开。会议由中国生物技术发展中心和北京中医药大学共同主办、国家药品监督管理局中药监管科学研究院和北京中医药大学中药学院共同承办。会议邀请到"人民英雄"国家荣誉称号获得者、天津中医药大学院士张伯礼担任主席，美国国立卫生研究院膳食补充办公室主任约瑟夫·贝茨（Joseph M. Betz）担任联合主席。来自中国、美国等12个APEC成员经济体的106位代表线上参会。研讨会设传统药物监管科学、国际传统药物（外来中药）和青年学术论坛三个平行论坛。与会专家就建立国际合作联络处以及建设传统药物监管科学体系等达成初步共识。

【2022氢能国际创新合作研讨会举办】 2022年11月22日，由中国科学技术交流中心支持、湖北省科学技术厅主办、湖北省对外科技交流中心承办的"2022氢能国际创新合作研讨会"通过线上线下结合方式在武汉举办。来自美国康明斯公司、加拿大跨氢公司、日本东京工业大学等多个高校、企业的专家学者与来自中国地质大学、华中科技大学、中国石化等国内科技界产业界代表就制氢与氢能储运、氢燃料电池和氢能汽车等主题交流分享科研成果。与会国内外专家学者普遍认为，利用"氢循环"代替自然界"碳循环"是实现双碳目标的重要手段，氢能将是国际社会优化未来能源结构的重要选择。

【第十三届中美工程技术研讨会专题活动召开】 2022年12月12日，第十三届中美工程技术研讨会专题活动通过线上与线下结合的形式举办。本次活动在第二十届中国国际人才交流大会框架下，由中国国际人才交流协会、湖北省科技厅、中国工程技术发展战略湖北研究院、美洲中国工程师学会、加拿大土木工程学会共同主办。本次专题活动邀请来自中国、美国、加拿大的5位院士、学者，围绕清洁技术、智慧城市环保和污染治理等议题发表主题演讲；邀请了美国和加拿大的4位专家就痕量和超痕量污染物检测方法、环境分子诊断技术及应用、智慧城市中的物联网与技术，以及环境应用碳质材料的低温改性4个工程技术项目与中方工程技术专家展开交流讨论。

三　中美文化交流

【2021春之声——中美青年云端音乐会举行】 2021年2月6日，"2021春之声——中美青年云端音乐会"举办，中美青年艺术家通过云直播的方式为中美观众带来了精彩纷呈的节目。来自中央音乐学院、上海音乐学院、天津音乐学院、武汉音乐学院等校的中国艺术家，与美国巴德音乐学院、伯克利音乐学院、曼哈顿音乐学院、纽约大学、耶鲁大学音乐学院等校的美国艺术家，联袂为中美观众呈现了一场艺术盛宴。

【"欢乐春节"生肖橱窗展亮相帝国

大厦】　2021年2月10日，由中国对外文化集团有限公司精心打造的"欢乐春节"生肖橱窗展，在纽约帝国大厦一层隆重开幕，为纽约民众送上中国新春的视觉艺术祝福。受到疫情影响，橱窗展采用线上、线下结合的方式进行展出。观众能够在中国驻纽约总领馆和帝国大厦的多个社交平台观看展览视频短片。"欢乐春节"生肖橱窗展经过八年发展，已经成为美国重要的春节庆祝活动之一。

【中国驻美国大使馆举办"欢乐春节"云端交响音乐招待会】　2021年2月11日，中国驻美国大使馆举办2021"欢乐春节"云端交响音乐招待会。中国驻美大使致开幕辞，向各位观众和参演艺术家致以祝福和谢意。美中关系全国委员会会长史蒂夫·欧伦斯、美中贸易全国委员会会长克雷格·艾伦应邀出席音乐招待会并发表致辞，期待为中美两国对话沟通和中美关系改善继续努力。

【中外文化交流中心《多彩中国年》宣传短片登陆纳斯达克大屏】　2021年2月11日，在纽约时报广场的纳斯达克证券交易所采用"云敲钟"方式，庆祝中国农历牛年的到来，《多彩中国年》宣传短片在纳斯达克的大型电子屏幕上持续滚动播放，营造出欢乐春节的气氛，增进了美国民众对中华传统文化的进一步了解。

【中美新春音乐会在辛辛那提上演】　2021年2月12日，由中国对外文化集团有限公司主办，美中文化艺术联合会、中华文化促进会乐协等组织协办的"欢乐春节"中美新春音乐会在辛辛那提纪念剧场官网播出。中国中央民族乐团与美国芝加哥交响乐团、圣地亚哥交响乐团一道为观众献上精美的文化盛宴。

【"欢乐春节·中国新年家庭日"在美国线上举办】　2021年2月13日，美国艺术博物馆与中国驻美大使馆合作举办了2021年"欢乐春节·中国新年家庭日"。此次活动通过在线视频互动方式举行。活动吸引了大量美国观众，共1400个美国家庭参加了此次活动，云端同庆中国春节。美国艺术博物馆已连续七次与驻美使馆合作举办"欢乐春节——中国新年家庭日"活动。

【"辞旧迎新，感恩有您"美中餐饮业联合会举办元宵晚会】　2021年2月26日，芝加哥时间晚上8点，美中餐饮业联合会（UCRA）主办的2021年云端元宵节晚会盛大举行。芝加哥市第25区区长卢汉士（Byron Sigcho Lopez）及夫人、伊州餐饮协会主席山姆（SAM SANCHEZ）、华联会主席郑征等贵宾亲临现场。在庆祝农历新春的同时，晚会特别向全球各地在抗疫战斗中做出杰出贡献的个人、企业及团体致以深切的感谢，同时呼吁大家团结，坚定对抗疫情的必胜信念。

【中国流失海外文物返还仪式在美举行】　2021年3月，中国驻纽约总领馆获悉纽约曼哈顿区检察官办公室查获一批疑似中国文物艺术品，经国家文物局组织鉴定，初步判断为我国禁止出境文物。4月，驻纽约总领馆将国家文物局签发的照会提交美方，美方表示同意返还。6月8日，驻纽约总领馆与美国纽约曼哈顿区检察官办公室举行交接仪式，顺利完成12件文物艺术品交接工作。中国驻纽约总领事黄屏、纽约曼哈顿区检察官办公室首席助理检察官尼丁·萨维尔等出席文物交接仪式并致辞。该批文物艺术品于2021年9月26日由国家文物局整体划拨西藏博物馆。

【加州苏珊娜·芙拉图斯女士向中国捐赠明代陶俑】 2021年4月，中国驻旧金山总领事馆收到苏珊娜女士的邮政快递，内有两尊彩色立俑及一封信件，信件讲述了其家族与这两尊陶俑的渊源，并明确表示希望通过中国政府将文物捐赠给上海博物馆，送还给中国人民。2021年12月13日，国家文物局主办捐赠文物入藏仪式，加利福尼亚州苏珊娜·芙拉图斯女士捐赠中国的两尊明代陶俑正式入藏上海博物馆。

【2021中美公共外交论坛举办】
2021年5月15日，2021中美公共外交论坛在中国人民大学举办。论坛由中国人民大学国家发展与战略研究院主办，中国公共外交协会和中国人民大学新闻学院提供支持。论坛的主题是"加强多元交流，推动合作共赢"。论坛以线上线下相结合的方式进行，并通过中国网等媒体平台进行中英文同步网络直播。近50万人在线参加了论坛。该论坛邀请了中美政界、学界、商界和媒体界的30多位知名专家学者和思想领袖围绕"中美公共外交的作用、现状与未来发展""中美环境交流与碳中和愿景的共建""中美地方交流与经贸合作"三个议题进行研讨和交流。中美公共外交论坛自2015年起已连续举办了六届，旨在通过构建中美战略界多元交流与理性对话的平台，增进相互理解，提出创新思想，推进中美关系朝着健康稳定方向发展。

【海伦·福斯特·斯诺纪念图片巡回展举行】 2021年7月16日，在全国对外友协的指导下，由江西省对外友协、海伦·福斯特·斯诺基金会、全国对外友协美大部、湖南省对外友协共同主办的"2021海伦·福斯特·斯诺纪念图片巡回展"在江西省南昌市揭幕。2021年适逢海伦·福斯特·斯诺首次访华90周年。图片展以"桥"为主题，展出图片120余幅，分为10个部分，来自美国杨百翰大学图书馆馆藏，均为海伦·福斯特·斯诺亲自在中国所摄的真情实景，主要展示了斯诺女士作为中国抗战史的见证者和参与者，在旅居中国的十年间为中国抗战胜利所作的重要贡献，具有重要的历史文献价值。2021年12月29日，海伦·福斯特·斯诺纪念图片巡回展在湖南省长沙市启动。

【中国驻美使馆举办"中国的发展与海外华侨华人"线上座谈会】 2021年7月16—19日，中国驻美使馆举行"中国的发展与海外华侨华人"视频座谈会。徐学渊公使、钟瑞明公参兼总领事、顿世新参赞兼副总领事、周虹参赞兼副总领事以及使馆领区近60名侨胞参加，畅谈对中国发展的感想以及对中美关系的看法。广大侨胞既是百年变迁的见证者和参与者，也是实现民族复兴不可或缺的奋斗者和贡献者。在美华侨华人将更好地发挥桥梁纽带作用，努力增进中美双方了解与共识，促进两国在经济、科技、教育、文化等各领域的交流合作，为中美关系发展贡献新的力量。

【纽约现代艺术博物馆举办中国建筑展】 2021年9月18日，纽约现代艺术博物馆主题展览"再利用,再更新,再循环:中国的当代建筑"开幕。纽约现代艺术博物馆自建馆以来首次将目光聚焦中国建筑主题,此次展览中展出的8个项目涉及多种建筑方法,包括对工业建筑的改造和再利用、对古代传统建筑技艺的现代化传承,以及通过建筑推动乡村振兴的案例等。其中3个项目位于北京和上海,另外5个则分别位于江西省景德镇市、浙江省松阳县、广西壮族自治区阳朔县等地区。此次展览通过介绍中国当代建筑的发展脉络和成就,体现了中国建筑师关心社会文化生态的设计理念,并呈现了中国当代建筑设计的多样性。

【郎朗2021年度世界巡演于华盛顿启幕】 2021年9月19日,在美国华盛顿肯尼迪表演艺术中心 special gala 音乐会上,钢琴家郎朗与指挥家托马斯·威尔金斯、美国国家交响乐团共同奏响了贝多芬《第三钢琴协奏曲》。自此,郎朗正式开启2021年度世界巡演的帷幕。音乐会反响热烈,郎朗还特别献上了《茉莉花》,让在场听众感受来自中国艺术家的美好祝福和友好的中国形象。

【驻芝加哥总领馆举办2021年"庆中秋·迎国庆"线上招待会】 2021年9月26日,驻芝加哥总领馆举办线上招待会,隆重庆祝中华人民共和国成立72周年。中美两国艺术家、在美中国留学生代表以及当地中小学生等奉献了精彩的文艺节目。招待会上,中美两国艺术家、留学生代表贡献了歌舞、钢琴独奏、民乐合奏、京剧戏曲等精彩节目。

【北京冬奥推介亮相洛杉矶派拉蒙剧院】 2021年10月16日,由洛杉矶时报和中国驻洛杉矶旅游办事处合作举办的第五届美食节在派拉蒙剧院惊艳亮相。洛杉矶时报举办的美食节活动被誉为美国西海岸规模最大的美食盛事。本次活动目的是展示中国著名的饮食文化,并推介2022年北京冬季奥运会。

【中美影视合作高峰论坛在北京和洛杉矶举行】 2021年11月2日,第十七届中美电影节、中美电视节、中美影视合作高峰论坛在北京和洛杉矶两地通过线上连线方式举行。该论坛以"新挑战、新机遇、新起点"为主题,围绕"后疫情时代影视行业面临的挑战""技术创新带来的新机遇""中美影视合作前景展望"三个议题开展交流讨论。中国驻洛杉矶总领馆总领事张平、中华广播影视交流协会副理事长闫成胜、首都广播电视节目制作协会会长刘燕铭,以及美国国会议员赵美心、金映玉和洛杉矶郡郡长凯瑟琳·巴格分别致辞。中美专家们开展了对话和交流,为深化中美视听产业务实合作、推动人文交流提出了展望和建议。

【第十七届中美电影节和电视节在洛杉矶开幕】 2021年11月5日,第十七届中美电影节和中美电视节在美国加利福尼亚州洛杉矶拉开序幕。开幕式暨"金天使奖"颁奖典礼于圣加布里埃尔举行,数百名中美影视从业者和政府官员采用线上线下结合的方式参与其中。第十七届电影节和电视节共收到超600部参展作品。

【交响音乐会"东西之间"奏响林肯中心】 2021年11月13日,世界著名艺术殿堂纽约林肯中心再度迎来"中国风"。由中国对外文化集团有限公司出品的"中华风韵"交响音乐会"东西之间"奏响林肯中心大卫·寇克剧院。

【中美音乐家跨文化室内乐"远近之间"在纽约上演】 2021年11月28日，由中国对外文化集团有限公司打造的"中华风韵"系列音乐会"远近之间"在林肯中心爱丽丝·杜莉音乐厅上演。音乐会"远近之间"体现了东西方文化的比较和融合，为海外华人带去温暖乡音的同时，也向广大美国民众展现当代中华艺术之美。

【美国"Z世代"线上感受福建布袋木偶戏魅力】 2021年12月16日，美国非营利组织"世界艺术家体验"以视频会议形式举行中国传统布袋木偶艺术走近美国"Z世代"活动。数百名美国青少年学生通过此次活动了解了布袋木偶戏这一中国非物质文化遗产。福建省漳州市布袋木偶传承保护中心艺术家陈黎晖等人向美国青少年介绍了布袋木偶戏的历史、服装造型、制造过程，并进行了现场表演。马里兰州30多个中小学课堂上的美国青少年以"云游"方式参观了福建省漳州市布袋木偶传承保护中心。

【纽约时报广场举办太极拳宣传推广活动】 2021年12月17日，河南省文化和旅游厅、美中友好协会在纽约时报广场举办了太极拳宣传推广活动，以纪念太极拳列入人类非物质文化遗产名录一周年。太极拳活动不仅向美国民众介绍了中国的健康养生之道，更让他们进一步了解和认识了中华文化的博大精深，为中美人文交流作出了积极贡献。

【中国国家大剧院与美国电台联合制作中国音乐文化节目】 2022年1月6日，国家大剧院首档海外广播专题节目在美国芝加哥古典音乐电台正式开播，这也是国家大剧院首次与境外专业媒体机构联合制作发行系列广播节目。近20家美国本土电台陆续播出《国家大剧院之声》系列节目，让听众了解中国音乐、感知中国文化。

【故宫博物院与美国国立亚洲艺术博物馆续签合作谅解备忘录】 2022年1月19日，中国故宫博物院与美国国立亚洲艺术博物馆举行交流合作谅解备忘录线上续签仪式，故宫博物院院长王旭东同美国国立亚洲艺术博物馆馆长罗宾逊代表双方签字。故宫博物院常务副院长娄玮、中国驻美国大使馆公使衔参赞赵海生等陪同出席签字仪式。

【布鲁克林篮网队举办"中华之夜"欢庆新春】 2022年1月25日，美国职业篮球联盟布鲁克林篮网队在主场巴克莱中心迎战洛杉矶湖人队期间举办了一年一度的"中华之夜"。中国驻纽约总领事黄屏通过大屏幕向现场观众送出新春贺词。篮网队也在视频中祝福中国球迷春节快乐，祝愿北京冬奥会圆满成功。

【肯尼迪表演艺术中心举办"欢乐春节"中国彩灯展及春节文化周】 2022年1月27—30日，中国驻美国使馆与肯尼迪表演艺术中心合作举办"欢乐春节"中国彩灯展和春节文化周，共庆虎年新春。活动共吸引约八千民众到场观看、体验。

【北京冬奥文化日活动在纽约举行】 2022年1月31日，美东地区规模最大的商业娱乐综合体——美国梦商城举办春节、冬奥文化活动启动仪式。中国驻纽约总领事黄屏以视频形式出席并发表致辞。黄屏表示，这是总领馆首次和美国梦商城合作举办"欢乐春节"活动。春节期间，美国梦商城与驻纽约总领馆合作，在大厅举办了"一起向未来"冬奥主题图片展和2022"欢乐春节"全球华人新春摄影大赛优秀作品展，并举行了一系列现场演出活动。

【中国驻美大使馆与美国艺术博物馆合办云端"中国新年家庭日"活动】 2022年2月8日，中国驻美国大使馆与史密森学会美国艺术博物馆合作举办云端"中国新年家庭日"活动，与400余个美国家庭共庆虎年春节。史密森学会美国艺术博物馆馆长斯蒂芬妮·施特比希感谢中国驻美大使馆对"中国新年家庭日"提供的支持，并期待双方继续合作开展文化交流项目。

【天津茱莉亚学院举办"中美音乐交流五十年研讨会"】 2022年2月21日，"中美音乐交流五十年研讨会"在天津茱莉亚学院举办，以纪念美国总统尼克松访华暨《上海公报》发表50周年。研讨会上，学院师生共同回顾中美音乐交流的历史瞬间，展望中美音乐交流的未来步伐。

【"杜立特行动"上饶救援80周年纪念活动】 2022年4月18日，"杜立特行动"江西上饶救援80周年纪念活动视频会于中美两地举行。"杜立特行动"美国飞行员后代代表、中国营救人员后代代表及相关专家学者等人通过网络视频举行"云"交流纪念活动，重述80年前的抗战历史，赓续中美两国民间友情。"杜立特行动"上饶救援的故事谱写了中美两国人民用鲜血捍卫正义、追求和平的英雄壮歌，承载着中美人民用生命铸就的深厚友谊。

【中国留学生于洛杉矶举办"中华文化之夜"活动】 2022年4月21日，加州大学洛杉矶分校中国学生学者联谊会在该校罗伊斯大礼堂举办主题为"重启·如初"的"中华文化之夜"系列活动。中国驻洛杉矶总领馆教育处参赞明廷玺以及数百名来自校内外的留学生和来宾参加了活动。晚会分为经典传统、古典与现代的结合、现代与未来三大板块，对中华文化进行青春版阐释。晚会由12个节目组成，呼应12生肖。

【陈镇威受聘纽约城市芭蕾舞团首位中国首席】 2022年5月20日，美国纽约城市芭蕾舞团聘任"90后"陈镇威为舞团首席，这也是该团成立74年迎来的首位中国首席。陈镇威将中西方文化融合创作，向美国观众诠释中华文化的意境和浪漫，也为促进中西艺术交流作出了积极贡献。2022年9月，由陈镇威编排的芭蕾舞《梁祝》在纽约曼哈顿林肯中心演出。

【《动荡的历史》纪录片首映暨中国电影资料赠与仪式于纽约举办】 2022年5月18日，《动荡的历史：美国、中国和杜立特东京行动》纪录片首映和中国电影胶片资料赠与仪式在纽约电影学院举办。中国驻纽约总领事黄屏、纪录片导演兼制片人比尔·因里诺弗、纽约电影学院院长迈克·杨等出席活动。中国驻纽约总领馆将馆藏20多部中国80年代的电影胶片赠予纽约电影学院作为教学资料使用。

【习近平复信美国艾奥瓦州友人萨

拉·兰蒂女士】 2022年5月24日，国家主席习近平复信美国艾奥瓦州友人萨拉·兰蒂女士。习近平指出，中方愿同美方一道努力，推动中美关系稳定、健康、可持续发展，为两国人民谋求更多福祉，为国际社会提供更多公共产品，共同建设一个持久和平、普遍安全、共同繁荣、开放包容、清洁美丽的世界。他鼓励兰蒂女士和艾奥瓦州老朋友们继续撒播友好的种子，为中美两国人民友好作出新的贡献。2022年，兰蒂致信习近平主席，感谢习近平主席对老朋友的珍贵情谊，期盼两国继续深化人文交往，增进了解和互信。兰蒂还附信向习近平主席赠送了她撰写的回忆录《老朋友：习近平与艾奥瓦的故事》一书。

【第四十三届波士顿龙舟节举行】 2022年6月12日，第四十三届波士顿龙舟节在波士顿查尔斯河畔举行。波士顿龙舟节是北美历史最悠久、美东新英格兰地区规模最大的龙舟节。受新冠疫情影响，2020年波士顿龙舟节停办，2021年以线上直播方式举行，2022年的龙舟节是疫情后首次在线下举办，受到了广大龙舟爱好者和民众的热烈欢迎，共有48支队伍参赛，来自大波士顿地区的3万多名民众参与。2022年也是香港回归祖国25周年。龙舟节还组织了"当香港遇见美国"主题图片展，生动形象地展示了香港的历史和现状，民俗和文化，吸引众多游客驻足观看。

【"中国日"活动亮相美国费城花展】 2022年6月17日，"中国日"活动亮相美国宾夕法尼亚州费城花展，向当地民众近距离展示中国文化的独特魅力。活动现场展示了来自杭州的丝绸、刺绣以及扬州的漆器、剪纸等非遗手工艺品，并设有《光影中国》摄影作品展。"中国日"活动是2022年费城花展"中国文化节"的一大亮点。

【中国对外文化集团"东西之间"音乐会再登林肯中心】 2022年7月20日，由中国对外文化集团有限公司出品的"中华风韵"旗下"东西之间"音乐会再度登台林肯中心爱丽丝·杜莉音乐厅。中国驻纽约总领事黄屏同纽约大学校长安德鲁·汉密尔顿、美中公共事务协会会长滕绍骏等800余位各界嘉宾和现场观众共同观看演出。

【中国驻美使馆同美国史密森学会国家动物园联合举办"大熊猫之夜"招待会】 2022年8月24日，中国驻美国大使馆同美国史密森学会国家动物园在华盛顿联合举办"大熊猫之夜"招待会，庆祝大熊猫抵美50周年暨展映纪录片《小奇迹》。中国驻美使馆外交官及美各界嘉宾300余人参加了当晚的活动，共同观看了反映大熊猫"小奇迹"在国家动物园出生和成长以及中美大熊猫保护合作成果的纪录片《小奇迹》。

【中国国家大剧院原创歌剧首次亮相美国广播电台】 2022年10月8日，国家大剧院原创歌剧《夏日彩虹》在美国芝加哥古典音乐电台著名广播节目"歌剧系列"中全剧播出，还陆续在65家美国电台，通过268个转播站面向纽约、华盛顿、费城、亚特兰大等333个美国城市播出。这也是中国现实题材歌剧首次大范围在海外主流媒体播出。《夏日彩虹》结合了西方传统作曲技法和中国语言，向美国人民展示了国家大剧院歌剧创作的实力，也传递了中国声音、中国精神、中国价值和中国力量。

【第五届纽约中国当代音乐节讲述"北京故事"】 2022年10月9日，巴德音乐学院美中音乐研习院主办"乐融东西"纽约中国当代音乐节。指挥家蔡金冬执棒巴德当代乐团，于林肯中心爵士乐中心玫瑰剧场进行了"北京故事"交响乐演出。演出以创作于1931年交响乐《北京胡同》启幕，首登美国交响乐舞台的歌剧《骆驼祥子》紧随其后。中国音乐家协会主席、作曲家叶小纲所作的《第二交响曲"长城"》也在此音乐节上进行美国首演。

【郑小瑛音乐作品《毛泽东诗词组歌》和《指挥棒的奥秘》在美播出】 2022年10月15日，在中国驻美国大使馆的协调推动下，中国著名音乐指挥家、教育家和社会活动家郑小瑛的作品《毛泽东诗词组歌》和《指挥棒的奥秘》在美中文电视台及其官网播出。《毛泽东诗词组歌》向美国观众生动再现了中国革命各阶段的历史画面。《指挥棒的奥秘》抒发了郑小瑛对音乐和指挥的深刻理解。郑小瑛两部在美播出的音乐作品都受到了观众的热烈欢迎和高度评价。

【首届中美民间友好大联欢在芝加哥举办】 芝加哥当地时间2022年10月16日晚，"庆祝《芝加哥华语论坛》报创刊23周年暨中美民间友好大联欢"在芝加哥北郊的美丽殿宴会和会议中心举行。中国驻芝加哥总领事赵建、副总领事边志春、侨务领事曹洁，伊利诺伊州众议员马静仪与中美各界人士300多人欢聚一堂，祝贺《芝加哥华语论坛》报23年来取得的成绩，喜见和庆祝美国中西部中美人民之间的友谊合作不断获得新成果。在大会上，《芝加哥华语论坛》报社长张大卫致欢迎词；赵建总领事发表讲话并向5位美国人士颁发了"中美人民友谊贡献奖"；伊利诺伊州州众议员马静仪向美国中西部9位杰出华裔人士颁发了"中美人民友谊贡献奖"；张大卫社长代表筹委会向此次大会的主要赞助单位联丰集团总裁倪举凌颁发了"中美人民友好经济合作奖"。

【中国驻美使馆文化处于波多马克学校举办书法讲座】 2022年11月2日，中国驻美国大使馆3名青年外交官与使馆阳光学校3名小学生赴美国弗吉尼亚州波多马克学校，与该校50余名青少年进行了一场书法交流活动。主讲老师玄成琳介绍了汉字书法的发展演变与风格特点。在互动环节，玄成琳与使馆阳光学校的3名小学生帮助美国学生学习握笔、运笔，回答对方提问。

【第十八届中美电影节和电视节在洛杉矶开幕】 2022年11月4日，第十八届中美电影节和中美电视节在美国洛杉矶拉开帷幕，数百名中美影视界人士及政府官员等通过线上线下结合方式参加了在圣加布里埃尔举行的开幕式暨"金天使奖"颁奖典礼。第十八届中美电影节和中美电视节参评影视作品超过400部。为鼓励亚裔电影人通过光影艺术促进文化交融，该届电影节首次设立了"美国亚裔电影人杰出成就奖"，已故传奇华人功夫明星李小龙获此殊荣。中美电影节和中美电视节已成为中美影视合作与交流的重要平台，为促进中美人民的友谊与相互了解发挥了作用。

【明尼苏达州埃文·凯尔向中国捐赠涉日军侵华罪行相册】 2022年11月17日，中国驻芝加哥总领事馆文化参赞朱琦代表总领事馆，在美国明尼苏达州明尼阿波利斯市，接受了珠宝文物典当店店主埃文·凯尔捐赠的含有反映抗日战争期间侵华日军暴行内容的珍贵相册，并转致了中国驻芝加哥总领事赵建的感谢信。

【中国流行乐演唱会登陆纽约】 2022年11月26日，"MetaMoon音乐节"流行音乐盛典在纽约巴克莱中心举行。这场以来自国内外中文歌手为主的演唱会充分展现了中国流行音乐元素，为观众带来了全新体验。巴克莱中心主席蔡崇信对于能促成该音乐会十分喜悦。"MetaMoon音乐节"为中美流行音乐交流架起艺术的桥梁。

【中国艺术家为美青少年学生举办剪纸艺术线上讲座】 2022年12月1日，应美国马里兰州"世界艺术家体验"组织邀请，并经中国驻美使馆协调推动，北京联合大学青年教师、剪纸艺术家杨慧子以"云讲座"方式，为美"Z世代"和"阿尔法世代"青少年学生介绍中华非遗文化，在美国刮起一股强劲的"中国风"。此系疫情以来中国驻美国使馆第3次与"世界艺术家体验"组织合作举办此类线上讲座，通过精彩非凡的非遗艺术讲述中国故事，展现可信、可爱、可敬的中国形象，深受美青少年一代和社区民众欢迎。

四 中美卫生交流

【中美顶尖专家探讨新冠疫情防治合作】 2021年3月1日，清华大学与美国布鲁金斯学会举行线上论坛"快速复苏的正轨：中美新冠疫情防控与治疗合作"，就医学和研究合作、疫苗研发和分配、跨境旅行和贸易的全球规范等议题展开探讨，与会专家还就数据分享、中美合作如何帮助其他国家、群体免疫等相关问题交换了看法。中美两国公共卫生和医学领域的顶尖专家发表演讲并回答观众提问。其中，美国哥伦比亚大学梅尔曼公共卫生学院感染与免疫中心主任维尔特·伊恩·利普金回顾了中美长久以来共同抗击传染病的历史，并称对中国抗疫团队与现美国总统拜登领导的疾控团队在新冠肺炎病毒大流行时期的再次合作充满信心。

【中美专家共倡全球抗疫合作引国际学者共鸣】 2021年3月2日，中国工程院院士钟南山在广州线上出席由爱丁堡大学组织举办的国际疫情防控专家研讨会，与美国著名传染病学专家福奇博士进行连线对话，探讨全球抗疫合作等话题。双方就疫情防控与经济发展、疫苗与集体免疫、经验与教训、全球合作等问题交换了意见。

【第五届中美国际生殖免疫学高峰论坛召开】 2021年3月26—28日，由国家妇幼健康研究会、广东省免疫学会联合主办，广东省妇幼保健院作为国家妇幼健康研究会生殖免疫专业委员会主任委员单位和广东省免疫学会生殖免疫专业委员会主任委员单位联合上海交通大学附属仁济医院等5家医院联合协办的2021第五届中美国际生殖免疫学高峰论坛在广州珠江宾馆举行。本届论坛采取线上、线下相结合的形式，有来自全国各地的6万余名专家学者参加了学术交流。国家妇幼健康研究会生殖免疫专业委员会主任委员、广东省妇幼保健院副院长韦相才教授和专委会副主任委员、上海交通大学仁济医院赵爱民教授担任大会主席。著名生殖免疫专家、美国耶鲁大学医学院生殖科学部主任对生殖免疫相关新进展作前沿专题讲座；国内著名生殖免疫、生殖医学和风湿学科专家对生殖免疫相关基础、临床课题作专题报告。会议聚焦生殖免疫前沿，注重基础研究与临床应用互促互利，探究生殖免疫难题，促进生殖健康，防治生殖疾病，取得了与会者的积极评价，在生殖免疫学界反响极大。

【国家卫生健康委统计信息中心与中国美国商会座谈交流】 2021年5月18日，国家卫生健康委统计信息中心与中国美国商会举行座谈，就卫生健康领域数字化发展、新技术应用等方面进行交流。国家卫生健康委统计信息中心主任吴士勇、副主任胡建平、中国美国商会总裁毕艾伦（ALANBEEBE）、政府事务与政策部副总监王思聿，以及中心有关处室人员、商会有关会员代表参加座谈。吴士勇主任结合"十四五"规划和健康中国建设，介绍了卫生健康领域信息化数字化建设、新技术融合应用的进展和经验。毕艾伦总裁介绍了中国美国商会发展历程及其在促进中美经贸关系发展方面发挥的作用，并对"社会影响力计划"及有关报告进行了分享。

【全球疫情下的中美医院管理论坛第一期举行】 2021年5月25日，由复旦大学全球公共政策研究院和宾夕法尼亚大学沃顿中国中心联合主办的复旦—宾大"全球议题与治理"论坛第一期"全球疫情下的中美医院管理"，通过线上方式举办。两校领导与专家学者从比较的角度，就中美两国以及他们所在的医院系统在疫情条件下的医院管理实践进行了深入了解和对话。

【柳叶刀发布中国妇幼健康特邀重大报告】 2021年5月28日，由北京大学、中国工程院、北医三院国家妇产疾病临床医学研究中心、全国妇幼卫生监测办公室和国际著名学术期刊《柳叶刀》主办，中国女医师协会、国家卫生健康委国际交流与合作中心协办，世界卫生组织支持的联合发布会在线举行，面向全球正式发布了《柳叶刀中国女性生殖、孕产妇、新生儿、儿童和青少年健康特邀重大报告》。该报告由来自国内外知名院校及科研院所的31位专家学者组成的委员会及整个工作团队历时三年完成。发布会上，参会专家围绕"妇幼健康百年征程：从生存到繁荣"主题展开深入探讨，旨在总结、分享中国经验，加强国际交流合作，促进全球妇幼卫生事业发展。发布会网络在线直播观看量超30万人次。

【第六届中美乳腺癌高峰论坛全球直播】 2021年6月18—20日，广东省人民医院乳腺科主办的2021国际乳腺癌高峰论坛暨第六届中美乳腺癌高峰论坛全球直播。来自中美的乳腺癌诊疗领域顶级专家学者就乳腺癌诊疗最新研究进展及前沿热点问题进行了交流及探讨。24位全球顶尖乳腺肿瘤海外专家与国内23位学者进行了49场学术报告，有超过6万乳腺肿瘤专业人员及41万网友在线观看。

【第六轮"中美健康二轨对话"线上举行】 2021年7月20—22日，北京大学国家发展研究院与美国美中关系全国委员会共同举办第六轮"中美健康二轨对话"，会议以线上形式开展。作为"中美两国人文交流机制"的配套活动之一，此次对话邀请了中、美两国医疗健康领域的顶级专家和行业代表共31位，对话以"新冠肺炎疫情当下与未来的应对能力"为主题，就中美发展现状、卫生治理能力、医疗服务供给、疫苗研发与供应等重大的问题进行深入探讨。

【中美将合作建立嘉会国际医院】 2021年9月3日，在中国国际服务贸易交易会首钢园会场举办的"北京日"暨"投资北京洽谈会"活动上，美国麻省总医院合作医院嘉会医疗与北京市政府正式签署合作框架协议，以进一步优化国际医院布局、丰富区内国际高端医疗资源为目标，在朝阳区投资建设北京嘉会国际医院，加入"两区"建设的发展队伍。

【"传染病防治生物医药国际科技合作论坛"在京举办】 2021年9月25日，"传染病防治生物医药国际科技合作论坛"在中关村国家自主创新示范区会议中心，以线上线下结合的方式举办。本论坛是"2021中关村论坛"的平行论坛之一，由科学技术部外国专家服务司牵头，中国科学技术交流中心、科学技术部国外人才研究中心、比尔及梅琳达·盖茨基金会共同主办。本论坛以"传染病防治生物医药国际科技合作"为主题，邀请相关国际组织、政府部门、科研机构、企业中的十余名中外专家，围绕全球重大传染病的防控合作、疫苗和药物研发国际协作两个议题开展跨界对话。论坛期间，厦门大学公共卫生学院院长夏宁邵、美国比尔及梅琳达·盖茨基金会疫苗研发与监管部门副主任大卫·罗宾逊等中外专家就疫情背景下全球合作防疫的重要性、基于新佐剂的重组新冠疫苗的研究进展和成果、针对大流行疾病疫苗的全球制造技术创新、重大传染病的全球防控合作等主题进行线上视频演讲。

【2021年生殖健康研究所—布朗大学系列学术交流活动展开】 2021年9月30日至10月15日，由同济医学院生殖健康研究所所长廖爱华教授与布朗大学生殖健康卓越生物医学研究中心主任苏伦德拉·夏尔马教授联合组织的"全球生殖与健康讲坛"之"2021生殖健康研究所—布朗大学'一院一校'"项目系列学术交流活动举办。苏伦德拉·夏尔马教授介绍了布朗大学妇儿医院在生殖免疫/生殖生物学领域的科学研究概况；廖爱华教授介绍了"生殖健康研究所—布朗大学'一院一校'"项目的背景、发展目标和规划。来自布朗大学生殖健康卓越生物医学研究中心和生殖所共8位研究人员围绕生殖免疫、生殖生物主题举办了四场学术论坛，每场分别由双方各一位讲者分享学术报告，并在报告后双方进行了深入的学术交流和探讨。

【中美学者共话全球公卫体系发展】 2021年11月7日，"上海交通大学—

耶鲁大学第四届全球公共卫生政策双边论坛"在上海举行。本次论坛由上海交通大学、耶鲁大学联合主办，上海交通大学—耶鲁大学卫生政策联合研究中心、上海交通大学国际与公共事务学院、耶鲁大学公共卫生学院联合承办，通过线上线下相结合的方式举行。中美专家通过云端共话，思考和应对当前世界各国面临的慢性传染病与未来全球重大突发公共卫生事件。现场，上海交通大学—耶鲁大学卫生政策联合研究中心医患关系分中心、突发公共卫生应急分中心同时成立，将分别对医患关系和重大突发公共卫生防控进行研究。

【第三届国际医学研究与发表高峰论坛召开】 2021年11月27—28日，由美国华誉出版社、华中科技大学同济医学院《当代医学科学》编辑部和中国英文科技论文编辑联盟联合主办，武汉美捷登生物科技有限公司承办，华中科技大学同济医学院海外校友总会、华中科技大学同济医学院医学研究生处、长青藤医学编辑、《生物医学研究杂志》编辑部协办的"第三届国际医学研究与发表高峰论坛"在线上召开。论坛坚持"做真实研究、出创新成果、发高质文章、办优秀期刊"的理念。

【中美公卫专家领导会谈】 2021年12月15日，中国疾病预防控制中心主任高福在北京会见美国卫生与公众服务部和美国疾控中心专家领导。双方共同强调，在全球疫情形势复杂严峻的背景下，中美加强技术合作的重要性。会上，双方还就中美传染病项目合作进展、双边主任交流机制以及中美在非洲合作等内容进行了沟通。

【中美药企共同宣布达成全球战略合作】 2021年12月17日，美国拜玛林制药（BMRN）公司，与九天生物医药有限公司（简称九天生物），一家致力于创新的基因和细胞治疗公司，宣布达成一项为期数年的全球战略合作，共同研究和开发基于腺相关病毒（AAV）的新型基因疗法用于治疗遗传性心血管疾病。这项战略合作，将主要利用九天生物全方位整合的AAV基因治疗研发与生产体系，包括其自主研发的具有创新性的病毒载体设计与构建技术以及先进的生产能力，针对遗传性扩张型心肌病（DCM）开发创新基因疗法。

【国际计划（美国）陕西代表处支援一线疫情防控工作】 2021年12月至2022年4月，在陕西省妇女联合会、陕西省公安厅境外非政府组织管理办公室和西安市公安局非管办的指导下，结合项目区妇女和儿童的需求，国际计划先后三次为陕西省基层抗疫工作提供抗疫物资支援，合计人民币40万元。其中，2021年12月，国际计划（美国）陕西代表处在陕西妇女儿童发展基金会的协调下紧急支援人民币15万元，用于为陕西省一线女性医护人员、志愿者、社会组织采购保暖物品和女性物品。

【中美药企合作开发的抗癌产品通过美国药品认证】 2022年2月28日，由强生（JOHNSON&JOHNSON）旗下杨森公司（JANSSEN）和传奇生物合作开发的具有两种靶向B细胞成熟抗原（BCMA）单域抗体的嵌合抗原受体（CAR）T细胞免疫疗法的产品西达基奥仑赛（CILTA—CEL），获得美国食品药品监督管理局（简称FDA）批准上市，用于治疗复发/难治性多发性骨髓瘤成人患者（MM）。这是首款获美国FDA批准的，由中国药企设计和研发的CAR—T疗法；也是第二款由中国企业领导研发，获FDA批准的抗癌新药，距离上一款（百济神州泽布替尼）已经过去了两年多；这是第二款获批上市的靶向BCMA的CAR—T疗法，也是中国第一款上市的靶向BCMA的CAR—T疗法。

【中美代表齐聚2030年终结艾滋病边会】 2022年3月19日，联合国妇女地位委员会第66届会议期间，由联合国经济及社会理事会特别咨商地位组织北京青爱教育基金会主办的第二场联合国妇女地位委员会第66届会议边会在线上举行，该边会的主题为"2030年终结艾滋病"。参会专家、嘉宾和青少年代表就加强艾滋病防治国际合作、消除不平等现象、加强青少年性教育等话题进行了讨论，与会人员以问答形式就中国政府和社会组织如何助力发展中国家如期终结艾滋病等议题进行了深入交流。

【第十届中美肺癌多学科论坛召开】 2022年6月23—25日，第十届中美肺癌多学科论坛在北京召开。论坛由国家癌症中心、北京癌症防治学会主办，中国医学科学院肿瘤医院承办。论坛主题是"规范精准创新融合"，中美肺癌专家就搭建多学科学术交流的平台、探讨肺癌精准诊疗的进展、个体化多学科综合治疗的现状与未来发展方向进行了交流。

【2022年生殖健康研究所—布朗大学系列学术交流活动展开】 2022年6月27日至7月11日，"全球生殖与健康讲坛"之2022生殖健康研究所—布朗大学"一院一校"项目系列学术交流活动展开，该活动由同济医学院生殖健康研究所党委书记、所长廖爱华与布朗大学生殖健康卓越生物医学研究中心主任苏伦德拉·夏尔马教授联合组织。来自布朗大学生殖健康卓越生物医学研究中心和生殖健康研究所的共8位讲者围绕"从诊所到实验室再回到生殖与健康"主题进行系列学术讲座。

【第七轮"中美健康二轨对话"举行】 2022年7月20—22日，第七轮"中美健康二轨对话"（以下简称对话）通过视频会议举办。作为"中美两国人文交流机制"的配套活动之一，此次对话邀请了中、美两国在医疗健康、经济发展、国际关系等领域的杰出专家和行业代表28位，以"合作与创新驱动当下与未来的健康危机应对能力"为主题，交流中美两国如何更好应对大流行病、建立以预防为导向的公共卫生体系、促进医疗卫生领域的创新、加强全球监管协调等重大问题及其可能的解决方案。

【第六届中美国际生殖免疫学高峰论坛召开】 2022年10月27—30日，由国家妇幼健康研究会、广东省免疫学会主办的2022第六届中美国际生殖免疫学高峰论坛暨第二届粤港澳大亚湾区生殖免疫与内分泌联盟学术论坛在广东省深圳市举行。论坛围绕近年来生殖免疫领域的新理论和新技术，聚焦学科内热点与难点，邀请了多位国内外相关领域知名专家。

【第18届国际骨科运动医学与关节镜外科论坛召开】 2022年10月27—

30日，第18届国际骨科运动医学与关节镜外科论坛在福建厦门召开。本次会议由上海市医药卫生发展基金会主办。美国匹兹堡大学医学中心（UPMC）国际高级副总裁、中国区董事总经理彭士杰和UPMC国际运动医学主任沃尔克·穆萨尔博士受邀出席并致辞。与会专家围绕当今运动医学的相关热点和难点问题进行专题讨论。

【中美专家齐聚2022年国际生殖免疫与遗传研讨会】 2022年11月18—20日，由华中科技大学生殖健康研究所主办的2022年国际生殖免疫与遗传研讨会暨第三届生殖健康青年学者交叉论坛、避孕节育新技术（生殖健康）国地联合实验室学术年会在同济医学院召开。会议邀请了美国斯坦福大学薛人望教授、美国杜克大学卡罗琳·科因教授、美国韦恩州立大学吉尔·摩尔教授、美国加州大学戴维斯分校名川聪教授、美国加州大学洛杉矶分校闫威教授等生殖医学领域的国内外专家学者。会议采用线上线下相结合形式进行。与会专家主要围绕干细胞与配子发生、受精与胚胎植入、男性不育的遗传和免疫因素、母胎界面的免疫调节、妊娠相关疾病的研究新进展和治疗新策略等领域的前沿及热点问题进行学术交流和探讨。

【美国专家出席北大医学办学110周年学术高峰论坛】 2022年12月2日，北大医学办学110周年学术高峰论坛以线上直播的方式举办，邀请诺奖得主、国内外院士等专家学者交流医学创新体系，探讨医学科研领域发展。92万余人次通过线上观看了直播。2021年诺贝尔生理学或医学奖获得者、美国斯克里普斯研究所雅顿·帕塔普蒂安教授，美国国家医学院院士、中国工程院外籍院士、美国加利福尼亚大学洛杉矶分校王存玉教授，美国密歇根大学王少萌教授等美国专家出席论坛并做学术报告。

【2022—2023年度"中美健康桥"会议线上启动】 2022年12月15日，2022—2023年度"中美健康桥"线上启动仪式暨中美卫生健康研讨会召开。会议由中国科学技术交流中心、美中医疗技术交流协会主办，国际技术转移协作网络承办。中国科学技术交流中心主任高翔为大会致辞，清华大学教授梁万年、国家药监局疫苗及生物制品重点实验室主任陆家海以及美国克利夫兰医院创新中心原主任汤姆·萨杜等卫生健康领域专家出席。伊利诺伊州参议员约翰·柯伦、伊利诺伊州内珀维尔市议员梁保罗（PAUL. LEONG）、芝加哥杜佩基郡董事会成员帕蒂·古斯汀为会议发来贺信。中美双方与会嘉宾聚焦中美医疗创新合作模式与机遇、医疗行业的创新与发展、前沿医疗技术分享等主题，展开了深入研讨和交流。

五　中美环境交流

【中美气候变化合作闭门对话圆桌会召开】 2021年4月8日，由中国人民大学与美国哥伦比亚大学共同主办，中国人民大学国家发展与战略研究院和哥伦比亚大学全球能源政策中心共同承办，中国国际文化交流中心"一带一路"绿色发展研究院和中国人民大学国际能源战略研究中心协办的"中美气候变化合作闭门对话圆桌会"在线上召开。圆桌会包括主旨演讲和三个主题研讨环节。此次闭门对话邀请中美双方相关领域政产学研商代表人士，探讨当前两国在"气候变化"方面的趋势以及在动员大量资金用于低碳发展方面进行有意义的合作选项。本次圆桌会议是2021年将在中国举办的《生物多样性公约》第十五次缔约方大会（COP15）的系列活动之一，也是自2017年人大—哥大两校签署校际合作协议后的第五次研讨会。

【中美气候特使在上海举行会晤并发表《中美应对气候危机联合声明》】 2021年4月15—16日，中国气候变化事务特使解振华同美国总统气候问题特使克里在上海举行会谈。双方就合作应对气候变化、领导人气候峰会、联合国气候公约第二十六次缔约方大会等议题进行了坦诚、深入、建设性的沟通交流，取得积极进展，于4月17日发表《中美应对气候危机联合声明》，重启中美气候变化对话合作渠道。双方认识到，气候变化是对人类生存发展严峻而紧迫的威胁，中美两国将加强合作，与其他各方一道共同努力应对气候危机，全面落实《联合国气候变化框架公约》及其《巴黎协定》的原则和规定，为推进全球气候治理作出贡献。双方将继续保持沟通对话，在强化政策措施、推动绿色低碳转型、支持发展中国家能源低碳发展等领域进一步加强交流与合作。

【国家发展改革委与美在华跨国企业高层圆桌会（上海）举行】 2021年5月13日，"国家发展改革委与美在华跨国企业高层圆桌会"第二场会议在上海举行。来自75家美在华商会、企业的92位代表参会。美资企业在交流时重点关注的问题包括中美应对气候变化合作、在华投资新机遇、中国产业发展以及支持外资发展新举措等，国家发改委在会上一一回应。包括美国企业在内的外资企业是中国经济发展的不可或缺的重要组成部分。"十四五"期间，中国将秉持开放、合作、团结、共赢的信念，坚定不移全面扩大开放，让中国市场成为世界的市场、共享的市场、大家的市场，为国际社会注入更多正能量。

【第14届克莱蒙生态文明国际论坛举办】 2021年5月22—27日，以"生态文明与有机共同体主义"为主题的第14届克莱蒙生态文明国际论坛举办。论坛由中美后现代发展研究院、美国过程研究中心、中国生态文明研究与促进会、中国生物多样性保护与绿色发展基金会、罗马俱乐部、地球宪章、匈牙利布达佩斯特长期可持续发展中心共同主办。受全球疫情影响，论坛全程在线上举行。300余名来自中国、美国、韩国、英国、德国、匈牙利、希腊和南美等地的专家学者参加了本届论坛。与会的各国专家学者就生态文明基础理论研究、各国相关措施及取得的进展等问题展开了充分和深入的讨论。"克莱蒙生态文明国际论坛"是海外影响最大的关于生态文明的国际论坛，迄今为止已举办了14届。通过中美等各国合作者的共同努力，论坛已成为全球生态文明研究与交流的重要平台和窗口，在国际社会产生了广泛的影响。

【中美地方应对气候变化系列对话首场视频对话举行】 2021年5月27日，中国人民对外友好协会和美国加州——中国气候研究院共同主办了中美地方应对气候变化系列对话首场视频对话。本次对话以"地方应对气候变化的规划与举措"为主题，是中美两国地方政府负责人在《中美应对气候危机联合声明》发表后举办的首场高级别对话，为两国地方携手应对气候变化分享经验、促进合作搭建了平台。与会各方一致期待中美两国地方政府保持对话，加强合作，共同应对气候变化给人类带来的严峻挑战，致力于合作共赢、共同发展。与会的中美地方政府负责人分别介绍了各自省、州、市在应对气候变化、实现低碳绿色转型发展等领域所采取的积极举措与成果，表示愿抓住机遇，加强合作，携手应对气候变化这一人类共同面临的严峻挑战。

【中美绿色合作圆桌会议专场举行】 2021年5月29—30日，以"后疫情时代：全球治理与国际合作"为主题的国际金融论坛（IFF）2021春季会议举行中美绿色合作圆桌会议专场，就中美如何应对气候变化、如何在可持续发展等领域寻找合作机遇以及中美企业在碳交易绿色发展领域合作机制的方式方法等话题展开探讨。与会的中外嘉宾一致认为，目前阶段中美关系有竞争，但最重要的依然是合作，应对气候变化是中美进行合作面向未来的重要领域，需要构建畅通且高效的沟通机制。

【第五次"中美能源与气候变化高端智库研讨会"举行】 2021年6月9—10日，国务院参事室同美国世界资源研究所召开第五次"中美能源与气候变化高端智库研讨会"。此次研讨会采取线上线下相结合的形式，共有中美两国能源与气候变化领域的22位专家参与研讨。研讨会围绕"中美两国气候政策现状""能源转型和技术合作""第26届联合国气候大会（COP26）之路"等三个议题展开深入研讨，重点交流了中美两国国内气候政策、能源行动动态和气候目标实施策略，两国在碳中和背景下的能源转型战略和技术合作，COP26路线图和两国对COP26主要议题的立场等内容。

【中美环境技术交流会召开】 2021年7月14日，由生态环境部对外合作与交流中心支持举办的中美环境技术交流会在北京召开。会上，来自美国8家涉及环境空气质量监测、污水处理、海水淡化以及固体废物资源化利用等技术的相关企业进行了技术路演，并结合中方企业需求，与25家中方企业进行了一对一的精准技术对接，部分确定了合作意向。活动得到中美双方参会企业一致好评。本次环境技术交流会，对外合作与交流中心协助发布会议信息并邀请了相关中方企业参会，为引进国际先进技术、支持国内减污降碳协同治理搭建了技术交流合作平台。美国驻华使馆商务处、对外合作与交流中心以及90余位中美两国企业代表参加了此次会议。

【生态环境部部长黄润秋会见美国布鲁金斯学会名誉主席约翰·桑顿】 2021年8月23日，生态环境部部长黄润秋在北京会见美国布鲁金斯学会名誉主席约翰·桑顿。双方高度评价于4月份达成的《中美应对气候危机联合声明》，围绕应对气候变化等共同关心的议题进行了深入交流。双方一致表示，要进一步巩固前期合作基础，加强沟通交流，增进理解信任，采取务实行动，推动共创中美生态环境合作新局面。

【中美双方在天津举行气候变化会谈】 2021年8月31日至9月2日，中国气候变化事务特使解振华应约与来访的美国总统气候问题特使约翰·克里在天津举行会谈。会谈期间，中国国务院副总理韩正、中央外事工作委员会办公室主任杨洁篪、国务委员兼外交部长王毅分别视频会见克里。中美双方此次按照两国元首通话的精神，围绕落实今年4月在上海发表的《中美应对气候危机联合声明》，就全球气候变化的严峻性紧迫性、双方气候变化对话合作安排、联合国气候变化格拉斯哥大会等重点问题充分交换意见，进行了坦诚、深入、务实的对话。双方还交流了各自国内应对气候变化的政策与行动。双方认识到中美气候变化对话合作对于气候变化多边进程的重要意义，并讨论了下一步如何推动双方对话合作机制化、具体化、务实化，通过建立相关机制，在绿色低碳相关领域确定一些合作计划与项目。双方还将共同与其他各方一道在《联合国气候公约》和《巴黎协定》下的多边进程中，合作推动今年格拉斯哥大会取得成功。

【中国—加州碳市场联合研究项目正式启动】 2021年9月29日上午，中国—加州碳市场联合研究项目启动仪式在线上举行，中国国家气候变化专家委员会主任何建坤、美国加州—中国气候研究院主席玛丽·尼克尔斯等中美专家出席。中国—加州碳市场联合研究项目由中国国家创新与发展战略研究会和美国博古睿研究院共同支持，清华大学气候变化与可持续发展研究院、清华大学能源环境经济研究所与加州气候变化研究院、加州大学洛杉矶分校气候变化与环境研究所共同开展研究，旨在改进中国与加州碳市场运行的效率和效果、促进全球碳市场发展和中美在应对气候变化上的交流合作，为应对气候变化挑战，实现碳达峰、碳中和的目标作出贡献。

【中美应对气候变化立法国际研讨会召开】 2021年9月29日，中美应对气候变化立法国际研讨会在国家气候战略中心召开。本次会议由国家气候战略中心主办，中国政法大学环境资源法研究和服务中心和自然资源保护协会合办。来自生态环境部法规与标准司、应对气候变化司，自然资源保护协会、中国政法大学、中国人民大学等单位的20余位嘉宾现场参会。与会嘉宾围绕气候立法司法执法问题开展了讨论和交流。中美气候立法在国家层面有相似之处，目前均缺乏一部综合性的专门气候法。这样的中美气候立法交流非常有价值，希望各方能够一起努力，共同推进中国气候立法和环境法体系的不断完善。

【"气候变化青年在行动"中美青年对话活动举行】 2021年10月8日，"气候变化青年在行动"中美青年对话活动在清华大学举行。本次活动以"聚焦碳中和，青年在行动"为主题，由清华大学和麻省理工学院共同主办，清华大学研究生会和麻省理工学院中国发展计划学生社团共同承办，来自中、美等

7个国家36所高校的71名代表以"线上+线下"的方式参与了活动。参与活动的中美青年围绕气候变化等问题展开交流探讨，共话青年担当，就青年人在应对世界气候变化过程中所能发挥的作用进行了探讨。活动设置"实现碳中和：政治经济体系""碳排放：环境和社会视角""记录青少年行动：媒体和实践"三个圆桌会议。此外，立足气候变化问题，活动发出了《碳中和目标下应对气候变化与保护生物多样性青年联合倡议书》。

【中美清洁能源联合研究中心建筑节能联盟2021年度合作工作交流会召开】 2021年10月28—29日上午，住房城乡建设部科技与产业化发展中心作为中美清洁能源联合研究中心建筑节能联盟中方牵头单位，采用网络视频会议的形式组织召开了为期两个半天的"中美清洁能源联合研究中心建筑节能联盟2021年度合作工作交流会"。会议共有来自中美两国政府部门、科研院所、高等院校和企业的参会代表90余人。本次会议旨在推动国家重点研发计划顺利实施，分享阶段性研究成果，加强国际科技创新合作交流。《中美应对气候危机联合声明》指出，中美两国将在节能建筑领域继续开展一些合作，希望中美双方在中国科技部、中国住房城乡建设部、美国能源部的共同努力下，继续开展合作，充分发挥中美清洁能源联合研究中心建筑节能联盟的平台作用。

【中国石化与美公司签署20年期LNG购销协议】 2021年11月4日，中国石化与美国维吉液化天然气公司（Venture Global LNG）共同签署了为期20年、400万吨/年的液化天然气（LNG）长期购销协议。这是迄今为止中美双方签订的规模最大的LNG长约协议。此次与维吉公司签署一揽子LNG购销协议，体现了两家公司助力全球能源转型的高度共识，对于推进"双碳"目标实现具有重大意义。

【中美达成强化气候行动联合宣言】 2021年11月10日，中国和美国在联合国气候变化格拉斯哥大会期间发布《中美关于在21世纪20年代强化气候行动的格拉斯哥联合宣言》。双方赞赏迄今为止开展的工作，承诺继续共同努力，并与各方一道，加强《巴黎协定》的实施。在共同但有区别的责任和各自能力原则、考虑各国国情的基础上，中美双方采取强化的气候行动，有效应对气候危机。联合宣言在今年4月上海《中美应对气候危机联合声明》的基础之上以及9月天津会谈所取得进展的基础上，进一步提出了中美双方开展国内行动、促进双边合作、推动多边进程的具体举措。双方同意建立"21世纪20年代强化气候行动工作组"，推动两国气候变化合作和多边进程。此外，中美双方计划在国家和次国家层面制定强化甲烷排放控制的额外措施。

【中美煤炭地区能源转型二轨对话第一次对话召开】 2021年12月2日，由中国煤炭学会、能源基金会、杰克逊事务所联合主办的中美煤炭地区能源转型二轨对话第一次对话召开，来自中美的70余位专家学者参加会议。此次对话旨在中美两国煤炭地区之间建立一个持久的双边桥梁网络，以求有裨于两国省州间的交流联系，拓展省州间合作渠道，加强信息流动、政策制定、帮助煤炭地区更好实现能源转型，强化两国双边气候行动。会上，中美双方专家就"能源转型、化石资产再利用和经济多元化的机会"和"双碳背景下煤炭行业绿色发展战略思考"等内容作主题发言。同时参会专家就"煤炭退出对工人和社区的影响""煤炭退出对公共财政的影响"进行了交流，并就评估自上而下的政策与市场驱动的政策何以满足能源需求、减少碳排放、创造就业进行了深入讨论。

【中美气候变化合作对话会举行】
2021年12月2日，中美气候变化合作对话会在2021年"读懂中国"国际会议（广州）期间举行。与会嘉宾就全球气候治理、中美能源转型与技术合作、碳定价与气候金融等议题展开深入讨论。外交部北极事务特别代表高风表示，为落实《联合国气候变化框架公约》第二十六次缔约方大会取得的积极成果，各方应继续相向而行，将气候行动目标转化为具体政策。中美虽然在发展阶段、国情和国际气候责任上存在差异，但两国都在向绿色低碳转型，在应对气候变化问题上有着广泛的共同利益，应继续在气候变化问题上保持良好沟通合作。

【中美能源与气候变化高端智库研讨会召开】 2021年12月16日，国务院参事室同世界资源研究所在线召开"中美能源与气候变化高端智库研讨会"。本次会议分为两个议题。议题一围绕第26届联合国气候大会（COP26）承诺和中美《联合宣言》的影响，探讨了《联合宣言》明确的中美双边合作存在哪些机遇和挑战以及分歧和障碍；应从哪些方面落实具体减排行动，以及两国的甲烷排放控制；美国如何落实1000亿美元承诺；如何深化中美在气候变化科技领域的合作等问题。议题二聚焦于中美两国国内气候与能源行动现状，嘉宾交流了两国气候和能源行动的最新情况，以及实现各自气候目标的措施实施情况等。

【第十三届中美绿色能源高峰论坛召开】 2022年1月5—6日，第十三届中美绿色能源高峰论坛通过线上形式召开，在北京和福州设立了小型线下会场。论坛由中国电机工程学会、美中绿色能源促进会、清华大学能源互联网创新研究院共同主办，国网福建省电力有限公司承办，中国华能集团有限公司福建分公司、华电电力科学研究院有限公司、福建省电机工程学会共同承办。论坛以"碳中和背景下的清洁能源发展之路"为主题，聚焦绿色能源前沿创新技术，整合能源创新思维。来自能源电力领域的专家学者进行了探讨和交流，助力碳达峰碳中和目标实现，加快构建以新能源为主体的新型电力系统，推动能源电力清洁可持续发展。论坛邀请了来自能源电力相关领域的诺贝尔奖获得者、院士、学者作主旨报告。论坛还组织了碳中和与能源转型、构建新型电力系统、海上风电、储能系统与控制、综合能源5场专题论坛。

【碳中和—清洁燃料研讨会召开】
2022年1月7日，由中美能源合作项目（ECP）与中国石油和化学工业联合会国际交流和外企委员会联合主办，中国产业发展促进会生物质能产业分会、中国能源研究会能源与环境专业委员会和未来碳中和研究院协办的碳中和—清洁燃料研讨会在北京召开。本次研讨会采用了线上和线下相结合的形式，并通过直播将研讨会同步分享给在线嘉宾与观众。来自国际能源署、美国驻华大使馆、标准机构、行业协会、学术机构和企业代表共计4200多人次线上线下观看了该会议。此次能源技术培训交流活动，以清洁燃料技术为主线，邀请了八位国内外知名清洁燃料专家就中国清洁燃料行业的现状从政策、技术、前景和合作机遇、如何应对气候危机所能起的作用以及面临的挑战做了深度分享和精彩发言。

【中美企业间首个重力储能合作伙伴协议达成】 2022年1月30日，A股环保新能源上市公司中国天楹旗下控股子公司阿特拉斯可再生能源有限责任公司（Atlas Renewable LLC）与全球先进的重力储能技术开发商能源保险公司（Energy Vault，Inc.）签署了《技术许可使用协议》，EV授权Atlas在中国区（含香港和澳门）使用许可技术建造和运营重力储能系统设施。这是中美公司之间首次就该技术部署建立的首个重力储能伙伴关系，以支持中国2030碳达峰，2060碳中和目标，也是EV的创新重力储能技术平台达成的首项商业许可协议，并在中国这一全球最大的可再生能源市场进行部署。

【中美碳市场研讨会召开】 2022年5月10日，中国清华大学能源环境经济研究所、美国加州大学洛杉矶分校埃米特气候变化与环境研究所，以及加州大学伯克利分校加州—中国气候研究院在线召开中美碳市场研讨会，并联合发布《中国碳市场及美国加州碳市场研究报告》。200多位来自中国和美国气候变化相关领域的学者参会。中国和美国加州的碳排放权交易体系（ETS）是世界上具有代表性的两个碳市场。碳市场是中美双方实现碳中和目标的重要气候政策工具之一。本次研讨会介绍了中国全国碳市场及美国加州碳市场的基本情况，深入分析了两个碳市场的优势和劣势，分享了碳市场建设的经验教训。

【中美气候变化磋商团队在柏林举行会谈】 2022年5月26日，中美气候变化磋商团队在德国柏林举行会谈。中国气候变化事务特使解振华与美国总统气候问题特使克里回顾了《中美关于在21世纪20年代强化气候行动的格拉斯哥联合宣言》，就《宣言》中成立中美强化气候行动工作组相关议题广泛交换意见，同意继续推动中美气候变化合作机制化、具体化、务实化。

【中美气候特使再次就中美气候合作交换意见】 2022年6月1日，中国气候变化事务特使解振华与美国总统气候问题特使克里在斯德哥尔摩再次就中美气候合作进行对话交流，并围绕"21世纪20年代强化气候行动工作组"的目标原则、组织框架、合作领域及下阶段工作计划等深入交换意见。外交部、发展改革委、生态环境部有关部门代表参加会谈。在斯德哥尔摩期间，中方还与西班牙副首相兼生态转型与人口挑战大臣里韦拉、格拉斯哥气候大会主席夏尔马、印度环境森林和气候变化部部长亚达夫、新加坡永续发展与环境部高级政务部长许连碹、联合国开发计划署

（UNDP）署长施泰纳、联合国环境规划署（UNEP）执行主任安德森等举行会谈。

【"气候变化背景下的可持续城市战略"圆桌会议举办】 2022年7月18日下午，中美能源合作项目（ECP）支持的以"气候变化背景下的可持续城市战略"为主题的"能源气候环境"系列第一次会议在北京举办。该活动由生态环境部宣教中心主办，《世界环境》可持续发展与低碳创新理事会承办。生态环境部宣传教育中心主任田成川主持，科技部原副部长、国家气候变化专家委员会名誉主任刘燕华，霍尼韦尔中国区总裁余锋，中国城市规划协会副会长、清华同衡研究院院长袁昕出席活动并作主旨发言。来自霍尼韦尔、埃克森美孚、康菲石油、贝克休斯、英特尔、必维、燕山石化、红杉资本、中国林业等企业的30多位代表参加了活动。在会议发言交流环节，来自各个行业的企业家代表就企业在国家双碳背景下推进城市可持续发展中如何发挥作用展开热烈讨论。城市项目是以往中美气候变化合作、中美能源领域合作的一个明星项目和重要领域。城市可持续发展也是ECP长期跟踪、关注和支持的重点领域。

【中美可持续发展系列研讨会首次会议举行】 2022年7月28—29日，由中国科学院和美国国家科学院共同发起的"中美可持续发展系列研讨会"首次会议举行，会议主题为"可持续发展与生物多样性"，采用线上线下相结合的形式举办，中方会议由中科院植物所及生物多样性委员会承办。中科院院长侯建国和美国科学院院长玛西娅·麦克纳特在开幕式上发表视频致辞。来自中美两国科研机构和大学的20余位专家学者围绕中美两国生物多样性现状与可持续发展、2020后全球生物多样性框架战略、生物多样性及其对食物的影响、生物多样性与健康、生物多样性与气候变化、城市化与生物多样性等议题作了学术报告并展开了深入研讨。

【中美绿色交通创新合作论坛暨2022应对气候变化国际交通研讨会特别论坛举办】 2022年8月16日上午，由中国公路学会和美国交通运输研究会（TRB）共同主办的中美绿色交通创新合作论坛召开。论坛聚焦绿色交通发展的政策行动、发展实践，以及有助于联合国可持续发展目标（SDGs）实现的交通运输领域的新技术、新方法、新理念。会议还回顾了自2018年1月中国公路学会和美国交通运输研究会签署谅解备忘录以来，两组织开展的合作。中国公路学会持续关注并致力于解决交通运输面临的关键全球问题，加强双边及多边合作，促进国际交通领域的对话与交流。本次论坛得到了中国国际科技交流中心、"一带一路"绿色发展国际联盟、浙江大学—伊利诺伊大学厄巴纳香槟校区联合学院、阿里巴巴、美国可持续基础设施研究会（ISI）、能源基金会（EF）、国际道路联合会（IRF）、欧洲交通运输研究会（ECTRI）、海外华人交通协会（COTA）等众多国内外科技组织的支持。

【"应对气候与能源的挑战"——北京大学—芝加哥大学联合论坛开幕】 北京时间2022年10月13日7点30分，美国中部时间2022年10月12日18点

30分，北京大学—芝加哥大学联合论坛在线上开幕。论坛以"应对气候与能源的挑战"为主题，邀请专家学者、政策研究者、行业领导者聚焦气候与能源，共同探讨应对挑战。嘉宾在交流中表示，中美两国在能源和气候变化领域发挥着重要的影响，作为最大的发展中国家和发达国家，中美在全球能源和气候合作方面发挥着重要的表率作用，两国的对话在双边以及多边的关系中至关重要。芝加哥大学、北京大学师生及全球各地其他参会人员共200余人在线参加了本次联合论坛的开幕式及首场嘉宾对话。

【中美气候特使在COP27期间进行正式磋商】 中美两国领导人在G20峰会上会晤之后，根据两国领导人的要求，两位气候问题高级官员在埃及举行的《联合国气候变化框架公约》第二十七次缔约方大会（COP27）期间（2022年11月6—18日）进行了正式磋商。中美双方进行了非常坦诚、友好、积极和正面的正式磋商，总体来看是很有建设性的。解振华表示，中美同意在正式谈判议程中纳入如何处理发展中国家因气候变化蒙受的损失和损害议题。就此问题达成的任何新协议都应像《巴黎协定》一样，列明发达国家作出贡献是其应尽的责任。但他也强调了与西方国家之间的分歧，拒绝接受中国不应再被视为发展中国家的观点。中美之间还有很多需要讨论的问题，将在气候变化问题上继续合作。

【第14届中美绿色能源高峰论坛暨国际绿色能源高峰论坛召开】 2022年12月2—4日，第14届中美绿色能源高峰论坛暨国际绿色能源高峰论坛召开。本届论坛采取线上线下结合形式举行，来自中美两国的多位国际知名能源专家共同围绕"迈向碳中和之路的机遇与挑战"主题，聚焦能源技术创新的前沿关键领域，讨论迈向"碳中和"之路的思路、方法与路径，探索可持续的解决方案，推动国际合作共赢。本届峰会是在联合国第27届气候变化大会（COP27）之后举行的一场由世界顶尖科学家和能源领袖参与的高层次国际会议，由美中绿色能源促进会、中国电机工程学会、清华大学能源互联网创新研究院、斯坦福大学普雷考特能源研究院共同主办。12月4日，在美国斯坦福大学举行的清洁能源转型专题论坛上，中美两国专家分享了有关加州气候及能源政策创新、新型电力系统的挑战及应对、中国碳减排方式等主题的报告。本届峰会还发布了由美中绿色能源促进会和清华大学能源互联网创新研究院联合编写的《迈向碳中和之路上的能源技术创新》一书。

【中美绿色金融工作组成员机构CEO年度会议举行】 2022年12月2—4日，以"世界大变局：共生与重构"为主题的国际金融论坛（IFF）2022第18届全球年会在广州以线上会议的方式举行。在国际金融论坛（IFF）2022全球年会上，中美绿色金融工作组（GFWG）成员机构CEO年度会议于12月2日举行，就绿色金融发展与合作展开专题和聚焦式对话。当前应对气候变化，推动绿色发展已成为全球共识，金融是实体经济的血脉，对推动绿色产业发展具有重要作用。在全球越来越重视气候变化挑战时，中美企业也从自身做起，在生产制造等各环节不断探索绿色发展。为充分发挥中国在绿色金融和可持续发展领域的引领作用，推进碳达峰与碳中和目标，实现绿色增长和转型升级，国际金融论坛（IFF）全球年会期间，联合保尔森基金会、高盛集团等数十家世界企业机构发布全球倡议，成立"绿色金融工作组"。

【《中美绿色金融工作组白皮书》发布】 2022年12月3日，在IFF夜话"应对全球气候变化"环节，2022年《中美绿色金融工作组白皮书》发布。《白皮书》称，到2050年实现净零排放所需的近一半减排依赖于清洁发电能力。围绕全球向低碳经济加速转型，《白皮书》提出六点建议，比如强调在创新上的持续投入，大幅度提高绿色和转型金融项目资本支出的承诺，通过组合为金融机构提供额外激励等等，同时对许多国内外企业和金融机构的绿色金融案例进行了深入分析，为开展好金融投融资工作提供了参考价值。

【中美应对气候变化立法研讨会召开】 2022年12月8日上午，中美应对气候变化立法研讨会在线上召开。本次研讨会由国家气候战略中心、自然资源保护协会（NRDC）和中国政法大学环境资源法研究和服务中心合办，是NRDC支持国家气候战略中心开展的"新形势下的应对气候变化法治保障研究项目"下的重点活动之一，旨在落实《中美关于在21世纪20年代强化气候行动的格拉斯哥联合宣言》提出的"减少温室气体排放相关法规框架与环境标准方面开展合作"的要求，通过研讨加深对美国气候变化相关立法的了解，促进中美两国在气候变化领域的交流互鉴。在主题报告环节，中美两国专家学者就美国国会近期通过的《通胀削减法案》《基础设施投资和就业法案》以及今年6月美国最高法院有关美国环保署在《清洁空气法案》下管控温室气体的相关判决等气候变化相关法案和政策进行了介绍和解读。

【"碳中和与可持续发展"全球合作论坛举行】 北京时间2022年12月8日，由华中科技大学与美国北卡罗来纳大学教堂山分校主办，华中科技大学能源与动力工程学院、煤燃烧国家重点实验室、经济学院、北卡罗来纳大学教堂山分校中国城市研究中心承办的2022"碳中和与可持续发展"全球合作论坛正式拉开帷幕。来自中美双边30余位专家学者以线上线下相结合的形式参与研讨，共谋低碳发展之路，共话全球绿色未来。本次论坛设"碳中和与能源转型""碳中和与绿色经济"与"碳中和与城市发展"三场平行论坛，15位专家学者分别进行学科对话与研讨。在交流讨论环节，与会专家学者就中美储能技术的差异以及中国在未来所需的热储能容量和热储能材料等问题进行深入的探讨。

六 中美体育交流

【美国职业篮球联赛（NBA）球队举办第十届新春贺岁活动】 2021年2月7—27日美国职业篮球协会（NBA）连续第十年举办NBA新春贺岁活动，与球迷共庆新春佳节。作为新春贺岁的第十届活动，NBA中国推出了全新的春节宣传片《NBA十年之约》。2月7日，NBA新春贺岁的比赛直播拉开序幕。亚特兰大老鹰、波士顿凯尔特人等23支球队通过当地社区活动、数字社交媒体祝福以及合作伙伴活动等不同方式庆祝新春佳节。

【中美乒协联合纪念"乒乓外交"50周年】 2021年4月及11月，纪念中美"乒乓外交"50周年纪念活动在两国间相继举行。4月24日，中国人民对外友好协会、国家体育总局和中国美国人民友好协会在北京联合举行中美"乒乓外交"50周年纪念活动。中美各界人士400余人通过现场与会或线上视频方式参加了纪念活动。国家副主席王岐山和美国前国务卿基辛格分别发表视频致辞，积极评价中美"乒乓外交"的历史意义，高度赞赏中美老一辈领导人的政治智慧和远见卓识，期待中美双方落实两国元首通话达成的重要共识，携手推动合作共赢、共同发展，建设和平与繁荣的世界秩序。

【中美大学联合举办国际太极拳健康科学大会】 2021年11月7日，中国北京师范大学和美国亚利桑那大学联合主办以"太极拳让生活更美好"为主题的第二届国际太极拳健康科学大会。大会采用线上直播的方式进行，国内外体育、医疗卫生健康等领域的专家学者齐聚线上，围绕太极拳科学化、健康化和国际化展开了深度研讨，共有1416余名学者注册并全程参与了本次学术盛宴。专家学者通过科学的研究和翔实的实验数据全方位、多层次地阐释了太极拳健康科学的新理念、新思路和新方案，分享了太极拳健康科学的国际学术成果，促进了太极拳健康科学的发展，为现代医疗康复提供中国方案，为共筑人类健康共同体贡献中国智慧。

【美国职业篮球联赛（NBA）球队举办第十一届新春贺岁活动】 2022年1月26日至2月15日，美国职业篮球协会（NBA）举办第十一届NBA新春贺岁活动，与球迷共庆新春佳节。联盟全新的新春贺岁标识迎来亮相。同年春节，协会再度推出春节宣传片《NBA奇幻新春》，24支球队以不同方式庆祝新春佳节。此前1月25日，美国职业篮球联盟布鲁克林篮网队在主场巴克莱中心迎战洛杉矶湖人队期间举办一年一度的"中华之夜"。中国驻纽约总领事黄屏通过大屏幕向现场观众送出新春贺词。篮网队也在视频中祝福中国球迷春节快乐，希望和中国建立更紧密的联系。美国NBA球队的新春贺岁活动向美国人民展示了中国春节的文化元素，成为中国文化"走出去"的重要契机，有助于推动中美两国之间的人文交流合作。

【冬奥会中国冰壶运动员赠送美国运动员礼物】 2022年2月5日，北京冬奥会冰壶项目中国组合范苏圆、凌智选手向美国组合维姬·佩辛格、克里斯托弗·普利斯赠送礼物。双方运动员互赠礼物是冰壶比赛的传统。范苏圆、凌智选手送出了具有浓郁中国特色的中国体育代表团徽章。收到来自中国运动员的礼物，维姬·佩辛格、克里斯托弗·普利斯难掩兴奋，在混采区向媒体记者晒出礼物。2月5日晚，美国冰壶混双组合在官方推特账号上晒出两套有浓郁中国特色的"冰墩墩"徽章。本次赛后互动既是中美双方运动员的友谊见证，也是中美体育文化交流的暖心时刻。

【中国选手薛翼枝登陆美国女排联赛】 2022年3月17日，薛翼枝亮相美国女排职业联赛揭幕战。薛翼枝所在的洛维队以2比1击败了克鲁兹队。由于美国女排职业联赛的特殊规则，赛事不产生冠军球队，只产生冠军球员。2022年2月，薛翼枝受美国女排队长拉尔森的邀约，赴美参加美国女排职业联赛。作为第一位参加该赛事的中国选手，薛翼枝表示她将把握机会，通过这个与高水平职业选手学习、交流的机会，更好地积累比赛的经验。

【美国职业棒球大联盟在京举办2022赛季媒体观赛日活动】 2022年4月8日，美国职业棒球大联盟（MLB）2022赛季媒体观赛日活动在北京举办。中国棒球协会田原部长及众多媒体代表和嘉宾受邀出席，邀请粉丝共庆精彩的棒球赛事。此次媒体观赛日从联盟赛事转播、到本土化原创内容制作，MLB着力从多维度提升内容传播矩阵，为中国观众带来全方位的棒球内容生态体验。

【中国女足赴美开展体育交流】 2022年7—8月，中国女足前往美国旧金山，进行为期一个月的海外拉练。本次"美国行"给予了年轻球员上场机会，球员们在比赛中得到锻炼和成长，更好地融入球队、适应比赛。教练组也进行了战术层面的交流，为备战2023年世界杯加强了战术方面的储备。本次交流不仅为中国足球运动的发展注入动力，也推动了中美两国之间的体育文化交流。

【北加州华体会太极锦标赛暨研究院成立仪式举行】 2022年8月14日，美国北加州华人文化体育协会太极锦标赛暨杨澄甫式太极拳研究院成立仪式在菲蒙市印象文化艺术中心隆重举行，200多人参加盛会。这次太极盛宴是以"华体二十，砥砺奋进"为目标，展现团结、进步、和谐与共建的文体盛会，已成为港澳台及中国大陆地区之外华人最大的运动盛会，其宗旨是：透过科学创新，推广太极，弘扬正脉传承杨澄甫式太极拳，增进人类共同健康。

七　中美妇女交流

【中美人才齐聚女性领导力论坛线上特辑】 2021年3月8日，长江商学院品牌论坛"女性领导力论坛"举办线上特辑，聚焦探讨"开启两性领导力时代"。论坛特邀四位来自多国的企业家、学者和商界领袖，与长江商学院副院长、领导力与行为心理研究中心主任张晓萌教授共同发起一场跨越三个时区与四种文化背景的对话。嘉宾围绕"领导层性别平等给企业带来的价值""不同的文化与组织如何促进女性发展"等话题展开了讨论。在圆桌对话环节，张晓萌教授与美国埃克森美孚（中国）投资有限公司董事长万立帆，中美商会女性专业委员会及女性经济峰会的联合发起人吴素珍一起围绕"后疫情时代的女性领导力""实现决策层性别平等"等议题展开讨论。

【海外华人美术家协会 2021 女画家作品国际云展】 2021 年 5 月 4 日至 6 月 1 日，由海外华人美术家协会、美国女神艺术博物馆主办，胡润艺术荟、纽约当代艺术中心、艺咖邦美术馆协办的海外华人美术家协会 2021 女画家作品国际云展举办。这次美术展览汇集了中外华人女美术家百余幅优秀作品，作品以不同的风格和意境诠释了艺术家对生活的感悟。此次云展的特邀艺术家包括中国的孔紫、王绣、王小晖、胡宁娜和来自美国的艾伦赵琼，参展人员包括 29 名中国女艺术家和 15 名美籍华裔女艺术家等共计 51 人。

【中国美国商会第五届女性经济峰会召开】 2021 年 6 月 18 日，由中国美国商会与睿美创议共同主办的"第五届女性经济峰会"在北京举行。联合国妇女署中国办公室国别主任安思齐受邀出席活动并发表演讲。来自私营和公共部门的不同高层管理人员在峰会上谈到了新冠疫情给妇女带来的挑战，呼吁所有人意识到妇女面临的问题，并参与解决方案，以防止性别平等进程的逆转，并最大限度地减少该流行病对妇女造成的长期经济后果。

【2021 年中美继续开展促进女童和青年女性发展项目】 国际计划（美国）陕西代表处（简称国际计划）出版《国际计划中国工作年度报告（2021）》，回顾了其在 2021 财政年度，即 2020 年 7 月至 2021 年 6 月间的工作进展。国际计划（美国）陕西代表处在 2021 年继续开展促进女童和青年女性发展项目。2021 年，国际计划支持了 70 所"儿童幸福家园"开展常规活动，支持"家园"负责人为监护人及养育者提供亲子活动及养育知识培训，并且在活动过程中关注性别平等；通过与企业、学术机构的合作，国际计划支持地方教育部门在 64 所乡村地区中小学开展了女童与科技项目。

【中美代表齐聚联合国保护妇女权益边会】 2021 年 7 月 15 日，联合国人权理事会第 47 届会议在日内瓦召开期间，"保护妇女权益，推动高质量发展"边会在京举办，呼吁推进性别平等和妇女赋权。该主题边会由北京市民间组织国际交流促进会联合北京市妇联、北京国际和平文化基金会共同主办。在 14 日举行的活动中，各国专家学者、国际组织代表分享案例，为妇女权益发声，携手推进性别平等和妇女赋权。来自美国的妇女组织代表参加了会议。

【美媒关注王亚平出舱】 2021 年 11 月 7 日，神舟十三号载人飞船航天员王亚平作为中国首位将实施出舱活动的女航天员，成为外界焦点。随着神舟十三号航天员乘组名单公布，已退休的美国国家航空航天局 NASA 女宇航员凯蒂·科尔曼隔空对即将飞向太空的中国女航天员王亚平致以祝福。15 日，美国知名航空领域记者安德鲁·琼斯也在社交媒体上报道并点赞了王亚平即将进驻中国空间站的消息。此外，CNN 和《卫报》也对神舟十三号成功发射作了详细深入的报道，并表示中国女航天员王亚平将首次进驻中国空间站并实施出舱活动，这对于女性宇航员，以及中国的太空发展计划具有里程碑式的意义。

【4 位华人女性科学家获斯隆研究奖】 2022 年 2 月 16 日，美国斯隆基

金会公布了2022斯隆研究奖获奖名单，始设于1955年的斯隆研究奖被称为"诺贝尔奖风向标"，主要面向青年科学家。本次共有118名学者获奖，其中共有27位华人学者获奖。计算机科学领域6名华人学者当选，其中4人为女性科学家，她们分别是：陈丹琦、方飞、李博与宋舒然。

【中美艺术家参加2022年国际女性艺术家群展】 2022年3月8日，由杭州奥拉画廊主办的"她视界"国际女性艺术家大型群展在杭州举行。此次杭州女性主义艺术家群展集结了19位来自世界各地的优秀女性艺术家，通过她们所呈现的集架上绘画、装置、影像等多媒体艺术形式的115件艺术作品。此次参展女艺术家分别来自亚洲、美洲和欧洲。旅居美国三十多年的郭桢不仅是国内改革开放后最早从事水墨实验的一代，也是在北美活跃的关注女性命运和女性创作的艺术家和策展人。

【2022年福布斯继续召开中国卓越女性论坛】 2022年8月4日，由福布斯中国集团主办的2022福布斯中国卓越女性论坛在上海希华馆召开。本届论坛以"改写规则，创'她'时代"为主题，邀请来自科技、投资、医药等不同领域的企业家出席，共同探讨新时代背景下女性应该如何参与并引领科技创新及社会变革，充分实现自我价值，成就卓越事业。福布斯媒体集团执行副总裁、莫伊拉·福布斯以视频形式发表题为"女性领导力"的主题演讲。三场圆桌对话分别围绕"科技背后的女性力量""女性视角下的数字经济"和"自我不设限"主题展开，与会中美女性代表交流各自看法，并致敬新时代的女性力量。

【美国华人妇女联合会举办中秋公益活动】 2022年9月8日，美国华人妇女联合会会长张娴（GRACE-CHEUNG）带领理监事成员十多人，连续多天前往圣盖博康泰老人保健中心、溪谷镇阿罕布拉老人院、圣盖博亚裔老人服务中心、圣盖博市政府及警局赠送200多盒月饼及水果等物品，表达华人社区的爱心，受到老人们欢迎。圣盖博市长丁言愉对此给予高度评价。美国华人妇女联合会在疫情期间及中国传统的节日，经常在圣盖博市做公益慈善活动。

【中美企业高层共赴首届WE女性发展论坛】 2022年9月22日，WE女性发展协会举办了首届女性发展论坛，论坛聚焦于多元化、公平性与包容性主题，吸引了超过1300名与会者通过在线及现场方式参加。论坛的主题是"多元化、公平性和包容性：灯光、相机、行动！"。论坛邀请了中美特别嘉宾，分享他们对于这一主题在中国和国际社会取得进展的深入洞见。论坛内容包括"通过务实行动改变系统性偏见""自上而下践行有包容性的领导力"的圆桌讨论和"承诺行动，做出改变"的互动研讨会。

【第四届世界科技与发展论坛—女科学家论坛举办】 2022年11月28日，第四届世界科技与发展论坛—女科学家论坛举办，200余位国内外女科学家代表通过线上形式参会。论坛聚焦"中国西部——科技创新科技女性包容未来"，重点围绕世界科技女性人才的机遇和参与、女科学家的社会责任、参与国际合作交流的经验做法与思考等议题展开讨论。美国宾夕法尼亚州立大学地球与环境系统研究所和地球科学系教授、美国科学院院士SUE L. BRANTLEY，普林斯顿大学分子生物学系终身讲席教授雪莉·蒂尔曼等杰出女科学家代表分享了最新科研成果和团队创新故事，用自身经历鼓励更多的女性投身到科技创新的伟大事业中。

八　中美青年交流

【2021年中美青年学者论坛五周年纪念特别活动举办】　2021年4月10日，《环球时报》、北京大学中外人文交流研究基地、美国卡特中心共同举办"中美青年学者论坛五周年纪念"特别活动。"中美青年学者论坛"是《环球时报》社、美国卡特中心、北京大学中外人文交流研究基地联合主办的学术交流活动，迄今已举办五届，目的是为中美两国年轻一代学者提供相互交流、增进了解的平台。纪念活动以云端论坛形式举行，邀请外交部原副部长、国务院侨务办公室原副主任何亚非，美国前助理副国务卿、前驻华大使芮效俭以及美国前副助理国务卿、加州大学圣迭戈分校教授谢淑丽等中美关系领域的资深专家与历届参与论坛的青年学者梳理双边关系发展历程、寻找两国人文交流契机，并就中美青年在全球范围的机会与责任展开了充分讨论。

【2021年度全美十大华人杰出青年揭晓】　2021年5月4日，第十四届"全美十大华人杰出青年"评选结果在洛杉矶揭晓。"全美十大华人杰出青年"是全美第一个跨区域的杰出华人奖项评选活动，已成为每年五月份美国亚太裔传统月期间，全美华人社区最令主流社会关注的活动之一。今年评选的主题为"我们是华人"，鼓励新一代华人和留学生面对挑战，志存高远。此次活动由全美中华青年联合会、美国华人公共外交促进会、英文《洛杉矶邮报》等机构联合主办。评委会一致认为，经过多个环节的角逐后，评选出的十位华人杰出青年展现出的专业成就和社会责任感以及他们努力和奋斗成长的经历，能够让他们成为鼓舞青年前行的榜样。

【2021年中美青年领袖对话会视频会议举办】　2021年5月11—12日，中国国际问题研究院举办了第十七届中美青年领袖对话会视频会议。此次会议主题为"历史智慧，政治勇气——如何推动中美关系建设性发展"。徐步院长在致辞中指出，中美两国要加强沟通、构建互信、避免对抗。来自中国国际问题研究院、中国社会科学院美国研究所、芝加哥全球事务委员会、国防大学、约翰霍普金斯大学等机构的二十位青年学者参会，就中美关系历史经验、美国对华政策、中国对美政策及中美关系展望等议题进行了深入探讨，并为中美聚焦合作、管控分歧、开展对话提出了建议。"中美青年领袖对话会"项目由中国国际问题研究院于2011年发起，迄今已邀请逾百名中美青年代表参会，成为两国青年学者交流的重要平台，在

中美学界获得良好反响。

【7位华裔科学家入选美国布拉瓦尼克国家青年科学家奖】 2021年6月15日,2021年度布拉瓦尼克国家青年科学家奖入围名单公布,在31名终选入围者中有7名华裔科学家。奖项的化学、生命科学和物理科学与工程三大领域均有华裔科学家入围。该奖项由布拉瓦尼克家族基金会设立,纽约科学院管理,是美国含金量最高的青年科学家奖项之一。拉瓦尼克国家青年科学家奖在2007年设立,表彰在全美顶尖高校及科研机构工作、42岁以下的青年科学家。华裔科学家一直是该奖项的常客,今年入围的七名华裔科学家分别为:闵玮、张文君、关开玉、亓磊、Kay Tye、胡良兵、余桂华。

【中美青年创客大赛举办】 2021年6月9日,中美青年创客大赛暨北京赛区线上启动仪式举办。"中美青年创客大赛"由中华人民共和国教育部主办,中国(教育部)留学服务中心、清华大学、北京歌华文化发展集团有限公司、英特尔公司和中国大学科技园联盟承办。大赛以"共创未来"为主题,聚焦民生、社区、教育、环保、健康、能源、交通等可持续发展领域,运用创新思维和前沿科技,直面人类的困难和挑战,为构建人类命运共同体贡献积极的力量。大赛承办单位代表、中美高校教师、学生共计1000余人在线参加本次活动。2021年8月21—22日,2021中美青年创客大赛决赛在线上举行。11月23日,中美青年创客大赛颁奖仪式以线上形式举行。2022年5月20日,中美青年创客大赛暨北京赛区线上启动仪式举办。2022年大赛主题聚焦气候变化和可持续发展等中美合作新亮点。大赛承办单位代表、中美高校教师、学生共计1000余人在线参加本次活动。2022年中美青年创客大赛总决赛于8月19—21日举办。2022中美青年创客大赛决赛颁奖暨"中美青年创客交流中心秘书处单位"揭牌仪式于11月9日举行。教育部国际合作与交流司副司长陈大立,美国驻华大使馆公使衔参赞马文茵等300余人以线上线下结合方式参加了活动。

【2021年哈佛AUSCR青年峰会线上闭幕】 2021年8月22日,华夏基金·2021哈佛AUSCR青年峰会举办线上闭幕式。哈佛HCAUSCR中美学生领袖峰会(HSYLC),由哈佛大学中美国际交流协作机构(HCAUSCR)组织,是哈佛正式注册机构在亚洲规模最大的高中生名校交流项目。2021哈峰的主题为:Explore Today, Shape Tomorrow。本次峰会的参与者来自全球28个国家和地区,包括了中国国内逾200座城市。本次主办方开展了超过200项丰富多彩的交流研讨,来自清华、北大等世界名校的青年学者、国际地区和中国地区招生负责人与各行业领域前沿学者一起共同打造了一场文化交流盛会。

【2021年第六届中美青年学者论坛开幕】 2021年9月22日,由环球时报社、美国卡特中心、北京大学中外人文交流研究基地共同主办的"第六届中美青年学者论坛"正式开幕。在开幕式致辞中,北京大学中外人文交流研究基地主任、全国政协常委、北京大学国际关系学院教授贾庆国强调,当下的中美关系仍然深处困境,稳定和改善双边关

系要深刻了解两国国内政治的变化。经过三天讨论，本届中美青年学者论坛于9月24日圆满闭幕。《环球时报社》副总编辑、人民网董事谢戎彬作总结发言，表示管理好中美关系也关系到世界的前途命运，每一个关心两国和世界未来的人都应该努力使中美关系稳定下来。

【"Z世代"中美青少年交流对话会在云南麻栗坡举行】 2021年10月18日，由中国公共外交协会主办的"Z世代"中美青少年线上交流对话会在云南省文山州麻栗坡县举行。来自中美两国各界青年以及两国的50余名学生通过线上和线下的方式参与对话。本次活动中，中美两国青年代表以"Z世代"视角下的中美新兴产业、中美"Z世代"体育文化的交流、中美"Z世代"的互联网偏好和"Z世代"视角见证中美发展与变迁为议题进行主题讨论。对话会上，中美青少年展示了琵琶、诗朗诵、民歌合唱等才艺并进行了破冰游戏，加深了彼此的了解。

【中国驻美使馆与汉普顿大学"青年外交官"项目学生座谈】 2022年6月29日，汉普顿大学"青年外交官项目"（Young Diplomat Program）参训学生120多人来使馆参观访问。井泉公使、周政公参、杨新育公参及使馆青年外交官同参训学生举行了座谈。井公使介绍了当前中美关系及中国对美外交政策，勉励美国学生加强对中国的认知、增进同中国青年的交流，在中美之间搭建更多友好合作的桥梁。使馆外交官回答了学生们提出的关于中美关系、中国教育资源、就业形势、中华文化等方面的问题，并同学生们进行了愉快的交流互动。汉普顿大学"青年外交官项目"于2012年创建，旨在推动促进美国学生对中国社会、文化及中美关系的了解。此次来访学生来自全美20多个州。

【中美青年学子共庆2022年新春】 2022年1月27日，中国驻美国使馆携手得州高校联盟和美国高校中美青年，共同举办了"龙腾虎跃、齐聚今宵——2022中美青年新春云端联欢晚会"，喜迎虎年新春佳节。来自华盛顿特区、得克萨斯州、宾夕法尼亚州等30个州、近百所高校的中美青年呈现的精彩节目，获得了在美留学人员的一致好评。本场云端晚会由中美青年联合策划组织、共同宣传制作，通过YouTube等多个平台直播。节目均由学生自编自演，有歌曲、舞蹈、诗朗诵、器乐表演、京剧、相声、服装走秀等，既有传统艺术的模仿，又有校园生活的展示，精彩纷呈，引人入胜。晚会展示了中国传统的春节文化，增进了中美青年间的交流和理解。

【2022年度"全美十大华人杰出青年"评选结果公布】 第十五届"全美十大华人杰出青年"评选结果于2022年5月4日在洛杉矶公布。今年的评选主题是"和平与和谐"，主办单位希望华人新生代和留学生成为促进人文交流和沟通的青年力量。该奖项由全美中华青年联合会、美国华人公共外交促进会、英文《洛杉矶邮报》等机构联合主办。本次获奖的十大杰出青年中排名第一的是亚利桑那大学的华人音乐家夏菁和胡滨。"全美十大华人杰出青年"是全美第一个跨区域的杰出华人奖项评选

活动,向美国社会展现新一代华人和留学生的优秀风貌和崭新群体形象。

【2022年中美学生领袖金融对话论坛举办】 2022年7月27日,中美学生领袖金融对话论坛于线上隆重举行。本届论坛作为2022国际货币论坛暨《人民币国际化报告》发布会的系列活动之一,由中国人民大学国际货币研究所和美国CET学术项目共同主办,中国人民大学财政金融学院团委及金桐全球英才计划协办。本次中美学生领袖对话论坛中,中美双方青年学子秉持"求同存异,合作共赢"的理念,以开放包容的姿态和创新引领的风貌充分探讨了中美在绿色金融方面的合作前景,为共建人类命运共同体建言献策。

九 中美地方交流

【江苏省外办与美中贸易全国委员会等机构举行线上座谈会】 2021年2月1—4日,江苏省外办美大处分别与美中贸易全国委员会和上海美国商会举行了线上座谈会,就双方的交流与合作进行了深入探讨。上海美国商会对2020年与省外办共同举办的常态化疫情防控下外籍人员入境政策宣介会给予了高度评价,与会企业对江苏与美国的合作表达了积极期待。座谈会上,双方一致同意,2021年将加大在环境政策宣介、美资企业江苏行、知识产权保护、药品专利、气候变化等方面的交流与合作。

【第五届中美省州立法机关合作论坛在线上举行】 2021年3月2日,中国人民对外友好协会与美国州立法领袖基金会共同举办以"合作共赢、再谱新篇"为主题的第五届中美省州立法机关合作论坛视频会。本届论坛是美国新政府就任后中美之间恢复的首个两国交流合作机制性活动,旨在实践中美两国元首新春通话所达成的重要共识,具有特殊的历史意义。

【美国14个州驻华代表机构组团访渝】 2021年4月26—29日,应重庆市政府外办邀请,美国阿肯色州、纽约州、爱达荷州、南卡罗莱纳州、伊利诺伊州、佛罗里达州、艾奥瓦州、田纳西州、北卡罗莱纳州、印第安纳州、佐治亚州、内布拉斯加州、加利福尼亚州—萨克拉门托市和宾夕法尼亚州14个州的驻华代表机构组成代表团访问重庆。重庆市政府副市长蔡允革在4月27日与美国代表团会面时表示,热烈欢迎各州代表的到访,感谢他们为促进中美地方友好合作所作努力。蔡允革介绍了重庆市的经济社会发展状况,强调了中美在贸易、友城交往、文旅、教育、抗疫等领域的广泛合作。

【中美省州经贸合作研讨会在第十二届中博会期间举行】 2021年5月22日,第十二届中博会期间,中美省州经贸合作研讨会在太原举办。来自中国山西、湖南、江西、湖北、江苏、黑龙江、浙江、天津等省市,以及美国加州、纽约州、艾奥瓦州、芝加哥市等州市的两国地方政府代表和工商界人士,共计约150人参与了本次研讨会。研讨会的议题主要聚焦于加强中美省州经贸交流、促进互利共赢的发展等议题。与会代表深入讨论了美国对华投资和中国对美投资两个专题，解读了相关政策，分享了案例，并对中美经贸关系面临的机遇和挑战进行了分析。研讨会为进一步深化中美地方间的经济合作提供了有益的平台，促进了两国经贸关系更加紧密和务实的发展。

【天津市与中国美国商会举行对话会】 2021年5月25日，天津市举行中国美国商会与政府对话会，来自商会会员企业的20余位代表参会，就美资企业在天津投资情况和企业关心的问题与天津市相关部门负责人进行座谈交流。天津市副市长王旭出席活动并讲话。在对话会上，中国美国商会会员企业的代表逐一发言，提出了关于税务、疫苗接种、外籍人员返津、医疗领域开放、服务业扩大开放综合试点等方面的问题和诉求。会上，王旭代表天津市政府接收了中国美国商会主席葛国瑞递交的2021年度《美国企业在中国白皮书》。

【河北省—艾奥瓦州友城线上交流会召开】 2021年5月27日，由河北省友协与美国艾奥瓦州友好委员会共同举办的河北省—艾奥瓦州友城线上交流会召开，活动旨在进一步促进河北省与美国艾奥瓦州友城间交流，推动双方友好交往。河北省友协执行副会长吕晓梅、美国艾奥瓦州友好委员会河北分会主席张维善，河北省友协、河北省外办美大处、美国艾奥瓦州友好委员会相关负责人，以及两省州五对市县级友城代表出席会议并发言。

【广东省省长出席中美地方应对气候变化系列对话】 2021年5月27日，由中国人民对外友好协会和美国加州—中国气候研究院联合主办的中美地方应对气候变化系列对话首场视频会议举行。对话主题为"地方应对气候变化的规划与举措"。中国气候变化事务特使解振华、广东省省长马兴瑞、上海市市长龚正、江苏省省长吴政隆、中国人民对外友好协会会长林松添，美国总统气候问题特使克里、加利福尼亚州州长纽森、华盛顿州州长英斯利、加州副州长康伊莲、洛杉矶市市长贾赛提、加州—中国气候研究院院长等出席对话并进行了友好、坦诚、积极交流。这次对话是中美两国地方政府负责人在《中美应对气候危机联合声明》发表后举办的首场高级别对话，为两国地方在应对气候变化、分享经验和促进合作方面搭建了平台。与会各方一致认为中美两国政府应保持对话，加强合作，共同应对气候变化带来的全球性严峻挑战。

【江苏省与美国加州举行结好10周年庆祝活动启动仪式】 2021年7月9日，江苏省外办和江苏省人大常委会外事委员会联合主办的江苏省与美国加利福尼亚州结好10周年庆祝活动启动仪式在线上举行。江苏省人大常委会副主任邢春宁、加利福尼亚州众议院议长伦登、加利福尼亚州参议院多数党领袖赫兹伯格出席活动并发表致辞，加利福尼亚州参议院代理议长阿金斯、中国人民对外友好协会副会长姜江、中国驻旧金山总领事王东华通过视频表达祝贺。邢春宁在致辞中表达了进一步加强两地友好交流与合作的愿望。双方还计划共同举办包括经贸投资、低碳环保、人文交流等在内的14项系列庆祝活动。

【河南省与美国阿肯色州合作视频

会议举行】 2021年7月16日，河南省与美国阿肯色州合作视频会议举行。河南省政府外办主任付静、阿肯色州经济发展委员会执行主任克林特·奥尼尔、中国贸促会驻美国代表处总代表赵振格出席会议并致辞。河南省政府外办副主任李冰主持会议。与会代表就两地在经济、贸易、农业、畜牧业、食品加工等产业方面的情况和合作需求进行了详细介绍。河南双汇集团、万邦国际集团、中原四季公司等七家企业针对农业、畜牧养殖、食品加工和农产品贸易合作向阿肯色州提出了具体的合作方案。阿肯色州方面对与河南企业深入合作表达了浓厚兴趣，双方一致同意在适当时机进一步对接，推动合作取得实质性进展。

【江苏—加州贸易投资合作交流会在南京举办】 2021年7月20日，由江苏省商务厅、省外办和美国加州州长商务与经济发展办公室、加州湾区委员会共同主办的江苏—加州贸易投资合作交流会在南京举办。中国驻洛杉矶总领馆商务参赞刘怡、江苏省商务厅副厅长朱益民、江苏省外办副主任刘建东出席交流会并致辞。本次交流会系江苏省与加州结好10周年系列庆祝活动之一，来自江苏与加州政商界共140余人线上线下出席活动。刘建东在致辞中向长期关心和支持江苏与加州友好合作的各位经贸和企业界朋友们表示感谢。加州州长商务与经济发展办公室副主任德赛、加州湾区委员会首席运营官格拉布、洛杉矶地区出口委员会主席派克等分别发表了致辞。

【中美绿色港口和低碳城市高端对话会举行】 2021年8月12日，深圳市商务局联合美国加州南海岸空气质量管理局、香港投资推广署共同举办中美绿色港口和低碳城市高端对话会。来自中国深圳和美国的20余家企业和机构以"线下+线上"的形式参加了活动。中国驻洛杉矶总领馆受邀参加了对话会，对此次推动中美绿色环保合作活动表示支持和关注。此次对话紧紧围绕"绿色低碳和节能环保"主题，在中美政府部门和企业之间开展经验交流，探索合作的路径和机遇。在企业圆桌论坛环节，来自美国、中国香港和深圳的多家企业分享了在能源科技、智慧港口、清洁电力、环保设备、新能源车辆和船舶等领域的先进技术和发展经验，针对推进能源结构调整和加快绿色低碳转型等问题进行了交流与探讨。

【2021中国市——芝加哥市制造业在线交流会举办】 2021年8月20日，北京时间早上8点，由芝加哥市招商局与商务部投资促进事务局联合主办，上海市外国投资促进中心（上海市对外投资促进中心）承办的"2021中国市——芝加哥市制造业在线交流会"举办。芝加哥市首席营销官兼招商局首席执行官迈克尔·法斯纳赫特、商务部投资促进事务局副局长李勇、上海市商务委员会副主任诸旖出席活动并致辞。中国驻芝加哥总领馆、美国中国总商会、芝加哥创新孵化园区和来自北京、上海、武汉、青岛和沈阳等地的商务投促主管部门代表，以及中美企业代表共60余位出席。李勇重点强调金融、制造和服务等领域在中方城市与芝加哥展开贸易和投资合作中的关键性作用。法斯纳赫特欢

迎中国企业在芝加哥开展业务，诸旖表示美国在上海经贸中具有很强的重要性，并承诺进一步优化投资服务。倪频和薛峰分别介绍了企业在美国的运营状况和专业机构在中资企业赴美投资方面的服务。

【第二届青岛—长滩友城大学生在线笔友交流项目颁奖仪式举办】 2021年8月30日，第二届青岛—长滩友城大学生在线笔友交流项目颁奖仪式在中美两地线上举行，中国驻洛杉矶总领事张平出席并致辞，青岛市委常委、副市长薛庆国及长滩市长罗伯特·加西亚以视频方式致辞，青岛市外办、长滩—青岛友城委员会、山东港口集团青岛港及其友好港长滩港负责人，以及高校师生代表参加连线活动。该项目于2021年5月正式启动，青岛理工大学与加州州立大学长滩分校学生结成24对笔友，按照每周一个主题的项目开展丰富多彩的主题交流。在颁奖典礼上，驻洛杉矶总领事、青岛市领导和长滩市长共同强调了在中美关系的关键时刻，青岛—长滩友城大学生在线笔友交流项目在促进文化桥梁建设、增进青年相互了解与友谊方面的重要作用。

【天津与哥伦比亚卡利市举办视频会议】 2021年8月31日，天津市外办与哥伦比亚卡利市政府国际关系与合作办公室共同举办视频会议，研商天津与卡利结好事宜，并就两市在教育、经贸、文化、体育、智慧城市建设等领域加强交流、开展务实合作达成初步意向。天津市外办主要负责人出席会议并致辞，中国驻哥伦比亚使馆代表、哥伦比亚驻华使馆代表以及两市文化、教育、体育、经贸等有关部门代表均参与了会议。天津市外办主要负责人介绍了中哥两国关系的发展历程，表达了推动两市缔结友好关系，为深化友谊、强化实质合作提供机制支持的愿望。卡利市政府国际关系与合作办公室主任马尔莫莱霍对天津市的经济社会发展取得的成就表示赞赏，同时介绍了卡利市的地理优势和资源，并表达了通过建立友好关系，借鉴天津市的发展经验，扩大各领域交流合作，实现共同繁荣发展的期望。

【中美省州绿色低碳合作研讨会暨对接会在第21届投洽会期间举行】 2021年9月8日，中美省州绿色低碳合作研讨会暨对接会在厦门举行。福建、黑龙江、云南、山东、重庆、广东、四川、江西、天津等省市与美国加利福尼亚州、俄亥俄州、华盛顿州、纽约州、北卡罗来纳州等州市的两国地方政府代表和工商界人士约260人参会。本次活动是中美省州经贸合作机制下首次以"发展绿色低碳合作、应对气候变化挑战"为主题的研讨会。与会代表就加强中美省州经贸合作、共同应对气变挑战进行深入讨论，分享成功案例和经验，探索两国在绿色低碳领域开展产品贸易、技术交流和投资合作的巨大商机。

【河南省与美国堪萨斯州举行结好40周年纪念活动】 2021年9月23日，河南省与美国堪萨斯州共同举行了庆祝两地结好40周年的纪念活动。河南省省长王凯出席，与堪萨斯州州长劳拉·凯莉进行视频交谈，并代表河南省政府与堪萨斯州政府签署双方建立友好省州关系40周年谅解备忘录。在致辞中，王凯强调了两地友好关系的历史渊源以及在过去40年中取得的丰硕成果。他提出了四点建议，希望能够推动双方友好关系向更高水平、更广泛领域、更深层次发展。劳拉·凯莉对河南省四十年来给予堪萨斯州的友谊和支持表示感谢，并对河南省在抗击疫情和推动经济社会发展方面取得的卓越成就表示赞赏。

【中国人民对外友好协会会长林松添与美国国际姐妹城市协会董事长洛佩兹视频通话】 2021年10月18日，中国人民对外友好协会会长林松添与美国国际姐妹城市协会董事长卡罗尔·洛佩兹进行了视频通话，就两组织拟于11月初合作举办中美友城视频对话会展开交流。姜江副会长、美大工作部沈昕主任、中国驻美使馆张和强参赞及美姐妹城协会总裁等参加交流。双方在视频通话中强调了对友城关系的重视，对两国元首通话表示欢迎，并期待两国在经贸合作方面取得更多成果。林松添和洛佩兹董事长还回顾了美国飞虎队在中国抗日的历史，强调了中美人民在维护世界和平与促进发展中的共同责任。在讨论中美友城视频对话会等合作事宜时，双方表达了积极推动两国友好交流与合作的意愿。

【第七届"跨越太平洋—中国艺术节"山东文旅周在旧金山开幕】 2021年10月24日，第七届"跨越太平洋—中国艺术节"山东文旅周活动在美国旧金山举行线上开幕式。中美艺术家在开幕式上联袂带来歌舞、杂技、民乐演奏等精彩演出。2021年的"跨越太平洋—中国艺术节"线上活动聚焦山东文化旅游资源，特设山东文旅周，包括"新生活新年画作品展""中国山东汉画像石精品展""明代服饰文化展"等版块。"跨越太平洋—中国艺术节"是中国文化和旅游部在美国开展的"跨越太平洋—中美文化交流与合作系列活动"的重要组成部分，该活动搭建起了中美文化交流的平台，促进了两国人民的了解和友谊。

【河北省外办主任王立忠与美国艾奥瓦州经济发展局局长丁黛博举行视频会议】 2021年11月19日，为促进河北省与美国艾奥瓦州的友好关系，进一步拓展两地多领域务实交流合作，河北省外事办公室主任王立忠与美国艾奥瓦州经济发展局局长丁黛博举行视频会议。王立忠主任表示河北省高度重视与艾奥瓦州的友好关系，感谢艾奥瓦州各界朋友为中美地方友好所做的贡献。丁黛博局长表示河北省在艾奥瓦州有着特殊意义，两地在40年交往中一直保持着紧密关系，强调了两省在农产品、工业制成品和农业技术产品等领域的强劲贸易合作。她预祝2022年冬奥会成功，并指出两省在贸易投资领域有着巨大的合作潜力。

【黄山（纽约）文化旅游云推介活动在黄山、纽约举办】 2021年11月20日，"创意黄山·美在徽州"中国黄山（纽约）文化旅游云推介活动以视频会议形式隆重举行，同时在黄山和纽约两地启动。美国纽约州州长霍楚、纽约市市长白思豪通过贺信表达了对文化旅游交流的支持。黄山市市长孙勇向美国观众推介了黄山市的文化旅游资源，六位美国嘉宾分享了在黄山的体验，期间穿插播出黄山非遗视频，向参会人员及在线观众全面展现了黄山市丰富的非物质文化遗产和文化、艺术资源。活动旨在推广黄山，促进中美之间、黄山与纽约之间的经贸往来和人文交流。

【安徽省与美国马里兰州结好四十周年经贸合作活动举办】 2021年12月1日，安徽省与美国马里兰州采取网络视频连线方式举办两省州结好四十周年经贸合作活动。安徽省外办党组书记、主任雍成瀚，马里兰州州务卿约翰·沃本史密斯和中国驻美国大使馆公使徐学渊出席活动并致辞。徐学渊表示，安徽省与马里兰州在经贸、人文等多领域的友好交流与务实合作取得了丰硕成果，两地友好合作关系已经成为中美友好省州关系的楷模。他希望双方以马业合作为抓手，全面推动在经贸、基建、医药、教育、旅游等领域的务实合作，为两地人民谋福祉。活动期间，安徽省马术运动协会、安徽省砀山县人民政府和马里兰州马业协会共同签署了《战略合作框架协议》。此次经贸合作活动是两省州结好四十周年纪念活动的后续。

【中国—俄勒冈州气候变化与可持续性论坛线上举行】 2021年12月7日，由天津市人民政府外办、福建省人民政府外办、中国驻旧金山总领馆和俄勒冈中国理事会共同主办的中国—俄勒冈州气候变化与可持续性论坛在线上举行，中美政商学侨等各界代表80余人参加论坛。天津市副市长王旭介绍了天津市与俄勒冈州在友好合作方面取得的成果，并表示希望通过论坛平台推动双方在应对气候变化方面展开更多务实合作，为全球气候治理和中美关系的发展作出贡献。中国驻旧金山总领事王东华介绍了中国在生态文明建设和应对气候变化方面的决心、行动和成果，并呼吁美方正视中方的努力，采取理性对华政策。美国联邦众议员布鲁门诺尔介绍了俄勒冈州与中国在经济、文化方面的联系，特别是武夷山和火山口湖公园的合作关系，并表达了进一步发挥友好伙伴关系在应对气候变化领域作用的意愿，以及应对气候危机的信心和期待。论坛还设有智库与企业、技术与创新、基层非政府组织等专题论坛，中美双方代表围绕应对气候变化主题进行深入交流与分享。

【驻洛杉矶总领馆与美中人民友好协会长滩分会视频交流】 2022年1月18日，中国驻洛杉矶总领馆与美国中国人民友好协会（US-China Peoples Friendship Association，USCPFA）长滩分会举办线上交流活动。施远强副总领事出席并就中美关系和地方合作发表讲话，刘心莲领事介绍了北京冬奥会有关情况。美中人民友协会长格里尔、长滩分会会长乔·刘及协会会员参加了活动。在活动中，施远强副总领事强调了美中人民友好协会作为美国最早成立的对华友好民间组织之一的重要作用，他特别强调了加州与中国的互利合作和长滩市与青岛市友城关系的历久弥新，展示了中美友好的坚实基础和生机活力，双方应相互尊重，和平共处，加强沟通，以建设性方式管控分歧，促使中美关系回归健康稳定的轨道。

【"庆新春中华文化之夜暨上海博物馆之夜"活动亮相洛杉矶】 洛杉矶当地时间2022年2月11日，为向海外推广中华优秀传统文化、上海城市形象和上海博物馆品牌，由中国驻洛杉矶总领事馆指导、上海市归国华侨联合会支持，上海博物馆和美国上海商会、美国鹰龙传媒联合举办的"2022年庆新春中华文化之夜暨上海博物馆之夜"在美国洛杉矶圣盖博喜来登酒店举行。同时，现场还播放了上海博物馆联合上海广播电视台融媒体中心推出的微纪录片《了不起的宝藏·探宝上博》的片段，生动有趣地呈现了上海博物馆馆藏珍贵文物的历史及捐赠者的感人故事。

【波士顿杭州日暨双城文化艺术节开幕】 波士顿当地时间2022年5月1日，为庆祝两市结好40周年，由美国波士顿市政府、波士顿市议会、哈佛大学亚洲中心、波士顿—杭州姐妹城市协会与北美杭州同乡会联合主办，波士顿国际传媒咨询公司、波士顿中文广播电视台承办的波士顿杭州日暨双城文化艺术节开幕式在波士顿儿童博物馆内举行。波士顿市长吴弭，波士顿议长爱德华·费连，中国驻纽约总领事馆总领事黄屏等嘉宾出席开幕式并先后致辞。开幕式上，吴弭宣布，每年的5月1日将正式成为"波士顿杭州日"，并向波士顿杭州日暨双城文化艺术节组委会主席、北美杭州同乡会会长俞国梁颁发"波士顿杭州日"公告证书和荣誉状。

【美国中国总商会芝加哥会员午餐会暨迎新会举行】 2022年6月23日，美国中国总商会芝加哥会员午餐会暨迎新会在美国伊利诺伊州芝加哥市举行。商会副会长、万达美洲投资有限公司财务官贺鑫等30余名企业代表出席活动，该活动通过直播方式向公众开放。午餐会邀请了2021年度新会员介绍公司产品及服务，并安排律师事务所就会员企业关心的问题进行讲解和答疑。中国企业家特有的儒商精神与美国企业家的创新变革精神在相互借鉴与融合中相得益彰，共同为两国本地区域经济的繁荣和中美贸易的良性发展不断贡献力量。

【相约共续友谊华章哈尔滨市与明尼阿波利斯市庆祝结好30周年】 2022年7月18日，在明尼阿波利斯市第13届"国际姐妹城市日"期间，哈尔滨市联合明尼阿波利斯市政府与美中友协明尼苏达州分会，隆重举行两市结好30周年庆祝活动。明尼阿波利斯市市长雅各布·弗雷、美中友协明尼苏达州分会主席毕若孚以及我国驻芝加哥总领事馆黄黎明副总领事出席活动并致辞，哈尔滨市市长张起翔发表视频致辞。

【重庆城市影像展和铜梁龙亮相美国明尼苏达】 2022年9月26日，8月以来持续开展的"感知重庆·2022中秋城市推广美国行"系列活动，重庆、明尼苏达州双城联动，亮相美国明尼苏达州美国商城。铜梁区特别定制并捐赠了一套由非物质文化传承人专门制作的"铜梁龙"舞具，8月23日启程送往大洋彼岸并首次亮相。当日，由明尼苏达华联会、明尼苏达华星艺术团、明州中美联谊会和明尼苏达华助中心等联合主办的"文化中国：明州月·故乡情"系列活动同步举行，当地50多个华人社团和其他族裔团体共同参与。开幕式上，嘉宾按照中国传统方式举行了隆重的新龙点睛仪式。铜梁区相关部门与美国明尼苏达州华人社团联合会，通过视频连线的方式进行"铜梁龙"舞具的捐赠。

活动中，明州鼓乐龙狮队进行了精彩的舞龙表演。

【长滩—青岛友城协会举办 2022 年会】 2022 年 11 月 18 日，长滩—青岛友城协会在美国加利福尼亚州长滩市举办 2022 年度午餐会，聚焦中美经贸关系特别是在全球供应链领域面临的挑战及应对之策。中国驻洛杉矶总领事张平在发表主旨演讲时指出，保持全球供应链韧性和稳定对世界经济复苏至关重要。来自加州州立大学长滩分校国际贸易和运输中心、长滩港管理机构以及供应链咨询公司的有关负责人，围绕中美贸易和全球供应链主题展开讨论。活动当天，张平总领事还向长滩—青岛友城协会荣誉主席玛丽·巴顿博士转交了山东省人民对外友好协会授予她"山东省人民友好使者"称号的证书，感谢她为双方友好事业作出的贡献。

【2022 湖北国际技术交流会在武汉开幕】 2022 年 11 月 22 日，2022 湖北国际技术交流会在武汉开幕。交流会由湖北省科学技术厅主办，致力打造技术与产业对接、国内外专家学者与企业家对接的合作交流平台，已连续举办 6 届。本届大会，来自俄罗斯、日本、韩国、美国等 14 个国家近 50 家海外机构的 100 多个项目参与对接洽谈，14 个非洲国家的创新创业团队参加首届中非青年创新创业大赛。

（撰稿人：陈崛斌、陈颖芝、李柯凝、宋艳珂、胡浩怡、金晓晨、韩嘉桐、陈嘉欣）

中英人文交流

一 中英教育交流

【"用英语讲中国故事"活动召开】 2021年4月12日,第二届"用英语讲中国故事"活动在天津开幕。这次活动的主题是"中国文化,世界传承",吸引了来自全球100多个国家的17万名青少年参加,与会青年结合亲身经历讲述了各自的中国故事。12月19日,总决赛颁奖典礼在北京举行。"用英语讲中国故事"活动由中国国家创新与发展战略研究会、中国教育电视台和新航道国际教育集团共同主办,中外语言交流合作中心、中国教育报刊社和中国教育国际交流协会共同指导。活动分为小学低年级、高年级、初中、高中、大学和来华留学生六个组别,通过英语朗诵、演讲、才艺展示等形式,为中国和世界青年提供了一个增进理解和文明互鉴的平台。

【中英高等教育人文联盟学术论坛召开】 2021年4月14日,2021年中英高等教育人文联盟执行理事会议暨年度大会圆桌论坛举办。此次会议由清华大学和埃克塞特大学承办,以线上线下结合的方式进行。清华大学党委书记、校务委员会主任、中英高等教育人文联盟主席陈旭,埃克塞特大学校长丽莎·罗伯茨、清华大学副校长彭刚等80余人参加论坛。理事会议期间,参会者讨论了联盟学术论坛、设立学术委员会、设置宣传出版机构等议题。圆桌论坛的主题为"全球性大学再想象",下设四个不同专题,三十余位人文学者参与学术研讨,就共同体构建、跨国身份、疫情期间的生命政治学以及人文环境阐述观点。此次会议响应构建人类命运共同体的号召,有利于凝聚人文教育意义共识,加强中英人文理解、教育和交流。

【中英重启数学教师交流项目】 2021年5月22日,"2020—2021中英数学教师交流项目"在上海和英格兰以线上线下方式同步举行。英国卓越数学教学中心的查理·斯莱普、黛比·摩根、伊丽莎白·兰伯特、艾玛·帕特曼、上海师范大学国际与比较教育研究院院长张民选、国际教师教育中心副主任胡国勇、项目协调人黄兴丰以及来自中英两国的近40位教师参与此交流项目。此次活动标志着"中英数学教师交流项目"顺利重启。

【"全球胜任力"中英校长峰会举行】 2021年5月27日,2021"全球胜任力"中英校长峰会在北京国家会议中心举行,来自中英两国的57位中小学校长及教育领域专家受邀出席。此次会议由英国教育科技协会与北京科技教育促进会合作主办，亦思国际教育及英国First Landing Education 承办。与会者就教育应关注的核心素养、教育面临的挑战及其应对措施、教育资源共享、全球胜任力的世界意义和个人意义等问题进行了观点阐述。校长对话环节围绕全球胜任力的课程建设与教学、测评与国际资源和教师成长与发展等展开。

【第二十届"汉语桥"世界大学生中文比赛全英大区赛决赛举行】 2021年6月27日，第二十届"汉语桥"世界大学生中文比赛全英大区赛决赛在线上举行。该赛事由中国教育部中外语言交流合作中心主办，中外语言交流合作中心英国代表处承办。中国驻英国大使、英国文化教育协会代理总干事、伦敦大学学院校长、北爱尔兰议会议员等中英代表观看了决赛。经过五个环节的激烈角逐，最终四名选手脱颖而出，他们将代表英国赛区参加全球复赛和决赛。中国驻英国大使郑泽光在开幕式上发表主题为《共享汉语之美 共扬合作之力》的讲话。他强调语言文字是人类文明的载体，也是世界交流和沟通的重要工具，希望与会人士欣赏汉字之美，搭建中英友谊之桥，共同为人类命运共同体的美好未来贡献力量。

【第一届中国英式学校大奖启动仪式举办】 2021年7月3日，第一届中国英式学校大奖启动仪式成功举办。该活动由英国驻广州总领事和中国英国商会主办，英国国际贸易部国务大臣格拉汉姆·斯图尔特、英国驻广州总领事贺颂雅、中国英国商会副主席朱利安·费舍尔和广东英国商会教育论坛主席史蒂夫·艾伦等出席了启动仪式。中国英式学校大奖旨在推动中国英式教育的高质量发展，增进中英教育交流和政策理解。名誉资助人贺颂雅在主题演讲中表示，她乐于为中英教育工作者提供交流平台，期待中英院校之间加强合作，助推中英人文交流。

【第十八届英国汉语教学会议召开】 2021年7月5日，由英国汉语教学研究会和班戈大学孔子学院共同举办的第十八届英国汉语教学会议于线上召开。此次会议的主题为"新冠时代的汉语国际教学：机遇、创新与发展"，有6场主旨发言和12个分论坛。班戈大学校长伊万·戴维斯教授在致辞中表示，新冠疫情对汉语教学带来挑战，此次会议为汉语教学的学者提供了交流分享的平台。多位来自国际汉语教学领域的学者就英国孔子学院的汉语教学现实和二语学习理论进行了深入的研讨和交流。

【英国"中文培优"项目线上夏令营举办】 2021年7月5日，由英国政府发起并出资支持，英国文化教育协会、伦敦大学学院和中国教育部中外语言交流合作中心共同主办的2021年"汉语桥"英国"中文培优"项目学生夏令营开幕。中外语言交流合作中心主任马箭飞出席并主持开幕式。本次夏令营吸引了1400余名中学生参加，他们围绕熊猫、冬奥会等四个话题进行了两周的学习。7月16日，夏令营举行闭幕式，英国驻华大使吴若兰、伦敦大学学院校长迈克尔·斯宾塞、对外经济贸易大学副校长洪俊杰、英国教育部国际合作处法耶·泰勒出席。与会嘉宾和学生回顾了两周的中文学习经历，展示了学习的丰硕成果和优异成绩。

【首届中英联合翻译学研讨会召开】 2021年8月16—17日，首届中英联合翻译学研讨会成功召开。该研讨会由北京外国语大学英语学院和英国利兹大学翻译学中心联合主办，主题为"东西方的翻译研究：进展及异同"。此次会议关注翻译实践、翻译教学以及翻译学的前沿问题，与会学者就东西方翻译研究、中英翻译研究生培养、英汉翻译教学、翻译数字化以及跨界翻译等五个议题进行了深入交流。

【第22届中国国际教育年会·中英合作办学研讨会举办】 2021年10月21—24日，由中国教育国际交流协会主办的第22届中国国际教育年会（CACIE）在北京召开。中英合作办学研讨会作为年会分论坛之一，于10月22日举办，吸引了中英两国教育领域的500多名代表参加。与会者就合作办学的政策分析、解决方案的提出以及中英合作办学成功经验进行了深入交流。中国驻英国使馆公使衔参赞张晋出席了开幕式并发表主题讲话。她强调，中国一直致力于教育领域的合作与交流，坚持教育开放，支持国际教育；中英合作办学作为中英教育合作的重要组成部分，为中英两国提供了高质量的人才，也促进了中英人文交流与理解。

【英国担任2021中国国际教育展主宾国】 2021年10月23日，2021中国国际教育展在北京盛大开幕。该展会由中国教育国际交流协会主办，吸引了来自欧洲、北美和亚洲等20多个国家和地区的近300所院校参展。英国在2010年之后第二次成为了中国国际教育展的主宾国。英国展团携34所英国院校亮相，从留学便利性政策和奖学金计划的角度，向中国观众介绍了英国作为留学目的地的优势，并提供了签证政策解读等服务。

【"中英伙伴学校交流计划"培训活动举行】 2021年11月15日，"中英伙伴学校交流计划"培训活动在北京举行。该活动由中国教育国际交流协会与英国泽西岛教育、技能和儿童部共同举办。中国教育国际交流协会秘书长王永利，中国驻英国大使馆公使衔参赞张晋，英国泽西教育、技能和儿童部长维肯登及教育司长里根等出席了此次活动。活动期间，与会嘉宾讨论了"双减"政策背景下中英基础教育的发展、新冠疫情下的中英人文交流、中英优质教育平台的搭建以及教育资源的共享等议题。活动旨在加强中英两国教育政策的对话，巩固中英中小学教育的合作，培养全面发展、面向世界的人才。

【中国高等教育学会与英国大学联盟召开视频会议】 2022年1月6日，中国高等教育学会与英国大学联盟召开视频会议，中国高等教育学会会长杜玉波、副会长张大良，中国驻英国大使馆公使衔参赞张晋，英国大学联盟首席执行官阿利斯泰尔·贾维斯、国际政策部主任薇薇安·斯特恩等代表参会。视频会议中，杜玉波强调了中英教育合作和交流的重大意义，指出中英教育新阶段的四个机遇。阿利斯泰尔·贾维斯总结了中英近年来切实推进教育领域交流合作的措施，对推进中英教育合作进入新层次、新深度提出建议。

【北大汇丰商学院与伦敦政治经济

【学院国际MBA项目签约】 2022年1月19日，北京大学汇丰商学院与伦敦政治经济学院国际MBA项目签约仪式于深圳以线上线下结合形式举行，北京大学汇丰商学院、伦敦政治经济学院、伦敦商务孔子学院、汇丰银行等高校和机构的代表出席。北京大学汇丰商学院与伦敦政治经济学院签署了非全日制工商管理硕士与汉语学习教育合作备忘录。此次项目旨在结合语言、商业和文化视角，搭建更广泛、更有深度的中英复合型交往平台，为中英经济贸易发展和合作培养高质量人才。相关课程计划于2023年在英国伦敦启动，参与者可以学习伦敦政治经济学院商务孔子学院和北京大学汇丰商学院英国校区两个学校提供的课程。

【中英教育界新春招待会暨全英中国留学生春节联欢晚会举办】 2022年1月27日，中国驻英国大使馆主办2022中英教育界线上新春招待会暨全英中国留学生春节联欢晚会。英国高校和教育机构的百余位校长、副校长等英方嘉宾以及留英中国学生学者代表等约300人出席线上聚会。中国驻英国大使郑泽光在招待会致辞时指出，教育合作已经成为中英两国合作交往的重要组成部分，国际学生是两国人文交流的有力媒介。英国文化教育协会也表示将继续推进中英教育合作。春节联欢晚会的主题为"喜迎新春、携手前行"，节目形式包括中国古典乐曲、民族舞蹈及英国歌剧等，展现了多元文化内涵。联欢晚会在12家媒体平台同时直播，吸引了全球80万观众线上观看。

【中英合作办学机构联盟英方院校会议举办】 2022年3月17日，由爱丁堡大学主办、兰卡斯特大学承办的2022中英合作办学机构联盟英方院校会议在兰卡斯特大学成功举办。来自联盟高校、英国文化教育部门的50余位代表参加了会议。该联盟成立于2017年，截至会议前已经拥有35个成员机构。中国驻英国使馆公使衔参赞张晋受邀出席会议并作主题发言。张晋女士认为，长期以来中英保持了友好的教育合作关系，她希望中英高校克服新冠疫情的挑战，抓住合作交流的机遇，深化中英合作办学。参会代表介绍了中英教育交流合作以及合作办学的发展情况，欢迎6所高校加入联盟，并就应对中英合作办学在管理领域的挑战、保障中英合作办学的教育质量交换了意见。

【英国开放大学网络孔子学院揭牌仪式暨第一届理事会议举行】 2022年5月13日，英国开放大学网络孔子学院揭牌仪式暨第一届理事会议顺利举行。英国开放大学网络孔子学院由北京外国语大学与英国开放大学合作成立，是全球第一所网络孔子学院，它发扬技术优势，秉持包容交流观念，为英国汉语爱好者提供汉语学习、交流以及了解中国文化的平台。来自中英政府教育部门和两所合作建设高校的代表共80余人出席揭牌仪式。英国开放大学校长蒂姆·布莱克曼表示，期待网络技术在孔子学院得到深度应用，北京外国语大学校长杨丹强调，此次合作体现了两校共享资源、共同发展的价值理念。揭牌仪式后，英国开放大学网络孔子学院举办第一届理事会议，与会代表就工作计划、预算等重要问题进行交流。

【第二届"一带一路"倡议跨学科会议在英国兰卡斯特召开】 2022年6月8—10日，第二届"一带一路"倡议跨学科会议于英国兰卡斯特以线上线下形式召开。此次会议由英国兰卡斯特大学"一带一路"研究院主办，中国清华大学"一带一路"战略研究院合办，来自中英学界的近40位人士参会。本次会议围绕商务与经济、健康、国际关系、可持续发展、文化和法律6个主题开设圆桌会议和个人演讲，为与会嘉宾提供了深入研讨的机会。兰卡斯特大学校长安迪·斯科菲尔德在发言中指出，"一带一路"倡议可以让世界共享发展成果，实现可持续发展。

【"共创繁荣未来"中国—苏格兰合作论坛举办】 2022年6月23日，英中商会和英中贸易协会合作举办"共创繁荣未来"中国—苏格兰合作论坛。来自中国驻英国使馆，中英经纪机构、协会的近30人出席了此次论坛。中国驻英国大使郑泽光发表主旨演讲，他回顾了中英建交以来中英贸易合作和经济发展的重大成果，肯定了苏格兰经济发展特色，对中英企业合作提出建议。会议为苏格兰地区中国企业和苏格兰商业贸易搭建了合作交流的平台，展望了中国和苏格兰合作的巨大机遇和广阔空间。

【英国第十九届高校国际汉语教学研讨会举行】 2022年6月24—25日，英国第十九届高等教育中文教学国际会议暨英国汉语教学研究会2022年国际年会以线上线下结合的形式举行。此次会议由英国汉语教学研究会和英国开放大学网络孔子学院合作举办，主题为"汉语教学创新：挑战时期的研究与实践"。来自11个国家的学者、汉语学习爱好者等100余人参与会议。与会专家和学者就英国背景下的国际汉语教学、国际汉语教学改革、教学与科技应用等问题展开了深入的讨论。

【欧美同学会举办纪念中国公派留学英国50周年论坛】 2022年9月9日，欧美同学会（中国留学人员联谊会）纪念中国公派留学英国50周年论坛在北京举行，来自中英两国的政府官员和教育、学界、商界、金融界各领域的200余位嘉宾参加开幕式。此次论坛由欧美同学会主办，欧美同学会留英分会、欧美同学会金融委员会和欧美同学会留美数字经济百人会合作承办，主题为"开创新时代中英教育、科技合作新纪元"。全国人大常委会副委员长、欧美同学会会长丁仲礼发表开幕致辞，他回顾了中英公派留学交往历史，呼吁在百年未有之大变局背景下继续推动中英两国友好交往。论坛设立了主旨演讲和三个平行论坛，参会学者聚焦中英合作，主张顺应时代发展潮流，推动更加务实的合作。

【牛津布鲁克斯大学孔子学院首个孔子课堂揭幕】 2022年12月9日，牛津布鲁克斯大学孔子学院下设英国迪考特女子学校孔子课堂正式成立，120余位爱好中文的中学生参与揭牌仪式。牛津布鲁克斯大学孔院英方院长费安格表示，牛津孔院下设迪考特女子学校孔子课堂，顺应了牛津地区中文学习之风，为迪考特女子学校提供了更多汉语学习机会和资源。揭牌仪式上，与会人士欣赏了中国传统文化表演，体验了中国文化的深邃内涵和独特魅力。

【牛津布鲁克斯大学孔子学院恢复举办线下汉语角活动】 2022年12月12日,牛津布鲁克斯大学孔子学院举行线下汉语角活动。这是2020年疫情以来,牛津布鲁克斯大学孔子学院的汉语角首次以线下形式进行。孔子学院的汉语教师周思浓、志愿者尚志培以及7名汉语学习爱好者参加了这次活动。大家分享了各自的汉语学习经历和心得,一致认为汉语角提供了很好的中文交流平台,并希望能够更多地了解中国文化和新时代的中国故事。

【中英大学工程教育与研究联盟国际学术论坛举办】 2022年12月16—18日,中英大学工程教育与研究联盟国际学术论坛在中国南京和英国伯明翰线上线下同步举行。该学术论坛由中英大学工程教育与研究联盟、中国电工技术学会共同主办,英国伯明翰大学与中国东南大学承办。中英教育领域和高校代表一致认为,联盟的成立有助于深化中英科研合作、促进成果转化、推动世界零碳发展。来自中国工程院、中英高校能源工程领域的10余位专家作了主旨发言。

二 中英科技交流

【中国化学会与英国皇家化学会续签友好合作协议】 2021年4月19—22日,中国化学会第32届学术年会在珠海国际会展中心召开。会议期间,中国化学会与英国皇家化学会续签友好合作协议。中国化学会常务副秘书长郑素萍和英国皇家化学会中国及东亚区总经理陈会丽分别代表双方签署了协议。中国化学会与英国皇家化学会的友好合作已持续15年,成果颇丰,它们与中国国内知名院校合作出版的《无机化学前沿》《有机化学前沿》《材料化学前沿》等期刊位列国际一流期刊行列。

【"中英青年科学家论坛"在线举办】 2021年5月6日,由中国驻英使馆教育处指导支持,中国科协—中国人民大学智能社会治理研究中心、国家优秀自费留学生奖学金获得者联谊会英国分会联合举办的"中英青年科学家论坛"在线举办。使馆教育处夏建辉参赞在开幕式上致辞。天津中科先进技术研究院院长吴正斌教授发表主旨演讲。与会嘉宾一致对中英科技合作前景持乐观态度,认为中英双方应摒弃零和博弈思维,创造合作共赢局面,实现可持续发展。

【第10次中英科技创新合作联委会举行】 2021年5月12日,中英科技创新合作联委会第10次会议以视频会议形式举行,中国科技部副部长黄卫与英国商业、能源和产业战略部负责科研创新的副部长阿曼达·索洛维共同主持会议。中英双方就两国科技创新战略、数据管理和知识产权等方面的政策和做法展开交流,总结回顾了中英联合科学创新基金的合作成果与经验,并就未来中英在农业、健康与老龄化、"大健康"等旗舰挑战计划、清洁增长与碳中和等领域的合作展开讨论,同时探讨了优先合作领域、合作机制、人才交流和未来合作建议等问题,达成多项共识。

【中英科技创新高技术领域对接会

举行】 2021年7月6日,"中英科技创新高技术领域对接会(大健康方向)"举行,本次会议由天津市科学技术局主办,天津市科技创新发展中心和国家优秀自费留学生奖学金获得者联谊会(英国)联合承办。中国驻英国使馆科技公参蒋苏南在线出席并致辞。来自天津市科技局、英国高校等机构的300余名代表通过线上线下方式参与对接会活动,并就开放创新、联合研究、"大健康"领域创新项目等议题发表演讲,进行交流和路演。

【中英联手发起建立"碳中和世界大学联盟"】 2021年10月27日,"碳中和世界大学联盟"成立仪式在南京举行,这是全球首个培养碳中和技术领域人才和聚焦该领域科研合作的世界大学联盟。联盟由东南大学和英国伯明翰大学共同发起,全球近30所高校和科研院所作为创始成员单位线上参加了成立仪式。江苏省副省长马欣出席仪式并讲话,东南大学校长张广军与英国伯明翰大学校长大卫·伊斯特伍德分别代表联盟秘书处致辞。该联盟旨在服务国家"碳达峰、碳中和"战略,分享节能减排新科技,推进碳中和国际项目合作。

【第六届"中英创新与发展论坛"举行】 2021年11月3—4日,第六届"中英创新与发展论坛"召开,本次论坛由牛津大学技术与管理发展研究中心、萨里大学创新与产业化中心及中英创新政策与管理研究网络共同主办,中国科学院科技战略咨询研究院、中国科学技术发展战略研究院、英中贸易协会和北大汇丰金融研究院协办,以"绿色创新与包容发展"为主题,聚焦绿色技术与可持续发展、数字创新与包容性发展两大议题。来自中英两国的百余名学者、企业专家和政府官员线上参加了论坛。

【中英人工智能协会年会举行】 2021年11月11日,中英人工智能协会年会在伦敦召开。本次大会以"人工智能与未来"为主题,邀请了来自英国帝国理工大学、伦敦证券交易所集团全球创新实验室和知名华侨企业与投资机构的嘉宾发表主旨演讲。中国驻英国使馆科技公参蒋苏南通过视频致辞。

【中英两国知识产权局共同发布知识产权保护指南】 2021年11月23日,中国国家知识产权局局长申长雨与英国知识产权局局长蒂姆·摩斯举行视频会议,会后双方发布了中英两国知识产权保护指南,包括中方编译的《中国商标法律保护和执法指南》(中英文版)和英方编译的《英国知识产权保护指南》(中英文版)。

【中英科技型中小企业对接会(精准医疗专场)举行】 2021年12月14日,中英科技型中小企业对接会(精准医疗专场)在常熟高新区举行,本次对接会由科技部国际合作司和英国国家研发与创新署指导,科技部火炬中心主办。科技部国际合作司副司长赵静出席活动并致辞。共有超过140家投资机构和企业参加了对接会。

【中英工程技术合作指导委员会召开成立大会】 2022年4月27日,中英工程技术合作指导委员会召开成立大会。中英双方主席中国工程院院长李晓红、英国皇家工程院院长吉姆·麦克唐纳爵士以线上视频形式出席会议并讲话。该委员会是中国科技部、中国工程院与英国皇家工程院长期合作的成果，旨在促进中英两国工程技术界长效交流。中英工程技术合作将实现"双碳"和"净零"目标作为首个聚焦领域，计划就CCUS（碳捕获、利用与封存）、低碳建筑、海上风能、氢能、零碳交通、电力系统转型和韧性电网等绿色低碳技术展开合作。

【中英科技企业交流会、中英人工智能创新发展论坛举行】　2022年6月13—17日，英国伦敦科技周在伦敦Excel国际会展中心举办，期间召开了中英科技企业交流会以及中英人工智能创新发展论坛。中英科技企业交流会由深圳市商务局、伦敦科技倡导小组联合主办，伦敦发展促进署、香港投资推广署、深圳罗湖区投资推广署和深圳市国际投资推广联合会共同参与。中英人工智能创新发展论坛由中外企业家联合会科创专委会和鑫创科技联合主办，以"双碳目标下的数智创新与赋能"为主题。中国驻英国使馆科技公参蒋苏南出席上述活动并致辞。

【中英联合建立"零碳工场中国研究院"】　2022年8月14日，北京市建筑设计研究院有限公司（简称北京建院）与英国零碳工场联合建立"零碳工场中国研究院"。该研究院致力于引领中国建筑领域碳中和行业、打造北京市碳中和示范区、树立行业"零碳"发展新标杆和制定建筑净零碳标准。北京建院将在张家湾设计小镇创建示范建设项目，以设计为牵引，导入城市科技和创新设计等相关产业，引导产业链下游企业聚集，打造未来具备产业驱动的硬核设计小镇。

【英国驻华使馆官员、英国国家科研与创新署访问湖北】　2022年8月18—19日，英国驻华使馆官员、英国国家科研与创新署中国区主任博大力一行访问湖北，期间前往中国地质大学和华中科技大学参观部分重点实验室，并与中英联合资助科研项目负责人举行会谈。该项目旨在促进中英双方在应对气候变暖、环境保护、生态治理等方面的合作，其形式包括短期培训、研讨会和交换留学生等。

【2022中英科技峰会举行】　2022年12月10日，由帝国理工中国学生学者联谊会发起的中英科技峰会在伦敦举行。本次峰会以"前沿科技助力智慧城市和可持续发展"为主题，包含主论坛、青年学者论坛、创新设计展览、学者晚宴和创新者挑战赛五个板块，讨论年度热点科技成果和新兴技术。中国驻英国使馆教育公参张晋出席峰会并致辞。

三　中英文化交流

【英国"欢乐春节"线上活动启幕】　2021年初，面对疫情挑战，中国驻英国使馆文化处与驻伦敦旅游办事处将传统"欢乐春节"庆祝活动转为线上举办，包括Facebook、Twitter、Instagram、YouTube和微信公众号在内的官方社交媒体账号成为主要活动平台。庆祝活动不仅展示了中英文化交流成果，还与各大文艺机构和媒体合作，呈现多样化、融合媒体的内容。在 2 月 1 日的线上新闻发布会上，中国驻英国使馆临时代办陈雯公使强调，"欢乐春节"活动不仅将延续其传统的"3H"（Hope, Home, Harmony）理念，还将新增"Health"（健康）元素，强调在疫情期间中英两国的团结合作，以共同面对挑战。

【中英合拍纪录片《行进中的中国》播出】 2021 年 2 月 25 日，《行进中的中国》第一季播出。该片由上海广播电视台纪录片中心和英国雄狮电视制作公司联合制作，是"纪录中国"传播工程的重点项目之一。该片还入选了国家广播电视总局 2021—2025 年"十四五"规划重点纪录片项目，以及上海市全面建成小康社会和"庆祝中国共产党成立 100 周年"首批重点文艺创作项目。该片旨在通过中外制作团队的合作，从中国当前面临的挑战和变革中寻找答案，探讨中国如何应对现代社会中的挑战。纪录片聚焦于中国在精准扶贫、知识扶贫和创新型扶贫方面的实践，旨在向全球提供解决问题的中国方案、中国模式和中国智慧，为世界各国在应对有关领域的挑战提供经验参考。

【第三届"中国旅游文化周"在英国启动】 2021 年 4 月 30 日，第三届"中国旅游文化周"以线上方式在英国拉开帷幕。本次活动以"美丽中国·造福人民"为主题，致力于通过一系列精心策划的线上文化活动，向英国民众展示中国文化的魅力，并促进不同文明之间的交流与理解。本次旅游文化周持续两个月，期间，参与者可以通过不同的活动和项目深入了解和体验中国文化的多样性和丰富性，其核心目的是促进不同文明之间的对话和相互理解，展现文化多样性。

【"汉语桥"英国"中文培优"项目学生在线夏令营开幕】 2021 年 7 月 5 日，英国"中文培优"学生夏令营开幕式在线上举办。本次项目由英国政府资助并由英国文化教育协会、伦敦大学学院及中国教育部中外语言交流合作中心共同主办，旨在培育英国的中文人才。1400 多名英国中学生将参加为期两周的线上夏令营，中国 10 个城市的 14 所合作学校将为英国学生提供一系列丰富多彩的活动，如直播授课、视频参观、专家访谈、音乐晚会以及街头互动等。这次夏令营为学生提供了创新和沉浸式的中文学习体验及文化交流机会，帮助学生在学习语言之余深入了解中国文化。

【深圳—爱丁堡创新创意产业交流会举行】 2021 年 7 月 14 日，"深圳—爱丁堡创新创意产业交流会"以视频会议的形式顺利举办，深圳市委常委兼副市长艾学峰和爱丁堡市市长弗兰克·罗斯出席会议并发言。罗斯强调深圳和爱丁堡作为文化和创新重镇的共同特点，并表示希望两城市未来进一步加强合作，共同迈向繁荣发展。艾学峰指出，深圳正处于粤港澳大湾区和深圳先行示范区"双区"驱动的发展新阶段，对于国际企业来说，深圳提供了难得的发展机遇。他强调，深圳致力于创造市场化、法治化、国际化的优质营商环境，希望与爱丁堡实现进一步合作，并对爱丁堡企业来深圳寻找商机表示欢迎。

【中英当代艺文展演启动】 2021 年 9 月 1—20 日，一场名为"连接·重启"的中英当代艺术展览活动在中国多个城市同步展开。这次文化盛会由英国文化教育协会主办，得到威尔士政府支持，汇集了来自苏格兰、威尔士、北爱尔兰和英格兰的杰出艺术家和文化组织的作品，为中国观众提供了一次独特的文化体验机会。此次展演巧妙结合了线上和线下元素，展示了近40个不同的文化表演和项目，为观众带来了一场视觉和感官上的盛宴。这一活动不仅展示了英国艺术的多样性和创造力，还促进了中英文化交流与相互理解。

【"微观之作——英国V&A博物馆馆藏吉尔伯特精品展"来华展出】
2021年9月30日，郑州博物馆文翰街馆举行"微观之作——英国V&A博物馆馆藏吉尔伯特精品展"盛大开幕式。这场展览由郑州博物馆和英国维多利亚与艾尔伯特博物馆（英国V&A博物馆）共同主办，并计划在郑州博物馆、湖南省博物馆、颐和园博物馆、南山博物馆和金沙遗址博物馆展出。本次展览的展品代表了16—20世纪欧洲高超的工艺水平。这也是这些珍品首次在中国展出，其中部分展品融入了浓郁的中国元素，不仅映射了古代中国海上丝绸之路对外贸易的历史，也印证了中国与世界千年的交流和联系。

【中英合拍电影《暴风雨与仲夏夜》拍摄完成】 2021年10月22日，中国驻伦敦旅游办事处与聚本影业联合举行了中英合拍电影《暴风雨与仲夏夜》线上杀青发布会。该部电影由中国聚本影业和英国欣纳影业联合制作，是2021年英国"美丽世界·天下一家：天涯共此时"线上活动"名作与共享"板块的一部分。影片灵活地将莎士比亚的经典喜剧作品《驯悍记》与16世纪的英格兰、20世纪30年代的上海和21世纪的当代中国三个不同的时空背景相结合，讲述了三位年轻人在不同时代为追求理想而勇敢奋斗的故事。

【中国电影《长津湖》在英国发行】
2021年11月19日，电影《长津湖》正式登陆英国院线。CineAsia负责该影片在英国的发行，该片在英国上映得到了中国驻伦敦旅游办事处的支持。《长津湖》以抗美援朝战争中的长津湖战役为背景，讲述了中国人民志愿军在朝鲜战场上英勇战斗的故事。

【英国伦敦特拉法加广场举办壬寅虎年新春庆典】 2022年1月31日晚，伦敦特拉法加广场举行了壬寅虎年新春庆典。中国春节庆典已经连续21年在特拉法加广场举办，这场盛会已成为伦敦最引人注目的多元文化活动之一，也是亚洲以外最大规模的春节庆典。当晚，伦敦市政府和伦敦华埠商会与伦敦中国城合作，共同组织了一场丰富多彩的春节夜市。同时，伦敦的另一地标性建筑"伦敦眼"也特别换上了中国春节的标志性红色和金色，以庆祝农历新年的到来。这些活动为伦敦市民带来了新年的喜悦，也展示了中英文化交流的深度与广度。

【"中英图书馆论坛"线上研讨会召开】 2022年3月16日，来自中国和英国的图书馆界代表参加了"中英图书馆论坛"线上研讨会，有超过三百名中英两国专业人士参加在线交流和讨论。参与者一致认为，本次研讨会不仅加深了中英两国在古籍保护和修复方面的相互理解和学习，还为两国在这一领域的工作提供了新的思路和灵感。"中英图书馆论坛"是中英两国图书馆领域交流和相互借鉴的一个重要平台，参会者希望能够长期维持这种合作机制，以支持和促进两国图书馆事业的进一步发展。

【英国皇家建筑师学会与英国文化教育协会启动 Open Door 项目】 2022年4月8日，英国皇家建筑师学会和英国文化教育协会共同推出"Open Door"新项目，旨在促进中英两国在近现代建筑遗产保护领域的合作与交流。项目的核心是利用中英两国在建筑遗产方面的丰富资源，突出建筑遗产保护在文化和环境方面的重要性。"Open Door"项目将促进两国专家就保护历史建筑的重要性达成共识，并促进双方在专业领域内的交流和合作。

【Odyssey 英国华语电影展映在伦敦和爱丁堡拉开帷幕】 2022年5月10日，Odyssey 英国华语电影展映在伦敦和爱丁堡正式启动。本年度的影展与 Picturehouse Cinemas 院线合作，特别采用了线上线下结合的展映模式。此次电影展映以促进英国和中国观众对华语电影的理解为宗旨，致力于培养包容性并激发文化间的互动。此次电影节不仅将中国新一代杰出青年电影制作人的作品呈现给了英国观众，还为电影业内人士提供了一个交流创意和商业机会的平台，促进了中英电影产业的交流与合作。

【《熊出没·重返地球》刷新国漫在英排片记录】 2022年5月27日，中国电影《熊出没·重返地球》在英国上映，首周便在207个城市的347家影院放映，打破了2005年《功夫》在英国278家影院上映的记录，成为在英国上映场次最多的中国电影。这也是很多英国城市首次放映中国电影。2022年恰逢中英建立大使级外交关系50周年，《熊出没·重返地球》被纳入"一带一路，民心相通"2022英国第四届中国旅游文化周的活动。中国驻英国使馆文化处和中国驻伦敦旅游办事处的相关人员出席了该片在伦敦的全球首映礼，并对该片在促进中西方文化交流方面的重要价值和意义表示了赞赏。

【第六届爱丁堡国际文化峰会召开】 2022年8月26—28日，第六届爱丁堡国际文化峰会在苏格兰议会大厦举行，本次会议采用线上和线下相结合的形式。中国文化和旅游部副部长饶权线上参会并围绕"文化与可持续发展"问题发表讲话。饶权强调，发展是人类社会的核心追求，而可持续发展则是全球共识和全球关注的核心议题。他指出，发展依然是当前国际社会的主要任务。他表示中国愿意与国际社会一道，遵循习近平主席提出的文明观，将文化作为桥梁，推动文明交流与互鉴，实现全球可持续发展，共同构建人类命运共同体。本届峰会吸引了来自30个国家和地区的政府代表、专家学者、行业人士和青年代表，就"文化与可持续的未来"进行了深入讨论和交流。

【中国前驻英国大使刘晓明出版新著《尖锐对话》】 2022年10月9日，中国前驻英大使刘晓明的新著《尖锐对话》在北京举行首发仪式。该书精选了刘晓明在2010—2021年担任驻英大使期间的30余篇英国电视台和电台采访实录，覆盖了21世纪第二个十年中英关系和国际重大事件的多个方面。该书具有口述史的独特价值。通过该书，读者可以更深入地理解中国在国际舞台上的角色和发展。

【中国影片《莫尔道嘎》荣获伦敦东亚电影节最佳影片】 2022年10月30日，第八届伦敦东亚电影节圆满落幕，中国电影《莫尔道嘎》斩获"最佳影片"奖项。自2015年成立以来，伦敦东亚电影节作为一个非营利性的艺术组织，一直致力于促进东亚电影的合作与增加影片多样性。《莫尔道嘎》的故事背景设定在20世纪90年代，讲述了一位伐木工人在保护最后一片未被破坏的原始森林时的冒险经历。这部电影在现代环保意识和人类学纪录方面展现了独到的见解和深刻的意义。

【伦敦爱乐乐团庆祝中英建立大使级外交关系50周年专场音乐会举办】
2022年11月4日，伦敦爱乐乐团在皇家节日大厅举办音乐会，庆祝中英建立大使级外交关系50周年。中国驻英国使馆公使杨晓光出席，并与伦敦爱乐乐团新任主席Catherine Hogel、总经理David Burke以及梅纽因音乐学校董事会主席David Buckley等进行交流。双方一致认为本次音乐会是中英文化合作领域的积极成果，中英双方应进一步加强音乐艺术领域的交流与合作，推动两国文化互鉴和双方关系的稳定发展。

【"笔墨著丹青·山水画诗意：中国历代绘画大系之宋画英国特展"在伦敦开幕】 2022年11月23日，伦敦亚洲之家举办了"笔墨著丹青·山水画诗意：中国历代绘画大系之宋画"英国特展。这次展览由浙江省文化和旅游厅与浙江大学联合主办，欧盟亚洲中心负责承办，英国浙江联谊会暨商贸会协办。中国驻英国使馆公使杨晓光、英国保守党议员兼议会跨党派中国小组副主席Mark Logan，英国皇家艺术家协会主席Mick Davies，比利时欧盟亚洲中心主席Piet Steel等亲临开幕式并致辞。此次展览是"中国历代绘画大系"工程的一个重要环节，该项目自2005年启动，历时17年，汇集了来自海内外263家文博机构的12405件（套）中国绘画作品，是最全面和最大规模的中国绘画作品展览。

【第四届中英无障碍艺术论坛举办】
2022年12月3日，即国际残障人士日，第四届中英无障碍艺术论坛举行。本次论坛以"联结与行动"为主题，由英国文化教育协会、北京身身不息文化交流中心以及北京民生现代美术馆共同主办。此次论坛强调在文化艺术领域推动平等、多元和包容的重要性，旨在激励文化机构引领包容性文化的发展，确保每个人都能从中受益。

【"美丽中英"儿童艺术大赛颁奖典礼暨赠予仪式在伦敦举行】 2022年12月11日，"美丽中英"儿童艺术大赛颁奖典礼暨赠予仪式在伦敦举办。此次活动由《欧洲时报》英国分社及其公众号"英伦圈"主办，旨在庆祝中英两国建立大使级外交关系50周年并促进中英人文交流和中国优秀文化的传播。中国驻伦敦旅游办事处主任薛伶表示，这次活动将进一步加深中英人民之间的友谊，并为两国可持续发展作出新的贡献。

【上海博物馆迎接首批英国国家美

术馆巨幅展品】 2022年12月22日，为迎接即将到来的"从波提切利到梵高：英国国家美术馆珍藏展"，上海博物馆对南大门进行了建成以来的第三次拆除。此次展览带来的19幅珍贵画作包括达米亚诺·马扎的《加尼米德被强掳》、约阿希姆·布克莱尔的《四元素：火》、托马斯·庚斯博罗的《拉尔夫·朔姆贝格博士》和透纳的《海洛和利安德的离别》等，因其尺寸巨大需要特别的搬运方式。此次英国国家美术馆珍藏展是上海博物馆"对话世界"文物艺术系列的第二个重磅展览，也是中国内地史上规模最大的欧洲美术史展览之一，将于2023年1月17日正式向公众开放。

四　中英卫生交流

【中英健康与老龄化旗舰挑战计划启动会召开】 2021年9月13日，"中英健康与老龄化旗舰挑战计划"项目启动会举行。该项目由中国科技部与英国研究与创新部联合启动，由中国政府负责实施，旨在应对全球老龄化问题，创新老年人运动功能检测、健康监测技术、老龄化评估、城市道路养护以及满足老年人健康和产品推广需求的互动网络平台等。中英双方希望通过开展高水平国际合作研究，充分发挥科学技术在提高老年人独立生活能力、促进老年健康产业发展方面的重要作用。这不仅将解决中英两国老年人共同面临的健康问题，还能促进政府间科技合作的双赢，为中英两国实现健康老龄化的战略目标作出贡献。

【中英两国签署《2021年中英卫生对话联合声明》】 2021年11月26日，国家卫健委与英国卫生和社会保障部共同举办了"2021年中英卫生对话"。来自中英两国卫生和外交部门的约30名官员和专家线上参会。会议期间，中英双方签署了《2021年中英卫生对话联合声明》。国家卫生健康委主任马晓伟和英国卫生和社会保障大臣贾维德出席活动并致开幕辞。双方强调了中英卫生对话机制自2007年启动以来在促进两国相互了解和信任方面所发挥的重要作用，并探讨了未来几年两国在应对国内和全球性卫生问题方面的合作机遇及卫生领域的合作前景。

【中国医学科学院与牛津大学签署第二期合作协议暨中国医学科学院牛津研究所新址揭牌仪式举行】 2022年4月28日，中国医学科学院与牛津大学于线上举行了第二阶段合作签约仪式暨中国医学科学院牛津中医药研究所新址揭牌仪式。中国医学科学院院士王辰、牛津大学校长路易斯·理查德森、牛津研究所中方所长曹雪涛院士、英方所长董涛、中国驻英国使馆科技公使衔参赞蒋苏南等50余位中英科学家和官员出席仪式。牛津大学校长理查德森表示，牛津研究所是牛津大学与外部机构合作在校内建立的第一个实体研究机构，对健康领域科技创新和国际合作具有重大意义。此项协议的签署和新设施的启用是中英建交 50 周年系列庆祝活动的一部分，标志着两国在医疗卫生领域建立了长期稳定的战略合作伙伴关系。这对中英国际合作发展具有里程碑意义，有利于双方继续加强人才培养、交流与合作，共同推进全球卫生问题的解决。

【中英大健康（One Health）旗舰挑战计划研讨会举办】 2022 年 11 月 8 日，中英大健康旗舰挑战计划研讨会以视频会议方式举行。中国科技部国际合作司副司长徐捷、中国生物技术发展中心副主任范玲、中国驻英国使馆公使衔参赞蒋苏南、英国医学研究理事会国际合作主任马克·帕尔默、英国国家科研与创新署中国部主任丹尼尔·布鲁克（Daniel Brooker）以及英国驻华使馆科技顾问格蕾丝·凯瑞等 50 余位代表参会。会议期间，基于双边科技创新合作战略，中英双方同意实施第三个中英旗舰挑战计划，以"大健康"为主题，联手应对健康挑战。

【2022 中英高校医学创新合作论坛开幕】 2022 年 11 月 15 日，由四川大学和牛津大学联合主办、华西临床医学院承办的 2022 中英高校医学创新合作论坛以线上线下结合的形式在成都举行。来自中英两国约 20 所高校的代表参加了此次论坛。牛津大学副校长查斯·邦特拉，英国医学科学院院士、四川省科技厅副厅长杨品华，教育部国际合作与交流司欧洲处处长赵磊，四川大学副校长姚雷诺等专家学者和相关部门负责人出席会议。本次论坛旨在推动由四川大学和牛津大学共同倡议成立的"中英高校医学联盟"深入发展。该联盟旨在搭建中英两国医学领域高层次智库对话平台，深化两国在医学教育、科学研究、医疗技术等领域的交流与合作，实现互利发展。

【牛津大学高等研究院（苏州）（OSCAR）创新空间启用】 2022 年 11 月 22 日，牛津大学高等研究院（苏州）创新空间（OSCAR）正式落成。该空间是牛津大学与苏州工业园区中英科技合作项目的一部分。它是牛津大学第一个也是目前唯一一个专门从事工程和自然科学领域研究的海外机构。牛津大学苏州研究院致力于现代生物技术、先进材料、计算方法和制造技术的研究，创新性解决全球面临的医疗保健、能源、环境和金融等问题。新成立的技术创新中心配备了最先进的设施和技术，可满足从技术验证、原型设计到临床试验和样品生产等的一系列创新技术需求。该中心将根据市场需求进行相应调整，以促进技术的商业化，提高技术的完成度。

五　中英体育交流

【津桥杯"体教融合"中国—英国青少年高尔夫球交流赛举办】 2021 年 4 月 1 日，津桥杯"体教融合"中国—英国青少年高尔夫球交流赛正式启动，赛期为 4—6 月。赛事由中国高尔夫球协会主办，爱克赛思国际体育文化（北京）有限公司和爱尔兰中国文化交流旅游协会有限公司承办。比赛设立了中国代表队选拔赛、国际交流赛和游学体验项目，并与国际高尔夫院校合作，让参赛选手直接前往赛事举办国。通过此次交流赛，选手们不仅获得了沉浸式体验，也得到了与海外青少年团体互动交流的机会。

【杨晓光临时代办与英国知名乒乓球运动员海德斯交流"乒乓外交"】 2021年4月28日，中国驻英使馆临时代办杨晓光与英国乒乓球协会副主席、著名乒乓球运动员海德斯举行视频会议，就"乒乓外交"50周年进行纪念交流。杨晓光表示，"乒乓外交"推动中英关系实现了历史性跨越，加快了中英关系"破冰"进程，留下了浓墨重彩的一笔。他强调，以"乒乓外交"为代表的中英民间交流是双边关系的重要组成部分，也是中英关系健康稳定发展的民意基础和重要内容。海德斯先生回顾了1971年随英国乒乓球队访华的往事，对中国在过去50年中取得的巨大成就表示惊叹，并表示，英国乒乓球界愿与中方和国际乒联合作，共同举办"乒乓外交"50周年纪念活动。

【"重庆育才杯"中英板球友谊赛举行】 2021年6月5日，英国驻重庆总领事馆代表队与西南大学学生代表队在重庆育才中学举行了中英板球友谊赛。英国驻重庆总领事史云森先生表示，希望通过此次比赛加深英国与重庆的友谊。重庆市政府外办一级巡视员唐文表示，中英板球友谊赛将加深两国了解，增进中英友谊；他希望更多的重庆人参与板球运动，从而推动板球运动在重庆的发展，促进重庆与英国在文化、体育等领域的交流与合作。

【中国大陆地区获得英超官方授权的全球独家转播权】 从2022年起，中国大陆拥有了英超联赛官方赛事的全球独家转播权。这意味着中国球迷可以通过官方渠道观看英超比赛，欣赏英式足球，增进足球知识和文化素养，促进中国足球文化的发展，并进一步推动中英两国足球运动的融合以及中英两国之间的文化交流。中国大陆地区获得英超转播权官方授权后，中国足球市场也面临更大商机。借助英超品牌的媒体推广和营销手段，中国足球产业将更好地与外部世界接轨，更好的版权利用模式和商业拓展也将为中国足球带来新的发展前景。

【中国驻英国大使郑泽光会见英国奥委会主席罗伯特森】 2022年1月20日，中国驻英国大使郑泽光于首批参加北京冬奥会的英国运动员启程前夕，访问英国奥委会总部，会见了英国奥委会主席罗伯特森和首席执行官安森。郑泽光大使向英方介绍了北京冬奥会场馆设施和新冠防控措施，对英国奥运代表团参加冬奥会表示热烈欢迎，并希望北京冬奥会将中英两国体育合作推向更高水平。

【中英体育1978—2022图片展在京举办】 2022年3月20—25日，英国大使馆国际贸易处在北京举办了中英体育图片展45周年庆祝活动，用鲜活的影像呈现了1978—2022年的中英体育交流发展历程。英国驻华副贸易特使杜涛先生出席活动并致辞。他回顾了1978年英国第一家足球俱乐部西布罗姆维奇足球俱乐部访华的情景。21世纪以来，中英两国在体育赛事、运动人才和体育商业层面的合作发展加速，并取得了成功。2022 年为中英建交 50 周年，英国期待在此历史性的新起点，与中国在体育领域加强合作。

【英华杯羽毛球公开赛举行】 2022 年 5 月 1 日，英华杯羽毛球公开赛在东伦敦大学举行。本次比赛由全英华人羽毛球协会主办，英中体育协会、中英文化体育交流协会、英国天津商会、英国内蒙古商会协办。来自英国国青队、英国高校的球员以及英国知名华人球员等近 200 名选手参赛。

【"跨越山海精彩同行"主题中英体育交流分享会举行】 为纪念中英体育文化交流 45 周年，2022 年 12 月，以"跨越山海精彩同行"为主题的中英体育交流分享会在上海久事美术馆顺利举办。上海体育产业联合会与英国体育商业工作小组（中国区）签署合作谅解备忘录：从 2022 年到 2025 年，双方将共同致力于足球、马术、水上运动、赛车运动、户外休闲运动等体育项目的交流与合作。与此同时，双方将合作推动国际体育赛事、体育基础设施和体育培训与认证的发展，在英国和上海之间建立体育产业联盟，以促进共享国际体育赛事组织经验；组织研讨会、代表团、推介会等活动以交流体育场馆最优经验；合理运用上海市体育产业联合会的平台优势，合作促进专业体育人才培养。此次交流分享会有助于推动双方在体育产业、体育与文化等多层面的交流与合作，为上海建设"全球著名体育城市"提供动力。

六　中英媒体交流

【"中英影视媒体合作：全球可持续发展"会议在英国伦敦举行】 2021 年 10 月 17 日，中国生物多样性保护与绿色发展基金会国际部携手英国 TVE 及英中电影合作研发中心，在英国伦敦共同举办"中英影视媒体合作：全球可持续发展"会议。TVE 是一家在英国注册的慈善机构，致力于通过电影、纪录片等形式促进环境保护与可持续发展。该会议以线上和线下相结合的形式举行，旨在促进中国与其他各国的人文交流和民心相通。这一活动不仅是在重要的国际论坛和外国主流媒体等平台上发声的有效途径，也是展示中国丰富多彩、生动立体形象的重要机会。

【中英建交 50 周年：总台"寻找新时代的破冰者"媒体活动启动】 2022 年 3 月 13 日，为庆祝中英建立大使级外交关系 50 周年，中央广播电视总台发起并举办了题为"50 年·新启航：寻找新时代的破冰者"的大型融媒体互动节目。中央广播电视总台台长兼总编辑慎海雄、中国驻英国大使郑泽光、杰克·佩里之子斯蒂芬·佩里、英国前副首相迈克尔·赫塞尔廷，以及英国前商务大臣温斯·凯布尔等众多中外嘉宾共同参加了线上启动仪式。该活动通过制作系列融媒体短视频《破冰者》、互动新媒体专页、高端访谈、播客和微纪录片等多种形式，展现了为中英双边关系发展作出重大贡献的人物的故事。除了纪念为中英关系发展作出历史性贡献的前辈，此举的目的还包括传承和弘扬"破冰精神"，不断推进双方互利合作，赋予中英友谊新的时代意义。

【服贸会举办中英文化IP合作论坛】 2022年9月1日，"光影互动文化互鉴共享未来"——中英文化IP合作论坛在中国国际服务贸易交易会上举行。论坛由英国国际贸易部和北京市广播电视局共同主办。英国驻华贸易使节约翰·爱德华兹强调，中国目前已经成为英国全球第三大贸易伙伴，创意和文化产业在促进中英两国人民友好关系以及两国间贸易和投资联系中扮演着关键角色。北京市广播电视局副局长孔建华在致辞中提到，中英文化IP合作论坛旨在为中英两国在文化领域，特别是影视内容方面的合作交流提供平台，推动形成常态化的协作机制，建立更紧密的工作联系，并促进视听产业的深入合作。

【中英电影节主席孔祥曦在进博会上发言】 2022年11月5—10日，第五届中国国际进口博览会在上海举行。在此期间，中英电影节主席兼中英电影文化发展有限公司董事长、北京市青联委员孔祥曦发表讲话，强调进博会代表的开放与繁荣理念正是中英民间交流所追求的目标，也是中英电影节努力的方向。自2013年创立以来，中英电影节一直致力于推动中英两国之间的文化交流和产业合作，目前已发展成为中英两国持续时间最长、影响力最广的民间文化交流活动之一。在原国家新闻出版广电总局、北京电影学院、英国电影学会、英国文化协会、英国电影电视学会等机构的特别支持下，中英电影节已将多部华语经典影片介绍给英国观众。

七　中英旅游交流

【"孔子家乡·好客山东"文化和旅游推介会举办】 2021年2月，"孔子家乡·好客山东"文化旅游推介会在英国布莱顿和霍夫市举办。活动由山东省文化和旅游厅、中文联盟主办，伦敦商业孔子学院、CEDP中国中心承办，共近400人参与。英国皇家代表、萨斯克斯郡郡长彼得·菲尔德，布莱顿和霍夫市市长艾伦·罗宾斯，伦敦商务孔子学院副校长、CEDP中国中心主席、大英帝国勋章获得者卢红，伦敦商务孔子学院中方院长王静慧分别致辞，对此次活动给予了高度评价。该活动于2021年春节期间举办，向英国孔子学院师生致以"欢度春节"的美好祝福，宣传和推广了新时代山东的好客形象。活动的网络直播和媒体推广主要面向伦敦和布莱顿地区，惠及广大汉语学习者和中国文化爱好者，促进了中英文旅交流与文明互鉴。

【"第三届英国中国旅游文化周"举办】 2021年4月30日，"2021第三届英国中国旅游文化周"盛大开启。此次活动得到了中国驻英国大使馆、中国文化和旅游部以及地方文化和旅游部门和办事处的大力支持。活动主题为"美丽中国·造福人民"，通过5—6月两个月系列精心制作的线上文化交流，为中英两国公众奉上了一场丰富的文旅盛宴。

【中国参加伦敦世界旅游博览会】 2022年11月7—9日，2022年伦敦世界旅游博览会在伦敦皇家维多利亚码头埃克塞尔展馆举行，中国驻伦敦旅游办事处参会，这是近年来中方首次线下参展。中国采取线下实体展示和线上数字推广相结合的方式参展。线下实体展台配色采用中国传统色彩，以中国水墨风光为背景，主展板上的高铁将两国标志性地标串联起来，象征着中英两国互联互通、文旅交流飞速发展。展台通过电子屏幕呈现了中国文化旅游特色，结合文化创意活动介绍，与参与者交流互动。旅游办的中英合作伙伴还在现场举行了文旅合作签约仪式。

【英国文化和旅游主管部门参加首届中国（武汉）文化旅游博览会】
2021年11月26—28日，首届中国（武汉）文化旅游博览会在武汉国际会展中心隆重举行。国内外1062家文旅企业，英国、法国、葡萄牙、韩国、泰国等15个国家旅游主管部门及国际旅游机构共赴盛会，共吸引298.8万人次现场参与（含线上）。

本届文化旅游博览会主题为"大美中国　美好生活"，携手故宫博物院、湖北省博物馆、上海博物馆、陕西历史博物馆等九大博物馆，展现多样文物元素。非遗传承人现场展示楚式漆器髹饰技艺、苏绣、景德镇手工制瓷技艺等十项非遗技艺。本届博览会彰显了新时代中国文化与旅游融合发展的新成果、新业态、新动力。展会期间，湖北文化和旅游重点项目招商签约大会顺利举办，共有50个文化旅游项目成功签约，总金额达1655.86亿元。

【英国第四届"一带一路，民心相通——中国旅游文化周"活动举办】
当地时间2022年5月6日，英国第四届"一带一路，民心相通——中国旅游文化周"在伦敦以线上形式举行。本次活动由伦敦旅游局主办，剑桥康河出版社、剑桥中国中心、中国帜造、欧易传媒、天空卫视《中国时间》栏目、《欧洲时报》（英国版）及其他当地机构联袂呈现，得到了中国驻英国大使馆文化处的大力支持。此次活动的主题是"一带一路，民心相通"，分为"名作与共享""城镇与乡村""节日与庆典""创意与生活""文史与新知"五个板块。主要活动包括摄影展"我们的丝路"，系列讲座"在英国重新发现中国"，"美食云课堂""云游贵州""中国旅游知识早知道""中国最美四季"征集、《二十四节气》技艺中国"、《我们的中国故事》系列短片展演，以及《熊出没：重返地球》电影在英国上映和"怀存的世界——绽放"艺术展等，活动丰富多彩、引人入胜，展示了中英文化交流的深厚底蕴与多样化发展路径，体现了"和平合作、开放包容、互学互鉴、互利共赢"的"丝路精神"。

【多家中国航空公司宣布恢复中英直航】　2022年8月10日，英国驻华使馆发布消息称，英国交通部与中国民航局正式达成共识，将恢复英中之间双向直航客运服务。此前，受疫情影响和防控工作需要，中英直航已停飞超过一年半。8月9日，中国国航宣布自8月13日起恢复上海浦东—伦敦希思罗直飞航班，东方航空宣布恢复执行8月12日、8月19日的上海浦东—伦敦希斯罗航班，南方航空宣布从8月17日起恢复广州—伦敦的航班，海南航空旗下首都航空宣布 8 月 19 日起将恢复每周五青岛—伦敦航线。恢复中英直航，为中英两国文旅往来等架起了桥梁，也为英国当地华人华侨、留学生群体回国提供了便利。

八　中英青年交流

【马辉公使出席中英青年学者视频交流会并致辞】　2021 年 5 月 18 日，中英青年学者视频交流会成功举办。此次交流会由中国人民争取和平与裁军协会和英国布拉德福德大学联合举办，邀请了来自中国人民争取和平与裁军协会、中英国际政治关系领域智库和高校的近 30 名学者参加。中国驻英国使馆马辉公使出席交流会并致辞。马辉公使表示，中英两国应顺应历史发展趋势、时代潮流和人民意愿，积极加强交流。百年变局下，中英两国青年也应秉持兼容并蓄的价值理念，顺应历史所趋，推动中英人文交流。参会学者就后疫情时代国际形势与对华认知等议题展开了深入的交流。此次会议为中英两国文明互鉴搭建了桥梁，为维护两国友好关系和世界和平贡献了积极力量。

【中英高等教育人文联盟举办青年学生活动】　2021 年 9 月 6—9 日，第三届中英高等教育人文联盟青年学生论坛顺利举行。此次活动由清华大学主办，近 20 位国内高校学者受邀参与研讨交流，中英高校 400 余名学生参加了线上活动。活动围绕数字人文、戏剧、文学等多个主题展开，举办了系列讲座与研讨。9 月 9 日晚，第三届中英高等教育人文联盟青年学生总结汇报展示暨闭幕式召开，参与活动的学生代表在线上分享了自己在活动中的收获，并代表全体论坛学生进行了展示。

【第十四届全英高层次人才创业大赛暨第十六届"春晖杯"留学人员创新创业大赛举办】　2021 年 8 月 23 日，由全英中国学生学者联谊会主办的第十四届全英高层次人才创业大赛暨第十六届"春晖杯"留学人员创新创业（英国赛区）大赛顺利开幕。中英政府官员，高校及机构领导受邀出席大赛。本次大赛主题为"不忘留学初心，共谱双创新篇"，初赛吸引了 90 余组选手报名。中国驻英国使馆公使衔参赞张晋应邀在赛前致辞。她表示，青年被寄予厚望，留学青年应勇担时代复兴大任，不断拓宽国际视野，顺应中国创新创业潮流，发扬创新精神，投身祖国创新创业事业。2022 年 3 月 30 日，第十四届全英高层次人才创业大赛决赛在线上成功举办，共决出 6 个获奖项目。在国家创新驱动发展战略指引下，大赛为参赛选手提供发掘、展示创新潜力和能力的平台，助力高层次人才实现创业创新梦想。

【首届中英青年菁英峰会顺利举行】　2021 年 9 月 4 日，由中英青年菁英理事会发起的首届中英青年菁英峰会于深圳顺利举行。会议邀请了 20 余位来自文化、金融、科技等领域的杰出嘉宾，吸引了上万名线上参会者。此次峰会主题为"不负韶华，无愧时代"，围绕"经济与金融""未来与科技""新文化与新消费"和"青年领袖"四个主题，下设主旨演讲、圆桌讨论等环节。原外经贸部首席谈判代表、副部长，博鳌亚洲论坛前秘书长龙永图先生于开幕式发表视频致辞。龙永图先生强调，在追求和平与发展的时代背景下，青年肩负着责任、背负着时代期待。菁英峰会旨在培育青年责任意识与时代精神，为全球青年提供一个提高全球胜任力的平台。

【"中英青年合作学者网络"研讨会圆满举行】 2021年12月8—9日，由英国牛顿基金与中国国家自然科学基金委员会联合资助、英国诺丁汉大学商学院和中国社会科学院农村发展研究所共同主办的中英青年学者网络研讨会举行。会议邀请了来自中英两国的30所研究机构和院校的国际知名学者线上参会。此次会议聚焦"国家食物安全和可持续农业发展"主题，与会学者分享了农村减贫、食品安全等学术研究成果，探讨合作创新途径。此次研讨会有助于启发与会者跨学科沟通与协作，促进技术创新、互联互通和共同发展，共同解决气候变化、食物安全等全球性问题。

【中英青少年教育文化交流活动举行】 2022年12月7日，由中国人民对外友好协会、英国北爱尔兰政府驻华代表处和中国驻贝尔法斯特总领馆联合举办的中英青少年教育文化交流会在线上举行。本次交流会以"共建绿色未来，实践低碳生活"为主题。出席活动的嘉宾包括中国人民对外友好协会副会长鄢东、中国驻贝尔法斯特总领事张美芳以及英国驻华使馆北爱尔兰事务办公室罗柯茹参赞等。此次活动是中英青少年教育文化交流系列的第三期活动，该系列活动自2021年开始，旨在促进中英两国青少年在教育和文化领域的相互学习与交流。参会者围绕教育和文化的交流，以及如何共同应对气候变化等全球性问题进行了深入讨论，通过联合教学、互动问答等多种方式，分享了在集约化回收和环保园艺等方面的经验和见解。

九　中英妇女交流

【驻曼彻斯特总领事郑曦原出席领区国际劳动妇女节线上活动】 2021年3月13日，英国共产党西北区妇工委举办纪念国际劳动妇女节云访谈活动。近500名女性就疫情冲击下各个领域的女性生存状况、女权运动的发展历程和意义等议题进行深入的讨论。中国驻曼彻斯特总领事郑曦原应邀出席并发表讲话。郑曦原领事回顾了无产阶级妇女运动发展历史，强调了中华民族伟大复兴进程中女性奋斗者的重大意义，表达了疫情复苏后中英两国加强妇女联谊活动、共同促进世界性别平等的美好愿望。

【中国驻英国大使夫人视频会见泛亚妇女协会联合创始人】 2021年9月3日，中国驻英国大使郑泽光夫人华梅参赞与英国泛亚妇女协会联合创始人姚咏蓓进行视频通话。作为一家注册于英国的慈善机构，泛亚妇女协会以举行小规模慈善活动为主，致力于保障女孩的受教育权。协会强调，在扶贫工作中教育起到重要作用，同时教育也是女性融入社会以及促进社会平等的先决条件。姚咏蓓对郑泽光大使夫妇来英表示热烈欢迎，并在视频通话中向华梅参赞介绍了泛亚妇女协会的宗旨和运转情况。华梅参赞向姚咏蓓介绍了中国的妇女儿童事业所取得的成就，肯定和赞赏了协会在促进中英人文交流方面所做出的努力，并表示中国驻英国大使馆愿与协会加强合作，助力中英乃至世界更加公平、平等。

【郑泽光大使夫人华梅参赞视频会见英慈善组织妇女理事会负责人】 2021年9月28日，中国驻英国大使郑泽光夫人华梅参赞与英国慈善组织妇女理事会理事长巴特沃思女勋爵和主席亚克斯利女士进行视频通话。英国慈善组织妇女理事会致力于变革妇女生存现状，主张让更多人听见妇女作为个体的声音，积极促进世界性别平等。两位负责人介绍了理事会的目标以及所做工作，表达了今后同中方一同保障妇女和儿童权益的意愿。华梅参赞向两位负责人介绍了中国近年来在妇女儿童教育事业以及减贫事业上取得的成就，并表示希望今后继续加强与理事会合作。

【英国国家科技与创新署举办科研女性经验分享会】 2022年2月11日是妇女和女童参与科学国际日，为响应联合国号召，英国国家科技与创新署联合微博平台女性成长类纪录片博主，邀请了中国科学院院士曹晓风和2021英国杰出校友大奖获得者何柏慧分享她们的成长和科研经历。英国国家科技与创新署始终关注女性科研者的发展境况，并表示愿与中国同行一同努力，共同致力于打破性别壁垒，打造一个更加包容、多元化的科学环境，使女性能够充分发挥其科研潜力，勇敢追梦。

【华梅参赞出席英国妇女理事会庆祝中国农历虎年新春线上活动】 2022年2月22日，由英国慈善组织妇女理事会发起、中国驻英国使馆主办的庆祝中国农历虎年新春线上活动于线上顺利召开，英国多个机构和中国驻英国大使馆官员受邀参加。中国驻英国大使郑泽光夫人华梅参赞参会并致辞，介绍了春节的来源、传统与发展。华梅参赞表示，春节庆祝活动的形式随着时间变化而翻新，但春节的精神内核始终被传承。华梅参赞还对英国妇女理事会为促进性别平等所作的贡献表示高度赞赏。活动现场还播放了由中国驻英国使馆文化处、中国驻伦敦办公室制作的中国春节文化习俗视频。

【英国驻华使领馆发起"看见真女人"线上活动】 2022年3月，英国驻华领事馆发起了"看见真女人"线上活动，倡导反思性别刻板印象和性别歧视，呼吁减少此类现象，与年度国际妇女节官方活动主题"打破偏见"呼应。此次活动旨在打破性别偏见，邀请广大妇女展示自己的真实生活，分享自己的人生态度。英国驻广州总领事贺颂雅参与此次活动并通过视频指出，女性特质具有多样性，过于轻易地定义女性易出现为女性设限的误区。

十　中英智库交流

【**英国爱丁堡大学等中外机构联合主办互联网国际高端智库论坛**】　2021年9月27日下午，2021年世界互联网大会乌镇峰会互联网国际高端智库论坛在乌镇举办。该论坛由中国网络空间研究院、英国爱丁堡大学、日本广泛集成分布环境项目组织（WIDE）和巴西瓦加斯基金会共同主办。本次论坛以"数字时代的全球格局与秩序"为主题，围绕"数字时代的全球格局与智库作用"和"疫情下的全球合作与智库作用"两个子议题展开深入讨论。参加这次论坛的有来自中国、美国、英国、德国、日本、巴西等12个国家和地区的近百位专家学者，他们通过线上线下的方式参会。作为世界互联网大会的品牌论坛之一，互联网国际高端智库论坛历年来都邀请了来自全球的知名智库专家学者和重要国际组织代表进行对话，以深入探讨网络空间的全球性和前瞻性议题。论坛的宗旨是促进全球互联网领域的顶尖专家和高端智库之间的交流与合作，共同发展智库共识，从而为构建网络空间命运共同体提供智慧和力量，推动全球网络空间领域的发展和进步。

【**国务院发展研究中心与英国外交、联邦事务和发展部举行视频会面**】　2022年4月1日，国务院发展研究中心隆国强副主任与英国外交、联邦事务和发展部的首席经济学家兼经济和评估司司长阿德南·卡迪尔·汗举行视频会。隆国强副主任回答了关于全球经济治理、中国的改革开放政策以及区域经济合作等相关问题。对外经济研究部的部长张琦、国际合作局的副局长余军以及对外经济研究部的副部长吕刚等参会。此次会议为中英两国在经济领域的交流与合作提供了一个良好的平台，有助于深化双方在经济政策和全球经济治理方面的理解与合作。

【**中国国际经济交流中心举行中英智库线上交流会**】　2022年4月19日，中国国际经济交流中心举办了中英智库线上交流会。会议以"全球化再起步"为主题，涵盖了"全球产业链安全""全球债务管理"和"后疫情时期全球宏观经济"等重要议题。中国国际经济交流中心副理事长王一鸣、首席研究员张燕生和美欧研究部首席研究员张茉楠等发表了演讲，国际交流合作部部长许朝友主持会议。与会专家强调，世界各国需要加强合作，共同应对挑战，维护全球产业链和供应链的稳定，推动全球债务管理，确保金融体系的稳定性和安全性，共同应对新冠疫情等全球性问题。此外，世界各国也应努力巩固多边治理体系，共同管理和应对全球化发展中的挑战。中英两国未来有望在数字经济、生物安全、气候变化、学术交流等领域加强合作与沟通。

【**中英智库论坛召开**】　2022年5月31日，国务院发展研究中心与英国财政部联合主办中英智库论坛，此次论坛由中国发展研究基金会和英国驻华大使馆共同承办，作为2022年中英经济财金对话系列活动的一部分，论坛围绕"积极应对人口老龄化"这一主题进行了深入探讨。参与的机构和研究机构包括中国发展研究基金会、英国财政部、国务院发展研究中心、中国社会科学院、北京大学和伦敦政治经济学院等。论坛由中国发展研究基金会副理事长兼秘书长方晋和副秘书长程会强共同主持，英国财政部国际经济司司长罗伯特·伍兹和国务院发展研究中心国际合作局局长贡森致开幕辞并对会议进行总结。这次论坛旨在促进中英两国在积极应对人口老龄化方面的交流与合作，为解决全球共同面临的挑战提供智慧与方案。

【中英智库双边会议在线举行】
2022年6月1日，中英智库双边会议通过线上方式成功举行。会议由中国社会科学院数量经济与技术经济研究所、中国社会科学院国家高端智库理事会秘书处和英国全球咨询智库共同主办。中国社会科学院学部主席团秘书长兼原副院长蔡昉在会议上致辞并发表了专题演讲。会议的中方代表发言环节由中国社会科学院国家高端智库理事会秘书处秘书长张冠梓主持，国际合作局局长王镭代表中方进行了会议总结。此次中英智库双边会议为两国专家学者提供了一个深入交流和探讨当前国际形势下的经济政策和全球贸易趋势的平台，加深了双方对彼此政策和经济发展的理解。

【清华大学战略与安全研究中心暨中国论坛一行访问英国皇家国际事务研究所和英国知名智库RUSI和IISS】
2022年11月28日，清华大学战略与安全研究中心的研究团队访问了英国的两个著名智库：皇家三军研究所（RUSI）和国际战略研究所（IISS）。访问期间，团队与RUSI的高级研究员温丽玉进行座谈，就乌克兰危机、核战争风险、核试验、高科技出口管制、中英关系以及"印太经济框架"的前景等议题进行了深入探讨。中国论坛特约专家周波参会并发言强调，"亚洲的世纪"不仅仅关乎中国，还涉及印度、印尼、东盟等国家和地区。他提出，中国在处理边界争端问题上持有长远视角，并相信中印双方能够保持理性，认识到冲突的代价。周波还对与会专家学者就中印关系、中巴关系和印度经济前景等议题提出的问题进行了回应，双方展开了深入的交流。11月29日，清华研究团队访问了英国重要智库——英国皇家国际事务研究所（Chatham House）。

【英国皇家国际事务研究所参加中外智库论坛】 2022年12月8—9日，英国皇家国际事务研究所参加了由国务院参事室和中国公共外交协会共同主办、中国国际投资促进会承办的"2022中外智库论坛"。本次论坛以视频会议形式在北京召开，论坛主题为"落实全球发展倡议，共同应对各种全球性挑战，加快落实联合国2030年可持续发展议程"。来自政府部门、科研院所和企业的参会代表围绕当前全球宏观经济形势与政策、科技创新与产业链供应链稳定、全球发展伙伴关系建设及经贸合作、绿色低碳发展与能源安全等议题进行了交流。

十一　中英地方交流

【"全球投资向未来—中英可持续投资业务交流会"举办】　2022年3月23日，北京举办了"面向未来的全球投资——中英可持续投资领域商务交流会"。活动在北京市地方金融监管局的支持和指导下进行，由北京资产管理协会和英国伦敦金融城共同主办，是继2020年6月两地成功举行资产管理业务线上交流后，又一次成功举办的交流活动。本次会议的目的是促进中英金融市场在后疫情时代的深入交流和对话，并为双方在可持续投资方面的合作提供一个平台。此次交流会吸引了110余家中英资产管理机构的代表线上参与。在会议期间，中英双方共同讨论了可持续投资市场的发展趋势，并分享了各自在该领域的实际操作和探索经验。北京和伦敦金融城在资产管理和可持续投资等方面已经开展了一系列成功的合作，通过此次活动，双方进一步加强了相互的了解，促进了进一步实现优势互补和合作共赢。

【嘉兴·英国苏格兰国际友好交流合作大会举行】　2021年4月29日，嘉兴市与英国苏格兰地区成功举办了国际友好交流与合作大会。在嘉兴市人民政府的指导与支持下，嘉兴市外事办公室和市对外友好协会共同承办了此次活动。活动以线上线下相结合的方式，增进了嘉兴市商务局与苏格兰国际发展局以及爱丁堡、莫瑞、艾尔郡、福尔柯克等城市之间的定期沟通和信息交流，推动了双方在多个领域的交流与合作。中国驻爱丁堡总领事马强、英国驻华大使馆苏格兰政府驻华代表孟华轩、省友协副会长陈艳勤等官员出席会议并致辞，来自苏格兰的地方政府、大学、科技园区及嘉兴市科技、教育、商务等部门的11位代表发言。孟华轩强调，嘉兴与苏格兰已经建立了坚实的联系和纽带，苏格兰政府及其国际经济发展机构将支持并鼓励嘉兴和苏格兰在各行业间加强沟通，推动双方在更多领域的交流与合作。

【湖北跨境电商出口海外仓产品搭乘中欧班列到达英国伦敦】　2021年5月27日，湖北省首次利用中欧班列（武汉）进行跨境电商出口，启动了X8015次列车从武汉吴家山站开往德国杜伊斯堡的旅程。货物到达德国后，计划转运至位于英国伦敦的亚马逊国际电商仓库。此次班列的行程预计需20天左右，相比传统的海运方式，至少节约了10天时间。这标志着中欧班列运营模式的一次重大拓展和创新，为出口企业提供了与海外消费者直接沟通的机会，促进了中国跨境贸易向全球定制化供应链服务中心的转型。武汉跨境电商服务资源中心指定运营商汉睿集团的负责人指出，中欧班列以其高效、可靠和经济的运输特点备受青睐。这一新的运输方式极大地加速了武汉跨境贸易向欧洲市场发展的进程。

【"北京市—英国经贸合作圆桌座谈会暨北京丽泽金融商务区推介活动"举行】　2021年7月13日，"北京市—英国经济贸易合作论坛暨丽泽金融商务区推介活动"在丽泽金融商务区举办。此次活动由北京市贸易促进委员会、丰台区政府和英中贸易协会联合主办，重点关注丽泽金融商务区的发展。旨在建立一个介绍"两区"政策的平台，探讨在建设"两区"过程中北京如何进一步开放并利用丽泽的优势，促进丽泽金融商务区的推广，加强政府与企业之间的沟通，了解在京外资企业的需求，进一步优化北京市商业环境。活动吸引了包括英国航空、培生教育、英格兰及威尔士特许会计师协会、伦敦发展促进署、葛兰史素克、汇丰银行等近百家著名外资企业的参与。会议期间，北京市"两区"管理办公室、市文化旅游局、市金融局等八家机构向包括汇丰银行、英国石油在内的40多位在京的英资企业代表介绍了北京市在"两区"建设方面的开放政策。来自汇丰银行、英国石油、洲际酒店、培生教育和阿斯利康等六家英国企业的代表分享了他们在北京的投资经历，并表达了对北京发展前景乐观和市场潜力巨大的积极看法，同时对"两区"建设政策的实施和北京市商业环境的进一步优化提出了建议。

【英国利物浦市学生参加"2021上海国际友好城市青少年夏令营"】 2021年7月19—30日，由上海市教育委员会主办、杨浦区教育局承办、杨浦教育国际交流服务中心与上海教育国际交流协会共同协办的"2021上海国际友好城市青少年夏令营"成功举办。夏令营特别邀请了来自包括英国利物浦在内的17个国家的19个友好城市的180多名学生和教师参与。这是夏令营首次采用在线形式举办，并且第一次尝试"一个区域主办、多个区域协同"的模式，旨在推动上海各区国际教育交流事业的整体发展。参与者通过线上课程学习以及主题视频观摩，感受中国传统文化与沪上人文景观的魅力。

【海南自由贸易港英企招商座谈会举办】 2021年7月27日，海南自由贸易港（三亚）与英国企业的商务座谈会在鹿城举办。此前，三亚市投资促进局接到英国国际贸易部的邀请，合作举办了政府与企业的对接会议和圆桌讨论会，由此促成了这次商务座谈会的举办。来自英国国际贸易部、英国驻广州总领事馆等机构的代表，以及约20家英国企业的负责人参与了此次活动。与会代表考察了三亚的发展情况、营商环境与投资机遇，并就自由贸易港背景下的产业发展、外籍人员在三亚就业和创业等议题进行了深入的探讨，现场交流氛围热烈。英国驻华贸易副使节杜涛指出，此次活动帮助英方深入了解了三亚的商业环境和政策优势，为三亚与英国多个行业的企业之间的合作奠定了基础。英国国际贸易部将致力于发挥桥梁和纽带的作用，帮助英国企业在多个领域与三亚市开展更深入的合作。

【"深圳—英国企业产业政策对话活动"举办】 2021年9月23日，由深圳市商务局、市外事办公室以及英中贸易协会共同主办的"深圳—英国企业产业政策对话"活动在深圳福田区举行，深圳市政府副秘书长姚任、英国国际贸易部中国区创新与工业产业副总监柯牧申、英中贸易协会中国区总裁赵汤等出席，近百名深圳市相关部门负责人和英国企业代表参与。对话会促进了深圳市产业部门和英国企业之间的交流，加深了彼此的了解，增加了合作的机遇。活动还展示了深圳创造更优质的商业环境、增强企业投资信心的系列举措。会议期间，深圳市委大湾区办公室对粤港澳大湾区的商业环境进行了推介，市教育局、人力资源保障局、规划和自然资源局、生态环境局、商务局等19个相关部门就教育、规划、环保、人才和税务等领域回答了企业关心、关切的问题。

【英国担任第四届河北国际工业设计周主宾国】 2021年10月16日，第四届河北国际工业设计周的特色活动"英国设计日"在雄安商务服务中心展览中心顺利开展。本次活动的主题为"构建关怀与包容的未来城市——无障碍设计"。在本届工业设计周中，英国担任荣誉主宾国，英国驻华大使吴若兰通过视频发表致辞，雄安新区党工委副书记兼管委会常务副主任田金昌、河北省工业和信息化厅党组书记兼厅长龚晓峰以及英国驻华大使馆区域合作事务参赞康恩俊等领导和嘉宾现场致辞。全国人大常委会委员、社会建设委员会委员、中国残疾人联合会副主席吕世明，以及奥雅纳城市创新中心总经理张祺等设计界的嘉宾进行了主题分享。此次活动不仅为河北省引入了英国先进的设计资源，还为其康复辅助器具企业提供了创新思路和发展理念。

【英国—华南气候变化大会举办】 2021年10月28日，英国驻广州总领事馆在广州组织举行了"英国—华南气候变化大会"。本次会议主题为"通往第26届联合国气候变化大会及实现零碳未来的道路"，与即将在英国格拉斯哥召开的第26届联合国气候变化大会（COP26）相呼应，旨在增强中英之间在气候变化问题上的沟通与合作。此次大会吸引了来自北京、上海、湖南、海南和福建的150多位政界、商界和学界的代表，他们就气候变化应对措施、创新商业模式对实现两国碳中和目标的贡献，以及加深中国华南地区与英国合作的途径等话题进行了深入的讨论与交流。此外，大会新闻发布会上还发布了关于中英在科技创新、文化交流、绿色金融、能源转型和碳中和技术领域共同应对气候变化领域的七个合作项目。会议同期推出了展览、研讨会和企业签约仪式等系列活动。

【宁波市与英国诺丁汉市签署两市友好交流五年规划协议书】 2021年12月6日，宁波市与英国诺丁汉市共同签订了第二份友好交流合作五年发展规划（2021—2025）。新的五年规划旨在充分利用政府和民间的多种资源，促进两市在政府、经贸、文化及人文等多个领域的深入且全面的实际合作。2005年9月宁波市与诺丁汉市结成友好城市以来，两市在各个领域的交流与合作持续深入。2015年，双方首次签署五年友好交流计划，也是中英地方政府签订的首个交流合作规划，有效地促进了双方在政府、经贸、文化和教育等领域的交流，合作项目成果丰硕，成为中英地方合作的一个典范。

【海南省政府与英中贸易协会举行视频对话会】 2021年12月16日，海南省政府与英中贸易协会举行了一场线上线下同步的视频对话会。该活动的参与者包括海南省省长冯飞、英中贸易协会名誉会长詹诚信勋爵、副省长倪强、省政府秘书长符宣，古沛勤爵士担任会议主席。此次对话会上，英国驻广州总领事及英国石油、贝克休斯、汇丰银行、励讯集团、毕马威等多家企业的代表就海南自由贸易港的绿色发展、现代服务业发展以及营商环境改进三个主题进行了交流。冯飞代表海南省委和省政府介绍了海南自由贸易港的政策和海南经济社会高质量发展的现状。英方期待与海南进一步强化投资和贸易的交流合作，并共享自由贸易港建设的发展机遇。

【北京市大兴区驻英招商代表处成立】 2022年4月22日，北京市大兴区举办了全球招商合作大会暨国际招商代表处的挂牌仪式，本次活动在北京大兴和英国剑桥两地同时进行，大兴区与8家国际招商合作机构达成了合作协议，大兴区英国招商代表处正式成立。此次大会由北京市大兴区人民政府主办，在北京大兴区的营商服务中心和英国剑桥的启迪科技园分设主会场。新成立的大兴区驻英招商代表处的主要任务是在英国的创新核心区域组织和推广大兴区的招商活动，召集项目洽谈会，以帮助英国企业更好地了解大兴区并在此投资落户。

【深圳市长与英国伦敦金融城市长举办视频会谈】 2022年5月13日，深圳市市长覃伟中通过视频会议的方式与英国伦敦金融城市长柯文森进行会晤。这次会议主要围绕两市在经济社会和金融领域的发展进行了深入交流，双方表达了在金融科技等方面进行城市级合作的愿望。覃伟中强调，深圳期待与伦敦金融城共同执行两国领导人的重要共识，坚持推动高水平的开放式发展，并在经济贸易、金融、科技和人才培养等方面加强双方的实际合作，以增进两市居民的福祉和共同繁荣发展。柯文森表示，伦敦金融城将利用其特有的优势与深圳市共同推动金融科技、绿色金融和绿色城市建设等领域的实际合作。会议期间，来自两地的金融机构代表就未来合作进行了广泛而深入的探讨。

【曼彻斯特市参加武汉长江中游城市群国际友城合作论坛】 2022年6月29日，长江中游城市群在武汉举办了国际友城合作论坛。论坛以线上方式进行，主题为"共建新格局，共享新机遇，共创新未来"，旨在促进长江中游城市群的一体化国际合作，助力长江经济带的发展。此次论坛吸引了包括英国曼彻斯特市在内的20个国家近百座城市的政府部门代表进行线上交流。论坛宣布"长江中游城市群国际友城互联平台"启动，与会各方就如何共同推动长江中游城市群的一体化国际合作以及支持城市和区域的高质量发展进行了讨论，并共同发布了《长江中游城市群国际友城合作倡议书》。武汉市、长沙市、南昌市的外办负责人和国际友好城市的代表分享了各自的国际交流经验。武汉的国际友好城市——英国曼彻斯特市和泰国曼谷市的代表表达了与武汉发展交流合作的展望。

【北京"两区"政策海外云推介英美专场举办】 2022年6月30日，北京市投资促进服务中心举办了针对英美市场的北京"两区"政策海外线上推广活动。此次活动主题为"数字经济驱动，实现智能化制造转型"，重点关注数字经济和智能制造行业。北京市经济和信息化局、北京市科技委员会、中关村科技园区管理委员会以及海淀区和怀柔区等相关部门的领导出席了活动，对最新的政策进行了解读并推介了北京的营商环境，吸引了超过60家著名的英美企业和机构代表线上参与。在会议中，中国代表团介绍了北京在数字经济与智能制造领域的发展现状、相关政策和营商环境。中英贸易协会（CBBC）和WeWork公司分享了在北京的成功发展案例和经验。活动期间，中英还举行了"智能传感器"和"碳纤维—麻纤维复合材料"两个重要合作项目的签约仪式。

【江苏—英国智能制造技术项目对接会举行】 2022年6月30日，由无锡国家高新区管理委员会承办的2022江苏—英国智能制造技术项目对接会圆满落幕。这次会议得到江苏省科技厅的支持，并由江苏省跨国技术转移中心、江苏—英国高水平大学联盟和全英华人教授协会联合主办。活动通过线上线下结合的模式进行，在无锡设有线下会场。此次活动的网络视频直播吸引了超过3600人次的观看。在会议中，来自包括考文垂大学、贝尔法斯特女王大学、纽卡斯尔大学、莱斯特大学、曼彻斯特大学和德比大学的7位专家展示了各自的科研成果。部分江苏企业也发布了自己的科研需求。双方对感兴趣的话题进行了互动交流。

【2022粤港澳大湾区全球招商大会设立英国分会场】 2022年11月29日，粤港澳大湾区全球招商大会及研讨会英国分会场活动在伦敦举行。此次活动由中国国际贸易委员会广东省分会和广东省国际商会联合主办，中国广东省驻英国经贸办事处协办、英国商会英中企业中心承办。会议吸引了多位重要嘉宾出席，包括中国驻英国大使馆经商处的公使衔参赞包玲、英国48家集团俱乐部主席斯蒂芬·佩里、中国国际贸易促进委员会伦敦代表处首席代表张慧娟以及英中贸易委员会执行董事白丽莎。通过视频连线参与会议的还有中国国际贸易促进委员会广东省分会副会长范新林、广东省投资促进局副局长薛凯方和中国欧盟商会副会长高志豪。此外，英国的企业界和媒体界代表也出席了此次会议。

【深圳宝安创新创业大赛海外博创赛在伦敦举行】 2022年11月29日，深圳宝安区举办的2022年度创新创业大赛海外博创赛总决赛及颁奖仪式在英国伦敦举行。这场大赛以"展示国际才华，推动湾区智慧创新"为主题，由深圳市宝安区科技创新局负责主办，并由博士联盟国际创新创业中心以及博士联盟Doctorate Association和帝国理工中国学生学者联谊会共同承办。这次比赛打破了中欧地理限制，在欧洲多地举办了线下宣传活动，吸引了来自15个国家的

108个高层次国际人才项目参赛，其中91个项目来自世界知名大学的博士团队。大赛专注于战略性产业，设立了新一代电子信息、生物医药与健康、绿色低碳、高端装备制造四个主要赛道。大赛组织委员会计划继续与国内外创业服务机构合作，致力于打造一个"以才聚智"的生态系统。

（撰稿人：王展鹏、杨景文、林俊昊、杨慧、温嘉璇、谢家辉、李玉婷、徐梓红、陆准）

中欧人文交流

一　综合

【第十一轮中欧高级别战略对话举行】 2021年9月28日，国务委员兼外长王毅以视频方式同欧盟外交与安全政策高级代表博雷利共同主持第十一轮中欧高级别战略对话。王毅说，中欧都认为，双方交往应当坚持相互尊重、求同存异的原则，扩大合作面，减少对手面，维护以联合国宪章和国际法为基础的国际秩序，合作应对气候变化等共同挑战。欧方多次表示，欧盟欢迎中国发展，无意搞制度性对抗，不会参与任何形式的"新冷战"，中方对此表示赞赏。近期，中欧之间接触对话增多，达成不少共识，这有助于增进了解、扩大互信、减少误判。我们要巩固好这一积极势头，增进政治互信，妥善管控分歧，为应对全球性挑战作出中欧两大力量的贡献。王毅表示，双方要筹备好下阶段中欧高层交往，为双边关系发展注入新动力。

【第十届"中欧论坛"在布鲁塞尔举行】 2022年12月1日，中国驻欧盟使团与欧盟智库"欧洲之友"等在布鲁塞尔以线上线下相结合方式共同举办第十届中欧论坛。论坛以"加强建设性合作，共同应对全球挑战"为主题，重点围绕中欧关系、中欧务实合作、全球发展倡议等议题进行深入研讨。中欧政商学界代表近300人与会。中国政府欧洲事务特别代表吴红波发表致辞，支持欧方继续参与中国现代化进程，实现互利共赢。中欧关系47年发展历程不断验证，只要双方坚持在相互尊重基础上沟通对话，坚持对彼此的正确认知，坚持务实合作的共赢导向，坚持通过对话协商解决矛盾分歧，中欧关系就能保持稳定发展。中国和欧盟作为最大的发展中国家和最大的发达国家联合体，在资源、技术、资金、产业链供应链等方面高度互补、契合，合作潜力巨大，前景广阔，中欧关系未来可期。

二　中欧教育交流

【清华大学—加泰罗尼亚理工大学风景园林联合教学十周年网络联欢会举办】 2021年1月16日，清华大学—加泰罗尼亚理工大学风景园林联合教学十周年网络联欢会举办,清华大学建筑学院副院长刘健、两校联合教学项目负责人及师生参加活动。中国驻巴塞罗那总领事林楠首先对清华大学—加泰罗尼亚理工大学开展风景园林联合教学十周年表示热烈祝贺。林楠指出,清华大学和加泰罗尼亚理工大学均是享誉世界的顶尖学府,两校在风景园林领域有着坚实的合作基础,双方的合作不仅有助于提升彼此的国际教学水平,也有助于推动中西文化交流合作。

【中国—中东欧国家领导人峰会教育领域成果斐然】 2021年2月9日,习近平主席主持召开中国—中东欧国家领导人峰会并发表主旨演讲。教育部与保加利亚、克罗地亚、罗马尼亚和斯洛伐克等中东欧国家教育部门签署的5份教育合作文件被纳入峰会成果。

【驻巴塞罗那总领馆举办"学历史,讲故事"华校赠书活动】 2021年5月30日,中国驻西班牙巴塞罗那总领馆在线举办"学历史,讲故事"华校赠书活动,陆慈君副总领事出席活动并致辞。西班牙加泰罗尼亚自治区华文学校负责人、教师和学生代表近50人参加活动。本次活动中,总领馆挑选了《中国奇迹的根本密码》《工匠精神》《改革开放精神》《特区精神》《鸟瞰中国2》《薪火相传:中国非物质文化遗产》《武汉:我的战"疫"日记》等与近代中国发展史、改革开放史、中国传统文化和国内抗疫相关的一批书籍和光盘,旨在丰富加区华校教学内容,帮助华侨华人子女树立正确的历史观和价值观。

【"一带一路"中欧青年教育文化国际交流项目在沪发布】 2021年7月4日,"一带一路"中欧青年教育文化国际交流项目在上海发布。由世界经合组织中小企业发展署、欧洲商会、欧盟青年商务委员会和蓁晗教育联合发起,联合欧盟20多所国际顶尖大学,针对中国学子开展了JOT项目计划。JOT项目旨在推荐优秀学子在政府部门、国际组织、欧盟地方政府办公室及欧盟企业实习或就业。该项目已有34年历史,每年从新加坡、马来西亚等国招收数千名学生参加,今年首次进入中国。

【2021年京师中西少儿国际网络艺术节举办】 2021年10月29日,京师中西少儿国际网络艺术节开幕。北京师范大学基础教育集团董事长屈浩、西班牙Fort Pienc学校校长Lourdes Mateu、西班牙京师海外课堂、北京师范大学附属学校等参加活动。本届艺术节由北京师范大学基础教育集团、京师海外课堂、中欧文化交流协会共同主办,旨在促进中西、中欧青少年文化交流,加强海外华裔青少年对中国文化的了解。北京师范大学南昌、长沙、平果、遵义、庆阳、任丘六所附校、西班牙京师海外课堂和英国京师海外课堂的学生进行了精彩的文艺表演。

【第八届中国—中东欧国家教育政策对话举办】 为落实中国—中东欧国家领导人峰会成果,2021年10月29日,第八届中国—中东欧国家教育政策对话以视频会议形式在北京举行。教育部副部长田学军出席并发表讲话。田学军强调,自2019年第七届对话以来,中国与中东欧各国教育部门在克服疫情影响方面取得了丰硕成果。中国愿与中东欧国家进一步强化成果落实，推动疫情后中国与中欧国家教育合作的深入发展。本次对话的主题是"后疫情时代中国与中东欧国家教育合作的机遇、挑战与可持续发展"。田学军提出五点倡议：充分分享在线课程资源，推动在线线下融合教学；加速学历学位互认，提高双向留学规模和质量；加强高校联合合作，特别是人才培养；建立"中国—中东欧国家职业院校产教联盟"促进校企合作；设立中国—中东欧国家教育合作联络人制度，有效落实对话成果。

【北京冬奥会国际青少年绘画展活动于西班牙举办】 2021年11月20日，西班牙中华妇女联谊总会、加泰罗尼亚北京同乡会在加泰罗尼亚自治区主要城市特拉萨市举办2022北京冬奥会国际青少年绘画展（西班牙站）活动。2021年5月，北京市人民对外友好协会等8个单位联合举办"祝福北京·圆梦冰雪"国际青少年绘画邀请展，加泰罗尼亚自治区侨界积极参与。经西班牙中华妇女联谊总会、加泰罗尼亚北京同乡会组织协调，来自加区多地3至16岁中西少年儿童投稿作品114幅，共获19个奖项。

【华中师范大学与驻欧盟使团教育文化处举行视频工作会议】 2022年1月25日，华中师范大学与驻欧盟使团教育文化处举行视频会议，就对欧教育合作和来华留学生工作等问题进行了深入交流。会议由华中师范大学国际文化交流学院党委书记王珂主持，驻欧盟使团教育文化处公使衔参赞车伟民、副校长彭双阶、国际合作与交流处处长洪峰、国际文化交流学院院长高卓献等相关工作人员出席。

【2022中欧高等教育合作与交流平台会议在线召开】 2022年4月26日，2022中欧高等教育合作与交流平台会议在线召开，主题为"高校在绿色转型中的贡献与挑战"。会议旨在探讨中国和欧盟高校在应对减排目标、实现绿色转型方面的探索与实践，引领和推进高校绿色创新，实现可持续发展。会议由中国教育部和欧盟委员会教文总司主办，中国教育国际交流协会承办。双方代表共同主持会议并表示，希望高校在实现绿色转型的过程中加强合作，为社会经济绿色发展服务。欧盟计划2025年建成"欧洲教育区"，鼓励大学为年轻人和终身学习者提供绿色技能，并通过技术和社会创新寻求绿色解决方案。会议倡议成立中国—欧盟高校绿色可持续发展合作联盟，推动中欧高校绿色转型合作。

【中国高等教育学会参加首届大学联合会全球论坛】 2022年5月17日，第一届大学联合会全球论坛在巴塞罗那举行，该论坛由中国高等教育学会、欧洲大学协会等9个全国性或区域性教育组织共同发起。论坛主题为"促进国际高等教育合作与交流"，中国高等教育学会会长杜玉波在视频发言中强调了教育对外开放和高校平等合作的重要性。论坛一致同意发布《大学联合会全球论坛新闻声明》，并确定由中国高等教育学会担任2024年轮值主席，主办第三届大学联合会全球论坛。会议期间，中国代表与多个国际教育组织达成初步合作共识。

【西班牙启动华裔青少年创意作文大赛】 2022年5月24日，第五届"华文创想曲"海外华裔青少年创意作文大赛启动。活动由江苏省侨务、新闻、教育、文化等部门联合举办。来自西班牙巴塞罗那、印尼泗水和澳大利亚悉尼的三所华文学校代表参加了本届大赛，全球各地华文学校线上与会。"华文创想曲"海外华裔青少年创意作文大赛自2017年首次举办以来，得到来自世界各地25周岁以下华裔青少年的广泛参与。本届大赛以"同根同源华夏梦，同心同德向未来"为主题。

【西班牙举办华文学校诗词朗诵大赛】 2022年5月28日，西班牙巴塞罗那孔林学府举办第三届"孔林教育杯"全校诗词朗诵大赛。校长林为华介绍了疫情期间该校的基本情况，表示尊知重德，传承中华文化，加深海外华裔青少年对祖（籍）国的认知、认同是孔林学府的办学宗旨。组织诗词朗诵大赛，既能让学生感受中华诗词之美，也能锻炼他们从小自信表达，讲好中国故事的能力。活动上，该校各年级学生背诵了《游子吟》《水调歌头》《再别康桥》《沁园春·雪》等诗词名篇。

【南通赤子情华侨图书馆马尔凯国际中文学校图书漂流站揭牌仪式于意大利举行】 2022年6月6日，南通赤子情华侨图书馆马尔凯国际中文学校图书漂流站举办揭牌仪式及图书捐赠交流会。中国驻佛罗伦萨副总领事管仲奇代表总领事王文刚对此次活动的顺利举办表示祝贺，对马尔凯国际中文学校成立十年来为当地华侨子女在各领域教育所作的贡献，尤其是新冠疫情期间学校资助帮扶学生继续学业的事迹表示赞赏，对国内侨联、教育、文化部门以及社会各界人士一如既往支持海外华文教育表示感谢。下阶段，总领馆将继续支持领区华文学校同国内各学校、组织开展丰富多彩的交流活动。马尔凯国际中文学校学生代表与南京市雨花台区实验小学郭纲琳英雄中队队员举行了才艺展示、中意图书分享等线上交流活动。

【西班牙举办华文学校揭牌仪式】 2022年6月23日，西班牙格拉诺列尔斯华文学院举办揭牌仪式。格拉诺列尔斯市长巴尔努赛尔、皮亚学校（Escola Pia）格拉诺列尔斯分校校长莱昂、华文学院校长林茂锡、教学负责人洪海峰和当地侨领、华侨华人子女等60余人参加了活动。洪海峰代表华文学院感谢总领馆、当地市政府和教育机构的大力支持，表示华文学院的成立有助于缓解当地华裔青少年前往其他城市学习中文的周折之苦，为其传承、传播祖（籍）国文化提供了更大便利。学院愿在各方关心和支持下，严谨务实认真开展教学，为当地中文和中国文化教育传播、社会多元化发展贡献力量。

【"我心中的故乡"中西少儿绘画大赛颁奖仪式举办】 2022年7月1日，巴塞罗那扩展区活动中心举办"我心中的故乡"中西少儿绘画大赛颁奖仪式暨北京冬奥中西少年儿童绘画展。中欧未来教育项目负责人马岩、圣母会士学校巴达洛纳分校副校长埃斯特万女士、西班牙加泰罗尼亚自治区侨胞、参赛中西少年儿童及其家长等参加活动。本次大赛以"故乡"为题，为中西少年儿童提供了增进交流、深化友谊的契机。朱京阳总领事和到场嘉宾为获奖选手颁发证书和画册。中西少年儿童表演了《龙的传人》《我们爱生活》等合唱曲目。

【首届西法华侨华人青年论坛举办】 2022年8月27日，首届西法华侨华人青年论坛开幕。西班牙侨商总会会长金浩、法国华裔青年协会会长蔡黎生、西班牙加泰罗尼亚自治区部分侨领和西法华侨华人约80人参加活动。论坛期间，两国华侨华人青年围绕青年侨胞的使命和责任、青年侨胞的融入和发展、青年侨胞的创业和创新三个议题展开讨论，凝聚共识，分享经验。

【利塞乌音乐学院与浙江音乐学院交换生项目开学典礼举办】 2022年9月21日，利塞乌音乐学院与浙江音乐学院交换生项目举办开学典礼。驻巴塞罗那总领事朱京阳在致辞中对利塞乌音乐学院和浙江音乐学院正式启动交换生项目表示祝贺，向参与项目的19位中国青年学生表示欢迎。塞拉特院长和王瑞院长介绍了各自学院的情况，并就下阶段加强合作进行了深入交流。

【"世界未来青年领袖"培养计划—中欧教育合作项目发布】 2022年9月23日，"世界未来青年领袖"培养计划—中欧教育合作项目发布会暨Amazing Schools 2022菁采全球国际升学指导峰会在广州中心皇冠假日酒店举行。会议由Teachdeme主办，广州市加拿大外籍人员子女学校承办。来自加拿大、美国、英国和澳大利亚的22家知名大学招生官及国际学校代表出席了会议。在峰会中举行了"世界未来青年领袖"培养计划—中欧教育合作项目的启动仪式。该项目旨在促进中欧之间的教育与文化交流，通过提供实践、实习、就业、创业机会和官方资源支持，建立从高中到大学的系统培养计划，让更多中国青少年进入顶尖大学就读。目前该项目在中国的合作学校已启动招募。

【意大利孔子学院举办开放日和"汉语桥"快乐中文秀颁奖活动】 2022年9月24日，中国驻意大利使馆主办、佛罗伦萨大学孔子学院承办"汉语桥"快乐中文秀颁奖活动。中国驻佛罗伦萨总领事王文刚在致辞中对孔子学院开放日工作人员的付出表示赞赏，并对在"汉语桥"活动中获奖的个人和团体表示祝贺。王文刚总领事强调了中国和意大利之间的深厚友谊，并赞扬了两国在文化领域的紧密合作。此外，王文刚总领事还参观了孔院开放日的中国文化展演，并为"汉语桥"活动的获奖者颁奖，同时出席了庆祝新中国成立73周年的音乐会。

【第18届中欧软件工程教育国际研讨会在线举行】 2022年11月25—26日，第十八届中欧软件工程教育国际研讨会（CEISEE 2022）在线举行，来自克罗地亚、爱尔兰、意大利、德国等欧洲国家的大学与中国30余所高校、院所的100余位代表出席了本次会议。会议由克罗地亚代数大学学院（Algebra University College）主办，哈尔滨工业大学、北京交通大学协办，并得到了多个单位的支持。此次会议的主题为"How the Metaverse is Shaping the Future of Education",与会代表围绕软件工程教育的新方法、软件工程相关专业培养计划和课程、跨学科教育、校企合作、在线教育和元宇宙时代的教育、创新创业实践、国际教育合作等问题展开了热烈研讨与交流。

三　中欧科技交流

【科技部部长王志刚与欧盟创新委员加布里埃尔举行中欧科技创新高层对话】　2021年1月21日,科技部部长王志刚以视频方式同欧盟创新、研究、文化、教育和青年委员加布里埃尔(Mariya Gabriel)举行中欧科技创新高层对话,共同就落实双方元首会晤共识、推动中欧科技抗疫合作、加强科技战略规划对接、联合制定中欧科研创新合作路线图等议题深入交换意见。中国驻欧盟使团团长张明、科技部国际合作司司长叶冬柏、规划司司长许倞、政体司司长解敏、社发司司长吴远彬、驻欧盟使团公使衔参赞王艳、国际合作司副司长赵静、评估中心副主任黄灿宏,欧盟驻华大使郁白等中欧双方代表共同参会。

【"上海(长三角)—欧洲创新技术合作大会"在沪举办】　2021年4月15日,以"绿色技术的创新与合作为主题"的"上海(长三角)—欧洲创新技术合作大会"举行。大会由上海科学技术交流中心、绿色技术银行管理中心和BGTA国际加速器共同主办。来自长三角地区及相关省市的60余位代表现场出席,来自芬兰环境部、欧洲天使基金联盟等境外代表在线参会。本次大会旨在集聚中欧新一轮创新资源,通过资本与项目的跨境联动,推动中国与欧洲绿色可持续发展等重点领域项目的合作与落地。中欧双方探索共建"中欧绿色技术合作走廊",在绿色低碳技术领域搭建多边合作框架与平台,为实现碳中和目标提供技术支撑。会上签署了"中欧跨境投资平台服务协议""长三角—欧洲园区企业合作发展平台共建协议",共同启动"中欧项目加速营"计划,打造长三角与欧洲区域合作发展平台和高新技术企业的双向绿色通道。

【中丹科技合作联委会第20次会议举行】　2021年5月7日,中丹科技合作联委会第20次会议以视频会形式举行。会上,中丹双方互相通报了各自科技创新政策和发展现状,总结回顾了自上一次联委会以来的双边科技合作成果,充分肯定了近年来中丹科技创新合作在推动双边关系发展中的重要作用,高度评价了疫情以来双方在科技创新领域合作取得的新进展。来自中国科技部、中国科学院、中国驻丹麦使馆和丹麦高等教育与科学部、丹麦驻华使馆、丹麦驻沪总领馆等双方有关机构的代表出席会议。

【云南举办"中欧科研快车"科技创新合作系列宣讲活动】　2021年5月20日,中国科学技术交流中心与欧盟驻华使团、云南省科技厅共同在昆明举办了"中欧科研快车"2021年科技创新合作系列宣讲活动。活动聚焦气候变化和生物多样性问题,鼓励并资助中欧科研和产业界开展深入研究与合作。活动期间，科技部交流中心项目负责人介绍了《国家重点研发计划政府间国际科技创新合作重点专项》的申报细则。欧洲部分驻华科技外交官介绍了本国的科技合作政策、项目资助计划及对华合作情况。中科院昆明植物所作为参与过中欧合作项目的中方代表，分享了项目执行过程中的经验体会。

【中欧光电和微波创新合作对接会成功召开】 2021年6月16—17日，由科技部国际合作司与法国光电和微波竞争力集群联合主办、北京中关村海外科技园有限责任公司承办的中欧光电和微波创新合作对接会成功召开。来自中国部分省市科技主管部门、高新区、科研院所、高校、企业的共50余名代表在北京主会场参加会议，法国、意大利、芬兰等欧洲国家竞争力集群的有关研究机构和企业代表线上参会。会议期间，中欧参会代表通过主题演讲、项目路演等方式，围绕光电和微波领域议题进行了充分交流。北京中关村海外科技园有限责任公司与法国光电和微波竞争力集群、上海交通大学李政道研究所与法国AMPLITUDE公司签署合作协议。

【首届中国—奥地利科技创新精准合作"云对接"活动举行】 2021年6月17—18日，在科技部国际合作司指导下，中国科学技术交流中心会同奥地利科研促进署、湖北省科技厅成功举办了首届中国—奥地利科技创新精准合作"云对接"线上活动。来自中奥两国的30家科技型企业和研究机构、高校围绕环境技术、智能制造和人工智能、适用于智慧城市的信息通信技术和智慧循环经济四个领域进行了项目路演，双方60家企业共参与了110场技术对接。本次活动采用线上会议+网络直播的融合模式，在武汉和维也纳设线下主会场，北京、山西、浙江等部分科研机构和科技企业通过线上平台参与了活动。

【第二届中国—芬兰高技术领域对接会举办】 2021年6月22日，由科技部国际合作司和芬兰国家商务促进局共同主办，江苏省科技厅具体承办的第二届中国—芬兰高技术领域对接会暨长三角中芬创新合作交流会成功举行。此次活动以线上线下相结合的形式举办，在江苏南京设立主会场，天津、河北、湖南和贵州设立分会场。会上，双方聚焦生命健康、智能制造、能源与环境、智慧城市与交通四个领域开展深入交流。来自中芬两国30多家机构的代表进行技术项目路演，并通过典型案例分享长三角中芬创新合作成功实践。来自科技部国际合作司及上海、江苏、浙江和安徽科技主管部门，芬兰驻沪总领馆、芬兰国家商务促进局和双方其他机构的代表约100人在南京主会场参会，其他代表在分会场或通过直播平台线上参与对接活动。

【中比（瓦隆—布鲁塞尔）科技合作联委会第五次会议举办】 2021年7月14日，中比（瓦隆—布鲁塞尔）科技合作联委会第五次会议以视频形式成功召开。会上，双方介绍了科技创新政策规划和重点工作，梳理回顾了上次联委会以来的合作进展和成果，充分肯定了双方在推动科研项目合作、人员交流、科技抗疫和园区合作等方面的积极成效，讨论通过了2021年政府间项目立项安排，并深入探讨了下一阶段开展合作的重点领域和工作计划。中国驻比利时使馆科技参赞郭晓林、比利时瓦隆—布鲁塞尔国际关系署驻华总代表高芸迪（Justine Colognesi），以及中国国家自然科学基金委代表参加会议。会议初步确定于2023年在中国举办中比（瓦隆—布鲁塞尔）科技合作联委会第六次会议。

【中欧科技合作"龙计划"四期总结暨五期年度汇报交流会举办】 2021年7月19日，"龙计划"四期总结暨五期年度汇报交流会以视频会议的方式开幕。科技部国际合作司副司长赵静、国家遥感中心副主任刘志春、参加"龙计划"的中欧双方科学家代表以及有关部门的工作人员近200人在线参会。会议主要包括开幕式、四期成果交流报告、五期项目进展报告和青年海报展览等。会议的成功召开标志着四期项目圆满结束，五期项目将继续推动中欧地球观测领域的科技合作再上新台阶。

【中芬科技创新部长会晤举行】 2021年10月15日，中芬科技创新部长会晤以视频会形式举行，科技部部长王志刚与芬兰经济事务与就业部部长米卡·林蒂莱（Mika LINTILÄ）围绕落实中芬两国元首两次通话共识、科技创新政策规划、双边科技合作等重点议题进行深入交流，中国驻芬兰大使陈立先生和芬兰新任驻华大使孟蓝（Leena-Kaisa MIKKOLA）女士出席会议并致辞。双方还就联合资助机制、对接交流活动、地方和企业间合作等议题交换意见，确定在气候变化、健康等领域加强合作。中国科技部、外交部、驻芬兰大使馆和芬兰经济事务与就业部、教育科学文化部、外交部和驻华使领馆等双方相关单位代表参加了此次会晤。

【第二届中比科技创新对话举办】 2021年10月28—29日，第二届中比科技创新对话以视频形式召开。本届对话由中国科技部与比利时联邦科技政策办公室主办，中国国际人才交流中心、比利时弗兰德斯经济、科学和创新局、布鲁塞尔研究和创新促进署、比利时瓦隆—布鲁塞尔国际关系署共同承办。会上，双方回顾了两国在科技合作应对疫情、青年科学家交流、联合研究和科技园区合作等方面的成功合作机制，探讨下一阶段重点领域的合作，并就未来工业、生命科学、智慧和可持续城市等重点合作领域进行深入交流与对接。会上签署了《中国科技部国际合作司与比利时瓦隆—布鲁塞尔国际关系署研究与创新谅解备忘录》等4项合作协议。比利时驻华大使高洋（Jan Hoogmartens）出席对话。来自中国科技部、中科院、工程院、自然科学基金委、中国科协、农科院等相关部门，驻比利时使馆及比利时联邦和大区政府，比利时驻华使馆，两国高校、科研院所、企业和科技园区等单位的约160余位代表参加对话。

【中国—匈牙利科技合作委员会第九届例会举行】 2021年11月11日，中国—匈牙利科技合作委员会第九届例会以视频方式在北京、布达佩斯举行。会上，双方就两国研发和创新政策交换了信息，通报了中匈第八届例会交流项目和研发合作项目执行情况，审议了2021—2023年度双边科技合作项目资助计划，讨论了未来中匈科技合作，确定了委员会第十届例会举办时间地点。会后，双方签署了《中华人民共和国和匈牙利科学技术合作委员会第九届例会议定书》。

【2021中欧科技创新合作发展论坛在深举行】 2021年11月26日，中欧科技创新合作发展论坛在深圳举行。论坛以"绿色发展，合作共赢"为主题，旨在进一步拓展与欧洲有关国家及地区在绿色科技创新合作上的空间和维度，提升国际合作水平，落实深圳关于"科创中国"试点建设工作总体部署，推动科技与经济深度融合。论坛由中国科学技术协会、深圳市政府共同主办，中国科协企业创新服务中心、深圳市科学技术协会承办。论坛邀请中欧专家学者以及相关科研机构、科技企业、产业园区、创新载体、投资机构的代表，共同探讨中欧创新要素整合及科技发展协同方向与路径，构建开源开放创新成果发布平台，推动全球科技创新合作新生态的建设，助力科技经济深度融合，从多角度、多学科、多领域共同探讨了中欧科技创新合作前景，为推动全球绿色复苏和可持续发展提供有力支撑。

【中欧第三代半导体高峰论坛在深举行】 2021年11月27日，由中国科学技术协会与深圳市人民政府共同主办的"2021中欧第三代半导体高峰论坛"在深圳高新园区达实大厦举行。论坛上，来自国内及英国、法国、比利时等国家的国际知名科学家、科技组织、科研院校、行业协会、半导体企业及投资机构和泛第三代半导体产业生态圈的代表参会，共同探讨中欧第三代半导体产业发展和应用现况及未来趋势，并就如何深化"碳中和"目标愿景下的中欧科研创新领域协同合作，推动第三代半导体产业深入发展，扩大产能增强竞争能力，促进中欧优秀创新科技项目成果对接转化等议题展开深度交流。论坛包含了近十场主题技术演讲，演讲者包括来自剑桥大学、南京大学、天津工业大学，以及法国知名半导体咨询机构Yole Développement、比利时微电子研究中心等知名机构的专家学者。

【中芬第三届科技冬奥对接会举办】 2021年11月30日，中国—芬兰第三届科技冬奥对接会以线上线下相结合的形式成功举办。活动由中国科技部和芬兰经济事务与就业部共同主办，中国国家体育总局和芬兰国家商务局协办，北京体育大学承办。在重点领域交流对接环节，来自中国国家体育总局体育科学研究所、清华大学、北京大学第三医院、中国冰雪产业联盟和芬兰于韦斯屈莱大学、冬季两项公司、林格伦滑雪毯公司等24家高校、科研机构和企业的代表围绕科技冬奥、冬季运动科技及产业示范推广等议题展开深入交流，探讨合作机会。

【中欧气候变化与生物多样性旗舰计划专家研讨会举办】 2021年12月16日，第一次中欧气候变化与生物多样性旗舰计划专家研讨会以线上线下相结合的形式成功举办。会议期间，中欧双方专家围绕气候变化和生物多样性相关主题作了多个专题报告，并展开了热烈讨论。本次会议进一步明确了中欧双方在气候变化与生物多样性领域开展科研创新合作的积极意愿，双方的研讨展示了中欧在气候变化领域合作有良好的基础和共同愿景。来自中欧双方多所高校、研究机构在气候变化和生物多样性领域的院士、研究员和专家代表以及相关政策官员等共70余人参加会议。

【中国—瑞典科技合作联委会第6次会议举办】 2022年1月18日，中瑞科技合作联委会第6次会议以视频会议形式举行。会上，双方与会代表就重点领域合作、联合资助机制、机构间合作、人员交流、科技园区合作等进行交流研讨，并就未来在碳中和目标下的气候变化、生命科学与健康、可持续发展等领域加强合作达成一系列共识。来自中国科技部、中科院、国家自然科学基金委、中国科协、中国驻瑞典使馆和瑞典教研部、企业创新部、创新署、能源署、研究理事会、研究与高教国际合作基金会、极地研究秘书处、科技园与孵化器联盟、瑞典驻华使馆等双方有关机构的代表出席会议。

【中欧合作"微笑计划"卫星磁强计伸杆展开试验圆满成功】 2022年2月21日，作为中欧一项大型空间合作项目，中科院空间科学（二期）先导专项——太阳风磁层相互作用全景成像卫星（英文缩写SMILE，中文译称"微笑计划"）在欧顺利实施有效载荷磁强计伸杆展开试验，并取得圆满成功。"微笑计划"卫星作为中欧深度合作的空间科学项目，双方在从论证、设计、制造到交付和集成测试等方面深度合作。作为研制过程中的里程碑节点，磁强计伸杆展开试验的成功，不仅表明磁强计分系统与载荷舱集成后的功能、性能满足了任务要求，更标志着"微笑计划"任务中欧联合研制团队在研制规范、技术流程、测试方法及评价标准上达成了一致，实现了技术、管理上的深度融合，为"微笑计划"任务成功实施奠定了坚实基础。

【中国—马耳他科技合作联委会第3次会议举办】 2022年3月1日，中国—马耳他科技合作联委会第3次会议以视频形式召开。会议期间，双方与会代表就中马各自科技创新战略与政策重点进行了交流，回顾了中马科技创新合作成果与经验，深入探讨了未来科技创新合作的优先领域与举措，并就下一步长期合作计划达成了合作意向。双方均认为中马科技创新合作务实、高效，愿进一步加强合作，推动中马科技创新合作迈向更高台阶。

【第六届非暴露空间PNT国际学术（欧洲）论坛举办】 2022年3月20日，第六届非暴露空间PNT国际学术（欧洲）论坛在北京经开区举行。本次论坛以"发展北斗时空服务 促进中欧科技合作"为主题，除到场嘉宾外，来自高校院所、科研团体、行业协会、创新企业的千余人次通过线上联动方式参加了该论坛。论坛组织了多场主题演讲，聚焦中欧近年来在非暴露空间PNT（定位、导航、授时）领域的技术研究与应用成果，会上，来自香港理工大学、比利时鲁汶大学、荷兰莱顿大学等高校院所专家教授，以及中欧各企业代表，围绕城市PNT基础设施、中欧卫星导航合作、物联网安全应用等议题作了报告。

【中欧科技合作"龙计划"五期合作协议正式签署】 2022年4月1日，中欧科技合作"龙计划"五期协议签署仪式通过线上形式成功举办。国家遥感中心主任王琦安、副主任刘志春、科技部合作司欧洲处处长石玲，欧洲空间局对地观测部科学、应用和气候部门主任莫里斯·伯杰、国际关系部总干事卡尔·伯奎斯特，"龙计划"五期中欧首席科学家李增元研究员和伊夫—路易斯·德斯诺博士等20余人参加了会议。会上，双方签署了"龙计划"五期合作协议。中欧双方认为"龙计划"合作历经18年，已从单纯的科技合作逐渐转变为科技、人文和文化合作的融合发展。双方表示将努力推动"龙计划"迈上新台阶。会议的成功举办表明中欧将继续深耕地球观测领域的国际科技合作，并为中欧未来科技合作的稳步及纵深发展奠定了基础。

【中欧签署国内首条跨洲际100G科研网络合作协议】 2022年5月17日，中科院计算机网络信息中心与欧洲科研网GéANT通过视频方式举行中欧100G科研网络合作签约仪式。该项目建成后将成为中国首条跨洲际100G科研合作网络。本次签约，中欧双方将以新加坡为互联节点，合作共建中欧科研专网的100G直联链路，并加入亚太欧洲100G科研环网AER，实现100G资源互备，以满足中欧多学科领域深入合作和科研范式转变带来的科学数据迅猛增长的需求。中欧双方在签约仪式上一致表示，人类共同面临着气候变化、能源短缺、人口老龄化和疫情防控等亟待解决的问题和挑战，需要全球科研网络共同合作，而提供安全、高效、可靠的科研专网是解决全球科研协作的必要前提和基础。在数据和人工智能（AI）支撑的第四科研范式背景下，中欧高度重视信息化基础设施的核心作用，中欧信息基础设施的合作将成为全球开放科学的典范和先例。

【中欧科技合作指导委员会第15次会议举办】 2022年5月17日，中欧科技合作指导委员会第15次会议以视频会议形式成功举办。中欧双方交流了中国"十四五"国家科技创新规划有关情况、欧盟科研创新全球方略及"地平线欧洲"计划等，重点讨论了食品、农业和生物技术（FAB）及气候变化和生物多样性（CCB）中欧科研创新旗舰计划合作的进展、成果及下一步规划。来自中国科技部、外交部、工信部、水利部、中科院、国家自然科学基金委、欧盟联合研究中心、欧盟驻华代表团等相关机构的双方代表出席会议。中国驻比利时、丹麦、法国、荷兰、西班牙、意大利等国使馆的科技参赞和奥地利等多个欧盟成员国驻华使馆科技外交官作为观察员出席会议。

【中瑞空间科技合作研讨会举办】 2022年6月30日，"中国—瑞士空间科技合作研讨会"以视频形式成功举办。研讨会由中国科学技术交流中心和瑞士交通博物馆共同主办，南京航空航天大学承办。此次会议是中欧科创共同体主题日系列活动的重点之一，旨在加强中国与欧洲国家科研机构、科技促进组织、学会协会等民间科技团体的交流与合作，共同研讨全球性课题，架设跨越国界、民心相通的桥梁。会议分别在北京和卢塞恩设线下主会场、南京设分会场。会上，中国科学技术交流中心与瑞士交通博物馆签署了合作谅解备忘录，中瑞空间领域专家分享了科研最新进展及合作成果。来自南京航空航天大学、中科院高能物理研究所、瑞士日内瓦大学、联邦材料测试与开发研究所等15家科研机构和高校的专家学者们分享了火星探测、极端宇宙探索、太阳辐射和空间应用材料等方面的科研最新进展、合作成果以及未来合作建议和方向。

【科创中欧合作发展创新论坛系列活动中国瑞士创新科技论坛举办】2022年7月22日，科创中欧合作发展创新论坛系列活动第二站活动暨中国瑞士创新科技论坛在线上成功举办。论坛由瑞士贸易投资协会（Biz Switzerland）和北京海华带路科技服务有限公司共同举办。论坛旨在发现和展示中瑞产业的协同效应，促进两国企业在创新、科学、技术、人才和商务等领域的合作。论坛通过搭建中瑞科技创新合作平台，为国内外企业提供了项目和资源对接渠道，加强中瑞在技术、商业模式、创新创业方法等方面的交流与沟通，实现优质资源互通，提升中瑞双创企业国际化水平，为外国企业来华与中国科技企业合作重点提供指引。

【中国—克罗地亚电力绿色转型科技合作研讨会举行】2022年9月14日，"中国—克罗地亚电力绿色转型科技合作研讨会"以线上线下结合方式成功举行。本次研讨会在中国科技部国际合作司、克罗地亚科学和教育部欧洲事务与国际合作司指导下，由中国科学技术交流中心、克罗地亚科学基金会主办，新能源电力系统国家重点实验室（华北电力大学）、中国华能集团清洁能源技术研究院有限公司和萨格勒布大学承办，会议主题是"科技创新合作助力中克迈向碳中和"。来自中克两国政府及相关机构的各界代表约200人参会。会上，两国电力能源领域的产学研代表围绕电力领域科技创新的前沿和重点问题展开深入交流和讨论，凝聚共识，达成了以科技创新务实合作助力两国电力能源绿色转型的共同愿景，为联合推动电力能源领域的技术革新、清洁低碳发展，共同促进全球气候治理提供了建设性思路。

【"新材料技术云对接会"为中波科技合作开辟新空间】2022年9月20日，中波前沿科技合作—新材料技术云对接会以线上方式成功举办。本次对接会在科技部国际合作司指导下，由中国科学技术交流中心、波兰科学院和波兰华沙学会联合主办，宁波工程学院、中国—中东欧国家创新合作研究中心、波兰科学院高压物理研究所共同承办，会议主题为"因'材'而聚，中波共创"。会上，中波新材料前沿领域的知名专家介绍了绿色生态环境高分子材料、物理化学超分子化合物、TTF分子二维组装结构、生物降解材料等相关研究的最新成果。波兰科学院高压物理研究所的专家们以项目路演方式展示了促进骨组织再生的声化学、微波和高压技术等新材料产业化技术，并与中方企业开展线上互动交流。来自中波两国政府及相关机构、科研院所和企业的代表逾200人参会。活动同时吸引了两国近千人次观看线上直播。

【中芬绿色园区论坛暨第四届中芬高技术领域对接会举办】2022年9月23日，中芬绿色园区论坛暨第四届中芬高技术领域对接会以线上线下相结合的形式成功举办。来自中芬两国的 5 家绿色产业园区代表、20 余家中芬企业、高校和科研机构代表围绕绿色能源、智能交通、智慧城市和生命健康 4 个领域展开深入交流。本次活动是 2022 中关村论坛的平行论坛之一，由中国科技部和芬兰经济事务与就业部共同主办，中国科技部火炬高技术产业开发中心、中国科学技术交流中心和芬兰国家商务促进局共同承办。中方在北京设主会场，在安徽、湖北设分会场，近千名中芬产学研各界代表通过视频会议和直播平台线上参与活动。

【中国—爱尔兰科技合作联委会第 2 次会议举行】 2022 年 10 月 13 日，中爱科技合作联委会第 2 次会议以视频会议形式召开。中国科技部国际合作司副司长徐捷和爱尔兰继续与高等教育、研究、创新与科学部创新、研究与发展司副司长约瑟夫·穆尔（Joseph Moore）共同主持会议。双方与会代表回顾并总结了自上次会议以来中爱科技创新合作的成果与经验，并就未来合作方向与行动进行探讨并达成了多项共识。

【中欧导航卫星反射信号联合研究工作组 2022 年度技术及应用研讨会举办】 2022 年 10 月 26—28 日，由国家遥感中心主办、天津大学海洋科学与技术学院承办的"中欧导航卫星反射信号联合研究工作组 2022 年度技术及应用研讨会"以线上线下结合的形式成功举办。来自中欧双方科研机构、高等院校和企事业单位的近 200 名专家学者参加了会议。研讨会上来自中欧双方专家学者的 29 份报告，主要涉及海洋、气象、农业、灾害监测和科学应用等领域。与会人员还就导航卫星反射信号遥感技术（GNSS-R）的创新应用等深入交换了意见。中欧专家一致认为开展 GNSS-R 在极端天气监测、全球水循环和全球气候变化等领域的研究，将对中国北斗和欧洲伽利略系统开拓更广阔的应用前景发挥重要作用，并表示双方应基于过去 10 年的成功经验，不断扩大 GNSS-R 国际交流合作朋友圈，推动中欧 GNSS-R 合作进入新时代。

【"中欧青年科学家对话未来"活动举行】 2022 年 11 月 9 日，"中欧青年科学家对话未来"活动在布鲁塞尔举行。本次活动是 2022 世界青年科学家峰会的欧洲专场活动，与会人士呼吁全球青年科学家应加强交流与合作。会议通过的《联合行动倡议》围绕"汇聚世界人才，共创美好未来"这一主题，提出了一系列具体行动方案，包括整合金融、艺术等领域青年人才，激发科技创新、多边主义和创业精神；鼓励对话、行动和改革，共同应对全球性重大挑战；联合举办国际论坛等方面以交流思想；有效利用世界青年科学家峰会创新创业平台，帮助年轻科学家实现梦想等。来自 17 个国家的 150 余名嘉宾在布鲁塞尔出席了线下会议，另有 200 余人线上参会。

【中意碳中和与绿色发展培训班举办】 2022 年 11 月 14—18 日，由中国科技部与意大利都灵理工大学共同举办的中意碳中和与绿色发展培训班以线上形式成功举办。本次培训班为期 5 天。来自中国 26 个省、自治区、直辖市、计划单列市共 90 家单位的 120 位科研人员和科技管理人员顺利完成线上培训。

【中奥科技合作联委会第13次会议举行】 2022年11月21日，中国科学技术部与奥地利联邦教育科研部以视频形式成功举行中奥科技合作联委会第13次会议。中奥回顾了双方科技创新合作的成果与经验，对联合资助机制、科技合作宣介会活动等进行了总结，深入探讨了未来科技创新合作的优先领域和举措，并就下一步合作计划达成共识。双方表示愿致力于加强两国科研人员特别是青年科研人员交流，支持中奥两国研究机构、大学开展科研创新合作，共同应对全球挑战，服务两国经济社会发展和人民福祉。

【中欧生命科学与医药创新论坛举办】 2022年12月7日，中国科学技术交流中心与德国拜耳医药保健有限公司成功举办了中欧科创共同体主题日系列活动暨中欧生命科学与医药创新论坛。论坛旨在促进中欧科研机构、创新型企业、科技促进组织、学会协会等民间科技团体开展交流与合作，共同研讨生命科学与医药创新的全球性课题。与会专家们围绕细胞与基因治疗、抗肿瘤药物临床开发、抗生素耐药性、生物医用材料、慢病防治、研究型病房建设等学科前沿议题的进展进行交流，分享了该领域中德中欧政府间联合资助项目合作成果，展现了生命健康科学发展交叉融合、医药产业不断创新升级的新图景，为未来拓展中德中欧在科技创新领域的合作提供参考性建议。来自清华大学、协和医院、北大人民医院、拜耳北京、德国、美国研发中心和新加坡国家癌症中心、中国欧盟商会、中国德国商会等中外机构的50余位专家学者与会发言，实时直播吸引了3000余人次参与线上互动。

【首届中欧金融科技峰会举办】 2022年12月9日，欧盟中国商会与中欧数字协会在比利时首都布鲁塞尔共同举办首届中欧金融科技峰会。中欧双方政府官员、商业领袖和专家学者等就中欧金融科技政策、金融科技最佳实践及金融创新前景等主题进行线上交流。与会各界人士普遍认为，金融科技发展为人们生活带来诸多便利，但也为各国政府在监管、隐私保护等领域带来巨大挑战。未来中欧应携手开展金融监管合作，在金融科技标准制定、反洗钱和反恐怖主义融资、审慎管理等方面加强合作与协调。

四　中欧文化交流

【《中波2021—2024年文化合作议定书》签署】 2021年1月27日，中国驻波兰大使刘光源和波兰副总理兼文化、民族遗产与体育部部长彼得·格林斯基分别代表本国政府在华沙签署《中华人民共和国文化和旅游部和波兰共和国文化、民族遗产与体育部部长2021—2024年文化合作议定书》。中国驻波兰大使馆文化参赞张忠华、波文化部国际司司长乌尔舒拉·诗翁沙克出席签署仪式。刘光源指出，续签新一轮《中波文化合作议定书》意义重大，将为两国在后疫情时代开展人文交流与合作指明新方向，注入新动力，开创新局面。同时，中方期待与波方一道有力推进落实议定书中所列的合作计划及具体交流项目，希望波方能够一如既往对两国文化管理和艺术机构间的专业交流给予支持，加强两国在博物馆、图书馆、文学、音乐、舞蹈、戏剧、非物质文化遗产保护、文化产业等各领域的务实合作，重视参与"17+1"和"一带一路"框架下的人文交流活动，进一步推动两国艺术团组、艺术家、创意工作者、专家学者群体的互访交流，深化交流互鉴，扩大人类文明成果共享。

【"永远的山丹丹"绽放波兰】 2021年2月26日，中国大型原创民族管弦乐组曲"永远的山丹丹"线上音乐会在波罗的海歌剧院官网及脸书官方账号红火开演。活动由中国驻波兰大使馆、中国驻革但斯克总领馆与波罗的海歌剧院共同举办。两国使馆脸书、大使官推同步播出了该活动，在波兰冬日严寒与疫情阴霾下形成了一道独特而温暖的风景线。这场别开生面、融通中西的云端音乐会由陕西省广播电视民族乐团担纲，国家一级指挥阎惠昌执棒，著名作曲家王丹红谱曲创作，著名胡琴演奏家沈诚、青年唢呐演奏家王展展、陕北说书非物质文化遗产传承人高永原等艺术家倾情献艺，演出分为序曲《信天游》《壶口斗鼓》《祈雨》《五彩的窑洞》《刮大风》《赶脚的人》《朝天歌》和尾声《永远的山丹丹》八个部分。音乐会精彩纷呈，气势恢宏，在奏响动人乐章与祈愿祝福的同时，生动地体现出中波两国在抗疫期间守望相助、共克时艰的深厚友谊。

【马耳他举办第12届"想象中国"儿童绘画比赛】 "想象中国"儿童绘画比赛由马耳他中国文化中心、马耳他教育部联合举办，受到马中小学生的广泛欢迎。第12届"想象中国"马耳他儿童绘画比赛于2020年年初启动，主题为"壮美中国"，比赛共收到来自18所学校的153幅参赛作品，分为两个年龄段，由马耳他资深艺术老师分别评选出各年龄段的前三名。2021年3月16日，第12届"想象中国"马耳他儿童绘画比赛举办颁奖活动，驻马耳他大使于敦海出席在线颁奖仪式并致辞，鼓励同学们不断加强教育学习，做中马友谊的使者，推动两国世代友好、共同繁荣发展。

【克罗地亚国家广播电视台开播"魅力北京"系列纪录片】 2021年5月12日，由中国北京市人民政府新闻办公室、北京广播电视台打造的"魅力北京"系列纪录片在克罗地亚国家广播电视台正式开播。此次播出的"魅力北京"纪录片包括《为民而商》《中关村》《昨天的故事》《自然北京》四个系列，讲述了中国改革开放以来的科技进步和城市发展、北京文化的传承以及北京生活，展现了当代北京建设成就、人文风情和自然风光。在中国驻克罗地亚使馆的大力协调下，克方组织专人参与节目内容、技术标准、翻译等方面的工作，并将"魅力北京"作为特别节目在其台庆当周推出。节目开播前，克罗地亚国家广播电视台通过电视节目、官网及社交媒体大力宣传介绍，吸引了众多当地媒体关注。

【南京与佛罗伦萨结好40周年纪念活动暨文化周举行】 2021年5月21日,"遇见·千年"——南京与佛罗伦萨结好40周年纪念活动暨文化周开幕式在南京举行。江苏省委常委、南京市委书记韩立明,意大利驻华大使方澜意出席并致辞,中国驻意大使李军华、佛罗伦萨市市长纳尔代拉作视频致辞,意大利驻上海总领事馆总领事陈琪出席。纪念活动和文化周安排了遇见美食、遇见华裳、遇见乐音、遇见匠心以及图文视频征集大赛等文化艺术活动,向南京市民展示意大利风情,也向意大利人民介绍南京的文化和民俗。

【第17届威尼斯国际建筑双年展开幕式在京举办】 2021年8月24日,第17届威尼斯国际建筑双年展中国国家馆展览开幕式在北京天桥艺术中心举办。本届中国国家馆以"院儿——从最大到最小"为主题,回应威尼斯双年展的主题"我们如何共同生活",参展艺术家、学者和建筑师围绕主题进行传统的阐释与当代性构建,借助新型多媒体技术、计算机技术等进行组织和设计,力图通过近150件参展作品,为观众创造新鲜、独特,传统与现代、理念与实践交织的观展体验。

【中国国庆暨中罗建交周年音乐会举行】 2021年9月30日,为庆祝中华人民共和国成立及中罗建交72双周年,中央广播电视总台罗马尼亚语部与中国驻罗马尼亚使馆共同推出云端音乐会向两国建交72周年献礼,与中罗民众共庆佳节。本次音乐会选曲兼顾传统和现代曲风,囊括中罗两国经典曲目,既有罗马尼亚著名作曲家、小提琴家乔治·埃内斯库创作的交响乐《罗马尼亚狂想曲》,也有讲述中国古代民间爱情故事的经典作品《梁祝》;既有闻名海外的中国民歌代表《茉莉花》,也有在华家喻户晓的罗马尼亚民歌《祖国大地美如花冠》。柳琴演奏的罗马尼亚名曲《云雀》和中国竹乐团演奏的霍拉舞曲张力十足,罗马尼亚黑土地蓬勃的生命力和中国五千年文化孕育出的艺术表达跨越国界在音乐中完美交融演绎。

【2021中欧文化周在广东举行】 2021年10月15日晚,2021中欧文化周系列活动在广东佛山乐从陈氏大宗祠开幕。开幕式上多个节目将岭南传统文化元素与欧洲经典艺术形式相融合,凸显了中欧文化的碰撞与互鉴。文化周期间举办了中欧文化长廊、欧洲经典工业设计展、城市民谣大赛决赛暨三龙湾音乐盛典、欧洲品牌市集、咖啡节、潮流玩具展以及文化主题讲座等系列活动。作为三龙湾重要的对外展示及交流品牌活动,中欧文化周在2020年金秋十月首次启动,是近年来欧洲文化与品牌在佛山乃至华南地区规模最大、元素最丰富的一次集中亮相。

【《比邻:遇见50年》系列微纪录片在比利时开播】 2021年10月25日,中比两国共同摄制的系列微纪录片《比邻:遇见50年》在比利时开播。该纪录片共6集,讲述了3位在华比利时人和3位在比中国人的经历,展现了50年来两国交流互鉴的动人画卷。中比建交50周年纪念日当天,该纪录片在中央广播电视总台纪录频道CCTV-9、CGTN法语频道、CGTN英语新媒体、比利时布鲁塞尔电视台、比利时列日RTC电视台、比利时 TVCom 电视台、国际广播电视联盟网站、布鲁塞尔信息通讯社网站等 30 余个中比主流媒体平台正式播出。

【上海博物馆举办"东西汇融——中欧陶瓷与文化交流特展"】 2021 年 10 月 28 日, "东西汇融——中欧陶瓷与文化交流特展"在上海博物馆开幕。展览汇聚了来自法国、葡萄牙、英国、荷兰、美国、瑞士、中国七个国家十余家世界知名博物馆及收藏机构的 206 件（组）文物, 为观众呈现了 16—18 世纪的世界贸易和早期全球化中的东西方文化交流。展览不仅深入介绍了中国瓷器融入西方的历史, 透过油画原作、宫廷陈设与欧洲镶嵌、加彩瓷器, 展示中欧器用、审美和艺术的碰撞与交融, 还首次系统展现了中国器物与欧洲陶瓷的交流与互动, 揭示了中国技艺对世界物质文明的贡献。

【比利时著名钢琴家尚·马龙为北京冬奥会作曲祝福】 2022 年 1 月, 应中国驻比利时使馆之邀, 比利时享有盛誉的钢琴家、作曲家尚·马龙先生专门创作了一首钢琴曲《致北京奥林匹克》。新冠疫情暴发以来, 尚·马龙先生先后创作并演奏抗疫公益乐曲《黎明的编钟声》和《樱花珞》, 用蕴含武汉元素的音乐表达对中国人民抗击疫情的坚定支持。在 2022 年北京冬奥会开幕之际, 他专门创作的钢琴曲《致北京奥林匹克》, 传递了对北京冬奥会的真诚祝福, 彰显了"更快、更高、更强、更团结"的奥林匹克精神, 激发听众广泛共鸣。期待中比两国继续深化音乐文化交流互鉴, 不断书写中比人民友谊的新乐章。

【"中国记忆"新春音乐会在比利时根特市举行】 2022 年 2 月 18 日, 中国驻比利时使馆 2022 年"欢乐春节"系列活动之"中国记忆"新春音乐会在比利时根特市举行, 100 余名观众购票观看。该音乐会由比利时作曲家左汉以中国古典诗词谱曲创作, 中西合璧的优雅乐曲把听众带入如诗如画的中国古诗词意境中。这场音乐会的亮点在于所有曲目均由比利时艺术家演奏和演唱。由左汉领衔, 在扬琴、小提琴、大提琴、管风琴、打击乐器、钟鼓乐器等中西乐器的共同伴奏下, 两位比利时女高音歌唱家用中文演唱了孟浩然的《春晓》、苏轼的《饮湖上初晴后雨》、李清照的《声声慢》等 10 首歌曲。音乐会以鲜明的中西合璧特色, 借中国经典古诗词演绎了左汉心中的"中国记忆"。

【"绝艺交辉——英国维多利亚和艾尔伯特博物馆与颐和园博物馆艺术精品展"举办】 2022 年 4 月 30 日至 7 月 1 日, 颐和园博物馆与英国维多利亚和艾尔伯特博物馆联合举办了"绝艺交辉——英国维多利亚和艾尔伯特博物馆与颐和园博物馆艺术精品展", 展览聚焦 16—20 世纪的中欧物质文化与艺术主题, 展出英国维多利亚和艾尔伯特博物馆馆藏 88 件/套和颐和园馆藏 56 件/套, 共计 144 件/套文物, 涉及欧洲展品包括金银器、鼻烟盒、袖珍肖像画和微型马赛克等艺术品, 以及园藏中国银器、玉器、珐琅器、瓷器、家具等工艺精品, 是一场具有国际历史视野和跨文化对话意义的艺术盛宴。

【肖军正大使出席希腊斯巴达市中国文化节活动】 2022 年 5 月 8 日, 希腊斯巴达市政府和雅典经商大学商务孔子学院在斯巴达市中心广场联合举办中国文化节活动，中国驻希腊大使肖军正、斯巴达市长杜卡斯，以及雅典经商大学商务孔子学院院长严红卫等出席。斯巴达市各界代表和市民共约400人参加了该活动。活动中，专程自雅典赴斯巴达参加活动的希腊武术学校的希腊籍学生为现场来宾和市民表演了太极拳和太极剑，雅典经商大学商务孔子学院的教职员工进行了中国书法、绘画和剪纸艺术表演，并进行了简单的汉语教学。

【谈践大使出席荷兰侨界庆祝中荷建交50周年文艺汇演】 2022年5月10日，谈践大使应邀出席荷兰侨界庆祝中荷建立大使级外交关系50周年文艺汇演活动并致辞。荷兰外交部亚大司司长莫森莱赫纳、部分外国驻荷使节、旅荷侨胞、荷兰各界友人等1000余人观看了演出。现场气氛喜庆祥和，旅荷侨胞与荷兰友人携手奉献了一场包括武术、魔术、歌舞及乐器演奏在内的文化盛宴，演出精彩纷呈、高潮迭起，现场不时报以热烈掌声和欢呼声，观众对演出给予了高度评价。

【"宋韵瓯风——艺术名家作品交流展"在浙江举行】 "宋韵瓯风——艺术名家作品交流展"于2022年5月15日至6月15日在浙江省温州市永嘉楠溪书院、箬溪美术馆展出。此次作品交流展尤为注重中欧画作的同场对话。既有法国印象派后期代表画家亨利·朱利安·费利克斯·卢梭的素描原作《树林风景》参展，也有近60位温州籍及在温州的中国艺术家对家乡风物的描绘，更多的是中英、中法艺术家笔下的楠溪江主题绘画。这些作品聚焦自然和环境，虽然呈现的主题相近，但中欧艺术家的视野笔触又各有不同，给人以迥异的启示。

【李军华大使夫妇出席罗马歌剧院"中华风韵"音乐会】 2022年6月25日，李军华大使及夫人出席了在罗马歌剧院举办的"中华风韵"交响音乐会。该音乐会是2022中意文化和旅游年的重要活动，来自意文化部、外交部、大学科研部、教育部、内政部、国家旅游局等的嘉宾，各界友人和媒体代表共同出席了这场中西合璧的音乐会。音乐会由中国艺术家与罗马交响乐团联袂演出，青年指挥家钱骏平执棒，首先选取了两国观众耳熟能详的《图兰朵》和《天堂电影院》旋律，随后大提琴演奏家李拉和小提琴演奏家陆威分别演绎了大提琴协奏曲《庄周梦》和经典小提琴协奏曲《梁山伯与祝英台》，女高音王冰冰与意大利男高音詹卢卡·西阿佩里逊再为观众献上《帕米尔我的家乡多么美》《今夜无人入睡》和《长江之歌》，以音乐为媒赓续丝路友谊，引发观众共鸣。音乐会在歌剧《茶花女》选段《饮酒歌》和观众持久热烈的掌声中落幕。

【习近平复信马耳他圣玛格丽特中学"中国角"师生】 2022年7月，马耳他圣玛格丽特中学"中国角"师生致信习近平主席，表达对中马建交50周年的祝福，并援引《礼记》中"圣人耐以天下为一家"，积极赞赏中国提出的构建人类命运共同体理念和"一带一路"倡议。致信还介绍了"中国角"开展的丰富多彩的活动，以及为促进多元文化理解、增进中马友谊作出的积极努力。同年8月8日，中国驻马耳他大使于敦海向马耳他圣玛格丽特中学教师阿佐帕迪转交了习近平主席的回信。习近平主席在复信中指出，在中马双方共同努力下，圣玛格丽特中学"中国角"为增进马耳他青少年对中国的了解、促进中马友好发挥了积极作用。在实际教学中，阿佐帕迪老师凭着对中国的热忱，积极开阔学生视野、摒弃偏见，为他们搭建起了通往世界的桥梁。在中马建交50周年之际，希望更多马耳他师生和青少年积极参与中马人文交流，做文明互鉴的促进者和人民友好的传承者。

【"意大利之源——古罗马文明展"开幕】 2022年7月10日，"意大利之源——古罗马文明展"在中国国家博物馆开幕，展览叙述了公元前4世纪至公元1世纪这段波澜壮阔的历史和意大利半岛的罗马化进程，不仅展现了意大利起源的文化多样性，也彰显了奥古斯都统一意大利半岛后国泰民安、文化繁荣发展的盛况。国家主席习近平同意大利总统马塔雷拉分别向开幕式致贺信。习近平指出，中国和意大利是东西方文明的杰出代表。这次"古罗马文明展"将以多姿多彩的珍贵文物展示意大利文化的深厚底蕴。希望"中国意大利文化和旅游年"以此为契机，推动文明交流互鉴，促进民心相连相通，为中意两国关系发展注入新活力。马塔雷拉在贺信中表示，文化合作是意中友谊的重要组成部分。在新冠疫情背景下，意大利在中国举办"古罗马文明展"和系列"意中文旅年"活动，充分证明了两国关系根基深厚。当前国际社会面临诸多挑战，唯有团结合作才能寻求公平持久的解决方案。相信意中将不断深化双边关系，共同维护世界和平与稳定。

【中国"丝绸与丝路"展览在捷克举办】 2022年8月19日，由中国驻捷克大使馆、中国丝绸博物馆联合主办的"丝绸与丝路"展览在捷克首都布拉格开幕。作为国家一级博物馆和全世界最大的丝绸博物馆，中国丝绸博物馆将通过本次展览呈现精美丰富的内容。展览由"丝绸之技""丝绸之艺""丝绸之路"三大板块组成，从丝绸的考古起源、制作技术、创作艺术、当代创新，扩展到丝绸之路，让捷克观众有机会了解蚕祖之源，欣赏丝绸之美，体验中国江南文化，感受丝路风情。

【东盟+3电影节之中国日电影展映活动在布拉格举行】 2022年9月5日晚，由东盟+3驻捷克使团和捷克首都布拉格市图书馆联合举办的东盟+3电影节之中国日电影展映活动在布拉格市图书馆顺利举行。此次展映是中国电影在东盟+3电影节上的专场活动，也是捷克民众感受中国文化的一个窗口。东盟使团代表、捷社会各界人士、在捷侨团和中捷媒体近400人参加本次展映活动。展映影片《你好，李焕英》完美融合了母爱和爱母两个主题，传递了行孝须及时的情感。很多观众随着剧情的跌宕起伏，时而开怀大笑，时而感动落泪。影片结束时，影院内响起了热烈的掌声。

【驻保加利亚使馆《保加利亚人眼中的中国》新书发布会举办】 2022年9月29日，由中国驻保加利亚大使馆和保加利亚畅销书出版社共同主办的《保加利亚人眼中的中国》新书发布会在索非亚中国文化中心举行。《保加利亚人眼中的中国》一书由新保加利亚大学副教授阿列克西艾娃女士撰写，作者耗时3年，对25位保加利亚友人逐一进行深度采访，将他们的人生轨迹和中国情缘以访谈录形式集结成册，并在庆祝中华人民共和国成立73周年暨中保建交73周年之际在保加利亚出版发行。25位受访者分别从事政治、经贸、文化、艺术、科学、教育、体育、旅游等行业，既是各自领域建功卓著的佼佼者，也是新时代中保交往的开路先锋。该书的出版是中保人文领域交流的重要成果，将为保加利亚民众真实全面立体地感知中国打开全新窗口。

【亚洲文化节在斯洛伐克首都举办】
2022年10月1日，中国驻斯洛伐克使馆与印度尼西亚、日本、越南驻斯使馆在首都布拉迪斯拉发市广场举办亚洲文化节。驻斯洛伐克使节、斯洛伐克前外长德麦什和老城区政府文化部门负责人出席，上千当地民众和外国游客参加。活动期间，四国使馆献上各具特色的歌曲、舞蹈、戏剧、武术、烹饪展示等，并在各自展台介绍本国文化。现场观众被旅欧中国青年女高音歌唱家王欣精湛动人的歌唱深深打动，对斯洛伐克武术协会紧凑热烈的武术表演报以热烈掌声。中国展台的青铜车马、熊猫玩偶、双面绣、泥塑等展品广受观众青睐，有奖问答和书法体验项目前人头攒动。

【"中国电影节"在罗马尼亚举办】
2022年10月1日，为庆祝中华人民共和国成立73周年以及中国和罗马尼亚建交73周年，由欧洲时报、罗中之家、罗马尼亚国家电影中心联合主办的"中国电影节"在布加勒斯特联盟影院开幕。中国驻罗马尼亚大使韩春霖应邀出席并致辞，来自罗马尼亚文化部、文化院、罗中之家、国家电视台、国家电台、电影院校、艺术节、欧洲时报、孔子学院等机构的多位代表及电影从业者、华人华侨共百余人参加活动。本届电影节将于10月1—7日在罗马尼亚首都布加勒斯特、阿拉德、克卢日·纳波卡三个城市巡映近年来新拍摄的10部中国电影，包括《十八洞村》《红海行动》《无双》《影》等。

【"视听中国走进欧洲"作品展播活动举办】 2022年11月8日，"视听中国走进欧洲"作品展播活动拉开帷幕。纪录片《行进中的中国》《大上海》《这十年》《薪火相传—中国非物质文化遗产》《客都寻味》《海派百工》、电视剧《两个人的世界》、动画片《江南》《梦娃》等20余部中国视听佳作将在法国、德国、英国、比利时、匈牙利等多个欧洲国家的媒体平台上集中亮相，展播作品涵盖纪录片、电视剧、综艺等近400集共150小时优质内容。此次活动旨在让更多欧洲民众感受中华文化和中国精神、促进中欧民心相通与文明互鉴，推动中欧视听机构在节目互播和资源共享等方面的合作。

【卢森堡中国文化中心正式运营】
2022年11月8日，中国驻卢森堡使馆举行卢森堡中国文化中心揭牌仪式暨中卢建交50周年主题图片展和"新时代中国非凡十年"主题图片展开幕式。卢森堡国民议会议长埃特让、议会文化委员会副主席莫德尔、卢森堡市副市长莫萨及卢文化部、旅游部主要官员和两国各界人士共100余人出席。中国文化和旅游部部长胡和平发表视频致辞，华宁大使和埃特让议长分别致辞并共同为中心牌匾揭幕。卢森堡中国文化中心大楼位于卢森堡市中心，总面积约1900平方米，共5层，设有展厅、图书馆、多功能厅、培训教室等。中心致力于通过举办演出、展览、培训、信息服务等形式多样的文化交流活动，为卢森堡朋友感受中华传统文化魅力、感知当代中国发展活力搭建重要平台，打造卢森堡民众家门口的中国文化之窗。

【"中欧文化遗产保护科技论坛——2022博物馆藏品保护研讨会"在故宫博物院举行】 2022年11月18—19日，由中国科技部、文化和旅游部、国家文物局联合指导，故宫博物院主办，中国—希腊文物保护技术联合实验室、书画保护文化和旅游部重点实验室、古陶瓷保护研究国家文物局重点科研基地承办的"中欧文化遗产保护科技论坛——2022博物馆藏品保护研讨会"在故宫博物院举行。本次研讨会主题为"守护与创新——多领域合作创新支撑下的博物馆藏品保护与研究实践"，旨在促进中欧各国文物保护专家学者交流对话，增进理念共识，激发创新活力，为保护和传承文明之美打造交流互鉴与合作创新平台。研讨会上，来自英国、意大利、法国、荷兰、瑞士、希腊和中国的18位专家学者，围绕博物馆藏品保护修复实践、文物保护国际合作与标准化等问题进行了深入探讨与交流。

【"文明互鉴携行致远"音乐会在柏林举办】 2022年11月18日，柏林中国文化中心与中国国家大剧院合作，在中心成功举办"文明互鉴携行致远"音乐会交流活动。音乐会上，小提琴演奏家王晓明、陆威，中提琴演奏家徐杏园、徐贤文，打击乐演奏家胡胜男，圆号演奏家曾韵，大提琴演奏家加布里尔·施瓦布，钢琴演奏家尤尔林·莱温等中欧艺术家，用精湛的技艺和饱满的热情演绎了《瑶族舞曲》《罗西尼主题变奏曲》《茨冈狂想曲》《降E大调五重奏》《雪花》等多首东西方经典曲目，为来宾们奉上了一场中西合璧的视听文化盛宴。

【"中国印象"国际画展在斯洛文尼亚开幕】 2022年11月25日，由斯洛文尼亚中国商会和奥地利格拉茨孔子学院共同举办的"中国印象"国际画展在斯洛文尼亚申蒂利市开幕。来自斯洛文尼亚和奥地利的45名艺术家围绕"我眼中的中国"这一主题，从不同视角创作了90余幅各具风格的画作参展。中国驻斯洛文尼亚大使王顺卿在开幕式上对热爱中国文化、支持孔子学院建设的各界友人致谢。尽管中欧在语言、文化上千差万别，但都有其独特魅力和深厚底蕴，蕴含着全人类共同价值。本次画展旨在超越国界的限制，让文明交流互鉴成为推动人类社会进步的动力、维护世界和平的纽带。

【"东方旋律"奏响卢森堡】 2022年11月26日晚，"东方旋律"室内音乐会在卢森堡中国文化中心成功举办。中国驻卢森堡大使华宁出席音乐会并致辞，卢森堡副议长马尔斯·迪·巴托莱梅奥、中国银行卢森堡分行副行长罗颖、王磊等100余名卢森堡各界人士出席音乐会。会上，来自比利时的音乐家尚·马龙、左汉与比利时"艺韵"女子弦乐四重奏组合为观众带来了一场荟萃中外名曲的精彩演出。《康定情歌》《月亮代表我的心》等耳熟能详的中国乐曲与《爱的礼赞》《G 大调弦乐小夜曲》等西方经典轮番上演，东方与西方的音乐对话让观众们充分领略了不同音乐文化的独特魅力。中欧经典乐曲《我和我的祖国》与《我的祖国》相继上演，乐曲中共同的爱国情感让中卢两国观众在美妙的音乐中心灵相通。欧洲音乐家用中国传统乐器扬琴创作演奏的《梦想飞行》《雪河》《永恒》等乐曲抒发了东西方文化交流、文明共鉴的美好情感。

五　中欧体育交流

【国家体育总局与中欧商会签署合作协议】 2021 年 11 月 1 日，国家体育总局副局长李颖川在京会见了中国欧盟商会主席伍德克，会上双方签署了体育合作协议。在合作协议框架下，双方面向北京 2022 年冬奥会、巴黎 2024 年奥运会和米兰—科蒂纳丹佩佐 2026 年冬奥会开展务实合作，支持中国"体教融合"事业，促进双方体育产业取得更大发展。中欧盟体育合作空间广阔，未来连续三届奥运会落户中国和欧盟国家，为双方体育合作提供了重要契机，合作协议的签署，将进一步深化双方奥运合作，提升体育友好关系水平，期待欧盟企业为中欧体育共同发展和增进中欧友谊做出更大贡献。

【中欧举办线上举重训练营活动】 2021 年 11 月 11 日，中欧线上举重训练营活动在北京举行。国家举重队运动员、教练员们，与来自欧洲多国的举重选手切磋交流，分享"中国力量的奥秘"。中国运动员和教练员们分享了科学的训练方法和动作要领，指导欧洲举重运动员的动作。欧洲举重联合会秘书长米兰·米哈伊洛维奇对中国举重协会、中国国家举重队表示感谢，称赞中国举重协会在新冠疫情期间为欧洲举重联合会的会员协会提供了这次宝贵的交流和学习机会，希望未来双方可以加强合作。中国举重协会主席周进强表示，未来还将展开更多不同形式的交流和合作，邀请来自世界各地的举重爱好者来到中国参与交流，促进世界举重运动的共同发展。

六　中欧旅游交流

【中克生物多样性和生态系统服务"一带一路"联合实验室九寨沟科研基地揭牌成立】 2021 年 9 月，中国—克罗地亚的联合实验室在九寨沟科研基地正式揭牌成立。克罗地亚普利特维采湖国家公园在地貌环境、游客的受欢迎度等方面均与九寨沟有着相似之处，同样面临着因旅游业蓬勃发展所带来的水质污染等生态方面的挑战。过去十余年间，中科院成都生物研究所（CIB）与克罗地亚萨格勒布大学团队围绕九寨沟世界自然遗产地生态保育开展了深度合作，致力于推动解决一系列生态环境方面的挑战。此次活动以双方依托的"中国—克罗地亚生物多样性和生态系统服务'一带一路'联合实验室"是中国首批"一带一路"联合实验室。

【"新疆是个好地方"比利时线上新疆文化和旅游周举办】 2021年12月6—15日,由中国驻比利时使馆、新疆维吾尔自治区文化和旅游厅、中国文化交流中心共同主办,布鲁塞尔中国文化中心承办的"新疆是个好地方"比利时线上新疆文化和旅游周活动成功举办。中国驻比利时大使曹忠明在开幕致辞中表示,希望通过本次线上文化活动将立体、开放、现代的新疆介绍给比利时的朋友,增进两国民众的相互了解,架起中比友谊的桥梁。本次文化交流期间播放了《新疆是个好地方》主题图片展、新疆歌舞演出视频、系列音乐视频、新疆主题电影、美食之旅纪录片等内容,向比利时和欧洲公众展示真实、立体、全面的新疆。本次活动的相关数字内容在中国驻比利时使馆和布鲁塞尔中国文化中心脸书、微信公众号等平台同时播出。

【郑州市文化广电和旅游局参加中欧区域政策合作线上专题研讨会】 2022年3月4日,郑州市发改委、市文化广电和旅游局、郑州市中欧区域经济合作中心组织参加中欧区域政策合作线上专题研讨会。会议主旨是加强中欧双方旅游城市在实现绿色和数字化转型以及文旅产业复原力方面的交流合作,郑州、北京、成都、昆明、武汉、扬州等9个中国城市,以及希腊、意大利、波兰、西班牙、克罗地亚、捷克、罗马尼亚等12个欧盟案例国家的代表,围绕"绿色与智慧转型—文旅产业创新发展"主题分别发表演讲。研讨会增进了郑州市与欧盟成员国之间国际城市交往的文化交流和旅游合作意向。

七 中欧妇女交流

【2021性别平等与企业社会责任国际会议暨赋权予妇女原则颁奖仪式在北京举行】 2021年10月20日,由联合国妇女署中国办公室与欧盟驻华代表团联合主办的"2021性别平等与企业社会责任国际会议暨赋权予妇女原则颁奖仪式"在北京举行。联合国妇女署中国办公室国别主任安思奇、中华全国妇女联合会联络部部长牟虹以及欧盟驻华大使郁白分别在会上发言。会议回顾了新冠疫情中后期新常态下推动性别平等和妇女赋权方面取得的进展,探讨了如何通过商业力量加强妇女在经济生活中的全面参与和增加妇女在领导层中的代表性,利用数字技术赋权农村妇女,加强国际知识共享等议题,明确了现存主要障碍,探索了解决方案并分享了优秀实践经验。

【第六届中欧国际文学节聚焦"女性主义"视角】 2021年11月27日,第六届中欧国际文学节开幕。本届文学节主题为"女性视角—字里行间",首次聚焦于来自中欧的女性作家,讨论她们的作品、创意和灵感来源。欧盟驻华大使郁白在开幕式上表示,将焦点放在女性作家身上至关重要,本次文学节将会致力于展现中欧女性作家的多样性和创造力。在开幕式上，来自中国和葡萄牙的女作家徐小斌和莉迪亚·若热应邀在开幕式上发表了主题演讲。有近50位来自欧洲和中国的女性作家受邀参会。

【**中国常驻联合国代表在中国—欧盟妇女与生物多样性保护问题视频研讨会上发言**】 2022年3月16日，中国常驻联合国代表张军在中国—欧盟妇女与生物多样性保护问题视频研讨会上发言。张军指出，早在1995年，第四次世界妇女大会就将"妇女与环境"列入《北京行动纲领》的重大战略目标。在应对气候变化、物种流失的严峻挑战时，全面认识和探讨性别与生物多样性之间的关联性，将性别因素纳入保护生物多样性的各个方面，对于推进性别平等、实现绿色发展和生态文明建设具有重要意义。他表示，中欧作为维护世界和平的"两大力量"、促进共同发展的"两大市场"、推动人类进步的"两大文明"，有责任、有能力加强合作。中欧双方应共同助力妇女全面发展，同发展中国家开展三方合作，推动将性别平等、妇女赋权落到实处。中方愿继续同欧方及欧盟成员国加强协调，维护《联合国宪章》宗旨原则，维护多边主义，推动联合国在应对全球性挑战中做出更大贡献。

【**中欧女性电影展在香港拉开帷幕**】 2022年6月21日，中欧女性电影展在中国香港拉开帷幕。本次影展主题为"女性电影人如何为自己创造机会"，共展出了6部由中国及欧洲女导演所执导的优秀影片，并举办了女性影人论坛，为中欧女性影人思想、观点交流搭建了对话平台。中欧香港电影展是展现优秀的中欧女电影人的作品，与电影爱好者共同聆听女性对话，探索女性价值的重要交流平台。

（撰稿人：田小惠、魏欣然、梁羽、王妍、王健睿、肖明佳）

中法人文交流

一 综合

【中法外长举行视频会谈】 2022年12月19日，中国外交部部长王毅与法国欧洲和外交部部长卡特琳·科隆纳举行视频会谈。继法国总统与习近平主席在印尼二十国集团领导人峰会期间举行会晤之后，两位外长谈到了法中全面战略伙伴关系的发展前景。两位外长表示期待重新激活法中之间的人文交流，尤其是在文化、高等教育和旅游领域的交流。

二 中法教育交流

【中法能效管理应用人才培养和研究中心成立】 2021年3月25日，中法能效管理应用人才培养和研究中心暨施耐德电气城市能效管理应用工程师学院（简称中法卓越中心）在北京工业职业技术学院正式落地。法国驻华大使罗梁、法国驻华大使馆公使衔参赞高明、教育部国际交流与合作司、北京市教委、北京工业职业技术学院相关负责人，以及施耐德电气全球执行副总裁、中国区总裁尹正，施耐德电气副总裁、公司事务及可持续发展中国区负责人王洁一同出席并见证了揭牌仪式。

【中法教育百年交流活动举行】 2021年3月26日北京法国文化中心举办了中法大学百年和里昂中法大学百年纪念活动。许睢宁、张文大和端木美合著的《历史上的中法大学（1920—1950）》法文版问世，这本著作全面、完整地介绍了中法大学这个独特的教育机构的历史。

【"汉语桥"世界大学生中文比赛法国预选赛举行】 2021年6月26日第20届"汉语桥"世界大学生中文比赛法国预选赛以在线视频形式举行。本次比赛包含演讲、才艺展示和问答三个环节。14名选手参加激烈角逐，法国国立东方语言文化学院学生安娜·巴拉温德尔荣获一等奖。

【里昂中法大学百年纪念研讨会举办】 2021年9月21日，里昂新中法大学协会和法国"吴建民之友"协会举办里昂中法大学成立100周年网络研讨会。驻里昂总领事陆青江以视频方式出席并致辞。里昂新中法大学协会副主席拉巴特、"吴建民之友"协会主席徐波、法国驻华使馆高等教育和科技合作专员杜莱以及中法教育和文化界代表约50人参加了本次研讨会。

【中法合作办学发展联盟交流研讨会在京召开】 2021年10月21日，上海交通大学巴黎卓越工程师学院作为中法合作办学发展联盟轮值主席单位，与北京航空航天大学中法工程师学院联合在北京召开了"2021年度中法合作办学发展联盟交流研讨会"。联盟各成员单位分享了一年来的发展情况及办学成果，一致认为，后疫情时代下中法合作办学面临着挑战，大家要团结协作，充分交流办学经验，形成联盟通讯刊物的供稿出版协作机制，并在优秀国际师资引进、国际招生等方面开展深入合作，共同谋划中法合作办学未来的发展。

【西欧法语国家孔子学院联席会召开】 2021年10月21日，西欧法语国家孔子学院联席会在法国波城举行。本次会议由波城孔子学院主办，中国驻法使馆公使余劲松出席开幕式并致辞。来自法国、比利时、瑞士、卢森堡的18所孔子学院代表与会。

【第三届中法二轨高级别对话视频会议举行】 2021年12月1—2日，中国人民外交学会和法国法中基金会共同举办第三届中法二轨高级别对话会议。全国人大常委会副委员长吉炳轩和法国前国民议会议长巴尔托洛内作为双方主席出席会议并作主旨演讲，吉副委员长并在闭幕式上作总结讲话。外交学会会长王超与法中基金会联合会长迈肯出席会议并致欢迎辞。对话主题为"坚持国际合作，中法携手应对全球挑战"，中法双方约40名政治、经济、环保等领域高级别代表围绕"新冠疫情时代的中法、中欧关系"和"第26届联合国气候变化大会背景下的中法气变领域合作"两个议题进行了深入坦诚的交流。

【中法签署农业高等教育合作协议】 2022年1月20日，教育部部长怀进鹏与法国农业和食品部部长朱利安·德诺曼迪举行视频会晤并签署《中华人民共和国教育部与法兰西共和国农业和食品部关于加强农业高等教育合作的行政协议》。怀进鹏表示，教育交流合作是中法双边关系的重要组成部分。此次两部签署农业高等教育合作协议是落实两国元首共识的重要举措，充分体现了双方对加强农业高等教育合作的重视和支持。

【端木美荣获法兰西学术棕榈骑士勋章】 2022年4月18日，法国驻华大使罗梁在原中法大学旧址向中国社会科学院世界历史研究所研究员、中国法国史研究会名誉会长端木美授予法兰西学术棕榈骑士勋章，以表彰她长期致力于加强中法两国学术交流，特别是在保护中法大学等两国共同遗产方面作出的杰出贡献。这是端木美继2011年被授予法兰西功绩军官勋章后，再一次获得勋章。作为"中法教育交流百年纪念"系列活动的总结仪式，活动当天还举行了"历史上的中法大学（1920—1950）中法教育交流百年"纪念牌揭牌仪式，与会人员参观了《百年中法·百年记忆》历史图片资料展。过去三年间，这个系列活动纪念了20世纪20年代中法两国发起的重大教育交流创举。法国驻华大使馆联合众多有识之士举办了讲座、展览、参观等各种活动，使更多公众了解到两国在教育与科研领域的深度联系，走近曾经留法的中国知识分子和科学家。

【中国驻法使馆举办"留学美丽中国"联谊活动】 2022年8月24日，中国驻法国使馆在使馆本部举办以"留学魅力中国，共促文明互鉴"为题的联谊招待会，邀请法国近期赴华留学生、留华毕业生、孔院和中文国际班学生，以及法国外交部、高教部有关部门和高校负责人等百余人出席，宣讲中国教育发展成就，介绍中国赴华留学签证新政策，交流中法高校合作，分享留学中国体验。

【第四届中法二轨高级别对话视频会议举行】 2022年12月8—9日，中国人民外交学会和法国法中基金会共同举办第四届中法二轨高级别对话会议。全国人大常委会副委员长吉炳轩和法国国民议会前第一副议长博纳尔作为双方主席出席会议并致辞。外交学会会长王超与法中基金会联合会长迈肯出席会议并致辞。中法双方约60名政治、经济、环保等领域高级别代表围绕"新时代中法、中欧关系"和"中法在气候变化领域合作"两个议题进行了深入坦诚的交流。

三　中法科技交流

【科技部部长王志刚与法国高教部长举行视频会晤】 2021年1月26日，中国科技部部长王志刚与法国高等教育、研究与创新部部长弗雷德里克·维达尔举行视频会晤，围绕落实两国元首共识和中法科技合作联委会第14届会议成果、科技创新战略规划对接、中法科技创新领域务实合作等议题深入交换意见。王志刚部长表示，中法关系长期走在中国同西方国家关系前列，新冠疫情发生以来，两国元首多次通话，对中法科技创新和抗疫合作提出明确要求。在此背景下，此次视频会晤对落实两国元首对科技创新合作的共识、推动中法科技创新合作取得更多务实成果具有重要意义。

【中法农业科技合作研讨会召开】 2021年6月1日，由中国科技部与法国高等教育、研究与创新部共同主办，中国农业科学院、中国驻法国使馆及法国农业、食品与环境研究院、法国驻华使馆共同承办的中法农业科技合作研讨会成功召开。会议采取线上和线下结合的形式举办，在北京设线下主会场。中国科技部国际合作司副司长赵静、中国驻法国使馆公使余劲松，法国驻华大使罗梁、法国高教研究部战略、专业技术与国际合作项目管理负责人纳萨尔出席会议并致辞。中国农科院副院长孙坦与法国农业、食品与环境研究院院长莫甘续签了中国农科院与法国农业、食品与环境研究院的框架性合作协议。

【中欧光电和微波创新合作对接会召开】 2021年6月16—17日，由科技部国际合作司与法国光电和微波竞争力集群联合主办、北京中关村海外科技园有限责任公司承办的中欧光电和微波创新合作对接会成功召开。科技部原部长徐冠华、法国前总理拉法兰线上出席会议并致辞。中关村发展集团副总经理贾一伟、法国光电和微波竞争力集群总裁埃尔维·弗洛赫致欢迎辞。来自中国部分省市科技主管部门、高新区、科研院所、高校、企业的共50余名代表在北京主会场参加会议，法国、意大利、芬兰等欧洲国家竞争力集群的有关研究机构和企业代表线上参会。

【中法天文卫星第八次联合指导委员会召开】 2021年10月21日，中国国家航天局与法国国家空间研究中心共同主持召开中法天文卫星SVOM（Space Variable Objects Monitor）第八次联合指导委员会，会议通过线上形式在中法两国同步进行。SVOM卫星是中法两国合作的伽玛暴探测科学卫星，由中国国家航天局和法国国家空间研究中心批准立项，中国科学院负责总研制。SVOM卫星是继美国SWIFT任务之后重要的伽玛暴多波段探测项目，具有多波段观测、快速机动、灵活操作及地面后随观测等功能和特色。会议听取了各项进展报告，审查了项目进展情况，总结了今年的系统进度会并授权开展下一阶段工作。联合指导委员会感谢中法双方项目组一直以来的出色工作，确定了SVOM卫星研制发射计划，希望项目组和科学家团队继续保持良好的协作机制和合作精神，按时完成发射任务。

【中法聚变联合研究中心第十次执委会会议召开】 2021年10月27日，中法聚变联合研究中心（SIFFER）第十次执委会会议以视频方式成功召开。与会人员主要来自科技部核聚变中心、中科院等离子体物理研究所、核工业西南物理研究院以及法国原子能委员会。法国原子能委员会聚变科学研究所所长热罗姆·布卡洛奇作为执委会主席主持了本次会议。会议主要听取了5个具体合作项目（SPA）的执行进展，并对中法聚变合作前景以及中法联合参与国际热核聚变实验堆计划（ITER）装置运行等议题进行了广泛而深入的探讨。

【中法人工智能研讨会召开】 2021年12月10日，由中国科技部和法国高等教育、研究与创新部共同主办、中国驻法国使馆和法国驻华使馆协办、中国科学技术信息研究所承办的中法人工智能研讨会以线上线下相结合的形式成功召开。中国科技部副部长张广军、中国驻法国使馆临时代办余劲松，法国驻华大使罗梁、法国高教研究部战略、专业技术与国际合作负责人纳萨尔出席会议并致辞。中国科技部国际合作司副司长赵静和法国驻华使馆高等教育、研究与创新参赞杜马科等主持会议。

【中法聚变联合研究中心第四届理事会在线举行】 根据中国科技部同法国原子能委员会于2017年签署的联合成立中法聚变联合研究中心（SIFFER）框架协议，中法两国在磁约束聚变技术、联合投标、聚变科学和物理实验等方面加强双边合作。中国科技部与法国原子能委员会决定于2022年1月24日以视频方式举行中法聚变联合研究中心第四届理事会会议。科技部国际合作司副司长陈霖豪作为中方理事会成员出席会议。科技部核聚变中心主任罗德隆、副主任王敏、中科院合肥物质科学研究院等离子体物理研究所副所长胡建生、中核集团首席专家段旭如参加会议。SIFFER理事会每年举行一次会议，主要听取本年度各项目执行以及总体建设情况，并对相关重大事项进行决议。

【2022中法环境月系列活动举行】 第九届中法环境月系列活动于2022年10月17日至11月15日举行。本届主题是"蓝色星球"，聚焦河流、湿地、海洋以及沿海区域保护等议题，既展示了地球的美好，也警示了人们地球正在遭受的生态退化，鼓励人们思考如何付诸行动。其间，一系列的科学或知识普及型讲座、展览、电影放映、工作坊和集市等活动在北京、上海、武汉等地同期举办。环境月于2014年发起，是唯一一个由外国驻华使馆围绕环境问题在中国各地举办的跨学科活动，旨在增强公众的环保意识，同时加强落实和推动中法两国在环境问题方面的合作。

【中法空间研讨会举办】 2022年12月2日，中法空间研讨会以视频会议形式成功举办。本次研讨会由中国科技部和法国高等教育和科研部共同主办，中国驻法国使馆和法国驻华使馆协办，中国宇航学会承办。中国科技部副部长相里斌、中国驻法国使馆公使陈力、法国驻华大使罗梁、法国高等教育和科研部科研与创新战略司司长西里尔·慕岚出席开幕式并致辞。中国科技部国际合作司司长戴钢和法国驻华使馆高等教育、科研与创新参赞杜马科共同主持开幕式。

【中企造自动驾驶大巴将在法国载客运营】 2022年12月7日，中国中车旗下中车时代电动汽车股份有限公司制造的自动驾驶客车在法国巴黎大众运输公司393号线路部分路段进行路况实测。该自动大巴车在完成各项调试后，将正式开始载客运营。

四　中法文化交流

【"欢乐春节"线上系列活动在法国落下帷幕】 2021年2月4—26日，法国巴黎中国文化中心和中外文化交流中心共同承办的近一个月的"欢乐春节"系列活动在线上举行。主办方通过巴黎中国文化中心的官网、微信公众号、海外社交媒体等多个平台推出了丰富多彩的活动，如《赏非遗·过大年》系列视频展播、《美丽中国》微春晚之"知年俗·赏美食"系列视频展播、《吉祥春节·美好祝愿》中国春节文化图片回顾展、中央歌剧舞剧院《春华国韵》民族音乐会，以及"传统节日推介"文化专栏和"线上双语猜灯谜"等。

【第五届中法文学论坛举行】 2021年4月21日，由中国作家协会和法国驻华大使馆共同主办的第五届中法文学论坛在北京中国现代文学馆举行。中国作家协会主席铁凝和法国驻华大使罗梁出席论坛并致辞。

【中央歌剧院法国歌剧作品专场在北京大学上演】 2021年5月8日，中央歌剧院"歌剧瑰宝"音乐会法国歌剧作品专场在北京大学百周年纪念讲堂上演。音乐会上，中央歌剧院精选了法国经典歌剧《浮士德》《罗密欧与朱丽叶》《卡门》等传世名著，为师生们演绎了优美动听的作品，让观众在演出中领略法国歌剧精华。

【巴黎中国文化中心举办中秋线上

音乐会】 2021年9月20日，为进一步加强后疫情时代中法文化交流，巴黎中国文化中心举办"2021中法中秋线上音乐会"。来自中、法、瑞士等国的知名音乐家将融合了中国民乐与西洋乐的代表作及原创作品呈献给两国观众，向中法人民传递了"阖家幸福、民心相亲"的中秋祝福。

【巴黎中国文化中心举办"汉语之夜"活动】 2021年10月23日晚，巴黎中国文化中心成功举办了2021—2022学年"汉语之夜"云端晚会，中心主任余明远及中心部分教师、学员等60余人出席。"汉语之夜"是巴黎中国文化中心一年一度的重要活动。

【2022年中法文化之春系列活动举办】 2022年"中法文化之春"迎来其创办以来的第16届活动，期间共有72个项目在中国各地25座城市开展，包括展览、讲座、音乐会、放映等。"中法文化之春"着眼于文化艺术领域的跨国跨界、交汇碰撞，是第一个在中国举办的常设性、最大规模的外国文化节。

【中法"和平·友谊·爱"音乐会举行】 2022年2月1日晚，"和平·友谊·爱"音乐会通过法国国际电视五台（TV5 Monde），面向全球近3亿法语区观众播出，覆盖法国、比利时、瑞士等欧洲国家以及非洲、亚洲、北美和拉美的法语地区。

【"中华风韵"交响音乐会在巴黎成功举办】 2022年6月19日晚，"中华风韵"交响音乐会在法国巴黎香榭丽舍剧院举行。音乐会由创立于1873年的法国科隆乐团担任演奏，中法艺术家联袂演出。本次"中华风韵"音乐会是继昆曲《浮生若梦》、舞剧《丝路花雨》和《逐梦天涯》后该文化交流品牌又一次重返巴黎。

【"2022中国当代诗歌朗诵会"在巴黎中国文化中心举行】 2022年6月30日晚，由中国作家协会支持，法国中国文学读者俱乐部与巴黎中国文化中心联合举办的"2022中国当代诗歌朗诵会"在法国巴黎中国文化中心成功举办。中国驻法国大使卢沙野出席活动。来自中法文学艺术界人士及法国文学和中国文化爱好者等近200名嘉宾参加了活动。

【中国美术馆藏作品展在巴黎上线】 2022年10月3—16日，"江山壮丽——中国美术馆藏山水与风景题材作品展"在巴黎中国文化中心官网、微信公众号，以及脸书、影格、推特、领英等海外社交媒体平台同步上线。此次展览是中国美术馆"典藏活化"系列展之一，以"江山壮丽"为主题，展出馆藏中国山水与风景题材名家力作105件。

【"美美与共——中法文化交流活动"在巴黎举行】 2022年10月18日，中国驻法国大使馆与法国"艺术8"协会联合举办"美美与共——中法文化交流活动"，共同庆祝"艺术8"中法青年艺术家交流项目10周年回顾展在巴黎吉美博物馆开幕。中国驻法国大使卢沙野发表视频致辞，法国前总理拉法兰、中国驻法使馆临时代办陈栋、"艺术8"协会创始人佳玥和主席库索分别致辞，中法政界、商界和文化界代表共50余人出席活动。

【"东方旋律"音乐会在法国巴黎举行】 2022年11月17日晚，由中国对外文化交流协会主办，巴黎中国文化中心、中国歌剧舞剧院承办的"东方旋律"音乐会在法国巴黎举行。中国驻法国大使卢沙野、法国新里昂中法大学副主席阿兰·拉巴特等出席活动并致辞。来自中法各界200余人现场观看了音乐会。音乐家尚·马龙、左汉与艺韵女子弦乐四重奏乐团为观众现场演绎了《东方旋律》《莫扎特：G大调弦乐小夜曲》《茉莉花》等中外名曲，为观众奉献了一场东西方音乐交融、经典与时代辉映的艺术盛宴。

【中国彩灯节在法国蒙托邦市举办】 2022年12月10日至2023年2月5日，由中国人民对外友好协会和法国蒙托邦市政府共同主办的"灯彩耀世界·文明传四海——中国彩灯节"近日在法国塔恩—加龙省蒙托邦市福柯公园开展。此届彩灯节由中国驻法国大使馆支持，自贡灯彩集团承办，以"泛舟长江之上"为主题，展示近150组以中国文化遗产、神话故事、野生动物、秀美山川等为形象的巨型彩灯装置，现场还举行了川剧、杂技等文艺演出和中国美食品尝等沉浸式中国文化体验活动。

五　中法卫生交流

【卫健委主任与法国卫生部长视频通话】 2021年4月29日下午，国家卫生健康委主任马晓伟与法国团结与卫生部部长维朗视频通话，双方就进一步深化抗疫及整体卫生健康领域的合作交换意见。马晓伟表示，中法抗疫合作取得显著成效。中方愿继续加强同法方的机制化对话合作，共同维护全球卫生安全，推动构建人类卫生健康共同体。维朗高度评价中法长期良好卫生合作，表示愿继续深化中法在抗疫和医院管理等多领域的卫生合作，加强双方在世卫组织等多边框架下的协调与交流，维护两国及全球人民健康。

【中法领导人视频会议支持非洲药品生产能力】 2021年7月5日，法国总统埃马纽埃尔·马克龙与德国总理安格拉·默克尔以及中国国家主席习近平举行视频会议。三国领导人共同认为，在卫生方面，发展非洲药品生产能力已成为优先事项，这一工作应在"获得抗击新冠肺炎工具加速计划"多边框架下继续推进。

【中法合作建成国内首个国际疫苗创新中心】 2021年12月4日，大湾区国际疫苗创新中心在中国广东省深圳市坪山区生物医药创新产业园区落成。该创新中心以疫苗生态创新为核心，集疫苗创新孵化、疫苗知识沉浸式科普、疫苗发展史展示、疫苗领域交流合作等功能于一体，是中国首个国际疫苗创新中心。法国驻华大使罗梁发来贺词，国家卫生健康委副主任李斌等相关单位领导参加了开幕仪式。2019年11月，在中法两国元首的共同见证下，《疫苗创新战略合作备忘录》在人民大会堂签订，提出促进创新疫苗研发的国际合作，助力深圳建成国内首个世界级疫苗创新中心。

【《世界中医药》杂志法国版在法国创刊】 2022年7月8日，《世界中医药》杂志法国版在法国创刊，标志着中医药在服务法语国家人民健康的进程中迈出了重要一步。中法两国近年来在中医药领域开展了丰富的交流与合作，为法国医学工作者拓展了研究和应用方向。

【第七届中法医学日活动在京召开】 2022年11月29日，法国驻华大使馆、法国商务投资署和法国健康产业联盟与中国国家卫生健康委员会联合举办了医疗研究机构高级别研讨会。此次研讨会由法国驻华大使罗梁和国家卫健委医政司医管局副局长李大川主持开幕。200多位中法专家就抗击癌症进行了深入交流。活动分享了肿瘤治疗的最新进展，探讨了双方合作的核心领域，以共同抗击癌症。

六 中法体育交流

【卢沙野会见法国奥委会主席】 2021年4月6日，中国驻法大使卢沙野会见法国国家奥林匹克和体育委员会主席丹尼斯·马瑟格里亚、秘书长让-米歇尔·布朗，双方就相互支持办好并积极参与2022年北京冬奥会和2024年巴黎奥运会进行了友好交流。

【北京冬奥推介会在巴黎举行】 2021年11月16日，"一起向未来——北京冬奥推介会"在法国巴黎中国文化中心举办，巴黎中国文化中心主任余明远致辞，来自中法两国的文化、艺术和体育界人士、华人华侨代表等100余人出席了活动。

【《奥林匹克宣言》发布纪念研讨会举行】 2021年11月25日，《奥林匹克宣言》发布129周年研讨会在北京察哈尔学会秘书处举行。国际奥委会文化与奥林匹克遗产委员会委员、中法体育友谊盟会创始人侯琨于表示，体育交流对中法两国人民的交往、中欧之间的交流具有实实在在的推动意义。北京冬奥会和巴黎奥运会都将是契机，未来中法体育领域合作空间广阔。

【法方表示反对体育政治化】 2022年1月13日，国务委员兼外交部部长王毅同法国总统外事顾问博纳在江苏无锡共同主持第二十二次中法战略对话。双方一致表示愿以法国担任欧盟轮值主席国为契机，推动中法、中欧关系健康稳定发展。博纳表示，法方主张坚持奥林匹克精神，反对体育政治化，法国运动员期待参加北京冬奥会。王毅表示中方将为法方参赛提供便利。

【奥运会霹雳舞宣介会举行】 2022年7月28日，"为奥运喝彩—拥抱巴黎"奥运会霹雳舞项目宣介会在北京举行。亚洲体育舞蹈联合会副主席、中国体育舞蹈联合会秘书长苏洁表示，经过几十年的发展，霹雳舞逐渐演变成为有规则的竞技运动。2020年，国际奥委会以"拥抱年轻人"为理念，将霹雳舞等深受青少年喜爱的项目纳入巴黎奥运会正式比赛项目。在此契机下，霹雳舞"入奥"和"入亚"都将赋予这项运动更持久的体育生命力。

七　中法媒体交流

【中法合拍纪录片《海上来客》获好评】　2021年3月9日，由广州市广播电视台和巴黎政治学院校友会联合主办的《海上来客》线上观影交流活动，吸引了来自中法两国的百余位专家学者和在校学生参与。该交流活动回顾了中法两国交流交往的历史，并就文明交流互鉴等话题展开对话。300多年前，一艘名为"安菲特利特号"的法国商船，远涉重洋驶向中国，拉开了中法远洋贸易的序幕，并在法国乃至欧洲掀起了"中国热"；300多年后，由中法合作出品的4K纪录片《海上来客》，再现了这一历史性远航。

【电影《风筝·风筝》公映】　2021年6月1日，纪录电影《风筝·风筝》在中国公映。新中国第一部中法合拍片影片《风筝》公映60周年之际，纪录片团队拍摄了《风筝·风筝》，通过寻访当年的演员、导演，展示了中法人民之间跨越山海、延绵不断的友谊。

【《100年前的启航》图片展开幕】　2021年6月23日至12月31日，由巴黎中国文化中心和中央广播电视总台欧洲总站共同主办《100年前的启航》图片展，通过线上图片展览的形式，系统和详细地展现了邓小平和周恩来在法国的留学、入党和宣传马克思主义的经历，反映出中国共产党人不畏艰辛、克服困难，为了理想，坚定奋斗的思想作风，向建党百年献礼。

【第11届欧洲华语纪录片节在巴黎举行】　第十一届欧洲华语纪录片节于2021年9月29日至10月3日在巴黎举行，随后在法国和欧洲多个城市举行。与往年一样，本届电影节将推出约十部最佳的新中国纪录片，重点关注当今中国的现实。

【第六届中法人才交流会举行】　2021年10月1—31日，欧洲时报文化传媒公司—欧时代平台举办了2021中法人才秋季云聘会暨第六届中法人才交流会，4场线上直播讲座在欧时代微博和YouTube同时播出，国内海外均可流畅观看。微信小程序在线简历投递通道，直达企业人力资源负责人。

【中法合拍纪录片《粉雪奇遇》首映】　2021年11月29日晚，中法合拍纪录片《粉雪奇遇》在长影电影院首映。该片是吉林省首部与国外主流媒体合作拍摄的大型纪录片，旨在弘扬奥运精神，为冬奥献礼，让观众在感受冰雪之奇的同时，也体验到了人文之美。

【法国电影展在大连启幕】　2022年6月10日，由法国电影联盟和法国驻华大使馆联合举办的2022年法国电影展在大连百丽宫影城开幕。《小妈妈》《拓荒野女孩》《加加林》等7部法国电影将在未来10天时间里陆续向观众展映。

【首届巴黎中法论坛举办】　2022年11月15日，中国驻法国大使馆在联合国教科文组织总部成功举办首届巴黎中法论坛。来自法国政府、议会、媒体、智库、企业、高校、民间团体及部分中资企业、华侨华人群体的各界代表约200人出席，论坛通过推特、脸书、ZOOM等平台同步直播。法国广播电台、《外交世界》及人民日报、新华社、央视、凤凰卫视、欧洲卫视、欧洲时报等媒体对活动进行了报道，约2500名观众观看了网上直播。论坛现场还播放了《行进中的中国》（第二季）纪录片。

【兵马俑的前世今生展在巴黎上线】
2022年11月28日至12月2日，由巴黎中国文化中心、陕西省文化和旅游厅主办的"秦Ⅰ QIN——兵马俑的前世今生现代艺术展"在法国巴黎精彩上线。本次线上展借助"互联网+"技术，通过营造沉浸式、互动式观展体验，让文化与科技相融合、历史与当代相沟通，让"兵马俑活起来"，陪伴观众穿越时空，共享陕西特色云端文化盛宴。

【中国纪录片节在教科文开幕】
2022年12月3日，由中央广播电视总台、中国常驻联合国教科文组织代表团主办的中国纪录片节在联合国教科文组织总部拉开帷幕，展映了50余部影片。活动以图像为媒介，弘扬人类命运共同体理念，讲述中国现代化故事。这是中国纪录片节首次进入国际组织。

八　中法旅游交流

【卢沙野专访谈及旅游业恢复】
2021年1月6日，中国驻法大使卢沙野接受《欧洲时报》专访时谈到，疫情仍然是制约旅游业恢复发展的根本阻碍。举办中法文化旅游年是习近平主席和马克龙总统的共同决定，是2021年两国人文交流领域的一件大事，对密切中法旅游交流、提升文化合作水平具有重要意义。中法双方分别委托法国前总理拉法兰先生和中国文化和旅游部副部长张旭为总协调人，在两国先后开展了项目征集活动。受疫情影响，双方共同决定将开幕时间推迟至2021年5月或6月，采取"云启动"方式拉开文旅年序幕。

【巴黎中国文化中心举办扶贫图片展】 2021年3月29日至4月5日，巴黎中国文化中心在官网、微信公众号及各海外社交媒体平台成功举办《中国旅游扶贫案例图片展》，通过展示扶贫地特有旅游资源、原生态民俗文化、生产生活图片，全方位、多角度、真实立体地展现了当地扶贫模式、发展历程、居民精神风貌和旅游扶贫成果，向法国朋友全面展示广西壮族自治区巴马瑶族自治县、中国湖北省恩施大峡谷景区以及中国西藏自治区拉萨市达东村等中国发展旅游实现脱贫致富的成功案例，讲述不一样的旅游扶贫中国故事。展览上线一周覆盖线上受众20多万人次，收获互动万余次。

【巴黎推介古今丝路上的别样繁华】
2021年4月8—13日，巴黎中国文化中心在其官网、微信公众号等几个海外社交媒体平台举办《大美新疆——古今丝路上的别样繁华》系列活动。通过新疆文化旅游图片展和"大美新疆我们守护"系列短视频播放，带领法国民众跨越时空，走近真实热情的大美新疆。活动上线吸引20万人次参观浏览，受到法国网友的广泛关注与好评。

【巴黎举办"中国旅游文化周"媒体吹风会】 2022年9月5日，巴黎中国文化中心举办2022"中国旅游文化周"媒体吹风会暨中秋媒体招待会。现场嘉宾共同观看了《文化陕西》《新疆文化遗产》《广西巴马》《山海粤色》《海派百工》等7部精选出的文化周主题视频，并详细了解了"中国旅游文化周"的相关活动。

【"海外中国旅游文化周"推广在法举行】 2022年9月10—11日，中国驻巴黎旅游办事处在法国西南部城市图卢兹开展"龙马"贺中秋旅游文化推广活动，围绕2022年"海外中国旅游文化周"主题，向法国民众推广中华传统文化和丰富旅游资源，共庆中秋佳节。

【《陕西非遗之美》主题摄影作品展在法国巴黎上线】 2022年10月31日至11月13日，由陕西省文化和旅游厅与巴黎中国文化中心主办的《陕西非遗之美》主题摄影作品展在法国巴黎上线，该展也是陕西省文化和旅游厅与巴黎中国文化中心开展对口合作的第三个线上主题摄影展。此次展览以陕西省非物质文化遗产为主题，精选了近40幅摄影作品，通过数字化的形式，集中展示了陕西悠久历史、乡风民俗、精妙绝伦的非遗技艺和丰富多样的文化资源，让法国民众真切感受到陕西文化的独特魅力。

【"贵州非遗文化展"亮相巴黎】 2022年11月26日，中国驻巴黎旅游办事处与贵州省文化和旅游厅法国营销中心共同举办的"贵州非遗文化展"暨贵州文化旅游推广活动在巴黎亮相。中国驻法国大使馆公使衔文化参赞严振全、联合国世界旅游组织贵州项目专家玛丽-皮埃尔·布歇女士和80余位来自中法文化、旅游界的友好人士出席开幕式。本次展览和推广活动聚焦贵州特色文化，通过手工艺品、服装配饰等展示非遗文化的多样性和生命力。展览在中国驻巴黎旅游办事处面向公众开放一周。

九　中法青年交流

【驻法大使同巴黎政治学院学生座谈】 2021年3月12日，驻法国大使卢沙野应邀在使馆同巴黎政治学院东亚事务协会举行座谈会。卢沙野大使作主旨发言，该学院来自世界各国的百余名学生以线上线下相结合的方式参加座谈会。使馆推特和脸书账号对卢沙野大使的主旨发言进行了网上直播。

【卢沙野大使与"汉语桥"法国预选赛冠军交流】 2021年6月24日，中国驻法国大使卢沙野在使馆亲切接见了第十三届"汉语桥"世界中学生中文比赛法国预选赛冠军田奕博同学。

【广州里昂青少年国际象棋友谊赛举行】 2022年6月11日，"友城叙谊、棋乐共融"——2022年中国广州与法国里昂青少年国际象棋友谊赛开幕式在广州棋院举行，比赛以网络对弈的方式在线举行，双方相聚"云端"共享棋乐，共叙友情。本次比赛由广州市人民政府外事办公室、广州市体育局、广州市体育总会主办。为增加比赛观赏性，在11日晚进行的第一场比赛中，广州棋院特别设置了线下展示区，12位广州队棋手在现场通过网络与里昂棋手进行对弈。

【第21届"汉语桥"法国预选赛举办】 2022年6月25日，第21届"汉语桥"世界大学生中文比赛法国预选赛举办。本次比赛以线上和线下相结合的方式进行，线下场地设在巴黎近郊的欧洲时报文化中心。中国驻法国大使馆公使陈力出席预选赛颁奖仪式并致辞，中国驻法国大使馆教育公参周家贵等陪同出席。

十　中法妇女交流

【法国驻华大使馆于妇女节举办圆桌交流会】 2021年3月8日，时值国际妇女节，法国驻华大使馆文化教育合作处举办圆桌交流会，邀请在各自专业领域享有盛誉的中法女性代表与大家分享她们在职场生活和个人生活中积累的经验、遇到的困难以及收获的成绩。

【联合国妇地委会议在巴黎闭幕】 2021年3月26日，在新冠疫情大流行背景下，为期两周的联合国妇女地位委员会第65届会议闭幕，当天委员会通过了《商定结论》。作为会议的主要成果文件，《商定结论》确认，必须大大加快进度，确保妇女充分参与和领导政府和公共部门的各级决策。联合国妇女署执行主任姆兰博-努卡回顾了新冠疫情的破坏性和歧视性影响，敦促所有会员国迅速采取行动，实现两性平等代表权。

【第七届中法反家庭暴力研讨会召开】 2021年11月26日，第七届中法反家庭暴力研讨会通过网络会议形式召开。研讨会由全国妇联与法国驻华大使馆共同主办，中华女子学院承办，中法两国反家暴问题专家和实务界人士围绕"人身安全保护令制度的理论与实践"交换经验，分享观点。

【拉米获法华商业俱乐部"年度女性"表彰】 2022年3月7日，情景喜剧《男孩女孩》主演亚历山德拉·拉米应邀出席法华商业俱乐部妇女节特别活动，并接受了"2022年度女性"表彰。

【胡海岚获"世界杰出女科学家成就奖"】 2022年6月23日，"世界杰出女科学家成就奖"颁奖典礼在法国巴黎联合国教科文组织总部举行。浙江大学脑科学与脑医学院院长胡海岚因其在社会和情绪神经科学方面的重大发现，获得了2022年"世界杰出女科学家成就奖"。她是目前全球最年轻的获奖人之一，也是该奖项设立以来第7位中国获奖者。

【彭丽媛向教科文女童和妇女教育奖致贺词】 2022年10月11日，联合国教科文组织2022年女童和妇女教育奖颁奖仪式在法国巴黎举行。国家主席习近平夫人、联合国教科文组织促进女童和妇女教育特使彭丽媛向颁奖仪式致贺辞。彭丽媛对颁奖仪式的举行表示诚挚祝贺，并向来自柬埔寨和坦桑尼亚的获奖机构致以美好祝愿。

【妇女儿童驿站落户法国巴黎】
2022年10月20日，由浙江妇联发起，青田妇联负责推广的妇女儿童驿站公益项目——巴黎站的揭牌仪式在巴黎中国文化中心举办。这是继捷克的布拉格、西班牙的马德里、巴塞罗那后，青田妇联在海外设立的第四家妇女儿童驿站。驿站以"5+X"的一站式服务模式为基准，妇女儿童需求为导向，融合各方服务功能，借助社会组织专业优势，为妇女儿童提供教育培训、维权调解、创业帮扶、公益关爱、儿童服务等服务。

【第八届中法反家暴研讨会召开】
2022年11月25日，全国妇联和法国驻华大使馆联合主办的第八届中法反家暴研讨会以视频方式召开。本届研讨会的主题是"妇女权益保障立法与实践的新发展"。中法两国专家就妇女权益保障和反对家庭暴力的法律制度、司法措施和地方实践进行了深入研讨。全国妇联副主席、书记处书记林怡充分肯定了已连续举办七届的中法反家暴研讨会为推动性别平等和妇女赋权作出的积极贡献，表示中方愿与法方相互学习借鉴，携手同心，为建设一个妇女免受歧视和暴力的世界、打造一个包容发展的社会、推动构建人类命运共同体而不懈努力。

【"教育扶贫与女性发展"研讨会举行】 2020年12月22日，"教育扶贫与女性发展"专题研讨会在中国人民大学举行。中国教育国际交流协会会长刘利民、中国人民大学党委书记靳诺、法国驻华大使罗梁、中国青少年发展基金会党委书记、理事长郭美荐，国务院扶贫办综合司司长苏国霞、中国联合国教科文组织全国委员会副秘书长崔莹、国际救助儿童会（英国）北京代表处首席代表郭中致辞。论坛由中国教育国际交流协会、中国人民大学主办，教育、女性与可持续发展专家委员会，中国人民大学国际交流处和中国人民大学教育学院承办。

十一 中法地方交流

【法国开发署助力贵州完善基本养老服务体系】 2021年5月，世界银行及法国开发署联合融资32亿元，助力贵州完善和健全基本养老服务体系建设。据悉，贵州养老服务体系建设项目是世界银行在养老服务领域的全球首个结果导向型规划贷款项目。其中，世界银行融资3.5亿美元，法国开发署融资1亿欧元。总融资规模接近5亿美元，约32亿元人民币。

【"新疆是个好地方"视频交流会在法国举行】 2021年7月9日，中国驻法国大使馆和驻马赛、斯特拉斯堡、里昂总领馆与新疆维吾尔自治区政府共同举办"新疆是个好地方"视频交流会。法国政党、议会、工商、科教、文化、宗教等各界代表、多国驻法使节或高级外交官以及旅法侨界代表等100余人参会。

【巴黎国际食品展探讨《中欧地理标志协定》】 2022年10月17日，久负盛名的法国巴黎国际食品展迎来中国云南普洱茶、小粒咖啡等特色农产品，食品展亦聚焦中欧农业合作，首度探讨《中欧地理标志协定》。作为全球食品业最具影响力的展会之一，本届巴黎国际食品展于10月15日开幕，云南省首次携特色农产品、地理标志产品等亮相展会。

（撰稿人：张敏、萨日娜、王鲲、谈佳、洪晖、张迎旋、全慧、车迪）

中印尼人文交流

一 综合

【2021中印尼人文交流发展论坛在京举行】 2021年10月24日，2021中印尼人文交流发展论坛以线下线上结合形式在北京化工大学举办。来自中国和印尼的教育行政部门代表、高校专家、企业代表等围绕人文交流模式创新与产学研用合作主题和相关议题进行了深入研讨交流。论坛期间，由北京化工大学、中国化学工程集团有限公司等倡议发起的"中印尼产学研合作联盟"揭牌成立，中印尼70余家高校、企业等作为首批成员单位加入。论坛同期发布了《中国与印尼人文交流发展报告（2021）》。中印尼两国领导人密切沟通，共同引领"一带一路"倡议和"全球海洋支点"构想全面对接。"中印尼产学研合作联盟"能够发挥驱动和示范作用，以语言文化交流为载体，深化两国青少年相互理解包容，为创新中印尼人文交流模式，开创中印尼合作关系全方位发展新格局奠定更加坚实的民意基础。

【印尼—中国商业伙伴论坛在雅加达举行】 2022年6月23日，由中印尼高级别对话合作机制印尼方秘书处主办的印尼—中国商业伙伴论坛在雅加达举行。中国驻印尼大使陆慷表示，中印尼经贸合作实现了逆势增长，呈现出基础实、韧性强、发展快等特点。

【2022中印尼人文交流发展论坛举办并发布《中国与印尼人文交流发展报告（2022）》】 2022年11月15日，2022中印尼人文交流发展论坛在华中师范大学召开。论坛以线上线下相结合形式举行。百余名专家学者围绕"共享治理经验共谋合作发展"这一主题，对城乡基层治理、疫情防控与基层卫生治理、数字经济与数字治理、全球发展倡议与中印尼合作的新机遇等议题进行研讨交流，分享中印尼治理和发展经验，拓展中印尼人文交流内涵。论坛同期发布了《中国与印尼人文交流发展报告（2022）》。报告分为总报告、分报告、专题篇三个部分以及附录，内容涵盖卫生、青年、文化、教育、科技、媒体、智库、旅游等多个领域，系统总结了2021年度中印尼在这些领域的合作状况，分析了其中存在的挑战，提出相应的政策建议，旨在为推进中印尼人文交流持续深入发展提供智力支持。

二　中印尼教育交流

【印尼乌达雅纳大学旅游孔子学院在线揭牌】　2021年4月8日，由南昌大学、南昌师范学院和印尼乌达雅纳大学三方合作建设的乌达雅纳大学旅游孔子学院线上揭牌仪式，在南昌大学和巴厘岛乌达雅纳大学同时举行。中国驻登巴萨总领事馆总领事朱兴龙、中国国际中文教育基金会副理事长兼秘书长赵灵山、江西省教育厅二级巡视员陈新、南昌大学校长周创兵、南昌师范学院党委书记王金平、巴厘省副省长布拉德、乌达雅纳大学校长苏德薇分别致辞，对乌达雅纳大学旅游孔子学院的成立表示热烈祝贺。朱兴龙、苏德薇共同为孔子学院揭牌并为孔院院碑题辞。印尼乌达雅纳大学旅游孔子学院于2019年12月在国际中文教育大会上正式授牌，受新冠疫情影响，推迟至2021年4月举行揭牌仪式。印尼巴厘岛乌达雅纳大学旅游孔子学院是南昌大学在海外建设的第4所孔子学院，自2020年上半年启动运行以来，为乌达雅纳大学师生，当地海关、移民局、涉外医院及酒店、旅行社等开展了各类中文培训。

【印尼泗水印华中文补习学校开课仪式举行】　2021年6月5日，中国华文教育基金会"名师讲堂"华文教师远程培训迎来印尼泗水印华中文补习学校的正式加入。北京四中网校海外部主任翟影、主讲教师朱伟伟，印华中文补习学校校长林宝玉、人事部主任周文丽、办公室主管老师周玉莲参加了本次开课仪式。为使汉语教学更快、更好发展，印尼教育部还陆续推出本土汉语教师队伍培养和规范措施，确立师资力量制度保障，此外其还与印尼驻华大使馆和中国中外语言交流合作中心合作，开办了多期印尼本土中文教师培训班。

【首届"汉语桥"世界小学生中文秀印尼赛区总决赛线上举行】　2021年8月7日，首届"汉语桥"世界小学生中文秀印尼赛区总决赛以线上方式举办。来自印尼全国9省11所学校的28名学生参加比赛。中国驻印尼大使馆文化参赞周斌、印尼文教部职业教育总司官员李健、雅加达华文教育协调机构执行主席蔡昌杰、阿拉扎大学孔子学院中方院长肖祥忠等嘉宾与各校师生、家长等近200人齐聚"云端"观看了比赛。本次比赛由中国中外语言交流合作中心、中国驻印尼大使馆联合主办，印尼雅加达华文教育协调机构和印尼阿拉扎大学孔子学院联合承办，中国银行雅加达分行赞助。印尼是东南亚首批举行"汉语桥"世界小学生中文秀活动的国家之一。

【印尼泗水大学孔子学院成立10周年庆典举行】　2021年11月10日，印尼泗水国立大学孔子学院成立10周年庆典在该校和中国华中师范大学以线上线下相结合方式举行。中国国际中文教育基金会秘书长赵灵山、华中师范大学校长郝芳华、中国驻泗水总领事顾景奇以视频方式致辞祝贺，华中师范大学副校长彭双阶和泗水国立大学第一副校长尤利安多分别莅临中国和印尼庆典现场并致辞。

【印尼丹戎布拉大学孔子学院成立十周年庆典举行】 2021年11月24日，印尼丹戎布拉大学孔子学院成立十周年庆典以线上线下结合方式举行，600余人参加。印尼西加里曼省政府官员哈里·阿贡、丹戎布拉大学校长贾鲁达·维科、中国国际中文教育基金会副理事长兼秘书长赵灵山、广西民族大学校长谢尚果等嘉宾或现场或视频致辞。印尼丹戎布拉大学孔子学院在疫情期间坚持"停课不停教，停课不停学"，服务当地、融入当地，举办了中华才艺、中华经典诵读、教师微课等一系列比赛激发学员学习汉语的热情、了解中华文化的兴趣，为印尼西加省的本土汉语教师提供了交流平台。该校孔子学院是印尼首批设立的孔子学院，由丹戎布拉大学与中国广西民族大学共同建设。

【天津大学与印尼苏钢集团、天津摩天集团及苏钢集团旗下三所院校签订国际人才培养合作协议】 2021年11月25日，天津大学与印尼苏钢集团、天津摩天集团国际人才培养合作签约仪式在天津大学卫津路校区举行，校党委常委、常务副校长胡文平，校党委常委、校长助理张力新，印尼苏钢集团董事长苏用发，中国区总经理张建军，天津摩天集团董事长苏建民、总经理于绍峰等出席线下签约仪式。中国驻棉兰总领馆总领事邱薇薇，亚洲国际友好学院董事会洪华强、陈庆明、院长薛伯兰尼（DR. Berlin Sibarani）等在印尼棉兰出席线上签约仪式。本次签约正值中国—东盟建立对话关系30周年纪念峰会刚刚举办，中国与东盟正式宣布建立全面战略伙伴关系，天津大学与印尼苏钢集团、天津摩天集团开展国际人才培养合作，既是对习近平主席在中国—东盟建立对话关系30周年纪念峰会上发表的题为《命运与共共建家园》的重要讲话精神积极落实，也是推动天津大学来华留学事业提质增效发展的又一重要举措。

【西华大学与印尼三一一大学共建中文与中国文化系成立揭牌仪式举行】 2022年3月23日，西华大学与印尼三一一大学共建中文与中国文化系成立揭牌仪式（线上）在西华大学行政楼101会议室举行。孔子学院围绕国际中文教育、巴蜀文化与爪哇文化交流与研究、中印尼两国经济金融发展热点问题研究等方面，开展了丰富多彩、特色鲜明和富有成效的工作，为实现两校的深入合作和民心相通打下了坚实基础。

【中印尼高校共建国际经济与贸易研学基地】 2022年4月1日，中国西华大学经济学院和印尼三一一大学孔子学院共建"国际经济与贸易研学基地"揭牌仪式，在两高校以线上线下结合方式举行。中国西华大学副校长费凌、经济学院院长罗航，印尼三一一大学国际处处长伊万、经贸学院院长杜杰卡、孔子学院外方院长潘范妮和中方院长陆雨和两校师生代表共100余人出席仪式。费凌代表西华大学、潘范妮代表三一一大学为基地揭牌。该基地设于印尼三一一大学孔子学院，将为两校经贸人才交流、学术合作提供服务。

【印尼887名教师参加"中文+职业技能"线上培训】 2022年4月8日，为满足印尼职业院校在职教师"中文+职业技能"的学习需求，由中外语言交流合作中心、中国—东盟中心、印尼驻华大使馆共同主办的2022印尼"中文+职业技能"本土师资培训在线上举办。此次培训历时9天,开设"中文+物流管理""中文+电子商务""中文+计算机网络"3类专业课程,由承办方之一的南京工业职业技术大学校长谢永华带队授课,其中,中方授课教师达20余人。来自印尼100多所职业院校的887名学员参加,印尼教育文化部为完成培训的学员授予学分。

【柳工—柳职院印尼国际工匠学院正式签约】 2022年8月10日,为支持广西柳工机械股份有限公司(下称柳工)在印尼业务拓展,为柳工提供印尼本土化人才培养培训,柳州职业技术学院(下称柳职)与柳工在中国教育国际交流协会、印尼驻华大使馆以及印尼文教部的支持下,与印尼雅加达州立理工学院建立了联系。经三方多次会议协商及柳工印尼公司与雅加达州立理工学院的线下考察互访,最终达成合作意向,并正式签约。本次柳职与柳工在印尼启动项目建设,是2022年7月11日教育部与广西壮族自治区签订共同推进广西教育高质量发展战略合作协议后,广西高职院校响应教育部部长怀进鹏提出的广西"要以打造面向东盟的职业教育合作示范区为重点"所签订的第一个中国—东盟高职院校合作办学项目,是柳职和柳工继双方在沙特共建卡坦尼学院,尤其是在泰国共建"柳工—柳职院全球客户体验中心泰国分中心""柳工—柳职院泰国国际工匠学院"后,再一次协同开展境外办学。

【印度尼西亚教育发展集团与卡尔比斯研究院签约仪式举行】 2022年10月5日,印度尼西亚教育发展集团与卡尔比斯研究院(Kalbis Institute)落实中印高校教育长期合作发展方针,围绕中印教育合作建设、改革与发展等方面进行交流,签约了未来中国学生赴印度尼西亚卡尔比斯研究院(Kalbis Institute)学习交流的具体方案及长期合作方式。印度尼西亚教育发展集团将基于双方的办学优势与特色继续开展深入、广泛、务实的合作,校企双方定期互访交流,共商人才培养模式,构建中印教育体系的长效机制,为两国经济社会发展培养高素质技术技能人才。

【中国孔院参加印尼独立校园教育文化交流系列活动】 2022年10月26日,印尼独立校园教育文化交流系列活动在印尼丹戎布拉大学举行。活动开幕仪式上,印度尼西亚国家教育部部长Nadiem Makarim、高等教育研究技术局Prof. Ir. Nizam、职业教育总干事Dr. Ir. KikiYuliati女士分别通过线上方式致辞,对本次活动的给予大力支持与赞赏。印尼教育部独立院校项目副主席Nurhadi lrbath与丹戎布拉大学校长Dr. Garuda Wiko共同主持开幕仪式。本次活动旨在通过学术交流、文化展览等形式促进印尼独立校园项目的实施。丹戎布拉大学孔子学院中方院长周桂教授表示,这次独立校园系列活动对促进印尼独立校园教育文化交流模式创新具有重要价值,丹戎布拉大学孔子学院支持此项活动以推进中印尼教育文化双向交流合作模式创新发展,未来丹戎布拉大学孔子学院将深度参与和支持印尼独立校园项目。

【印尼举办"学中文·走进汉语桥"活动】 2022年11月12日，印尼"学中文·走进汉语桥"线上活动顺利举行。本次活动由"汉语桥"俱乐部（总站）主办，印尼雅加达华文教育协调机构和"汉语桥"俱乐部（雅加达站）联合承办，巴淡世界大学协办，并得到巴淡慈容学校、苏北华文教育促进会等多家印尼华文学校的积极支持。来自印尼各地的近400名师生相聚云端，共研共学。中国驻印尼使馆主办的"汉语桥"印尼赛区比赛于2002年首次举行，目前已经成为印尼非常重要的中文大赛品牌项目，有望通过本次活动激发更多学生学习中文的兴趣，提高汉语水平。

三 中印尼科技交流

【首届印尼—中国数字交流合作论坛举办推动共建数字丝路】 2021年12月14—15日，中国—东盟信息港股份有限公司（以下简称中国东信）与印尼通信与信息技术部联合主办的印尼—中国数字交流合作论坛举行，与会代表以线上线下相结合的方式出席论坛，就深化中国与印尼在数字经济领域交流合作，共享数字经济红利进行交流与研讨。此次论坛以"连接、交流、合作"为主题，在致辞环节，印尼区域代表委员会副议长苏丹·巴克特亚尔·纳贾穆丁致开幕辞，他表示，此次活动为印尼与中国的数字交流合作搭建了平台，各方应积极寻求合作点，助力印尼数字人才培养，并希望印尼与中国携手，加快印尼数字化转型步伐。印尼驻华大使周浩黎在线上致辞时表示，印尼的数字经济发展潜力巨大，中国信息科技发展成果丰硕，印尼欢迎且将全力支持与中国开展相关领域务实合作，促进两国数字经济的可持续发展。广西壮族自治区人民政府副秘书长、广西大数据发展局局长杨绿峰在论坛上介绍，广西与印尼数字丝路合作领域宽广、潜力巨大。

【中科院海洋所与印尼国家研究创新署（BRIN）地球科学与海洋学院签订合作协议】 2022年7月5日，随着中印尼海洋领域迈向深度合作时期，中国科学院海洋研究所所长王凡与印尼国家研究创新署（原印尼科学院）地球科学与海洋学院院长奥奇（Ocky Karna Radjasa）签订框架合作协议，与印尼国家研究创新署海洋研究中心（原印尼科学院海洋研究中心）所长武迪（Udhi Eko Hernawan）签订海洋牧场合作项目实施计划协议。此次协议是对2021年6月与印尼科学院海洋研究中心签署的《印尼海洋生态牧场建设项目合作意向书》的重要扩充，也是印尼科学院重组为印尼国家研究创新署后与中国科学院科研院所的首次签约，将进一步加强中印尼海洋领域的双边合作。中国驻印尼使馆科技参赞易凡平、印尼国家研究创新署地球科学与海洋学院院长奥奇及中国科学院国际合作局副局长王振宇出席会议并见证了《协议》签署。中国驻印尼使馆、中科院国际合作局、印尼国家研究创新署合作、法律及公共关系局、中科院海洋所及印尼国家研究创新署海洋研究中心相关人员参加了会议。

【"侨交会"2022智能科技展在印尼雅加达举行】 2022年11月11日，华人华侨产业交易会（简称侨交会）2022智能科技展在印尼首都雅加达国际展览中心开幕。印尼旅游与创意经济部官员文森特（VinsensiusJemadu），印尼中华总商会总主席张锦雄，印尼潮州总会副会长蔡裕资，印尼—中国经济、社会与文化合作协会副总主席许锦祥，印尼华裔总会副总主席张锦泉，深圳市侨交会集团总裁郑咏诗，广东启迪集团代表陈如月及印尼各大商协会代表、展商、观众等500多人线下出席开幕式。本次侨交会聚焦智能科技领域，通过链接中印尼两国科创产业资源和资本，搭建起基于电商服务的供应链采销平台，以及基于科创产业的企业孵化与服务平台，深入产业链、供应链、营销链聚拢资源，为两国企业提供切实高效的服务。

【中印尼合作建设的雅万高铁试验运行】 2022年11月16日，一列由中国铁路研发制造的高速铁路综合检测列车对雅万高铁德卡鲁尔站至4号梁场间线路进行了全面检测，获取的各项指标参数表现良好，标志中国和印尼合作建设的雅万高铁试验运行取得了圆满成功。雅万高铁是"一带一路"建设和中印尼两国务实合作的标志性项目，也是中国高铁首次全系统、全要素、全产业链在海外建设项目，全线采用中国技术、中国标准，由中国国家铁路集团有限公司所属中国铁路国际有限公司牵头的中方施工联合体承建。项目建成后，雅加达到万隆的旅行时间将由现在的3个多小时缩短至40分钟。

【中国—印尼科技创新合作与发展论坛召开】 2022年11月28日，"中国—印尼科技创新合作与发展论坛"在印尼召开，论坛以"科技改变生活、创新引领未来"为主题，旨在通过连接中印尼两地科创信息与资源，借助RCEP开放机遇，推进中印尼数字经济和科创建设合作。中国—东盟商务理事会执行理事长、RCEP产业合作委员会主席许宁宁应邀线上出席。印尼政府正在加快促进印尼数字经济的快速发展和全国的数字转型，实施增加数字基础设施和互联网服务、加快国家数据中心整合、培养数字化人才等一系列措施。

【中国喷气式支线客机ARJ21首次交付印尼】 2022年12月18日，中国自行研制具有完全自主知识产权的喷气式支线客机ARJ21正式交付首家海外客户印尼翎亚航空（TransNusa），这是中国的喷气式客机首次进入海外市场，对于建设"一带一路"、构建"双循环"新发展格局具有重要意义。

四　中印尼文化交流

【印尼—中国文化外交关系研讨会举行】 2021年2月18日，由印尼北苏门答腊大学主办、印尼—中国经济、社会和文化合作协会支持的"印尼—中国文化外交关系"研讨会通过视频方式举行。印尼驻华大使周浩黎，中国驻印尼棉兰总领事邱薇薇，印尼—中国经济、社会与文化合作协会副主席麦培满，印尼北苏门答腊大学校长穆延托·阿敏、人文学院院长布迪·阿古斯托诺，中国社会科学院教授许利平等嘉宾出席研讨会。

【"热带风暴——印尼现当代艺术叙事"展览在清华大学艺术博物馆开幕】
2021年3月10日，清华大学艺术博物馆迎来了年度首次新展暨迎接清华大学110周年校庆的系列展览"热带风暴——印尼现当代艺术叙事"展览的开幕式。"热带风暴"共展出70余件印尼现当代艺术的代表性作品，最早的作品创作于20世纪30年代，历史跨度近一个世纪。

【中印尼高校师生线上交流端午文化习俗】 2021年6月14日，恰逢中国传统端午佳节，印尼三一一大学孔子学院举办了一场线上端午文化习俗交流活动，来自中印尼两国高校的近200名师生在线交流体验了中印尼各式各样的端午风情。在问答交流环节，两国师生讨论了端午节问候语、各地不同习俗等话题，活动气氛热烈。此次交流活动让印尼与中国师生了解了两国端午节的各种文化习俗，帮助两国师生更全面、客观地了解多元的璀璨文明，更深刻地理解当今世界的文明是多元文化共同发展的结果。

【"2021线上中华文化大乐园——印尼园"开园仪式在贵州举行】 2021年12月11日，"2021线上中华文化大乐园——印尼园"开园仪式在贵州贵阳市举行，400余名印度尼西亚青少年云端学习中华文化。活动时间为12月11—22日，为期12天。此次活动旨在让更多的海外华裔青少年赏贵州美景、探民族文化、听贵州故事，能够更加了解贵州、热爱贵州。围绕中华传统文化和贵州人文风光，此次的大乐园活动主要分为才艺、文化知识、云游贵州三大板块的线上文化体验课程。活动采取"寓教于乐"的教学方式，重点突出中华文化传承和中外文明交流互鉴，提高印度尼西亚华裔青少年学习中国语言文化的兴趣。本次活动的授课老师通过视频展示中国书法、中国绘画、中华武术（太极）、中文歌曲、中国民族舞蹈、中国剪纸和陶艺等，带领印度尼西亚的同学了解中国代表性自然人文景观和贵州地方文化。"中华文化大乐园"活动是中华海外联谊会海外华文教育系列的重要品牌之一，用以满足海外华裔青少年了解中国历史和文化的需求，推动海外华文教育发展，寓教于乐，推动中华文化在海外的传承。

【2022年第二届中印尼文化艺术交流盛典正式启航中国区域选拔展开】
2022年6月20日，继2020年1月2日中国、印尼两国在巴厘岛举行首届中印尼文化艺术交流暨颁奖盛典之后，2022年第二届中印尼文化艺术交流暨颁奖盛典正式启航，这是中印尼两国政府层面共同打造的一场文化交流盛宴，也是两国文化交流零距离接触、心贴心交流的大舞台。2022年第二届中印尼文化艺术交流暨颁奖盛典也因规格高、影响大，而受到来自国家层面和民间的广泛关注。活动由海岛演议及中印尼文化艺术交流组委会执行。中国和印尼同为二十国集团成员，在印尼举行G20峰会之前，通过2022年第二届中印尼文化艺术

交流暨颁奖盛典这个平台开展文化交流活动，共同推动两国文化交流走深走实，为两国经济交流营造良好的文化氛围。

【2022年"花好月圆"中秋文化交流活动走进印度尼西亚】 2022年9月10日，由云南省人民政府新闻办公室、云南省人民政府外事办公室联合主办，中国新闻社云南分社承办的"2022年'花好月圆'中秋文化交流活动走进印尼"活动。此次活动旨在以中秋节为载体，向全球华侨华人及国际友人传递花好月圆的美好祝福，以"彩云追月·山海情长"为主题，包含浓情中秋·拜月活动、浓情中秋·赏月活动、浓情中秋·追月活动等一系列丰富多彩的活动。印尼国际日报、亿乐荣电视台、老挝万象时报、泰国星暹日报、斯里兰卡媒体"兰卡领导者"、马来西亚马中透视、印度喜马拉雅新闻纪事杂志、巴基斯坦《外交视野》杂志，尼泊尔《贾纳阿斯塔周报》，吉尔吉斯斯坦"卡巴尔"国家通讯社，乌兹别克斯坦详实新闻网等东南亚、南亚、中亚多国媒体、机构，集中展示本次活动。

【印尼万隆国立艺术文化学院与中国广西艺术学院专题音乐会举办】 2022年11月28日，适逢中国—东盟建立对话关系31周年、中国与印尼建交72年之际，由印尼万隆国立艺术文化学院、中国广西艺术学院联合主办，中国—东盟音乐文化交流与研究中心承办的"印尼万隆国立艺术文化学院与中国广西艺术学院专题音乐会"在广西艺术学院顺利举办。此次音乐会是第十一届中国—东盟音乐周中最具东盟特色的一场演出，由印尼万隆国立艺术文化学院、广西艺术学院广西民族音乐博物馆、艺术研究院、音乐学院、舞蹈学院、音乐教育学院师生以线上线下相结合的方式共同演绎，共上演了14个不同音乐风格和色彩的精品节目。

五 中印尼卫生交流

【中—印尼药用植物保护研究创新基地联委会第一次会议举行】 2021年4月29日，中—印尼药用植物保护研究创新基地联委会第一次会议以"线上+线下"方式，在北京和雅加达同步举行。会议由国家发展改革委国际合作中心和印尼海洋事务与投资统筹部共同举办。国家发展改革委国际司、国际合作中心、中国医学科学院药用植物研究所、浙江大学、国药集团，和印尼海洋事务与投资统筹部、科技评估与应用署（BPPT）、农业部、卫生部、IT DeL大学共10个部门及机构的负责人和专家出席会议。

【中国—东盟公共卫生合作交流会举行】 2021年5月24日，由中国—东盟中心、印尼驻华大使馆和徐州市人民政府联合举办的中国—东盟公共卫生合作交流会在江苏省徐州市举行。来自中国和东盟成员国等20个国家和国际组织的代表，徐州市政府、东亚地区公共卫生专家、高校学者、产业界代表等150余人线上线下参会。交流会以"合作发展·共赢未来"为主题，围绕中国—东盟公共卫生、疫苗和防疫合作的回顾与展望、人才培养和技术交流、信息通信和医药技术在促进东亚公共卫生可持续发展方面可发挥的作用三大议题展开深入交流，就加强公共卫生安全治理、推动疫苗统一认证、研发健康卫生应用软件、携手构建地区疾病防控体系等问题集思广益，共商、共享智库意见。会议回顾了2020年以来中国与东盟的疫苗合作情况，并为进一步加强合作、提高公共卫生突发事件应对能力建言献策。

【浙大儿院心脏中心与印尼国家心血管病中心开展交流】 2021年12月29日，浙江大学医学院附属儿童医院心脏中心与印尼国家心血管病中心（National Cardiovascular Center Harapan Kitaji）再度通过网络连线，就双方开展国际合作与交流，共同提高儿童先天性心脏病的筛查、诊断和治疗水平，更好助力中国—印尼医疗健康合作进行会议讨论。浙大儿院积极践行国家"一带一路"倡议，在浙大儿院党委书记、心脏中心主任舒强的部署领导下，2021年5月，浙大儿院心脏中心与印尼国家心血管病中心首度连线，建立合作伙伴关系，为双方后续交流合作奠定重要基础。印尼国家心血管中心共有30位医生参加此次线上会议。

【"中印尼繁荣公共卫生云论坛"举办】 2022年4月12日，由清华大学东南亚中心与万科公共卫生与健康学院共同举办的"中印尼繁荣公共卫生云论坛"在线举行。印尼卫生部长布迪·萨迪金（Budi Sadikin），中国国际贸易促进委员会会长任鸿斌，清华大学校长王希勤，副校长兼教务长杨斌，万科公共卫生与健康学院创始院长、世界卫生组织荣誉总干事陈冯富珍，国家卫健委疫情应对处置工作领导小组专家组组长梁万年，国家卫健委规划发展与信息化司大数据办公室主任唐勇林，佳通集团副主席、印尼有一德（UID）公益基金会联合创始人林美金（Cherie Nursalim），有一德公益基金会总裁、牛津大学荣誉副校长戈登·达夫（Gordon Duff）等出席论坛。来自中国和印尼的公共卫生部门负责人，公共卫生领域专家、学者、研究人员，金融、医药和生物技术等领域企业管理人员，清华大学东南亚中心、卫健学院、继教学院相关负责人等近200人在线参会。

【中国海军和平方舟医院船赴印尼执行"和谐使命—2022"任务】 2022年11月10日，经过8天的航行，执行"和谐使命—2022"任务的中国海军"和平方舟"号医院船抵达印尼首都雅加达丹戎不碌港展开友好访问。这是"和平方舟"号医院船继2013年9月访问雅加达后的再次访问，全体船员一如既往秉承"人道、博爱、奉献"的红十字精神，以过硬的能力、精湛的医术和良好的作风为印尼民众服务。2022年11月18日，在结束7天的友好访问与医疗服务后，中国海军"和平方舟"号医院船离开印度尼西亚雅加达丹戎不碌港码头，启程回国。此次中国"大白船"再访印尼，不仅惠及当地百姓，更为中国军医与外国、外军同行深化交流合作提供了一次契机。

六　中印尼体育交流

【印尼三一一大学孔子学院举办"庆春节迎冬奥"文化活动】 2022年2月1日,印尼三一一大学孔子学院在印尼中爪哇省梭罗市举办"庆春节迎冬奥"文化活动,庆祝中国新年到来,喜迎北京冬奥会。活动现场举办了以"我心中的北京冬奥"为主题的绘画比赛、"庆虎年"新春红包设计比赛和"中华小使者"选秀比赛。在绘画比赛中,参赛者充分结合北京冬奥会的特色元素,以明亮绚丽的色彩绘制出一幅幅独特的冬奥会场景。2022年北京冬奥会和冬残奥会吉祥物"冰墩墩"和"雪容融"深受参赛者喜爱。

【中国田径协会副主席王楠与印尼驻华使馆公使狄诺会谈】 2022年2月25日,中国田径协会副主席王楠与印尼驻华使馆公使狄诺先生在京会晤。王楠与狄诺就中国和印尼田径交流与合作交换了意见。王楠表示,两国体育友好交流历史悠久,中国田协愿为印尼田径水平的提高提供力所能及的帮助,并向狄诺公使介绍了中国田协可以为印尼的教练员培训、运动员来华参赛、场地建设和青少年体育交流等方面提供的经验和支持。狄诺公使表示,2022年是中印尼建交71周年,中国和印尼一直以来都是好朋友、好邻居,印尼使馆将全力支持并积极推动两国田协建立长久合作。后续中国田协将与印尼田协进一步探讨两国田径合作的细节,加快落实双方交流合作协议的签署。

【印尼中国商会举办线下体育赛事】 2022年6月12日,来自40余家印尼中资企业和单位的121名男女羽毛球爱好者在雅加达FKS羽毛球馆决出了印尼中国商会总会"德龙杯"第十一届羽毛球赛女单、男单、混双、男双四个项目冠亚军。这是因新冠疫情暂停近三年后,印尼中国商会总会再度举办线下体育赛事,吸引了中资企业广泛关注和踊跃参与。

七　中印尼媒体交流

【印尼主流媒体聚焦"一带一路"建设成果】 2022年8月7日,包括官方安塔拉通讯社在内的印尼6家最具影响力的主流媒体,连日来集中报道了中印尼共建"一带一路"重点项目——德龙工业园在促进印尼经济发展、增加就业、改善民生、保护环境和捐助公益事业等方面的成效和经验。安塔拉通讯社、点滴新闻网(detik.com)、孔巴兰新闻网(kumparan.com)均以《印尼与中国合作的典范》为题,罗盘新闻网(Kompas.com)以《中印尼以"一带一路"倡议共建产业合作,推动印尼镍加工业发展》为题,特里本新闻网(tribunnews.com)以《实现印尼与中国合作共赢的先锋》为题,时代新闻网

（tempo.co）则以《看德龙经济增长》为题报道了被列为共建"一带一路"重点项目和印尼国家战略项目的德龙工业园。如此多家印尼主流媒体聚焦一个建设项目，表明"一带一路"建设在印尼取得的成果得到社会广泛关注和赞赏。

【"2022视听中国·优秀视听节目印尼展播活动"在印尼启动】 2022年11月7日，"2022视听中国·优秀视听节目印尼展播活动"在雅加达启动，长信传媒、柠萌影业、印尼爪哇邮报传媒集团电视网、印尼VIU等两国影视制作和传播机构，共同见证并达成了《山海情》《三十而已》等优秀中国影视作品在印尼的落地播出和拍摄制作意向，并现场观看了优秀中国影视作品视频合集。在中印尼双方共同努力下，近年来中印尼两国在广播电视和网络视听领域开展了一系列富有成效的交流合作。

【中央广播电视总台与印尼国家广播电台签署合作备忘录】 2022年11月17日，在习近平主席赴印尼巴厘岛出席二十国集团领导人第十七次峰会之际，中央广播电视总台台长慎海雄与印尼国家广播电台台长伊·亨得拉斯默签署了《中国中央广播电视总台与印尼国家广播电台合作备忘录》。该合作文件是总台在两国元首战略引领下，携手双方主流媒体伙伴，达成的两国媒体领域最新合作成果之一。近年来，总台与印尼主流媒体的务实合作不断拓展。为进一步深化中印尼人文交流，总台与印尼国家广播电台商定，双方本着平等互利和友好协商原则，建立常态化合作机制，在内容交换、联合制作、人员互访、技术交流等方面开展广泛合作，增进两国人民相互了解和友谊，促进两国文明交流互鉴和民心相通，助推中印尼全面战略伙伴关系取得更大发展，为共建中印尼命运共同体贡献媒体力量。

【"一带一路"新闻合作联盟第二届理事会议举行】 2022年12月19日，由"一带一路"新闻合作联盟主办、理事长单位人民日报社承办的"一带一路"新闻合作联盟第二届理事会议在人民日报社报告厅举行。来自23个国家的38家理事单位代表以线上线下结合的方式参会，围绕如何更好发挥联盟作用、促进人文交流和民心相通的主题共叙佳谊、共商合作、共谋发展。与会嘉宾纷纷表示，3年多来，联盟成员弘扬丝路精神，加强信息交流，讲述发展故事，增进合作友谊，营造共建"一带一路"良好舆论氛围，促进了沿线国家和地区民心相通。会上，首届国际传播"丝路奖"隆重揭晓。如今，联盟已经发展成为"一带一路"共建国家和地区的重要媒体合作平台，并在扩大成员规模、夯实基础设施、深化业务合作、拓展对话机制、创新品牌项目、共筑抗疫防线等方面取得显著合作成果。

八　中印尼旅游交流

【肖千大使出席"提升巴厘旅游"部级协调会】 2021年2月25日，印尼海洋与投资统筹部举办主题为"提升巴厘旅游"的线上部级协调会，就巴厘岛防疫规定和旅游复苏等议题进行讨论。印尼海洋与投资统筹部部长卢胡特主持会议，印尼旅游与创意经济部长桑迪亚加、法律人权部长亚索纳、巴厘省长考斯特出席会议。中国驻印尼大使肖千应邀出席会议并发言。肖千大使在发言中表示，中印尼旅游合作是两国人文交流的重要组成部分，对促进两国经济恢复具有重要作用。两国可从三方面着手，推动疫情背景下旅游合作。一是保障从业人员防疫安全；二是两国旅游部门加强对话沟通，推动旅游研究机构、行业协会、旅游公司就疫情后旅游合作的条件和机遇开展线上研讨；三是在旅游市场监管、旅游人才培养、公共服务设施完善等方面加强合作。

【中国（重庆）—印尼投资贸易文化旅游合作洽谈会举行】 2021年5月21日，中国（重庆）—印尼投资贸易文化旅游合作洽谈会在重庆举行。印尼驻华大使周浩黎，市政协副主席谭家玲，印尼驻华使馆代表，市商务委、市文旅委、市工商联、市交通局相关领导，区领导魏小红、吕轶、包茹华，印尼政府及企业代表出席了会议。会议围绕重庆与印尼在经贸、投资、旅游、文化等方面的合作进行交流洽谈。2021年1—3月，重庆与印尼进出口额达到26.02亿元，涨幅达76%。会上，印尼代表重点推介了印尼西爪哇省、楠榜省和北苏拉威西省。合作洽谈会加强了经贸合作，丰富了人文交流内涵，厚植民心，加深了重庆和印度尼西亚的全面合作

【中国—东盟携手推动后疫情时代健康旅游合作】 2021年10月13日，两年一度的中国—东盟传统医药健康旅游国际论坛在世界长寿之乡广西河池市巴马县举办，来自中国和东盟各国的卫生、旅游主管部门高官，部分东盟国家驻华使领馆代表，健康旅游领域专家等约250位嘉宾，在线下线上展开深入交流，推动后疫情时代健康旅游合作。中国文化和旅游部副部长张旭表示，新冠疫情将推动健康旅游成为重要旅游产品，中国愿同东盟分享疫情防控与实现旅游业复苏的经验，加强疫情防控常态化下的国际旅游交流合作。中国国家中医药管理局副局长、中国中医科学院院长黄璐琦表示，跨境旅游将在疫情得到控制后重新启动。围绕推进"传统医药+健康旅游"多业态融合发展，建设中国—东盟国际传统医药健康旅游示范区，潜力巨大。桑迪亚加·乌诺希望印尼与中国在推动健康旅游合作方面进行创新，促进传统医药与旅游业融合发展。

【张敏总领事会见北苏门答腊省文化旅游局局长祖姆利】 2022年4月22日，中国驻棉兰总领事张敏会见北苏门答腊省（苏北省）文化旅游局局长祖姆利。张总领事向祖姆利局长介绍了中国游客赴苏北省及印尼各地旅游情况。他表示，希望中国与苏北省文化旅游局加强合作，将苏北省及领区各地介绍给中国人民，共同推动双方人文交流和务实合作。祖姆利局长介绍了苏北省文化旅游资源，欢迎张总领事在苏北省及苏门答腊岛各地观光、考察，期待与张总领事一道，向中国人民展示当地独特的风土人情和旅游资源，促进双方旅游业合作迈上新台阶。

【举办中国（山东）—印尼投资贸

易与文化旅游交流周活动】 2022年8月30日至9月6日，德州市联合印尼驻华大使馆举办中国（山东）—印尼投资贸易与文化旅游交流周。"印尼周"活动采取线上线下相结合方式举办，在德州设立主会场。主要内容包括开幕式、山东（德州）—印尼企业对接洽谈会、中国（山东）—印尼高校交流会、印尼旅游图片及绘画展、印尼特色产品展销和参访交流等活动。印尼驻华使节、印尼在华企业及经贸机构代表、印尼银行代表和印尼展演人员以及印尼中华总商会负责人、印尼企业代表、印尼高校代表等外方嘉宾加活动。

九　中印尼青年交流

【印尼大学生"云游"广西：希望成为印尼和中国文化交流使者】 2022年2月25日，2022年"汉语桥"线上团组交流项目"遇见中国，心动广西"中国文化体验营顺利结束。在为期10天的课程里，广西桂林旅游学院的教师与来自印尼特里莎克蒂旅游学院的139名学生通过"云端"相会，深度交流中国文化。印尼大学生们通过网络"云游"广西，体验了丰富多彩的中国各民族传统文化，实现了汉语言学习和传统文化体验双丰收。学生们表示，期待参加更多有关中华文化的活动，希望到中国亲身体验中华传统文化，去感受真实的中国，将来成为印尼和中国文化交流的使者。

【"人文交流与一带一路"东南亚—中国青年论坛活动举办】 2022年2月26—27日，由马来西亚槟州各姓氏宗祠联委会主办的"人文交流与一带一路"东南亚—中国青年论坛活动举办。来自泰国、印尼、菲律宾、新加坡、柬埔寨、老挝、马来西亚和中国广东、江苏等地各宗亲社团侨领和青年代表等近200人出席了该论坛。本次论坛通过课题演讲、圆桌会议、问答环节、趣味小品等多种形式开展，与会青年代表围绕中华文化传承、书法与歌舞艺术结合、家风家教建设、菲律宾华文教育与"一带一路"、老挝经济状况与崇德学校发展、文化传承与科技发展关系、新加坡福建安溪人根源、"一带一路"与柬埔寨发展、族谱与宗祠文化、多元文化与印尼人民团结、马中电商契机与挑战等多个课题开展对话交流，分享观点，论坛议题广泛、内容丰富，交流气氛活跃，反响热烈。

【2022印尼青年领袖春令营在线举行】 2022年3月21—31日，由教育部中外语言交流合作中心主办，陕西工业职业技术学院（以下简称陕西工院）承办的"品三秦文化，学中国技艺——2022汉语桥印尼青年领袖春令营"活动在线举行，来自印尼大中专院校的260余名营员参与了丰富多彩的线上交流学习活动。本次活动是陕西工院在新冠疫情困难时期探索中文+职业技能的国际化办学模式，作为中外语言交流合作中心"汉语桥"项目的组成部分，也是持续深化国际交流合作的重要举措。活动为中印职业院校青年学生、教师和管理人员增进了解、融通文化、互学互鉴搭建了良好平台。

【"推进中国东盟全面战略伙伴关系"青年研讨会举行】 2022年10月12—13日，中国驻东盟使团与印尼知名智库印尼外交政策协会（FPCI）合作，以视频方式举办了"推进中国东盟全面战略伙伴关系"青年研讨会。中国驻东盟大使邓锡军、东盟副秘书长德尼、FPCI创始人、印尼前副外长迪诺等出席活动并致辞。中国和东盟国家优秀青年代表、专家学者、媒体代表等近300人参加研讨会。研讨会开、闭幕式在网络媒体直播，逾千人次观看。在征文比赛中获奖的东盟青年与专家学者一道，深入分析中国东盟全面战略伙伴关系面临的机遇与挑战，并提出具体建议，为中国东盟关系发展贡献青年智慧和力量。研讨会期间还举办了"中国东盟青年对话会"，邀请中国优秀青年学生代表与东盟青年就"中国东盟关系中的挑战"议题展开讨论，共话发展蓝图、碰撞思想火花、深化双方情谊。

【中国—印尼"Z世代"对话专场活动举行】 2022年11月8日，中国—印尼"Z世代"对话专场活动在北京以线上和线下方式举行。近年来，百名青年代表团互访、青年领导人交流、高校智库联盟、中印尼交流专项奖学金等双边项目，以及中国—东盟青年营、东盟青年干部培训班、中国—东盟青年企业家论坛等多边活动，更是促进了两国青年的相互了解和认同，吸引和鼓舞了越来越多的中印尼青年携手合作。此次活动由环球网、中国驻印尼使馆主办，中国—东盟中心和印尼驻华使馆、中国国家国际发展合作署全球发展促进中心联合主办。中国—东盟中心秘书长史忠俊大使、中国驻印尼大使陆慷、印尼驻华大使周浩黎、环球时报社副总编辑谢戎彬等分别致辞，寄语中国和印尼两国"Z世代"青年。来自中国和印尼的青年代表，围绕全球卫生治理、数字化转型、亚洲共同发展、能源转型等议题，分享成功案例和有益经验，进行深入交流。与会各方表示，愿持续加强交流协作，推动中国—印尼全方位合作取得更加丰硕的成果。

（撰稿人：潘玥）

中国—南非人文交流

一 中南非教育交流

【常州信息职业技术学院2021届南非学生来华学习实习项目完成】 2021年5月11日，常州信息职业技术学院2021届南非学生来华学习实习项目结业典礼暨留学生校外实训基地签约仪式在常州梅特勒—托利多公司举行。该实习项目是中非（南）职业教育合作联盟举办的系列活动之一，旨在提升南非技术人员的综合素养。教育部中外人文交流中心主任杜柯伟、综合办公室主任张学仁、常州信息职业技术学院校长眭碧霞等出席会议。常州信息职业技术学院和梅特勒—托利多公司领导分别代表培养单位，为37名南非留学生们颁发了结业证书和企业实习证书。仪式上，眭碧霞和唐良共同签署留学生校外实训基地合作协议并揭牌。双方将围绕共同培育既有良好职业素养又有较强专业技术技能的应用型人才目标，搭建产教融合和校企合作平台，积极促进来华留学生实习与就业，为推动中外人文交流发挥积极作用。

【第20届"汉语桥"世界大学生中文比赛南非赛区决赛顺利举办】 2021年6月6日，第二十届"汉语桥"世界大学生中文比赛南非赛区决赛落下帷幕。此次比赛由中国驻南非大使馆主办、开普敦大学孔子学院承办，比赛的主题为"天下一家"，比赛通过线上方式举行。中国驻南非大使陈晓东在决赛致辞说，近年来"汉语热"在南非持续升温，希望各参赛选手努力学好汉语，做促进中南友谊的友好使者和人类命运共同体的建设者。经过角逐，开普敦大学孔子学院的卡特雷霍·恩塔哈雷和约翰内斯堡大学的西姆尼基韦·桑戈尼获得一等奖，他们将代表南非参加"汉语桥"全球总决赛。

【"中非现代选矿技术培训班"举办】 2021年10月21日，中国—南非矿产资源开发利用联合研究中心举办"中非现代选矿技术培训班"。来自中国、南非、蒙古国、赞比亚等9个国家、27个单位的近百人参加培训。开班式由北京矿冶科技集团董事长韩龙主持，驻南非使馆科技公参沈龙和南非高教科创部副总司长杜特伊特出席并致辞。韩龙介绍了北京矿冶科技集团和联合研究中心的情况，表示此次培训目的是分享最前沿的矿业加工技术和行业实践，交流先进技术，提高实际操作技能，促进矿产资源的可持续开发和利用。培训班上，来自北京矿冶科技集团、南非国家矿冶研究所、开普敦大学和林波波大学的7位专家举行了线上技术讲座,授课期间学员积极互动并展开讨论。

【"南非非洲传统医师中医培训班"举办】 2021年10月25日,为期4天的"南非非洲传统医师中医培训班"在南非开普敦开班,旨在促进中国和南非传统医学交流和创新。培训班由中国驻南非大使馆、中国国家中医药管理局和南非西开普大学联合举办,采用线上线下相结合的形式。来自南非各省的传统医师将了解中南传统医学的继承和发展现状,学习中医师教育培养和管理等内容,还将参观中医门诊和西开普大学中医培训设施。南非科学创新部官员查巴拉拉出席开班式并发表现场讲话,表示南非和中国传统医学历史悠久,两国高校在这一领域开展了研究合作。培训班为非洲和中国交流传统医学经验提供了平台,南非希望在传统医学研究、课程开发方面和中国加强合作。中国驻南非大使馆科技公参沈龙、国家中医药管理局国际合作司副司长朱海东等通过视频方式参加开班式并发表致辞。

【2021中非(南)职业教育合作联盟年会暨中非—南非产教融合研讨会举办】 2021年12月14日,2021中非(南)职业教育合作联盟年会暨中国—南非产教融合研讨会在江苏省常州市以线下线上结合方式举办。此次年会暨研讨会由中国教育部中外人文交流中心、南非工业和制造业培训署联合主办,常州信息职业技术学院、南非教师发展中心、南非中国文化和国际教育交流中心承办,中国教育部中外人文交流中心主任杜柯伟、中国驻南非大使馆教育参赞李旭东、教育部国际司亚非处处长杨洲等官员出席开幕式并致辞。研讨会期间还举办了"中非(南)职业教育合作联盟中方理事会成员单位三周年成果图片展",17家院校和1家企业报名参展,该展览展示了几年来联盟成员单位代表与南非及其他非洲国家在教育合作和人文交流的硕果。中方线下参会人员有150余人,南非高等教育和培训部、工业和制造业培训署、地方政府、行业协会等70余名代表和近40所院校负责人线上参会。中国和南非两国通过网络在线参会人数逾万。会议为提升双方职业教育工作者人文素养和教育创新能力,推动职业教育领域加强交流互鉴,实现创新发展,促进民心相通发挥了积极的作用。

二 中南非科技交流

【"中南联合研究中心建设运行经验线上交流会"召开】 2021年4月7日,在中国驻南非使馆科技处组织协调下,中国科技部、南非科学创新部联合举办"中南联合研究中心建设运行经验线上交流会"。中国科技部国际合作司一级巡视员阮湘平、南非科学创新部副总司长杜特伊特、驻南非使馆公参沈龙及中南政府间和机构间联合研究中心双方代表等50余人参加会议。中南矿产资源可持续开发利用联合研究中心、林业联合研究中心、天文学和天体物理学联合研究中心、化工与环境联合研究中心等7个政府间或机构间联合研究中心代表分别从合作历史、共建成就、重要经验、存在困难及下一步设想5个方面介绍情况，交流经验，两国科技部代表作出了积极响应。

【"中南跨境孵化器重点企业线上推介会"举行】 2021年9月2日，在中国驻南非使馆科技处组织协调下，中国科技部和南非科学创新部联合举办"中南跨境孵化器重点企业线上推介会"。会议由中国驻南非使馆公参沈龙主持，南非科学创新部副总司长杜特伊特、中国科技部火炬中心主任贾敬敦、西安高新区管委会副主任杨华及中南双方企业代表等40余人参加会议。沈龙公参表示，此次会议是中南跨境孵化器成立以来，首次联合开展的企业推介会，希望越来越多的企业积极参与，促进中南两国科技创新合作，培育更多创新型企业。杜特伊特副总司长表示，此次会议不仅是中南深化科技创新合作的重要体现，也为企业洽谈对接提供了有益平台，期待中南跨境孵化器早日取得更多实质性进展。会上，中南双方共12家单位分别介绍了各自基本情况、未来发展目标以及重点关心的问题等内容。

【中南平方公里阵列射电望远镜项目（SKA）双边合作第二次研讨会召开】 2021年10月26日，中国驻南非使馆联合中国国家遥感中心和南非高教科创部举办中南平方公里阵列射电望远镜项目（SKA）双边合作第二次研讨会。中国驻南非使馆科技公参沈龙、中国国家遥感中心/SKA中国办公室主任王琦安、南非高教科创部副总司长杜特伊特、南非射电天文台/SKA南非办公室主任亚当出席会议并致辞。王琦安强调，2021年是SKA发展的里程碑，4月中国国家主席习近平批准了SKA公约，标志着中国参与SKA项目进入新阶段。中国FAST和南非SKA先导项目MeerKAT联合进行首次面向全球的观测申请，各国科学家均表示出极高的兴趣，希望中南双方科学家能够继续深入交流，利用世界上最先进的射电望远镜，共同培养科研团队，提升科研能力，以更加清楚、深入、准确地认识宇宙。来自中国科学院国家天文台、中国科学院上海天文台、北京大学、广州大学、南非射电天文台和夸祖鲁纳塔尔大学等单位的20多位专家学者进行了线上学术交流。

【《中国卫星导航系统管理办公室与南非国家航天局关于卫星导航用于和平目的的合作谅解备忘录》签署】 2021年12月1日，《中国卫星导航系统管理办公室与南非国家航天局关于卫星导航用于和平目的的合作谅解备忘录》于"中南北斗/GNSS应用研讨会"期间线上签署。中国卫星导航系统管理办公室主任冉承其与南非国家航天局首席执行官瓦拉纳坦·蒙萨米博士分别代表各自政府部门在备忘录上签字。中国工程院院士、中国卫星导航系统委员会委员、北斗卫星导航系统工程总设计师杨长风、南非科学与创新部副总司长恩波涅尼·莫斐博士以及驻南非使馆公使李志刚共同见证合作谅解备忘录签署并致辞。签约仪式后，中南双方就北斗及卫星导航应用展开研讨。来自南非德班理工大学、南非国家航天局，以及中国卫星导航系统管理办公室国际交流培训中心、中国农业大学、上海华测导航技术股份有限公司、上海司南卫星导航技术股份有限公司的代表，分别围绕 GNSS 增强系统、行业应用、人才交流等领域进行了研讨。

【中国企业签署南非国家单体容量最大的电化学储能 EPC 项目】 2022年6月，在南非国家电网公司组织的西开普省马特兹卡玛地区储能 EPC 项目国际招标中，中国平高集团中标。该项目合同金额7.61亿元，这是平高集团凭借着领先的技术解决方案和丰富的储能项目履约经验，在竞争激烈的国际竞争中，从10多家储能领域跨国公司力挫群雄，拿到的一份优质合同。该项目不仅是平高集团海外首个电化学储能项目，同时也是非洲单体容量最大的电化学储能项目，是中非在科技合作领域取得的新成果。

【中国与南非企业签署合作备忘录助推非洲数字化升级】 2022年11月10日，在非洲规模最大、最具影响力的科技展会——非洲科技节举办之际，中国移动国际有限公司与南非迈斯特派尔科技有限公司签署合作备忘录，协力推进南非互联网数据中心建设，共同驱动非洲数字化转型升级。此次非洲科技节的主题为"结合商业与科技创造一个更加美好、更具包容性的数字世界"，展示了工业4.0、云数据服务、互联网安全、数据安全等领域的最新发展成果，吸引了包括中国移动、中国联通、华为等中国企业在内的众多国际企业参加。

【平方公里阵列射电望远镜工程建设启动仪式在南举行】 2022年12月5日，南非科学与创新部在北开普省卡鲁地区举办平方公里阵列射电望远镜（SKA）工程建设启动仪式。南科创部部长恩齐曼迪、SKA 天文台理事会主席赛萨斯基、欧盟联合研究中心总干事凯斯特、美国科学进步协会首席执行官帕瑞克、南国家研究基金会首席执行官内尔瓦蒙多、卡鲁地区政府代表和相关国家驻南媒体及南射电天文台工作人员等近百人出席活动。平方公里阵列射电望远镜是由全球多国合作建造的世界最大规模综合孔径射电望远镜，因接收总面积约"1平方公里"而得名。中国是 SKA 的重要合作伙伴，也是中频阵列望远镜碟形天线的制造单位。

【中国企业与南非国家电力公司合作开建首个电池储能项目】 2022年12月8日，南非国家电力公司 Eskom 与中国晓星重工业合作建设的第一个电池储能项目——Elandskop 电池储能项目举行奠基仪式。该项目分布在夸祖鲁—纳塔尔省东部的两个城市，总功率为8MW，储能容量为32MWh，将在7—12个月内建成，并与 Eskom 的 Elandskop 变电站相连。其主要作用是在高峰时段提升电网，以缓解电网的压力。该项目的完成将有利于南非在2050年实现净零能源系统，并提高电网在面对大范围停电时的弹性。

三　中南非文化交流

【驻南非使馆举行"欢乐春节"庆祝活动】 2021年2月14日，中国驻南非使馆举行"欢乐春节"庆祝活动，共同庆祝中国农历辛丑牛年春节。驻南非大使陈晓东、南非旅游部长库巴伊-恩古巴内出席该活动并致辞。南非政府、政党、军队、工商、智库学者、新闻媒体等各界代表，以及在南中资机构、华侨华人、留学生等近千人应邀"云端与会"，超过13万中南民众在线观看。陈晓东大使表示，过去一年，在习近平主席和拉马福萨总统亲自关心下，中南两国以抗疫合作为主线，不断增进政治战略互信，积极推进各领域务实合作，加强国际事务沟通协调，共同维护多边主义和国际公平正义，两国全面战略伙伴关系继续深入发展。南非旅游部长库巴伊-恩古巴内在致辞中表示，南中两国建交20多年来，双方在贸易投资、教育、科技、艺术、文化、旅游等各个领域都建立起强劲的纽带和合作关系。依托强有力的双边政治关系，中南人文交流蓬勃发展。

【"水立方杯"系列中文歌曲大赛举行】 2021年6月9日，以"在一起，再出发"为主题的2021年"文化中国·水立方杯"中文歌曲大赛南非约翰内斯堡赛区通过线上方式正式启动。作为南非华侨华人界的文化盛事之一，一年一度的"文化中国·水立方杯"中文歌曲大赛已经连续九年在南非举行，逐步成长为最受当地华侨华人欢迎、覆盖面广且知名度高的华语歌唱大赛。赛区负责人、南非约翰内斯堡"文化中国·华星艺术团"团长黄晶晶介绍，作为一项面向全世界海外华侨华人的大型公益性文化交流活动，"水立方杯"经过多年发展，已经在南非成长为一个响亮的文化品牌。

【南非中文日庆典暨南非汉语教学成果展演举行】 2021年9月17日，南非中文日庆典暨南非汉语教学成果展演以线上方式举行，南非的孔子学院和孔子课堂以及华文教育机构纷纷各展所长，用中文节目汇报学习成果。来自西开普大学、罗德斯大学、约翰内斯堡大学的南非学生展示了各式各样的中国才艺，展现了自身对中国文化的喜爱。南非基础教育部部长安吉·莫采卡、中国驻南非大使陈晓东等出席会议并致辞。陈晓东表示，当前南非学习中文的人数不断增加，中文教育培养层次不断提高，孔子学院获准开办硕士项目。通过中文学习，越来越多的南非人增进了对中国的了解，开启了探索中国和中华文明的大门。

【"汉语桥"俱乐部在南非成立】 2021年11月25日，"汉语桥"俱乐部开普敦站在南非开普敦举行成立暨揭牌仪式，该俱乐部是南部非洲第一个"汉语桥"俱乐部，由南非中文教师协会负责运营。通过整合以及开发南非的中文教学和中国文化推广资源，为热爱中文和中国文化的南非朋友们打造了一个人文交流、社交互动以及比赛竞技的多元平台。中国教育部中外语言交流合作中心主任马箭飞、中国驻南非大使陈晓东、南非国民议会事务主席弗洛里克等官员出席揭牌仪式并致辞。马箭飞在视频致辞中说，"汉语桥"俱乐部将开展形式多样、内容丰富的语言文化交流活动，一定会为南非热爱中文和中华文化的朋友们提供语言学习、人文交流的平台和了解当代中国的窗口。弗洛里克则表示"汉语桥"俱乐部将有助于推进双方传统友谊、合作与互相理解，在"一带一路"框架下促进民间友好，支持建设更加紧密的非中命运共同体，特别是南非和中国命运共同体。

【中南举行高级别人文交流机制协调人会议】 2022年2月24日，教育部副部长田学军主持召开中南高级别人文交流机制协调人视频会议，与南非高教和科创部副部长马纳梅拉共同总结回顾机制相关领域合作进展情况，并就继续深化双方交流合作进行探讨。田学军表示，中方愿与南方一道，携手落实两国元首共识和中非合作论坛第八届部长级会议成果，加强教育、卫生、科技、文化等人文领域合作，更好地发挥机制在深化中非以及金砖合作中的示范引领作用。马纳梅拉表示，南方赞赏中方为推动两国人文交流所作努力，始终将人文交流视为两国关系发展的重要议程，对相关领域合作取得的丰硕成果感到满意，愿同中方一道筹备好机制第三次会议，为深化中南人文交流、增进两国人民友谊注入新动力。中国教育部、外交部、驻南非使馆与南非高教和科创部、外交部、艺术文化和体育部、驻华使馆等有关部门代表通过线上线下方式参加会议。

【第21届"汉语桥"世界大学生中文比赛南非赛区决赛举办】 2022年6月14日，第21届"汉语桥"世界大学生中文比赛南非赛区决赛暨南非"华为杯"大学生中文比赛落幕。此次比赛由中国驻南非大使馆主办，约翰内斯堡大学孔子学院承办，主题是"天下一家"。由南非各孔子学院、孔子课堂选送的12位优秀选手展开精彩角逐，他们逐一参与了知识问答、演讲、才艺三轮竞赛，展示了国画、书法、舞蹈、歌曲、功夫、太极剑、皮影戏等极具中国文化特色的艺术形式。中国驻南非大使陈晓东、约翰内斯堡大学校长马瓦拉、亚太工程联合会主席黄维、华为南非有限公司副总经理陈侃等为比赛致辞，出席此次活动的嘉宾还包括中国驻约翰内斯堡总领事馆总领事唐中东，中国驻南非大使馆教育参赞李旭东以及南非各孔院院长等人。陈晓东在致辞中表示，近年来越来越多的南非民众开始学习中文和中国文化，汉语的推广为推动中南各领域合作提供了重要助力。来自约翰内斯堡大学孔子学院的艾兰德和来自斯坦陵布什大学孔子学院的梅小爱获得此次比赛一等奖，她们将代表南非参加第21届"汉语桥"世界大学生中文比赛总决赛。

【"天宫对话—神舟十四号航天乘组与非洲青少年问答"南非分会场活动举行】 2022年9月7日，中国驻南非使馆举办"天宫对话—神舟十四号航天乘组与非洲青少年问答"南非分会场活动。驻南非使馆临时代办李志刚出席并致辞，南非库洛中学师生和中外媒体记者共50余人参加了此次活动。南非分会场与会人员聆听了驻非盟使团团长胡长春大使、非盟委员会教育、科技与创新委员贝荷欣、中国载人航天工程办公室副主任林西强以及非盟航天专家提迪安博士的发言，南非学生代表迪雅莎与其他非洲七国学生代表分别向神舟十四航天员提问，陈冬、刘洋、蔡旭哲三位航天员用极富趣味性与知识性的语言与现场演示逐一答疑解惑，并勉励非洲青少年认真学习掌握技能，勇敢探索太空奥秘。

【中南领导人在巴厘岛举行会晤】2022年11月15日，国家主席习近平在巴厘岛会见南非总统拉马福萨。双方就中南交流的各个领域进行了深入探讨。习近平指出，中国和南非有着"同志加兄弟"的特殊友谊。中南两国都是重要的发展中大国，都坚决维护国际公平正义和发展中国家共同利益。中方始终从战略高度看待中南关系，愿同南非巩固政治互信，推动中南全面战略伙伴关系取得更大发展。中方愿同南非加强治国理政经验交流，支持南非探索符合南非国情的现代化道路，加强"一带一路"倡议同"南非经济重建和复苏计划"对接，深化贸易、投资、能源等领域合作，推进中非合作论坛成果在南非落地见效。拉马福萨表示，中国是南非重要战略伙伴，南非将继续毫不犹豫地坚定支持一个中国原则，南非愿借鉴中方绿色发展、能源转型经验，积极参与共建"一带一路"，敞开大门欢迎中国企业赴南非投资合作。

四　中南非卫生交流

【中南领导人通话深化双边卫生交流】　2022年3月18日，中国国家主席习近平同南非总统拉马福萨通电话。在通话中，习近平指出，中南两国有着"同志加兄弟"的特殊友好关系。巩固和发展中南关系，对引领中非关系和发展中国家团结合作具有重要意义。中方愿同南非一道，推动中南关系朝着更高质量、更广领域、更深层次迈进。双方要继续在涉及彼此核心利益和重大关切问题上坚定相互支持，加紧落实中非合作论坛"九项工程"，落实好《中南十年合作战略规划》，推动两国各领域合作不断取得新成果。针对中南卫生合作，习近平特别强调中方愿同南非探讨疫苗生产合作，支持南非和非洲国家抗击疫情。拉马福萨表示南非希望同中国密切联系，巩固友谊，延续两国相互支持、相互帮助的优良传统，深化南中各领域务实合作和非中全面战略合作。

【中国南非生命健康产业项目对接会开幕】　2022年10月26日，世界生命科学大会—中国南非生命健康产业项目对接会在约翰内斯堡中关村南非科技园开幕，此次会议举办形式为线上线下结合，对接配对时间为10月26日至11月26日。此次会议的目的是加强中南大健康相关产业的对接合作。驻南非使馆科技处参赞沈龙、商务部外贸发展事务局副局长陈华明、南非科创部副总司长丹·杜特伊特等出席会议并致辞，来自恒瑞医药、深圳康泰生物、红旗制药、江苏硕世生物、派林生物集团、华大集团旗下华大智造、华兰生物等企业的代表结合中非的实际发展工作，围绕医疗器械、生物医药、卫生防疫、中医药、数字健康等多个专题进行了全面展示和深入交流。

五 中南非体育交流

【南非奥委会就支持2022年北京冬奥会发布官方声明】 2021年10月29日，南非体育联合会暨奥林匹克委员会（SASCOC）特向北京冬奥会组委会致以祝福，支持北京冬奥会的举办。南奥委会主席巴瑞·亨德里克向北京冬奥会表达祝福。南奥委会代理CEO拉维·戈文德同样发来祝福，表示南非与中国政府和人民关系密切，南非将持续关注北京冬奥会。

【南非奥委会主席等官员祝福北京冬奥会举办】 2022年1月17日，中国驻开普敦总领馆发布北京冬奥会宣传片"和北京冬奥，一起向未来"，南非奥委会主席亨德里克斯、南非国民议会副议长策诺利、国民议会事务主席弗罗里克等南非重要官员在视频中发表讲话，为冬奥会成功举办送上祝福。

六 中南非旅游交流

【首届"南非—中国旅游合作线上论坛"举办】 2021年8月4日，由南非约翰内斯堡大学非洲中国研究中心主办的首届"南非—中国旅游合作线上论坛——开拓新视野"在线举行，该校校长马瓦拉教授主持开幕式。南非旅游部副部长菲什·马拉莱拉、中国驻南非大使馆公使李志刚、文化和旅游部国际交流与合作局局长谢金英和世界旅游联盟秘书长刘士军作为会议嘉宾致辞。马拉莱拉副部长对南中旅游合作予以积极评价，表示南非对中国旅游市场高度重视，将做好疫后旅游复苏准备工作，更好服务于中国游客。此次论坛集中研讨了疫后旅游恢复与重建、文化旅游与扶贫、中南旅游产业投资、旅游市场开拓、国际旅游法律保障等议题。

【"神奇动物在南非"旅游推介会走进南京】 2022年8月25日，以"神奇动物在南非"为主题的线下沉浸式打卡活动在南京红山森林动物园举行。此次活动由途牛旅游网和南非旅游局北京办事处共同举办，旨在推广南非动物的相关知识，推介南非丰富的旅游资源，打造南京与南非之间人文交流、旅游交流的创新模式。

七 中南非青年交流

【南非青年短视频宣传陕西的发展变化】 2022年11月，短视频《来自南非的"新陕西人"》在国外视频平台播放。该视频用中英双语讲述了生活在西安的南非人杰克的故事，他不仅是"中国女婿"，也是"新陕西人"。作品以外国人的视角，真实、自然地展现了陕西近年来的发展变化，展示了立体、生动的中国形象。35岁的杰克来自南非，五年前随妻子来到陕西，在从事教师工作之余，他还热衷于利用照片和视频，展示外国人在中国的真实生活。

【第十五届中国国际青年艺术周在厦门开幕】 2022年11月22日，第十五届中国国际青年艺术周在厦门闽南大戏院拉开帷幕，来自中国、巴西、印度、俄罗斯、南非、美国、意大利、奥地利、马来西亚、土耳其、委内瑞拉等国家的20支高水平艺术团、200多位青年艺术家以线上线下相结合的方式参与了青年艺术周系列展演。其中，青年艺术周期间举办的"金砖国家艺术云展演"板块邀请了来自巴西、俄罗斯、印度、中国、南非等国家的9支艺术团百余位青年家相聚云端，用歌舞展现多样的艺术风采。该活动由紫荆文化集团支持，中国对外文化交流协会、中国对外文化集团有限公司、厦门市文化和旅游局共同主办，中国文化国际旅行社有限公司承办，厦门市人民政府副市长庄荣良、中国对外文化集团有限公司党委书记、董事长李金生、厦门市人民政府副秘书长练更生等参加启动仪式，并与近千名厦门各界青年代表共同观看演出。

八 中南非智库交流

【中南传统医药研讨会举办】 2021年10月29日，南非科学创新部和中国国家中医药管理局联合举办了中南传统医药研讨会，来自中国中医研究院、广东省中医院，南非科创部、夸纳大学、传统医药执业师协会等单位的专家学者介绍了中南双方的传统医药历史与现状，50多位中南传统医药专家学者、官员和执业师参加了研讨会。中国驻南非使馆科技处公参沈龙、南科创部副总司长杜特伊特等官员出席研讨会并致开幕辞。沈龙表示，中南在传统医药领域一直保持良好合作。此次研讨会将进一步增进两国对中医药及非洲传统药物的理解和互信，推动两国在传统医药领域加强合作，助力共同抗击包括新冠病毒在内的各种传染性疾病。

【金砖"中国年"研讨会举办】 2022年1月27日，南非金砖智库举办"中国轮值金砖主席国的工作重点及合作机遇"专题线上研讨会，中国驻南非使馆公使李志刚应邀参加并做主旨发言，南非金砖智库主任宗迪、金砖智库合作中方代表、复旦大学发展研究院金砖国家研究中心主任沈逸，以及南非约堡大学非中研究中心主任孟大为等专家学者出席研讨会并发言。南外交部官员、南智库学者及高校学生等共200余人线上参会。李志刚表示，金砖合作机制建立16年来取得了一系列开创性合作成果，为促进世界经济增长、推动全球治理体系变革、维护国际和平稳定作出了贡献，成为了国际舞台上一支不可忽视的重要力量。

【南非专家表示金砖合作切实推进全球经济协调发展】 2022年6月，南非约翰内斯堡大学非洲—中国研究中心主任戴维·蒙亚埃接受新华社记者采访时表示，金砖国家合作机制已经发展到了一个成熟的阶段，切实推进了全球经济协调发展，未来将在促进绿色产业、减贫以及科技创新等方面发挥巨大作用。蒙亚埃表示，十多年来，金砖合作切实推进了全球经济协调发展，推动了多边机制的进步，同时让发展中国家受到了更多的关注。中国在援助发展中国家，特别是非洲国家方面发挥了重要作用，比如应对新冠疫情带来的危机、生产与分配疫苗、改善卫生基础设施等。

【南非学者称赞"金砖国家新开发银行"】 2022年6月21日，在由中国公共外交协会、中国人民大学共同主办，中国人民大学重阳金融研究院承办，瓦尔代国际辩论俱乐部协办的《金砖：全球发展的新未来》报告发布会暨国际研讨会上，与会的南非人文科学研究委员会（HSRC）金砖国家研究中心原主任、浙江大学国际联合商学院（ZIBS）客座教授加雅·乔希发言称赞金砖国家新开发银行的重要作用。他认为，金砖国家合作机制有利于各国间的优势互补，缓解发展中国家和新兴经济体目前面临着的巨大融资限制和公众压力，缓冲对金砖国家和其他新兴经济体产生负面影响的外部金融冲击，并最终实现社会公正和建立一个公正、公平的国际政治经济秩序。

【"中非基础设施合作一起向未来"研讨会在南非举办】 2022年8月31日，中国驻南非使馆和南非国际问题研究所（SAIIA）共同举办"中非基础设施合作一起向未来"研讨会，中国驻南非使馆临时代办李志刚出席并致辞。李志刚指出中方将新发展理念贯穿中非共建"一带一路"实践中，中非基建合作高质高效，工程项目绿色环保，合作成果造福非洲。SAIIA所长伊丽莎白及与会专家学者高度赞赏了中方对非洲基建所作的贡献，表示中方对中非未来基建的合作展望令人深受鼓舞。研讨会上，与会专家学者围绕中非在电力、港口、铁路、通信等领域合作等议题进行深入探讨交流。此次研讨会通过SAIIA优兔平台全程直播。来自北京大学、清华大学、复旦大学、上海国际问题研究院、浙江师范大学、SAIIA、伦敦政经学院、南洋理工大学等高校和智库，以及华为南非公司等有关企业的近百名专家学者参会。

【中南人工智能研讨会线上举办】
2022年12月7日，中国科技部和南非科学与创新部联合主办的"中南人工智能研讨会"线上举办。科技部高新司副司长梅建平与南科创部副总司长莫斐出席会议并致辞，中国驻南使馆科技公参沈龙主持研讨会。来自中南两国七名顶尖人工智能领域专家出席会议并作报告。梅建平表示，此次研讨会是落实两国元首共识的一个重要举措，也是持续深化两国务实合作的有益尝试。希望此次研讨会能够为中南人工智能领域专家搭建一个交流平台，推动两国人工智能合作不断深化。莫斐表示人工智能在经济增长中发挥着巨大作用，提供了各种经济机会，同时也面临诸多道德方面的挑战。希望通过此次研讨会，进一步加强南中两国在人工智能领域的伙伴关系。

（撰稿人：刘逸中、马秀杰、郝家坤、王柯晓）

中德人文交流

一 中德教育交流

【中国教育部部长陈宝生与德国联邦教育和研究部部长卡利切克共同举行视频磋商】 2021年4月22日,时任中国教育部部长陈宝生与时任德国教育和研究部长安雅·卡利切克(AnjaKarliczek)举行视频磋商,围绕职业教育、高等教育、青少年交流和语言教学等议题交换了意见。双方一致认为,两国自2018年以来在开展大规模职教师资培训、支持德国企业深入参与中国职业教育改革、探索线上教学等领域进行了大量合作。未来,双方将秉持互利共赢的原则,打造更多示范合作项目,推动提升中德教育合作的质量和效益,为中德全面战略伙伴关系的持续稳定发展注入新的活力。

【德国大、中学生"汉语桥"选拔赛暨首届"汉语桥"小学生中文秀活动圆满落幕】 2022年6月11日,由中国驻德国大使馆教育处主办,杜塞尔多夫孔子学院协办的2022年"汉语桥"世界中学生中文比赛德国赛区决赛以线上方式举行。"汉语桥"世界中学生中文比赛是由中国教育部中外语言交流合作中心举办的一项全球性中文赛事,也是最具权威性的全球中文赛事之一。

【德国推动科学界独立自主建设"中国能力"】 2021年6月29日,德国联邦教育和研究部发布《学术界中国能力区域发展资助指南》(Regio‐China),资助德国高校和科研机构深化并扩大中国相关知识,并在地区、德国和欧洲层面开展跨机构交流,以此增强德国科学界建设"中国能力"的独立性和自主性,为在互惠主义和欧洲价值观基础上与中国对等地开展科研合作奠定基础。该指南明确德国联邦政府在2017—2024年间为德国学术界的"中国能力"建设投入2400万欧元,将更独立自主地与中国展开平等的双向教研合作,建立可持续的中德科研合作网络。

【第15届"西门子杯"中国智能制造挑战赛顺利举办】 2021年11月15日,第15届"西门子杯"中国智能制造挑战赛线上总决赛圆满落下帷幕。作为西门子与中国教育部联合举办的国家级赛事,此次比赛在中国36个分赛区吸引了来自近700所高校的约1.7万名学生踊跃参与。"西门子杯"中国智能制造挑战赛致力于以赛促学、以赛促教、以赛促训,切实培养面向未来的"新工程师",选拔数字化时代跨专业、跨学科的创新型复合人才。

【德国奥芬堡家政和农业学校开设

"中国商务"课】 2022年3月20日,德国奥芬堡家政和农业学校为学生提供了为期一周的主题为"比较商业风格——中国和德国"的研讨会。其目的是促进学生的跨文化学习,并通过探讨实际例子帮助学生规划未来的职业生涯。学生们跟随中国专家的讲解,在疑问中学习中国商业文化的基础知识。开课的第一天恰逢国际妇女节,中国专家与学生们探讨了中国女性形象的变化——从"家庭主妇"走向"成功的商业女性"。从2016年开始,在华德国企业的数量已超过6000家。缺少了解中国文化的人才已成为德国企业面临的一大问题。近年来,越来越多的德国中学开始开设中文课程,而开设"中国商务"课是最新的尝试之一。

【同济大学推出"对德合作2.0战略"】 2022年5月27日,由同济大学和德国学术交流中心(DAAD)联合举办的"中德学术合作的新战略方向——同济大学与德国伙伴高校合作论坛"以线上线下相结合的方式举行。同济大学推出"对德合作2.0战略",与近50所德国伙伴高校和机构就未来如何聚焦"卓越、共赢、典范"的共同原则,开展更多互利共赢的高水平合作进行了深入交流。

【"中德医学教育联盟"成立大会在同济医学院召开】 2022年10月5日,由华中科技大学发起、中德两国高校共同协作筹办的"中德医学教育联盟"成立大会在同济医学院召开。华中科技大学校长尤政以《合作共赢启新航中德友谊永流芳》为题,作主旨演讲。他指出,中德高校携手创建联盟,有利于深化中德两国医疗卫生领域合作,增进两国人民健康福祉,是打造人类命运共同体的时代召唤。海德堡大学副校长魏乐代表德方高校致辞。他从科研项目、师资和人才培养等方面回顾了海德堡大学与华中科技大学的合作历史和成果,希望各成员单位通过联盟不断推进合作伙伴关系,共同提升人才培养水平,加强科研协同创新,助推教学、医疗、科研和产业融合发展,为提升两国健康卫生事业水平作出积极贡献。

【融通中外,文明互鉴——中德建交50周年中德学人联谊会举行】 2022年10月7日,由上海市欧美同学会主办,上海市欧美同学会留德分会与同济大学中德人文交流研究中心承办的中德建交50周年中德学人联谊会在沪举行。上海市欧美同学会以中德建交50周年为契机,邀请在沪德国知识界和经济界等热心对华交往的社会人士,与中国留德学人一起,举行"中德建交50周年中德学人联谊会",讲述在中德交往中的切身经历,探讨两国民间在教育、文化、经贸等领域的合作交流,展望两国民间交往的积极前景。

【海南省与德国比勒费尔德应用科学大学签约仪式举办】 2022年12月13日,海南省与德国比勒费尔德应用科学大学(以下简称比科大)独立办学项目签约仪式暨比科大合作企业专场招商推介会在德国比勒费尔德成功举办,此次签约推动海南比科大独立办学项目迈出了实质性落地的关键一步。在签约仪式上,海南省教育厅、儋州市政府与比科大签署三方合作协议,为项目推进奠定了重要基础。海南比科大将积极争取于2023年秋季启动第一批学生的招录工作，并将深化与驻华德国企业合作。

【中德职教合作南京项目40周年，"双元制"中国实践走向未来】 2022年12月16日，在南京市教育局指导和基金会倡议下，南京高等职业技术学校成功举行"中德职教合作南京项目40周年主题活动"。活动回顾合作历程、总结改革经验、彰显办学成效、增进中德友谊、凝聚发展合力、谋划远景未来。汉斯·赛德尔基金会上海代表处首席代表施泰德表示，1982年，中华人民共和国教育部决定建立南京高等职业技术学校，并在中国首次尝试根据德国"双元制"教育模式在建筑、电气和暖通技术领域培养人才。2022年是中德职业教育合作南京项目走过的第40年。在中德双方互信、负责、友好的态度下，南京项目从未中断。中德双方不断适应新形势，转变思路，创新合作发展之路，为其他职业院校学习实践符合中国学校实际的"双元制"提供了典型范例。在现场，南京高职校与汉斯·赛德尔基金会签订了第十四期合作协议，与威能公司签订了校企合作协议。

二 中德文化交流

【中国出版集体亮相线下法兰克福书展】 2021年10月20—24日，以"再次连接"为主题的第73届法兰克福书展在德国法兰克福举行，中国图书进出口（集团）有限公司组织51家中国出版单位，以线下线上相结合的方式参展。法兰克福书展是全球规模最大的出版行业展会，更是中国出版界对外输出版权最为重要的平台之一。中国出版单位将积极开展线上图书展示、版权洽谈、重点图书宣传等活动，对外讲好中国故事，传播中国声音。

【德国大使馆同北京音乐节共同线上举办现代古典音乐会】 2021年11月11日，德国大使馆同北京音乐节共同举办了一场现代古典音乐会，并在新浪微博上进行了同步直播。音乐会上，三位杰出的音乐家（赵聆/钢琴，党华莉/小提琴，刘烨/长笛）合奏了贝尔格、巴赫和亨德米特的作品。当天将近50位客人来到使馆，现场欣赏了该场音乐会。而在社交媒体上，有超过50万的粉丝观众观看了演出。该音乐会是2020年为庆祝德国接任欧盟轮值主席国以及纪念伟大作曲家贝多芬诞辰250周年而发起的活动。

【2021年德国电影展在京举办】 2021年12月3日，北京德国文化中心·歌德学院（中国）在北京百老汇中心协办2021年德国电影展。自2013年起，德国电影展已举办九届，一直致力于将更多德国优秀当代电影带给中国观众。此次电影展有6部电影在北京百老汇电影中心放映，其中在百老汇展映的影片包括在德国电影奖获得最佳故事片铜奖的《曲线球》、获得最佳音效的《噪音交响曲》、提名最佳摄影的《家》以及关注核能源污染的纪录片《无尽的核噩梦》。德国电影协会总经理西蒙娜·鲍曼、德国电影协会中国代表安

珂、北京德国文化中心·歌德学院（中国）柯理以及德国电影展大使贾樟柯对此次影展开幕表示祝贺。

【"丢勒来了"版画艺术展暨中德文化艺术交流展在德国国家馆正式开幕】 2022年5月8日，由观山止悦艺术空间主办，德国国家馆、中欧当代艺术文化交流协会联合主办的"丢勒来了"版画艺术展暨中德文化艺术交流展，历经半年多精心筹备，在德国国家馆正式开幕。

【"光华教育杯"中德建交50周年知识竞赛个人赛段圆满落幕】 2022年5月16日，由同济大学中德学部、同济大学中德人文交流研究中心、同济大学德国研究中心与中国德国友好协会联合主办的"光华教育杯"中德建交50周年知识竞赛个人赛段圆满落幕。本届知识竞赛以中德建交50周年为主题，涵盖中德高级别人文交流对话机制五大领域，内容丰富多元，兼具知识性与趣味性，为增强我国民众对德、对欧的了解，提升我国民众参与国际交流的意愿，增强跨文化知识储备和交流能力发挥了积极作用。

【中国驻德国大使馆在柏林中国文化中心举办郎朗音乐会】 2022年8月31日，为庆祝中德建交50周年，中国驻德国大使馆在柏林中国文化中心举办郎朗音乐会，德国前总统克勒夫妇、前总理施罗德夫妇及各界代表百余人参加。音乐会上，郎朗演奏了《哥德堡变奏曲选段》《平湖秋月》《彩云追月》等中德经典名曲，此次郎朗专场钢琴音乐会系中德建交50周年系列活动之开篇。现场来宾回顾和分享了参与中德合作的切身经历，并寄语中德关系健康稳定发展。线上观看直播的观众热烈留言互动，诚挚希望中德立足双方共同利益，不断增进彼此交流与理解。

【中国美术馆藏路德维希夫妇捐赠作品选展首次走进大学校园】 2022年9—11月，中国美术馆、清华大学和德国驻华使馆举办"永恒的温度——中国美术馆藏路德维希夫妇捐赠作品选展"，在清华大学艺术博物馆展出。此次展览也是路德维希夫妇捐赠的作品首次走进大学校园，该展览共展出捐赠作品61件（套），分"消费文化""建构社会""拓展语言""构成边界""记叙生活"和"继承传统"六个部分，立体呈现了20世纪60—90年代的欧洲和美洲的艺术面貌。中国美术馆自接受捐赠以来，每年都以这批藏品为基础，通过展览、研究、公共教育等方式，不断"活化"这批藏品，最大限度发挥这些艺术经典的价值。26年来，已有百余万观众目睹了这批文化珍品的风采。

【中央广播电视总台第二届中欧音乐节暨中德建交50周年音乐会举办】 2022年10月13日，由中央广播电视总台主办的"50年·新启航：中央广播电视总台第二届中欧音乐节暨中德建交50周年音乐会"成功举办。近200名中德艺术家隔空演绎两国杰出音乐大师的经典作品，共同庆祝中德建交50周年，用音乐在两国之间架起了一座民心相通、文化互鉴的桥梁。总台邀请中德两国国家级院团倾情参与，享有盛誉的柏林德意志交响乐团和在亚太地区最具规模实力的中国中央歌剧院首次联袂，隔空演绎了《节日序曲》《渔舟唱晚》《茉莉花》《柏林的空气》、歌剧《唐·豪瑟》序曲、贝多芬《F大调第二号浪漫曲》等10余首在中德两国家喻户晓的经典曲目。德国联邦议院议员、前副议长汉斯-彼得·弗里德里希在视频致辞中表示，总台的这场音乐会，是一座连接两国人民心灵的美丽桥梁。德中两国未来应注重求同存异，共同应对全人类的挑战，一起勇敢、坚定地走向未来。

【中德合拍纪录片《筑梦——献给中德建交50年》在德国电视台播出】 2022年11月4日，为献礼中德建交50周年，中德合拍纪录片《筑梦——献给中德建交50年》在德国多个地方电视台播出。纪录片以8位活跃在中德两国不同岗位的主人公为叙事线索，通过平凡人讲述跨国逐梦的心路历程，体现了两国不平凡的交往合作和根深蒂固的民间友谊。

【2022年德国电影展12月9日在北京开幕】 2022年12月9日，在中德建交50年之际，第十届德国电影节在北京开幕。本次德国电影展由德国电影协会主办，北京德国文化中心·歌德学院（中国）和百老汇影城协办，并得到了德国大使馆的支持。2022年，德国电影展继续为电影人们搭建对话的平台，让不同的声音在此交流汇聚，为中国观众带来在各类影展和欧洲市场上有亮眼表现的德片佳作。

【"青岛非遗文化产品——剪纸走进德国雷根斯堡"活动在德举办】 当地时间2022年12月2日，"青岛非遗文化产品——剪纸走进德国雷根斯堡"活动在德举办，多位德国政商界、文旅界及华人华侨代表出席了活动。本次活动由中国青岛市人民政府新闻办公室主办，中国外文局驻欧直属机构中国图书贸易有限公司和德国雷根斯堡德华友好文化交流协会联合承办，为德国民众接触青岛剪纸刻工精细、图样基调明快而质朴，工艺和韵味精巧、纤秀的特点提供了亲身经历的机会，促进了中华优秀传统文化的对外传播。

【"富春山居影像展"在德国汉堡举行】 2022年12月27日，反映杭州市富阳区山水人文美景的"富春山居影像展"在浙江万里学院德国汉堡校区展出。通过光影艺术，德国民众以及在德中国学子有了深入了解杭州、富阳的机会。

三　中德体育交流

【德国法兰克福（四川）足球青训中心成立】 2021年12月17日，德国法兰克福（四川）足球青训中心成立仪式在国家南方·连界足球竞训基地举行。法兰克福（四川）足球青训中心是内江市委、市政府践行落实中央深改会议关于《中国足球改革总体方案》、为推动体育事业强劲发展而成功引进的市级重点项目，致力于向中国引进德国顶级青训体系，以足球为纽带搭建中德文化交流桥梁，为国家培养输送更多天赋球员。青训中心坚持引进德国先进青训理念，与中国青少年足球发展规律相结合，开展青少年国际和国内足球交流活动等工作，促进四川乃至全国足球青训事业发展。

【2022全球"运河深潜"穿越行动德国站举行：用体育连接世界、促进低碳环保】 2022年6月3日，2022全球"运河深潜"穿越行动在德国柏林举行，中外友好人士在柏林运河上共划赛艇，推广零碳排放、零废弃和清洁水源的倡议。全球"运河深潜"赛艇穿越行动由总部位于扬州的世界运河历史文化城市合作组织和深圳市国际交流合作基金会联合发起，通过在各地知名运河上展开活动，倡导运动健康、低碳环保、人类命运共同体等理念，架起民间交流的桥梁。

【德国武术锦标赛时隔两年在柏林举行】 2022年6月4日，德国武术锦标赛预选赛暨北德武术锦标赛在首都柏林举行。本次比赛有利于推广武术运动，让更多人了解中国传统文化、促进中德人文交流，推动两国文化交流。

【第六届中德体育发展国际学术论坛在京举办】 2022年12月21日，第六届中德体育发展国际学术论坛由北京体育大学和德国科隆体育大学联合主办，北京体育大学管理学院承办，两校百余名师生通过线上线下的方式参加。论坛主题为"大型体育赛事与可持续发展——北京2022年冬奥会和冬残奥会"，来自两校的六位专家通过主题演讲和对话，共同探讨大型体育赛事可持续发展议题。

四　中德媒体交流

【2021中德媒体圆桌会在线上举办】 2021年11月29日，由《环球时报》社和香港CMM—I传媒咨询有限公司联合主办的2021中德媒体圆桌会在北京和柏林同步举行，中德两国媒体代表以线上会议的方式展开交流。《环球时报》社总编辑胡锡进、中国新闻社社长陈陆军、财讯传媒集团总裁戴小京、北京市新闻工作者协会主席梅宁华、中国国际广播电台原副总编马为公、《环球时报》社副总编辑谢戎彬等中国媒体人与多位德国媒体同行就新冠疫情大流行下全球政治、中美关系、中德关系、气候变化等话题进行了深入交流。与会嘉宾均认为，中德媒体应该积极扮演建设者的角色，共同围绕中德之间的相同点，增进两国民众之间的理解，用更加坦诚和友好的态度开展交流与合作。在全球新冠疫情持续流行严重阻碍正常国际交流的大背景下，中德两国媒体坚持在疫情危机中寻求对话，增进了解。

【2022中德媒体圆桌会于线上线下同步举行】 2022年9月19日，由《环球时报》社和香港CMM信息咨询有限公司联合主办的2022（第十三届）中德媒体圆桌会在北京和柏林以线上和线下结合的方式同步举行。本次圆桌会由环球时报社副总编辑谢戎彬和德国专栏作家弗兰克·泽林分别在北京和柏林两地共同主持。中国新闻社社长陈陆军、

中央广播电视总台主持人白岩松、北京市新闻工作者协会主席梅宁华等中国主流媒体代表以及来自德国北德意志广电集团、《莱茵邮报》、德国电视一台、德国电视二台、《南德意志报》《时代周报》等的德国媒体代表就全球经济如何走出困境、联合国可持续发展目标、新冠疫情防控、中欧未来如何合作以及中德媒体增进理解和宽容等话题进行了深入的交流。

五　中德青年交流

【**首届中德农业青年领军者论坛在江苏南京举办**】　2021年10月18日，首届中德农业青年领军者论坛在江苏南京召开。中国农业农村部国家首席兽医师（官）李金祥出席论坛并致辞。李金祥指出，中德农业合作机制健全、交流频繁、成果丰富，已成为双边农业合作的典范。中德青年农业实用人才能力建设项目于2015年启动，迄今双方已互派164名青年到对方国家交流学习，取得了良好成效。德国食品与农业部国务秘书福赫特尔作视频致辞，德国驻上海总领事贺德满出席论坛。相关国家驻华使馆、国际组织、相关省（区、市）农业农村部门、企业和科研院所的代表以及历届中德青年农业实用人才交流项目学员代表共200余人参与论坛系列活动。

【**中德青年志愿服务交流活动在线举办**】　2021年11月24日，中国青年志愿者协会与德国国际青少年工作专业服务机构（IJAB）相聚云端，围绕"中德双方青年志愿服务行动框架""中德青年在基层的志愿参与"等话题进行深入交流。中国青年志愿者协会副秘书长熊剑和德国国际青少年工作专业服务机构总经理玛丽-路易斯·德雷波尔分别致辞，随后来自两国的16名代表分享了本国青年在志愿服务领域的经验。12月7日，双方围绕"新冠疫情全球大流行背景下的青年志愿活动"展开第二场会议的热烈讨论。中国青年志愿者协会副会长廉思在总结发言中表示，同德国友人的交流，将助力中国青年志愿者深化与世界各国志愿服务组织的交流与合作，努力为世界志愿服务事业的发展作出中国贡献。

【**中德青年论坛6月25日在杭州举行**】　2022年6月25日，为营造创新文化氛围，促进青年创业能力建设，推动浙江省国际"互联网+"大学生创新创业大赛顺利举行，浙江科技学院联合同济留德校友会共同举办中德云论坛。该论坛以线上线下相结合的形式举行，围绕"后疫情时代青年发展"主题，通过优秀报告人分享职业发展和创新创业的见闻与经历，结合中德两国经济社会发展环境和国际趋势，给青年学生提供后疫情时代个人可持续发展的意见和建议。

【**献礼中德建交50周年——"中德青少年云合唱音乐会"举行**】　2022年9月10日，献礼中德建交50周年"中德青少年云合唱音乐会"在德国北威州埃森音乐厅举行。德国伯乐中文合唱团成员与中国成都多所中学合唱团的同龄人以云视频方式合唱，用中德双语带来了《茉莉花》《当梦想张开翅膀》等两国名曲。合唱团协会主席米尔曼在致辞中简要介绍了合唱团的成立及与中国的情缘，希望德中两国间能够进一步建好桥梁，增进文化理解，加深两国人民友谊。中国驻德国大使吴恳表示，伯乐中文合唱团也已经走过第八个年头。如果把中德建交50周年的累累硕果比作璀璨的星河，那伯乐中文合唱团就是星河中一颗耀眼的星。他希望同学们继续以歌声为纽带，学好中文，做中德文化的探索者、两国友谊的促进者、跨文化理解的实践者，让这颗星越来越闪耀，照亮更广阔的天地。活动期间，中文音乐教室、中德音乐文化交流基地揭牌；合唱团中有成员曾获颁中国政府奖学金证书、"汉语桥"证书等。

（撰稿人：徐丽莉）

中印人文交流

一　中印教育交流

【中国学院成立八十四周年活动举办】　2021年4月14日，中国驻加尔各答总领事查立友与印度国际大学常务副校长查克拉巴蒂（Bidyut Chakrabarty）和印度国际大学中国学院院长阿维杰特·班纳吉（Avijit Banerjee）通电话，祝贺中国学院成立84周年。

【第二十届"汉语桥"世界大学生中文比赛举行】　2021年8月4日，第二十届"汉语桥"世界大学生中文比赛印度赛区决赛以线上方式成功举行。中国驻印度大使孙卫东在颁奖仪式上致辞时表示，今年是"汉语桥"世界大学生中文比赛举办20周年，"汉语桥"架起了连接中国与世界的文化之桥、友谊之桥、心灵之桥。本届"汉语桥"印度赛区决赛由中国驻印度大使馆主办，宜春学院—拉夫里科技大学汉语教学中心等协办。

【与印度高校线上圆桌论坛举办】　2021年8月25日，中国驻孟买总领馆与当地知名高校塔库尔管理学院（TIMSR）联合举行新学期开幕中印关系主题线上圆桌论坛，总领事唐国才、印前总理顾问库尔卡尼等各界专家参与现场讨论，学院师生代表和领区工商、学术、文化、媒体等各界人士近400人出席该论坛。多家印度媒体对活动进行现场采访报道。

【"构建人类命运共同体与中印关系"学术研讨会召开】　2021年12月5—6日，由中国外国文学学会印度文学研究分会、同济大学国际文化交流学院联合主办的"构建人类命运共同体与中印关系"学术研讨会暨中国外国文学学会印度文学研究分会第十七届年会顺利召开。来自中国社会科学院外文所、北京大学、国家图书馆、上海交通大学、上海外国语大学、兰州大学、西安外国语大学、北京外国语大学、深圳大学等院校的80余位专家学者参加了会议。与会代表一致表示：中印要进一步团结合作、深化战略伙伴关系，行稳致远，就必须实现中印之间和谐相通。

【徐梵澄诞辰112周年纪念活动举办】　2021年12月10日，由印度本地治里徐梵澄文化研究中心主办的徐梵澄诞辰112周年纪念活动顺利举办，来自云南省外办、云南省社会科学院、云南民族大学、大理大学、大理州外办、大理州文旅局及浙江省舟山市外办等的相关负责人线上参加活动并发言交流。来自两国高校、协会、研究机构、企业的代表围绕两国文化以及中印文化交流展开热烈讨论。中印双方发言嘉宾均表示，将秉持徐梵澄先生精神，积极推动双方在文化、旅游、教育等领域交流合作。

【"2021 中国—印度职业教育合作"研讨会举办】 2021 年 12 月 26 日，在印度鲁班工坊启运四周年之际，中国教育国际交流协会与中国驻印度大使馆共同主办 2021 中国—印度职业教育合作研讨会。会议围绕"技能·就业·发展"主题，凝聚政、校、行、企合力，为中印职教发展献计献策。会议由天津轻工职业技术学院、天津机电职业技术学院承办，在天津市设立线下会场。

【印度驻广州总领事访问云南民族大学】 2022 年 3 月 3 日下午，新任印度驻广州总领事何继往（Mr. Shambhu L. Hakki）、商务领事倪学楷（Mr. Benson Ninan）一行访问云南民族大学。校党委书记陈鲁雁书记、副校长段钢会见来宾一行并出席座谈会，国际合作交流处、中印瑜伽学院、南亚东南亚语言文化学院、国际学院负责人及有关学者、教师参加座谈。双方一致同意继续增进友谊、深化合作，以太极瑜伽为依托，以语言文化为桥梁，将中印两国世代友好的种子播撒在更多青年心上。

【"中印杰出学者徐梵澄与巴勒迪研讨会"举办】 2022 年 6 月 5 日，"中印杰出学者徐梵澄与巴勒迪研讨会"在印度南部的中央直辖区本地治里市举行。中国驻印度大使孙卫东应邀出席研讨会并在作主旨讲话时表示，中印建交 70 多年来，两国民间友好组织始终坚定推动交流往来，为夯实两国友好民意基础、推动双边关系发展作出重要贡献。他表示，中印友好之树的根基在民间，人民的深厚友谊是滋养国家关系的源泉。中印友好事业的希望在青年，两国青年的密切交往必将为中印关系带来不竭动力。双方一致同意支持印中友协进一步加强同中国相关机构的交流合作，促进两国文化、艺术、教育、青年等人文交流深入发展。

【孙卫东出席第 21 届"汉语桥"中文比赛印度赛区颁奖活动】 2022 年 7 月 4 日，第 21 届"汉语桥"世界大学生中文比赛印度赛区比赛落下帷幕，中国驻印度大使孙卫东出席颁奖活动并讲话。孙卫东首先对今年"汉语桥"比赛的举办和选手们取得的好成绩表示祝贺，感谢有关院校和评委的大力支持。他指出，"汉语桥"世界大学生中文比赛坚持以"天下一家"为主题，体现了中国人"协和万邦"的天下观，倡导各国间相互尊重、相互合作、共同发展的愿景。他强调，学好语言有助于搭建起沟通和理解的桥梁，达成同舟共济的共识，共同维护世界和平与发展。

【孔宪华访问迈索尔大学】 2022 年 11 月 14 日，中国驻孟买总领事孔宪华访问迈索尔大学，会见常务副校长赫曼塔（G. Hemantha Kumar）。迈索尔大学国际交流中心主任金达和迈索尔市教育局代表参加，印方表示迈索尔大学将积极与更多中国高校开展形式多样的师生互换互访项目，继续推动中印教育与文化交流合作。

【中印鲁班工坊五周年纪念会召开】 2022年12月8日，正值印度鲁班工坊揭牌启运五周年之际，印度鲁班工坊沟通交流会暨五周年纪念会以线上线下相结合的方式成功召开。在印度金奈理工学院、天津轻工职业技术学院、天津机电职业技术学院设线下会场。中国驻印度大使馆教育参赞杨修华率代表团实地访问了金奈理工学院并参观了印度鲁班工坊实训室。中印双方院校就鲁班工坊现存的问题进行了沟通交流，约定双方将加强合作，待时机允许时进行互访。

【孔宪华赴中印学院开展文化交流】 2022年12月11日，中国驻孟买总领事孔宪华赴中印学院开展文化交流活动，中国驻印度使馆杨修华参赞致辞，中印学院师生和使领馆工作人员深入热烈交流互动。活动中，中印学院师生表演了合唱、书法和绘画等精彩节目，双方还就学生签证、交流访学和赴华工作等进行深入交流。

二 中印文化交流

【"欢乐春节—新春线上音乐会"在印展播】 2021年2月10日，由中国文化和旅游部、中国驻印度大使馆共同主办的"欢乐春节—新春线上音乐会"在社交媒体平台上展播。中国驻印度大使孙卫东发表致辞，向关心支持中国和中印关系发展的朋友表示感谢和祝福。

【纪念柯棣华活动举办】 2021年4月3日，中国驻孟买总领馆与柯棣华纪念委员会共同举办线上纪念活动，深切缅怀柯棣华烈士，中国驻孟买总领事唐国才在线讲话。柯棣华家乡索拉浦尔市长、柯棣华家属代表、印中友协主席兼马邦分会会长以及来自领区和全印医疗、文化、教育、工商界的代表等近百人出席。

【"中印携手脱贫发展专题研讨会"举办】 2021年5月24日，中国驻孟买总领馆、云南国际研究中心和南印教育协会、《自由新闻日报》联合举办"中印脱贫发展、民心相通"线上专题研讨会。中国驻孟买总领事唐国才、云南省外办副主任郝昆等中方嘉宾，以及印前总理顾问库尔卡尼（Sudheendra Kulkarni）、印度国家乳业发展委员会执行主任拉斯特（Arun Raste）、马邦财政部主秘戴尔拉（Rajgopal Deora）、塔塔社科院教授塞卡尔（Madhusree Sekhar）等印方嘉宾出席。

【"建党百年线上庆祝活动"举办】 2021年6月30日，在中国共产党成立100周年到来之际，中国驻孟买总领馆与柯棣华纪念委员会、印中友协马邦分会等友好团体联合举行线上庆祝活动并慰问柯棣华家属，唐国才总领事出席并致辞。柯棣华侄女波卡尔、柯棣华家乡索拉浦尔市市长、印中友协主席、柯棣华纪念委员会负责人贾达夫（Rajendra Jadhav）以及来自领区文化、教育、工商界等领域的代表等出席。领馆全体馆员和领区中资企业代表参加。

【黄锡强会见印度驻上海总领事南

达】2021年11月24日，江苏省外办一级巡视员黄锡强会见了印度驻上海总领事南达，双方就共同推动江苏与印度各领域务实合作和友好交流深入交换了意见。双方就两地在经贸投资、友城交往、人文交流等领域互惠友好合作的进一步加强，促进两地在经济结构和产业布局上实现优势互补等议题进行深入交流。并一致同意双方应加强沟通协作，大力挖掘两地务实合作潜力，为两国关系发展作出贡献。

【2022年"欢乐春节"线上演出展播】2022年1月10日起，在中国农历春节来临之际，由中国文化和旅游部、中国驻印度大使馆共同主办的"欢乐春节—新春线上音乐会"开始在社交媒体平台上展播。中国驻印度大使孙卫东发表致辞，向关心支持中国和中印关系发展的朋友表示感谢和祝福。并表示文化艺术是连接民众友谊、促进民心相通的重要纽带。期待此次新春线上音乐会以创新的方式，为两国人民搭建一个友好交流新平台。

【"一起向未来"视频交流活动举办】2022年1月11日，中国驻印度使馆举办印度青年支持北京冬奥会"一起向未来"视频交流活动。孙卫东大使作主旨讲话，北京冬奥组委对外联络部副部长万学军、印度青年领袖联合会主席苏万焕致辞。来自印中友协本地治里分会、印中贸易中心、徐梵澄文化研究中心、印高校青年、留学生群体的代表等100多人参加活动。

【2022虎年新春线上庆祝活动举办】2022年1月31日，壬寅虎年新春佳节除夕，中国驻孟买总领馆、孟买大学孔子学院和中印学院联合举办线上庆祝活动。印前总理顾问库尔卡尼，中印学院创办人唐汉明、印中友协和柯棣华大夫家人等印方各界友人、领区中资企业和机构、华人华侨、留学生代表共两百人出席。正在孟买参加亚洲杯女足赛的中国女子足球队作为特别嘉宾参加。

【印度大使馆瑜伽庆祝活动举办】2022年6月18日，"2022国际瑜伽日"活动在北京印度大使馆举行。该活动由印度驻华大使馆主办，现场500余名瑜伽爱好者共同练习、感受瑜伽，增进中印友谊。该活动还在线同步了75个城市的75家瑜伽机构。印度驻华大使Pradeep Kumar Rawat（罗国栋）专程出席活动并讲话，他表示，瑜伽可以帮我们舒缓来自现实世界的各种精神压力与焦虑。罗国栋同时表示本次活动也是中印两国文化交流的象征，是中印两国之间友谊的体现。

【2022年国际瑜伽日暨中印人文交流系列活动举办】2022年6月21日，在第八个国际瑜伽日到来之际，2022年国际瑜伽日暨中印人文交流系列活动以"线上+线下"的形式在云南省南亚东南亚区域国际传播中心举办。此次活动以"瑜伽为媒 文明互鉴 中印携手 民心相通"为主题，旨在加强中印文化交流，增进云南与印度等南亚国家的人文交流、互学互鉴，并进一步加快推进云南面向南亚、东南亚辐射中心的建设，强化云南民族大学中印瑜伽学院对印度开展人文交流的力度。

【查立友与加尔各答国际女性俱乐

部成员座谈】　2022年8月20日，中国驻加尔各答使领馆总领事查立友在官邸与加尔各答国际女性俱乐部的23位成员代表进行座谈交流。参加活动的俱乐部成员来自美国、德国、荷兰、乌克兰、尼泊尔、印尼、哥伦比亚等国，她们与查立友总领事积极互动，坦诚交流，现场气氛友好热烈。

【"中国学者与印度驻华大使的交流会"举办】　2022年8月25日，印度驻广州总领事馆举办"中国学者与大使的交流"对话会，印度驻广州总领事何继往先生主持本次会议。四川大学南亚研究中心首席专家邱永辉教授，黄云松研究员和肖健美副研究员应邀出席并在线上进行了交流。

【印度驻上海总领事拜访浙江省人民政府外事办公室】　2022年9月20日上午，浙江省外办主任顾建新在杭州会见了印度驻上海总领事南达一行。顾建新对南达来浙访问表示欢迎，对印度驻上海总领馆长期以来为促进浙印友好交流合作所作出的努力表示感谢。顾主任表示，中印两国互为重要近邻，同是文明古国和新兴经济体，浙印双方在经贸、人文领域的合作成果显著。浙江省外办愿与印度驻上海总领事馆一道为中印两国关系向前发展贡献浙江力量。南达感谢浙江省外办的热情接待，称赞浙江省经济社会发展成就。他表示，印度驻上海总领事馆愿与浙江省外办保持沟通联系，不断深化印浙多领域交流合作。

【秦勇出席印度针灸协会第19届年会】　2022年12月3日，中国驻加尔各答使领馆代总领事秦勇应邀出席印度针灸协会第19届年会开幕式并致辞，印针灸协会主席甘泰特（Dr. Gantait）、印卫生部门官员及全印和尼泊尔、孟加拉国针灸医生、专家学者等250余人出席大会。秦勇代总领事强调，在当前世界面临多种挑战情况下，中印应当继续从文明交流互鉴中汲取智慧，以携手合作推动共同发展。

三　中印旅游交流

【"新疆是个好地方"视频交流会举办】　2021年10月26日，中国驻印度使馆与新疆维吾尔自治区政府共同举办"新疆是个好地方"视频交流会。新疆维吾尔自治区政府副主席吉尔拉·衣沙木丁发表主旨讲话，中国驻印度大使孙卫东在线致辞。中国驻孟买总领事唐国才、驻加尔各答总领事查立友，印经济、文化、旅游、青年等各界友好组织人士、各大高校师生和智库学者代表共130余人通过视频连线方式出席活动。

【2022"中国旅游文化周"活动举办】　2022年9月1—15日，中国驻新德里旅游办事处在社交平台举办了2022"中国旅游文化周"活动。此次活动围绕"城市建设""丝路文旅""乡村振兴""黄河文化""非遗减贫"和"中国旅游课程"六大版块，向印度民众展示了丰富多彩的中国文化和旅游资源，介绍了中国传统文化保护与传承、当代

中国创新发展成就以及文化和旅游在中国式减贫中发挥的重要作用等内容。

四　中印青年交流

【中印青年创业论坛暨创业故事会在线举办】　2021年1月26日，以"把握创业机遇，携手共同发展"为主题的中印青年创业论坛暨创业故事会在线举办，来自中印两国的近100名青年代表应邀参加。本次论坛由中华全国青年联合会与印度青年领袖联合会共同主办，由中国青年报社、中国国际青年交流中心、KAB全国推广办公室承办。

【孙卫东会见印度青年领袖联合会主席苏万】　2021年3月22日，中国驻印度大使孙卫东会见印度青年领袖联合会（CYL）主席苏万，就推动中印在人文、教育、青年、体育等领域的交流与合作交换了意见。

【"Z世代看中印关系——是判断题，更是选择题"访谈举办】　2021年11月4日，中国日报社《少年会客厅》第五期以"Z世代看中印关系——是判断题，更是选择题（India and China in the eyes of GenZ）"为主题的节目举办，来自清华大学的印度留学生Ashish呼吁中印民间应有更多理性声音的回归，尤其是Z世代青年人要勇于扛起中印人文交流的旗帜，粉碎刻板印象和极端谣言。双方青年代表表示中印青年的所思所想、过去与将来，都比我们愿意承认的紧密得多。

【中印青年对话论坛举行】　2022年7月25日，由中国外文局指导，中国外文局中东欧与中南亚传播中心（人民画报社）、中国国际青年交流中心、印度国际大学中国学院共同主办的"携手前行　共创未来"中印青年对话论坛在北京举办。中印青年代表围绕"中印青年为什么需要交流互鉴""中印青年需要怎样的交流互鉴"等议题展开了深入交流。

【查立友与印度青年企业家座谈】　2022年9月26日，中国驻加尔各答总领事查立友邀请青年企业家联合会加尔各答分会的部分会员到官邸座谈。双方就印度青年企业家如何发挥自身优势，促进双边经贸合作，服务中印友好事业进行了深入交流。双方就未来组织商贸代表团赴华访问时能得到总领馆的支持和指导表达了意向，并期待在教育、环保、妇女权益等领域与中国的相关机构开展交流。

五　中印智库交流

【孙卫东会见德里研究集团主席维杰·乔里】　2021年3月31日，中国驻印度大使孙卫东会见印度德里研究集团主席维杰·乔里，就中印关系等共同关心的问题交换了意见。孙大使向维杰·乔里赠送了《习近平谈治国理政

（第三卷）》。

【孙卫东同印度学者苏丁德拉·库尔卡尼对话】 2021年4月2日，中国驻印度大使孙卫东同印度知名学者和媒体评论员、印度前总理瓦杰帕伊重要助手库尔卡尼举行视频对话。孙大使介绍了对中印关系、边界问题、中印双多边合作以及共同关心问题的看法。

【第七次中印关系对话线上会议举行】 2021年4月15日，中国人民外交学会和印度世界事务委员会共同主办的第七次中印关系对话线上会议举行。外交学会会长王超与印度世界事务委员会执行主任提鲁玛莱·拉加万分别率双方代表共约30人参加。王超和拉加万分别致开幕辞。中国驻印度大使孙卫东和印度驻华大使唐勇胜分别通过线上方式在开幕式发表演讲。双方代表就"推动符合共同利益的发展议程"和"共同应对后疫情时代国际格局变化和挑战"两个议题进行了坦诚、深入的交流。

【第三次中印圆桌对话会举行】 2021年7月2日，第三次中印圆桌对话在北京成功举行。此次对话作为第九届世界和平论坛的一个合作小组，由清华大学国际关系研究院和印度中国研究所联合举办，形式为线上线下融合，本次对话主题为"中印关系：重建互信"。

【孙卫东出席第四届中印高级别二轨对话开幕式】 2021年9月23日，中国驻印度大使孙卫东应邀以视频方式出席由四川大学国际关系学院、中国南亚研究中心和印度国防研究分析所共同主办的第四届中印高级别二轨对话开幕式并致辞。中国前国务委员戴秉国出席开幕式。

【印度驻沪总领事访问上海社会科学院】 2021年11月12日，印度驻上海总领事南达博士（Dr. N. Nandakumar）一行访问上海社会科学院，党委书记权衡研究员会见外宾，并就中印学术交流、智库合作进行了交流。双方回顾了印度历任总领事在推进中印相关高校与智库交流合作方面提供帮助的长期历史。并对更深入的交流合作达成共识，以期进一步深化交流内容，推进双方关系发展。

【CISS副主任出席印度中国研究所研讨会】 2021年11月17日，清华大学战略与安全研究中心副主任、国际关系学系教授达巍参加印度中国研究所（Institute of China Studies）主办的"中美军事冲突风险"线上研讨会。本次会议由中国研究所海孟德（Hemant Adlakha）教授主持，参加会议的专家除达巍教授外，还有前印度国家安全委员会主席、前外交秘书萨仁山（Shyam Saran）、美国公谊会亚太和平与非军事化工作组召集人约瑟夫·戈尔森（Joseph Gerson）、新加坡国立大学李光耀公共政策学院亚洲研究教授白康迪（Kanti Bajpai）、美国巴克内尔大学教授朱志群等。

【外交部部长助理吴江浩会见印度驻华大使】 2022年4月26日，外交部部长助理吴江浩会见印度新任驻华大使罗国栋。吴江浩欢迎罗国栋大使履新，表示中印同为发展中大国，拥有共同利益，面临共同挑战。希望印方同中方相向而行，落实两国领导人战略共识，推动两国关系健康稳定发展。罗国栋大使表示，印中关系是世界上最重要的双边关系之一，关乎亚洲乃至世界的未来，印方愿同中方加强沟通合作，释放两国关系更大潜力。

【"2022 年中印对话会"举办】 2022 年 5 月 31 日，上海国际问题研究院与印度观察家研究基金会联合举办了"2022 年中印对话会"。来自上海国际问题研究院、清华大学、复旦大学、云南社科院和印度观察家研究基金会、中国分析及策略中心的学者围绕变动中的国际秩序、中印关系现状等议题进行了坦诚交流。会议由上海国际问题研究院院长陈东晓、印度观察家研究基金会研究与外交政策项目副会长哈什·潘特（Harsh V. Pant）共同主持，尽管双方在本次对话中仍然存在很多分歧，但一致认为加强智库对话和合作是必要的。

【"中国驻印度使馆与印度对华友好组织座谈会"举办】 2022 年 6 月 1 日，中国人民对外友好协会副会长姜江以视频方式出席中国驻印度使馆与印度对华友好组织座谈会并致辞。中国驻印度大使孙卫东以及来自印度本地治里中央直辖区、卡纳塔克邦、喀拉拉邦、泰米尔纳德邦等地的印中友协负责人和徐梵澄文化研究中心等机构代表出席。姜江表示，保持友好合作才是唯一正确的选择。双方要以长远眼光看待中印关系，遵循中、印、缅共同倡导的和平共处五项原则，就一定能推动中印关系行稳致远。

【中国国际问题研究院院长会见印度驻华大使】 2022 年 6 月 16 日，中国国际问题研究院院长徐步在中国国际问题研究院会见印度驻华大使罗国栋（Pradeep Kumar Rawat），就中印关系及当前国际形势交换意见。

【"加强金砖合作、共促全球发展"座谈会举行】 2022 年 6 月 30 日，中国驻印度使馆举行"加强金砖合作、共促全球发展"线上座谈会。孙卫东大使主持会议并作主旨讲话，介绍第十四次金砖国家领导人会晤总体情况和主要成果，唱响金砖合作重要意义和光明前景。印度前商工部长、印度二十国集团事务前协调人普拉布，以及来自议会、智库、商界、友好组织、青年机构的知名人士参会。

【全球化智库代表团拜会印度驻华大使罗国栋】 2022 年 8 月 12 日，CCG 全球化智库代理团理事长王辉耀、CCG 秘书长苗绿应邀与印度驻华大使罗国栋（Pradeep Kumar Rawat）举行了会晤。双方在印度大使官邸共进午餐，并就双边关系和人文往来等共同关心的话题进行了深入交流。

【"中印应对气候变化的立场、政策与合作"线上研讨会举办】 2022 年 8 月 23 日，四川大学中国南亚研究中心与印度国家海洋基金会联合举行了"中印应对气候变化的立场、政策与合作"线上研讨会。四川大学法学院杨翠柏教授主持会议，中国南亚研究中心首席专家邱永辉教授、四川大学法学院副教授赵悦博士、印度国家海洋基金会执行董事 Debesh Lahiri、印度国家海洋基金会研究员 Pushp Bajaj 博士、印度国家海洋基金会副研究员 Chime Youdon 博士以及多位校内外学者出席了会议。

【第八次中印关系对话举行】
2022年11月16日,中国人民外交学会和印度世界事务委员会通过视频会议形式共同主办第八次中印关系对话。外交学会副会长李杰与印度世界事务委员会执行主任维贾伊·辛格分别率双方代表共约25人参加。李杰和辛格分别致开幕辞。双方代表就"从中国和印度视角看全球和地区发展""中印互利合作：经贸往来和人文交流"以及"改革的多边主义和真正的多边主义：共性和差异"三个议题进行了坦诚、深入的交流。

(撰稿人：李亚兰)

中日人文交流

一 中日教育交流

【第七届中日教育交流会线上线下同步举办】 2021年7月9日，第七届中日教育交流会成功举办。会议以"后疫情时代中日教育交流"为主题，首次采用"线下+线上"双线融合模式，设有中日大学校长论坛、中日高中教育论坛，分别围绕"后疫情时代高层次人才培养""后疫情时代中日国际教育合作""中日高中教育教学改革"和"中日高校际交流与合作"等议题展开研讨。中国教育国际交流协会秘书长王永利对未来中日教育合作提出三点期望：关注当前，助力中日关系长期健康稳定发展；聚焦变化，推动中日教育交流合作更加深入；面向未来，携手推进构建人类命运共同体。

【"2021中国云南省与日本岩手县教育交流活动"在线上举办】 2021年11月17日，云南省人民对外友好协会与日本岩手县教育委员会共同在线上举办"2021中国云南省与日本岩手县教育交流活动"。来自昆明市五华区的云南大学附属中学、云南师范大学实验中学、华山中学、昆明市第十四中学4所中学的教师与岩手县10余所中学共30余名教师在"云端"欢聚一堂，聚焦英语教育和心理健康，碰撞思想，集思广益。

【"重温初心，面向未来"纪念中日邦交正常化50周年国际学术研讨会举办】 2022年8月27日，中国社会科学论坛"重温初心，面向未来"——纪念中日邦交正常化50周年国际学术研讨会举办。

【"跨越两国的审美：日本与中国汉唐时期文化交流"特展开幕】 2022年9月23日，由清华大学和日本奈良县政府共同主办的"跨越两国的审美：日本与中国汉唐时期文化交流"特展开幕。与会嘉宾在致辞中表示，本次展览体现了中日历史上文化交融的深度和日本社会对中国汉唐文化的喜爱与汲取，是促进中日两国艺术、历史和文化交流的一次重要活动。中日应推动双方各层面的文化交流，为增进两国人民相互理解和世代友好不断努力。本次特展共展出日本奈良县立橿原考古研究所等机构的100余件/套与中国相关的文物，以及中国国内文博机构所藏的数十件与日本相关的文物。

【中日高校电竞友谊赛暨电竞线上交流会在江苏南京举行】 2022年9月

25日下午，2022中日高校电竞友谊赛暨电竞线上交流会在南京举行，江苏省体育总会副会长范金华出席并致辞。本次赛事活动由江苏省体育总会、日本电子竞技教育协会发起举办，在中国南京和日本大阪分设线下会场。交流会同期举办了中日高校电竞友谊赛。在电竞入选2022年杭州亚运会正式比赛项目的背景下，本次赛事活动按照交流合作、共同发展的原则，通过电竞学术交流、高校学生友谊赛等多种形式，较好地推进了中日电竞文化友好往来，为未来双方建立长效合作机制打下良好的基础，进一步拓宽了中日文化交流的渠道和领域。

【第八届中日教育交流会开幕】
2022年11月12日，第八届中日教育交流会采用"线上+线下"双线融合方式隆重开幕，该活动由中国教育国际交流协会主办，大连理工大学、日中文化交流中心承办，大连市人民政府外事办公室、千叶大学协办，中华人民共和国驻日本国大使馆、日本文部科学省是本次交流会的后援单位。第八届中日教育交流会为进一步推进构建契合新时代要求的中日高等教育合作新格局搭建了互通共融的平台，以中日邦交正常化50周年为新起点，助力两国关系持续健康稳定前行。

二　中日科技交流

【合肥工业大学与日本国立静冈大学2021年度"中日青少年科技交流计划（樱花科技计划）"成功举办】
2021年10月11日至11月15日，合肥工业大学与日本国立静冈大学成功实施线上项目交流活动。本活动为双方共同申报并成功获批的、由中国科学技术部（MOST）国际合作司与日本科技振兴机构（JST）共同组织的2021年度"中日青少年科技交流计划（樱花科技计划）"项目，受疫情影响，该活动于线上实施项目交流计划。

【重庆理工大学和日本宫崎大学2021年度"中日青少年科技交流计划（樱花科技计划）"成功举办】　2021年11月26日，由重庆理工大学和日本宫崎大学联合申报、科技部国际合作司批准的2021年度"中日青少年科技交流计划（樱花科技计划）"在花溪校区国际合作与交流处会议室举办第一次线上交流会。参加会议的有日本宫崎大学工学教育研究部教授邓钢、重庆理工大学机械工程学院书记邓国红、院长刘小康、副院长朱革、副书记赵娟、国际合作与交流处副处长姚璐璐，机械工程学院博士路世青及11名学生代表。另有多名学生通过线上方式场外参会交流。会议由国际合作与交流处姚璐璐副处长主持。本次交流会作为2021年度樱花科技计划的第一次线上会议，具有重大意义。"中日青少年科技交流计划"是日本政府主办的科技交流项目。该计划有效推动了中日之间的科技人文交流与合作，增进了两国科技界之间的沟通与理解。

【安徽中医药大学医药信息工程学

【**院与日本神户情报大学院大学 2021 年度中日青少年科技交流计划（樱花计划）项目顺利落幕**】 2021 年 12 月 22 日，安徽中医药大学医药信息工程学院与日本神户情报大学院大学共同承办的 2021 年度中日青少年科技交流计划（樱花计划）项目顺利落幕。日本神户情报大学院大学副校长内藤智之，安徽中医药大学医药信息工程学院党委书记吴成海，党委副书记、院长阚红星，副院长阚峻岭，学校外事办副主任昂文平，日本神户情报大学院教师孙一以及参加此次交流活动的医药信息工程学院 29 名师生参加了闭幕式。

【**第二届中日先进陶瓷创新发展大会举行**】 2022 年 9 月 6 日，第二届中日先进陶瓷创新发展大会在中国江西景德镇和日本京都线上同步举行，开启了新时代中日先进陶瓷发展新征程。江西省政协副主席陈兴超、京都府副知事山下晃正、中国驻大阪总领事薛剑、日本驻上海副总领事奥正史、景德镇市委书记刘锋出席大会并致辞。双方代表发言高度评价两国在陶瓷领域的产学研合作，希望进一步强化地方交流合作，分享先进陶瓷发展机遇，持续深化中日经贸合作、拓展文化交流新空间。双方专家分别介绍了现代陶瓷产业前沿科技研发的最新成果以及其在新能源汽车、电子通信、医学等领域的应用现状和前景。大会上，国家级景德镇陶瓷文化传承创新试验区与财团法人京都产业 21 签署战略合作协议，举行京都艺术技术创新合作交流中心揭牌仪式，中日企业还签署了包括日本高密度蚀刻引线框架项目等在内的多个合作项目。大会期间，江西省外办副主任、省对外友协副会长黄小燕会见奥正史副总领事一行。双方都期待在中日邦交正常化 50 周年和江西省和日本冈山县结好 30 周年之际，以此次大会为契机，进一步推动中日地方政府在人文交往、青少年交流和经贸往来等多领域的务实合作。

【**中日先进技术交流对接会在上海举行**】 2022 年 11 月 6 日，由商务部投资促进事务局主办、大虹桥中日企业交流发展联盟等承办的中日先进技术交流对接会在国家会展中心（上海）举行。作为第五届进博会的配套活动之一，活动以"rcep 与中日产业投资合作新机遇：数字经济、绿色低碳"为主题，会上，"中日企业家俱乐部"成立并进行签约。上海市长宁区在会上推介发布了"虹桥之源""数字长宁""双 D 赛道"等战略发展目标的最新推进情况。

【**2022 中日大学科技创新论坛在线举办**】 2022 年 11 月 28—29 日，2022 年中日大学科技创新论坛（原中日大学展暨校长论坛，以下简称论坛）以在线形式举办。本届论坛由中国国际人才交流协会（CAIEP）和日本科学技术振兴机构（JST）共同主办，湖北省科技厅承办，湖北省对外科技交流中心、湖北国际人才交流协会、深圳国际人才交流中心具体执行。时值中日邦交正常化 50 周年之际，作为目前中日两国民间规模最大的校际交流活动，今年的论坛立足深化构建中日大学平等、开放、合作的伙伴关系，聚焦后疫情时代中日大学共

同关心的发展话题，设置1个主论坛、2个分论坛，邀请12所中国大学和9所日本大学的校领导齐聚云端荟萃思想、畅谈理念、分享经验，共话中日大学在教育、科技、人才领域友好合作的美好明天。此外，论坛期间还举办了中医药、低碳、农业等领域的专业研讨会。

三　中日文化交流

【中日对话论坛暨BFC"日本文化日"启动仪式举行】　2021年5月17日，2021中日对话论坛暨BFC"日本文化日"启动仪式在BFC外滩金融中心举行。BFC"517日本文化日"是复星集团推出的中日文化交流和分享活动，首届BFC"日本文化日"将特别策划中日对话论坛活动，论坛主题结合中日文化体育交流促进年大背景，聚焦"加强文体交流，增进中日互信"。本次活动由复星集团、东方网共同主办，由BFC外滩金融中心、东方网海外经济文化交流中心共同承办，并由东方网提供全程直播。

【"中日文明交流互鉴"线上夏令营启动】　2021年8月13日，上海外国语大学2021年"中日文明交流互鉴"线上夏令营启动，夏令营学员们参加"汉字与中国文化"讲座，上外国际文化交流学院何晖老师以"远古人的一天"为切入点，向学员们讲解了汉字与中国文化的紧密联系。

【日本友人近藤久义的天津情缘档案图片展在天津开幕】　2021年9月24日下午，"我的故乡在天津"——日本友人近藤久义的天津情缘档案图片展在天津市外办一楼大厅举行，天津市追授近藤久义"天津市荣誉市民"称号。近藤久义将搜集的老照片、老明信片、老信件、老地图、老报纸以及1949年前出版的图书、杂志等资料制作成电子版，先后多次无偿捐赠给南开大学图书馆、天津大学建筑学院、天津市档案馆、天津市图书馆和天津广播电视台等单位。此次图片展分为"桑梓述怀""故里寻踪""流年往事""回馈'故乡'"四个部分。专题研讨会上，与会专家学者纷纷表示，近藤久义在中日两国收集的大量有关天津的珍贵图文资料，丰富了天津历史的研究资料，促进了中日友好交往。

【第24届九州中日青少年书画交流活动落幕】　2021年11月27日，第24届日中青少年书画交流大会颁奖仪式正式举行，九州中日青少年书画交流活动圆满落幕。中国驻福冈总领事律桂军出席本次活动并致辞。本次活动由日本九州日中文化协会主办，广东省人民对外友好协会协办，以"东京奥运会""北京奥运会"和"绿色地球"为主题，共征集中日两国青少年书画作品上万幅，经过6个月的整理和评选，来自两国的近2000幅优秀作品获奖。

【日本天皇向隐元禅师加谥"严统大师"】　2022年2月25日，为纪念隐元禅师圆寂350年，日本宫内厅向日本黄檗宗颁授册书，日本天皇向隐元禅师加谥"严统大师"。这是日本皇室第七次对隐元禅师予以敕封、加谥。隐元禅师在传播佛法的同时，也将中国的思想、建筑、雕塑、书法、篆刻、印刷、音乐、医学、烹饪等文化和生活方式传到日本，给日本社会文化带去了深远影响。

【中日文化艺术交流季在北京中华世纪坛启幕】 2022年3月26日，中日文化艺术交流季在北京中华世纪坛开幕。"江户绮想曲——浮世绘大展"联合"江户物语——日式创意市集"是本次交流季的重点活动。"江户绮想曲——浮世绘大展"呈现了浮世绘不同历史时期的作品，展览以《花未眠》《江城》《百美图》《和之境》四个章节呈现了日本民族特有的自然观以及江户时代的市民生活场景、娱乐消遣和审美时尚。本次活动由中华世纪坛艺术馆、北京文泽时代文化艺术有限公司主办，北京歌华文化中心有限公司承办；上海大学美术学院教授潘力、日本东京艺术大学教授荒井经担纲展览学术顾问。

【"OneAsia亚洲节2022"暨中日文化交流节在东京举办】 2022年4月9—10日，为纪念中日邦交正常化50周年、促进中日文化交流，"OneAsia亚洲节2022"暨中日文化交流节在东京都丰岛区举办。活动上，中日两国艺术家们登台表演了精彩节目，以歌会友、以舞传情，展现了中日多姿多彩的优秀民间文化和深厚的友谊。

【"2022年中日交流节"举办】 2022年9月24—25日，在东京都代代木公园举办了"2022年中日交流节"。今年的"中日交流节"将设有30余个展台，各个出展店铺专门准备了具有各地特色的小吃，让人们能在一天内尝遍中国特色美食，感受中国的饮食文化。除美食（食べチャイナ）版块外，会场还设有"展示中国"（見せチャイナ），"体验中国"（体験チャイナ），"看中国"（観チャイナ）三个板块。值得一提的是，现场特设了"熊猫屋"，特别放映上野动物园双胞胎晓晓和蕾蕾的最新影像（此影像由公益财团法人东京动物园协会提供），引得观众纷纷围观，会场内随处可以看见熊猫元素，能够感受到日本友人们对中国熊猫的爱不释手。

【京都国际书画交流展在日本京都开幕】 2022年11月8日，"京都国际书画交流展"在日本京都国际交流会馆开幕。此次展览由京都国际交流会馆、日本京都水墨画南风会主办，京都市国际交流协会、广岛国际书芸交流会共同主办，东京水墨画墨兰会、中国美术学院书画院、浙江省甲骨文学会协办。展览以庆祝中日邦交正常化50周年纪念活动为背景，汇集中日两国65位书画艺术家的作品，由方子平组织执行、林泓君策展。展览展名由著名书法家、篆刻家、金石学家、书法教育家、中国美术学院博士生导师、浙江省甲骨文学会会长韩天雍教授亲笔题写。

【《摄影家冈本央镜头下的孩子们》摄影作品展在沈阳开幕】 2022年6月24日，由中国人民对外友好协会与日本中国文化交流协会主办、沈阳市人民对外友好协会和沈阳市人民政府外事办公室承办的纪念中日邦交正常化50周年——《摄影家冈本央镜头下的孩子们》摄影作品展在沈阳开幕。中国人民对外友好协会袁敏道副会长视频出席开幕式并致辞。冈本央感谢中国人民对外友好协会、日中文化交流协会及沈阳市合作举办展览，并表示，30多年来自己访问过中国多地，看到很多充满活力、令人印象深刻的孩子们。中国取得脱贫攻坚全面胜利是了不起的成就。少年儿童是构筑日中友好未来的重要力量。希望本次展览可以促进两国人民尤其是年轻一代增进相互理解，建立深厚友谊。本次摄影展将于2022年6月24—30日在沈阳市图书馆举办，展出冈本央自20世纪90年代以来拍摄的展现中日两国儿童童真童趣及当地风俗文化的摄影作品50幅。

【"纪念中日邦交正常化50周年——2022中日青少年艺术大赛作品上海展"在上海开幕】 2022年12月8日，由上海市对外文化交流协会特别支持，一般财团法人国际经济文化交流协会、上海市静安区南京西路社区楼宇青年联谊会联合主办的"纪念中日邦交正常化50周年——2022中日青少年艺术大赛作品上海展"在上海跨国采购会展中心开幕。本次活动的作品围绕"我的家乡""我的冬奥明星""和平友好"三个主题展开创作，以书法、国画、创作画、摄影等为作品呈现形式。充分展现了中日两国青少年良好的精神面貌和艺术修养。此外，11月22日，2022中日青少年艺术大赛暨第25届日中青少年书画交流大会在日本九州国立博物馆举办了作品日本展。"中日青少年艺术大赛"也于2023年1月开设线上展示馆。

【第18届日中水墨协会展暨国际艺术家展yokohama2022在横滨举办】
2022年10月12日，第18届日中水墨协会展暨国际艺术家展yokohama2022在日本横滨神奈川县民大会堂画廊举办。本次活动由日中水墨协会主办，日本绘墨书艺塾协办。作为中日邦交正常化50周年纪念活动的一环，本次活动获得了中国大使馆文化部、日本外务省、神奈川县日本中国友好协会、神奈川新闻、东方新报、日中商报的后援，及日本华人文联、日本华人艺术家协会的协助。该活动不仅得到了中日两国艺术家的热烈响应，同时还获得了来自世界多国艺术家的积极参与。

四　中日卫生交流

【第二届中日新时代健康论坛召开】
2021年6月3日，第二届中日新时代健康论坛召开。与会中日两国嘉宾普遍认为，"人类健康·地球健康"是中日两国秉持的共同理念，中日在康养领域合作前景广阔、潜力巨大。双方应该通过多层次、宽领域的康养合作，实现优势互补、资源共享，为全球健康事业做出努力。

【"智慧赋能、共创未来——2021中日友好未来医学研讨会"举办】 2021年12月1日，"智慧赋能、共创未来——2021中日友好未来医学研讨会"举办。此次研讨会由中国人民对外友好协会联合日本中国文化交流协会、日本未来医学研究会共同主办，清华大学出版社协办。中国工程院院士、北京清华长庚医院院长董家鸿，日本未来医学研究会会长清水达也，日本中国文化交流协会专务理事中野晓，日本经济新闻社评论员大林尚以及中日两国医学领域专家、企业家代表等120余人在线参会，就5G、人工智能等新技术运用、在线诊疗、医疗器械研发等话题进行了深入交流研讨。中国人民对外友好协会副会长姜江在线出席此次研讨会并致辞。

【中日文旅卫生健康养老产业交流会举办】 2022年7月29日，陕西省人民对外友好协会和安康市人民政府共同主办的中日文旅卫生健康养老产业交流会以线上线下相结合的方式在安康市举办。陕西省友协常务副会长姚红娟、中国驻大阪总领事馆副总领事方炜、日本茨城县议会议员臼井平八郎以线上或视频方式致辞。陕西省友协专职副会长曹辉，日本茨城县上海事务所所长渡边达彦，安康市人大常委会主任、市文旅康养产业链链长王彪等中日双方嘉宾线下出席会议。日本爱媛县保健福祉部发来贺信。会上，中联西北工程设计研究院有限公司医疗与康养建筑设计研究院、安康职业技术学院护理学院、安康市高新健康产业公司、日本喜纳居养老咨询株式会社等7家中日单位代表就加强中日文旅康养领域合作进行了交流发言。安康市有关单位与日方企业签订了合作备忘录。会前，日本地方政府在华代表、国内康养企业代表实地考察了安康市的康养项目及养老服务中心等。

【日本友人就四川泸定地震发来慰问函】 2022年9月23日，日中友好协会会长丹羽宇一郎、日本·未来日中研究会代表西园寺一晃先后就四川省甘孜藏族自治州泸定县发生大地震向中国人民对外友好协会和中日友好协会发来慰问函。丹羽宇一郎向不幸遇难者深表哀悼，向灾区人民致以诚挚慰问，衷心期待在中国政府和相关各方共同努力下，灾区人民能早日克服困难，恢复正常生产生活。西园寺一晃向地震遇难者家属表示慰问，衷心祝愿当地在党政军民共同努力下，早日战胜灾害重建家园，确信伟大的中国人民一定能克服困难，朝着建设和平而强大的国家继续前进。

【中日健康养老产业交流会在沈阳举办】 2022年11月23日，中日健康养老产业交流会在辽宁沈阳举办。本次交流会由辽宁省人民对外友好协会、辽宁省教育厅共同主办。中日两国相关领域代表150余人以线上或线下方式出席。中国人民对外友好协会副会长袁敏道应邀在开幕式上发表视频致辞。

五 中日体育交流

【第22届农心辛拉面杯世界围棋团体锦标赛特别活动"围棋的传说国家对抗赛"线上结束首轮争夺】 2021年1月1日，第22届农心辛拉面杯世界围棋团体锦标赛特别活动"围棋的传说国家对抗赛"上周以线上对局的方式结束了首轮的争夺。中国队在首个比赛日不敌韩国队，在第二个比赛日完胜日本队。

本次特别对抗赛是第22届农心辛拉面杯世界围棋团体锦标赛的特邀赛，比赛采用团体赛方式，每个国家选派两名棋手，共进行两轮12盘对局，个人胜局多的国家为冠军，胜局相同时，主将战胜局多者为冠军。比赛采用韩国规则，黑贴6目半，用时为每方1小时，1次1分钟读秒。中国队的两位参赛棋手是聂卫平和常昊，韩国队的两位参赛棋手是曹薰铉和李昌镐，日本队的两位参赛棋手是小林光一和依田纪基。三位主将分别是聂卫平、曹薰铉和小林光一。

【纪念"乒乓外交"50周年友谊比赛在名古屋举办】 2021年8月25日，中国驻名古屋总领馆、爱知县日中友好协会、爱知县乒乓球协会及新建文体俱乐部在名古屋联合举办纪念"乒乓外交"50周年友谊比赛。中国驻名古屋总领事刘晓军、爱知县知事大村秀章、名古屋市副市长广泽一郎、日中友好议员联盟干事长近藤昭一、众议员松田功、日本前乒乓球运动员福原爱、爱知县日中友好协会兼爱知县乒乓球协会会长后藤泰之、日中友好协会理事长冈崎温、新建文体俱乐部负责人朱新建、当年"乒乓外交"亲历者等各界代表出席比赛开幕式。本次赛事得到日本各界友好人士和中部地区侨团的大力支持和踊跃参与。中日共30多支队伍参赛，涵盖老中青各年龄段。

【第22届阿含·桐山杯中国围棋快棋公开赛决赛暨第22届阿含·桐山杯中日围棋快棋冠军对抗赛在成都落幕】 2021年12月13日，第22届阿含·桐山杯中国围棋快棋公开赛决赛暨第22届阿含·桐山杯中日围棋快棋冠军对抗赛在成都落幕。阿含·桐山杯赛已经成为中日两国间非常有影响力的传统赛事，广受中日围棋棋手和爱好者的尊重和关注，中日双方都很重视这一赛事。赛事的重要意义和作用体现在其能促进中日双方的友好交流，轮流举办的中日快棋冠军对抗赛推动了双方的交往和互动。阿含·桐山杯中日围棋快棋冠军对抗赛已经取代擂台赛，成为最具影响力的中日围棋双边赛事。

【北京冬奥会单板滑雪金牌苏翊鸣与其教练佐藤康弘相拥引发中日民众友好互动】 2022年2月15日，冬奥会单板滑雪男子大跳台决赛金牌获得者苏翊鸣与教练佐藤康弘相拥在一起喜极而泣，其跨越国界的深厚师生情谊一瞬间令许多中日民众随之热泪盈眶，中日网友发出铺天盖地的祝贺，两国民众友好互动。

【阿含·桐山杯中日围棋快棋赛冠军对抗赛在线上举办】 2022年12月17日，第23届阿含·桐山杯中日围棋快棋赛冠军对抗赛在线上举办。中国棋手李钦诚完胜日本平田智也，赢得本届中日冠军对抗赛的胜利。

六 中日媒体交流

【中国人民对外友协发文悼别日本第一代"白毛女"、中日友好使者松山树子】 2021年5月22日，中国人民对外友协发文悼别日本第一代"白毛女"、中日友好使者松山树子。松山树子女士是日本松山芭蕾舞团创始人之一、首位扮演芭蕾舞剧《白毛女》女主角喜儿的日本舞蹈家、中日友好使者,因病于2021年5月22日在日本东京逝世,享年98岁。半个多世纪以来,松山芭蕾舞团在中日两国民间文化交流中发挥了非常重要的作用,被誉为中日"芭蕾外交"的友好使者。

【林松添会长会见日本主流媒体驻华主要负责人】 2021年9月23日,林松添会长在中国人民对外友好协会会见了日本朝日新闻社、日本经济新闻社、中日新闻社(东京新闻)、日本广播协会(NHK)、东京广播公司5家日本主流媒体驻华主要负责人或代表,赞赏中日两国各界有识之士在发展中日关系上作出的积极贡献,并就中日关系和双方共同关心的地区和国际议题进行了坦诚、深入、友好的交流,增进了彼此了解、理解与互信,形成了广泛共识。

【"2021东京·中国电影周"在日本东京举行】 2021年10月25—31日,"2021东京·中国电影周"在日本东京举行,共有9部富有中国时代特色的电影参加展映,带领日本观众更加深入地了解了中国文化。其中,为庆祝中国共产党成立100周年而摄制的《1921》获得中日电影交流贡献奖。

【"2021东京·中国电影周闭幕式暨第六届金鹤奖颁奖典礼"在日本东京举行】 2021年10月31日,"2021东京·中国电影周闭幕式暨第六届金鹤奖颁奖典礼"在日本东京举行。多部优秀中国电影和多位导演及演员获奖。

【日本松山芭蕾舞团向中国友协致贺电】 2022年2月3日,日本松山芭蕾舞团向中国人民对外友好协会发送视频贺电,为中国人民送上新春祝福和节日问候,并祝愿北京冬奥会及冬残奥会取得圆满成功。

【"2022北京·日本电影周"开幕】 2022年8月13日,"2022北京·日本电影周"开幕。8月13—20日,北京市内的电影院将上映《稍微想起一些》《你永远比那些家伙年轻》《老师,您能坐在我旁边吗?》《河畔须臾》这4部人气日本电影作品。

【"2022东京·中国电影周"活动在日本东京举办】 2022年10月18—25日,第35届东京国际电影节共同企划的"2022东京·中国电影周"活动在日本东京举办,活动共展映12部中国电影。雷佳音、李现、辛芷蕾、葛优主演的悬疑冒险电影《古董局中局》为开幕影片。

【"2022东京·中国电影周暨金鹤奖盛典"开幕】 2022年10月25日,伴随着一段精彩的猴拳猴棍表演,开场节目《孙悟空》拉开了"2022东京·中国电影周暨金鹤奖盛典"的大幕。当天,第35届东京国际电影节中国电影周活动在东京闭幕并举行"金鹤奖"颁奖仪式,多部中国优秀电影以及多名导演、演员获奖。第35届东京国际电影节于10月24日至11月2日举行。作为东京国际电影节的相关活动,中国电影周于10月18—25日在东京举行。

【"2022年东京国际影视节展——中国联合展台"举办"中日合拍论坛暨'全球发展视听共享'日本展播季"启动仪式】 2022年10月28日,由国务院新闻办公室对外推广局、国家广播电视总局国际合作司主办，上海市广播影视制作业行业协会承办，国内众多影视机构参与的"2022年东京国际影视节展——中国联合展台"举办"中日合拍论坛暨'全球发展视听共享'日本展播季"启动仪式。该活动以线上线下相结合的方式进行，上海分会场在坐落于虹桥国际中央商务区青浦片区的上海文化影视科技产业集聚区内，参会嘉宾与北京、香港、东京的中日影视行业代表们进行四地连线，共话中日影视的发展和未来。东京国际影视节展（tiffcom）是亚洲重要的影视交流平台之一，2021年有313家国家/地区团体参展商，2536场商务洽谈，现场成交额超过2.11亿元人民币。受疫情影响，2022年的东京国际影视节展在线上举行，上海市广播影视制作业行业协会牵头组织了32家国内知名影视机构，以中国联合展台的形式参展，推介内容类型涵盖影视剧、纪录片、动漫、栏目、互联网、发行、后期制作、元宇宙等等。

【2022大阪中国电影周在日本开幕】2022年11月11日下午，2022大阪中国电影周在日本大阪开幕。中国驻大阪总领事薛剑、日本外务省关西担当大使姬野勉出席开幕式并致辞，著名导演泷田洋二郎、日中电影节执行委员会会长耿忠、大阪府日中友好协会会长梶本德彦、电影评论家坂和章平等中日各界人士共150余人参加开幕式。开幕式上，中日两国电影界专业人士还围绕两国电影合作进行交流研讨。大家一致认为，中日两国地缘相近、文化相通，电影在增进两国民众相互了解、两国关系不断发展方面发挥着独特作用。双方应继续加大电影领域的交流与合作，将文化产业打造为两国务实合作的新亮点，不断拉近两国民众距离，为中日关系持续改善和发展作出新贡献。这是日本关西地区首次举办中国电影周，活动由中国驻大阪总领馆和中国驻大阪旅游办事处共同主办，日中电影节执行委员会协办。本次电影周期间将展映《独行月球》等8部中国电影，共11场次。

七 中日旅游交流

【日本国家旅游局亮相2021国际冬季运动（北京）博览会】 2021年9月5日，日本国家旅游局携手18个地方自治体，共同出展2021国际冬季运动（北京）博览会。日本国家旅游局北京办事处首席代表、所长齐藤敬一郎致辞。

【第二届中日旅游论坛在浙江举办】2021年12月7日，第二届中日旅游论坛在浙江绍兴举办。本次论坛采用了线上线下结合的方式，以"后疫情时代利用高科技手段促进中日旅游业恢复和发展"为主题，中日双方旅游业界和地方代表围绕主题进行分享交流，论坛期间还发布了《绍兴宣言》。第三届中日旅游论坛计划2022年在日本和歌山县举办。

【2022中日文化旅游（大连）交流大会在富丽华大酒店举办】 2022年5月26日，2022中日文化旅游（大连）

交流大会在富丽华大酒店举办。本次大会由大连市文化和旅游局、中国外文局亚太传播中心、中国旅游研究院共同主办，大连市旅游交流发展促进会承办，以"合作·发展·共赢"为主题，设有开幕式和主旨演讲两个部分，首次以线上线下相结合方式实现与会嘉宾的"云端"相聚。与会嘉宾围绕"共建东亚区域文化合作品牌·促进中日城市文化旅游交流"发表主旨演讲。大会创新设立了线下线上"东亚文化之都"城市展播平台，为中日文都城市形象展示和宣传推介起到了互鉴共赏、事半功倍的效果。

【中国驻东京旅游办事处代表中国文化和旅游部首次参加日本"城郭博览会2022"】 2022年12月17—18日，日本"城郭博览会2022"在横滨举行，近2万名观众前往参观交流，中国驻东京旅游办事处代表中国文化和旅游部首次参加了该展会。为了让更多人了解中国的城郭文化及其独特魅力，中国驻东京旅游办事处以《世界遗产名录》中的"长城与故宫"为主题，用专业且细致的文化建筑视频，以及生动流畅的现场解说，向日本"城迷"们讲述了中国丰富的文化旅游资源以及世界文化遗产的魅力。让日本"城迷"们不仅了解了长城和故宫的"前世"与"今生"，也对中国悠久的历史和文化有了更生动、更深入地了解。中国驻东京旅游办事处表示，希望能通过展览推进后疫情时代的中日文化旅游交流合作事业。

八　中日青年交流

【中山大学学生与关西学院大学"牛马绵羊山羊"团队交流活动举办】
2021年1月18日至3月20日，日本关西学院大学"牛马绵羊山羊"团队与中山大学学生共同制作了大学生交流事业活动中的首个商业计划。双方多次进行线上小组交流，着眼于日中两国的出生率下降，人口老龄化等共同课题，为构建发挥两国优势的商业计划展开讨论，还应广大同学的要求实施了文化交流。交流分为5个小组，每组3人，分头进行调查和讨论，并发表自己对老龄化社会课题及解决方案的看法。从各个小组的发表内容中，总结出了"孤独感""对健康的担忧"以及"老年人的厌倦性"等共同课题，并为寻找解决方法而反复进行了调研。最终就能让大家一起轻松维持健康的系统和APP进行了讨论交流。

【浙江工商大学学生与神奈川大学"ISCA"团队线上交流活动举办】
2021年1月24日至2月7日，"ISCA"团队（神奈川大学）与浙江工商大学的学生们一起制作了神奈川与杭州旅游胜地介绍视频，举办了线上交流活动。活动有效利用神奈川和杭州"自然、历史和近现代元素兼备"这一共同点，在活动中交替播放了两国与各项元素相对应的视频，除了魅力十足的旅游景点，还随时加入风俗介绍，受到了学生们的欢迎。

【黑龙江大学学生与日本安田女子

大学"远程空中旅行""HATAIZU"团队共同举办了互相介绍所在城市与当地文化的线上交流活动】 2021年1月24日至3月13日,"HATAIZU"团队(安田女子大学)与黑龙江大学的学生共同举办了互相介绍所在城市与当地文化的"远程空中旅行"线上交流活动。活动分为中国DAY、广岛DAY、制作连环画视频说明、烹饪DAY、文化与语言讲座视频发布会、总结会议六个主题,双方同学进行了友好的交流和互动。

【"亮马丝路"国际讲堂启动仪式暨中日青年企业家交流会在京举行】
2021年1月26日,由中国国际青年交流中心主办、中国日本商会协办的"亮马丝路"国际讲堂启动仪式暨中日青年企业家交流会在京举行。中国企业联合会、中国企业家协会常务副会长兼理事长朱宏任,中国日本商会副会长、佳能股份有限公司副总裁执行董事、佳能(中国)有限公司董事长兼首席执行官小泽秀树在讲堂上发表主旨演讲。来自中日两国80多位青年企业家代表齐聚一堂,展开交流。中日青年企业家交流会上,与会中日双方代表围绕推动全球经济复苏、RCEP新机遇、碳中和、数字化转型、第三方市场合作等问题进行了深入交流。活动期间,还举办了纪念中日邦交正常化50周年纪录电影《鲁迅》的主题宣介活动。

【"欢迎大家!福冈庆典巡游"中日交流活动举办】 2021年3月6—7日,日本国际交流基金会日中交流中心与昆明中日交流之窗在云南师范大学呈贡校区图书馆1楼的日语角联合举办了以"欢迎大家!福冈庆典巡游"为主题的中日交流活动。这次的大学生交流活动由云南师范大学外国语学院学生和日本西南学院大学学生共同举办。学生们共同交流体验了"仁和加面具"、装饰性山笠花车、日语竞猜、射击、套圈和钓悠悠球等项目。活动提升了学生们的外语听解和沟通能力,并了解了对方国家相关知识文化的魅力,是学生们成长中十分宝贵的经验。

【湖南大学学生与新潟大学"一二三新大"团队线上交流活动举办】
2021年3月7日,日本新潟大学"一二三新大"团队与湖南大学学生共同举办了"佐渡模拟文化体验留学"线上交流活动。活动用中日文结合的方式,围绕六个文化项目进行了交流和讨论,促进了两国学生之间的友谊。

【第一届中日友好青少年艺术交流季暨CIDC青少年国际舞蹈公开赛(北京)启动仪式在海淀文旅集团举办】
2021年3月12日,第一届中日友好青少年艺术交流季暨CIDC青少年国际舞蹈公开赛(北京)启动仪式在海淀文旅集团举办。交流季包括舞蹈比赛、国际艺术专家授课、中外舞蹈艺术家交流座谈等活动。CIDC青少年国际舞蹈公开赛国内赛区赛程共分为初赛、决赛和GALA展演三阶段。此次活动由海淀文化旅游产业发展集团有限责任公司和日本芭蕾联合学会联合主办。主办方负责人表示,舞蹈、艺术作为各国青少年喜闻乐见的共同话题,担任着国际交流桥梁的重要角色。本次中日友好青少年艺术交流季与CIDC青少年国际舞蹈公开赛的举办为国际青少年搭建起了交流、展示的强有力平台。

【陕西师范大学学生与爱知大学"team. MECCHANKO"团队"玩转新年"线上交流活动举办】 2021年3月21日,"team. MECCHANKO"团队(爱知大学)与陕西师范大学的学生们一起举办了以日本新年为主题的线上交流活动。交流中,学生们围绕新年习俗的主题,通过六项小游戏体会新年的吉庆气氛,与双陆棋、跨年夜、年节菜、新年游戏相关的竞答和小游戏让同学们交流得十分尽兴。

【第二届大千富士中日青少年书画展在四川内江启动】 2021年6月24日,2021年第二届大千富士中日青少年书画展启动仪式在四川省内江市举行。内江市副市长邢伟平、中日会馆副馆长兰眉出席仪式并致辞,日本都留市市长堀内富久、日本YSC事业协同组合理事长山形光致贺信。大千富士中日青少年书画展旨在通过推动川日友城间青少年文化交流促进中日民间友好,每年定期举办,2019年举办了第一届,本届书画展由中日会馆、内江市外事办公室、四川一心文化交流中心、日本YSC事业协同组合联合主办,中国艺术教育协会、日本都留市政府、彭州市政府等协办,并得到了中国驻日本大使馆、日本驻重庆总领事馆、日本山梨县政府、日本和歌山县政府等大力支持。

【2021中日国际文化交流暑期交流活动举办】 2021年7月8日,由徐敏艺术创意中心与日本高崎经济大学附属高等学校联合举办的中日学生文化交流活动如期举行。本次活动的主旨是促进中日两国学生更好地了解彼此的文化、风土人情、生活学习,以及年轻人关心的社会话题等等。在交流中,中方同学介绍了我国特色传统文化,并与日本学生就时事热点进行了交流讨论,共同探讨了中日文化的异同之处。

【贵州大学学生与京都产业大学"CJ2"团队举行线上交流活动】 2021年7月8日至10月8日,日本京都产业大学"CJ2"团队与贵州大学学生以"脱碳社会"为主题,举行了商业方案发表、环境问题问答以及草木染体验等线上交流活动。本次活动有中日成员共29名,全体成员分成3组进行活动。活动的主旨是利用商业模式促进脱碳社会的推进,主要内容是策划能够减轻地球环境负担的共享单车相关商业模式,以及实施草木染等与环境有关的体验型活动。

【"中日两国年轻人在传统文化传承方面的作用"线上交流活动举办】 2021年7月16日至10月19日,"中日两国年轻人在传统文化传承方面的作用"交流活动在线上举办。来自日本各地的大学生与厦门大学嘉庚学院的同学们一起通过中日交流之窗进行线上交流活动,中方学生制作了厦门传统文化的体验视频,日方学生分别制作了各自所在地区传统文化的体验视频,双方还针对传统文化的传承在各自国家开展了问卷调查,并对两国的调查结果进行了比较。活动加深了年轻一代对传统文化的关注。

【中山大学学生与日本名樱大学现代中国研究会学生们进行线上交流活动】 2021年7月16日至10月4日,中山大学学生与日本名樱大学现代中国研究会学生们举办"以声音和影响引发内心的共鸣——大家的文化、大家的自然"系列线上交流活动。本次系列活动共计12场，旨在进一步促进已在实地活动中建立起来的"心灵交流"，让两国学生从自己所在地区多方面、多角度地观察各自的国家，并互相了解多样的日本和中国。

【厦门大学嘉庚学院学生与日本共爱学园前桥国际大学"Tsurupikara~面"团队线上交流活动举办】 2021年7月26至11月7日，日本共爱学园前桥国际大学"Tsurupikara~面"团队与厦门大学嘉庚学院的学生们一起制作了介绍两国大学生日常生活的视频，并举办了包括视频观看与趣味问答等环节在内的线上交流活动。

【浙江工商大学学生与爱知淑德大学"熊猫's"团队举办马赛克艺术线上交流活动】 2021年10月17日，日本爱知淑德大学"熊猫's"团队与浙江工商大学的学生们一起举办了以马赛克艺术为主题的"歌留多骨牌愉快交流"线上交流活动。活动旨在通过马赛克艺术加深两国学生的彼此了解，让更多人对自己的国家产生兴趣，同时了解对方国家的优点。

【云南师范大学学生与日本名古屋外国语大学"熊猫"团队举办"家常小酒馆"线上交流活动】 2021年10月21日，名古屋外国语大学IZAKAYA AT YOUR HOME"熊猫"团队与云南师范大学学生一起举办了以"家常小酒馆"为主题的线上交流活动。活动中，同学们举办了灯笼和啤酒杯制作等活动，提升了彼此的外语交流能力，增进了友谊。

【"中日友好杯"中国大学生日语征文比赛线上颁奖仪式举办】 2021年10月29日，"中日友好杯"中国大学生日语征文比赛线上颁奖仪式成功举办。中国人民对外友好协会副会长李希奎、日中友好继承发展会理事长坂下重信、日本驻华使馆公使贵岛善子等在线出席并致辞。日本前首相、日中友好继承发展会代表鸠山由纪夫发来视频贺辞。获奖师生及公益社团法人日中友好协会理事长冈崎温等后援单位代表共130余人在线出席或线上同步观看。本次征文比赛由中国人民对外友好协会与日中友好继承发展会共同主办。

【"熊猫杯"日本青年感知中国征文大赛线上颁奖仪式举办】 2021年11月23日，"熊猫杯"日本青年感知中国征文大赛举办了线上颁奖仪式。"熊猫杯"日本青年感知中国征文大赛由中国驻日本大使馆、中国外文局亚太传播中心、日本科学协会共同主办，截至2021年，已举办8届。中国驻日大使孔铉佑表示，8年来近3500名日本青年通过这一平台讲述了自己的中国故事，分享了自己的"中国观"，为日本民众增进对华认识理解打开了一扇窗口，也为传承和发扬中日友好注入了新鲜活力。

【首届"亚洲青年领袖论坛"举办】 2021年11月27—29日，首届"2021亚洲青年领袖论坛"在广州南沙星海会议中心举办。全国政协副主席、全国工商联主席、中国和平发展基金会理事长高云龙现场出席论坛开幕式并致辞，联合国前秘书长潘基文、菲律宾前总统阿罗约以视频方式致辞，亚洲各国约300

位青年嘉宾以线上线下融合方式参会。科大讯飞董事长刘庆峰、博纳影业董事长于冬、复旦大学附属华山医院传染科主任张文宏、短视频创作者李子柒、香港霍英东集团副总裁霍启刚、日本前财务大臣政务官伊佐进一、菲律宾达沃市市长萨拉·杜特尔特、卡塔尔皇室成员娜迪雅等55位中外青年嘉宾分别在开幕式及各大主题论坛上发表演讲。新华社、人民日报、中央电视总台等国家级重点媒体给予论坛深度报道。亚洲青年领袖论坛的参会嘉宾主要是亚洲各国各个领域的年龄在55岁以下的在政界、商界、学界、金融界、文化界、体育界、公益慈善界有出色成就和影响力的杰出青年，包括青年企业家、青年金融家、科技创新人物、文化体育人物以及具有社会影响力的公益慈善人物等。

【"第二届大千富士中日青少年书画展"在张大千美术馆举行】 2022年2月27日，由四川省外事办公室中日会馆、内江市外事办公室、日本YSC事业协同组合、四川一心文化交流中心共同主办的"第二届大千富士中日青少年书画展"在张大千美术馆举行，中日青少年以书画叙友情、共创美好未来。近年来，内江与日本在文化、教育、经贸等多个领域进行了广泛深入的交流，取得了一系列合作成果：内江七中与日本熊野高中正式缔结为国际友好学校；引进了晃佑堂笔业有限公司、四川富乐德科技有限公司和大宇宙中国西南区域中心等项目；双方的友好合作交流稳步前行。

【第一届日中青少年舞蹈艺术文化节在名古屋举办】 2022年4月2日，第一届日中青少年舞蹈艺术文化节在日本名古屋市的地标建筑——沙漠绿洲银河广场徐徐拉开帷幕。在中日邦交正常化50周年的历史节点，中日两国的孩子们开启了中日青少年文化交流的新项目。中国江苏省侨办作为后援单位给予了本活动大力支持。中国驻名古屋总领事刘晓军及夫人魏宁、《人民日报海外版》日本月刊总编辑蒋丰、日本华文教育协会会长颜安、东海日中贸易中心专务理事大野大介、爱知县议会议员辻秀树等数百名社会各界代表应邀出席该活动。

【"亚洲青少年交流计划"结业仪式暨第四次直播课在线举行】 2022年6月18日下午，"亚洲青少年交流计划"结业仪式暨第四次直播课在线举行。北京大学燕京学堂院长、法语系教授董强担任课程主讲人。

【"亚洲青少年交流计划"四门课程学习结束】 2022年6月30日，由中国教育部支持、北京大学主办的"亚洲青少年交流计划"四门课程学习结束。"亚洲青少年交流计划"于2021年9月启动，旨在促进亚洲青少年之间的深厚友谊，促进中日两国未来杰出人才的互信与理解。项目期间，来自中日两国顶尖中学的一百余名中学生跟随北大教授学习人工智能、化学和生物医药、心理和脑科学以及人文艺术领域的知识，探索相关学科的前沿研究课题与先进研究成果。两国学生通过线上直播和平台互动，跨越了语言障碍，在思维碰撞中获得了启发、增进了友谊。

【第三届中日青少年书画大赛现场交流及颁奖仪式在上海举行】 2022年8月10日，由日本国驻上海总领事馆主办，上海莘庄和普青少年服务中心、上海兴彬国际旅行社有限公司、日中国际交流株式会社承办的第三届中日青少年书画大赛的现场交流及颁奖仪式在上海成功举行。日本国驻上海总领事馆总领事（大使）赤松秀一、文化部长米田麻衣、教育领事沼田真洋，闵行区青联副主席等人出席当天的颁奖仪式。本次活动以"传承传统文化，促进友好交流"为主题，通过书法、绘画的形式的交流促进中日青少年的友好互动，增进理解，加深友谊。本次活动特邀知名书法家汪鸣峰先生、费永明先生及远在日本的足立知夏老师等进行了评审。赤松总领事、米田部长、周文秀副主席分别为优秀奖获得者颁发获奖证书。

【"观月茶会"中日大学生网上交流活动举办】 2022年9月11日，活水女子大学"天之羽衣"团队与湖南大学"十六夜之月"团队一起通过"观月茶会"线上交流，各自介绍了日中两国的传统和现代生活，由此加深了对彼此文化的理解。活动认为，日本长崎自古以来便与中国往来频繁，至今还会在每年2月举行灯会，此外还有新地中华街、长崎孔子庙等中华特色地标，很多活动和地方都洋溢着浓厚的中国气息。本次活动的主旨即是根据这一现状，希望从"传统"和"现代"两个方面着手，在日中两国之间找出新的互相理解的方式。

【2022中日文明对话："一带一路"人文交流青年领袖大连论坛在大连外国语大学召开】 2022年9月26日，由辽宁省人民政府外事办公室、辽宁省教育厅指导，中国外文局当代中国与世界研究院和大连外国语大学联合主办，大连外国语大学国际交流与合作处、日本研究院、中华文化海外传播研究中心、东亚文化研究中心承办的"纪念中日邦交正常化50周年——2022中日文明对话：'一带一路'人文交流青年领袖大连"论坛在大连外国语大学召开。大连外国语大学副校长常俊跃教授主持了开幕式，并致闭幕辞。在分论坛环节，大连市人民政府外事办公室景诗博、日本亚细亚大学寺尾浩一、日本北陆大学中岛元春等近三十位学者结合"中日文明、文化经典互鉴"和"中日教育、人文合作交流"的主题进行了深入研讨。

【"地球科学领域课程——火山"直播交流活动在线上开展】 2022年10月29日，"亚洲青少年交流计划"秋季学期第一个课程"地球科学领域课程——火山"直播交流活动在线上开展。北大附中、北京四中、上外附中、日本早稻田大学附属中学、宝仙高中、幕张高中等学校共同召开了本次线上交流会议。"亚洲青少年交流计划"是受教育部委托、由北京大学主办的青少年交流项目。项目期间，来自中日两国顶尖中学的中学生跟随北大教授们学习地球科学、分子医学、自然保护、考古及人类学知识，探索相关学科前沿的研究课题，通过线上直播和平台互动，跨越了语言的障碍，在思维的碰撞中获得启发、增进友谊。

【"跨越国界，共同思考我们的未来"中日大学生交流活动举办】 2022年11月27日，日本南山大学CLOVE（南山大学）团队与中山大学的学生们一起进行了"跨越国界，共同思考我们的未来"主题线上交流。本次活动旨在以全世界的共同目标SDGs为轴心，互相介绍中日两国的相关举措，促进对彼此观念和文化的理解，同时讨论自己力所能及的事情，由此进一步加强合作关系。

【"友好城市共享未来"中日友城青少年"虚拟互访"交流大会在北京举办】 2022年12月1日，由中国人民对外友好协会、中国日本友好协会共同主办的"友好城市共享未来"中日友城青少年"虚拟互访"交流大会以视频连线形式在北京举办。中国人民对外友好协会副会长袁敏道、日本驻华使馆公使贵岛善子、日本自治体国际化协会北京事务所所长近松茂弘、媒体支持单位人民网日本公司总经理孙璐出席会议并致辞。中日两国友城相关单位负责人和学校师生代表近500人在线出席。交流大会上，来自浙江省绍兴市和福井县芦原市、吉林省和鸟取县、湖北省武汉市和大分县大分市三对友城的青少年代表畅谈了参加活动的体会和感受，共同表达了对中日友好的期盼和祝愿。

【第二期"亚洲青少年交流计划"第二门课程在线交流会举行】 2022年12月3日，第二期"亚洲青少年交流计划"第二门课程"探索超级显微成像世界"在线交流会举行。交流会由北京大学全球精英人才A计划秘书长王小恺主持。由中国教育部支持、北京大学主办的第二期"亚洲青少年交流计划"启动于2022秋季学期。来自北京大学附属中学、北京市第四中学、上海外国语大学附属外国语学校、日本涩谷教育学园幕张高中、东京宝仙学园高中、早稻田大学附属高中六所学校的师生参加了本期项目。

九　中日妇女交流

【日本侨团日本华侨华人妇女联合会主办《新冠防疫知识专题讲座》】
2021年1月23日晚9点，在日华侨华人，海内外同胞近200人齐聚网上会议室，共同聆听由日本国立长崎大学药学部病毒学专家北里海雄先生主讲的《新冠防疫知识专题讲座》。此次活动由日本侨团日本华侨华人妇女联合会主办，旨在为会内外的华侨华人朋友们提供正确科学的新冠预防知识，帮助答疑解惑，缓解惶恐心情，树立不松懈意识，将防疫自护进行到底。

【中国驻日本大阪总领馆举办2021"三八"国际妇女节线上招待会】
2021年3月8日，中国驻日本大阪总领事馆举办2021"三八"国际妇女节线上招待会，中国驻大阪代总领事张玉萍致辞。

【"三八"国际劳动妇女节线上主题活动举办】 2022年3月8日，由中国驻大阪总领事馆主办、贵州省外事办公室、贵州省文化和旅游厅、多彩贵州风景眼文创园运管有限公司协办的2022"三八"国际劳动妇女节线上主题活动举办。活动邀请了驻关西各国总领事馆代表、部分日本前任议员及现任议员，以及中日友好人士等260余人参加，共同庆祝第112个国际劳动妇女节。2022年是中日邦交正常化50周年，也是"中日文化体育交流促进年"。本次活动通过以女性智慧和力量的代表事例，折射出了妇女事业进步、男女平等的社会风貌。

【日本华妇联成立八周年庆典活动在线上举行】 2022年6月5日晚，日本华妇联成立八周年庆典活动在线上举行。日本各地的华人姐妹们一起上线，以精彩节目、话题互动、欢乐抽奖等丰富多彩的形式，庆祝大家共同走过的时光。大家有着一个共同的目标：为促进中日友好尽一份力，为弱势群体奉献爱心的公益事业尽一份力，为旅日华侨华人女性搭建互助平台尽一份力。活动最后，日本华妇联会长雪平圆发表了八周年致辞，号召大家继续坚持公益之路，相互扶持，携手幸福明天。

【第七届世界中华太太大赛暨第五届国际华文小姐大赛日本全国总决赛落幕】 2022年11月20日，2022第七届世界中华太太大赛暨第五届国际华文小姐大赛日本全国总决赛在首都东京的品川王子酒店举办并圆满落幕。本次大赛由一般社团法人中华太太日中文化交流联合会、JTM控股集团、アサヒトーキョウ株式会社联合主办，并获得了中华人民共和国驻日本国大使馆和驻名古屋总领事馆的后援。中国驻日本大使馆领事李万鹏、日本旅行业协会理事、事务局长池畑孝治先生、一般社团法人中华太太日中文化交流联合会会长吉田健子女士出席活动现场并致辞。日本婚纱大师桂由美女士、日本可口可乐公司CEO Jorge Garduño先生、美国好莱坞制作人Roberto Grande先生等16位各界人士作为大赛评委出席了本次大赛。中国著名舞蹈艺术家、中国舞蹈家协会副主席杨丽萍女士、中国香港著名乐队Beyond成员叶世荣先生、日本前首相鸠山由纪夫先生也分别通过视频致辞的方式祝愿大赛取得圆满成功。本次大赛由孟瑜女士和山川英旭先生进行中日英三语主持，大赛历时近四个小时，分为上下半场，大赛全程由网络平台进行同步直播。

【《东京华语盛典2022：第4届日本华语太太大赛暨第5届日本华语小姐大赛》举行】 2022年12月4日下午，东京大冢车站附近的著名酒店HOTEL BELLCLASSIC TOKYO，迎来了一年一度的盛大活动——《东京华语盛典2022：第4届日本华语太太大赛暨第5届日本华语小姐大赛》，更有《中日友好女子—新声代女子星探计划2022》锦上添花。红毯T字台上，典雅雍容的华语太太、群芳竞艳的华语小姐、高歌劲舞的新声代女子们，一同演绎出了国际大都市东京的一道亮丽风景，传递了东京华语盛典的美好理念——"通过最能象征中国文化的时尚符号——旗袍，通过中文教学、SNS推广等手段，脚踏实地地促进中日友好"。

【"传承友好共创未来"纪念中日邦

交正常化50周年妇女交流会举办】 2022年12月9日,全国妇联联络部与日本创价学会妇女部以视频连线方式共同举办"传承友好共创未来"纪念中日邦交正常化50周年妇女交流会。全国妇联的代表在发言中积极宣介党的二十大精神和新时代十年中国妇女事业取得的历史性成就,表示愿与日本的姐妹们携手同心,坚持和平、友好、合作、共赢理念,加强交流互鉴,深化友谊互信,弘扬全人类共同价值,促进妇女全面发展,为开创中日关系下一个更加美好的50年、推动构建人类命运共同体作出新的更大贡献。天津市妇联的代表回顾了与创价学会妇女部的友好交往场景,中华女子学院和南开大学的学生表达了年轻一代传承中日友好,为更好的未来更好的世界共同努力的坚定决心。日本创价学会妇女部和女性和平委员会的代表热烈祝贺中国共产党第二十次全国代表大会胜利召开,高度赞赏中国共产党和政府"为人民谋幸福"、坚持维护妇女儿童权益、促进男女平等的理念和实践。她们表示,池田大作是日中邦交正常化的倡导人,他同周恩来邓颖超的情谊超越了民族与国界,对日中友好事业产生了深远影响。创价学会愿持续加强同中方的互利合作,共同推动日中友好世世代代传承下去,让友谊之树万古长青。

十 中日地方交流

【中日友好阿波舞新春活动举办】 2021年1月30日,古北市民中心举行了由上海市人民对外友好协会和日本德岛县上海经济事务所共同组织的友好阿波舞新春活动,并录制视频为上海人民送上新春祝福。

【无锡国际赏樱周暨中日樱花友谊林建设34周年纪念活动举办】 2021年3月25日,无锡国际赏樱周暨中日樱花友谊林建设34周年纪念活动在太湖之滨举行。新加坡驻华大使吕德耀、中国人民对外友好协会会长林松添、江苏省人民对外友好协会会长柏苏宁、无锡市市长杜小刚分别在开幕式上致辞,日中共同建设樱花友谊林保存协会会长新田丰视频致辞。副市长周常青主持开幕式。开幕式上,"Go Jiangsu——鼋头渚浪漫樱花之约"海外社交媒体外籍粉丝采风活动正式启动,该活动是由江苏省政府新闻办和中国日报网联合主办的外宣品牌活动,借助"外眼""外口"讲述江苏故事、无锡故事。借助国际赏樱周平台,46个合作项目在开幕式上签约,涉及国际赏樱城市友好组织、民间友好团体、友好学校和经贸合作四大类。活动期间,还举办了中日企业合作座谈会、新发展格局下会展目的地建设大会、第十届手工纸世界风光摄影展暨无锡首届中日民间书画艺术交流展和中外友人"樱林漫步"等一系列经贸文化交流和旅游活动。

【"白马寺与长泉寺祈福鸣钟"活动举行】 2021年4月6日,洛阳市与日本冈山市缔结友好城市40周年纪念活动——"白马寺与长泉寺祈福鸣钟"活动在两地同时举行。自1981年缔结友好城市以来，两市始终秉持开放理念，共享发展机遇，拓展合作领域，深化交流交融，共同推动两市友好事业行稳致远。洛阳市白马寺和冈山市长泉寺也一直保持着佛教文化交流的友好互访活动，促进了两市深入了解。

【中国大连·日本九州合作交流会暨中日（大连）地方发展合作示范区推介会举办】 2021年5月13日，中国大连·日本九州合作交流会暨中日（大连）地方发展合作示范区推介会成功举办。此次会议由驻福冈总领馆和大连市政府共同主办，中国驻日本大使孔铉佑、大连市市长陈绍旺、驻福冈总领事律桂军、大连市金普新区管委会主任李鹏宇、北九州市长北桥健治、九州经济联合会会长麻生泰、福冈贸易会会长兼福冈·大连未来委员会委员长土屋直知、日中投资促进机构事务局长冈丰树等在线致辞。九州中资企业协会会长李智及两国企业和媒体代表等200余人参会。

【旅日21年大熊猫"旦旦"在线交流会】 2021年6月10日，中国驻大阪总领馆同中国大熊猫保护研究中心、神户市立王子动物园共同举办旅日21年大熊猫"旦旦"在线交流会。日本47个都道府县1500余名"旦旦"粉丝、领区多家主流媒体、北京大学、北京外国语大学等国内高校学生在线参加活动。日本广播协会（NHK）、《神户新闻》等日本媒体也对活动进行了报道，雅虎日本等门户网站纷纷在主要版面予以转载。

【"中国云南省与日本岩手县青少年线上交流活动"举办】 2021年6月21日，云南省人民对外友好协会与日本岩手县地域振兴部国际室共同举办"中国云南省与日本岩手县青少年线上交流活动"。来自云南师范大学附属中学及盛冈第一高中的60余名学生在"云端"欢聚一堂，畅谈学习、生活及理想，分别就"新冠疫情发生以来，你的生活有何变化""针对世界贫困，我们可以做什么""你对未来有何规划"3个议题进行分享交流。自2015年起，两省县持续开展青少年互访交流，至今双方已有近百名学生参与互访，云南省共7所中学近万名学生参与交流活动。青少年交流业已成为两省县的一项重要人文交流项目，为两省县友好交流合作夯实了民意基础、培育了友好接班人。

【江苏省友协与日本民间友好组织筹划中日邦交正常化50周年纪念活动】 2021年9月14日，江苏省友协与日中友好协会、日本国际协力中心，以及大阪府、爱知县、福冈县、石川县、北海道等5家日本地方日中友协举行视频连线会议，本着"以史为鉴、面向未来"的精神，共同筹划2022年中日邦交正常化50周年纪念活动，并就常态化疫情防控下进一步加强地方交流合作进行磋商。江苏省友协会长柏苏宁出席会议并致辞。

【中国青岛·日本九州经济合作交流会暨中日（青岛）地方发展合作示范区推介会在线举办】 2021年10月13日，中国青岛·日本九州经济合作交流会暨中日（青岛）地方发展合作示范区推介会以线上方式举办。此次会议由中国驻福冈总领馆和青岛市人民政府共同主办、青岛市人民政府外事办公室和青岛国际经济合作区承办，青岛市委常委、副市长薛庆国，中国驻福冈总领事律桂军，日本驻青岛总领事井川原贤，日本下关市长前田晋太郎，宫崎市长户敷正，九州经济联合会会长仓富纯男，福冈贸易会会长土屋直知，日中投资促进机构事务局长冈丰树等出席会议并致辞。中国驻福冈总领馆副总领事成岩、九州中资企业协会会长李智及中日企业、机构及媒体代表等150余人参会。

【"纪念沈阳—佐世保建立友好交流城市关系十周年暨中日青少年绘画作品双城交流展佐世保站"活动举办】 2021年12月1日，沈阳市政府连线日本佐世保市政府共同举办"纪念沈阳—佐世保建立友好交流城市关系十周年暨中日青少年绘画作品双城交流展（佐世保站）"活动。两市青少年绘画作品双城交流展活动由沈阳市人民对外友好协会与佐世保市政府、日本NPO法人社会教育团体碧波会共同组织策划，启动于2019中日青少年交流促进年，已分别在佐世保和沈阳举办两届，受到了两市及中日友好人士的一致好评。本次绘画展共征集两市青少年绘画作品224幅，将于12月1—6日期间在佐世保市岛濑美术中心展出。

【爱知县冈崎市发送为友城呼和浩特市所摄短视频】 2022年1月25日，日本爱知县冈崎市发送为友城呼和浩特市拍摄的短视频，表达了加强双方交流、促进中日友好的美好意愿，祝福北京冬奥会取得圆满成功，并祝愿呼和浩特市运动员在冬奥会上取得优异成绩。

【日本中国友好协会第71次全国大会举办】 2022年6月4日，日本中国友好协会第71次全国大会如期举办。全国对外友协副会长、中日友协秘书长袁敏道在北京以视频方式应邀出席并致辞。日本中国友好协会会长井上久士，协会副会长、理事及来自日本全国100余地的会员约150人在线参会。

【2022中日经济与环境交流合作论坛在苏州举办】 2022年6月17日，2022中日经济与环境交流合作论坛在苏州相城经济技术开发区举办。相城区于2020年4月获批中日（苏州）地方发展合作示范区，成为全国唯一一个覆盖县级全域的示范区。在本次论坛上，相城区公布了对日合作最新成果，同时借此次论坛，广邀中日企业、金融机构代表、涉日机构等云端相聚，继续深化合作，共谋发展。

【新时代中日地方民间友好组织负责人交流大会举办】 2022年6月28日，江苏省人民对外友好协会主办的"新时代中日地方民间友好组织负责人交流大会"举办。中国驻日本大使孔铉佑、江苏省人民对外友好协会长柏苏宁、日中友好协会理事长冈崎温、日本驻上海总领事赤松秀一等出席会议并致辞，中国人民对外友好协会副会长、中日友协秘书长袁敏道线上出席会议并致辞。江苏省各地市友协负责人与日本北海道、石川县、爱知县、大阪府、奈良县、冈山县、福冈县日中友协负责人围绕"继往开来，携手共谱交流合作新篇章"的大会主题在线交流发言，两国民间友好组织代表约100人在线参会并共同发布《第一届新时代中日地方民间友好组织负责人交流大会南京倡议》。

【山东省—山口县结好40周年交流

会暨（中国）山东—日本友城交流周在济南开幕】　2022年7月21日，山东省—山口县结好40周年交流会暨（中国）山东—日本友城交流周在济南开幕，山东省委书记、省人大常委会主任李干杰，中国驻日大使孔铉佑，中国人民对外友好协会会长林松添以及日本山口县知事村冈嗣政，日中友好协会会长丹羽宇一郎，日本驻华大使垂秀夫等出席交流会并发表视频致辞。本次活动以"重温初心　共向未来"为主题，旨在携手打造中日地方友城合作典范，为构建契合新时代要求的中日关系贡献地方力量。交流周期间，山东省与山口县将共同签署关于深化友城关系、加强交流合作和关于加强文物展览交流的两个备忘录；举办纪念中日邦交正常化50周年交流合作图片展、友城环保合作交流会、中日康养产业合作交流会、大学生线上音乐演奏会等多项交流活动。

【河南—日本友城交流视频会举办】 2022年7月21日，河南省外办和省对外友协主办的2022年河南—日本友城交流视频会顺利举行。中国人民对外友好协会副会长袁敏道、河南省人大常委会副主任徐济超、日本三重县副知事广田惠子、中国驻日大使孔铉佑、日本驻华使馆临时代办志水史雄、日中友好协会常务理事永田哲二等出席会议并致辞或以视频方式致辞。双方友城负责人约120人与会，围绕"友好城市　共享未来"的主题进行了坦诚深入交流。期间还举办了2022豫日青少年"相约云端"虚拟互访启动仪式。

【柳州市与日本阿见町推进生态环保发展视频交流会举办】 2022年8月10日，柳州市人大常委会与阿见町议会共同举办以推进生态环保发展为主题的视频交流会。2022年是中日邦交正常化50周年，也是柳州市与日本阿见町建立友好城市关系一周年。交流会上，柳州市人大常委会主任刘传林向阿见町议会议长平冈博及出席交流会的阿见町有关嘉宾介绍了柳州的城市情况、柳州市人大常委会的职能及其在生态领域发挥的作用。阿见町议会议长平冈博也介绍了阿见町议会为保护环境出台的《阿见町零碳排城市宣言》、计划到2050年实现城市碳排放为零的目标，以及向市民提出的5R倡议等情况。交流中，双方还围绕生态环保、旅游、农业、教育等方面进行了深入探讨，均表达了互访的愿望。

【纪念日本埼玉县与山西省结好40周年纪念大会举办】 2022年9月4日，由日本埼玉县日中友好协会主办的纪念中日邦交正常化50周年暨埼玉县与山西省结好40周年纪念大会在东京举行。中国人民对外友好协会副会长袁敏道，中国驻日本大使孔铉佑，埼玉县知事大野元裕，日本国会议员三林裕巳、舆水惠一、西田实仁，山西省友协常务副会长武绍忠以及中日友好人士其150余人线下出席活动或发表视频、书面致辞。

【中日（陕西·咸阳）历史文化名城对话会顺利举办】 2022年10月26日，由中国人民对外友好协会指导，陕西省人民对外友好协会、陕西省咸阳市人民政府、日本京都府宇治市政府、日本千叶县成田市政府联合主办的中日（陕西·咸阳）历史文化名城对话会以线上线下相结合的方式举办。活动在咸阳设立主会场,北京、陕西以及日本有关城市设 17 个分会场,来自中日双方约 100 人参会。文化交流部主任朱丹、副主任周建平出席。本次对话会以"互学互鉴 共创未来"为主题,就"历史文化保护与比较""历史文化传承与发展""文化创新与合作展望"三个议题展开交流。中日双方一致认为,睦邻友好相处、发展振兴亚洲,是中日两国的命运所系、初心所在、责任所归。两国友城在文物保护、旅游观光、特色产业等领域的交流互鉴,将进一步加深友谊,深化互利合作,实现中日"民相亲、心相通"。

【"守护共同家园——江西省与冈山县青少年稻作文化线上交流活动"在上饶举行】 2022 年 11 月 1 日,江西省与冈山县结好 30 周年系列庆祝活动之"守护共同家园——江西省与冈山县青少年稻作文化线上交流活动"在上饶市万年县成功举行。来自上饶市万年县第一小学、冈山县备前市伊里小学、日生西小学的 70 余名中日小学生参与互动交流。江西省人民对外友好协会专职副会长涂安波、万年县人民政府县长谢军、日本冈山县国际课课长藤村直贵出席活动并致辞,冈山县备前市教育委员会教育长松畑熙一发表视频致辞,上饶市政府副秘书长董丽华主持活动。江西省自 1992 年与冈山县结为省级友城以来,双方积极致力于发展友好交流,在农林、文教、医卫、经贸、人才等领域开展了一系列富有成效的合作。双方表示希望通过此次活动,江西省与冈山县青少年们能以稻作文化为媒介,不断深化相互了解,增进彼此友谊,培养命运共同体意识。此次视频交流活动以江西省万年县稻作文化为媒介,结合冈山县后乐园、备前市与中国"井田制"的渊源,中日青少年通过线上相互学习了解对方稻作文化,交流插秧和收割农事体验感受等形式,相聚云端,增强彼此了解,巩固友谊关系,促进交流互鉴。

【甘肃省敦煌市与日本九州农政局开展线上交流活动】 2022 年 11 月 25 日,由甘肃省人民政府外事办公室、中国驻福冈总领事馆主办,敦煌市人民政府、日本农林水产省九州农政局承办的"中国敦煌市与日本九州农政局线上交流会"成功召开。参会嘉宾相聚"云端",共同回顾了中日邦交正常化 50 年以来,两地在经贸投资、科技创新、医疗康养、节能环保、旅游观光等领域合作取得的重要成果,并就今后共同开展农业农村领域的交流与合作达成共识。会议由敦煌市副市长杨旭东主持。会上,中日双方农业部门负责人分别介绍了本地区农业发展情况,并就各自关心的问题进行了讨论交流。

【天津市与神户市小学生线上交流活动举办】 2022 年 10 月 12 日,"天津市—神户市小学生线上交流活动"成功举办。来自天津市河西区上海道小学和神户市立小学的学生相聚云端,围绕传统文化、校园生活和中日友谊等话题进行互动交流。日本神户国际合作交流中心天津代表处首席代表高桥健司,天津市外办、河西区教育局、上海道小学等部门有关同志出席活动。天津市与神户市是在周恩来总理亲切关怀下缔结的中日间第一对友城,明年两市将迎来结好 50 周年。

【"庆祝中日邦交正常化 50 周年暨广西与熊本结好 40 周年交流会"举办】

2022 年 12 月 27 日,广西壮族自治区与熊本县以线上方式举办"庆祝中日邦交正常化 50 周年暨广西与熊本结好 40 周年交流会"。中国驻福冈总领事律桂军、广西壮族自治区主席蓝天立、熊本县知事蒲岛郁夫出席会议并致辞。日本驻广州总领事龟井启次以视频方式致辞。广西壮族自治区常务副主席蔡丽新、秘书长蒋家柏、副秘书长黄胜杰、外办主任石东龙,熊本县议长沟口幸治、副知事木村敬、观光战略部长原山明博出席会议。

十一　中日其他交流

【中国人民友好协会林松添会长与新任日本驻华大使垂秀夫会晤交流】

2021 年 1 月 19 日,中国人民友好协会会长林松添会见了新任日本驻华大使垂秀夫。双方针对中日两国地方友城、友好团体、青少年以及媒体、智库等领域的合作情况进行了友好交流,并就 2021 年及今后开展民间友好交流与合作的优先领域和两机构合作规划机制达成共识。

【中日海洋事务高级别磋商团长会谈举办】　2021 年 1 月 20 日,外交部边界与海洋事务司司长洪亮同日本外务省亚洲大洋局局长船越健裕以视频方式共同主持中日海洋事务高级别磋商团长会谈。双方强调要全面落实领导人共识和四点原则共识,加强中日海洋事务高级别磋商等双边渠道的沟通,积极推进海洋领域的务实合作,把东海建设成为和平、合作、友好之海。中方重申在钓鱼岛问题上的原则立场,向日方表达了关切,希望双方相向而行,通过对话沟通管控分歧,切实维护东海稳定安宁。

【第十二轮中日海洋事务高级别磋商以视频方式举行】　2021 年 2 月 3 日,第十二轮中日海洋事务高级别磋商以视频方式举行。中国外交部、中央外办、国防部、自然资源部、生态环境部、交通运输部、农业农村部、国家能源局、中国海警局等部门及日本外务省、内阁官房、水产厅、资源能源厅、海上保安厅、环境省和防卫省分别派员参加。双方确认,全面落实中日领导人达成的共识和四点原则共识,通过对话妥善处理矛盾分歧,务实推进海洋领域合作,共同努力把东海建成和平、合作、友好之海。双方强调维护东海和平稳定的重要性,同意尽快召开防务部门海空联络机制年度会议和专门会议,加速启动该机制下直通电话建设进程,加强危机管控,防止不测事态。双方愿根据此前达成的东海问题原则共识,继续探讨在东海的资源开发合作。双方还就海洋资源能源、日本福岛第一核电站废水处理、海洋科技、海洋产业合作等问题进行了交流。此外,双方原则同意年内举行第十三轮中日海洋事务高级别磋商。同时,双方团长根据工作需要保持密切沟通,管控分歧,推进合作。

【文化和旅游部部长胡和平会见日

本驻华大使垂秀夫】　2021年2月4日，文化和旅游部部长胡和平会见新任日本驻华大使垂秀夫，双方就进一步深化两国文化和旅游交流与合作等议题深入交换意见。胡和平对垂秀夫履新日本驻华大使表示祝贺，他表示，中日是重要近邻，近年两国关系取得新的发展。2020年习近平主席向日本新任首相菅义伟先生致贺电并通电交谈，为两国关系发展指明了方向。文化和旅游交流是中日关系的重要组成部分和友好交往基础，1200余万人次的人员互访规模为加深两国人民相互理解和友好感情发挥了积极作用。新冠疫情发生以来，中日两国开展了一系列抗疫合作，留下患难与共、守望相助的佳话。2021年是中日文化体育交流促进年，2022年是中日邦交正常化50周年，中方愿与日方共同努力，用好中日高级别人文交流磋商机制这一高端平台，通过积极开展中日青少年修学旅行、支持"东亚文化之都"城市交流对话、举办中日韩文化部长会议和旅游部长会议等活动，进一步深化两国在文化和旅游领域的务实合作，推动两国文化和旅游交流向更高水平、更深层次发展。垂秀夫表示，日中关系对日本而言是最重要的双边关系之一，两国文化和旅游交流为进一步加强相互理解和信赖，增进国民感情发挥着重要作用。

【新任日本驻华大使垂秀夫做客全国对外友协】　2021年3月2日，新任日本驻华大使垂秀夫应全国对外友协会长林松添邀请做客中国人民对外友好协会，双方就中日关系及两国在经贸、减贫合作、乡村振兴和青少年等领域交流合作进行了坦诚友好交流。秘书长袁敏道、日本驻华使馆文化公使贵岛善子等参加了会见。

【林松添会长会见日本松下集团中国东北亚公司总裁本间哲朗】　2021年5月28日，中国人民对外友好协会会长林松添在中国人民对外友好协会会见日本松下集团副社长、中国东北亚公司总裁本间哲朗。林松添欢迎本间哲朗做客友协并祝贺松下幸之助先生荣获2018"中国改革友谊奖章"，感谢松下集团为促进中国发展所作出的努力、第一时间向武汉抗击疫情慷慨捐款的善举、以及坚定不移致力于为增进中日人民友好所作的贡献，还介绍了中国贯彻新发展理念，构建新发展格局，致力于更高水平对外开放和高质量发展的政策举措与愿景规划和"一带一路"建设实践，强调松下集团聚焦中国市场谋发展是明智的选择，欢迎松下集团等日本企业继续深耕拓展中国市场，积极参与"一带一路"建设，致力于合作共赢、共同发展。期待松下集团发挥自身优势和影响力，讲好松下的"中日友好故事"，为增进两国人民特别是青少年的相互理解和友好感情，促进两国"民相亲、心相通"作出新的贡献。

【中日民间友好组织负责人举行线上会晤并发表关于团结合作、反对疫情政治化的共同宣言】　2021年7月19日下午，中国人民对外友好协会会长林松添、中国日本友好协会常务副会长程永华与公益社团法人日本中国友好协会副会长宇都宫德一郎、理事长冈崎温及东京、大阪、长野、北海道、高知等地方日中友协负责人举行视频会晤。双方相互祝贺即将举行的东京奥运会、北京冬奥会，赞赏双方在疫情防控任务繁重情况下为举办奥运会付出的辛勤努力和所展现的奥林匹克精神，还就加强两国在青少年、文化、体育、地方政府、媒体智库等领域的交流合作进行了坦诚友好交流，达成广泛共识，并审议通过了《中国人民对外友好协会、中日友协和日中友协关于团结合作、反对疫情政治化的共同宣言》。

【大虹桥中日企业交流发展联盟成立】 2021年7月19日，大虹桥中日企业交流发展联盟成立，并在大虹桥营商服务中心常设办事专窗，为相关企业提供全方位服务。该联盟由长宁区发展改革委、商务委、投资促进办和北新泾街道办事处联合发起成立，以"开放、合作、共享、共赢"为主题，计划集聚优质资源、增强区域功能辐射，承接中国国际进口博览会溢出效应，吸引一批日本企业和跨国公司总部落户上海，是长宁区以"虹桥品牌"赋能，为区域经济高质量发展注入强劲动力的缩影。

【第十七届"北京—东京论坛"举行】 2021年10月25日，由中国国务院新闻办公室、日本外务省支持，中国外文局和日本言论NPO共同主办的第十七届"北京—东京论坛"开幕。"北京—东京论坛"创办于2005年，在北京与东京轮流召开，每年举办一次，是中日民间交流最重要的平台之一。本届论坛由中国国务院新闻办公室、日本外务省支持，中国外文局和日本言论NPO共同主办。论坛采用线上线下相结合的方式，主会场设在北京与东京，还首次开设了上海分会场。论坛以"大变局下的中日关系及重塑国际合作——迈向邦交正常化50周年的思考"为主题，包括主题对话、民调对话以及双边政治与外交、国际合作、数字经济、经济贸易等分论坛。来自中日政界、经济界、学界等领域的有识之士，围绕双边政治、外交、经贸、安全、媒体等议题进行热烈讨论，达成了多项共识。2021年10月26日，论坛闭幕。闭幕式上，中国外文局副局长兼总编辑高岸明宣读《北京共识》。共识指出，维护中日关系健康稳定发展至关重要。亚洲和世界局势发生深刻变化，两国民众高度关注中日关系走向。两国尤其需要在政府及民间层面广泛开展坦诚对话，促进相互理解，探讨两国关系的未来。

【中日海洋事务高级别磋商团长会谈举行】 2021年11月10日，外交部边界与海洋事务司司长洪亮同日本外务省亚洲大洋洲局局长船越健裕以视频方式共同主持中日海洋事务高级别磋商团长会谈。双方就涉海问题深入交换意见，强调要全面落实近期两国领导人通话达成的重要共识，努力把东海建设成为和平、合作、友好之海。双方确认恪守中日四点原则共识的精神，加强涉海事务对话磋商，建设性管控矛盾分歧，促进防务、环保、搜救、渔业、防灾及人员交流等领域的务实合作，增进相互了解信任，减少疑虑和误解误判，维护海上局势和平稳定。中方重申在钓鱼岛和东海有关事态问题上的严正立场，敦促日方切实尊重中国主权和安全关切，不要采取可能导致局势复杂化的行动。双方对此次团长视频会谈给予积极评价，同意继续充分发挥海洋事务高级别磋商在涉海沟通对话中的主渠道作用，争取年内举行第十三轮中日海洋事务高级别磋商全体会议。

【第 15 次中日经济伙伴关系磋商举行】 2021 年 11 月 26 日，商务部副部长任鸿斌与日本外务省外务审议官铃木浩以视频方式共同主持召开了第 15 次中日经济伙伴关系磋商，双方就两国经济形势、中日经贸合作、多边和区域议题及其他各自关注问题坦诚、务实地交换了意见。中日双方相关部门代表参加会议。

【第 38 届中日经济知识交流会举行】 2021 年 12 月 16 日，第 38 届中日经济知识交流会举行。中方首席代表、中国国务院发展研究中心党组书记马建堂指出，2021 年前三季度，中日双边贸易同比增长超过 20%，展现出强劲韧性和巨大潜力，更加凸显了中日经贸合作优势互补，互利共赢的特点。中日经贸合作符合市场规律，符合中日两国人民利益。中国坚持以人民为中心的发展思想，积极贯彻创新、协调、绿色、开放、共享的新发展理念，日方提出了兼顾增长与分配的"新资本主义"发展理念，双方可以进一步拓展在绿色低碳、数字经济、产业链供应链，以及区域和多边领域的务实合作。日本政策投资银行董事长木下康司认为，从中长期看，日中两国面临一些共同课题，如疫情对经济的冲击、碳中和等气候变化的应对措施、人口老龄化问题等。相信两国在相关领域加强合作，能为解决全球性问题提供有力支撑，也为双方解决上述问题发挥引领作用。

【第十三轮中日海洋事务高级别磋商全体会议举行】 2021 年 12 月 20 日，第十三轮中日海洋事务高级别磋商全体会议以视频方式举行，中日两国的外交、防务、海上执法和海洋管理等部门相关人员参加。中日海洋事务高级别磋商是双方涉海事务的综合性对话沟通协调机制。本次磋商由中国外交部边界与海洋事务司司长洪亮和日本外务省亚洲大洋洲局局长船越健裕共同主持。中国外交部、中央外办、国防部、自然资源部、生态环境部、交通运输部、农业农村部、中国海警局及日本外务省、内阁官房、水产厅、资源能源厅、海上保安厅、环境省和防卫省分别派员参加。

【第十五届中日节能环保综合论坛线上举行】 2021 年 12 月 27 日，由中国国家发改委、商务部与日本经济产业省、日中经济协会共同举办的第十五届中日节能环保综合论坛以视频方式举行。中日节能环保综合论坛是国务院批准的综合性论坛，2006 年至今已举办 15 届，累计签署合作项目 413 个，已成为中日两国节能环保、绿色发展领域合作的重要平台。在第十五届论坛上，中日双方表示，要着眼于优势互补和互利共赢，努力实现碳达峰碳中和目标引领下的经济复苏、绿色发展和民生改善。一是扩大亚太高水平开放，二是加强政策对话交流，三是深化节能环保领域合作。

【中日海洋事务高级别磋商团长会谈举行】 2022 年 6 月 23 日，外交部边界与海洋事务司司长洪亮同日本外务省亚洲大洋洲局局长船越健裕以视频方式共同主持中日海洋事务高级别磋商团长会谈。双方就涉海问题坦诚深入交换意见，强调应根据两国领导人重要共识和中日四点原则共识精神，妥善处理两国间涉海矛盾分歧，加强海空风险管控，积极促进海洋生态、环保、科研、气象、减灾防灾、搜救、渔业等涉海务实合作，加强双方涉海部门人员交流，维护东海和平稳定，为把东海建设成为和平、合作、友好之海作出积极努力。中方阐述了在东海、钓鱼岛和南海问题上的严正立场，敦促日方尊重中国领土主权和安全关切，切实谨言慎行，避免采取任何可能导致局势复杂化的行动。中方还重申了对日本福岛核污染水处置问题的关切，要求日方妥善处理。双方同意年内举行新一轮中日海洋事务高级别磋商全体会议。

【杨洁篪、秋叶刚男共同主持中日第九次高级别政治对话】 2022年8月17日，中共中央政治局委员、中央外事工作委员会办公室主任杨洁篪在天津同日本国家安全保障局长秋叶刚男共同主持中日第九次高级别政治对话。杨洁篪表示，中日两千多年交往史和邦交正常化50周年历程启示双方，和平共处、友好合作是两国关系唯一正确的选择。双方应以领导人重要共识为政治指引和行动遵循，秉持高度责任感和使命感，深刻总结历史，保持定力主见，排除内外干扰，共同致力于构建契合新时代要求的中日关系。

【"不忘初心、开创未来"纪念中日邦交正常化50周年研讨会举办】 2022年9月12日，中国驻日本使馆同日本经济团体联合会共同主办"不忘初心、开创未来"纪念中日邦交正常化50周年研讨会。国务委员兼外交部部长王毅、日本外相林芳正分别发表视频致辞。中国驻日本大使孔铉佑、日本前首相福田康夫发表主旨演讲。会上强调双方要激活民间友好动力，广泛开展人文交流及民间地方交往，着眼未来，加强青少年交流，同时为疫后有序恢复人员往来蓄势储能，掀起民间友好新热潮。要坚守正义正道，践行真正的多边主义和开放的区域主义，在团结还是分裂、合作还是对抗的重大抉择前作出正确选择，为乱局变局中的世界注入更多稳定性和正能量。

【2022中日友好交流会议举办】 2022年9月16日，由中国人民对外友好协会、中国日本友好协会、日本中国友好协会共同举办的"重温友好初心 共创美好未来"——2022中日友好交流会议以视频连线方式在中日两国同时举行。中国国际关系学会会长唐家璇、中国人民对外友好协会会长林松添致辞。中国31个省（自治区、直辖市）对外友好协会、日本32个都（道、府、县）日中友好协会及相关团体、组织主要负责人或代表300余人线上出席了当天的会议。会议上，双方围绕"重温友好初心 共创美好未来"的主题进行了坦诚、友好的交流，达成了广泛共识，并一致通过了《共同倡议》。

【中日邦交正常化50周年研讨会举行】 2022年9月17日，由日本日中友好协会主办的中日邦交正常化50周年研讨会举行。日本前首相鸠山由纪夫、日本众议院副议长海江田万里、日本日中友好协会会长井上久士、全国对外友协副会长、中日友协秘书长袁敏道以及中国驻日本大使馆公使杨宇等中日两国友好人士共 200 余人线上线下出席或致辞。

【"海棠樱花永相传—周恩来与中日友好"图片展开幕】 2022 年 9 月 26 日，"海棠樱花永相传—周恩来与中日友好"图片展在北京、东京两地同时开幕。第十届全国人大常委会副委员长顾秀莲，中国驻日大使孔铉佑，中国人民对外友好协会副会长、中日友协秘书长袁敏道，北京大鸾翔宇慈善基金会创始会长周秉德，日本前首相福田康夫，日本驻华使馆公使小泉勉，日本创价学会常务副会长谷川佳树等分别在中日两国会场出席开幕式或致辞。本次图片展由中国友好和平发展基金会、中国国际交流协会、淮安市人民对外友好协会、淮安周恩来纪念馆、北京大鸾翔宇慈善基金会、日本创价学会等单位联合主办，中日友协等协办，将在中国北京、淮安、广州和日本东京、京都、仙台同步巡展。

【中日邦交正常化 50 周年纪念招待会在钓鱼台国宾馆举行】 2022 年 9 月 29 日，由中国人民对外友好协会和中国日本友好协会共同主办的中日邦交正常化 50 周年纪念招待会在钓鱼台国宾馆举行。全国人大常委会副委员长丁仲礼和日本驻华大使垂秀夫出席招待会并致辞。日本自民党前干事长二阶俊博，前众议院议长、日本国际贸易促进协会会长河野洋平，日中协会会长野田毅发来视频贺辞。中国人民对外友好协会会长林松添主持招待会。招待会上，双方进行了友好交流，并共同欣赏了由中国爱乐首席四重奏和北京金帆音乐厅深空少年合唱团分别带来的四重奏《情深谊长》《日本名曲联奏》以及童声合唱《红叶》《茉莉花》等精彩文艺节目。

【中日邦交正常化日方亲历者及友好人士后代座谈交流会举办】 2022 年 9 月 30 日，中国驻日本大使孔铉佑偕大使夫人王秀君邀请中日邦交正常化日方亲历者及友好人士后代座谈交流，共同缅怀两国老一辈政治家及各界前辈先驱的伟大功绩，重温邦交正常化的原点初心，坚定在新的历史起点再次启程、开创新时代中日关系美好前景的信念决心。友好人士后代追思缅怀先人功绩，介绍各自在政治、经贸、文化、艺术、教育等不同领域从事对华交流情况，表示将坚定继承先人遗志，愿做日中友好之树上的一片绿叶，同时将致力于将友好传统一代一代传承下去。交流会上，孔铉佑大使夫妇同日方友人亲切交谈。日本 NHK 电视台、共同社、时事社、每日新闻、朝日新闻、TBS 电视台等媒体对会议进行了现场报道，孔铉佑及部分日方人士接受了采访。

【中日友城"合作共赢共同发展"论坛举办】 2022 年 10 月 12 日，中国人民对外友好协会与日本自治体国际化协会以线上线下相结合的方式共同举办中日友城"合作共赢共同发展"论坛。中国人民对外友好协会副会长袁敏道、日本自治体国际化协会理事长冈本保、中国驻日本使馆临时代办杨宇、日本驻华大使垂秀夫在论坛上致辞。中日双方友城和相关单位代表共约 300 人线上出席。中日友协副秘书长王占起主持论坛。与会中日友城负责人围绕"深化地方交流，共创美好未来"的主题，回顾了双方交流合作的丰硕成果，分享了在相关领域的好做法、好经验，展望了两国友城交流的美好未来。双方一致认为，两国友城深化互利合作面临重要机遇，要重温中日邦交正常化的初心，推动中日关系行稳致远；要携手合作，发挥各自优势，深挖合作潜力，做互利共赢的伙伴；要坚持友好，大力开展人文和青少年交流，为实现中日"民相亲、心相通"贡献力量。

【"中日企业助力构建未来社会想象明日生活——面向2025大阪·关西世博会"友好交流活动举办】 2022年10月13日，由日本关西经济联合会主办的"中日企业助力构建未来社会想象明日生活——面向2025大阪·关西世博会"友好交流活动举办，中国人民对外友好协会副会长袁敏道应邀在线出席并致辞。中国国际贸易促进委员会副会长张慎峰、中国驻大阪总领事薛剑、关西经济联合会会长松本正义出席活动并致辞，中日有关企业家围绕主题作专题发言。主办方与中国人民对外友好协会合作，已经在北京、上海、深圳和成都等地共同举办了5届中日企业家交流会，为两国企业家加强对话沟通搭建了重要平台。

【"友谊与合作，创新与未来"——纪念中日邦交正常化50周年暨2022中日企业家圆桌会在虹口举行】 2022年10月28日，由上海市外国投资促进中心为指导单位，上海淀山湖论坛发展促进中心、上海市人工智能技术协会等单位主办的"友谊与合作，创新与未来"——纪念中日邦交正常化50周年暨2022中日企业家圆桌会在上海虹口白玉兰广场隆重举行。来自中日两国的机构、企业的代表约50人出席本次会议。上海现代服务业联合会会长郑惠强、虹口区副区长陈帅出席本次活动并致辞。会上，10位中日企业家发表主题演讲，从消费品、IT、数字化、智能制造业、自动驾驶、投资管理影视 IP、中日贸易等视角分享了在各自领域的融合与创新。

【林松添会长应邀与日本驻华大使餐叙】 2022年11月3日，日本驻华大使垂秀夫在大使官邸设宴款待林松添会长一行。其间，林松添会长向日方介绍了中国共产党第二十次全国代表大会的有关情况，并就推动中日民间友好及双方共同关心的话题进行了友好、坦诚的交流。东亚部主任程海波、副主任张孝萍及日本驻华大使馆公使贵岛善子，公使衔参赞冈田胜、石飞节等参加此次餐叙。

【第十八届"北京—东京论坛"开幕】 2022年12月7日，由中国国务院新闻办公室、日本外务省支持，中国外文局和日本言论 NPO 共同主办的第十八届"北京—东京论坛"开幕。论坛以线下线上相结合的形式在北京、东京同时举行。本届论坛以"维护世界和平与国际合作的中日两国责任——邦交正常化50周年之际的思考"为主题，来自中日两国政界、经济界、企业界、学术界、传媒界等领域的嘉宾，就维护和平秩序、增进政治互信、深化经贸合作、强化安全保障、明确媒体责任与发展数字经济等重要议题展开讨论、深入交流、凝聚共识。本届论坛于12月8日闭幕。

（撰稿人：田卫卫）

第二编
多边中外人文交流平台

上合组织人文交流

一 综合

【上海合作组织成员国元首理事会第二十一次会议】 2021年9月17日下午，国家主席习近平以视频方式出席上海合作组织成员国元首理事会第二十一次会议，并发表题为《不忘初心 砥砺前行 开启上海合作组织发展新征程》的重要讲话。俄罗斯总统普京在上合峰会上发表讲话，呼吁在美军从饱受战争蹂躏的阿富汗"逃离"后，应就阿富汗问题达成一条"共同路线"。塔吉克斯坦总统拉赫蒙在会上表示，此次会议将提出赋予埃及、卡塔尔和沙特上海合作组织对话伙伴国地位的倡议，启动接受伊朗成为上海合作组织成员国的程序。峰会发表《上海合作组织二十周年杜尚别宣言》。2021年是上合组织成立20周年，组织将在会徽、旗帜基础上增加一个新的官方标志——会歌。会歌将首次在上合组织元首理事会会议的会场上奏响，将成为上合组织坚持维护和平、安全与稳定，促进共同发展的鲜明例证。

【"上海合作组织：历史、现状和前景"圆桌会议举办】 2022年6月29日，"上海合作组织：历史、现状和前景"圆桌会议举办。国务委员兼外长王毅在北京以视频方式出席会议并发表致辞。"上海合作组织：历史、现状和前景"圆桌会议由上合组织秘书处同中国上合组织研究中心共同举办，旨在庆祝《上海合作组织宪章》签署20周年、《上海合作组织成员国长期睦邻友好合作条约》签署15周年。上合组织有关成员国外长、秘书长出席会议。

【上海合作组织成员国元首理事会第二十二次会议】 2022年9月16日，习近平主席出席上海合作组织成员国元首理事会第二十二次会议，发表题为《把握时代潮流 加强团结合作 共创美好未来》的重要讲话。讲话中，习近平主席阐明了上海合作组织不断成长壮大的5点成功经验，并为新形势下构建更加紧密的上海合作组织命运共同体提出五方面中国倡议。"我们要落实好本次峰会通过的关于维护国际能源安全、粮食安全两份声明，提高能源和粮食安全保障水平。"在"深化务实合作"方面，习近平主席在讲话中特别强调了能源安全、粮食安全这"两个安全"。上合组织撒马尔罕峰会签署了关于伊朗加入上合组织义务的备忘录。上海合作组织成员国领导人签署了《上海合作组织成员国元首理事会撒马尔罕宣言》。《宣言》宣布：为支持上合组织旅游业、提升地区和城市的旅游吸引力，成员国商定 2023 年为"上海合作组织旅游年"。

【上合组织成员国政府首脑（总理）理事会第二十一次会议以视频方式举行】 2022 年 11 月 1 日，上海合作组织成员国政府首脑（总理）理事会第二十一次会议以视频方式举行。中华人民共和国国务院总理李克强、印度共和国外交部长苏杰生、哈萨克斯坦共和国总理斯迈洛夫、吉尔吉斯共和国总理扎帕罗夫、巴基斯坦伊斯兰共和国外交部长比拉瓦尔、俄罗斯联邦政府总理米舒斯京、塔吉克斯坦共和国总理拉苏尔佐达、乌兹别克斯坦共和国总理阿里波夫出席会议。中华人民共和国国务院总理李克强主持会议。上合组织秘书长张明、上合组织地区反恐怖机构执行委员会主任米尔扎耶夫、上合组织实业家委员会理事会轮值主席瓦哈波夫、上合组织银行联合体理事会轮值主席米尔索阿托夫出席会议。《上海合作组织成员国政府首脑（总理）理事会第二十一次会议联合公报》发表。《联合公报》指出，各代表团团长认为，有必要继续深化成员国在文化和人文领域的务实合作，丰富教育、文化、旅游、体育领域的合作形式。

二　上合组织教育交流

【中国—上合组织技术转移中心与喀山联邦大学签署合作意向协议】 2021 年 7 月 14 日下午，中国—上合组织技术转移中心与俄罗斯喀山联邦大学进行合作意向协议签约，喀山联邦大学副校长、"数字化转型与创新"学科负责人德米特里·米哈伊洛维奇·帕辛，中心运营机构负责人赵中元等出席签约仪式。基于协议，双方将在人才共享与培养、大型仪器共享、科技成果转移转化、创新项目商业化等领域开展合作。

【中国—上海合作组织经贸学院成立】 2021 年 9 月 17 日，习近平主席在上海合作组织成员国元首理事会第二十一次会议（杜尚别峰会）上宣布，中方将设立中国—上海合作组织经贸学院。2022 年 1 月 13 日，中国—上海合作组织经贸学院在青岛揭牌成立，明确提出将以上合示范区为推进主体，以青岛大学为实施主体，面向上海合作组织和"一带一路"沿线国家培养经贸人才。

【全国首个"中国—上合组织技术转移中心国际职业学院"签约】 2021 年 12 月 3 日，在广东省第二届职业技能大赛的"世赛与技能中国：2021 广州高峰论坛"签约仪式上，中国—上合组织技术转移中心与广州市机电技师学院签署合作协议。双方将共建全国首个"中国—上合组织技术转移中心国际职业学院"，主要围绕四大目标开展相关工作：一是提升海内外联合办学水平；二是搭建多元合作职教交流平台；三是创建中国示范职教品牌；四是探索国际合作技能人才培养模式。

【中国—上合组织技术转移中心与俄罗斯阿斯特拉罕国立大学签订战略合作协议】 2021年12月9日，在俄罗斯国家级科技和教育成果展 VUZ-PROMEXPO 上，中国—上合组织技术转移中心与俄罗斯阿斯特拉罕国立大学签订战略合作协议。双方合作旨在实现科学、教育和创新发展领域战略目标，将共同推进中俄专家交流，推动实施计算机科学、电子、生物技术、农业和生态领域的联合教育计划，进行科技成果转移转化和创新项目等领域的合作。

【上合组织农业基地海外实训基地——乌兹别克斯坦农业科技园第四期农业技术培训举办】 2022年11月1日，一场别具特色的农业技术培训在上合组织农业基地海外实训基地——乌兹别克斯坦农业科技园内举办，本次培训是园区今年以来举办的第4期农业技术培训，吸引了来自乌兹别克斯坦锡尔河区农业部门管理人员、种植户、育苗育种企业负责人等20余人参加。培训紧紧围绕园区产业发展及周边种植户实际需求，重点介绍中国微灌技术的发展及应用情况、微灌技术的特点、微灌灌水器与系统规划布置、微灌系统设计，微灌系统水质处理，微灌施肥等内容。

【2022年上合组织国家扶贫研修班（江西）结业】 2022年12月9日，为期5天的2022上海合作组织国家扶贫研修班（江西）结业。活动期间，学员们从不同维度了解了江西省在扶贫领域的经验做法。此次研修班共有来自印度、乌兹别克斯坦、俄罗斯、巴基斯坦、伊朗、阿富汗、尼泊尔、柬埔寨等上合组织成员国、观察员国和对话伙伴国的政府官员、民间友好组织代表、学者、企业家、学生等共计430余人线上参加，在赣上合组织国家留学生代表和有关政府部门40余人线下参加。

【上合组织国家农业大学校长论坛举行】 2022年12月12日，首届上合组织国家农业大学校长论坛暨科技创新发展论坛在位于陕西杨凌的西北农林科技大学举行。论坛主题为"上合组织农业教育科技合作：机遇与挑战"，来自中国、俄罗斯、哈萨克斯坦等上合组织国家的20余所农业大学校长及科研机构负责人参会。论坛围绕创新未来农业人才培养模式、区域农业科技协调合作等议题展开交流。

【上合组织国家人文交流论坛在青岛举办】 2022年12月21日，由教育部中外人文交流中心、青岛市人民政府、上海合作组织秘书处联合主办，青岛市教育局、市外办和中国—上海合作组织地方经贸合作示范区管理委员会等承办的"2022首届上海合作组织国家人文交流论坛"在青岛·上合之珠国际博览中心开幕。此次论坛旨在落实习近平主席在上海合作组织青岛峰会上的重要讲话精神以及2022年9月在上海合作组织成员国元首理事会第二十二次会议重要讲话中关于"加强人文交流"的要求，围绕服务上合示范区建设，立足青岛推动上合组织和"一带一路"国家教育合作与人文交流，促进民心相通、人民友好。论坛发布了《2022上海合作组织国家教育人文交流合作青岛倡议》，倡议深化教育合作和人文交流，加快构建上海合作组织教育共同体，为上合组织命运共同体和人类命运共同体构建提供智力和人才支撑。

【2022上海合作组织国家人文交流论坛基础教育分论坛在青岛举办】 2022年12月21日，2022上海合作组织国家人文交流论坛基础教育分论坛在青岛·上合之珠国际博览中心黄河厅顺利举行。本场分论坛由青岛市教育局主办。在近三个小时的论坛期间，各国教育同仁云端相聚，围绕"人文交流促进包容、公平和有质量的教育"的主题在线交流；共有7位来自中国、俄罗斯等国家的专家学者、一线教育工作者、学校以及教育行政机关的负责人，进行了主旨分享、品牌发布。报告的主题有如何实现国际理解教育的使命与内涵、如何将儒释道中国哲学智慧与课程融会贯通等。与会人员表示希望进一步加强交流，共同研讨如何推动以教育对外开放促进教育深化改革、守正创新，为促进青岛教育高质量发展贡献出更多的智慧和方案。

【西农大与白俄罗斯4所农业院校"云签约"】 为不断拓展上合组织国家农业院校"朋友圈"，2022年12月23日，西北农林科技大学与白俄罗斯国立农业技术大学、维捷布斯克国立兽医学院、格罗德诺国立农业大学、白俄罗斯国家科学院大学四所高校举办线上集中签约仪式。西北农林科技大学校长吴普特代表学校与上述学校分别签署校际合作谅解备忘录。

【首届上海合作组织国家人文交流论坛举行】 2022年12月24日，由教育部中外人文交流中心、青岛市人民政府、上海合作组织秘书处联合主办的2022首届上海合作组织国家人文交流论坛在青举行。论坛上，青岛西海岸新区教育中外人文交流品牌"Hello，伙伴！"正式发布。目前，新区有34所学校与16个国家和地区的59所学校建立了友好合作关系，34所中小学被教育部中外人文交流中心确定为特色计划学校，9所学校的课题被教育部中外人文交流中心立项。如今，"Hello，伙伴！"正式发布，这标志着青岛西海岸新区教育中外人文交流迈入更加成熟稳固且更有活力的新阶段。相关负责人表示，未来，青岛西海岸新区将持续加强品牌建设，强化品牌引领作用，将"Hello，伙伴！"融入新区教育对外开放高质量发展全过程，持续探索人文交流理念教育、传播和实践举措，加强与上合组织国家的教育交流与合作，为助力青岛现代化、国际化高质量教育体系建设贡献西海岸力量。

【上合组织国家200余人线上学习中国减贫经验】 2022年12月27日，上合组织国家减贫与发展培训班（昆明）开班仪式以线上方式在云南省昆明市举办。来自上合组织国家200余名减贫与发展等各领域人才在此后三个月通过线上方式学习中国减贫脱贫经验与昆明乡村振兴做法。昆明是中国首批承接上海合作组织扶贫培训的城市之一。此次培训将围绕精准扶贫与乡村振兴、绿色发展与数字经济、青年创新创业与青年发展3个模块开展。昆明市邀请中国人民大学中国乡村振兴研究院专门设计课程体系，既介绍了中国减贫治理的实践成就、政策措施和模式路径，又结合昆明实际选取优秀案例，系统介绍了昆明积极开展减贫治理与共同发展的经验做法。

三　上合组织科技交流

【中国—上海合作组织数字经济产业论坛、2021中国国际智能产业博览会开幕】　中国—上海合作组织数字经济产业论坛、2021中国国际智能产业博览会8月23日在重庆开幕。中共中央政治局委员、国务院副总理刘鹤以视频方式出席，宣读习近平主席贺信并致辞。刘鹤表示，习近平主席对数字经济以及本次大会高度重视，提出了殷切期望和具体要求，要认真贯彻落实。开放共享、合作共赢是数字经济的内在要求，在上合组织成立20周年之际，各成员国要把握数字化机遇，携手打造开放、包容的发展环境，全面深化务实合作，推动构建新型国际关系和人类命运共同体。

【"粮食安全：国家和全球驱动因素"国际科学理论会议召开】　2021年10月15日，由中国—上海合作组织技术转移中心和联合国粮食及农业组织（FAO）、国际干旱地区农业研究中心（ICARDA）、乌兹别克斯坦撒马尔罕州立大学共同主办的"粮食安全：国家和全球驱动因素"国际科学理论会议通过视频会议的方式顺利召开。

【中国—上合组织国家国际技术交易联盟正式揭牌】　2021年10月26日，在由山东省人民政府、中国科学技术协会主办的2021世界海洋科技大会上，"中国—上合组织国家国际技术交易联盟"正式揭牌成立。联盟在工作上接受中国科学技术协会等相关部门指导，是中国科学技术协会在国家层面最高级别的对外合作联盟。

【上海合作组织成员国第六届科技部长会议举办】　2022年4月8日，上海合作组织成员国第六届科技部长会议在乌兹别克斯坦共和国首都塔什干召开。上合组织秘书长张明出席会议。会议旨在落实2021年上合组织成员国元首理事会第二十一次会议相关共识。各代表团团长在友好务实的氛围中就各国科技政策和上合组织成员国第五届科技部长会议以来推进科技合作有关进展情况进行了交流。

【上合数字底座启用暨上合算力联盟成立大会举行】　2022年10月28日，上合数字底座启用暨上合算力联盟成立大会在青岛如意湖商业综合体举行，来自数字经济及算力领域的院士专家、行业领军人物、企业家代表等相聚一堂，共商数字转型变革、共谋算力产业未来。上合算力联盟在会上正式成立。上合新区以上合数字底座为中心，联合国家级云计算应用示范基地——新疆克拉玛依市云计算产业园，统筹中国移动、中国联通等头部企业在"一带一路"沿线和黄河流域部署的算力资源，共同组建上合算力联盟。其将在数据中心算力提升、数字制造壮大、数据流通融合等方面，实现与克拉玛依市云计算产业园算力供需对接和合作，打通'数'动脉和'算'循环，共同构建国家算力聚合、智能共享、立体融合格局和产业链，共同打造具有重要战略地位和支撑数字经济高质量发展的关键基础设施新型算力网络体系。

【上海合作组织副秘书长：上合组织将继续加强信息和通信技术领域合作】 2022年11月9—11日，2022年世界互联网大会乌镇峰会在浙江乌镇举行。上海合作组织副秘书长格力高力·谢苗诺维奇·洛格维诺夫以线上方式参加"网络传播与和平发展论坛"并发表致辞。格力高力在致辞中指出，互联网及信息通信技术创造了极好的机会，然而也具有两面性，为了遏制其负面影响，上合组织正不懈努力，制定各国在信息空间的行为规范。

【2022全球创业周中国站上合组织国际创新论坛举办】 2022年11月19日，由2022（第16届）创业周暨全球创业周中国站组委会与陇爱联合主办的"2022全球创业周中国站上合组织国际创新论坛"在GEW元宇宙A会场举办。本次活动的元宇宙会场运用最新技术实现线下主会场的空间复刻，提供个性化虚拟形象定制和多种互动功能，开启虚实交融的新世界，打造视觉化的全新体验，打破地域边界，汇聚创业资源，传播创业文化。本次论坛是现代化上合新区聚焦元宇宙领域的一次全新探索，旨在通过元宇宙前沿科技发展的交流与碰撞，共建多元、互联的上合特色元宇宙产业生态圈。

【2022上合组织成员国国际贸易数字展闭幕】 2022年11月25日，由中国贸促会主办，北京华港展览有限公司（中展集团下属公司）及中国国际商会联合承办的"上合组织成员国国际贸易数字展览会"在"贸促云展"平台落下帷幕。831家参展企业齐聚线上，向来自上合组织各成员国的8848名专业观众展示我国先进的装备制造业和行业解决方案以及在建材五金、医疗健康、汽摩配、制造业、机电等领域适应上合组织成员国发展需求的产品和技术。

四　上合组织文化交流

【上海合作组织成员国电视电影节在杜尚别举行】 2021年6月29日至7月2日上海合作组织成员国电视电影节在杜尚别举行。此次活动是为纪念上海合作组织成立20周年而举办的。电影节播放了来自8个参与国、4个观察员国和6个上合对话伙伴国的专题片和电视纪录片。活动主要播放了12部故事片和12部电视电影，以及上合组织对话伙伴国的电影。

【上合组织会歌奏响】 2021年9月17日，上合组织在会徽、旗帜基础上增加一个新的官方标志——会歌，会歌首次在上合组织元首理事会会场、杜尚别纳乌鲁孜宫奏响。上合组织会歌的曲作者为塔吉克斯坦共和国作曲家协会主席、人民演员阿米尔别克·穆索佐达（Amirbek Musozoda）。担纲会歌首次演奏的是俄罗斯国家电影乐团，指挥是俄罗斯人民演员谢尔盖·斯克里普卡

（Sergey Skripka）。

【杜尚别上合园盛大揭幕】 2021年9月18日上午8点，在轮值主席国塔吉克斯坦首都杜尚别，全球首个上合组织人文交流综合展示平台"上合园"盛大揭幕。上合园是各国文化、体育、旅游、产融交流服务的窗口，在杜尚别举行的上合园揭幕仪式上，"走进上合，共迎20周年"上合组织国家成员国儿童画展圆满收官，上合组织国家塔吉克斯坦电影展暨上合组织国家（中国城市）电影节启动。

【"2022—放飞冬奥梦想"上合组织国家青少年主题画展网上展览举办】 2022年1月28日，"2022—放飞冬奥梦想"上合组织国家青少年主题画展网上展览成功举办。此次画展聚焦北京2022年冬奥会、冬残奥会，征集中外青少年画作1200余幅，来自上合组织国家的青少年朋友们积极投稿，表达他们对冰雪运动的热爱、对奥运健儿的鼓励，以及对北京冬奥会最真切的期盼与祝福，充分彰显了"一起向未来"的美好愿景。本次画展由上海合作组织睦邻友好合作委员会与全国妇联、教育部、中央美术学院、上合组织秘书处、乌兹别克斯坦上合组织民间外交中心、北京俄罗斯文化中心等机构联合举办。

【2022上海合作组织民间友好论坛举办】 2022年5月11日，应乌兹别克斯坦最高会议参议院主席纳尔巴耶娃邀请，全国人大常委会副委员长、上海合作组织睦邻友好合作委员会主席沈跃跃在北京以视频方式出席上合组织民间友好论坛开幕式并致辞。本次论坛期间，上合组织国家民间机构代表一致通过《塔什干倡议》，指出民间友好论坛是增进互信、巩固睦邻友好的重要多边平台，相信论坛的举办有利于地区国家发展繁荣。

【上海合作组织成员国文化部长第十九次会晤举行】 2022年5月19日，上海合作组织成员国文化部长第十九次会晤举行，各方以线上线下结合的形式出席，共同讨论上合组织文化领域合作现状与前景。会晤由上合组织轮值主席国乌兹别克斯坦主办，乌文化部部长纳扎尔别科夫主持。与会各方表示愿加强剧院、博物馆、图书馆和电影等领域合作，推动成员国文化和历史遗产保护，促进文化艺术人才培养，并同意进一步完善与上合组织观察员国和对话伙伴的文化交流合作机制。各方审议同意了《上海合作组织成员国主管部门间博物馆领域合作备忘录》草案，通过了上合组织成员国文化部长第十九次会晤纪要和联合新闻声明。

【2022上合组织国家媒体智库论坛举行】 2022年7月29日，由中国外文局、上海合作组织秘书处指导的2022上合组织国家媒体智库论坛在山东青岛举行。活动主题为"共谋新愿景 开启新征程"。论坛期间，中国—上海合作组织地方经贸合作示范区管理委员会副主任郝国新与欧亚中心副总编辑于佳代表双方签署战略合作协议，旨在发挥各自特色和优势，联合打造面向上合组织国家传播新平台，共同讲好上合故事。

【国图集团成功举办2022"阅·上合"主题书展】 2022年7月29日，

2022 上合组织国家媒体智库论坛在山东青岛成功举行。国图集团精心筹划举办了"阅·上合"主题书展，作为配套活动为论坛打造文化主场空间。共展出出版物逾千册，包括《习近平谈治国理政》（第四卷）中英文版、《"一带一路"这五年的故事》和"读懂中国"等系列主题丛书，旨在以书为媒，推动文明互鉴，展现可信、可爱、可敬的中国形象。书展之后，该批主题图书在山东青岛上合示范区内进行长期展示。

【《上合樽》入藏乌兹别克斯坦大使馆】 2022年9月23日，为纪念上合组织发展迈向新篇章，乌兹别克斯坦驻华大使馆正式收藏国礼《上合樽》，作为时代见证。《上合樽》由乌兹别克斯坦驻华使馆代表 Ibragimov Mansur 亲自接收并颁发收藏证书。

【乌兹别克斯坦邮政发行《上海合作组织撒马尔罕2022年峰会》纪念小型张】 2022年10月，乌兹别克斯坦邮政发行《上海合作组织撒马尔罕2022年峰会》纪念小型张1套1枚，内含邮票1枚，图案为上海合作组织8个成员国的国旗、撒马尔罕峰会的会徽与撒马尔罕的市徽，峰会会徽由上合组织的徽志（内含中文组织名称）、纹饰与文字组成，其中文字包含举办地的中文名称，边纸图案为雷吉斯坦广场夜景（广场上的3座建筑自左至右分别为乌鲁格别克书院、提拉卡力书院与悉多书院）、撒马尔罕的市徽与纹饰。

【上合组织国家举办国际象棋网络团体赛】 2022年11月20日，"上合控股杯"第四届上合组织国家国际象棋网络团体赛在青岛胶州上合之珠国际博览中心结束了全部的9轮比赛。由特级大师马苏德鲁和塔巴塔巴伊组成的伊朗队获得冠军，由韦奕和李超组成的中国队获得亚军。本次比赛由青岛上合控股发展集团有限公司冠名，国家体育总局棋牌运动管理中心、中国国际象棋协会、中国—上海合作组织地方经贸合作示范区管理委员会、青岛市体育局、胶州市人民政府和青岛市体育总会共同主办，这已经是胶州市教育和体育局连续四年承办该项赛事。

【"中国影像节"上合影像季活动启动】 2022年11月22日，由中央广播电视总台 CGTN 主办的"中国影像节"上合影像季展播活动正式启动。活动期间，总台 CGTN 提供的《经典里的中国智慧》《解码十年》《看中国》等一批优秀节目通过上合组织国家主流媒体进行展播，向上合国家观众生动讲述新时代中国发展成就及展现新征程上"中国之治"的独特魅力。上合国家媒体提供的精彩节目也通过 CGTN 多语种平台播出，向全世界介绍和展示上合组织国家的历史文化和现代经济社会发展图景。

【第三届上合高端论坛2022举办】 2022年12月3日，"上合高端论坛2022"成功举行。此次会议由中国国际问题研究院、中国上海合作组织研究中心、上海政法学院、中国—上海合作组织国际司法交流合作培训基地联合主办。外交部、商务部、上合组织秘书处、上合组织成员国驻华使馆、山东省及青岛市政府、上合组织国家智库、科研机构及中外媒体等机构的100余名代表出席。与会专家学者们围绕"维护亚欧大陆和平与发展"及"构建上海合作组织命运共同体"等议题进行了深入研讨和交流。

【《上海合作组织20年发展历程和前进方向》蓝皮书发布】 2022年12月3日,"上合高端论坛"开幕式发布了2022年上合组织蓝皮书——《上海合作组织20年发展历程和前进方向》英文版、俄文版。该书是中国上合组织研究中心实施的"上合组织蓝皮书项目"的组成部分,此前已出版四本蓝皮书,分别是《上海合作组织:回眸与前瞻(2001—2018)》《新时期上海合作组织:形势和任务(2018—2019)》《上合组织命运共同体建设:机遇和挑战(2020)》《上海合作组织20年:成就和经验(2021)》。

【第二届"相约上合杯"俄语大赛决赛暨首届"相约上合杯"国际汉语大赛举行】 2022年12月23日,第二届"相约上合杯"俄语大赛决赛暨国际汉语大赛在中国—上海合作组织国家地方经贸合作示范区举行。为服务上合示范区建设,提升全省俄语教学水平,汇聚和培养俄语人才,2020年举办了首届"相约上合杯"俄语大赛。2022年,在首届大赛成功经验的基础上,中俄(山东)教育国际合作联盟、上合示范区管委会与俄罗斯语言和文学教师协会继续联合举办了第二届"相约上合杯"俄语大赛和首届国际汉语大赛。比赛采取线上线下相结合方式进行,俄罗斯语言和文学教师协会俄语专家和中方高校汉语专家分别对俄语大赛和汉语大赛参赛选手在线进行评审。

五 上合组织卫生交流

【《上海合作组织民间友好论坛武汉倡议》在武汉发布】 2021年6月3日,《上海合作组织民间友好论坛武汉倡议》在武汉发布。论坛建议,率先在湖北省建立中国—上合组织卫生健康合作示范区,探索在武汉市建设中国—上合组织友谊博览园,推动在武汉市设立上合组织民间活动的"友谊之家"。

【首届上合组织国际和平妇幼健康发展论坛举行】 2022年12月9日,首届上合组织国际和平妇幼健康发展论坛在上海举行。论坛由国家卫生健康委员会和上海市人民政府指导,上海合作组织睦邻友好合作委员会和中国福利会共同主办。开幕式同时发布《中方关于促进上海合作组织妇幼健康合作的倡议(上海)》,提出开展妇幼健康治理策略互鉴、加强妇幼健康医疗技术交流、开展妇女儿童重大健康问题研究合作、搭建妇幼健康产业联盟、建立妇幼健康帮扶基金5项倡议。

【第四届上海合作组织医院合作论坛在武汉开幕】 2022年12月22日,"上合之窗"——第四届上海合作组织医院合作论坛在武汉开幕。中外嘉宾、院士专家等以线上或线下方式与会。此次论坛在上海合作组织睦邻友好合作委员会、国家卫生健康委员会国际合作司、湖北省人民对外友好协会指导下,由中国医院协会、湖北省卫生健康委员会主办,旨在改进医院管理、创新诊疗形式,推动科研合作,加强人才交流。

六　上合组织媒体交流

【"中国—上海合作组织国家媒体云"交流活动圆满结束】 2021年6月22日，2021"中国—上海合作组织国家媒体云"交流活动圆满结束，来自哈萨克斯坦、吉尔吉斯斯坦、印度、白俄罗斯、阿塞拜疆、亚美尼亚、柬埔寨、尼泊尔等国的多位媒体人在线参与结业仪式。来自18个国家的63位媒体代表热情参与了该活动，为媒体合作实现成功突破。

【"中国—上合媒体新闻交换平台"启用】 2021年9月16日，在上海合作组织成立20周年之际，由中央广播电视总台CGTN倡议推出的"中国—上合媒体新闻交换平台"正式上线，助力上合组织国家媒体合作。中国中央广播电视总台台长兼总编辑慎海雄，上海合作组织秘书长弗拉基米尔·诺罗夫，以及来自俄罗斯、哈萨克斯坦、吉尔吉斯斯坦、塔吉克斯坦、乌兹别克斯坦、巴基斯坦和印度等上合组织成员国主流媒体负责人出席了云上线仪式并致辞。

【上合组织主流媒体论坛在沪举行】 2021年11月26日，由上海报业集团主办、澎湃新闻承办的"为了相知相亲的未来——2021上合组织主流媒体论坛"以线上视频方式在沪举行。来自上合组织八个成员国的主流媒体代表围绕"上海精神"与"相知相亲"深入探讨了当下媒体的责任担当与推动媒体合作的重要性、必要性，以期为进一步拓展上合组织各成员国主流媒体间的交流与合作，搭建好各国人民相知相亲的桥梁。

【"2022全国网上年货节"上合组织国家特色商品电商直播活动开幕】 2022年1月10日，"2022全国网上年货节"上合组织国家特色商品电商直播暨青岛·上合示范区网上展销活动线上开幕，来自巴基斯坦、俄罗斯、乌兹别克斯坦、白俄罗斯、亚美尼亚和斯里兰卡等上合组织国家及"一带一路"沿线国家的优质进口产品，将依托电商平台支付、流量、技术等全链条服务，与互联网新一代信息技术融合创新，推动更多上合特色商品"走进来"，进一步丰富消费供给的同时，实现与上合组织国家更加紧密、更深层次的合作。

【2022上合举行昆明马拉松新闻发布会】 2022年12月30日，2022上合昆明马拉松新闻发布会举行，宣布本届赛事于2023年3月26日在昆明开跑，2022年12月31日10时开启报名通道。2022上合昆明马拉松由上合组织秘书处、云南省人民政府指导，云南省体育局、云南省人民政府外事办公室、昆明市人民政府共同主办。赛事分男女全程马拉松、男女半程马拉松和上合跑（5公里）3个组别。

七　上合组织旅游交流

【上合组织成员国文化和旅游融合发展研修班举办】 2021年7月26日，

在上海合作组织成立20周年之际，由文化和旅游部国际交流与合作局主办、中央文化和旅游管理干部学院承办的首届"上合组织成员国文化和旅游融合发展研修班"以线上形式开班。文化和旅游部国际交流与合作局副局长封立涛，中央文化和旅游管理干部学院党委书记、副院长王建华，上合组织副秘书长阿济姆巴基耶夫，印度旅游行业协会会长马亚尔出席开班仪式并致辞。来自7个上合组织成员国的近40位旅游领域政府官员、专家学者和行业代表参加活动。此次研修班为期5天，以网络直播方式举办在线讲座与研讨。

【青岛市与上合组织国家部分旅游城市签署《关于建立旅游城市合作机制的倡议》】 2022年12月13日下午，青岛市文化和旅游局、圣彼得堡旅游发展委员会旅游信息局、撒马尔罕市旅游和文化遗产局、维捷布斯克州执行委员会体育和旅游局《关于建立旅游城市合作机制的倡议》签署仪式成功举办。倡议旨在推动上合组织国家城市之间旅游交流与合作，面向包括但不限于上合组织国家的旅游城市，倡导建立以下机制：一是部门沟通联络机制。按照平等协商的原则，在旅游管理部门间建立沟通联络机制，定期对城市间旅游相关事务进行对接协调，每年组织开展城市间旅游交流活动。二是旅游业界对话机制。根据旅游市场发展需要，举办各类会议、展览、论坛活动，搭建交流合作平台，为参与方提供行业资讯与合作机会。三是旅游市场互惠机制。通过城市间交流，实现市场共建、客源互送、宣传同步、互利共赢的目标，推动上合组织国家旅游市场的开发合作。

八　上合组织青年交流

【《上海合作组织成员国主管部门青年工作合作协定》签署】 2021年9月17日，杜尚别峰会通过了《上合组织成员国主管部门间青年工作合作协定》，该文件明确了上合组织地区青年领域合作的主要方向，为加强上合青年的科教、文化和体育交流打开了新的窗口。青年合作能够深化各国青年之间的友谊，探索解决青年问题的路径和方案，帮助青年就业，提高青年的思想水平，改善青年的生活。

【上合组织青年科技论坛举办】 2022年5月31日至6月2日，上合组织青年科技论坛在深圳开幕。论坛发布了青年创新合作、人民健康、数字经济发展、人工智能、绿色发展、减贫合作与乡村发展六个平行论坛的成果汇报。论坛还发布了《关于上海合作组织青年科技创新论坛的深圳倡议》，提出各国青年应以论坛为契机，在创新合作、创新教育、人才培养、农业发展、农村减贫、国际卫生合作、信息基础建设、可持续发展等领域不断深化友好交流，为促进地区国家发展繁荣贡献"上合力量"。

【上海合作组织青年交流营收官】 2022年6月，在深圳举办的为期3天的上海合作组织青年交流营落下帷幕。本次交流营由中华全国青年联合会主办，中国国际青年交流中心和深圳市青年联合会承办。来自上合组织成员国、观察员国和对话伙伴国的政府官员，驻华使节，相关高校、机构和企业，以及青年科学家、青年创业者、青年组织代表共计80多名成员参与了本次交流营。

【2022"上合之夏"中国—上海合作组织国家青年联欢周在青岛举办】2022年7月28日，由文化和旅游部、山东省人民政府、上海合作组织秘书处共同主办的2022"上合之夏"中国—上海合作组织国家青年联欢周在山东青岛启动。上合组织副秘书长洛格维诺夫、上合组织轮值主席国乌兹别克斯坦驻华大使阿尔济耶夫等出席联欢周启动仪式并致辞，乌兹别克斯坦文化部副部长马吉多夫发表视频致辞。文化和旅游部、山东省政府、青岛市政府代表，上合组织成员国驻华使馆代表及演出机构、文化企业和青年代表等百余人出席活动。

【中国—上海合作组织国家青年演艺论坛举办】2022年7月29日，中国—上海合作组织国家青年演艺论坛"筑创新之路架合作之桥"在青岛举办。论坛针对上合组织国家演艺事业现状和未来发展方向，演艺青年人才培养，对外文化交流，演艺经纪等多个演艺行业发展重点话题进行了深入的讨论、分享和互动，为推动上合组织国家演艺事业的发展，增加各国青年交流互动机会，落实上合组织国家国际交流互动平台作用，推动各类演艺贸易事业蓬勃发展搭建了平台，构建了桥梁。

九　上合组织妇女交流

【上合组织秘书处举办庆祝国际妇女节晚会】2021年3月5日，受上海合作组织秘书长诺罗夫邀请，北京市社会发展与环境健康研究会会长邹明春出席上合组织秘书处纪念国际妇女节晚会。晚会上举行了丰富多彩的文艺表演等活动，中国政府代表及上合国家驻华使节和家属、文艺界代表等50余人出席晚会。

【上海合作组织妇女教育与减贫论坛在京举办】2021年7月20日，由全国妇联同上海合作组织睦邻友好合作委员会、上海合作组织秘书处共同举办的上海合作组织妇女教育与减贫论坛在京举行。部分国家驻华使节及外交官，国际组织代表，有关部门代表，中外各界妇女代表等约200人线上线下参加论坛。多国嘉宾盛赞中国为推动妇女事业和人类发展事业的进步作出的巨大贡献，期待同中方分享经验，巩固深化妇女交流，实现消除贫困、拥抱幸福的共同理想。

【第四届上海合作组织妇女论坛在乌兹别克斯坦撒马尔罕市举办】2022年8月19日，第四届上海合作组织妇女论坛在乌兹别克斯坦撒马尔罕市举办。论坛由乌兹别克斯坦提高妇女在社会中的作用、性别平等和家庭委员会，家庭和妇女事务委员会以及上合组织民间外交中心共同主办，旨在进一步加强上合组织成员国在性别平等和妇女赋权领域的相互协作。

【"第二届女性视角下的上海合作组织：冲突下的合作"学术研讨会举行】2022年12月8日，"第二届女性视角下的上海合作组织：冲突下的合作"学术研讨会在上海国际问题研究院亚太厅举行。上海合作组织秘书长张明在致辞中指出，女性视角细致、敏锐，着眼全面发展，彰显责任担当。在上合组织大家庭内，女性在政治、经济、外交、科技、教育、文化、卫生等领域都展现着巾帼风采。女性积极参与上合组织发展进程，既唱响了上合组织发展主旋律，也秉持着上合组织发展的共同价值理念。

十 上合组织地方交流

【上合示范区澳门投资推介会在澳门举行】 2021年1月22日晚，中国—上海合作组织地方经贸合作示范区澳门投资推介会在澳门举行。青岛市委常委、胶州市委书记、上合示范区党工委书记、管委会主任刘建军围绕"胶澳上合约·葡就尚合篇"的主题介绍了上合示范区发展概况及未来规划。澳门青岛同乡联谊会会长、澳门青岛商会会长、青澳合创（青岛）控股有限公司董事长张连庆主持推介会。推介宣讲之后，上合示范区代表分别与澳门青岛商会、葡语系国家及地区酒类及食品联合会、澳门航空、澳门中国旅行社签署合作协议。

【《上海合作组织民间友好论坛武汉倡议》发布】 2021年6月，首次上海合作组织民间友好论坛在湖北武汉举行，发布《上海合作组织民间友好论坛武汉倡议》。在2022年9月上合组织撒马尔罕峰会上，习近平主席提出举办友好城市论坛，进一步丰富了上合组织推动民间友好合作的内涵。

【2022年上合示范区首班"铁路快通"货物专列发往乌兹别克斯坦首都】2022年首班中欧班列（齐鲁号）"铁路快通"专列于1月25日由上合示范区青岛多式联运中心发出前往乌兹别克斯坦首都塔什干。据介绍，本趟专列共100个标准箱，搭载了价值约197万美元的机电产品、轮胎和青岛啤酒，货物采用"铁路快速通关"模式报关，经阿拉山口口岸出境，预计6天左右抵达塔什干。

【"上合你好我是杨凌——2022上合组织农业基地云上推介会"举办】2022年6月中旬，由杨凌示范区党工委管委会、国际在线共同主办，杨凌示范区党工委宣传部、上合组织农业基地建设领导小组办公室、国际在线陕西频道承办的"上合你好我是杨凌——2022上合组织农业基地云上推介会"成功举办。来自上合组织国家的主流媒体记者共同见证了上合组织农业基地三年建设成果，以"外眼"视角，向世界展示了一个多姿多彩、欣欣向荣的中国农科城。

【中国—上海合作组织地方经贸合作综合服务平台推介洽谈会在京举行】2022年10月，由中国—上海合作组织地方经贸合作示范区管委会举办的中国—上海合作组织地方经贸合作综合服务平台第二期推介洽谈会在北京举行。

会议由上合示范区党工委委员、管委会副主任孟庆胜主持,来自上合组织国家驻华大使馆的驻华使节,商务部投资促进局、俄罗斯联邦工商会北京代表处、世界贸易中心协会亚太区办事处、中国产业海外发展协会等70余家单位的代表参会。与会各方就上合经贸综合服务平台综合信息展示、综合功能应用、综合数据发布等方面的话题展开深度讨论。

【上合组织地方经贸合作综服平台在青岛胶州市上线运行】 2022年12月初,上合地方经贸综合服务平台在山东省青岛市胶州市正式上线运行。这是面向上合组织国家地方经贸领域的一站式公共服务平台,它依托中国国际贸易"单一窗口",打造了中国与上合组织国家间的经贸资讯服务中心和数据交互中心。

【上合国际枢纽港获联合国颁发"身份证"】 2022年12月,上合国际枢纽港获联合国批准国际代码"CNJZH"。国际代码的获批标志着上合示范区国际枢纽港真正拥有了参与国际贸易的"身份证",正式进入了国际贸易与运输体系,成为了国际运输的"始发港/目的港"。货物将按提单从境外指运至上合示范区国际枢纽港,在上合国际枢纽港直接完成申报动作,这不仅减少了以往国际贸易中的诸多环节,帮助企业实实在在降本增效,还有利于航运保险、金融代理等高端服务业在上合新区聚集发展,提升上合新区的现代服务业水平。

【上合示范区至斯洛文尼亚科佩尔中欧班列首班开行】 2022年12月18日,在青岛海关所属胶州海关的现场监管下,由山东高速集团统筹运营的中欧班列(齐鲁号)——上合示范区至斯洛文尼亚科佩尔中欧班列首班开行。这也标志着中欧班列(齐鲁号)南通道"跨两海"线路开通运行,进一步扩展了上合示范区面向欧洲方向的国际物流大通道。

【上合组织农业基地经贸投资对接会暨中国(陕西)商品交易中心启用仪式举行】 2022年12月21日,上合组织农业基地经贸投资对接会暨中国(陕西)商品交易中心启用仪式在乌兹别克斯坦首都塔什干举行。此次揭牌的塔什干交易中心是在陕西省商务厅大力支持下,杨凌示范区领导下,由杨凌现代农业国际合作公司建设,杨凌现代农业国际合作外资(乌兹别克斯坦)公司运营的经贸服务平台。塔什干交易中心将通过构建市场供需链条,为中乌两国商贸发展提供订单支持,为产能合作提供平台支撑。

【重庆市品牌建设促进会农产品供应链专委会成立】 2022年12月22日,重庆市品牌建设促进会农产品供应链专委会第一届一次会员大会暨成立大会在重庆两江国际合作中心举行,来自线上线下35家成员单位的代表及特邀嘉宾参会。农产品供应链专委会将以"互信、互利、平等、协商、尊重多样文明、谋求共同发展"的"上海精神"为指引,在上海合作组织国家多功能经贸平台的指导下,以开展上合农产品供应链体系建设、培养上合农产品供应链人才、建立农产品供应链"上合标准"、搭建上合农产品供应链平台等方式,引导鼓励上合国家涉农企业通过"上合标准"进一步提升优化，促进上海合作组织国家农业产业升级，维护提升农产品产业链供应链韧性，增强参与国际市场竞争力。

【陕西代表访问乌兹别克斯坦上合组织农业基地】 为推动"中国+中亚五国"外长第二次会晤有关成果落地落实，加快国家中医药管理局中医药国际合作专项建设，2022年12月下旬，陕西省外事办欧亚部部长梁锋、陕西省中医药管理局副局长孔群率领陕西省代表团一行，踏上了哈萨克斯坦与乌兹别克斯坦的土地，开展友好访问交流。代表团一行实地考察了上合组织农业基地中国商品交易中心与杨凌农合公司农业园区，在积极推动上合农业基地中乌科技示范园建设的同时，为中医药在乌兹别克斯坦"开花结果"寻找创新发展模式与新的机遇。

十一　上合组织其他交流

【上合组织成员国能源部长会第二次会议召开】 2022年6月24日，上海合作组织成员国能源部长会第二次会议以线上线下相结合的方式召开。本次会议由上合轮值主席国乌兹别克斯坦主办，中国国家能源局副局长任京东视频出席会议并发言。会议通过了《〈上海合作组织成员国能源领域合作构想〉务实落实行动计划》，确认了《上海合作组织成员国可再生能源领域合作纲要》（草案）文本，并签署了会议纪要。

【第二届上海合作组织经济论坛举办】 2022年8月16日，第二届上海合作组织经济论坛在乌兹别克斯坦塔什干市举办，上合组织各成员国经贸部门负责人以线上或线下形式出席开幕式。中国商务部国际贸易谈判代表（正部长级）兼副部长王受文线上出席论坛，发表视频致辞。

【上合组织银联体将在基础设施互联互通、绿色低碳等多领域加强金融合作】 上海合作组织银行联合体（上合银联体）理事会于2022年8月23日召开第18次会议。会议期间，各成员行签署了《上合银联体成员行支持与发展上合组织区域内经济合作的中期联合行动计划（2022—2027年）》《上合银联体成员行开展金融合作的框架原则》。上合银联体成员行将在上合组织宪章原则指引下，基于互利互信开展投融资协作。各家成员行将在上合区域基础设施互联互通、绿色低碳、数字经济、社会民生等领域开展金融合作。

【中国—上合组织国家地方法院大法官论坛（2022）开幕】 2022年8月31日下午，中国—上合组织国家地方法院大法官论坛（2022）在青岛开幕。最高人民法院院长周强、山东省省委书记李干杰分别在北京、济南以视频方式出席论坛开幕式并致辞。上海合作组织副秘书长洛格维诺夫，山东省高级人民法院院长张甲天，哈萨克斯坦共和国、吉尔吉斯共和国、巴基斯坦伊斯兰共和国、俄罗斯联邦、塔吉克斯坦共和国、乌兹别克斯坦共和国地方法院代表致辞。本次论坛以"深化上合组织框架内地方法院司法合作"为主题，包括开幕式、专题研讨、闭幕式等环节，以线上线下结合方式举行。

【应急管理部举办上合组织多边协作应急信息共享系统视频会】 为落实2021年上海合作组织成员国政府首脑（总理）理事会第二十次会议中方关于建设多边协作应急信息共享系统的倡议，应急管理部于2022年10月25日在北京以视频方式举办上合组织多边协作应急信息共享系统视频会议。哈萨克斯坦、吉尔吉斯斯坦、俄罗斯、塔吉克斯坦、乌兹别克斯坦、白俄罗斯、伊朗、蒙古国、阿塞拜疆、亚美尼亚等成员国、观察员国和对话伙伴国及上合组织秘书处代表参加。中方宣布启动信息共享系统，介绍了系统建设进展，演示了信息共享、视频会商、协同处置等功能。与会各方代表对中方建设多边协作应急信息共享系统表示高度赞赏，认为该系统的建成是上合组织应急管理务实合作的重要标志，将提高区域突发事件协作处置效率，提升各方协同救灾能力，更好地造福地区各国人民。各方并对进一步优化完善系统功能提出了意见和建议。

【上海合作组织地区反恐怖机构理事会第三十八次会议在印度新德里市举行】 2022年10月，上海合作组织地区反恐机构理事会第三十八次会议在印度新德里市举行。中国公安部代表团和印度、哈萨克斯坦、吉尔吉斯斯坦、巴基斯坦、俄罗斯、塔吉克斯坦和乌兹别克斯坦主管机关及地区反恐怖机构执委会代表共同研究打击恐怖主义、分裂主义和极端主义合作事宜。会议总结了地区反恐怖机构理事会决议落实情况，并就下一步合作达成重要共识。会议通过了执委会工作计划和边防、网络反恐等方面的专门合作计划，决定2023年继续开展边防联合行动，共同应对来自热点地区的恐怖主义威胁。各方将采取措施，加强上海合作组织成员国主管机关间的务实合作，提高执委会工作效率。各方就执委会组织、干部、财务以及完善成员国打击"三股势力"领域法律基础问题通过了一系列决议。

【"上海合作组织撒马尔罕峰会：共同发展合作的新阶段"圆桌会议举办】 2022年11月2日，"上海合作组织撒马尔罕峰会：共同发展合作的新阶段"圆桌会议举办。本次会议由上海合作组织秘书处与乌兹别克斯坦驻华大使馆联合主办，上合组织秘书长张明、乌兹别克斯坦驻华大使阿尔济耶夫致辞，上合组织成员国、对话伙伴国和观察员国大使及学者代表出席本次会议。

【上合防长会在俄举行】 2022年12月9日，上合组织和独联体成员国国防部长会议在莫斯科举行。会议由俄罗斯国防部长绍伊古主持，九个国家代表团来俄参会。绍伊古称，与会各方强调了在上合组织和独联体框架内加强军事合作和互信、与其他有关组织建立密切联系的重要性。与会者一致认为，有必要完善安全领域信息交流机制，有必要定期开展业务训练活动，演练新战术举措，用于打击国际恐怖分子。

（撰稿人：曹煜晴、申金鑫）

金砖国家人文交流

一 金砖国家教育交流

【金砖国家网络大学国际理事会召开2021年会议】 2021年6月29日，金砖国家网络大学（以下简称"网大"）国际理事会2021年会议（视频会议）在印度新德里召开。网大校长刘文锴作为国际理事会中方成员和中国代表团团长参会，并且在开幕式环节发言。副校长刘雪梅、国际交流与合作处和乌拉尔学院相关负责人列席。此次会议由2021年金砖轮值主席国印度教育部主办，由网大成员高校印度理工学院—孟买分校承办，五国理事会全体成员参加。

【第八届金砖国家教育部长会议召开】 2021年7月6日，第八届金砖国家教育部长会议以视频方式召开。会议由印度教育部主办，中国、巴西、俄罗斯、南非等金砖国家的教育部门代表出席会议。与会各国表达了推动优质教育发展、加强科研与学术合作交流的共同愿望。中国教育部副部长田学军出席会议，支持金砖国家开展科研学术合作，并提出了具体倡议。会议通过了《第八届金砖国家教育部长宣言》。

【金砖国家大学联盟2021年度会议线上举办】 2021年12月20日，金砖国家大学联盟2021年度会议（2021 An-nual Conference of BRICS Universities League，BRICS UL）以线上形式成功举办。本次会议由金砖国家大学联盟秘书处主办，复旦发展研究院金砖国家研究中心承办，联盟成员高校代表共计50余人参会，共同商讨在联盟框架下进一步开展实质性合作的举措。全体与会成员高校进行了新成员申请入盟投票表决，联盟迎来4所中国新成员大学的加入，分别为哈尔滨工程大学、江苏师范大学、燕山大学和云南大学。会议期间，代表们还审议并讨论了《金砖国家大学联盟发展路线图》（草案），作为金砖国家大学联盟发展总体框架，该草案将加强金砖五国高等院校以及金砖国家青年之间的交流与合作，推动金砖国家高等教育发展，为五国深化教育合作，促进人文交流，丰富金砖合作内涵作出积极贡献，使联盟成为新兴经济体高等教育合作典范。

【2021一带一路暨金砖国家技能发展与技术创新大赛举办】 2021"金砖大赛"由金砖国家工商理事会中方理事会、一带一路暨金砖国家技能发展国际联盟、中国科协一带一路暨金砖国家技能发展与技术创新培训中心主办，中国

发明协会、教育部中外人文交流中心联合主办，金砖国家工商理事会技能发展工作组承办。大赛以"开发以工业4.0为核心的智能制造技术技能、人工智能、数字技术技能、未来技术技能，培养国际化、高技术技能水平的未来技术技能人才和人文交流人才"为内容，包括俄罗斯赛区、印度赛区和中国赛区。比赛设有电子信息技术应用、数控多轴加工、增材制造技术技能、企业信息系统安全、工程仿真创新设计等30多个赛项，"嘉克杯"国际焊接大赛也依托"金砖大赛"框架顺利举行。"金砖大赛"的举办进一步落实了国家职业教育改革实施方案，为培养更多高技能人才和大国工匠、促进我国就业创业和高质量发展作出巨大贡献。

【2022年金砖国家召开网络大学年会】 2022年4月20—21日，2022年金砖国家网络大学年会以线上线下相结合的方式在北京召开。金砖国家网络大学成员高校代表以及全球13个国家的专家学者共300余人出席年会。本次年会由北京师范大学与华北水利水电大学主办，河海大学、西南大学、东北林业大学、湖南大学协办。本次年会以"构建一流大学间伙伴关系，助力金砖国家可持续发展"为主题，围绕能源、计算机科学和信息安全、金砖国家研究、生态和气候变化、水资源和污染治理六个金砖国家网络大学优先合作领域设置主论坛和平行分论坛。北京师范大学政府管理学院等六所中方院校的学术单位围绕金砖国家研究等学科领域举办了十余场国际学术研讨会。在为期两天的学术研讨会期间，与会各国专家就推进金砖国家高等教育合作及金砖国家可持续发展贡献了智慧。截至目前，共有来自金砖国家的55所高校被吸纳为成员单位。

【金砖国家职业教育联盟成立】 2022年4月27日，由中国教育部主办的金砖国家职业教育联盟大会在北京以线上线下相结合形式召开。来自金砖五国职业教育主管部门、驻华使馆、行业组织、职业院校和企业的代表共百余人出席会议，共同见证金砖国家职业教育联盟正式成立。这对于促进五国职业教育改革发展、打造对话和信息平台、推动职业教育合作走深走实具有重要意义，为共同应对教育领域挑战、助推各国经济转型和产业升级、共创全球发展新时代作出积极贡献。在金砖五国职业教育主管部门支持和指导下，金砖国家职业教育联盟由各国行业组织、职业院校、研究机构和企业等组成，五国发起成员单位共68家。

【第九届金砖国家教育部长会议召开】 2022年5月26日，第九届金砖国家教育部部长会议以视频形式举行。会议由中国教育部主办，教育部长怀进鹏主持会议并发言。他表示，在金砖其他四国的大力支持下，中国于2022年牵头成立了金砖国家职业教育联盟，启动了金砖国家职业技能大赛，落实了习近平主席在金砖国家领导人第十三次会晤上提出的重要倡议，为五国教育领域合作增添了新的活力。怀进鹏还围绕教育数字化转型、职业教育合作和可持续发展的金砖国家教育合作未来三个议题介绍了中国政府的政策举措和取得的成绩，并就进一步加强五国间合作与各国部长进行了深入交流，达成了广泛共识。金砖国家教育部长们一致表示将秉持开放、包容、合作、共赢的金砖精神，进一步开拓教育合作空间，夯实教育合作成果，充实教育交流内涵，应对教育领域挑战，促进五国教育共同发展。会议通过了《第九届金砖国家教育部长会议宣言》，明确了金砖国家教育领域下一阶段合作的重点和方向。

【2022年金砖国家网络大学联盟经济学暑期学校开课】 2022年7月10—18日，由金砖国家网络大学联盟、北京师范大学经济与工商管理学院、湖南大学经济与贸易学院和河南大学经济学院联合主办的2022年金砖国家网络大学联盟经济学暑期学校——"金砖国家宏观经济与商业发展"开课。本次暑期班邀请了来自北京师范大学、湖南大学、河南大学、中国人民大学、埃姆里翁商学院（Emlyon Business School）、美利坚大学（American University）、南澳大利亚大学（University of South Australia）等高校的教授，旨在通过讲座、研讨、文化交流等形式，加强青年一代对金砖国家宏观经济和商业的了解和研究，促进金砖国家间更深入的人文交流与合作，推动金砖国家未来更好的发展。

【首届世界职业技术教育发展大会举办】 2022年8月19—20日，首次中国由发起并主办的国际性职业教育大会——首届世界职业技术教育发展大会在天津举办。大会以"后疫情时代职业技术教育发展：新变化、新方式、新技能"为主题，通过线上线下结合的方式开展并设立主论坛与14个平行论坛，致力探讨如何以职业教育为路径破解金砖国家发展不平衡、不充分等问题，打造更高质量、更有效率、更加公平、更加持续、更为安全的金砖国家发展模式。同期还举办了首届世界职业院校技能大赛和世界职业教育产教融合线上博览会，发布了筹建世界职业技术教育发展联盟等倡议，形成了"会、盟、赛、展"一体化的职业教育国际交流合作范式。

【2022金砖国家职业技能大赛举办】 为落实习近平主席在金砖国家领导人第十三次会晤上提出的关于举办金砖国家职业技能大赛的倡议，推动金砖国家在教育领域的深度合作交流，搭建具有高水准和鲜明职业教育特色的赛事平台，教育部于2022年3—11月牵头组织金砖国家职业技能大赛。本届大赛是中国作为主席国在金砖国家机制下举办的第一届职业技能大赛。大赛由金砖五国政府部门指导，在整合各国职教特色与办赛资源的基础上优化赛事设计，对标世界技能大赛，聚焦高端制造、数字经济、新产业、新业态、新技术等重点领域设置机器学习与大数据、Web技术等20余个赛项，以提升五国职业院校师生在创新、协调、组织、合作等方面的能力，丰富五国职业院校和企业交流与合作内容，整体推进金砖国家国际化高质量技能人才培养。

【2022"一带一路"暨金砖国家技能发展与技术创新大赛举办】 2022"金砖大赛"由中华人民共和国教育部、人力资源和社会保障部、金砖国家工商理事会、厦门市人民政府主办，中国教

育国际交流协会、教育部职业交流发展中心、金砖国家工商理事会技能发展工作组承办。金砖国家技能发展与技术创新大赛始于2017年，已成功举办五届，并连续五年写入《金砖国家工商理事会年度报告》，作为成果设计递交给金砖五国领导人。

二　金砖国家科技交流

【金砖国家海洋与极地科学工作组2021年度会议召开】　为进一步推进海洋极地领域科技创新和国际合作有关工作，积极凝练旗舰计划项目，主动支撑2022年金砖国家科技创新部长级会议，2021年1月18日，中国21世纪议程管理中心以线上线下相结合的方式组织召开金砖国家海洋与极地科学工作组2021年度会议。来自中国科学技术交流中心，自然资源部海洋一所、海洋二所，中国科学院深海所、海洋所等单位的近50位代表，以及科技部国际合作司相关负责同志、21世纪中心副主任陈其针、金砖国家海洋与极地科学工作组中方秘书处相关同志参加会议。金砖国家海洋与极地科学工作组中方秘书处代表介绍了海洋极地领域国际科技创新最新态势，从会议、项目、成果三方面总结了秘书处2021年度的相关工作，在联合国海洋十年框架下提出了潜在的合作方式，并对2022年的工作作出展望。

【2021促进金砖工业创新合作大赛举办】　2021年7—9月，2021促进金砖工业创新合作大赛成功举办。大赛以"创新发展、共筑未来"为主题，围绕数字化、网络化、智能化、绿色化理念，聚焦工业互联网智能制造，绿色循环低碳等领域，展示在新工业革命前沿技术和应用领域的创新成果。大赛围绕三个赛道，结合产业应用需求，面向金砖各国各重点行业企业、工业部、工信部、科研院所和高校等征集了1199个项目，其中工业互联赛道402个，智能制造赛道461个，绿色循环赛道336个。经过专家评审，有88个项目脱颖而出，进入到6日的决赛，这些项目涵盖5G、数字孪生、工业互联网、智能制造、节能低碳及技能等领域。

【《关于金砖国家遥感卫星星座合作的协定》签署】　2021年8月18日，金砖国家航天机构负责人签署《关于金砖国家遥感卫星星座合作的协定》，明确了"六星五站"的合作方案。巴西航天局局长卡洛斯·莫拉表示，金砖国家航天机构之间建立"遥感卫星虚拟星座"，建立数据共享机制，将有助于应对人类面临的全球气候变化、重大灾害和环境保护等挑战。中国是巴西在航空航天领域重要的合作伙伴，1988年起开展的中巴地球资源卫星合作，是发展中国家间最成功的科技合作项目之一。2021年，中巴两国航天部门积极落实《2013—2022年中国国家航天局与巴西航天局航天合作计划》，继续拓展在卫星探测、载人航天包括航天教育等方面的合作，在空间技术、空间应用、空间科学及地面设备、人员培训、测控支持、发射服务等领域搭建起全新合作平台。

【第九届金砖国家科技创新部长级会议召开】 2021年11月26日晚，第九届金砖国家科技创新部长级会议以线上方式举行。中国科技部副部长张广军率中国代表团出席。巴西科技创新部部长马科斯·庞特斯，俄罗斯科学与高等教育部副部长鲍切诺娃，印度科技、地球科学部部长吉坦德拉·辛格，南非高等教育和科技部总司长菲利普·姆吉瓦拉出席了本次会议，会议由金砖国家轮值主席国印度主持。部长级会议主要就金砖五国科技创新发展和政策开展交流，听取了金砖国家科技创新合作各专题领域工作组全年工作进展报告，以及2021年联合研究项目征集情况报告等。会议通过了《第九届金砖国家科技创新部长级会议宣言》《金砖国家创新合作行动计划（2021—2024年）》及《2022年活动列表》等成果文件。第九届金砖国家科技创新部长级会议的召开确保了金砖国家科技创新合作在特殊时期的顺利推进，为未来合作提升了信心、指明了方向，为金砖国家领导人会晤贡献了科技创新领域的成果。

【金砖国家可持续发展大数据论坛召开】 2022年4月26—27日，由中国科学院发起，南非科学院、巴西科学院、俄罗斯科学院、印度国家科学院共同参与主办的金砖国家可持续发展大数据论坛以线上线下相结合方式在北京举行。本次论坛是落实2021年9月金砖国家领导人第十三次会晤时倡议举办"金砖国家可持续发展大数据论坛"的重要举措，旨在进一步推动金砖国家在科技创新领域的科技合作。论坛首次搭建金砖国家围绕"大数据促进可持续发展目标实现"的交流平台，论坛期间还推出"大数据支撑粮食安全与减贫""大数据支撑数字经济""大数据支撑城市可持续发展""大数据支撑气候变化应对与灾害应对""大数据支撑生物多样性保护"五个主题平行会议。本次论坛签署了《金砖五国科学院大数据支撑可持续发展北京联合声明》。

【金砖国家航天合作联委会正式成立】 2022年5月25日，金砖国家航天合作联委会第一次会议以视频方式顺利举行，这标志着金砖国家航天合作联委会的成立，正式开启了星座数据共享与交换工作。该星座由金砖国家现有卫星组成，包括中国的高分六号卫星和资源三号02星、中国和巴西联合研制的中巴地球资源卫星04星、俄罗斯老人星五系1颗星以及印度资源卫星二号和二号A星。位于中国三亚、巴西库亚巴、俄罗斯莫斯科地区、印度沙德纳加尔—海得拉巴和南非哈特比斯霍克的地面站均可获取卫星数据。联委会的成立将引导金砖遥感卫星星座合作更好地服务于金砖国家经济社会发展，在环境保护、防灾减灾、应对气候变化等领域促进金砖国家航天机构开展更高水平合作，实现数据高效共享和有效利用。

【金砖五国科学院签署大数据支撑可持续发展北京联合声明】 2022年6月16日，中国科学院、南非科学院、巴西科学院、俄罗斯科学院和印度国家科学院共同签署了《金砖国家科学院大数据支撑可持续发展北京联合声明》。该联合声明指出，科学、技术和创新是应对全球挑战和实现可持续发展目标的重要驱动力，五国科学院认可大数据在可持续发展政策制定中的贡献，并强调加强科技创新及数据共享合作的重要性。五国科学院承诺，将构建全方位的科技创新合作伙伴关系，特别是在大数据支撑可持续发展方面开展多种形式的合作，优先推进农业、粮食安全与减贫、数字经济、可持续城市与乡村发展、生物多样性保护以及气候行动与减灾等领域的大数据合作。

【2022金砖国家未来网络创新论坛召开】 2022年7月6日，2022金砖国家未来网络创新论坛以线上方式顺利召开。论坛以"携手金砖伙伴，以网络创新推动高质量发展"为主题，旨在进一步深化金砖国家在信息通信领域的技术交流和创新合作，助力构建更加全面、紧密、务实、包容的高质量伙伴关系。论坛由工业和信息化部、深圳市人民政府共同主办，中国信息通信研究院、深圳市工业和信息化局、金砖国家未来网络研究院中国分院、深圳市福田区人民政府共同承办。论坛期间举行了中国信息通信研究院、巴西电信研究与发展中心、金砖国家未来网络研究院中国分院三方谅解备忘录签署仪式，金砖国家未来网络研究院中国分院与俄罗斯伊尔库茨克国立理工大学谅解备忘录签署仪式，并举办了第五届"绽放杯"5G应用征集大赛国际专题邀请赛启动仪式。参会代表围绕移动通信技术、人工智能、算力网络等领域进行了深度交流。

【第十届金砖国家科技创新部长级会议召开】 2022年9月27日，第十届金砖国家科技创新部长级会议在中国北京以线上方式成功举行。中国科技部部长王志刚、南非高等教育与科学创新部部长布莱德恩齐曼迪、巴西科技创新部部长保罗阿尔维姆、俄罗斯科学与高等教育部副部长娜塔莉鲍切诺娃、印度科技与地球科学部部长吉坦德拉辛格出席了本次会议，会议由中国科技部副部长李萌主持，会议的主题是"推动开放、包容、共享的科技创新"。会议通过视频回顾了金砖国家科技创新合作成果，就金砖国家科技创新政策和实践开展了深入交流，听取了金砖国家科技创新合作各工作组汇报的全年开展工作情况和金砖国家科技创新框架计划进展。五国部长分享了各自国家的科技创新政策和实践，对2022年金砖国家科技创新合作取得的进展和中国作为主席国的贡献表示赞赏。会议通过了《第十届金砖国家科技创新部长级会议宣言》和《工作计划（2022—2023年）》等成果文件。

三　金砖国家文化交流

【第六届金砖国家文化部长会议召开】 2021年7月2日，金砖国家第六届文化部长会议以视频方式举行，本次会议围绕"强化文化纽带　增强文化协同"这一主题进行研讨。会议由印度文化部国务部长普拉哈拉德·帕特尔主持，中国文化和旅游部副部长张旭，巴西旅游部负责文化事务的副部长赫利奥·费拉兹，俄罗斯文化部部长奥莉佳·柳比莫娃，南非体育、艺术和文化部部长纳西·姆特特瓦出席会议。参会代表一致认为，要共同努力、增强信心，保持金砖国家人文交流良好势头，促进民心相通。各方表示，要善用数字化手段和平台，推动金砖国家文化领域合作进一步走深走实。会议通过成果文件《第六届金砖国家文化部长会议宣言》。

【第二届金砖国家博物馆联盟大会暨学术论坛召开】 2021年10月27日，第二届金砖国家博物馆联盟大会暨学术论坛以视频方式举行，中国国家博物馆馆长王春法、巴西博物馆局、俄罗斯国家历史博物馆、印度国家博物馆、南非迪宗国家文化历史博物馆主要负责人出席会议并发言。与会各方围绕"未来的博物馆：新挑战"这一主题，分别从博物馆的开放性与社会包容性、数字现实技术、新媒体手段等方面探讨博物馆界最新发展趋势，并讨论了在此背景下加强联盟内交流合作的必要性和重要性。与会各方一致认为，自联盟成立以来，中国国家博物馆作为联盟发起单位，牵头举办了"殊方共享：丝绸之路国家博物馆文物精品展""全球馆长论坛""全球博物馆珍藏展示在线接力"等多样化活动，起到了积极带头作用，极大促进了联盟成员间的交流互动，推动了金砖各国文化的传播推广。金砖国家博物馆联盟将着力深化成员间交流合作，切实发挥好博物馆在跨越时空文明对话中的积极作用，着力提升博物馆的开放性和包容性，增强博物馆与公众的连接，推动不同文明的发展成果惠及更广大的民众，携手为人类文明进步作出新的贡献。

【金砖国家青少年儿童戏剧联盟达成 2022—2026 年战略合作意向】 2022年5月20日，由中国儿童艺术剧院牵头，金砖国家青少年儿童戏剧联盟的五国代表共同签署了《金砖国家青少年儿童戏剧联盟战略合作意向书》（2022年—2026年）（以下简称《意向书》）。各方将继续按照"资源共享、互利共赢、密切合作、共同发展"的原则，发挥各国国际儿童青少年戏剧协会（ASSITEJ）和相关儿童艺术机构的重要作用，共同促进金砖国家儿童戏剧的整体发展，促进金砖国家之间，以及金砖国家与世界各国的人文交流。2017年7月，在天津举行第二届金砖国家文化部长会议期间，中国儿童艺术剧院代表中国儿童戏剧界，与其他金砖国家儿童戏剧界代表共同签署了《金砖国家青少年儿童戏剧联盟战略合作意向书》，并见证了金砖国家青少年儿童戏剧联盟的正式成立，开启了金砖国家儿童戏剧的常态化合作模式，会议成果被纳入领导人会晤的整体成果。

【第七届金砖国家文化部长会议召开】 2022年5月24日，第七届金砖国家文化部长会议以视频方式举行。中国文化和旅游部部长胡和平主持会议并发表主旨讲话，巴西旅游部副部长埃里奥·费拉斯·奥里维拉，俄罗斯文化部部长奥莉佳·柳比莫娃，印度文化部国务部长米纳克希·莱希，南非体育、艺术和文化部部长纳西·姆特特瓦出席会议。各国部长高度肯定上一轮执行计划的落实情况及各文化专业机构联盟开展的工作，对成功举办金砖国家文化节、电影节等活动表示赞赏。各方一致表示，将在推进文化遗产保护利用、打击非法贩运贩卖文物、发展数字文化、发挥青年人文化创造力等方面继续加强合作，持续为金砖国家文化交往注入新的动力。本次会议以"构建包容互鉴的文化伙伴关系"为主题，各国部长围绕推动文化领域数字化发展与合作、进一步加强文化遗产保护与合作、持续推进金砖国家文化交流平台建设等议题进行了深入交流。会上，各方共同签署了《落实〈金砖国家政府间文化合作协定〉行动计划（2022—2026年）》。

【金砖国家美术馆联盟第二届论坛召开】 2022年6月9日，金砖国家美术馆联盟第二届论坛以视频方式召开。金砖国家美术馆联盟秘书长、中国美术馆馆长吴为山，巴西国家美术馆馆长丹妮拉·马泰拉，俄罗斯国家东方民族艺术博物馆馆长亚历山大·谢多夫，印度国家现代美术馆馆长阿德维塔·查兰·戈拉纳雅克发表主题演讲，南非Iziko博物馆联盟首席执行官鲁克萨娜·奥玛尔作书面发言。论坛分"主题演讲"和"联盟工作会议"两个议程。"主题演讲"聚焦两个议题：一是"后疫情时代美术馆的交流与发展"，二是"同一片蓝天下的艺术创作"。为发展壮大金砖联盟，进一步完善联盟工作机制，经会议表决，各方一致通过《金砖国家美术馆联盟新成员单位入盟办法》，并就"搭建小型藏品交流展框架"的倡议以及《金砖国家美术馆联盟通讯》向联盟单位征稿事宜达成共识。

【金砖国家图书馆联盟线上研讨会召开】 2022年6月28日，作为2022年金砖国家图书馆联盟轮值主席馆，中国国家图书馆邀请各成员馆馆长举行金砖国家图书馆联盟线上研讨会，中国国家图书馆馆长熊远明、巴西国家图书馆馆长路易斯·卡洛斯·拉米罗、俄罗斯国家图书馆副馆长帕维尔·卢什尼科夫、印度国家图书馆馆长阿杰·普拉塔普·辛格、南非国家图书馆馆长兼首席执行官凯比·马度莫出席会议并发言。中国国家图书馆副馆长陈樱主持会议。熊远明以"从数字图书馆到智慧图书馆——以国家图书馆为例"为主题作报告，介绍了智慧图书馆建设的背景、必要性，中国图书馆界建设"全国智慧图书馆体系"的主要目标、总体架构，以及取得的阶段性进展。其他参会成员分别介绍了本馆情况、数字化藏品、数字化及人工智能应用等情况。本次线上研讨会共同分享了近年来联盟成员在各国图书馆领域取得的新进展，进一步提升了金砖国家图书馆联盟的影响力。

四 金砖国家卫生交流

【第十一届金砖国家卫生部长会议暨传统医药高级别会议召开】 2021年7月28日，第十一届金砖国家卫生部长会议暨传统医药高级别会议以视频的方式召开，会议由印度卫生和家庭福利部主办，印度、巴西、俄罗斯、南非卫生部长、传统医学负责人及世界卫生组织代表等约50人参会，国家卫生健康委马晓伟主任、外交部、药监局和中医药局相关司局负责同志参加会议。马晓伟表示，金砖国家应进一步加强团结，并与国际社会一道，共同构建人类卫生健康共同体。会议通过了《第十一届金砖国家卫生部长会议宣言》。

【金砖国家疫苗研发中心在线启动】2022年3月22日，金砖国家疫苗研发中心在线启动，这标志着金砖国家向加强公共卫生合作和疫苗研发合作又迈出了坚实一步。金砖国家疫苗研发中心搭建了辐射广大发展中国家的联合研发和生产综合平台，支持各国特别是发展中国家加强能力建设和疫苗及其他健康工具的本地化生产，呼吁国际机构和慈善人士从包括非洲国家在内的发展中国家生产商采购疫苗和加强针，确保其疫苗生产能力得以保存。此举对增强非洲卫生体系韧性，提高应对新变种及未来包括大流行病在内突发卫生事件的能力至关重要。五国各国别中心共同提出《加强疫苗合作，共筑抗疫防线》的倡议，该倡议特别强调开放性，欢迎更多伙伴加入。金砖国家疫苗研发中心的启动和相关国家的高效协同，标志着金砖合作机制在加强公共卫生和疫苗研发合作方面的显著成效。2022年5月28日，金砖国家疫苗研发中国中心在北京科技周闭幕式上正式成立。

【第十二届金砖国家卫生部长会议召开】2022年5月10日，中国作为金砖轮值主席国成功主办第十二届金砖国家卫生部长视频会议，国家卫生健康委员会主任马晓伟出席会议并在开幕式致辞，副主任李斌主持会议，金砖国家卫生部部长、世卫组织副总干事等共70余人出席会议，外交部、国家卫生健康委相关司局负责同志参会。会议同意启动金砖国家预防大规模传染病早期预警体系相关工作，并原则通过了《第十二届金砖国家卫生部长会议宣言》。

五 金砖国家体育交流

【2022年金砖国家运动会举行】2022年9月1—30日，2022年金砖国家运动会在线上举行。来自中国、南非、巴西、俄罗斯和印度五个金砖国家的运动员通过线上实时对弈或上传视频的方式参加了武术、国际象棋、霹雳舞三个项目的比赛。运动会吸引了来自50多个国家和地区的观众、体育爱好者线上观赛，官网浏览量超50万次。本届金砖国家运动会由中国国家体育总局主办，设3个大项，14个小项，共产生42枚奖牌。其中，国际象棋比赛通过实时对弈方式进行，4个小项共产生12枚奖牌。霹雳舞和武术项目通过选手上传视频并由裁判打分的方式进行，霹雳舞项目产生6枚奖牌，武术项目产生24枚奖牌。金砖国家运动员热情参与、展示风采，最终来自俄罗斯、中国、印度的运动员在比赛中获得金牌，位列奖牌榜前三名。本届运动会得到了金砖国家体育爱好者的广泛参与。除正式比赛外，官网对武术和霹雳舞项目设置了群众参与板块，金砖国家各年龄层群体积极参加，向官网上传了近4000条个人展示视频。

为推广金砖国家传统体育项目，官网首页同时开辟专区，展示龙舟、舞龙舞狮、桑搏、瑜伽等项目的介绍视频。金砖国家运动会是金砖国家体育合作的机制性亮点活动，首届运动会于2017年在广州举行。

【2022年金砖国家体育部长会议召开】 2022年11月1日，2022年金砖国家体育部长会议以视频形式举行，中国国家体育总局局长高志丹主持会议并致辞，南非体育、艺术和文化部部长姆特特瓦，巴西政府主管社会和体育事务的公民部部长本托，俄罗斯体育部长马特钦，印度青年事务和体育部国务部长普拉马尼克出席会议。高志丹表示，体育是金砖国家人文交流的重要组成部分。金砖国家体育部长会议和金砖国家运动会已成为金砖国家体育合作的亮点活动，为推动金砖国家体育事业发展、增进各国间了解与友谊发挥了积极作用。在各方积极参与和支持下，2022年金砖国家运动会以线上方式成功举办，向世界展示了金砖国家体育界的团结与友谊，彰显了体育促进世界和平与发展的作用和力量。与会各方回顾了近年来金砖体育合作取得的积极成果，围绕群众体育、竞技体育、体育产业和国际体育事务合作进行了深入探讨，达成了广泛共识。会议通过了《2022年金砖国家体育部长会议联合声明》。

六　金砖国家媒体交流

【2021"一带一路"暨金砖国家云媒体创作与传播技术应用大赛】 2021年10月23日，由金砖国家工商理事会中方理事会、"一带一路"暨金砖国家技能发展国际联盟、中国科协"一带一路"暨金砖国家技能发展与技术创新培训中心、教育部中外人文交流中心、中国发明协会主办的2021"一带一路"暨金砖国家技能发展与技术创新大赛"云媒体创作与传播技术应用"大赛在湖北省鄂州中等专业学校圆满落幕。

【首期金砖国家媒体培训班开班】 2021年12月10日，首期金砖国家媒体线上培训班开班式以视频方式举行，来自金砖五国的讲师代表和学员出席。金砖国家媒体高端论坛执行主席、新华通讯社社长何平在开班式上发表视频致辞表示，举办金砖国家媒体线上培训班，是中国国家主席习近平在9月金砖国家领导人第十三次会晤期间提出的倡议，反映了金砖国家媒体的共同心愿，对于推动金砖国家媒体加强沟通交流，进而推动金砖国家合作走稳走实走远，有着重要意义。据了解，本次培训班将结合五国媒体关注的话题，既聚焦金砖合作等宏观议题，也涵盖选题策划、数字新闻、视频报道等业务专题，由知名专家学者和五国媒体资深人士授课。希望各国学员通过培训树立世界眼光、增强合作意识，提升新闻职业素养和能力，发现并讲述更多更好的金砖故事，唱响互利共赢、共同发展的金砖声音。

【第五届金砖国家媒体高端论坛举行】 2022年7月8日，第五届金砖国家媒体高端论坛在北京举行,本届论坛由新华社主办,以"聚金砖共识,促全球发展"为主题,来自73个国家和地区170多家媒体和机构的近300名代表以线上或线下方式参会。中共中央政治局委员、中宣部部长黄坤明出席论坛并致辞。论坛发布成果文件——《金砖国家媒体高端论坛行动计划(2022—2023)》,《行动计划》开创了金砖国家媒体合作新局面。金砖国家媒体高端论坛机制秉持共商发展、互利共赢的原则,致力于支持和推动金砖国家媒体共同开展以下行动:一是讲好金砖故事,助力和平发展;二是弘扬共同价值,维护公平正义;三是探索技术赋能,创新合作模式;四是推动论坛机制高质量发展。金砖国家媒体高端论坛于2015年由新华社倡议并联合巴西、俄罗斯、印度、南非主流媒体共同发起。本届论坛是在金砖国家领导人第十四次会晤之后举办的一次媒体高端对话交流会。

【第二期金砖国家媒体培训班开班】
2022年12月19日,第二期金砖国家媒体培训班开班,来自金砖五国和部分发展中国家的50名学员将参加为期三个月的线上培训课程。本次培训班由金砖国家媒体高端论坛主席团成员机构共同承办,是落实《金砖国家领导人第十四次会晤北京宣言》的重要举措。培训班课程聚焦"金砖合作""新闻业务""青年记者交流""新闻信息产品推介"等领域,来自金砖五国以及伊朗、柬埔寨、乌兹别克斯坦、赞比亚、利比里亚、埃塞俄比亚等新兴市场和发展中国家的学员将通过金砖国家媒体线上培训平台进行学习。本次培训班由金砖五国媒体资深人士和知名专家学者围绕"金砖合作""新闻业务""北京冬奥会"等主题,面向来自金砖五国的25名学员线上授课。学员们就"金砖国家媒体数字化转型"等多个行业热点话题以及五国社会文化等开展了课堂延伸交流。参与者们对本次培训班予以高度评价,表示培训班不仅有效帮助了金砖国家媒体从业人员提升专业技能,也为他们提供了增进相互了解和友谊的难得机会。

七 金砖国家影视交流

【第四届巴西电影展开幕】 2021年9月10日,第四届巴西电影展在上海拉开帷幕,此次影展由巴西驻华大使馆与百老汇电影中心合作主办,此次巴西电影展的主题是"抛弃刻板印象,向中国观众展示巴西文化的丰富性和多样性"。主办方将陆续在上海、深圳、广州、昆明、杭州、宁波、成都和北京等城市举办展映活动。2022年2月18日晚,"第四届巴西电影展"北京站在百老汇电影中心开幕,首部展映影片为《透过欧内斯托的眼睛》。

【2022金砖国家电影节举办】
2022年10月1—7日,第五届金砖国家电影节在莫斯科国际电影节的框架内举行。来自五个金砖国家的六家电影节机构(上海国际电影节、北京国际电影节、德班国际电影节、里约热内卢国际

电影节、莫斯科国际电影节、印度国际电影节）共同签署了《金砖国家电影节合作意向书》，就金砖国家电影节交流合作达成一致意向，包括鼓励电影节之间互访、推荐影片互相参加电影节、相互举办金砖国家主题电影展等。2022金砖国家电影节期间，中国、南非、巴西、俄罗斯、印度五个金砖国家各推荐了5部具有代表性的本国优秀电影参加竞赛和展映单元。经评委会评选，各奖项名单出炉，最佳影片为《长津湖》（中国）、最佳导演为阿列克谢·皮曼诺夫《绿茵战士》（俄罗斯）、最佳男演员为罗穆洛·布拉加《太阳》（巴西）、最佳女演员为齐科纳·巴里《姗杜》（南非）、评委会特别奖为《不屈者》（印度）。围绕金砖国家电影人才培育、影片交流和项目合作等话题，本届电影节举办了线上专题论坛，来自中国、南非、巴西、俄罗斯、印度的五位评委作为嘉宾参与讨论。

【金砖国家电影节展映举行】2022年11月4—6日，金砖国家电影节展映在沪进行。展映期间，来自中国、南非、巴西、俄罗斯、印度五个金砖国家的影片将与中国影迷集中见面。相关消息在上海国际电影节官方公众号发布后引发影迷期待，观众纷纷表示"周末观影走起"。主办方提醒，因放映介质原因，影片《笑别人生》在其画面左上角含有水印；影片《绿茵战士》的英语对白伴有同声俄语配音。

八　金砖国家青年交流

【第六届金砖国家青年科学家论坛召开】　2021年9月13—16日，由印度科技部主办、印度国家高等研究院承办的第六届金砖国家青年科学家论坛在线上成功举办。论坛以"通过科学、技术和创新建设更美好的社会"为主题，组织了医疗保健、能源解决方案、信息物理系统及其应用等领域的专题平行研讨会和第四届青年创新者大赛，为金砖国家青年科技工作者提供了高水平的学术交流平台，帮助其开阔视野、增进交流、拓宽国际合作渠道，进一步激发其科技创新热情。来自中国、巴西、俄罗斯、印度、南非的100多名青年科学家参加了论坛。中方代表参与了论坛组织的全部学术活动，提出了许多独具特色的见解和观点，并与各国同行充分交流，展示了中国科技工作者积极开放的合作态度和求真务实的科学精神。

【2022年金砖国家城市化绿色创新青年科学家论坛举办】　2022年5月10日，生态环境部华南环境科学研究所在广州成功举办"2022年金砖国家城市化绿色创新青年科学家论坛"。本次论坛以"城市化绿色创新"为主题，围绕可持续发展政策、污染物行为及过程机制、污染物控制技术研发等议题，邀请了来自中国、巴西、俄罗斯、印度、南非、土耳其、厄瓜多尔等发展中国家的17名青年科学家进行学术报告。通过深入交流与探讨，会议为解决金砖国家和其他发展中国家在城市化进程中共同面临着环境问题提供了新思路、新方向。本次论坛是第八次金砖国家环境部长会

议系列活动的重要组成部分，对推动金砖国家在生态环境领域的科技合作具有重要意义。本次论坛的成功举办，是金砖国家青年科学家建立环境科技交流与合作关系的良好开端，各方将聚焦科学前沿，持续加强人才交流与互动，务实开展科技创新合作，为推动全球环境治理改革贡献智慧和方案。

【第七届金砖国家青年科学家论坛开幕】 2022年8月29日至9月1日，第七届金砖国家青年科学家论坛暨第五届金砖国家青年创新奖在厦门开幕。来自金砖各国的青年科学家、青年企业家、专家学者近200人通过线上、线下的方式参与了低碳技术、生物医药、人工智能、新材料四大平行论坛，以及金砖国家青年创新奖颁奖等系列活动。开幕式上，巴西、俄罗斯、印度和南非等国的代表也纷纷通过连线的方式对论坛及创新奖的如期举办表示祝贺，期待通过论坛及系列活动的举办促进各国青年科学家合作。论坛期间，组委会设立了金砖国家"云"上科博会，金砖各国青年科学家人才和青年创新者的科研成果等都将在线上展示，让更多人了解金砖国家的科技创新，构建金砖国家科技资源共享新平台。

【金砖国家青年峰会暨2022年北京友好城市国际青年交流营开幕】 2022年9月14日，金砖国家青年峰会暨2022年北京友好城市国际青年交流营开幕式以线上线下相结合方式在京举办。在"建设青年发展型城市，促进青年与城市共同发展"的主题下，多位青年代表分享案例，凝聚共识。在峰会上，中长期青年发展规划专家委员会委员、清华大学公共管理学院副院长谢矜介绍了《国际青年发展指数报告2021》。来自各国城市和青年组织、中国青年发展型城市试点上海、杭州、深圳、长沙的代表分别围绕"城市发展与青年就业创业""城市规划与青年发展""城市公共服务与青年融入"三个领域进行案例分享，探讨如何在城市发展中践行青年优先发展理念，使城市对青年更友好，让青年在城市更有为。活动期间，各国青年代表共同宣读《北京友好城市青年携手共建青年发展型城市行动宣言》。

【金砖国家青年能源峰会暨国际能源青年大会举办】 2022年9月18日下午，金砖国家青年能源峰会暨国际能源青年大会（以下简称"大会"）在北京市昌平区未来科学城成功举办。大会由国家能源局支持，中国石油大学（北京）、北京市昌平区人民政府、世界能源大学联盟联合主办，主题为"青年团结创新，拥抱能源绿色未来"。大会上，来自巴西、俄罗斯、印度、中国和南非的青年团队在线上线下进行了"金砖国家青年演讲"，为气候行动积极发声，表达了当代青年对人类共同命运及绿色转型的关注，展现了青年特有的创新激情和责任担当。"能源与气候变化大赛"是本次大会框架下的主要活动之一，包括全球68所高校学生在内的1600多名青年参与了大赛，在全球能源青年范围内引起了广泛关注。经过激烈角逐，学术赛道、实践赛道和声音赛道共产生86名获奖者，22家单位获"最佳组织奖"，1家单位获"丝路明珠最佳组织特别奖"。

九　金砖国家智库交流

【2021金砖国家智库国际研讨会举行】　2021年6月10日，金砖国家智库合作中方理事会与厦门市人民政府共同主办以"携手共建创新基地　打造金砖合作典范"为主题的2021金砖国家智库国际研讨会。金砖国家智库合作中方理事会理事长、中共中央对外联络部副部长郭业洲出席研讨会并作主旨演讲，福建省委常委、厦门市委书记赵龙，福建省人民政府副省长黄海昆，金砖国家新开发银行副行长阿尼尔·基肖拉等出席会议并致辞。来自金砖国家学界、业界和政府部门、国际组织等的200余名代表通过线上、线下形式出席研讨会，围绕"推进金砖创新基地建设""促进投资贸易便利化""促进金融创新合作"等议题展开研讨。

【金砖国家第十三次学术论坛召开】　2021年8月3—6日，金砖国家第十三次学术论坛在线举行。作为金砖国家领导人会晤的重要配套活动，金砖国家学术论坛是金砖国家学界交流思想、贡献智慧的重要平台，受到金砖各方的高度重视。印度外长苏杰生，印度金砖国家事务协调人兼外交秘书桑贾伊·巴塔查里亚为学术论坛发表视频致辞，五国学者围绕国际秩序、经济贸易、可持续发展、反恐、数字化、公共卫生、气候变化等议题进行了研讨。

【2021金砖国家新工业革命伙伴关系论坛召开】　2021年9月7日上午，2021金砖国家新工业革命伙伴关系论坛在厦门召开。金砖国家智库合作中方理事会秘书长金鑫出席论坛并发表演讲，他指出，经济全球化是不可扭转的，也是维护产业链、供应链稳定畅通的必要外部条件，国际社会应秉持开放、包容的理念，倡导构建开放型经济，维护以世贸组织为核心的多边贸易体制，推动贸易投资自由化、便利化。

【2021金砖国家治国理政研讨会举行】　2021年11月2日，2021金砖国家治国理政研讨会在北京开幕。来自中国、俄罗斯、印度、巴西、南非五个金砖国家的150余名代表以线上线下相结合方式深入交流治国理政经验。中宣部副部长、国务院新闻办主任徐麟出席开幕式并发表主旨演讲。他强调，本次活动是落实习近平主席在金砖国家领导人第十三次会晤上提出的重大倡议的具体举措，会议以"凝聚共识，强化信心，助力命运与共的金砖合作"为主题，对推动金砖伙伴关系行稳致远具有特殊意义。中国外文局局长杜占元、中国驻印度特命全权大使孙卫东、印度社会科学研究院院长阿什·罗伊代表中印主办方致开幕辞，中国外文局副局长兼总编辑高岸明主持开幕式并作开幕总结。开幕式上举行了《2020金砖国家治国理政研讨会暨人文交流论坛论文集》发布仪式，徐麟、杜占元共同为论文集揭幕。论文集由当代中国与世界研究院联合朝华出版社出版，旨在更广泛地传播金砖国家治国理政、人文交流的经验与智慧。开幕式上还启动了"金砖国家治国理政合作研究与智慧分享计划"。该计

划由当代中国与世界研究院发起，金砖国家的智库、高校、科研机构共同参与，致力于为促进各国智库合作研究、分享成果搭建平台。

【金砖国家智库理事会2022年度第一次会议召开】 2022年3月24日，金砖国家智库理事会以线上方式举行2022年度第一次会议。金砖国家智库合作中方理事会、巴西应用经济研究所、俄罗斯金砖国家研究国家委员会、印度观察家基金会、南非金砖国家智库等金砖五国智库合作牵头单位负责人与会。会议听取了印度代表报告的2021年金砖国家智库合作重要议程和成果，讨论了中方通报的2022年金砖国家智库交流合作工作设想。会议高度评价印方为推动2021年金砖国家智库交流合作所作的贡献，充分肯定中方关于2022年金砖国家智库交流合作的设想。巴西、俄罗斯、印度、南非等四国智库合作牵头单位负责人均表示，将根据中方详细议程和要求，支持配合推动各项工作有序开展。各方期待在金砖国家智库理事会平台上续写友谊，密切协作，携手推动金砖国家智库交流合作迈上新台阶，助力金砖国家不断深化合作，在全球舞台上发挥更大作用。

【金砖国家政党、智库和民间社会组织论坛召开】 2022年5月19日，金砖国家政党、智库和民间社会组织论坛以视频方式在北京开幕。中共中央总书记、国家主席习近平向论坛致贺信。习近平强调，希望金砖国家和发展中国家的政党、智库和民间社会组织履行责任担当，深化沟通交流，为实现全球共同发展、推动构建人类命运共同体贡献智慧和力量。金砖国家政党、智库和民间社会组织论坛由中共中央对外联络部指导金砖国家智库合作中方理事会、中国民间组织国际交流促进会共同主办。南非非洲人国民大会主席、总统拉马福萨，阿根廷正义党主席、总统费尔南德斯，柬埔寨人民党主席、政府首相洪森和印度尼西亚民主斗争党总主席、前总统梅加瓦蒂等以视频或书面方式向论坛致贺。来自10个国家的130余名政党领导人、智库和民间社会组织代表线上参会。

【第十四次金砖国家学术论坛举行】 2022年5月20日，在金砖国家政党、智库和民间社会组织论坛框架下，以"聚焦共同发展，强化金砖智力支撑"为主题的第十四次金砖国家学术论坛以视频方式举行。本次论坛由金砖国家智库合作中方理事会主办。金砖国家智库合作中方理事会理事长、中共中央对外联络部副部长郭业洲，巴西应用经济研究所副主席卡瓦尔康蒂，俄罗斯金砖国家研究国家委员会主席、国家杜马国际事务委员会第一副主席尼科诺夫，印度观察家基金会主席萨兰，南非国家人文社科学院执行主任、南非金砖智库主席莫索伊查等出席论坛并致辞。来自金砖国家的60余名专家学者在线参加论坛，围绕"践行真正的多边主义，完善全球经济治理体系""推动深化务实合作，落实经济伙伴战略""推动发展转型，增强发展动能""推动科技创新，筑牢现代化基础""打造数字金砖，实现数字化转型""增强制造能力，提高工业化水平"等议题展开研讨。

【2022年金砖国家学术会议——面向

高质量的共享发展成功举行】 2022年6月7日，由中国社会科学院拉丁美洲研究所、中国社会科学院国际合作局共同主办的"2022年金砖国家学术会议——面向高质量的共享发展"以线上方式举行。来自中国、巴西、俄罗斯、印度、南非等国家政府部门、高校智库以及研究机构的150余名代表参加了会议。与会者认为，面对错综复杂的国际形势，金砖国家应继续深化合作，为推动世界发展贡献"金砖智慧"，凝聚发展共识，完善全球治理，丰富合作内容。世界各国需要广泛凝聚共识，积极开展合作，才能更好应对挑战，金砖国家在此过程中可以发挥重要作用；全球治理面临重重困难，金砖国家加强合作，有助于完善全球治理，促进多边主义发展；近年来，金砖国家合作内容不断丰富，合作方式越发多样化，创新、丰富合作内容和方式，将有助于金砖国家在国际事务中发挥更大作用。

【第五届世界金融论坛暨金砖国家与全球治理论坛举行】 2022年7月9日，第五届世界金融论坛（WFF）暨金砖国家与全球治理论坛在深圳开幕。此次论坛以"历史的十字路口：世界的变革、重塑与未来"为主题，邀请全球经济金融领袖、WFF学术成员和理事成员、金融机构负责人、工商界代表、权威专家学者，就国际格局和全球治理的深刻变革和演变、金砖国家与全球经济金融治理、国际货币体系改革和人民币国际化、全球经济复苏和新增长新发展、金砖国家金融合作、世界团结合作应对全球性挑战、深港金融合作与跨境人民币创新应用的探索与路径七大主题进行深入探讨交流。世界金融论坛（WFF）是总部设在中国北京的非营利、非官方的国际化的官产学交流平台，由金砖智库CBGG与重建布雷顿森林体系委员会RBWF等国际各方联合发起。目前，世界金融论坛已成为国际国内经济金融领域官产学共商经济金融领域的高层对话交流平台。

【金砖国家智库圆桌对话会召开】 2022年9月，中国国际经济交流中心（简称"国经中心"）举办金砖国家智库圆桌对话会。来自巴西、俄罗斯、印度、中国和南非5个金砖国家的智库专家学者参加会议，围绕"金砖国家在推动全球可持续发展中的作用"和"金砖国家科技创新合作前景"两个议题进行了交流讨论。巴西前驻华大使、巴西国际关系中心国际顾问委员会成员卡拉穆鲁表示，当前国际环境十分复杂，全球化发展受到冲击，开展国际合作面临困难，但国际社会仍可在抗击疫情、可持续发展等议题上加强合作。金砖国家作为主要的新兴经济体，在区域乃至全球扮演着领导角色，应进一步提升影响力，加强国家间合作，寻找新的合作模式，明确合作重点，提高合作层次，推动金砖合作取得具体成果。

【2022金砖国家智库国际研讨会召开】 根据惯例，2022年金砖国家主席国将举办多场金砖国家智库研讨会，并在此基础上举办学界峰会——金砖国家学术论坛。上述活动旨在广泛听取智库学界看法建议，增进相互理解，凝聚合作共识。首场金砖国家智库国际研讨会于2022年4月25日以线上方式举行，此次会议由金砖国家智库合作中方牵头

单位——金砖国家智库合作中方理事会主办，金砖国家智库合作中方理事会副理事长单位——对外经济贸易大学承办。金砖五国学者齐聚云端，就"推动金砖国家高质量经贸合作"分享了观点看法。第二场金砖国家智库国际研讨会于2022年5月6日以线上线下相结合的方式在重庆举行，此次会议主题为"金砖合作与全球发展：新时代、新使命、新方案"，由金砖国家智库合作中方牵头单位——金砖国家智库合作中方理事会主办，金砖国家智库合作中方理事会副理事长单位——四川外国语大学承办。第三场金砖国家智库国际研讨会于2022年9月15日以线上方式举行，此次会议主题为"新时代下金砖国家深化全球治理合作的挑战和路径"，由金砖国家智库合作中方牵头单位——金砖国家智库合作中方理事会主办，金砖国家智库合作中方理事会理事单位——复旦发展研究院金砖国家研究中心承办。第四场金砖国家智库国际研讨会于2022年11月17日在厦门召开，此次研讨会时值习近平主席宣布在福建厦门建设金砖国家新工业革命伙伴关系创新基地两周年。金砖国家智库学者以及工商界人士于云端线下齐聚鹭岛，围绕"加快金砖创新基地建设，贡献全球发展合作力量"开展了深入研讨。

十　金砖国家其他交流

【首届金砖国家女性创新大赛举办】 2021年3—6月，首届金砖国家女性创新大赛正式拉开帷幕，大赛为期四个月，颁奖典礼于2021年7月30日在北京举行。本次大赛共有207名女性参赛，最终评选出15位"木兰奖"获得者。金砖国家女性创新大赛是由我国领导人在2020年金砖国家领导人会晤期间发起的倡议，获得了其他各国领导人的支持。2021年，中国贸促会与中国国际商会积极落实领导人倡议，在金砖国家女性工商联盟框架下，指导联盟中方理事会，成功举办首届金砖国家女性创新大赛。

【2021年金砖国家民间论坛邀请式网络研讨会举办】 2021年6月10日，2021年金砖国家民间论坛邀请式网络研讨会成功举办。本次研讨会主题为"关于经济增长质量和包容性的对话：区域发展视角"。来自巴西、俄罗斯、印度、中国、南非金砖五国的民间代表出席会议。印度发展中国家研究和信息系统总干事Sachin Chaturvedi教授在开幕式上致辞，介绍了对论坛的支持与期待。亚经协对外交流委员会常务副会长兼秘书长孙应杰作为中国社会组织代表围绕《区域发展视角下的经济增长质量与包容性》作英文演讲，与金砖国家的代表进行了交流与探讨，并以中国基础情况与中国长三角为例提出建议。金砖国家合作已走过10多年历程，取得了丰硕成果。金砖国家民间社会论坛是金砖国家合作框架内的重要活动，近年来国际影响不断扩大，现已成为金砖国家民间交流合作的重要平台，金砖国家民间论坛交流合作机制，增进了金砖国家人民相

互了解和信任。

【2022金砖国家女性创新大赛举办】 2022年3—5月，在中国贸促会、中国国际商会的指导和全国妇联的支持下，2022金砖国家女性创新大赛顺利开展。大赛历时近3个月，面向金砖国家所有商业女性开放（包括中小企业和创业者团队）。在女性精神、社会责任、独特的技术及商业模式以及行业及市场前景等任何一个领域有突出贡献和表现的金砖国家优秀商业女性，将有机会获得奖项和奖励。2022年大赛增设5个抗疫特殊贡献奖，以表彰金砖国家女性在抗击新冠疫情方面的突出贡献，传递共建人类卫生健康共同体的积极声音。大赛颁奖典礼于2022年5月31日与2022金砖国家女性领导力论坛一同在北京举行。本次大赛共有449名女性参赛，最终评选出15位"木兰奖"和5位"抗疫特殊贡献奖"获得者。

【2022年金砖国家民间社会组织论坛召开】 2022年5月20日，在中共中央对外联络部指导下，中国民间组织国际交流促进会在北京举办主题为"共建发展伙伴关系，发挥金砖民间社会作用"的2022年金砖国家民间社会组织论坛。中共中央对外联络部副部长陈洲出席论坛开幕式并发表主旨讲话。中国民间组织国际交流促进会副会长、中共中央对外联络部前副部长李军出席闭幕式并作总结讲话。金砖国家民间社会组织15位代表分别在"加强民间合作，提升民生福祉""践行多边主义，参与全球治理""推进人文交流，增进民心相通"三个议题下发言。南非经济公平网络作为下一届金砖国家民间社会组织论坛主办方作特别发言。本届论坛是2022年金砖国家政党、智库和民间社会组织论坛的组成部分，受到金砖国家民间社会各界广泛关注，来自中国、巴西、俄罗斯、印度和南非的300余位民间社会组织代表以线上方式参加。

【2022金砖国家友好城市暨地方政府合作论坛举行】 2022年9月20日，由中国人民对外友好协会、中国国际友好城市联合会、福建省人民政府共同主办的2022金砖国家友好城市暨地方政府合作论坛举行。金砖五国123个省市政府、8个友好组织代表、有关国家驻华使节及各界代表等约250人以线上或线下方式与会，围绕"团结合作共同发展"主题进行深入探讨。本届论坛是金砖"中国年"框架内的一项重要活动。在分议题发言环节，各国嘉宾围绕"友城合作与绿色转型发展"和"开放创新与数字化发展"两个分议题进行了深入交流探讨，分享各自发展理念和成功实践经验。与会嘉宾积极评价本届论坛对促进金砖成员国友城和地方政府交流合作的建设性作用，并表示期待同中国人民对外友好协会密切联系、加强合作，为深化金砖国家民间友谊与地方交流合作作出新的更大贡献。

（撰稿人：孙镜然）

中非合作论坛人文交流

一 中非教育交流

【非洲法语国家货币与银行管理研修班顺利开班】 2021年9月2日，由商务部主办、上海商学院商务部国际商务官员研修基地（上海）承办的"非洲法语国家货币与银行管理研修班"举行线上开班仪式。上海市商务委员会对外经济合作处调研员刘蓓敏、上海商学院副院长陈巍出席开班仪式并致辞。刘蓓敏表示，中国与非洲一直是患难与共的好兄弟、好伙伴。中非经贸合作保持强劲的活力，而经贸投资离不开金融服务的支撑，研修班以货币与银行管理为主题，具有非常重要的现实意义，希望非洲国家的金融机构以研修班为契机，与中国金融机构开展深入交流与务实合作，也希望非洲的金融机构对中国企业在非经贸投资项目给予大力支持。此次研修班为期14天，有来自刚果（金）、科特迪瓦、马里、摩洛哥、突尼斯5个国家的52位非洲法语国家货币与银行管理领域官员参训。

【"南京工业大学与非洲高校视频交流暨中非技术转移对接会"线上举办】 2021年9月17日，在中国驻南非使馆科技处组织协调下，中国南京工业大学和非洲科学院联合举办"南京工业大学与非洲高校视频交流暨中非技术转移对接会"。南京工业大学的研究人员与来自南非、肯尼亚、乌干达、加纳、埃塞俄比亚、赞比亚等国10所大学的20多名代表参加会议。会议由非洲科学院院长达科拉主持，中国驻南非使馆科技公参沈龙参加会议并致辞。在致辞中，沈龙公参表示南京工业大学和非洲高校可充分利用中国政府奖学金、科技部杰出青年科学家交流计划、商务部援外培训计划、"一带一路"科技创新伙伴计划和南南合作基金等方面的资源，开展更多务实合作。会上，南京工业大学和非洲高校分别介绍了各自基本情况、科技成果转化等内容，并就学生创业和项目遴选等进行了交流。各方参会代表感谢非洲科学院及驻南非使馆组织召开此次合作视频会，希望会后尽快与南京工业大学进一步对接合作事宜。

【埃及汉语网络教学工作坊举办】 2021年12月17日，由开罗大学孔子学院主办、中国驻埃及使馆教科处支持的埃及汉语网络教学工作坊（第二期）顺利举办。中国驻埃及大使馆教育公参王胜刚出席工作坊并致开幕辞。王胜刚在致辞中表示，在世界网络科技迅猛发展的今天，汉语网络教学迎来了前所未有的机遇，中国驻埃及使馆将一如既往与埃及政府和学校保持密切合作，坚定支持埃及办好汉语教学。此次工作坊分为"汉语网络教学资源的开发与应用分享""汉语不同课型网络课堂教学经验分享""基于汉语网络教学的教学活动设计""线上线下混合式汉语教学案例分享"四个主题，由国内外高校、职业学校汉语教师以及相关网络教学技术平台负责人主讲。埃及各大学中文系、孔子学院、孔子课堂、汉语教学点负责人、中埃汉语老师及其他各国汉语教师参加了此次会议。

【马达加斯加鲁班工坊举行揭牌仪式】 2022年2月18日，马达加斯加鲁班工坊揭牌仪式在塔那那利佛大学理工学院举行。中国驻马达加斯加大使郭晓梅、马达加斯加领土整治与土地管理部部长哈乔·安德里亚奈纳里韦卢等政要出席仪式并致辞。郭晓梅强调，今年正值中马建交50周年，鲁班工坊是两国间友谊与合作的见证。哈乔·安德里亚奈纳里韦卢表示，鲁班工坊展现出马中两国合作的多样性，这一合作是两国双赢合作的典范。马达加斯加鲁班工坊由天津机电职业技术学院、天津市机电工业学校与塔那那利佛大学共同合作设立，由中铁十八局集团承建。该工坊目前设置电气工程和汽车工程两个专业，已完成首批专业招生，首批共招收37人。

【"非洲高等技术教育，造就专业创新非洲青年"项目启动仪式在科特迪瓦举行】 2022年3月10日，中国驻科特迪瓦大使万黎、科特迪瓦高等教育部部长迪亚瓦拉、联合国教科文组织驻科代表勒迈斯特、博瓦尼大学校长巴洛等政要以及来自博瓦尼大学近500位师生代表出席在博瓦尼大学举行的"非洲高等技术教育，造就专业创新非洲青年"项目启动仪式。与会政要对该项目成效给予了高度评价，对中科高等教育合作前景十分看好。该项目是在联合国教科文组织—中国信托基金项下发起的高等教育发展促进项目，旨在推动非洲国家信息技术发展，提高非洲国家教育机构和人员培训水平。目前已帮助包括科特迪瓦在内的十余个非洲国家进行科技人才培养。

【华为公司尼日利亚信息通信技术人才培训启动仪式举办】 2022年4月25日，华为尼日利亚有限公司在尼日利亚首都阿布贾启动了与尼联邦通信和数字经济部为期三年的"ICT人才发展合作"谅解备忘录，计划为3万名尼日利亚人提供ICT培训。中国驻尼日利亚大使崔建春、尼联邦通信和数字经济部长潘塔米教授、来自巴莱瓦大学等8所大学代表以及华为公司代表出席了活动。潘塔米表达了总统布哈里对华为公司的赞扬，并对华为在企业社会责任领域所做的努力及中方为尼数字经济的发展所做贡献表示感谢。崔建春表示，作为落实数字创新工程和能力建设工程的重要举措，此项目有力推动了两国数字经济合作，对进一步稳固和深化中尼各领域务实合作具有重要意义。根据计划，华为将在尼日利亚建立4个核心ICT项目，包括华为ICT学院、ICT人才培养、ICT大赛和ICT人才双选会，尼日利亚信息通信技术学院将超过300所。

【第21届"汉语桥"世界大学生中文比赛在非洲多国顺利举办】 2022年

5月起,第21届"汉语桥"系列中文比赛非洲各国赛区决赛陆续举行,吸引了各国选手参赛。此次大赛以"天下一家"为主题,各赛区决赛的优胜者将代表该国参加在中国举行的第二十届"汉语桥"世界大学生中文比赛的全球总决赛。5月14日,第21届"汉语桥"世界大学生中文比赛埃及赛区决赛在位于开罗的艾因夏姆斯大学落幕。此次比赛由中国驻埃及大使馆主办,艾因夏姆斯大学孔子学院承办,包含主题演讲、才艺展示和知识问答三个环节。12名参赛选手围绕"天下一家"主题,讲述中埃合作、汉语学习经历和对中华文化的理解等。开罗大学2名选手荣获特等奖,艾因夏姆斯大学1名选手荣获一等奖。中国驻埃及大使馆教育公参王胜刚、艾因夏姆斯大学副校长艾曼·萨利赫等政要出席并致辞。6月8日,第21届"汉语桥"世界大学生中文比赛塞内加尔赛区决赛在达喀尔大学孔子学院举办,中国驻塞内加尔大使肖晗、达喀尔大学校长姆巴耶等政要出席活动。经过激烈角逐,来自达喀尔大学孔子学院的学生迪亚洛获得第一名。6月14日,第21届"汉语桥"世界大学生中文比赛南非赛区决赛暨南非"华为杯"大学生中文比赛落幕,此次比赛由中国驻南非大使馆主办,约翰内斯堡大学孔子学院承办。

【中非职业教育联合会成立】 2022年5月11日,"未来非洲—中非职业教育合作计划推进会暨中非职业教育联合会成立大会"以线上线下相结合方式举办。在中外嘉宾的共同见证下,会议宣布中非职业教育联合会正式成立。教育部国际合作与交流司副司长贾鹏、非洲技术与应用型大学与学院协会(ATUPA)秘书长法勒致欢迎辞,中国教育国际交流协会副秘书长余有根作主旨报告。贾鹏指出,中方愿与非洲各国建立长效合作机制,共同支持"未来非洲—中非职业教育合作计划"的实施,共同培养服务于先进制造业、数字经济等新兴产业的应用型技能人才。法勒秘表示,联合会非方秘书处将致力于加强中非教育合作和人文交流,推动中非在人才培养、师资培训、标准和课程共建等领域深化合作。余有根表示,未来非洲计划将围绕人才培养、标准建设、能力提升三大核心目标,组织实施中非应用型人才联合培养、中非职业技能等级证书和非洲职业院校能力建设三个子项目。联合会的成立将进一步凝聚中非职业教育共识、搭建平台、整合资源,是未来非洲项目新的里程碑,也标志着中非职业教育合作翻开了崭新的一页。

【中国—赞比亚中小学校长教育领导力工作坊举办】 2022年7月14—15日,清华大学中非领导力发展中心与赞比亚大学共同发起的"中赞中小学校长教育领导力线上工作坊"成功召开。中国驻赞比亚大使杜晓晖、赞比亚教育部初中教育司司长伊冯·姆韦姆巴·丘鲁、清华大学副校长兼教务长、中非领导力发展中心联席主席杨斌等出席活动并致辞。工作坊共收到64位赞比亚中小学校长参会报名。中赞多家教育机构专家、学者、负责人在基础教育发展、教师培训和学校活力建设、在线教育实践三个对话版块里互学互鉴、贡献经验,中赞中小学校长代表就学校管理案例坦诚分享、深入交流。该工作坊为搭建平等互信的基础教育共同体平台发挥了积极作用，为打造旗舰型的项目、促进中赞人民相知相亲奠定了基础。

【埃及中学中文教育试点项目启动仪式暨中文教师培训班开班仪式举办】 2022年9月25日，埃及中学中文教育试点项目启动仪式暨中文教师培训班开班仪式在开罗大学举行。中国驻埃及大使馆临时代办张涛、埃及教育和技术教育部副部长穆罕默德·穆贾希德、中国教育部中外语言交流合作中心主任马箭飞等出席活动并致辞。在致辞中，张涛热烈祝贺埃及中学中文教育试点项目启动和中文教师培训班开班，强调近年来中埃全面战略伙伴关系持续走深走实，各领域务实合作不断深入，埃及中文学习需求和热情持续高涨。穆贾希德表示，根据中埃签署的《关于将汉语纳入埃及中小学作为选修第二外语的谅解备忘录》，经双方共同努力，埃及中学中文教育试点项目正式启动。埃及教育和技术教育部愿以此为契机，继续深化中埃教育合作，不断推进中文教学试点和鲁班工坊等标志性合作项目落地见效，并期待未来取得更多合作成果。此次参训的12名埃及中文教师由埃及教育和技术教育部同中埃专家一道从150余名面试者中遴选，将作为首批教师在12所试点中学开展教学工作。培训班将提供教材讲解、教学技能、教师素养、应用程序、中学生心理解析等讲座及试讲等教学训练。

二　中非科技交流

【埃及国有企业部与东风汽车公司新能源汽车项目框架协议网上签约仪式举行】 2021年1月18日，埃及国有企业部与东风汽车公司关于合作实施新能源汽车项目框架协议的网上签约仪式成功举行，中国驻埃及大使廖力强、商务公参周振成应邀出席。埃及国有企业部部长陶菲格、第一国秘哈苏纳和东风汽车集团有限公司总经理李绍烛等远程出席。廖力强表示，中方支持两国企业开展更多合作，进一步发挥中国电动车的品牌、产品和技术优势，将中国企业在电动车设计、生产、销售领域的丰富经验与埃及的本地化需求相结合，促进埃及新能源产业的发展，助力埃及工业化进程。陶菲格表示，埃及国有企业部与东风汽车公司的合作是埃及新能源汽车战略的重要开端，也是实现电动车本地化生产的第一步，埃方愿与中国公司建立更广泛和深入的合作伙伴关系，将埃及逐步打造成地区的新能源汽车制造中心。

【中埃举行电子产业技术孵化器战略合作线上签约仪式】 2021年3月4日，中科院上海微系统与信息技术研究所—埃及电子研究所举行电子产业技术孵化器战略合作线上签约仪式，中国驻埃及公使肖军正、埃及高教科研部长加法尔、埃及驻上海总领事穆斯塔法等政要共同见证签约。根据合作协议，中方科技创新平台新微创源孵化器将通过技术转移支持埃方TARIEIC孵化器技术创新能力建设，推动双方研究成果转化为商业产品原型，促进人员互访并分享孵化器运营管理经验。此外，双方还将开展技术研发、产品营销、专利商业化合作，共同支持中小企业技术创新发展。

【中国援马里太阳能示范村项目开工仪式举办】 2022年1月6日，中国驻马里大使陈志宏与马里环境、清洁和可持续发展部长莫迪博·科内在科尼奥布拉村共同出席中国援马里太阳能示范村项目开工仪式。此次开工的援马里太阳能示范村项目将安装约1200套离网太阳能系统、200套太阳能路灯系统、近20套太阳能水泵系统，以及部分集中太阳能供电系统，当地直接受益民众达上万人。库里科罗大区区长、卡地州州长、康加巴州州长，当地相关市长、区长、村长等官员以及当地民众400余人参加开工仪式。陈志宏大使在讲话中感谢中马技术人员为推动项目实施所作努力，指出能源是经济发展的动力，清洁绿色能源是社会可持续发展的保证。此次援马里太阳能示范村项目的建设将有效改善当地人民生活，深化双方在清洁能源领域的合作。科内部长表示马中两国具有深厚传统友谊，中国是马里重要战略合作伙伴，多年来向马方提供了大量无私援助，此次再次援建太阳能示范村项目，将极大改善当地的民生，促进当地的可持续发展。

【2022年华为信息通信技术大赛颁奖典礼暨未来种子项目闭幕式在乌干达举办】 2022年5月20日，2022年华为信息通信技术大赛颁奖典礼暨未来种子项目闭幕式在乌干达举办。乌干达副总统杰西卡·阿卢波、中国驻乌干达大使张利忠、华为乌干达公司总经理高飞等出席并致辞。张利忠在致辞中强调，中方鼓励本国企业积极履行社会责任，继续加大能力培训，培养更多优秀的乌干达青年，以实际行动讲好中国故事和中乌友好合作的故事，为构建中乌命运共同体作出新的贡献。阿卢波副总统表示希望华为等企业能够为乌培养更多信息通信技术等领域的各类人才。

【非洲科学外交之都启动仪式举办】 2022年7月8日，南非科学与创新部在科学与工业研究理事会国际会展中心举办非洲科学外交之都启动仪式。南非科创部部长恩齐曼迪书面致辞，副总司长杜特伊特主持仪式，中国驻南非使馆科技公参沈龙应邀出席并作"科学外交要为解决全球性挑战做贡献"报告。此次活动确定比勒陀利亚为非洲科学外交之都，旨在促进整个非洲及非洲之外的多边科技合作，应对人类共同面临的挑战。南非科创部、外交部、工业与竞争部、科学与工业研究理事会、非盟发展署、非洲科学院、联合国开发计划署、茨瓦尼市政府以及多国使馆的代表也应邀出席仪式。

【中非科技创新合作国际会议开幕式举办】 2022年10月9日，由西南财经大学、比勒陀利亚大学和马来亚大学联合主办的中非科技创新合作国际会议举行开幕式，中国驻南非使馆科技公参沈龙和南科创部副总司长杜特伊特应邀出席会议开幕式并作主题报告。沈龙表示，中非科技创新合作在"一带一路"倡议和中非合作论坛框架下增长迅速，现已成为中非关系的亮点之一。中国愿继续与非洲国家加强紧密合作，相信中非科技创新合作必将拥有光明的未来。南非茨瓦内理工大学穆奇教授主持会议开幕式。会议持续两天，下设10个专题，涉及中非在高等教育、联合研究与培训、农业与粮食安全、环境管理与气候变化、信息通信与空间科学、科技创新合作进展、数字技术、金融科技与可再生能源、公共卫生以及先进制造领域的合作。来自中国、南非、马来西亚、尼日利亚、埃塞俄比亚等国的近百人参加会议，共有30多篇学术论文在会上交流。

三　中非文化交流

【非洲多国举办同庆新春佳节活动】 2021年2月12日是中国传统节日春节。为庆祝这一节日，非洲多国举办了丰富多彩的庆祝活动。2月3日，坦桑尼亚巴加莫约艺术学院艺术团于坦桑尼亚中国文化中心参与"聚焦在非洲·坦桑过大年"线上欢乐春节活动，表达了对中国新春的美好祝愿。2月10日，由中国驻尼日利亚大使馆、尼日利亚中国文化中心和尼日利亚新闻和文化部联合举办的"庆祝中尼建交50周年暨'欢乐春节'启动仪式"在尼日利亚中国文化中心举行，中国驻尼日利亚使馆临时代办赵勇、国防武官林伟、文化参赞兼中国文化中心主任李旭大以及尼联邦众议院外事委员会成员麦加里等中外政要出席，吸引了中国央媒驻尼记者站、尼日利亚当地主流媒体尼通社、非洲独立电视台等多家媒体报道。

【拉巴特中国文化中心太极拳线上培训正式启动】 2021年4月11日，拉巴特中国文化中心举行了太极拳线上培训开班仪式，中国驻摩洛哥王国大使馆文化处文化参赞、拉巴特中国文化中心主任陈冬云、拉巴特中国文化中心执行主任贾李斌、非洲武术技术委员会主席、国际套路法官埃桑吉·阿卜杜拉赫曼等政要以及此次太极培训班的学员代表参加了仪式。陈冬云、埃桑吉·阿卜杜拉赫曼以及学员代表在仪式上分别作了发言。此次培训意在让更多的摩洛哥民众认识太极、了解太极、热爱太极。参加该培训的学员分成初学爱好者和专业习练者两组，在教练的指导下进行近两个月的训练。在顺利通过考核后，学员将获得由拉巴特中国文化中心和摩洛哥皇家武协共同签章的结业证书。

【驻非盟使团举办2021年"联合国中文日"线上庆祝活动】 2021年5月5日，中国驻非盟使团与联合国非经委联合主办2021年"联合国中文日"线上庆祝活动，中国驻非盟使团团长刘豫锡，联合国非经委出版、会议及知识管理司司长妮塔、非盟非洲语言学院院长登法等官员，各国驻非盟使节和外交官、联合国驻非洲机构官员和亚的斯亚贝巴大学孔子学院师生出席了线上庆祝活动。与会嘉宾一同观看了精彩的中国民族音乐、民族舞蹈演出以及线上书画展，对此次中文日活动予以高度评价，纷纷感叹中华文化的博大精深，并表示希望有更多机会参加中国文化交流活动。

【"尼日利亚歌手赛红歌"暨"中共百年图片展"活动举办】 2021年6月24日，由中国驻尼日利亚大使馆主办、尼联邦首都区艺术和文化局、中等教育局及中国文化中心协办的"尼日利亚歌手赛红歌"暨"中共百年图片展"活动在中国文化中心举行。中国驻尼日利亚大使崔建春、使馆公使衔参赞赵勇、国防武官林伟、文化参赞兼中国文化中心主任李旭大、尼参议院文化和旅游委员会主席奥考罗查以及参加唱"红歌"比赛选手等近200人出席活动。崔建春与奥考罗查分别致辞讲话，共同祝福中尼两国友好关系不断发展。参赛选手们激扬高亢的演唱赢得在场嘉宾和观众阵阵热烈掌声，也获得6位评委的一致肯定。颁奖典礼结束后，尼方嘉宾在崔建春的陪同下认真观看了"中共百年图片展"，聆听了崔建春对中国共产党百年光辉历程的简要介绍，深切感受到了中国共产党历久弥新的辉煌和伟大。

【驻非盟使团同联合国非经委联合举办2022年"联合国中文日"庆祝活动】 2022年4月20日，中国驻非盟使团同联合国非经委联合举办2022年"联合国中文日"线上庆祝活动，中国驻非盟使团临时代办陈绪峰、联合国非经委代理执行秘书齐甘雅等政要分别致辞。各国驻非盟使节和外交官、联合国驻非洲机构官员和亚的斯亚贝巴大学、埃塞职业教育学院孔子学院师生出席活动。致辞中，齐甘雅表示，中文在国际政治、经济、文化等领域发挥着日益重要的作用，越来越多的非洲学生正在学习汉语。中国驻非盟使团也正在协助非经委开设中文学习课程，为更多非洲人提供中文学习机会。非经委希望进一步加强同中国驻非盟使团等相关机构合作，促进中文国际化。与会嘉宾一同观看了精彩的中华民族音乐《谷雨—雨幻境》、民族舞蹈《陇上踏歌行》、荷兰格罗宁根大学孔子学院臧子乔老师《中国文化的艺术》讲座、亚的斯亚贝巴埃塞职业教育大学孔子学院师生的太极拳表演和机器人表演等，并对此次中文日活动做出高度评价。4月20日是联合国国际中文日。该日前后，厄立特里亚、坦桑尼亚、尼日利亚、摩洛哥等非洲国家的中国使馆与民间组织举办了丰富多彩的庆祝活动，传达了非洲民众对中文以及中国文化的喜爱。

【非洲多国举办第20届"汉语桥"世界大学生中文比赛赛区决赛】 2021年年中，全球范围内影响最大的中文竞赛之一的"汉语桥"系列中文比赛非洲各国赛区决赛陆续举行，吸引了各国选手参赛与政要出席赛事。各赛区决赛的优胜者将代表该国参加在中国举行的第二十届"汉语桥"世界大学生中文比赛的全球总决赛。5月22日，第二十届"汉语桥"世界大学生中文比赛埃及赛区决赛线上成功举办。6月2日，第20届"汉语桥"世界大学生中文比赛尼日利亚赛区决赛在线上顺利举行。此次比赛由中外语言交流合作中心和中国驻尼日利亚大使馆主办，尼日利亚中国文化中心、纳姆迪·阿齐克韦大学孔子学院及拉各斯大学孔子学院协办。中国驻尼日利亚大使馆文化参赞兼尼日利亚中国文化中心主任李旭大、副主任贾晓玲及两所孔子学院中方院长余章宝、赵宏凌全程在线观摩比赛，中国驻尼日利亚使馆文化处一秘汪桂平主持比赛开幕式。6月5—6日，由中国驻南非大使馆主办、南非开普敦大学孔子学院承办、中

第二编 多边中外人文交流平台

国驻开普敦总领馆以及在南非各孔子学院等协办的第二十届"汉语桥"世界大学生中文比赛南非赛区决赛暨"龙源穆利洛杯·汉语桥"大学生中文比赛在线上成功举办。中国驻南非大使陈晓东应邀出席并发表视频致辞。中国驻南非大使馆教育参赞李旭东、开普敦大学负责科研与国际化的副校长苏·哈里森教授以及来自南非多所大学的学生代表、媒体等共计300多人线上观看了比赛直播。

【厄立特里亚第四届中国风筝文化节举办】 2022年5月28日，由中国驻厄立特里亚使馆主办，厄立特里亚文化与体育委员会、孔子学院协办的第四届中国风筝文化节以"中厄友谊迎风飞扬"为主题，在厄国家体育场举行。中国驻厄立特里亚国特命全权大使蔡革、厄中央省省长费瑟海耶，以及教育界、文化体育界人士作为嘉宾出席。来自厄立特里亚政府部门、群团组织和大中小学的代表以及在厄中资机构人员共组成26支队伍，参加放飞风筝比赛。来自厄立特里亚各校师生共500余人到现场为参赛队伍加油助威。本届中国风筝文化节活动还穿插了丰富多彩的文艺表演，中厄双方人员献上了两国经典歌曲、民族舞、现代舞、太极拳等表演。此届风筝文化节增进了厄民众尤其是年轻人对中国文化的直观感受与理解，加深了两国人民友谊。

【刚果（布）孔子学院举办"汉语桥"线上"冬令营"活动】 2022年1月18日，在教育部中外语言交流合作中心以及北京体育职业学院的支持下，刚果（布）马利安·恩古瓦比大学孔子学院组织"汉语桥"线上"中华武术魂"主题冬令营活动。活动为期两周，内容包括中文直播课以及武术、书法、中文歌曲等录播课程，活动在布拉柴维尔市和黑角市同步进行，近200名学生报名参加学习。此次活动中，国内支持单位邀请国际中文教育名师精心讲解汉语日常用语、汉语语法和容易混淆的词汇等语言知识，邀请书法名家教授书法基本知识，并邀请武术名家讲授武术套路、太极拳、太极站桩、咏春拳、少林拳、少林棍法等武术动作和以武止戈、爱好和平的武术精神。

【中毛签署《文化协定2022—2025年执行计划》】 2022年12月22日，《中华人民共和国政府和毛里求斯共和国政府文化协定2022至2025年执行计划》签约仪式在毛里求斯艺术和文化遗产部举行。受中国文化和旅游部委托，中国驻毛里求斯大使朱立英与毛艺文部常秘英迪拉·布达如斯-茹查雅共同签署文件。毛艺文部部长蒂卢克出席并见证签约，使馆文化处、中国文化中心、毛外交部和艺文部代表等出席活动。朱立英大使在致辞中提到，人文交流与合作是中毛传统伙伴关系的重要支柱。全球第一家海外中国文化中心在该国的设立彰显了中国政府对发展中毛文化关系的高度重视。蒂卢克部长在致辞中表示，非洲最古老的"路易港唐人街"见证了中毛友谊的根深蒂固，文化联系的源远流长。建交五十年来，两国在外交、经济、文化等领域保持着紧密友好的联系，合作举办了欢乐春节、龙舟节、电影周等大型文化活动，相信《文化执行计划》的续签将为深化两国艺文化领域的交流注入新活力。签约仪式后，朱立英大使和蒂卢克部长分别接受了毛里求斯国家电视台的采访。

四　中非卫生交流

【中几友好医院神经医学中心揭牌仪式举办】　2022年1月19日，中几友好医院神经医学中心揭牌仪式在几内亚首都科纳克里举行，中国驻几内亚大使黄巍、几卫生部办公厅主任萨勒女士、中几友好医院院长桑迪等出席仪式并致辞。中国第28批援几医疗队队长、中几友好医院副院长张维主持仪式并就项目建设情况进行总结汇报。致辞中，黄巍高度评价中国援几医疗队为提高几内亚医疗卫生水平、深化中几民间友好作出的重要贡献，并表示中国将继续在力所能及的范围内支持几内亚医疗卫生事业发展，并与几方一道努力，推动中几全面战略合作伙伴关系行稳致远，造福两国人民。萨勒代表几内亚政府向中国政府和人民长期以来为促进几内亚医疗发展、提升几国民健康水平所提供的无私帮助表示感谢，向中国第28批援几医疗队表示崇高敬意。

【尼日利亚—中国草药宣介运动暨草药产品展示会举办】　2022年2月8日，由尼日利亚青年大会和中国驻尼使馆联合举办的"尼日利亚—中国草药宣介运动暨草药产品展示会"在尼日利亚外交部国际会议大厅开幕。中国驻尼日利亚大使崔建春、中国驻尼使馆文化参赞李旭大、尼卫生部国务部长马莫拉代表沙里夫司长、科技和创新部国务部长阿卜杜拉希代表阿卜杜哈迪特别顾问以及中尼两国医药界专家、学者和医药企业代表以及新闻媒体记者等200余人出席了活动。崔建春在致词中表示，中国和尼日利亚都拥有丰富的草药药材和产品，自古以来，草药是两国传统的治疗用药，人们对它进行过很好的研究，并积累了大量的验方。草药因其成本低廉、大多数人用得起的优势而迎来了产业发展的良机。中国大力支持尼日利亚发展草药产业，促进青年就业，解决贫困人口用药难的问题。

五　中非体育交流

【第四届中尼乒乓球友谊赛举办】　2021年11月27日，来自中国驻尼日利亚使馆、中国央媒驻尼日利亚记者站、中资公司以及尼联邦首都区记者协会等单位的乒乓球爱好者们在位于尼日利亚首都阿布贾的中国文化中心大院里参加了一次别开生面的乒乓球比赛，拉开了第四届中尼乒乓球友谊赛的帷幕。中国驻尼日利亚大使崔建春、文化参赞兼中国文化中心主任李旭大、尼日利亚全国记者协会主席伊西古佐、尼日利亚女记者协会主席巴拉、联邦首都区记者协会主席奥戈贝彻等观摩比赛并分别为获奖选手颁奖。此次赛事由中国驻尼日利亚使馆和尼日利亚全国记者协会主办、中国文化中心和联邦首都区记者协会承办。中尼两国参赛的 64 名男选手和 16 名女选手先后参加了男单、女单、男双和混双等四个项目的比赛，最终决出了各项目的冠、亚、季军。

【马里奥委会主席支持中国举办北京冬奥会】 2022 年 1 月 14 日，马里奥委会主席哈比卜·西索科在马里首都巴马科接受新华社记者采访时表示，马里全力支持中国举办 2022 年北京冬奥会，反对将奥运会政治化。西索科说，相信此届冬奥会将取得圆满成功。他说，体育能够促进国家（地区）间友谊，加强人民团结，是促进世界和平的重要元素。他强调要反对将奥运会政治化，应该抛开政治考虑，让运动员在公平健康的环境中竞争和成长。

【埃及地标建筑开罗塔上演灯光秀支持北京冬奥会】 2022 年 1 月 24 日晚，在北京冬奥会开幕倒计时 10 天之际，埃及首都开罗地标建筑开罗塔上演灯光秀，以中、英、阿三语将"北京冬奥会""北京 2022""10 天后北京见"等文字和北京冬奥会会徽投映在塔身，多彩绚丽的开罗塔与静静流淌的尼罗河组成了一道靓丽的风景线。中国驻埃及大使廖力强、埃及奥委会秘书长谢里夫·阿勒扬、开罗塔管理委员会公共关系主任哈尼·阿塔拉出席灯光秀启动仪式。廖力强大使在致辞中表示，距离北京冬奥会开幕还有 10 天，中国已准备好向世界奉献一场简约、安全、精彩的奥运盛会。开罗塔所展映的冬奥灯光秀充分体现了埃及人民对北京冬奥会的美好祝愿。

【中国援塞内加尔 8 座体育场技术合作项目正式启动】 2022 年 4 月 27 日，中国援助塞内加尔 8 座体育场技术合作项目启动仪式在卢加市体育场正式启动，塞内加尔体育部长马塔·巴、卢加省议会主席梅赫·希拉以及中国驻塞内加尔使馆代表出席活动。在启动仪式上，马塔·巴部长感谢习近平主席和中国政府为塞方提供的宝贵支持，表示该项目将为当地青年改善体育基础设施条件，并为当地技术工人提供学习培训机会。他再度感谢了中方对塞内加尔筹办 2026 年青奥会的有关支持，并表示该届青奥会将成为全非乃至全球的又一场体育盛会。此次活动在塞内加尔反响良好，获得了塞内加尔国家电视台、塞内加尔国家广播台、卢加电视台、未来媒体、塞内加尔网等 10 余家新闻媒体报道。

【2022 年"中坦友好杯"乒乓球友谊赛举办】 2022 年 9 月，由中国驻坦桑尼亚使馆支持，坦桑尼亚中国文化中心主办的 2022 年"中坦友好杯"乒乓球友谊赛在达累斯萨拉姆成功举行。中国驻坦桑尼亚大使陈明健、文化参赞王思平及坦文化艺术和体育部副常秘雅库布出席活动。坦桑尼亚文化艺术和体育部副常秘雅库布在致辞中表示，坦中两国的传统友谊和文化体育交流由来已久，2022"中坦友好杯"乒乓球友谊赛给坦桑的乒乓球爱好者提供了一个展示风采的平台，希望坦中两国进一步加强各领域交流与合作，多举办这样的活动并且让这些活动能拓展到坦桑尼亚更多的地方，让更多的人参与其中。比赛分为男子单打、女子单打和双打项目进

行。来自坦桑尼亚乒乓球协会和在坦中资机构19支代表队的55位选手参加了角逐。最终由坦桑尼亚乒乓球运动协会选派的亚赫亚获得男子单打冠军，罗杰斯与肯尼德获得双打比赛冠军，华裔选手徐雪萍获得女子单打冠军。

【庆祝中乌建交60周年龙舟友谊赛顺利举办】 2022年10月30日，乌干达龙舟联合会举办了庆祝中乌建交60周年龙舟友谊赛，吸引了来自中乌双方共12支龙舟队参赛。中国驻乌干达大使张利忠、乌干达外交部区域与国际经济合作司司长卡马洪盖大使、教育与体育部体育与运动司助理特派员奥东戈等出席并致辞。经过竞逐，来自乌干达布索加地区的纳鲁巴利龙舟队和乌干达中国社团联合会龙舟队最终分获赛事冠亚军。卡马洪盖大使表示，2022年适逢两国建交60周年，龙舟友谊赛再次在乌干达成功举行，象征双边合作包括两国人文合作必将携手努力迎来更美好的未来。

六　中非传媒交流

【毛里求斯国家电视台中国影视作品展映启动仪式顺利举行】 2021年12月23日，中国驻毛里求斯大使朱立英与毛里求斯国家电视台（MBC）首席运营官阿姆冈共同出席中国影视作品在毛展映启动仪式。朱立英大使在致辞中表示，长期以来，MBC为中毛影视文化交流作出了重要贡献，希望未来有更多毛里求斯影视作品进入中国观众的视野，进一步深化两国文化交流。阿姆冈表示，中毛友谊历久弥坚，中方在技术、设备、培训等方面向MBC提供了大力支持，电视台全体人员对此深表感激，也从中获益匪浅。此次参与展映的中国影视作品制作精良，将显著提升MBC节目内容的多样性，进一步丰富毛民众精神文化生活。

【坦桑尼亚桑给巴尔电视台参加"中国影像节"全球展映】 2022年6月21日，由中央广播电视总台与文化和旅游部联合举办的首届"中国影像节"全球展映活动开幕，并在北京举行启动仪式。超过50部由中央广播电视总台CGTN出品的多种语言优秀纪录片和专题片将通过全球百家媒体和平台进行展映。坦桑尼亚桑给巴尔官方电视台参加了展映活动。该电视台首播了英文纪录片《中国脱贫攻坚》，在当地收到较好反响，并应观众要求进行了重播。"中国影像节"全球展映活动开幕后，电视台代理台长萨鲁姆·阿卜杜拉向中国驻桑给巴尔总领事张志昇致电，祝贺展映活动成功启动，向中国电视工作者和电视观众致意，并希望与中国中央广播电视总台在今后继续加强合作，增进坦桑尼亚与中国的文化交流，促进双方人民的相互了解与友谊。

【《当代世界》尼日利亚版签约仪式顺利举办】 2022年7月14日，中国《当代世界》杂志社与尼日利亚和平与冲突解决研究所（IPCR）举办《当代世界》尼日利亚版签约仪式。中国驻尼日利亚大使崔建春和IPCR所长巴库特等出席仪式。崔建春大使表示，《当代世界》杂志在中国拥有大量读者,具有相当大的影响力和知名度。此次与IPCR成功签约,隆重推出《当代世界》尼日利亚版,是"共享中国和文化,共奏中尼和乐章"的又一典范,是中尼5GIST成长发展进步战略的成功实践。《当代世界》尼日利亚版将成为尼乃至全非民众了解中国的又一扇窗口。巴库特表示此次合作凸显了尼中牢不可破的传统友谊及中国对尼日利亚的信任,承诺将同中方一道,努力把杂志办好,使之成为尼中及非中友谊的桥梁和纽带。

【《中国风采展映》第二季开播】 2022年8月1日,中国驻圣多美和普林西比使馆同圣普国家电视台联合举办的《中国风采展映》第二季正式开播。使馆临时代办胡滨、圣普国家电视台台长博萨斯共同出席开播仪式。《中国风采展映》是由使馆同圣普国家电视台于2021年联合推出的以中国为主题的电视栏目,在黄金时间集中播放展示当代中国风采、解析中国发展密码、讲述中国共产党故事的系列纪录片,在当地引发热烈反响并多次重播。在中央广播电视总台等部门支持下,《中国风采展映》第二季将播放十余部优秀纪录片,包括《遇见习近平》《之江故事》《和平使命》《与非洲同行》《极致中国》《网购图志》《在中国乘火车之新丝绸之路》《做客中国:遇见美好生活》《畅想中国》《创新中国》《超凡未来:你不了解的中国科学故事》《米尔斯探秘生态中国》等,主题涵盖习近平治国理政、中国发展、人文自然风光等多个领域。圣普国家电视台每周一、周四晚黄金时段播出该档目,周六重播,展映活动持续至今年年底,将为圣普人民提供了解和认识中国的视听盛宴。

【第四届"中国与非洲"影像大赛正式启动】 2022年9月1日,第四届"中国与非洲"影像大赛正式启动,此次大赛由中非合作论坛后续行动委员会秘书处、中国外文局联合主办,中国外文局西欧与非洲传播中心(今日中国杂志社)承办。大赛以"新时代、新故事"为主题,重点围绕十八大以来中非在经贸合作、人文交流、生态治理、共建"一带一路"、携手抗疫等领域的合作,征集短视频、微视频和图片作品,集中呈现中非友好交往、合作共赢的故事。大赛分为征集期、评审期和颁奖仪式三个环节。大赛优秀作品将在中非主流媒体及其社交媒体账号广泛推介传播。

七 中非旅游交流

【"迎接乞力马扎罗新年曙光"明信片达累斯萨拉姆站签发仪式举行】 2021年1月11日,由坦桑尼亚自然资源与旅游部、坦桑尼亚驻华大使馆、坦桑尼亚国家旅游局发起,坦桑尼亚发现旅行社等17家中国旅游企业组织的"迎接乞力马扎罗新年曙光"明信片接力传递打卡送祝福活动达累斯萨拉姆站签字发送仪式在坦桑尼亚旅游局举办。坦桑尼亚旅游局主席托马斯·米哈约、中国驻坦桑尼亚大使馆文化参赞兼文化中心主任王思平以及坦桑尼亚主流媒体代表出席活动。中坦两国领导人高度重视双边关系，强调促进投资经贸、文化和旅游等领域的交流对推动中坦互利合作的重要性，此活动希望乘着习近平主席和坦桑尼亚马古富力总统通话，以及王毅国务委员成功访坦的良好契机，进一步宣传坦桑尼亚的旅游资源，以吸引更多中国游客赴坦旅游。

【"2021年非洲英语国家旅游业可持续发展研修班"举办】 2021年6月21日，由文化和旅游部举办的线上"2021年非洲英语国家旅游业可持续发展研修班"在中央文化和旅游管理干部学院开班，来自博茨瓦纳、津巴布韦、马拉维、纳米比亚、南非、坦桑尼亚六国的文化和旅游领域的政府官员、专家学者及从业人员共153人参加。文化和旅游部国际交流与合作局局长谢金英、南非共和国纳尔逊·曼德拉湾大都会自治市旅游处处长穆福·佩巴内、中央文化和旅游管理干部学院党委书记、副院长王建华出席活动并致辞。研修班自6月21日至7月2日举办，以网络直播方式进行在线讲座与研讨。来自北京大学、中国社会科学院、中国旅游研究院等国内知名机构和组织的专家学者将围绕"文化遗产保护与旅游融合发展""中国游客出境游消费行为分析""中国旅游扶贫实践""旅游产业发展热点及趋势"等主题与六国学员深入交流。

【中国和尼日利亚政府间委员会文化和旅游分委会第一次会议线上召开】 2022年1月12日，中国和尼日利亚政府间委员会文化和旅游分委会第一次会议以视频方式召开。中国文化和旅游部副部长张旭、尼日利亚联邦新闻和文化部常秘安雅乌塔库、中国驻尼日利亚大使崔建春，以及分委会中尼双方成员单位代表出席。会议正式成立中国和尼日利亚政府间委员会文化和旅游分委会，回顾并探讨了中尼近年开展文化和旅游合作的成果及未来发展，同意以分委会的成立为契机，进一步推动双边文化交流和旅游合作发展。会上，张旭副部长、安雅乌塔库常秘等人共同签署了《中华人民共和国和尼日利亚联邦共和国政府间委员会文化和旅游分委会章程》和会议纪要，商定分委会第二次会议于2024年适时召开。

【文化和旅游部举办"非洲国家导游研修班"】 2022年9月12日，由文化和旅游部举办的线上"非洲国家导游研修班"在中央文化和旅游管理干部学院开班，埃塞俄比亚、肯尼亚、马达加斯加、坦桑尼亚4国旅游领域的政府官员、专家学者及旅游从业人员共72人参加。文化和旅游部国际交流与合作局副局长张维国、肯尼亚旅游和野生动物部首席旅游官员罗娜·延姆维娅、中央文化和旅游管理干部学院副院长卢娟出席开班仪式并致辞。此次研修班是文化和旅游部举办的首个对非导游专题线上研修班，为期12天，以网络直播形式进行远程授课。各机构和组织的专家学者围绕"文旅融合背景下导游职业的发展变化""中国游客出境游消费行为分析""导游作为文化传播者的使命及带团技巧"等主题，与非洲学员进行深入交流。

八　中非青年交流

【第六届中非青年大联欢在京开幕】 2021年10月19日，第六届中非青年大联欢在中国宋庆龄青少年科技文化交流中心开幕。此次活动由外交部主办，中国宋庆龄基金会承办，以"回望中共百年光辉历程，凝聚青春智慧担当，共创中非共同发展新篇章"为主题，邀请来自44个非洲国家的45名非洲在京青年留学生和青年代表参加。中国宋庆龄基金会主席王家瑞、外交部部长助理邓励、尼日利亚驻华大使巴巴·艾哈迈德·吉达以及中非双方青年代表分别发言。非洲青年参观了中国共产党历史展览馆、宋庆龄故居、冬奥场馆，走进延庆考察乡村振兴，并听取中国对外援助讲座，还参访了高科技企业，通过实地考察和相互交流更加深入地了解中国，为加强中非友好合作建言献策。

【"新时代新发展：中国共产党与南部非洲六姊妹党的探索与交流"研讨班举行】 2022年5月25日，主题为"新时代新发展：中国共产党与南部非洲六姊妹党的探索与交流"的研讨班，在坦桑尼亚滨海省的尼雷尔领导力学院开班，来自南部非洲六姊妹党的120名中青年干部参加了此次为期10天的研讨班。研讨班全体学员联名向习近平总书记致信，表达传承中非友谊、深化中非合作的坚定决心。收到来信后，中共中央总书记习近平于6月8日给尼雷尔领导力学院南部非洲六姊妹党中青年干部研讨班全体学员回信，表达了对非洲青年投身中非关系建设的殷切期望。

【"天宫对话"活动举办】 2022年9月6日，中国驻非盟使团、中国载人航天工程办公室与非盟委员会共同举办"天宫对话—神舟十四号航天员乘组与非洲青少年问答活动"。中国驻非盟使团团长胡长春大使、非盟委员会教育、科技与创新委员贝荷欣、中国载人航天工程办公室副主任林西强、埃塞俄比亚创新与科技部部长贝利特·莫拉、非洲国家驻非盟使节以及中国驻非使馆代表、非洲青年代表、媒体等近千人出席。活动主会场设在非盟总部，分会场分别设在阿尔及利亚、埃及、埃塞俄比亚、纳米比亚、尼日利亚、塞内加尔、索马里和南非8国，面向全球直播。此次"天宫对话"活动是中国同非盟建交20周年庆祝活动之一，也是主要航空航天大国首次通过天地连线与非洲青少年近距离接触，受到中国驻非各使馆、非洲国家航天主管部门全力支持、非洲青少年的踊跃参与和中非媒体界的广泛关注。

【中非青年领袖论坛在庐山举行】 2022年9月7日，中非青年领袖论坛在江西庐山举行，会议以"汇聚青年领袖力量，共创中非美好未来"为主题，由中国国际贸易促进委员会和江西省人民政府共同主办，中国国际商会、江西省贸促会承办。江西省副省长陈小平等出席会议并致辞。中非青年领袖论坛是在中非合作论坛框架下为加强青年领袖交流而搭建的新平台，是践行中非合作论坛北京峰会各项倡议、推动共建"一带一路"、加强中国与非洲各国交流合作的具体体现。会上多位中非青年在线上线下就开拓创新合作、加强能力建设等话题论道，为中非经贸合作更高水平发展汇聚青年力量。

【"数字创新和跨境电商"训练营在吉布提举行】 2022年9月14日，"数字创新和跨境电商"训练营在吉布提首都吉布提市顺利举办，该培训项目由非洲青年创新创业中心主办，为期8天，来自吉布提、埃塞俄比亚、肯尼亚和乌干达的近30名非洲青年企业家通过中非专家联合授课、主题讲座和研讨会等形式，学习创业运营知识并分享创业心得。非洲青年创新创业中心是招商局集团与吉布提政府合作投资开发的东非国际特别商务区的先导项目，该中心计划每年在吉布提和东非地区选拔20至30名优秀代表到中心学习、培训和实践，希望在未来五年为非洲培养150名青年创业领袖，带动当地青年就业和经济发展。

【"数智中非"创新创业青年领袖钱塘论坛举行】 2022年12月13日，由杭州市人民政府、浙江省人民政府外事办公室、浙江省商务厅等单位联合组织和指导，杭州市人民政府、浙江省商务厅主办，杭州市钱塘区人民政府、杭州市商务局（杭州自贸片区管委会）承办的"数智中非"创新创业青年领袖钱塘论坛在杭州钱塘成功举行。此次论坛以"数智创新，促进中非合作"为主题，采用线下与线上结合的方式进行。海内外100多家涉非机构、院校及企业代表到场参加。塞内加尔驻华大使伊布拉西马·索里·锡拉、乌干达驻华大使奥利弗·沃内卡等官员以视频方式致辞。

【非洲青年创新创业中心云端训练营正式启动】 2022年12月12日，非洲青年创新创业中心（青创中心）云端训练营启动仪式暨创业项目交流会在中国深圳和吉布提同步举行。训练营由招商局慈善基金会资助，旨在帮扶非洲青年创新创业，加强中非人力资源开发合作和技术交流，用中国智慧助力非洲发展。云端训练营的启动，标志着首个落地于青创中心的公益慈善项目"非洲青年创新创业支持计划"正稳步推进。此次云端训练营聚焦创业辅导和电商产业两大版块，为非洲的青年企业家和创业者提供为期4个月，包含8个单元、24堂、60课时的定制化线上培训课程，连接吉布提与中国资源，持续为非洲青年领袖创新创业赋能。

九　中非智库交流

【《2021年非洲发展展望》智库报告发布】 2021年11月25日，"中非合作的全球意义：从政策到实践"报告发布会在中国农业大学举行。作为第六届中非民间论坛分论坛的主题活动之一，此次发布会聚焦非洲的政治、减贫、农业与经济问题，发布了《2021年非洲发展展望》等四份智库报告。中共中央对外联络部副部长陈洲视频致辞称，此前中非国家领导人都曾专门向第六届中非民间论坛的召开发布贺信，这是中国共产党和政府对中非友好事业的关怀和支持，也是非洲对中非民间友好关系与合作交流的期待。坦桑尼亚驻华大使馆公使衔参赞米拉吉·乌库蒂·乌斯提到，中非间的人文交流日益密切，非洲与中国的伙伴关系将本着透明、信任、共享和互利的精神，转变为更加强大的互利伙伴关系。在报告发布环节，中国农业大学国际发展与全球农业学院黄振乾副教授、王海民副教授、郦莉副教授与巴枫博士分别围绕非洲政治、减贫、农业、经济领域分享了报告成果。

【首届中非文明对话大会举行】
2022年4月9日，"首届中非文明对话大会"以线上线下相结合的方式举行，此届大会由中国社会科学院主办，中国非洲研究院、非洲联盟驻华代表处承办，大会主会场设在北京，会议主题为"文明交流互鉴推动构建新时代中非命运共同体"，旨在为中非人文交流搭建新平台，推动中非文明交流互鉴走深、走实，为推动构建新时代中非命运共同体和人类命运共同体贡献智慧和力量。大会共设四个分议题，即"文明交往与中非友好合作精神""文明互鉴与'一带一路'""文明多样性与中非文明史""文明传承与青年责任"，中非双方共120余人出席会议。共有近40位专家学者、青年代表、企业人士、非洲驻华外交官进行发言和评论。中国社会科学院秘书长、党组成员赵奇和非洲联盟驻华代表处常驻代表拉赫曼塔拉·奥斯曼等出席会议并发表致辞。

【"中非智库论坛第十一届会议"开幕】 2022年7月20日，由中非合作论坛中方后续行动委员会秘书处主办、中国非洲研究院承办、浙江师范大学非洲研究院和北京大学非洲研究中心协办的"中非智库论坛第十一届会议"开幕。会议以线上和线下相结合的方式举行，主会场设在北京中国历史研究院，会议主题是"弘扬中非友好合作精神，携手践行全球发展倡议"。会议共设置三个分论坛，分别是"'一带一路'倡议与中非发展融资合作""全球发展倡议与非盟《2063年议程》""中非友好合作精神与新时代中非关系"。线上和线下共有200多位中非学者、非洲国家驻华使节、媒体记者等出席。中国外交部副部长邓励、马里前总理穆萨·马拉、非洲驻华外交使团团长、喀麦隆驻华大使马丁·姆帕纳等出席开幕式并致辞。

【中非合作论坛研讨会举办】
2022年10月27日，"中非合作论坛框架下的中非合作"研讨会在坦桑尼亚成功举办。该活动由中国驻坦桑尼亚使馆与坦桑尼亚智库国际政策中心主办，中非合作论坛中方后续行动委员会秘书长、外交部非洲司司长吴鹏和非盟驻华代表奥斯曼，塞内加尔驻华大使锡拉等发表视频致辞，中国驻坦桑尼亚特命全权大使陈明健及坦桑给巴尔革命政府贸易和工业部部长沙班现场出席会议并致辞，部分非洲国家驻坦桑尼亚使节和国际组织驻坦桑尼亚代表、在坦中资企业、坦智库、媒体等各界代表近百人现场与会。与会代表围绕基础设施建设、乡村振兴和南南合作、公共卫生体系改革、中小企业发展等四个分议题，对中坦、中非关系与务实合作开展研讨。参会代表纷纷表示，中共二十大的胜利召开不仅对中国的国家发展具有里程碑意义，也为世界和平与发展提振了信心，注入了动力。

十　中非地方交流

【广西壮族自治区文化和旅游厅联合坦桑尼亚中国文化中心共庆春节】 2021年1月27日，坦桑尼亚2021年线上"欢乐春节"视频启动仪式在达累斯萨拉姆拉开帷幕。坦桑尼亚中国文化中心在中国驻坦桑尼亚大使馆指导下，携手在坦中资企业、商会社团、华人华侨代表以及孔子学院等几十家驻坦桑尼亚单位的百余位负责人，启动牛年欢乐春节拜年视频拍摄仪式。2021年坦桑尼亚"欢乐春节"也得到了广西壮族自治区文化和旅游厅的大力支持。活动期间，坦桑中国文化中心将与广西文旅厅携手努力，以坦桑中国文化中心网站、社交媒体平台为依托，不间断推出广西民俗节庆活动，向坦桑尼亚民众展示他们独具特色的少数民族文化，同时表达他们追求美好生活的祈愿和信念。

【浙江—非洲共建"一带一路"经贸合作对接会举行】 2021年9月26日，由浙江省人民政府主办，浙江省商务厅承办的浙江—非洲共建"一带一路"经贸合作对接会在湖南长沙举行。来自浙江相关省级单位、各市商务主管部门、浙非合作重点企业等的200余位代表和40余家在华非洲客商齐聚，共商浙非经贸合作。浙江省商务厅厅长盛秋平介绍，"十三五"期间，浙江高度重视与非洲国家之间的友好往来，在保持高层交流互动、积极开展抗疫合作、加强对外投资合作、深化文化交流活动等五方面开展了务实合作。

【上海建工津巴布韦议会大厦项目顺利竣工】 2022年6月，在津巴布韦首都哈拉雷，由上海建工承建的总建筑面积约3.2万平方米的津巴布韦议会大厦项目正式完成竣工验收，验收组对项目完成情况和质量给予充分肯定。这是中国在南部非洲最大的援建项目，也是上海建工迄今为止实施的规模最大、标准最高的援外项目。作为落实"一带一路"倡议、提升中津两国关系的标志性工程，津巴布韦议会大厦项目自2018年9月开工建设以来受到高度关注。经过220多名中方人员和800名当地员工的共同努力，该项目历时近3年顺利建成。今后，津巴布韦内阁和参众两院都将在此处办公。津巴布韦议会大厦位于首都哈拉雷西北部的祈祷山上，总建筑面积约3.2万平方米，占地面积超8万平方米，由4层的议事厅及6层的办公楼组成。

（撰稿人：马秀杰、刘逸中、魏宜美、王婠婷）

中国—东盟人文交流

一 中国—东盟教育交流

【缅甸驻华大使参访云南山师华清中学】 2021年1月22日,缅甸驻华大使苗丹佩先生一行到访山东师范大学安宁华清中学,通过实地考察山师华清中学的办学情况,对学校的办学经验进行调研,并就中缅基础教育板块与校领导展开深度交流与洽谈,从而为发展出更多的教育交流合作新路径探索新思路。通过缅甸驻华大使的到访活动,中方优质学校能够走出去,从而开展共同合作办学项目。山师华清中学为中缅双方探索更多教育交流合作新路径,助推缅甸基础教育领域的发展提供了模板。

【云南省海外交流协会向缅华学校捐赠教辅用书】 2021年1月29日,云南省海外交流协会向缅华学校捐赠2200册《缅甸历史地理文化常识》。该书由云南海外文化教育中心主任胡恒富博士任主编,缅甸曼德勒育才学校进行缅文翻译,云南大学出版社出版发行,将缅甸上古时期至独立时期的历史变迁、地形地貌、节庆饮食、风景名胜等内容,以趣味简明、通俗易懂的表述方式,结合中缅两国民众的阅读习惯和文化心理,以中缅双语对应的知识条目为形式进行一一收录,该书由缅甸历史、缅甸地理、缅甸文化三部分组成。长期以来,云南省海外交流协会给予了缅甸华文教育大力关心和支持。如今正值中缅建交70周年,此次捐赠教辅用书,为缅甸华文教育转型升级,助力缅甸华裔学生更好融入主流社会发挥积极作用。

【"文莱汉语旅游人才培训中心"揭牌仪式举行】 2021年4月20日,桂林旅游学院—文莱汉语旅游人才培训中心揭牌仪式在中国桂林、文莱斯里巴加湾同时举行。

【中国—东盟教育交流周开幕】 2021年9月24日,以"知行合———共建可持续发展合作的教育愿景"为主题的2021中国—东盟教育交流周在贵安新区开幕。老挝副总理宋赛·西潘敦,印尼人类发展与文化统筹部部长穆哈吉尔·艾芬迪发表视频致辞,贵州省委书记、贵州省人大常委会主任谌贻琴出席活动并宣布交流周开幕,教育部部长怀进鹏以视频方式致辞,贵州省委副书记蓝绍敏,中国职业技术教育学会会长鲁昕,中国教育国际交流协会会长刘利民,缅甸驻华大使吴苗丹佩,中国科学技术大学党委书记舒歌群发表致辞。贵州省委常委、贵阳市委书记、贵安新区党工委书记胡忠雄出席开幕式，副省长郭锡文主持开幕式。开幕式上，教育部、外交部及贵阳市负责同志共同启动交流周实体化项目成果，与会嘉宾观看了交流周主题片，聆听了中国与东盟学生集体合唱，参观了交流周展示馆。出席开幕式的还有外交部、教育部等国家部委负责人，东盟国家及特邀伙伴国驻华大使等外交使节、驻华教育官员，相关国际组织负责人，国内部分高校负责人、专家学者等。

【谌贻琴会见老挝驻华大使坎葆一行】 2021年9月23日，贵州省委书记、省人大常委会主任谌贻琴在贵阳会见来贵出席2021中国—东盟教育交流周的老挝驻华大使坎葆一行。老挝驻长沙总领事印塔巴迪，贵州省副省长郭锡文参加会见。老挝将秉持双方友好合作传统，在已有合作基础上，进一步拓展同贵州在经贸、人才、教育等领域务实合作，为增进两国友谊作出积极贡献。

【首届马来西亚—中国（贵州）教育合作论坛在贵阳开幕】 2021年9月24日，首届马来西亚—中国（贵州）教育合作论坛在贵阳开幕，此次论坛是中国—东盟教育交流周新增加的一项特色活动，旨在推动中国和马来西亚两国在高等教育、职业教育、基础教育等方面的深度交流合作。本次论坛分为两个主题，探讨"中马高等教育合作与交流中的机遇与挑战"以及"数字化在教育领域的未来发展"。

【中国—东盟职业教育联展暨论坛产教融合对话会举办】 2021年9月28日，以"产教融合共建技能社会"为主题的2021中国—东盟职业教育联展暨论坛产教融合对话会（以下简称"对话会"）在中国广西南宁举行。中国广西壮族自治区教育厅副厅长黄雄彪，老挝教育部高教司（高等职业教育司）副司长赛康·潘塔翁，教育部职业技术教育中心研究所研究员赵伟等嘉宾以线上或线下的方式出席了本次对话会。嘉宾围绕"产教融合校企合作的痛点与难点""产教融合的机制及要素实践""产教融合校企合作的载体探索""产教融合国际合作"四大对话主题，进行了线上或线下的主题演讲，共同探讨了拓展国际化产教融合、服务"一带一路"建设的路径与策略。

【中马人文交流国际游学班在贵州大学举办】 2021年10月30—31日，由贵州大学、马来西亚拉曼大学、中国—东盟教育交流周组委会秘书处主办，贵州大学东盟研究院、贵州大学国际交流与合作处、马来西亚拉曼大学软技能部承办的2021中国—东盟教育交流周全年期项目"中马人文交流国际游学班：探索马来西亚与中国贵州迷人乡景与多彩文化"成功举办。马来西亚拉曼大学副校长姚河光、贵州大学副校长吴攀、中国—东盟教育交流周组委会秘书处办公室副主任陈文益出席开幕式并致辞。开幕式结束后，游学班以"迷人乡景多彩文化"为主题，围绕"探索马来西亚多彩文化""探索马来西亚华人新村和居住地""思维导图的记忆技巧""马来西亚水果：水果之王'榴莲'和热带水果""发现贵州、感知贵州""中华茶文化""贵州'新'三大战略行动：

乡村振兴、大数据、大生态""500米口径球面射电望远镜"8堂主题课程开展线上+线下讲座。

【**中国—东盟教师专业发展研讨会在沪召开**】 2021年11月2日，联合国教科文组织教师教育中心和中国—东盟中心在沪举办中国—东盟教师专业发展研讨会。本次研讨会以线上线下相结合的形式进行。中国教育部教师工作司、中国联合国教科文组织全国委员会和上海市的领导，东盟各国教育官员、驻华教育使节及教师教育专家参加研讨会。上海市副市长陈群出席开幕式并致辞。

【**中国—马来西亚教育国际交流周活动举行**】 2021年11月29日至12月4日，中国—马来西亚教育交流周活动于线上隆重举行。本次活动由首都师范大学国际文化学院联合首都师范大学教育学部共同主办，首都师范大学跨文化教师教育研究中心承办。中国驻马来西亚大使馆教育处参赞赵长涛、中国宋庆龄基金会国际合作交流部国际处处长陈波、马来西亚师范学院总院卓越课程中心助理总监李彦荽、首都师范大学"一带一路"沿线国家人文交流研究中心主任姜国权出席开幕式并讲话。

【**中国—老挝职业教育发展共同体成立**】 2021年11月30日上午，在重庆市教育委员会、老挝教育体育部和永川高新区管委会的共同指导和大力支持下，由重庆城市职业学院牵头，联合中国、老挝40多家职业院校、行业企业共同组建的"中国—老挝职业教育发展共同体"正式成立。成立仪式采取线上线下相结合的形式进行。

【**宁波职业技术学院和马来西亚敦胡先翁大学中马线上研学活动举办**】 2021年12月5日，自宁波职业技术学院和马来西亚敦胡先翁大学合作举办了双向师生线上研学项目以来，双方关于跨境电商、跨境直播等方面的学习交流就一直没有中断。这次中马线上研学活动采用双向授课的形式，在近一个月的时间内，吸引了两所学校5000余名师生参与。未来，双方将形成"线上+线下"的常态化交流模式，将通过面对面交流、线下游学、项目研讨等多种形式更好地促进双方文化交流和学生技能提升。

【**中新职教院校学生线上访学联合交流活动举办**】 2022年3月7—8日，由新加坡共和理工学院、江苏航运职业技术学院、安徽职业技术学院、山西机电职业技术学院共同组织的中新职教院校学生线上访学联合交流活动成功举办。来自中新两国四所学校的老师以"工业4.0"为主题，围绕"工业4.0"环境下的交通运输领域变革，先后为四所学校参加活动的学生在线讲授了交通智能技术、自主船舶、智慧助农及移动机器人等内容，学生们通过此次活动接触到了国内外不同的教学理念、教学方法和教学策略，同时本次活动也为来自四所学校的近40名学生建立了沟通和交流的平台，以帮助他们建立持久的友谊并更好地了解中新两国的文化。

【**齐鲁文化海外传播视频交流会举行**】 2022年6月3日下午，枣庄学院与柬埔寨西哈努克港工商学院、无锡商业职业技术学院、滕州市墨子研究中心在市中校区综合楼三楼会议室举行视频交流会，共同探讨在柬埔寨合作共建墨子鲁班文化传播平台事宜。会议由枣庄学院国际交流处处长褚夫敏主持。此次视频交流会对促进高校服务黄河国家战略、讲好黄河故事，传承齐鲁文化，提升齐鲁文化国际影响力，搭建融学术研究、职业教育和文化交流于一体的国际交流新模式的积极探索有所助益。

【中国—东盟教育交流周项目启动会暨贵州省教育厅筹备工作启动会在省教育厅召开】 2022年7月5日，2022中国—东盟教育交流周项目启动会暨贵州省教育厅筹备工作启动会在省教育厅召开。中国——东盟教育交流周是双方唯一以教育为主题的政府间交流合作平台，经过15年的积累与沉淀，已形成院校合作、青少年交流、职业教育等多个品牌项目，成效显著，硕果累累，为推动中国东盟人文交流和人民友好交往发挥了重要作用。2022中国—东盟教育交流周以"共建友好家园，共创多彩未来"为主题，于8月22—28日在贵安新区中国—东盟教育交流周永久会址举办主场活动。此次活动由中国外交部、中国教育部、贵州省人民政府共同主办。本次交流周包括37项开幕期活动和57项全年期活动，将围绕教育可持续发展合作、后疫情时代的教育交流合作、青年创新创业、青少年跨文化交流等主题开展活动。

【中国—东盟教育交流周"一带一路"文明交流互鉴与应用型人才培养国际研讨会举办】 2022年8月22日，2022中国—东盟教育交流周"'一带一路'文明交流互鉴与应用型人才培养国际研讨会"在贵安新区中国—东盟教育交流周永久会址举行。老挝教育与体育部学生事务司副司长Dockeo PHONTHA-CHIT作视频致辞。教育部中外语言交流合作中心党委副书记宋永波，贵州省教育厅党组成员、贵州省教育工会主席、中国—东盟教育交流周组委会副秘书长王慧，贵州师范大学校长张绍东出席会议并致辞。

【中国—东盟教育交流周智能制造领域中外人文交流系列活动举办】 2022年8月22—23日，2022中国—东盟教育交流周智能制造领域中外人文交流系列活动在中国—东盟教育交流周永久会址黄果树厅举行。贵州省教育厅副厅长级督学欧阳嘉、教育部中外人文交流中心副主任夏娟、柬埔寨劳工部国务秘书毕·索潘、巴基斯坦信德省技术教育与职业培训局主席萨利姆·拉扎·贾尔巴尼出席活动并致辞。中国—柬埔寨职业教育合作联盟成员单位代表、人工智能产教融合国际联盟成员单位代表、企业代表等线上线下嘉宾共计210余人参加活动。

【"学习落实习近平总书记'马耳他中学复信精神'深化与东南亚国家人文交流"研讨会举行】 2022年8月28日，主题为"学习落实习近平总书记'马耳他中学复信精神'深化与东南亚国家人文交流"的研讨会在华南师范大学举行。会议聚焦国际中文教育在东南亚国家的理论研究与实践动态，来自我国广东、福建、云南及印度尼西亚、菲律宾、柬埔寨等海内外国家和地区的与会专家学者及教学实践者们通过案例分析和经验共享展现了海外"中文"的教育和文化传播的新动态、新思考。会上，与会专家们着重分享了东南亚国家的中文教育经验与案例。

【外籍教师杜瓦底敦收获学生双节祝福】 2022年9月10日，外籍教师杜瓦底敦陆续收到学生发来的"双节"祝福讯息。2022年9月10日是中国的传统佳节中秋节，同时也是教师节。63岁的杜瓦底敦曾在缅甸仰光外国语大学任教20余年，2008年11月受聘于广西民族大学，从事缅甸语教学工作，为传递缅中友谊作出了贡献。

【"文明互鉴，携手未来——我与中华文化的邂逅"中文征文大赛结束】 2022年9月28日，2022年中国—东盟教育交流周"文明互鉴，携手未来——我与中华文化的邂逅"中文征文大赛圆满结束。本次大赛共收到来自东盟十余个国家的几十篇征文作品。经过激烈角逐，中央民族大学国际教育学院柬埔寨留学生艾金花（EK SOVANNBOPHA）荣获第一名。

【"中文+智慧物流"国际化培训结业典礼暨授牌仪式举行】 2022年10月14日，重庆城市管理职业学院与老中教育培训促进联盟面向老挝国立大学学生联合培养的"中文+智慧物流"线上国际化培训圆满结业。重庆市教育委员会国际合作与交流处处长李斌，学校副校长莫堃，老挝公共工程与交通部行政及人力资源司副司长帕旺苏克·苏纳班迪出席结业典礼。

【首届广东—新加坡中小学校长交流活动在广州举行】 2022年11月9日，"同心创未来—优质教育的建设"首届广东—新加坡中小学校长交流活动在广州市黄埔区中新广州知识城举行。该活动由广东省教育厅、新加坡教育部主办，广州市黄埔区人民政府、广州市教育局、新加坡教育部学校司北区协办，广州市黄埔区教育局承办，活动以线上线下相结合的方式举行。

【首届马来西亚国际中文教师经验交流会暨2022年马来西亚孔子学院大会举办】 2022年12月1—2日，在迎来揭牌两周年之际，砂拉越科技大学孔子学院成功举办首届马来西亚国际中文教师经验交流会暨2022年马来西亚孔子学院大会。本次会议由砂拉越科技大学孔子学院主办，中国驻马来西亚大使馆支持举办，来自马来西亚6所孔子学院（课堂）的院长、中文教师相聚砂拉越诗巫开展国际中文教育研讨交流。本次会议由砂拉越科技大学孔子学院主办，中国驻马来西亚大使馆支持举办，来自马来西亚6所孔子学院（课堂）的院长、中文教师相聚砂拉越诗巫开展国际中文教育研讨交流。

【首都师范大学—菲尼卡大学联合培养项目2022级学生开学典礼举办】 2022年12月9日，首都师范大学—菲尼卡大学联合培养项目2022级学生开学典礼以线上线下相结合的方式成功举办。中国驻越南大使馆教育参赞郑大伟，菲尼卡大学董事会主席胡春能、校长范成辉，首都师范大学校长方复全、党委副书记杨志成出席开学典礼。

【北京劳动保障职业学院举办跨文化研学活动】 2022年12月22日，北京劳动保障职业学院以线上会议方式为泰国汶干技术学院、廊曼技术学院、素叻他尼技术学院、春武里技术学院和清莱职业教育学院百余名师生举办了跨文化研学活动，通过中国传统文化讲解、演示以及学校学生传统文化才艺表演，向泰国师生展示中国文化的魅力。此次与泰国高校学生跨文化研学活动是北京劳动保障职业学院"海外中国文化周"的首场活动，是学校与"一带一路"沿线国家跨文化研学交流的良好开端。各色活动展示了中国独具魅力的传统文化艺术，搭建了中外跨文化交流与理解的友谊之桥。

二　中国—东盟科技交流

【澜沧江—湄公河跨境传染病联防联控广西中越边境地区艾滋病项目工作会暨培训会在中国防城港市举办】 2021年9月9日，澜沧江—湄公河跨境传染病联防联控广西中越边境地区艾滋病项目工作会暨培训会在中国防城港市举办。该活动由中国广西壮族自治区卫生健康委员会主办，旨在贯彻落实中国国家主席习近平在第17届中国—东盟博览会和中国—东盟商务与投资峰会开幕式上"为东盟培养1000名卫生行政人员和专业技术人员，提高地区公共卫生服务水平"的重要致辞精神。此次会议作为第18届中国—东盟博览会系列配套活动之一，聚焦新冠疫情背景下艾滋病跨境联防联控策略开展专题讨论，采取"线上+线下"形式举办。作为本次会议的重要成果之一，中国广西壮族自治区卫生健康委员会和越南谅山省、广宁省、高平省、河江省卫生厅签署了《关于卫生合作的备忘录》，各方同意加强在重大传染病防控、边境地区卫生、医疗救助、传统医药、妇幼健康等领域的合作，建立沟通联络机制，开展传染病联防联控，建立边境地区卫生、医疗救助规则等。

【中缅举行边境疫情防控视频交流会举行】 2021年11月23日，中国云南—缅甸防疫工作视频交流会通过在线方式举行。会议由云南省人民政府外事办公室主任杨沐主持，中国驻缅甸使馆公参李小艳、中国驻曼德勒总领事陈辰、缅甸卫生部、移民人口部、商务部、劳工部、克钦邦和掸邦政府代表及缅甸驻昆明总领事等出席会议。

【第四届中缅海洋和地球科学实质性科学合作国际会议举办】 2022年2月22日，为期两天的"第四届中缅海洋和地球科学实质性科学合作国际会议（SSCOE2021）"已在缅甸仰光圆满落幕。本届会议采用线上与线下结合的方式举行，中国地质调查局广州海洋地质调查局副总工程师何高文带领来自海洋基础地质研究所、海洋生态环境研究所的17位科技人员以线上方式参会。本届会议由缅甸达贡大学（Dagon University）主办，邀请了中国、马来西亚、越南等国多家科研院所和高校的科技人员参会，开展学术交流，探讨科研合作。

【首届中国（福建）—新加坡国际

高新企业合作发展峰会福州举办】 2022年9月22日，2022年首届中国（福建）—新加坡国际高新企业合作发展峰会在福州成功举办。福建省副省长李建成视频致辞，新加坡驻厦门总领事吴俊明出席峰会并致辞，福建省商务厅厅长黄河明，福建省侨联主席陈式海，福建省商务厅副厅长、一级巡视员黄德智，福州市人民政府副市长黄建雄及新加坡企业发展局副局长张俊荣，新加坡企业发展局中国司司长胡丽燕等出席本次峰会。本次峰会由福建省商务厅、新加坡企业发展局、新加坡经济发展局共同指导，福建省亚太经济贸易合作促进会、上海均和产业发展集团、新加坡创士锋联合主办，闽新两地相关部门领导、专家学者、跨国企业代表、行业协会代表等200余人现场参会，汇聚中新双方的政企学共同智慧，以智促能，共谋发展高地。

【中越气象科技合作联合工作组第十三次会议举行】 2022年12月13日，中越气象科技合作联合工作组第十三次会议以视频方式举行。双方回顾了自联合工作组第十二次会议以来双边合作项目的执行情况。双方同意将在互利共赢基础上，进一步加强在天气预报、气象信息交流、气象观测和仪器、人才培训、亚洲区域气候预测和服务等方面的合作，推进双边高层交流。中国气象局局长庄国泰与越南自然资源和环境部气象水文局局长陈鸿泰分别代表双方签署会谈纪要。自1993年中越两国气象部门签署合作备忘录以来，双方已经召开了12次联合工作组会议，开展了约150个合作项目，特别是在共同应对台风灾害方面建立了常态化会商机制，开展了卓有成效的合作。

三 中国—东盟文化交流

【"东亚文化之都中国敦煌活动年"活动在甘肃敦煌举行】 2021年4月10日，以"文化圣殿·人类敦煌"为主题的2021"东亚文化之都中国敦煌活动年"在甘肃敦煌举行，活动采取"线上线下相结合"的模式，举办涵盖文化、体育、教育、旅游、经贸等领域的国际交流会展、学术研讨、艺术交流、文旅交融及地方特色活动五大系列20项重点活动和百余场地方文化活动。来自日本、韩国、柬埔寨、印度尼西亚、塔吉克斯坦、中国—东盟中心等的海内外宾客来到敦煌鸣沙山月牙泉，感受无边大漠的宽广；走进莫高里工匠村，体验古代工匠临摹壁画的匠心坚守。甘肃敦煌与韩国、日本等地合作交流频繁，彼此在文化、旅游、文物保护、人才培养等人文领域开展了多层次的交流合作，"线上线下"密织东亚"朋友圈"成为疫情时期交流的新路径。

【中老签署关于经典著作互译出版的备忘录】 2021年4月26日，中老双方以交换文本的方式签署了《中华人民共和国国家新闻出版署和老挝人民民主共和国新闻文化旅游部关于中老经典著作互译出版的备忘录》。中宣部副部长张建春、老挝人民民主共和国新闻文化旅游部副部长沙湾空·拉萨蒙迪代表双方在备忘录上签字。根据备忘录，中老双方约定在未来5年内，共同翻译出版50种两国经典著作，为两国读者和人民奉献更多优秀精神文化产品。据介绍，中老两国近年来出版业合作十分活跃。自2017年起，中方在老挝等中南亚国家连续举办"东南亚中国图书巡回展"，中国图书受到老挝读者的欢迎和好评。2012年，云南新知集团在老挝万象开设的华文书局是老挝最大的华文书店，经营3万余种中国图书，涵盖文艺、社科、少儿、生活、科技、外文6个大类，为老挝民众购买和阅读中国图书提供了便利。中方相关负责人称，在中老建交60周年之际，中老经典著作互译出版备忘录的签署进一步加深了中老出版交流合作，为构建中老命运共同体不断注入人文动力。

【四川师大附中外国语学校与新加坡维林中学开展线上人文交流活动】
2021年4月30日，为促进不同文化的交融，打破固化的课堂教学场景，引领构建线上国际学习共同体，四川师大附中外国语学校迎来了与新加坡维林中学的线上人文交流活动。四川师大附中外国语学校初一年级25名学生，新加坡维林中学初中二年级25名中文班学生参加了本次线上交流活动。本次交流活动以"明中华之礼，扬汉家之谊"为主题。在双方学生代表介绍各自学校的特色活动以及校园文化特色之后，两校进行了中国和新加坡的特色文化交流。四川师大附中外国语学校的同学们以小组为单位带来了汉服介绍和舞蹈《礼仪之邦》。

【"2021走近'一带一路'亚洲国家"展览在浙江宁波开幕】 2021年5月26日，"2021走近'一带一路'亚洲国家"展览在浙江宁波开幕，来自越南、印度尼西亚、土耳其等10余个亚洲国家的驻上海总领事馆总领事和领事官员到访宁波图书馆，期冀亚洲城市间深化人文交流互鉴，促进民心相知相通。宁波是中国古代海上对外交往的重要港口城市，有着古丝绸之路的"活化石"之称。长期以来，宁波与亚洲诸多国家保持着良好的经贸合作关系。宁波正在深入融入"一带一路"倡议，推进高水平对外开放，加快建设现代化滨海大都市。印度尼西亚共和国驻上海总领事戴宁表示，印度尼西亚与中国长三角地区的浙江、江苏和上海贸易、投资关系密切。

【马来西亚华夏文化促进会访问海沧】 2021年7月2日，马来西亚华夏文化促进会陈沛会长一行访问厦门市海沧区，海沧区侨联主席杨建良热情接待。双方共同参观了海沧区行政中心规划展厅、嵩屿码头等，并在区侨联会议室举行座谈。杨建良表示欢迎陈沛会长一行来访海沧，中华文化源远流长，中马文化交流频繁，感谢马来西亚华夏文化促进会为中华文化传播及中马友谊所做的积极贡献。陈沛会长说他一路上看到了海沧巨大经济发展成就，感受到了海沧深厚人文气息，希望今后双方能加强文化交流往来。据悉，马来西亚华夏文化促进会于2013年6月24日获得马来西亚社团注册局批准成立。该会的主旨为"华夏复兴、衣冠先行；始于足下、达于博远"，从复兴汉制衣冠开始，到礼乐书艺之弘扬，俾使华夏文化之复兴，增进马来西亚华裔与四海同胞的团结与友好，提高华夏族裔在世界的地位和影响。通过"穿汉服，行汉礼"，该会传承华夏文化、弘扬中华文明、促进华夏文化在马来西亚之推广。

【李克强同文莱苏丹就中国—东盟建立对话关系30周年互致贺电】 2021年7月19日，国务院总理李克强同东盟轮值主席国文莱苏丹哈桑纳尔互致贺电，纪念中国和东盟建立对话关系30周年。李克强在贺电中表示，过去30年来，中国和东盟各国风雨同舟、砥砺前行，为各国以及地区稳定发展繁荣作出了重要贡献，树立了亚太地区合作的标杆和典范。去年以来，中国和东盟携手抗击新冠疫情，进一步彰显了守望相助、休戚与共的命运共同体精神。哈桑纳尔在贺电中代表东盟对双方建立对话关系30周年和中国共产党百年华诞致以衷心祝贺，表示东盟和中国建立对话关系30年来取得丰硕成果，已成为最具战略性和全面性的伙伴关系之一。双方携手抗疫，在经贸、人文等各领域交流合作不断深化。感谢中方坚定支持东盟中心地位，相信东盟—中国战略伙伴关系将为双方人民创造更加美好的未来。

【首届中国—东盟语言文化论坛在贵州省贵阳市举行】 2021年9月25日，以"面向社会发展和国际理解的语言文化"为主题的首届中国—东盟语言文化论坛在贵州省贵阳市举行。论坛由中国—东盟中心和中国教育国际交流协会共同主办。中国教育部副部长、国家语言文字工作委员会主任田学军，泰国高等教育与科研创新部副部长达努·旦特缇以视频方式在开幕式上致辞。中国教育国际交流协会会长刘利民、中国—东盟中心秘书长陈德海、泰国驻华使馆教育公使衔参赞那婷乐、贵州省教育厅副厅长王慧等出席论坛开幕式并致辞。泰国驻华使馆教育文化参赞彭博文作主旨演讲。会上，与会嘉宾积极交流，深入探讨，一致认为应坚持加强不同文明间交流互鉴的发展方向，进一步推动中国和东盟国家间的语言文化交流合作，在推动共建"一带一路"高质量发展方面发挥独特作用。

【桂林语言文学学院中越大学生线上口语交流会举办】 2021年10月23日晚，桂林语言文学学院组织2020级越南语专业学生联合河内第二师范大学2020级中文专业学生通过"腾讯会议"平台展开主题为"你好！很高兴认识你！"的中越大学生口语交流会。本次交流会分为：自我介绍、歌曲互动、学习探讨三个环节。通过本次交流会，学生们意识到了交流的重要性，也知道了自己的不足，并下决心为以后的学习树立更清晰的方向及更明确的动力。

【成都方志文化海外交流合作单位（新加坡）揭牌典礼暨成都历史文化海外落地展（新加坡站）启动仪式举行】 方志文化是中华传统文化的重要载体，为推动成都方志文化活起来、热起来，2021年11月5日，成都方志文化海外交流合作单位（新加坡）揭牌典礼暨成都历史文化海外落地展（新加坡站）启动仪式举行，本次活动采取"多人多地"模式，国内会场和新加坡会场的参会嘉宾通过分屏视频、线上连线的方式进行沟通交流，多方位呈现成都方志故事、讲好中国故事，拓展中新人文交流空间，为中新交流合作注入新活力。仪式上，成都历史文化海外落地展（新加坡站）同步启动。今年的海外落地展分为"云游成都·察古知今"线上展及成都历史文化落地展（新加坡站），为海内外观众呈现了更加多样的成都。中国驻新加坡大使馆文化参赞秦文表示，此次成都方志文化海外交流合作单位落地新加坡，搭建了起蓉城对话狮城的新渠道，这不仅是探索方志文化海外交流的长效机制，还将帮助更多新加坡人了解成都、了解中国，推动两地文化交流合作进一步走深走实。

【"2021年线上中华文化大乐园缅甸园"活动课举办】 2021年11月22日，上百名缅甸华人、华裔青少年通过网络参与了"2021年线上中华文化大乐园缅甸园"活动课程。此次活动为期12天，以讲座、"云"旅游、故事专题等形式，助力中缅文化交流，增进中缅胞波友谊。受疫情影响，今年的"中华文化大乐园"项目改为线上举办。此次的"缅甸园"活动由中华海外联谊会主办，云南省海外联谊会承办，云南华文学院作为国内执行单位，缅甸云华师范学院作为海外联系单位。活动期间开设包括"冬奥会"趣味汉语、剪纸、民族舞蹈、中医讲座、中华诗词朗诵等在内的17门课程。"中华文化大乐园"是中华海外联谊会创办的一项旨在增进海外华裔青少年和海外各界朋友对中华文化了解的品牌活动，以教授中华文化和传统才艺课程为主，通过丰富多彩的中华文化、传统才艺的学习，让更多的海外华裔青少年和其他族裔青少年了解和体验中华文化的精髓，增进对中国的认识，促进中外文化交流、民心相通。

【首届中柬文化交流论坛举行】 2021年12月22日，首届中柬文化交流论坛暨中柬文化交流联盟成立仪式在北京举行。论坛以"创新、共识、发展"为主题，旨在汇集两国文化交流、国际传播、可持续发展等领域的优质资源，推动中柬文化互融互通，深化中柬两国学术合作与人文交流，促进两国文明互鉴、民心相通。中柬文化交流联盟在论坛上宣布成立。

【东盟文化艺术创作季（第二季）——2021"当下与未来"国际当代艺术展开幕在厦门开幕】 2021年12月26日，东盟文化艺术创作季（第二季）—2021"当下与未来"国际当代艺术展在东盟文化艺术交流中心开幕。活动以泰王国驻厦门总领事馆、菲律宾共和国驻厦门总领事馆为顾问单位，福建省美术家协会、厦门市文学艺术界联合会为指导单位，由泰国东盟加六国贸易促进会、集美区文学艺术界联合会主办，泰王国驻厦门总领事馆代总领事婉菈葩；菲律宾驻厦门总领事馆政治经济官包菲丝；福建省原厦门市委常委、秘书长徐模；中共集美区委常委、宣传部部长庄志辉；厦门市文联副主席王元等领导以及来自欧洲福建侨联、文莱、埃及、菲律宾、墨尔本、德国、澳大利亚、加拿大、美国、阿联酋等驻厦门协会代表、收藏家、广大艺术从业者、爱好者共同出席了开幕式。艺术展邀请了来自中国、泰国、菲律宾、马来西亚、印度尼西亚、缅甸、俄罗斯、乌克兰、加拿大及新西兰十个国家的近百位知名艺术人士以"当下与未来"为题材，创作出艺术作品200余幅，囊括油画、壁画、漆画、水彩、数字绘画等多种表现形式,通过线下、线上方式进行集中展示。

【中国—东盟文化旅游活动周——湖南长沙文化旅游推介会举行】 2021年12月26日晚,2021年中国—东盟文化旅游活动周——湖南长沙文化旅游推介会在长沙举行,2021年中国—东盟文化旅游活动周正式启动。湖南省文化和旅游厅副厅长黄东红,中共长沙市委常委、市委宣传部部长、副市长陈澎,泰王国驻华大使阿塔育·习萨目、中国—东盟中心秘书长陈德海以及东盟各国驻华使节出席推介会。长沙市委常委、市委宣传部部长、副市长陈澎在会上致辞。推介会从山水洲城、楚汉名城、伟人圣地、创意星城、美食之都五个方面对长沙文旅资源进行推荐。现场设立的"锦绣潇湘快乐长沙"文化旅游展、"锦绣潇湘非凡匠心"长沙非遗展,进一步促进了东盟国家对湖南文化和旅游资源了解,加强了东盟文化交流。中国—东盟中心成员、东盟—中日韩文化人力资源开发合作研讨班专员、澜湄旅游城市代表、腾讯音乐娱乐集团等文化和旅游企业代表、中国和东盟国家文化和旅游领域专家等在现场进行了交流。

【中国—东盟文化旅游活动周在长沙举行】 2021年12月27日,由文化和旅游部主办,湖南省文化和旅游厅、长沙市人民政府承办的中国—东盟文化旅游活动周在湖南长沙举行。本次活动周以"共建'一带一路',共赢可持续发展"为主题,旨在进一步密切中国—东盟在文化和旅游领域的合作,加深中国—东盟国家文化交流互鉴。此次活动周将持续到12月31日,期间将举办中国—东盟文化和旅游可持续发展对话、2021中国—东盟音乐产业对话、主题推广歌曲及主题歌单活动、中国—东盟文化和旅游图片展、湖南长沙文化旅游推介会、"锦绣潇湘快乐长沙"文化和旅游展以及湖南文化和旅游资源踩线等活动。

【2021中国—东盟音乐产业对话会举行】 2021年12月27日,2021中国—东盟音乐产业对话会举行。此次音乐产业对话以"创新升级构建区域音乐新图景"为主题,旨在推动中国—东盟国家音乐领域内务实对话,建立潜在合作。腾讯音乐娱乐集团、中国—东盟各国唱片公司代表、业内专家代表等就"跨越国界的数字音乐产业""中国东盟音乐人交流和职业发展机遇""中国东盟在音乐内容生产中的合作""学术视角的中国东盟音乐交流""东盟国家音乐产业的新业态""音乐元素赋能旅游目的地打造"等话题进行讨论,分享宝贵经验。活动中,中国和马来西亚艺人代表进行了精彩的音乐演出,推出了主题推广曲《长陆海风》。

【"中菲人文之驿"活动启动】 2022年1月7日,由中国驻菲律宾大使馆、菲华各界联合会、中国(海南)改革发展研究院和福建省闽南文化研究会共同发起的人文交流平台——"中菲人文之驿"正式启动,并举办首期活动。中国驻菲律宾大使黄溪连、驻宿务总领事贾力、驻达沃总领事黎林、驻拉瓦格馆长领事周游斌,中国(海南)改革发展研究院院长迟福林、福建省闽南文化研究会会长林晓峰,菲华商联总会理事长林育庆、菲华各界联合会主席杨华鸿、菲律宾中国商会会长洪及祥以及菲华近 400 名侨领和各界代表出席，4000 多名国内外观众通过社交平台同步观看直播。据悉，"中菲人文之驿"、《中华文化系列》之《闽南文化》专栏，在菲主要华文媒体上线，后续进行国学讲座、文学讲坛、国情介绍、民俗风情、文艺表演等更多精彩活动。

【《马来西亚蓝皮书：马来西亚发展报告（2021）》发布会在北京举行】 2022 年 1 月 9 日，由北京外国语大学区域与全球治理高等研究院、北京外国语大学亚洲学院、北京外国语大学中国马来研究中心、北京大学东盟国家研究中心、社会科学文献出版社联合举办的《马来西亚蓝皮书：马来西亚发展报告（2021）》（下称"蓝皮书"）发布会在北京顺利举行。蓝皮书以马来西亚内外形势发展变化为核心主题，集中研讨马来西亚 2020 年的政治、经济、外交、安全等议题。蓝皮书通过梳理和对比 2019 年和 2020 年有关中马人文交流活动的报道和机构资料，指出 2020 年两国人文交流主要涉及的领域为教育、文化和卫生领域；人文交流模式以线上交流为主、"线上+线下"交流为辅的形式展开；人文交流具有一定的持续性和务实性，并形成了多个常态化交流机制；组织交流的推动者仍以官方为主，民间为辅。随着对线上模式的不断尝试，未来的中马人文交流会有更多的创新和发展。

【洛阳师范学院与柬埔寨崇正学校举办共建河洛文化国际人文交流中心洽谈会】 2022 年 1 月 12 日，应河南贸促会与柬埔寨国际商会共同牵线邀请，洛阳师范学院与柬埔寨崇正学校举办共建河洛文化国际人文交流中心洽谈会，该会议在线上召开。河南省贸促会国际部主任王友为，柬埔寨国际商会秘书长、洛阳师范学院国际合作交流中心河洛文化推广工作助理马虹，柬埔寨崇正学校教务处主任高文胜出席会议。国际合作交流中心相关领导与外事工作人员参加会议。会议由国际合作交流中心主任曲宏涛主持。

【2022 年"四海情长久·五洲共春晖"跨国新春文艺晚会暨春节文化交流系列活动开办】 2022 年 2 月 4 日壬寅虎年春节，2022 年"四海情长久·五洲共春晖"跨国新春文艺晚会暨春节文化交流系列活动在"云端"为全球观众奉上了一场多元新春文化盛宴，使中华文化与深情乡愁"漂洋过海"，为全球华侨华人送上来自故土的"春暖花开"。截至 2 月 3 日，该系列活动在马来西亚国家通讯社网站及 youtube 平台、马来西亚亚洲时报网等马来西亚媒体平台观看量已近 200 万人次。本次活动由国务院新闻办公室指导，云南省人民政府新闻办公室、云南省人民政府外事办公室联合主办，中国新闻社云南分社承办，云南 16 个州市人民政府新闻办公室协办，包含"点亮春天"启动仪式、"春暖花开"跨国新春文艺晚会、"相聚在春天"贺岁纪录片、"畅飨云宴"巧手年菜系列短视频、"象"往云南——美丽中国七彩云南视频及图片展等一系列丰富多彩的活动。

【龙宇翔与老挝驻华大使坎葆·恩塔万亲切会谈】 2022 年 2 月 18 日，中国国际文化传播中心执行主席龙宇翔与老挝驻华大使坎葆·恩塔万在北京举行会谈，双方就加强中国国际文化传播中心与老挝在文化、教育、体育、经贸等领域的交流合作深入交换意见。中国国际文化传播中心将与老挝驻华大使馆进一步加强在人文交流、教育、体育、经贸等领域的交流合作，积极响应"一带一路"倡议，进一步培植两国人民传统友谊，为打造牢不可破的中老命运共同体作出新的贡献。

【中马国际翻译资格认证考试发布仪式举办】 2022年2月22日，为丰富中马文明交流互鉴，中马国际翻译资格认证考试发布仪式正式展开，吸引了200余名专家代表、高校师生在线参加。马来西亚汉文化中心及YDD基金会联合推动首次"独中及华中土著学生赴华深造计划"，200名马来西亚学子可免费报名参加汉语水平考试（HSK）及申请赴华留学奖学金。随着中国综合国力的增强，越来越多马来西亚人选择学习汉语。为推广中华文化，马来西亚汉文化中心设立了助学基金，鼓励更多马来西亚巫裔学子到中国留学。

【《中国—马来西亚友好关系发展史》网络视频签约仪式举行】 2022年3月28日，甘肃省社会科学院与马来西亚马中友好协会举行《中国—马来西亚友好关系发展史》网络视频签约仪式，标志着《中国与丝绸之路沿线国家友好关系史丛书》"海上丝绸之路"沿线国家与中国"双边交往史"正式进入编纂阶段。甘肃省社会科学院院长王福生与马来西亚马中友好协会会长马吉德以视频形式签订合作协议。据了解，《中国与丝绸之路沿线国家友好关系史丛书》是中华文化走出去国家重点项目，也是"一带一路"倡议下甘肃省社科院分别与丝绸之路沿线各国官方智库联合实施的国际合作项目，目的是全面挖掘中国与丝绸之路沿线国家交流交往史，促使中国与丝路沿线国家达成共同历史认知，讲述两国友好发展故事。《中国与丝绸之路沿线国家友好关系史丛书》项目已出版了《中国与哈萨克斯坦友好关系发展史》《中国—塔吉克斯坦友好关系发展史》，《中国—白俄罗斯友好关系发展史》《中国—乌克兰友好关系发展史》《中国—马来西亚友好关系发展史》项目正在进行中。

【马来西亚第37届全国华人文化节火炬在三宝山点燃并传递】 2022年5月8日上午，马来西亚第37届全国华人文化节火炬在马六甲三宝山点燃，为本届华人文化节揭开帷幕。在被称为"马六甲华人文化起点"的三宝山点燃华人文化节火炬，是马来西亚华人文化节已坚持30余年的传统。马来西亚国际贸易和工业部副部长林万锋、中华大会堂总会总会长吴添泉、马六甲中华大会堂主席张民生、森美兰州中华大会堂主席黄俊棠等共同按下按钮，将火炬点燃。张民生告诉记者，马六甲华堂充分挖掘三宝山文化意义，历年持续在此举办火炬礼和"三山九九重阳登高"重阳节活动等，希望借此"相信文化的力量，守护文化的力量"。

【第三期"睦友乐相知"文化交流项目启动】 2022年5月14日，华侨大学与厦门市人民对外友好协会联合举办的第三期"睦友乐相知"文化交流项目正式启动，吸引了来自印度尼西亚、英国、菲律宾、日本、柬埔寨、马来西亚、肯尼亚、新西兰、泰国9个国家的政府官员、高校师生共342人云端参与。本期项目采用"互联网+人文交流"模式，通过6次线上直播，邀请复旦大学、厦门大学、华侨大学以及泉州市申遗办的专家学者围绕中国跨境电商、海洋生态文明、世界遗产保护以及趣味汉语、走进厦门等专题开展全英文互动交流，向厦门市友城人民、华侨大学友好学校师生多角度、立体化地介绍中国，促进民心相通。本次活动得到了中国驻柬埔寨大使馆、中国驻马来西亚大使馆、中国驻菲律宾大使馆以及中国驻槟城总领馆、中国驻泗水总领馆的大力支持与推介，并派代表参加当晚的启动仪式。

【"一带一路翰墨传鸿"甘肃·马来西亚职工线上书画展活动启动】 2022年5月14日，由甘肃省总工会、马来西亚国际郑和研究院主办的"一带一路翰墨传鸿"甘肃·马来西亚职工线上书画展活动在"云端"开启。活动旨在以中华传统书画艺术为纽带，加强两地民众多领域的合作交流。马来西亚是"一带一路"沿线国家，是甘肃省主要的贸易伙伴之一。2016年甘肃省驻马来西亚商务代表处成立，2017年马来西亚应邀作为第23届兰洽会主宾国，双方合作不断升温，并延伸至餐饮、教育、文旅等多个领域。甘肃省总工会副主席罗世文介绍说，马来西亚聚居着众多华侨华人，受中华传统文化熏陶，书画艺术有着良好的民众基础。本次两地线上职工书画展，既是两地职工文化交流互鉴的新尝试，也必将开启两地工会组织交流交往的新篇章。马来西亚国际现代书画联盟总会副会长刘明亮说，中国书画艺术博大精深、历史久远，是中华文化的典型代表和精华所在。希望此次活动可以让更多的马来西亚华裔，尤其是年轻一代领略中华文化的魅力。

【"来自大海的奏鸣与回响——中新等国学者海上丝绸之路暨人文交流论坛"在新加坡举行】 2022年5月31日，"来自大海的奏鸣与回响——中新等国学者海上丝绸之路暨人文交流论坛"在新加坡中国文化中心举行。该论坛由新加坡中国文化中心主办，武汉大学国家文化发展研究院提供学术支持，新加坡华鼎有限公司、湖北智库文化战略研究院承办。来自中国、新加坡、马来西亚、菲律宾等国家的40位专家学者参加了线上和线下活动，就"海上丝绸之路"与构建人类命运共同体、"海上丝绸之路"与东南亚国家的政治经济、人文历史、文化遗产、旅游商贸、华人华侨、社会转型等话题进行了广泛而深入的交流。新加坡资深历史学者柯木林、武汉大学国家文化发展研究院院长傅才武、马来西亚中国丝路商会会长和新亚洲战略研究中心主席翁诗杰等特邀嘉宾进行了视频主题演讲。此次论坛共收到学术论文30余篇，涉及领域广泛，研究成果丰富，论坛将拓展相关研究的多维度视角，进一步加深对建设"21世纪海上丝绸之路"重要性的理解，论坛对加强中新等国学者人文交流与合作发挥了积极作用。

【第17届中国—东盟文化论坛在北海举行】 2022年6月2日，由中国文化和旅游部、广西壮族自治区人民政府共同主办的第17届中国—东盟文化论坛在广西北海市举办。本届论坛的主题是"博物馆文物'活化'与文化创意产业发展"。论坛旨在交流推广中国与东盟各国博物馆管理与文化创意产业发展的实践经验,探讨数字化时代博物馆文物保护与传承的新趋势,展望中国与东盟各国开展博物馆文物保护与文化创意产业合作的愿景,助推中国与东盟各国文化创意产业共同繁荣,助力构建更为紧密的中国—东盟命运共同体。马来西亚柔佛州教育局学生事务总监Norashuha Tajuddin、柔佛州东甲县教育局副局长Ropiah Mohamed、中国黄河水利职业技术学院副校长营浩然出席活动开幕仪式。该学校和柔佛州10余所院校的师生代表200余人参加活动。

【马来西亚国际文化交流中心理事长白妮丝一行到访长沙民政职院交流访问】 2022年6月6日,马来西亚国际文化交流中心理事长白妮丝、中国区总经理周晋一行来长沙民政职院访问洽谈,校长李斌出席会议。国际交流处处长杨帅、副处长龚丽君及部门工作人员参与会谈。会上双方就课程及标准输出、来华留学生培养、"中文+职业技能"培训、境外办学等问题进行了深入交流,加速推动项目落地。

【中国驻新加坡大使孙海燕考察新加坡中国文化中心并会见第四届理事会成员】 2022年6月15日,中国驻新加坡大使孙海燕考察新加坡中国文化中心并与文化中心第四届理事会成员进行座谈交流。孙大使祝贺中国文化中心第四届理事会成立。她表示,新加坡中国文化中心是由习近平主席和吴作栋国务资政奠基和揭牌的。该中心自成立以来,举办了大量丰富多彩的文化艺术活动,赢得了中新各界的欢迎和赞赏。希望文化中心在新一届理事会的带领下,百尺竿头、更进一步,为加强中新人文交流、增进两国人民友谊作出新的贡献。孙大使还在文化中心主任肖江华陪同下参观了文化中心的展厅、剧场、图书馆等设施,听取了情况介绍,慰问了文化中心和驻新旅游办工作人员。

【第十五届广西高校学生泰语演讲公开赛举行】 2022年6月18日,泰王国驻南宁总领事馆携手广西民族大学举办泰语技能大赛暨第十五届广西高校学生泰语演讲公开赛,来自全区各高校的66名选手同场竞技。据了解,本次大赛的主题为"环保新青年:共建绿色世界",分设专业组和非专业组比赛,设置复赛和决赛两轮比赛。比赛以线上线下相结合的方式举行,参赛选手以线上直播连线的方式参与比赛,评委组老师共同在现场开展评审工作。

【漯河市与马来西亚砂拉越州诗巫市心意六合拳线上交流活动举办】 2022年7月22日,由中国驻马来西亚古晋总领馆、漯河市人民政府外事办公室、漯河市人民政府侨务办公室、漯河市归国华侨联合会指导,漯河市文化广电和旅游局主办,漯河市武术协会、华北水利水电大学、砂拉越科技大学孔子学院、诗巫拳术健身协会、诗巫缘汇武术培训中心协办的中国河南省漯河市与马来西亚砂拉越州诗巫市心意六合拳线上交流活动成功举办,漯河市武术协会和诗巫拳术健身协会签订了合作备忘录。马来西亚砂拉越州诗巫市市长丁永豪、漯河市人大常委会副主任赵坤炎、中国驻古晋总领馆副总领事宋长虹等嘉宾出席活动并致辞。此次活动的成功举办，将进一步提升心意六合拳文化的海外影响力，加强漯河市传统武术文化的对外交流，扩大中华武术的海外传播推广，加快推进体育漯河建设，助推该市经济社会高质量发展。

【2022中国—东盟教育交流周职业教育共建共享研讨会举办】 2022年8月25日，在2022中国—东盟教育交流周"全球数字化转型背景下职业教育的共建共享研讨会"举办。会上，印度尼西亚雅加达华文教育协调机构主席蔡昌杰以黎明（印尼）海丝学院为范例，详细介绍了中国职业院校与印尼之间的政侨校教育教学合作模式，为中国与东盟国家之间的教育交流合作提供经验参考。随着中国经济的快速发展，以及"一带一路"倡议的深入推进，越来越多的印尼年轻人看好中国的发展前景，既想学习中文又想掌握职业技能。2020年10月，为满足广大印尼青少年的需求，印度尼西亚雅加达华文教育协调机构与黎明职业大学联合挂牌成立黎明（印尼）海丝学院，共商共建开展汉语+职业技能人才培养培训、师资培养培训、人文交流等方面的教育合作。

【仰光中国文化中心"中国影像节"首次走进缅甸校园】 2022年8月28日，仰光中国文化中心"中国影像节"首次走进校园，在缅甸国际教育中心举办教育主题纪录片线下展映活动。仰光中国文化中心主任徐玲、缅甸国际教育中心总经理房今今、校长胡彬彬，以及缅甸国际教育中心师生等共80余人参加了活动。"国之交在于民相亲，民相亲在于心相通。"徐玲表示，此次活动旨在以影像交朋友，以交流促了解，以合作促友谊，以文化结深情。仰光中国文化中心将继续与缅甸国际教育中心合作，通过举办各种形式的中缅双向文化交流活动，搭建沟通彼此心灵的桥梁，在中缅人文交流和旅游合作方面有所作为。仰光中国文化中心还将在缅甸仰光多个华文学校和国际学校继续举办"中国影像节"线下展映活动。

【马来西亚形象馆在中国昆明滇池会展中心开馆】 2022年9月6日，马来西亚形象馆在中国昆明滇池会展中心正式开馆，为滇马两地人文交流及经贸往来搭建了多元化沟通的桥梁，深化交流合作。此次开馆仪式由马来西亚驻昆明总领事馆和昆明市人民政府外事办公室以线上线下相结合的方式共同举办，通过马来西亚形象馆展示当地风貌、特色产业及特色产品，搭建平台，面向中国西南地区进行马来西亚文化交流互动，让参与者体验马来西亚多元文化的魅力。

【闽南师范大学与马来西亚新纪元大学学院联合举办"海丝"与中华文化传播学术沙龙】 2022年9月21日，闽南师范大学与马来西亚新纪元大学学院联合主办的"海丝"与中华文化传播学术沙龙通过腾讯会议以线上方式举行。中国驻马来西亚大使馆教育参赞赵长涛、马来西亚新纪元大学学院校长莫顺宗教授、闽南师范大学校长李顺兴教授等出席开幕式并致辞。两校专家学者、硕博士研究生等近200人参加了本次学术交流活动。此次学术沙龙活动由闽南师范大学海外教育学院、马来西亚新纪元大学学院国际学院具体承办，旨在发挥中华文化尤其是闽南文化在东盟国家的"本土"侨乡文化优势和纽带作用，增进中马两国高校师生间的学术、文化、情感交流。此次活动也是今年以来闽南师范大学与新纪元大学学院开展系列学术交流活动的第三场活动，进一步促进了两校稳固深入的友好交流合作。

【"中菲友谊文艺演出"在菲律宾开幕】 2022年10月26日，由中国驻菲律宾大使馆、菲律宾国家文化艺术委员会共同举办的"中菲友谊文艺演出"正式开幕并启动线上展播。当天，"中菲友谊文艺演出"在马尼拉大都会剧院举行了开幕式。中菲两国的艺术家联手演奏了《天山之春》《我爱你中国》等曲目，菲律宾国家巴雅尼翰舞蹈团也带来了具有浓郁菲律宾特色的歌舞。此外，当天还举行了中国文化用品捐赠仪式和中菲美食体验等活动。

【2022重庆·新加坡体验周开幕式在渝中举行】 2022年10月29日，2022重庆·新加坡体验周开幕式在重庆来福士洲际酒店举行。重庆市委常委、市政府常务副市长陆克华，市政府副秘书长汪夔万，新加坡通讯及新闻部部长兼内政部第二部长杨莉明，新加坡驻成都总领事陈子勤，渝中区委书记赵世庆，区委副书记、区长黄茂军，市级有关部门负责人，渝中区、江北区、铜梁区等区县有关领导出席。体验周时间为2022年10月29日至11月13日。该活动由重庆市人民政府、新加坡贸易及工业部共同主办，重庆市渝中区人民政府、重庆市中新示范项目管理局、新加坡贸易及工业部中新互联互通项目办公室、新加坡企业发展局、新加坡旅游局承办，致力于进一步发挥中新互联互通项目示范作用，带动中国西部与东盟经贸和人文交流合作，助力国际消费中心城市建设，服务构建新发展格局。活动周期间，将陆续举办新加坡智慧城市建设经验分享会、中新（重庆）国际绿色发展高峰论坛、中新互联互通项目文旅合作交流会暨中新（重庆）文化和旅游产业联盟成立仪式、中新（重庆）农业国际合作对接会等系列交流活动。

【"联通丝路印象侨乡"东盟文化艺术创作季（第三季）国际展览交流活动在厦门开幕】 2022年11月6日，"联通丝路印象侨乡"东盟文化艺术创作季（第三季）国际展览交流活动在中国厦门市集美区东盟文化艺术交流中心盛大开幕。泰国东盟加六国贸易促进会执行主席、中国区首席代表赵明光主持活动开幕式。开幕式上，集美区区长倪杰，泰王国驻厦门总领事马家汉，菲律宾驻厦门总领事欧莉娜，厦门市油画学会主席张立平在现场发表致辞，肯定了"东盟文化艺术创作季"在促进海丝沿线国家文化互鉴，提升集美区人文内涵中的重要意义。泰国东盟加六国贸易促进会主席罗宗正、海外艺术机构代表南加州美中经贸文化艺术联合会会长孙伟分别在泰国曼谷、美国洛杉矶发来视频致辞，对活动开幕表示热烈祝贺并寄托深切期望。

【马来西亚驻昆明总领馆向云南大学马来语专业赠送马来语书本典礼在中国昆明滇池会展中心马来西亚形象馆举办】 2022年11月10日，马来西亚驻昆明总领馆向云南大学马来语专业赠送马来语书本典礼在中国昆明滇池会展中心马来西亚形象馆举办，旨在以赠书促学，深化滇马两地文明交流互鉴。当前，云南正加快建造面向南亚东南亚辐射中心，滇马两地地缘接近、人缘相亲，两地在文明、教育、旅游等领域交流协作不断深化，取得系列成果。马来西亚驻昆明总领事法依萨在致辞中表示，此次赠书典礼为马来西亚与云南大学实现更具战略性的协作开创了新局面，在推广马来语同时，也能深度激起活力，在高等教育国际化的背景下大力培养人才，为马中关系的久远安稳作出贡献。此次赠书典礼上，马来西亚驻昆明总领馆共向云南大学赠送了包括《马来—汉语谚语词典》《马来语大百科》等在内的33册语言文化类书籍。

【苏州工业园区金鸡湖学校与新加坡公教中学、新加坡林景小学开展云端文化交流活动】 2022年11月30日，苏州工业园区金鸡湖学校与新加坡公教中学、新加坡林景小学进行了丰富多彩的云端文化交流活动。金鸡湖学校八年级的学生与公教中学优秀学生代表结对，依托三大"云项目"——"园林境象""湖文化"和"研桥"开展文化交流活动。通过与新加坡的云端交流活动，金校学子深耕本土文化，用自信的姿态让中国文化走向世界。希望今后中新两国学生能在文化浸润活动中，求同存异，加深友谊，加深双方的文化理解，共同领略世界文化的不同精彩。

【"中菲人文之驿走进厦门"活动举行】 2022年12月8日下午，中国驻菲律宾大使馆、厦门市人民政府、菲华各界联合会共同举办"传承中菲情·携手向未来——中菲人文之驿走进厦门"活动，在厦门与菲律宾马尼拉分别设立会场。中国驻菲律宾大使黄溪连、厦门市市长黄文辉、菲华各界联合会主席杨华鸿出席活动并致辞。此次"走进厦门"活动，将使更多人领略名城魅力，品味闽南文化，聆听侨乡故事，感受鹭岛变迁，呈现一个真实、立体的厦门。新时代新征程，我们将继续深化中菲文明交流互鉴，推动中华文化更好走向菲律宾、走向世界。本期活动举办了《中菲人文之驿热议诗文集》《中菲人文之驿征文获奖作品集》新书发布仪式。

【文莱"中国日"文化交流活动圆满落幕】 2022年12月18日，斯里巴加湾市为期三天的"中国日"文化交流活动在文莱国际会展中心圆满落幕。活动为发展两国经贸合作、增进民众相互了解提供了平台。此次"中国日"文化交流活动由文莱—中国"一带一路"促进会主办，文莱中资企业协会协办，旨在通过多重文化交流增进文莱各界对中国的了解。活动吸引了文莱政府官员、当地民众以及各国驻文莱使节等共计6000余人次参加。

四　中国—东盟体育交流

【中国援建的缅甸国家体育馆维修改造项目竣工交付使用】 2021年12

月14日，由中国援建的缅甸国家体育馆维修改造项目竣工并交付使用，缅甸人民和体育爱好者又拥有了一座全新的现代化体育设施。

【缅甸国家男排队在川集训交流结束】 2022年2月24日，缅甸国家男子排球队圆满结束了在四川为期三个半月的集训，返回缅甸继续备战越南东南亚运动会。

【邬国权参赞出席援柬埔寨体育技术援助项目柬运动队赴华训练欢送仪式】 2022年9月13日上午，中国援柬埔寨体育技术援助项目柬运动队赴华训练欢送仪式在金边隆重举行。中国驻柬埔寨大使馆经商参赞邬国权、柬埔寨旅游部国务秘书兼奥委会秘书长沃忠南（VATH CHAMROEUN）出席仪式并致辞。中国驻柬埔寨使馆、柬奥委会工作人员及拟赴华集训的柬国家队运动员、教练员代表共近100人参加仪式。

五　中国—东盟媒体交流

【第三届中国—东盟电视周在南宁举办】 2021年10月27日至11月2日，由中国国家广播电视总局、老挝新闻文化旅游部、广西壮族自治区人民政府共同主办的第三届中国—东盟电视周在南宁举办。本次电视周期间，中国—东盟一批电视合作项目落地。广西广播电视台与印尼创意经济产业局签署电视媒体合作意向书，为节目合拍合制、内容交换建立了沟通机制。中方与老挝、印尼签订合作协议，在当地主流媒体和网络视听平台展播本土化语言译制剧《山海情》等优秀作品。广西影视传媒公司与泰国中央中文电视台合作创办东盟广西频道。柬埔寨国家电视台与广西广播电视台在本届电视周签约，将合拍《一湾一世界》《家在青山绿水间—澜湄花开》《漓江》三部纪录片。此外，"同唱友谊歌—中越歌曲演唱大赛""春天的旋律·跨国晚会"等特色品牌活动，共同架起了中华文化"出海"的桥梁和通道。据悉，中国—东盟电视周举办三届以来，中国区域之间和中国与东盟国家之间的媒体共签订18项合作协议，展播节目442部，创新发布《中国—东盟视听节目传播智库报告》，为区域视听传播和产业合作发展提供了经验参考，树立了中国—东盟文化交流的新典范。

【2021厦门—泰国电影周在厦门开幕】 2021年12月7日，2021厦门—泰国电影周在厦门华谊兄弟电影中心开幕。本次活动由泰国外交部、福建省电影局指导，厦门市电影局、泰王国驻厦门总领事馆、集美区文化改革发展工作领导小组办公室、泰国东盟加六国贸易促进会主办。泰王国驻厦门总领事馆总领事马家汉，新加坡共和国驻厦门总领事馆总领事吴俊明，菲律宾共和国驻厦门总领事馆总领事欧莉娜，福建省电影局副局长王江，福建省国际友好联络会副会长林立，厦门市委宣传部副部长戴志望等出席了开幕式。开幕仪式结束后，影厅播放了本次电影周的开幕影片《天赐的礼物》。该影片为纪念已故泰国先王普密蓬的感人之作。据悉，本届厦门—泰国电影周为期一周，于12月13

日落幕。

【2021厦门—泰国电影周影评交流会在厦门举行】 2021年12月12日，2021厦门—泰国电影周影评交流会在厦门华谊兄弟电影中心举行。中共厦门市集美区委常委、宣传部部长庄志辉，中共厦门市集美区委宣传部常务副部长唐金富出席了点评会。

【2021中缅媒体双城论坛在昆明举行】 2021年12月22日，由中共云南省委宣传部主办，云南日报报业集团承办，云南省社会科学院、中国（昆明）南亚东南亚研究院协办的2021中缅媒体双城论坛在昆明举行。中缅两国媒体、智库专家代表就增进交流提出了建议。

【2022全球华人新春手机摄影大赛柬埔寨赛区"中国银行杯"迎春节摄影比赛颁奖仪式举行】 2022年3月24日，2022全球华人新春手机摄影大赛柬埔寨赛区"中国银行杯"迎春节摄影比赛颁奖仪式在北京、金边、香港以线上线下相结合方式举行。中国驻柬埔寨大使王文天出席活动并表示，愿同各方一道，架设更多两国文化交流之桥，为增进两国人民的了解和友谊贡献力量。本次活动由中国新闻图片网、柬华理事总会、柬埔寨中国商会联合主办，中国新闻社柬埔寨分社、中国银行（香港）金边分行承办。

【昆明理工大学—苏发努冯大学孔子学院中、老方院长一行拜访老挝琅勃拉邦省电视台】 2022年4月6日上午，苏发努冯大学孔子学院中方院长宋旻英、老方院长苏提达（Mr. Soulideth）一行拜访老挝琅勃拉邦省电视台，就开展中文爱好者栏目进行合作洽谈。双方此次合作洽谈有利于两国在人文等多个维度的交流互通互鉴，增进两国人民的了解，促进文化共融，进一步夯实中老情谊，持续为构建中老命运共同体作出相应的贡献与努力。

【2022中国新媒体大会"塑造可信可爱可敬中国形象"国际传播论坛在长沙举行】 2022年8月30日下午，2022中国新媒体大会"塑造可信可爱可敬中国形象"国际传播论坛在长沙举行。论坛现场举行了芒果TV与老挝国家电视台、云南无线数字电视文化传媒股份有限公司的战略合作签约仪式，推动了三方在平台建设、内容授权与译制、融合传播等领域的合作。湖南省委常委、省委宣传部部长杨浩东，云南省委常委、省委宣传部部长曾艳，湖南广播影视集团有限公司（湖南广播电视台）党委书记、董事长张华立与云南广电传媒集团有限公司党委书记、董事长杨于明出席签约仪式。论坛还邀请研究国际传播的专家学者、实践对外传播的相关学术机构、创新开展国际传播的主流媒体，以及参与中国故事全球传递的各界人士，围绕"塑造可信可爱可敬中国形象"这一主题，分享百年未有之大变局与民族复兴交叠这一关键历史时期下的中国国际传播经验。本次论坛由中华全国新闻工作者协会、中共湖南省委宣传部指导，中共湖南省委网络安全和信息化委员会办公室、湖南省广播电视局主办，芒果TV承办。

【第四届中国—东盟视听周在广西南宁开幕】 2022年9月6日，由中国国家广播电视总局、柬埔寨新闻部、广西壮族自治区人民政府共同主办的第四届中国—东盟视听周在广西南宁开幕。前三届题名为"中国—东盟电视周",本年度为更好地适应新活动新形象,将名称更新为"中国—东盟视听周"。本届视听周以"新时代新视听新机遇新未来"为主题,以"一带一路"建设、RCEP生效实施、中国—东盟命运共同体建设、西部陆海新通道建设等为叙事核心,开展开幕式晚会、中国—东盟青年主播创造营(第二季)、中国—东盟视听周译制展播、2022中国—东盟视听传播论坛、中国—东盟友好合作主题短视频大赛优秀作品展播、《中国—东盟视听国际传播十年报告》发布等活动,进一步打造中国—东盟媒体领域互联互通、互学互鉴的机制性平台。中国—东盟电视周被评为"2021—2022年度国家文化出口重点项目"。

【"东盟—中国书法联展暨第二届文莱书画展"在文莱开幕】 2022年10月21日,"东盟—中国书法联展暨第二届文莱书画展"在文莱开幕。活动由东盟书法协会、文莱中华书画文化协会及诗里亚中正中学共同举办,中国驻文莱大使于红、东盟书法协会联合主席俞庆在、文莱中华书画文化协会主席洪锡隆、诗里亚中正中学董事长陈金明等出席开幕式。此次书法联展以庆祝中国—东盟建立对话30周年和中文建交30周年为主题,汇聚37个国家330余幅作品,表达了促进中国—东盟友好交流的真情实感,展现了中华传统文化,也为不同国家和地区的书法艺术家或书法爱好者相互切磋、相互借鉴提供了交流平台,显示了中国与东盟国家以书法为纽带的紧密联系。

【中国—文莱建交30周年摄影作品展在文莱举行】 2022年12月16—18日,庆祝中国—文莱建交30周年摄影作品展在文莱首都斯里巴加湾市举行。此次展览共有60多幅作品参展,展示了中国和文莱两国自然风光、民族文化、人文历史、社会发展以及中文合作的故事,吸引了当地民众前来欣赏。据悉,庆祝中国—文莱建交30周年摄影作品展是庆祝中国—文莱建交30周年系列活动之一,此前该展览在南宁市成功举办,引起了摄影爱好者的强烈反响。

【2022中缅媒体双城论坛在云南德宏举行】 2022年12月29日,中缅媒体双城论坛以线上线下相结合的方式,在中国云南省德宏傣族景颇族自治州举行。此次论坛以"为构建中缅命运共同体贡献媒体力量"为主题,吸引中国与缅甸两国媒体、翻译、经贸、智库等领域的资深专家及代表近百人参加。据悉,此次论坛由云南省政府新闻办公室主办,云南日报报业集团、云南省南亚东南亚区域国际传播中心、中共德宏州委宣传部承办。活动包括主旨发言、平行论坛等多项内容,旨在发挥媒体促进中缅人文、经贸交往的作用,增进民心相通,讲好中缅命运与共的故事。

六 中国—东盟旅游交流

【2021年中国旅游文化周在马来西亚启动】 2021年6月1日,以"美丽

中国"为主题的 2021 年中国旅游文化周以线上方式在马来西亚启动。吉隆坡中国文化中心将面向当地民众推出一批精心打造的文化活动，推介有中国人文特色的旅游资源，展示"美丽中国"形象，促进疫情特殊时期下的中马人文交流。今年的旅游文化周为期一个月，其中部分项目将聚焦马来西亚本土，依托文化中心平台和当地资源，深入社区、学校、企业、家庭，开展"共享端午""不同凡飨""精彩四季·美丽中国""全国中学生中华文化营"等活动，促进中马民间友好，增进两国民心相通。活动将陆续在文化中心官网和多个社交媒体平台上线。活动期间，文化中心还将陆续上线由中国文化和旅游部制作的系列主题活动资源，通过"非遗与美丽乡村建设""冰雪旅游""美食文化""文化微课堂"四大版块内容，讲述中国故事、宣传北京冬奥、展示中国文化和旅游魅力。

【中国—东盟传统医药健康旅游国际论坛在巴马瑶族自治县举办】 2021年10月12—14日，中国—东盟传统医药健康旅游国际论坛在广西河池巴马瑶族自治县举办。该论坛是中国—东盟博览会框架下的高层论坛，每两年举办一届。在本届论坛，参会嘉宾围绕"疫情防控常态化下传统医药与旅游产业的融合发展"这一主题进行了深入交流探讨。

【2021 中国—东盟博览会旅游展在桂林开幕】 2021年10月15日上午，为期3天的 2021 中国—东盟博览会旅游展在桂林国际会展中心开幕。本届旅游展以"深化'一带一路'建设，推动旅游高质量发展"为主题，致力于落实《中国—东盟战略伙伴关系 2030 年愿景》相关要求，深度融入共建"一带一路"进程，服务更为紧密的中国—东盟命运共同体建设，推动"10+1"旅游合作向"一带一路"参与国家延伸。本届旅游展由中国文化和旅游部、广西壮族自治区政府主办，广西壮族自治区文化和旅游厅、中国—东盟博览会秘书处、桂林市政府承办。其继续采用"线上线下"双平台办展，线下展览面积约 2.5 万平方米，设置"一带一路"主题馆、境外旅游精品馆、国内旅游精品馆、旅游产业装备馆、旅游消费馆和国际旅游商品馆 7 大展馆，涵盖旅游形象、旅游消费、旅游商品、旅游产业装备、智慧旅游、文博文创 6 大类型，参展总面积 15624 平方米，其中特装展面积 13284 平方米，占 85%，总展位数 1736 个。中国—东盟博览会旅游展是广西举办的首个国家级、国际性旅游展会，是中国—东盟博览会在主办地之外举办的首个专题展，已成功举办 6 届，日益成为高规格、高水平、高质量的国际旅游盛会。

【"云上浙江"线上展览发布仪式启动】 2021年11月24日，由浙江省文化和旅游厅主办的"云上浙江"线上展览发布仪式在马来西亚国家新闻社大厦正式启动。中国驻马来西亚大使欧阳玉靖和马来西亚旅游、艺术和文化部长南希·舒克里受邀出席，共同为本次活动揭幕。启动仪式后，以"云上浙江万象馆"为主题的线上展览在马来西亚、新加坡、越南同步上线。广大东南亚民众通过互联网即可欣赏中国浙江的锦绣美景与人文风情。这次由浙江省文化和旅游厅推出的"云上浙江"线上展览共分为"山水间""博物志""百工巷""绕梁音""江南味"五大篇章，从风光、历史、非遗、艺术、美食五个方面详尽地向观众展示了浙江的全貌。本次云展凭借创新的呈现形式、多维的内容展示、生动的操作体验，深度展示了浙江的多元魅力，让浙江之美在马来西亚的云端绚丽绽放，为疫情之下浙马两地在文化、旅游等领域的交流与互鉴带来了新的机遇，对推进两地务实合作、优势互补、共同发展具有十分重要的意义。

【庆祝中文建交30周年暨"中国文莱旅游年"闭幕式活动在线举行】 2021年12月27日，庆祝中文建交30周年暨"中国文莱旅游年"闭幕式活动以线上方式举行。中国文化和旅游部部长胡和平、文莱初级资源与旅游部部长阿里发表视频致辞。中文两国政府、文化和旅游业界等代表约200人在线出席活动，观看了中文两国独具民族特色的文艺演出。

【中国—老挝旅游投资与发展论坛举办】 2022年1月11日，为落实习近平主席在中老铁路通车仪式上的讲话精神，由中国文化和旅游部、老挝新闻文化旅游部和老挝驻华使馆共同主办的中国—老挝旅游投资与发展论坛以线上线下相结合的方式成功举办。论坛以"中老铁路开通与中老文化和旅游产业投资新机遇"为主题，商讨疫情后恢复两国文化和旅游人员往来事宜，通过旅游投资与发展进一步推动中老命运共同体走深走实。中国文化和旅游部副部长张旭、老挝新闻文化和旅游部部长颂沙婉·维雅吉、老挝驻华大使坎葆·恩塔婉在线出席论坛并发表视频致辞。

【老挝驻华大使一行来渝开展文旅考察交流活动】 2022年7月6—8日，为进一步加强重庆、老挝文化旅游交流合作力度，着力构建两地宽领域、多层次、广覆盖的文旅交流新格局，聚力打造澜湄次区域城市旅游共同体，老挝驻华大使坎葆·恩塔万一行来渝开展文化旅游系列考察交流活动。

【"马来西亚亚洲魅力所在风情节"开幕】 2022年8月17日，马来西亚驻华大使拉惹拿督·诺希万·再纳阿比丁出席在北京中国大饭店举行的"马来西亚亚洲魅力所在风情节"开幕式，并在开幕式上表示马来西亚一直是中国人民在旅游、教育和商业方面的首选旅游目的地之一。除了希望有更多的中国朋友赴马旅游之外，大使也表示希望能通过这项活动，提升中国民众对马来西亚的认知度。

【2022中国—东盟博览会旅游展在桂林开幕】 2022年9月19日，由文化和旅游部、自治区政府共同主办的2022中国—东盟博览会旅游展在桂林开幕。文化和旅游部部长胡和平、自治区主席蓝天立出席论坛并致辞。主宾国越南文化体育旅游部部长阮文雄发表视频致辞。本届旅游展以线上线下相结合的方式举办，邀请越南担任主宾国，邀请中国甘肃省担任主题省，并首次设置金砖国家旅游精品展区。近50个国家和地

区的驻华机构、企业以及来自国内20多个省份的300余家机构和企业参展。泰王国驻华大使阿塔育·习萨目，广西壮族自治区党委常委、宣传部部长孙大光，自治区政府秘书长蒋家柏等参加有关活动。

七　中国—东盟青年交流

【中越青年民歌文化交流活动在河内举办】　2021年4月17日下午，中越青年民歌文化交流活动在越南河内大学礼堂举行。近百名中越两国学生一起唱经典民歌、赏传统民俗。中越两国的青年学生联袂表演了中国特色古典舞蹈《盛世》和充满越南风情的舞蹈《丝绸之浪》，让现场观众仿佛置身于诗意画卷中。作为澜沧江—湄公河"双城记"大型青年文化交流系列活动之一，2021年中越青年民歌文化交流旨在以民歌艺术为载体，增进两国青年人的文化认同和情感认同，为澜湄合作汇聚力量。

【《挥洒青春书写中老友谊——中国（上海）援老挝项目青年志愿者座谈会》在上海团市委举行】　2021年12月22日，由共青团上海市委员会、上海市人民对外友好协会共同主办的"挥洒青春，书写中老友谊"——中国（上海）援老挝项目青年志愿者座谈会在团市委举行。座谈会首先播放了中央电视台《新闻联播》关于中老铁路通车仪式相关报道视频，与会代表再次学习了习近平总书记在致辞时的重要讲话精神。

【"交流促相知，喜迎虎年春"春节主题文化讲座在柬举办】　2022年1月21日，中国驻柬埔寨使馆同柬埔寨皇家科学院孔子学院共同举办了"交流促相知，喜迎虎年春"春节主题文化讲座。讲座过程中，中国驻柬埔寨大使馆三位青年外交官申悦、赵文笑和翁银珊全程用流利的柬文同数百名当地中文爱好者线上互动，她们通过短视频、PPT等图文并茂的方式，分别围绕"年的由来""传统新春活动"和"传统新春美食"三个主题进行介绍，并热情回答大家提出的"中国各地过年习俗差异"等问题。线上互动气氛热烈、友好。柬埔寨学生代表表示，本次活动是促进两国人文交流的新尝试，让自己对春节的来历、习俗特别是欢乐氛围有了更加直观的感受，学习汉语的兴趣也更加浓厚，迫不及待想把今天满满的收获分享给身边的朋友们。

【"人文交流与一带一路"东南亚—中国青年论坛活动开幕】　2022年2月26—27日，由马来西亚槟州各姓氏宗祠联委会主办的"人文交流与一带一路"东南亚—中国青年论坛活动开幕。马来西亚槟城州青年及体育委员会主席孙意志行政议员、马来西亚槟州各姓氏宗祠联委会主席洪祖殿、东南亚华人各姓氏宗亲联谊会秘书长兼泰华各姓宗亲总会联合会主席黄汉良，以及来自泰国、印尼、菲律宾、新加坡、柬埔寨、老挝、马来西亚和中国广东、江苏等地的各宗亲社团侨领和青年代表等近200人出席活动，中国驻槟城总领事鲁世巍线上出席并致开幕词，马来西亚槟城州首席部长曹观友发表视频祝贺。论坛通过课题演讲、圆桌会议、问答环节、趣味小品等多种形式开展，与会青年代表围绕中华文化传承、书法与歌舞艺术结合、家风家教建设、菲律宾华文教育与"一带一路"、马中电商契机与挑战等多个课题开展对话交流，分享观点，论坛议题广泛、内容丰富，交流气氛活跃，反响热烈。

【"发展与机遇——中越青年创新创业教育论坛"在中越两地举办】 2022年6月16日，为促进中越两国青年创新创业交流合作，由中国驻胡志明市总领事馆主办的"发展与机遇——中越青年创新创业教育论坛"以线上线下结合方式举办。本次论坛在越南胡志明市和中国南宁市同时举行，由越南胡志明市国家大学下属人文社会科学大学和中国广西民族大学共同承办，中越两国高校等十多家单位的专家学者和青年企业家代表参加研讨。参会人员分别围绕高校创新创业教育、产教融合、大学生创新创业素质能力、跨国合作培养等主题展开充分讨论，分享成果经验。

【第十三届中国—东盟青年营在云南举办】 2022年8月14—20日，第十三届中国—东盟青年营在云南举办，来自泰国、柬埔寨、缅甸、老挝的29名东盟在滇留学生和23名中国青年代表共同走进云南昆明、玉溪、红河等地，在交流体验中感受发展、深化友谊。此次中国—东盟青年营由中华全国青年联合会主办、云南省青年联合会承办，以"凝聚青年力量共建繁荣家园"为主题，搭建交流合作平台，促进青年共同发展，推动中国与东盟各国青年积极参与中国—东盟合作和全球发展倡议，为构建更为紧密的中国—东盟命运共同体凝聚青年人才、贡献青春力量。中国—东盟青年营是中国—东盟合作机制框架下的青年交流品牌项目，由中华全国青年联合会于2006年发起主办，东盟十国近1200名各领域青年代表通过该项目走近中国、与中方建立伙伴关系。在为期一周的活动中，青年营成员先后到访云南昆明、玉溪、红河等地，举行中国—东盟青年发展论坛，中外青年代表围绕友好交往、绿色发展、文化交流、志愿服务、创新创业等主题展开交流，以实际行动推进全球发展倡议，推动青年领域国际合作。

【第十三届中国—东盟青年营开营仪式暨中国—东盟青年发展论坛在桂滇两地举行】 2022年8月15日，第十三届中国—东盟青年营开营仪式暨中国—东盟青年发展论坛，以线上线下相结合的形式在广西、云南两地同时举行。全国青联副主席傅振邦，广西壮族自治区党委常委、统战部部长王心富出席仪式并致辞；东盟副秘书长艾格帕作视频致辞；广西青联名誉主席蒙启鹏、云南青联名誉主席唐源出席活动并发言；东盟各国驻华使节、青年代表约120人参加活动。2021年11月，习近平主席在出席中国—东盟建立对话关系30周年纪念峰会时强调，中国和东盟的未来属于青年，中方愿同东盟开展青年营等活动。

【"中菲文化交流，青年携手同行"2022中菲青年文化艺术优秀作品交流展颁奖典礼举办】 2022年10月19日，由中国驻菲律宾大使馆主办、菲律宾中国留学生联合会承办、在菲各孔院协办的"中菲文化交流，青年携手同行"

2022中菲青年文化艺术优秀作品交流展颁奖典礼成功举办。中国驻菲律宾大使黄溪连、菲律宾全国青年联合会名誉主席李栋梁（George Siy）、中华全国青年联合会副主席钱菱潇、中国驻菲使馆教育参赞熊胜出席活动，并以线上方式与中菲青年共襄盛会。

【2022年岘港—全国汉语演讲比赛总决赛在岘港外国语大学举行】 2022年11月10日，中国驻岘港总领馆、岘港市友好组织联合会、岘港市越中友好协会、岘港外国语大学联合举办的2022年岘港—全国汉语演讲比赛总决赛在岘港外国语大学举行。中国驻岘港总领事董碧幽、岘港市委常委、民运部部长黎文忠、岘港市委常委、组织部部长阮庭永、市友联会主席阮玉平、市越中友协主席阮登海、岘港外国语大学校长陈友富、俄罗斯、日本、老挝驻岘港总领事及各高校师生等300余人出席。本次比赛的主题是"青年在国家建设和发展中发挥的作用"，共有来自越南全国20个省市、25所院校的200余份作品参加竞逐。经过层层选拔，共有来自17个省市的30名选手进入总决赛。

八　中国—东盟地方交流

【中新互联互通项目运营中心落户渝中　来福士打造新加坡企业集聚中心】 2021年6月25日，中新互联互通项目运营中心签约落户渝中，这将把来福士打造成为新加坡企业集聚中心、中新商务活动中心、中新人文交流中心和新加坡高层次人才集聚中心。

【中国（河南）—东盟贸易投资推介会在郑州举行】 2021年7月19日，由河南省政府外办、中国—东盟中心等共同主办的中国（河南）—东盟贸易投资推介会在河南郑州举行，印度尼西亚驻华大使周浩黎，老挝驻华大使坎葆·恩塔万，中国—东盟中心秘书长陈德海，及其他东盟国家驻华使节代表共20余人参会。本次推介会打破以往"台上推介台下听"模式，现场采取"一问一答"方式解疑释惑，为中方企业了解东盟各国招商引资政策、开拓东盟国家市场搭建了平台。

【中缅经济文化交流中心在缅甸大使馆组织中缅企业交流会】 2021年7月21日，中缅经济文化交流中心在缅甸大使馆组织中缅企业交流会。缅甸驻华大使吴苗丹佩，中缅经济文化交流中心秘书长吴胜，中缅经济文化交流中心高级顾问、中冶集团原副总裁徐向春，山东岱银纺织集团有限公司副董事长李昌刚，山东省鲁盐集团有限公司副总经理张泉，北京融商一带一路法律与商事服务中心主席助理、秘书长贾辉等中国企业代表参加了座谈交流。

【老挝国家领导人与中国企业CEO圆桌对话会在南宁举行】 2021年9月10日，老挝国家领导人与中国企业CEO圆桌对话会在南宁举行。老挝副总理兼计划投资部部长宋赛线上发表致辞。广西壮族自治区人民政府主席蓝天立、中国贸促会会长高燕出席会议并致辞。本次圆桌会议为推动企业赴老挝投资和改善老挝投资环境提供了重要的交流平台，尤其吸引了更多的优秀中资企业来老挝投资。希望充分发挥对话会的平台作用，交流各方意见建议，为政府健全完善政策措施提供参考，营造良好的营商环境。希望通过本次建设性的对话和交流，助力老挝经济社会发展，增进老中两国传统合作，给两国人民带来实实在在的福祉。本次对话会以"共享发展新机遇，共谋合作新成果"为主题，采用线上线下相结合形式，设南宁主会场与老挝万象分会场。宋赛与中国南方电网有限责任公司、中国大唐集团有限公司、中国—东盟信息港股份有限公司、中国建筑集团有限公司、中国铁路国际有限公司5家中国企业负责人进行视频连线、实时互动对话，介绍投资政策，交流投资意向，在基础设施建设、电力、数字经济等领域达成合作共识。

【"助力第18届中国—东盟博览会·'桂荣马耀建联智合'第三届中马经贸对接会"在中国建设银行"全球撮合家"平台举行】 2021年9月11日，"助力第18届中国—东盟博览会·'桂荣马耀建联智合'第三届中马经贸对接会"在中国建设银行"全球撮合家"平台举行。本次对接会由马来西亚对外贸易发展局、中华人民共和国驻马来西亚大使馆、中国—东盟博览会秘书处和中国建设银行主办，中国建设银行广西区分行和中国建设银行（马来西亚）有限公司承办。马来西亚对外贸易发展局副执行长莎莉玛敦、中华人民共和国驻马来西亚大使馆大使欧阳玉靖、中国—东盟博览会秘书处副秘书长梁艺光和中国建设银行国际业务部副总经理胡波飞在会上致辞，来自中马两国食品、医疗保健、日用品等行业的超百名企业家代表参加会议。第二届中国—马来西亚经贸对接会已于2020年11月28日在南宁举办，聚焦食品饮料、健康养生、生活服务等行业，吸引了来自马来西亚和中国的近百家企业参与，现场成交额近7000万美元。第三届中国—马来西亚经贸对接会全程通过建行"全球撮合家"平台进行"一对一"在线洽谈，为参会代表带来了应对全球疫情下的会议新体验。为助力中马两国企业精准达成合作，会前建设银行根据双方企业的实际进出口需求进行了相应匹配，对接会当日7个小时内共进行了100多场在线洽谈，达成意向性合作17项，合计金额1.01亿美元，促进了中马经济贸易合作交流，也为中马双边贸易的未来发展模式探索了一条新渠道。

【昆明市与老挝琅勃拉邦市签署缔结友好城市意向书签字仪式以线上方式举行】 2021年9月24日，昆明市与老挝琅勃拉邦市缔结友好城市意向书签字仪式以线上方式举行。云南省委常委、昆明市委书记程连元出席会议，并代表中共昆明市委、昆明市人民政府，向致力于推动昆明市和琅勃拉邦市建立友好关系的同志们、朋友们表示感谢。程连元表示，今年是中老建交60周年，也是中老友好年。昆明市愿与琅勃拉邦市一道，以签署缔结友好城市意向书为契机，弘扬传统友谊，深化交流合作，加强发展战略对接，深化拓展务实合作，扩大人文交流交往，共同谱写新时代两地友好交往新篇章。

【庆祝中国文莱建交30周年暨南京

与斯里巴加湾结好 10 周年纪念活动举行】 2021 年 12 月 1 日上午，庆祝中国文莱建交 30 周年暨南京与斯里巴加湾结好 10 周年纪念活动在南京举行。江苏省委常委、南京市委书记韩立明，文莱驻华大使拉赫玛尼出席活动并致辞。中国驻文莱大使于红，文莱内政部部长阿布·巴卡尔，斯里巴加湾市管委会代理主席阿米努丁·本塔线上致辞。

【上海与新加坡新合作备忘录签署】 2021 年 12 月 16 日，上海、新加坡签署新的合作备忘录，将进一步在科技创新、金融、经贸商务、人文交流等领域加深全方位合作。会议通过视频连线方式举行。沪新理事会上海方主席、上海市市长龚正表示，面向未来，沪新互为发展机遇，我们愿同新方一道，聚焦共建"一带一路"，促进互联互通、抗疫合作共享城市治理经验、创新引领推动可持续发展、民心相通拓展人文交流等方面，通力协作，共同推动两地合作交流不断提质升级，共同谱写沪新全方位合作的新篇章。

【"中菲人文之驿走进漳州"活动举办】 2022 年 4 月 28 日上午，"中菲人文之驿"第二期活动"走进漳州"举行，活动由中国驻菲律宾使馆、漳州市人民政府、菲华各界联合会共同主办。中国驻菲律宾大使黄溪连、漳州市人民政府市长王进足、菲华各界联合会主席杨华鸿出席活动并致辞。

【中国广西与老挝老—中合作委员会交流合作研讨会举行】 2022 年 6 月 14 日，2022 年中国广西与老挝老—中合作委员会交流合作研讨会以视频会议形式举行。记者从会议上了解到，广西作为老挝"六七"学校所在地，与老挝传统友谊深厚。近年来，双方经贸合作日益深化，干部培训合作效应凸显，教育、文旅、广电、青年、妇女等人文领域的交流硕果累累。本次会议由自治区外事办公室和老挝老—中合作委员会共同主办，总结了广西与老挝近年来各领域的友好交流合作成果，探讨了后疫情时代双方深化合作的重点领域和方向。

【中国——柬埔寨合作论坛在贵阳举行】 2022 年 6 月 29 日，中国——柬埔寨合作论坛采取"线下+线上"参会方式，在贵州省贵阳市举行。论坛上，与会人员深入分析了 RCEP 和中柬自贸协定生效给中柬合作带来的新机遇，围绕可合作项目积极开展推介交流，共话未来、共讨商机、共谋发展。

【中国（甘肃）——马来西亚产业推介暨经贸合作对接会召开】 2022 年 7 月 8 日上午，由甘肃省人民政府、马来西亚国际贸易与工业部、马来西亚驻华大使馆共同主办的"中国（甘肃）—马来西亚产业推介暨经贸合作对接会"在兰州隆重召开。会议以"深化务实合作 共创丝路繁荣"为主题，旨在抢抓共建"一带一路"和 RCEP 生效实施重大机遇，推介双方优势产业，洽谈对接合作项目，共同促进甘肃省与马来西亚进出口贸易和双向投资扩规模、上水平。

【国际陆海贸易新通道中国（重庆）—老挝项目合作座谈会举行】 2022 年 7 月 8 日，老挝驻华大使坎葆·恩塔万一行到访重庆市中新示范项目管理局，推动陆海新通道共建合作，深化中老经贸人文交流，了解中新互联互通项目与陆海新通道建设情况，并参加国际陆海贸易新通道中国（重庆）—老挝项目合作座谈会。

【中国—老挝合作论坛举办】2022年7月18日，中国—老挝合作论坛举办。辽宁省商务厅副厅长李心球以视频连线方式出席论坛并作主旨发言。会议由老挝驻中国大使馆、老挝国家工商会、中国东盟商务理事会、RCEP产业合作委员会主办，邀请了辽宁省贸促会、老中铁路有限公司、核工业集团及南方电网云南国际公司等机构的代表出席。省商务厅外经处、地区一处负责人陪同出席。

【"根脉寻踪情系桑梓——中菲人文之驿·走进世遗泉州"活动举办】2022年8月4日，中国驻菲律宾大使馆、福建省泉州市人民政府、菲华各界联合会联合举办"根脉寻踪情系桑梓——中菲人文之驿·走进世遗泉州"活动，该活动在中国泉州市和菲律宾马尼拉市分别设立会场。据悉，"中菲人文之驿"是中国驻菲律宾大使馆、菲华各界联合会、中国（海南）改革发展研究院和福建省闽南文化研究会共同发起的人文交流平台，旨在弘扬中华优秀传统文化，宣传今日中国，密切和深化旅菲华侨华人与祖（籍）国的血肉联系，促进中菲交流互鉴。

【马来西亚政府与中国企业CEO圆桌对话】2022年9月17日，马来西亚政府与中国企业CEO圆桌对话会在南宁举行。广西壮族自治区主席蓝天立、中国国际贸易促进委员会副会长张少刚出席对话会并致辞。马来西亚交通部部长魏家祥线上与中国企业家对话。

【"2022对话泉城·中国（济南）国际商协会产业对话"活动举办】2022年11月1—2日，"2022对话泉城·中国（济南）国际商协会产业对话"活动举办。该活动由济南市贸促会、济南市教育局、济南市文化和旅游局、济南市投资促进局、中国—东盟商务理事会济南联络办公室共同主办，旨在抢抓RCEP生效红利，加强RCEP各成员国各地区贸促机构、商协会联系。

【中国滨州市—柬埔寨上丁省友好合作关系意向书签约仪式举行】2022年11月29日上午，中国滨州市—柬埔寨上丁省友好合作关系意向书签约仪式在滨州市新闻发布厅举行。此次活动以视频会议方式举行，柬埔寨王国驻济南总领馆桑莫尼领事、上丁省厅公共关系与国际合作办公室主任泰萨拉斯先生和该省办公厅、新闻厅、旅游部等部门的负责人线上参会。滨州市人民政府外事办公室、市农业农村局、市文旅局、市教育局、滨州职业学院、京博农化科技有限公司负责人参加会议。2023年是"柬中友谊年"、柬中建交65周年，双方将充分利用重要契机，建立联络机制，开展相关政府部门间定期会晤，加强各领域友好合作，为服务国家周边外交作出新贡献。

【"传承中菲情·携手向未来——中菲人文之驿走进厦门"在马尼拉开幕】2022年12月8日，"传承中菲情·携手向未来——中菲人文之驿走进厦门"在马尼拉开幕。此次活动由中国驻菲律宾大使馆、厦门市人民政府、菲华各界联合会共同主办。"传承中菲情·携手向未来——中菲人文之驿走进厦门"活动，围绕展示厦门人文风采、服务和宣传厦门、厦门与菲律宾交流交往等主题，以更直观更丰富更精彩的形式，展示了厦门与众不同的魅力。中菲人文之驿活动启动一年以来，相继推出了走进漳州、走进泉州两期大型专题活动，不仅引起了社会各界的广泛关注，也极大地调动了广大菲华群体特别是青年群体和文学爱好者团体的积极性，各方踊跃参与，掀起了一股"人文之驿"热潮。

【新加坡—江苏合作理事会第十六次会议召开】 2022年12月21日，新加坡—江苏合作理事会第十六次会议以视频连线方式在南京、新加坡两地召开。江苏省省长、理事会江苏方主席许昆林主持会议并致辞，新加坡总理公署部长兼财政部和国家发展部第二部长、理事会新方主席英兰妮出席会议并致辞。会前，许昆林会见了英兰妮。会议期间，许昆林、英兰妮签署新苏合作理事会第六轮合作备忘录。双方代表围绕"加强绿色低碳经济合作，促进新苏经贸投资高质量发展""深化科技资源链接，推进新苏协同创新发展"等专题展开研讨，发布了15个重点合作项目。江苏省副省长、理事会江苏方副主席方伟，新加坡人力部兼永续发展与环境部高级政务部长、理事会新方副主席许宝琨作会议总结。新苏双方有关人士参加会议。

九　中国—东盟其他交流

【西双版纳州与老挝北部5省举行视频会晤】 2021年12月8日，在中老铁路通车之际，西双版纳州与老挝丰沙里省、乌多姆赛省、南塔省、波乔省和琅勃拉邦省举行视频会晤，共商合作、共叙友谊、共话未来。

【上海商学院菲律宾司法执法机构官员能力建设研修班开班仪式举行】 2022年4月22日，由商务部主办、上海商学院商务部国际商务官员研修基地（上海）承办的菲律宾司法执法机构官员能力建设研修班举行线上开班仪式。研修班旨在与菲律宾分享中国在司法执法合作方面的理念、实践做法和相关政策，努力构建司法合作、能力共建、人员交流"三位一体"的互联互通大格局，进一步提升中菲司法合作能级、拓展合作领域，让中菲人民共享"一带一路"建设成果。

【中国（甘南）—马来西亚特色产品暨中藏药材线上推介会在云端举行】 2022年9月21日，中国（甘南）—马来西亚特色产品暨中藏药材线上推介会在云端举行。本次推介会由甘肃省甘南州政府主办，甘南州商务局、甘肃驻马来西亚商务代表处承办。在马来西亚，传统医学和补充医学的研究仍处于起步阶段。甘肃在传统医学方面所拥有的丰富知识和专长，将造福民众。

【第七届"中菲马尼拉论坛"举办】 2022年12月9日，中国驻菲律宾使馆和菲律宾中国了解协会（下称"菲中了"）联合举办第七届"中国—菲律宾马尼拉论坛"，主题为"中国共产党第二十次全国代表大会后的中国和中菲关系"。中国驻菲律宾大使黄溪连致闭幕辞。菲律宾前总统、菲中了名誉主席阿罗约致开幕辞，菲中了主席兰比诺发表主旨演讲，众议长罗慕尔德兹、副众议长卡米勒·维拉、参议院少数派领袖皮门特尔、众议院少数派高级副领袖达扎、众议员安吉莉卡·科等分别在论坛上致辞，菲议会、主要政党代表、政府和军方官员及各界人士约160人现场出席论坛。此次论坛通过黄溪连大使脸书、菲中电视台、"菲中了"等有关新媒体平台同步直播。

【2022年中菲关系研讨会在马尼拉举办】 2022年12月12日，由菲律宾雅典耀大学和暨南大学共同主办的2022年中菲关系研讨会在马尼拉举办。中国驻菲律宾大使黄溪连、菲律宾外交部部长助理英佩里亚尔（Nathaniel G. Imperial）在开幕式上作了主旨发言。此次研讨会以"挑战与机遇"为主题，来自菲律宾、马来西亚、印尼等东盟国家的外交及涉海部门官员、菲律宾大学、雅典耀大学、亚洲与太平洋大学、亚太进步基金会、暨南大学、中国南海研究院以及南京理工大学等中菲两国高校和智库的专家学者代表共百余人出席了此次研讨会。参会代表围绕"成就与机遇""邻国间的双边关系"和"人文交流互鉴"三个议题展开了深入讨论。

【第四届"中国—东盟法治论坛"在重庆举行】 2022年12月17日，以"法治合作推动共建'一带一路'高质量发展"为主题的第四届"中国—东盟法治论坛"在重庆举行。在论坛开幕式上，中国主会场举行了"中国—老挝法律研究咨询中心"揭牌仪式，老挝举行了"老挝—中国法律研究咨询中心"的揭牌仪式。本次论坛由西南政法大学和重庆市对外文化交流协会主办，中国—东盟法律研究中心、西南政法大学区域国别学院/国际法学院共同承办，重庆市法学会自由贸易区暨"一带一路"法治研究会和重庆国际传播中心协办，并由中国教育部中外人文交流中心、重庆市人民政府外事办公室和重庆市人民政府新闻办公室作为指导单位。来自中国和东盟国家政府部门、司法机构、高校、律师事务所、仲裁组织等的150余名代表通过线上视频与实体会场相结合的方式出席论坛。

（撰稿人：刘美玲、包振山、王如梦）

中—南太人文交流

一 中—南太教育交流

【聊城职院与基里巴斯技术学院开展线上交流】 2021年6月16日，聊城市外事办公室、聊城职业技术学院与中国驻基里巴斯大使馆、基里巴斯技术学院就技术技能培训、教师互访交流、重点专业领域合作等方面开展线上交流。中国驻基里巴斯大使馆政新处主任刘波、官员吴凯，基里巴斯技术学院负责人BannauTiiata及相关处室院部负责人，聊城市外事办公室副主任刘莹、因公出国管理科工作人员，聊城职业技术学院党委副书记、院长徐龙海，党委委员、合作服务处处长徐洪祥及相关系部负责人参加活动。

【中国同瓦努阿图签署关于合作开展瓦中小学中文教育的谅解备忘录】 2021年9月10日，中国驻瓦努阿图大使周海成代表中国教育部，与瓦努阿图教育与培训部长萨姆逊在瓦首都维拉港共同签署《关于合作开展瓦努阿图中小学中文教育项目的谅解备忘录》。该谅解备忘录的签署将助力瓦努阿图政府落实关于将中文作为瓦努阿图学校教学第一外语的决定，促进瓦努阿图中小学普及中文教育。

【新西兰、斐济近400学生线上开学中国课】 2021年10月11日，"2021年线上中华文化大乐园—新西兰、斐济园"在河南省实验学校郑东小学开园。此后10天，新西兰中华情中文学校、斐济逸仙学校的近400名学生通过线上方式学习少林功夫、太极拳及中国舞蹈、剪纸、国画等课程，感受中国传统文化魅力。

【驻基里巴斯大使唐松根出席中国援助基外岛校车交接仪式】 2022年4月29日，中国援助基里巴斯外岛20辆校车交接仪式在基首都塔拉瓦比休岛举办，中国驻基里巴斯大使唐松根和基教育部部长蒂博签署校车交接证书。基里巴斯总统马茂、副总统兼财政部部长托阿图、劳工部部长蒂亚凯、交通部部长塔拉斯等出席并见证校车交接，教育部和媒体代表等约40人参加活动。此次校车捐赠得到基各界广泛关注，校车运抵基首都塔拉瓦后，基里巴斯有关政要、议员、媒体纷纷向我馆了解校车安装进展，并期待校车早日运抵外岛，国家电台提前做了报道。活动当日，基里巴斯总统办公室新闻官、国家电台、壹号电视台等主流媒体记者全程报道。

【中方援建巴布亚新几内亚学校】 2022年8月8日，布图卡学园正在筹划开办课后兴趣班，让学生们近距离地接触中国传统文化。2018 年 11 月 16 日，中国国家主席习近平在对巴布亚新几内亚进行国事访问期间，出席了布图卡学园的启用仪式。

【中国赴所罗门群岛警务顾问组为当地皇家警察部队警官提供培训】 2022 年 10 月 12 日，中国赴所警务顾问组开始在所罗门群岛伊莎贝尔省为当地皇家警察部队的 22 名警官提供培训。截至目前，中方已经累计为所罗门群岛皇家警察部队组织了 13 批次、超 300 人次的培训。在结束皇家警察部队培训后，中国赴所警务顾问组每天下午为当地 40 名妇女和儿童进行武术自卫培训。在培训间隙，中国赴所警务顾问组于 17 日慰问了当地困难警员家庭。

【中国海洋大学刘勇副校长与基里巴斯驻华大使举行会谈】 2022 年 10 月 24 日下午，中国海洋大学副校长刘勇与基里巴斯驻华大使戴维·蒂阿博举行会谈。青岛市委副秘书长林镔、青岛市外事办公室美大处处长陈宣伊出席会谈。作为国内基里巴斯留学生最多的院校之一，中国海洋大学积极服务国家外交大局，促进中基友好交流，2019 年以来，共有 30 名基里巴斯留学生到校学习，其中 14 人已毕业。

二　中—南太科技交流

【"新宜中心"协议续签仪式在线举行】 2022 年 10 月 28 日，江苏宜兴环保科技工业园与澳大利亚新南威尔士大学共建"新南威尔士大学（宜兴）环境技术创新中心"（以下简称新宜中心）协议续签仪式在线举行。科技部火炬中心主任贾敬敦见证签约并致辞。新南威尔士大学副校长菲斯克与宜兴环保科技工业园党工委副书记、管委会副主任周雪强代表双方签署协议。中国驻澳大利亚大使馆科技参赞蔡嘉宁、中国驻悉尼总领事馆科技领事金建敏、澳大利亚驻上海总领事馆高级商务参赞刘冰，以及宜兴市市领导等多位相关负责领导同志和嘉宾出席本次活动。五年来，新宜中心与国内外多家企业及研究机构开展了多项研发合作，获得 10 余项专利授权，建立示范工程 4 项，在环境技术开发、转化和商品化，以及高端人才引进和培养方面发挥了积极作用，成为了中澳科技创新合作的重要桥梁和平台。

三　中—南太文化交流

【斐济中国文化中心成立五周年招待会举办】 2021 年 1 月 7 日，斐济中国文化中心举办了中心成立五周年招待会。中国驻斐济大使钱波、斐济教育、遗产和艺术部长罗茜·阿克巴尔女士出席活动并致辞。来自斐济政府部门、文化艺术机构、国际组织的嘉宾，和当地华人华侨、中资企业、孔子学院的代表以及新闻记者等约 50 人参加了活动。本次活动得到了斐济当地主流媒体的高度关注，新华社分社、《斐济太阳报》《斐济时报》《斐济村》、斐济政府信息处、斐济通讯有限公司、斐济广播有限公司、斐济电视台等均派记者来到现场进行采访并及时进行了报道。

【太极"走进"库克群岛国家大礼堂】 2021年9月24日，在南太平洋岛国库克群岛宪法日系列庆祝活动中，孔子课堂的"太极俱乐部"代表中国社区参加演出。库克群岛孔子课堂的太极课，从南太平洋大学的教室，走向民间大舞台再走上国家大礼堂的舞台。

【增进文化交流！市博物馆与基里巴斯博物馆举行视频会议】 2021年11月23日，在中国驻基里巴斯使馆和肇庆市外事局的牵头组织下，肇庆市博物馆与基里巴斯博物馆举行视频会议，双方就文化领域对外交流以及博物馆工作情况进行交流。

【"水韵江苏"线上文旅推介活动举办】 2022年5月19日，在第12个"中国旅游日"来临之际，江苏省文化和旅游厅携手斐济中国文化中心，为斐济民众奉上"水韵江苏"线上文旅大餐。推介活动涵盖舞蹈、音乐、摄影、美术、非遗等线上文旅项目精品，集中展示至2022年底。

【南太岛国校园里的中国文化热】 2022年6月3日，在巴布亚新几内亚首都莫尔兹比港，学生们在布图卡学园内玩耍。布图卡学园提升了当地的教育水平，尤其是双语教学水平，这对于当地孩子未来发展很重要。中国是世界第二大经济体，孩子们通过学习中文和了解中国文化，在提高文化素养、选择未来职业等许多方面获益匪浅。

【《中国新征程世界新机遇》的党的二十大精神媒体吹风会在斐济中国文化中心举行】 2022年10月26日，中国驻斐济大使钱波在斐济中国文化中心举行主题为《中国新征程世界新机遇》的党的二十大精神媒体吹风会，全面介绍党的二十大的重要意义，深入解读习近平总书记二十大报告的主要内容以及中国式现代化给世界带来的新机遇，积极展望中国同斐济及太平洋岛国关系的光明前景。《斐济太阳报》《斐济时报》、斐济广播公司、斐济电视台、玛宜电视台、斐济村新闻网、《斐济日报》等斐主流媒体及斐外交部官员、南太平洋大学学者、新华社苏瓦分社首席记者近30人参加。会后，钱大使就中斐关系、双边经贸、旅游和人文交流、应对气候变化、中国发展同太平洋岛国关系的原则和合作方向等话题接受了媒体的联合采访。

【"品中华文化叙中斐友谊"文化体验活动在斐济举行】 2022年11月30日，中国驻斐济使馆在斐济中国文化中心举办"品中华文化 叙中斐友谊"中华文化体验专场活动，斐济总统夫人菲洛梅娜·卡托尼韦雷、应钱波大使和夫人卢琦邀请参加。活动期间，斐济总统夫人一行欣赏了由使馆女外交官呈现的精彩文艺表演、茶艺和厨艺展示，参观了中国—斐济关爱自然飞鸟艺术摄影展，并观看了"美丽中国"风光和人文纪录短片。

【基里巴斯国家博物馆中国文化展开幕】 2022年12月20日，基里巴斯国家博物馆举行中国文化展开幕式，中国驻基里巴斯大使唐松根应邀出席开幕式并发表致辞，基内政部长巴特里基、卫生部长伊森特昂等各界代表近百人出席开幕式，肇庆市副市长谢桂坤应邀发表视频致辞。与会宾客现场参观了丰富多彩的中国传统文化展品，包括文房四宝、脸谱、剪纸、旗袍、雕刻等。在基中资机构和援基中文教育顾问倾情表演的舞龙舞狮和茶艺赢得满堂喝彩。

【中澳高级别人文对话会议举办】 2022年12月21日，为庆祝中澳建交50周年，上海交通大学澳大利亚研究中心与清华大学澳大利亚研究中心共同举办了中澳高级别人文对话会议。会议以线上形式举行，来自上海交通大学、清华大学、北京大学、中国人民大学、华东师范大学、北京外国语大学、上海外国语大学、墨尔本大学、悉尼大学、阿德莱德大学、西澳大学、莫纳什大学等中澳多所机构院校的知名学者相聚云端。该会议旨在增进中澳人文学者之间的学术交流与跨文化对话，着力提升双边在教学科研、社会交流、文化互鉴等多维度的合作深度和广度，以人文性、社会性、前沿性视角探索中澳社会追求践行的共同价值理念。

四 中—南太卫生交流

【聊城市与基里巴斯医疗卫生部门视频交流会召开】 2021年3月31日上午，中国驻基里巴斯大使馆与聊城市外办共同组织召开聊城市与基里巴斯卫健部门视频交流会，会议由中国驻基里巴斯大使馆政新处负责人陈哲颖主持，基里巴斯卫生与医疗部常务副秘书长艾玛·纳万、市外办副主任刘莹出席会议并致辞。

【江门与所罗门群岛霍尼亚拉市联合举办2021年春节文化交流活动】 2021年农历年三十下午，江门市广播电视台特别推出"跨越山海的祝福——2021年春节文化交流活动（江门—霍尼亚拉）"特别节目，与海外华侨华人一起共贺欢乐中国年。节目在所罗门群岛华侨华人、祖籍江门的香港明星和江门市民的祝福声中圆满结束。节目播出后，在海外五邑华侨华人中引起很大反响，他们纷纷转发并分享节目的播出链接，并留言祝福江门新的一年发展越来越好，人民生活越来越兴旺。

【首批援助所罗门群岛中国医疗队出征】 2022年3月18日下午3点，第一批援助所罗门群岛中国医疗队出征授旗暨欢送仪式在贵州医科大学附属医院举行。3月21日，医疗队的6名成员将启程前往所罗门群岛，开展为期1年的医疗卫生援外工作。首支医疗队共计6名成员，其中专职队长由省卫生健康委机关选派，其他5名队员为3男2女，分别来自贵医附院全科医疗科、肾内科、针灸科、行政后勤等部门。

【第12批援巴布亚新几内亚中国医疗队出征】 2022年7月22日，第12批援巴布亚新几内亚中国医疗队出征欢送仪式在重庆举行。这支医疗队从重庆启程赴巴布亚新几内亚，与第11批医疗队交接轮换，在莫港总医院执行为期一年的国家卫生援外任务。第12批援巴布亚新几内亚中国医疗队配备有1名泌尿外科专家、1名妇产科专家、1名神经外科专家、1名普外科专家和1名手术室护士。针对巴布亚新几内亚疾病谱和受援医院临床工作需要，医疗队配备了1名新生儿科专家和1名肾内科专家。值得一提的是，此次医疗队还专门配备了1名中医针灸推拿专家，为巴布亚新几内亚人民体验中医药提供了平台。至此，重庆已累计向巴布亚新几内亚派遣12批医疗队，共计120人次。

【中国（广东）—南太平洋岛国远程医疗及微创外科技术培训项目启动仪式在南方医科大学南方医院举行】 2022年9月15日，中国（广东）—南太平洋岛国远程医疗及微创外科技术培训项目启动仪式在南方医科大学南方医院举行。广东省卫生健康委一级巡视员陈祝生、瓦努阿图卫生部代理部长Bruno Leigkone，广东省委外办美洲与大洋洲处处长李宏志，中国驻瓦努阿图大使馆经商处参赞吴洁出席活动。南方医科大学南方医院外科专家通过手术直播，向南太平洋岛国医生演示了腹腔镜下直肠癌根治术及经尿道前列腺剜切术。

【中国将向萨摩亚派出新一批次援助医疗队】 2022年9月30日，第七批中国（吉林）援萨摩亚医疗队欢送仪式在长春举行。中国（吉林）援萨摩亚医疗项目始于2018年，两年为一周期，每一周期分4批共24人次，每半年轮换一批。此批医疗队队员来自吉林大学第一医院、吉林大学第二医院、吉林大学中日联谊医院、吉林省人民医院等多家医院。

【南部战区成功组织承办中国—南太岛国人道主义救援减灾桌面联演】 2022年12月15—16日，南部战区通过视频方式，成功与斐济、汤加、瓦努阿图等南太平洋岛国军（警）部队代表团举行中国—南太岛国人道主义救援减灾桌面联演。该联演以应对公共卫生突发危机事件处置为主题，按照人道主义救援减灾联合行动应急响应、救援实施、交接撤收三个阶段的实际流程，相互介绍行动理念、行动要点，交流经验做法、对接现实需求，围绕中方提出的《人道主义救援减灾中的公共卫生突发危机事件处置标准行动程序》进行深入研讨，各方就规范、高效开展人道主义救援减灾行动达成初步共识。此次活动有效深化与南太岛国防务安全互信，为下步开展务实交流合作打下基础。

五　中—南太体育交流

【中国援所罗门群岛体育场馆训练跑道项目移交仪式举行】 2022年4月22日，中国驻所罗门群岛大使李明和所罗门群岛总理索加瓦雷共同出席中国援所体育场馆项目训练跑道移交仪式。所罗门群岛政府副总理梅兰加等内阁成员、议员、运动员、宗教界及侨团和中资企业代表等出席。仪式结束后，索加瓦雷总理兴致勃勃地参观了跑道，仔细听取了中方项目组介绍的跑道建设情况。所罗门群岛太平洋运动会组委会邀请运动员代表在跑道上进行百米试跑，各界嘉宾和民众报以热烈掌声。当地艺术家在跑道外墙精心制作富有传统特色的绘画，展现运动员们的竞技风采。

六　中—南太媒体交流

【驻基里巴斯使馆举行中华人民共和国成立72周年暨中基复交两周年媒体吹风会】　2021年9月24日，中国驻基里巴斯大使唐松根主持中华人民共和国成立72周年和中基复交2周年媒体吹风会，基里巴斯广播出版管理局主席特乌拉凯、总统办公室新闻官特里和《乌凯拉报》《新星报》、基国家电台、壹号电视台等基里巴斯主流媒体记者出席。

【中库建交25周年，库克群岛中国电影节落下帷幕】　2022年11月30日至12月5日，为庆祝中华人民共和国与库克群岛建交25周年，在拉罗汤加皇家影院举办了库克群岛中国电影节。电影节由中华人民共和国驻新西兰（库克群岛、纽埃）大使馆和中国电影资料馆联合主办，中国驻库克群岛大使王小龙、库克群岛女王代表汤姆·马斯特爵士和马斯特夫人、教育部部长等内阁成员出席了电影节开幕式。

七　中—南太旅游交流

【2021年澳大利亚旅游交易会盛大回归，中澳旅业同仁"云上"相聚，共话新章】　2021年6月10—11日，2021年澳大利亚旅游交易会（Australian Tourism Exchange，简称ATE）中国区活动于苏州举行。ATE是澳大利亚旅游局专门为全球赴澳旅游从业者举办的旅游交易会，旨在为全球的赴澳旅游从业者打造优质的交流和交易平台，促进双方更紧密的商务合作。本届中国区交易会采用线上线下相结合的方式，共吸引近190家来自大中华区的优质买家与多达638家澳大利亚旅游产品供应商"云上"相聚，共话"新常态"下赴澳旅游的全新机遇与合作前景。

【2021年澳大利亚"江苏文化和旅游年"精彩收官：中澳新年音乐会架起两地文化沟通桥梁】　2021年12月20日晚，由江苏省文化和旅游厅、江苏省人民政府外事办公室、悉尼中国文化中心主办，苏州市文化广电和旅游局和苏州市人民政府外事办公室承办的2021年澳大利亚"江苏文化和旅游年"闭幕式暨中澳新年音乐会在苏州文化艺术中心举行。苏州民族管弦乐团与澳大利亚墨尔本交响乐团以线上线下结合的方式进行联合演奏，为两地观众献上了一场音乐盛宴。现场，中澳两个乐团交替演奏了《威廉·退尔》《茉莉花》《春江花月夜》、昆曲《牡丹亭》《澳大利亚民歌联奏》等中澳及西方经典乐曲，二胡、琵琶、唢呐、芦笙等民族乐器演奏出了交响乐的气势，中西迥异的乐器搭配给观众带来了新鲜体验。

八 中—南太青年交流

【中国和瓦努阿图青年举行视频对话活动举行】 2021年5月12日,中国和瓦努阿图青年视频对话成功举行。对话以"青年对中瓦友谊和应对气候变化的贡献"为主题,由中国驻瓦努阿图大使馆、中国全国对外友协、北京大学国际关系学院和瓦努阿图青年发展和体育部、瓦努阿图—中国友好协会共同主办。

【"国际中文日"斐济青年学生线上文化交流体验活动举办】 2022年4月20日,在第13个"联合国中文日"来临之际,斐济青年学生线上文化交流体验活动在山东大学中华传统文化研究与体验基地成功举办。本次活动围绕"传统礼仪""传统服饰""功夫茶艺"等多个主题展开,通过实景直播的方式,将线上演示与观摩、解说与理解、互动与反馈等多个环节进行融合设计,提升学员在线上交流学习活动中的参与感和体验感。双方将以此为契机,以线上带动线下,以精准服务斐济中文教育为目标,全面落实推进国别化中文课程、教学研究、师资培养等多项中斐人文交流工作。

【中国援助基里巴斯青年公园修缮项目开工仪式举行】 2022年9月4日,中铁一局基里巴斯青年公园修缮项目开工仪式隆重举行。基里巴斯农业部部长特凯亚拉、中国驻基里巴斯大使馆临时代办赵健等出席开工仪式;广东省外事办主任柳琛子、肇庆市市长许晓雄、中铁一局海外事业部总经理孙高峰以视频方式向远在南太平洋的开工盛典送来祝贺。按照当地风俗,在社区老人的携领下,参会重要嘉宾一起进行了破土动工仪式,标志着此次开工典礼圆满完成。

九 中—南太妇女交流

【中华全国妇女联合会向斐济捐赠应对热带气旋赈灾物资】 2021年12月14日,中华全国妇女联合会在斐济首都苏瓦向斐济妇女、儿童和减贫事务部捐赠应对热带气旋赈灾物资。在2020年及2021年初斐济遭遇热带气旋"亚萨"和"安娜"袭击后,中国政府采取了及时行动,向斐方提供援助用于帮助赈灾。

十 中—南太地方交流

【中国驻斐济大使馆与当地智库分享中国减贫经验】 2021年3月16日,中国驻斐济大使馆举行"中国减贫:成就、经验和世界意义"专题媒体智库吹风会,中国驻斐济大使钱波阐述了中国特色扶贫开发道路对世界各国、特别是发展中国家的重大意义，同斐方分享减贫经验和创新做法。来自南太平洋大学和斐济国立大学的专家学者以及斐济主流媒体记者等出席了吹风会。

【首次中国—太平洋岛国外长会以视频方式召开】 2021年10月21日，首次中国—太平洋岛国外长会以视频方式举行，会议由国务委员兼外长王毅主持。同中国建交的太平洋岛国外长出席了会议。与会各方围绕中国同太平洋岛国关系、抗疫及各领域交流合作、国际地区合作等议题深入交换了意见。

【海合会携会员单位拜访所罗门群岛驻华大使】 2021年11月25日，中国投资协会海外投资联合会携会员单位共同前往所罗门群岛驻华大使馆拜访约翰·莫法特·傅桂大使。中集集团、海合会副会长单位福建省中海联发集团董事局主席兼总裁薛理标、中投海联（海南）私募基金管理有限公司法人陈德锋、浙江京世影视文化有限公司顾问潘建新、海合会执行秘书长吴献、参赞特蕾莎、秘书臧宇等企业家和投资人参加了本次拜访。在拜访中，双方就文化、体育、经济等领域的合作展开了深入交流，对中国5G技术以及其他科技的推广和引进进行了可行性的研究。

【中国和基里巴斯共同举办椰子产业综合利用视频培训会议】 2021年11月25日，基里巴斯公共服务办公室与中国热带农业科学院共同举办了椰子产业综合利用视频培训会议。中国驻基里巴斯大使唐松根以及使馆全体外交官、基里巴斯公共服务办公室人力资源管理中心主任尤莉阿姆、工商联合会主席卡图阿、中国热科院刘国道副院长等人出席了会议，来自基里巴斯公共服务办公室、商务部、农业部、外交部等政府部门、私营企业、社区、媒体的代表约80人在塔拉瓦参训，基里巴斯圣诞岛分会场约20人参训。本次培训得到了基里巴斯业界人士的高度重视和首都塔拉瓦和圣诞岛政府部门和私营领域人士踊跃参加。

【王毅在两会记者会上谈及中国同南太岛国关系】 2022年3月7日，国务委员兼外交部部长王毅在两会记者会上谈及中国同南太平洋岛国关系。王毅表示，中国外交历来坚持大小国家一律平等，中国始终是南太国家可以信赖的好朋友，愿共同打造不同大小、不同制度国家相互支持、团结合作的新典范。

【中国同澳大利亚就南太平洋事务交换意见】 2022年5月6日，外交部美大司负责人以视频方式同澳大利亚外交贸易部官员就南太平洋事务交换意见。中方就中国同所罗门群岛安全合作表明严正立场，指出中所安全合作是两个主权国家间的正常合作，基于相互尊重、平等互利原则，符合国际法和国际惯例。双方并就各自对南太岛国政策、抗疫和经济复苏、渔业和海洋、基础设施建设、应对气候变化和防灾减灾等涉南太问题进行交流。

【江门市和所罗门群岛首都霍尼亚拉市结为中所第一对友好城市】 2022年5月26日，国务委员兼外交部部长王毅在霍尼亚拉市同所罗门群岛外长马内莱共同会见记者。据了解，今年5月，江门市和所罗门群岛首都霍尼亚拉市签署了友好城市关系协议书，正式缔结为友好城市，双方将在平等互利的基础上，共同促进两市人民之间的友好交往和经济、贸易往来，积极开展各个领域的交流与合作。

【第二次中国—太平洋岛国外长会在斐济苏瓦以线上线下结合方式召开】 2022年5月30日，第二次中国—太平洋岛国外长会在斐济苏瓦以线上线下结合的方式召开。从达成五点共识到打造六个新平台，中国与南太平洋岛国的新会晤迎来了双方关系与合作的一次"再升级"。

【"2022·北京人权论坛"在京举行】 2022年7月26日，由中国人权研究会和中国人权发展基金会共同主办的"2022·北京人权论坛"在北京举行。来自近70个国家以及联合国等国际组织的高级官员、专家学者和驻华使节代表等近200人出席论坛，围绕"公平公正合理包容：携手推动人权事业发展"这一主题畅所欲言、深入交流。

【中国援助南太岛国一系列项目取得重要进展】 2022年9月5日，外交部发言人毛宁主持例行记者会。毛宁表示，中国援助南太平洋岛国的不少项目近期都取得了重要进展，巴布亚新几内亚恩加省医院、萨摩亚中萨友谊公园等项目已经顺利竣工并交接。基里巴斯青年公园修缮项目，所罗门群岛国立大学宿舍楼，瓦努阿图彭特考斯特岛公路一期工程等项目先后开工。

【所罗门群岛总理以视频方式出席第五届中国国际进口博览会开幕式并致辞】 2022年11月4日，第五届中国国际进口博览会开幕式在上海举行。所罗门群岛总理应邀与有关国家元首和世界贸易组织、世界货币基金会和联合国工业发展组织等国际组织负责人以视频方式出席开幕式并分别发表致辞。

【"庆祝中国—库克群岛建交25周年云端音乐会"播出】 2022年12月9日晚，"庆祝中国—库克群岛建交25周年云端音乐会"在线上展播。值此中国与库克群岛建交25周年的重要历史节点，为服务构建更加紧密的中国—太平洋岛国命运共同体，向世界多角度讲好中国故事、粤港澳大湾区故事和珠海故事，彰显跨越太平洋的深情厚谊，珠海市与库克群岛文化发展部联合举办的"庆祝中国—库克群岛建交25周年云端音乐会"日前开播，并于12月9日在珠海观海融媒APP、库克群岛文化发展部Facebook官方主页和Youtube官方频道等媒体平台上线展播。

（撰稿人：刘美玲、王如梦）

第三编
其他双边中外人文交流

教育人文交流

【蒙古国举行中学生"汉语桥"决赛】 2021年4月16日,以"追梦中文,不负韶华"为主题的第十四届"汉语桥"世界中学生中文比赛蒙古国大区赛决赛以线上形式举行。比赛由主题演讲、抽签问答、才艺表演三个部分组成。来自蒙古国希望汉语中学、贺西格中学、旅蒙华侨蒙中友谊学校等5所学校的15名选手参赛。经过激烈角逐,希望汉语中学选手扎布赫楞获得代表蒙古国赴中国参加总决赛的资格。本次比赛由中国驻蒙古国大使馆主办,蒙古国国立大学孔子学院承办。

【中国和塞浦路斯签署高等教育与科研合作谅解备忘录】 2022年5月13日,中国驻塞浦路斯大使刘彦涛受中国教育部委托与塞浦路斯教育部部长普罗德罗莫斯·普罗德罗穆签署《中华人民共和国教育部与塞浦路斯共和国教育文化体育和青年部关于高等教育与科学研究合作的谅解备忘录(2022—2026年)》。此次签署的备忘录共有11项条款,涵盖语言教学和研究、联合学位和学历学位互认、在线教育、教育代表团交流、政府奖学金、高等教育机构交流等7个主要合作领域。

【孔子学院中文课堂走进土耳其总统府】 2022年10月6日起,应土耳其官方邀请,土耳其中东技术大学孔子学院在土耳其总统府开设为期约4个月的中文课堂,授课对象主要为总统府工作人员。在当天举行的开班仪式上,土耳其副总统的外交事务首席顾问哈利勒表示,土耳其对中国"一带一路"倡议十分支持,开设中文课堂有助于"一带一路"建设,并希望土中两国加强经济合作。中文课堂教学内容包括中文初级课程和中国文化实践活动,如中国传统茶艺、太极拳等。

科技人文交流

【中国机车从大连首次出口阿联酋】 2021年2月8日,由中车大连机车车辆有限公司制造的第二批出口阿联酋内燃机车在大连海港发运,第一批内燃机车于1月19日运抵阿联酋。两批机车的陆续运达,标志着中国机车首次出口阿联酋。出口阿联酋的机车由中车大连公司在既有车型基础上进行设计优化。公司积极采纳客户需求建议,充分考虑阿联酋地区高温、多风沙的机车运用环境和机车用途,加强对空气滤清系统、微机、空调系统和冷却系统等部件的散热能力优化设计,确保机车在50℃极端环境下的正常运用。以阿联酋项目为依托,中车大连公司继续与中土公司加强战略合作,共同服务于"一带一路"建设,开拓阿联酋轨道交通市场,提升中车品牌在海外的影响力。

【中国(宁夏)—蒙古国大宗商品跨境交易直通平台启动】 2022年7月28日,中国(宁夏)—蒙古国大宗商品跨境交易直通平台启动仪式在宁夏银川市、蒙古国乌兰巴托市同步举办。该平台融合了线上、线下两种交易模式,为中蒙企业提供国际运输、清关、仓储、法律、保险等一体化服务,可有力降低企业经营成本、扩大业务订单、提升物流效率、缩短交易周期。平台启动运营后,将为中蒙两国进一步深化经贸合作带来新契机、提供新机遇,成为宁夏联通中欧以及共建"一带一路"国家实现大宗商品交易的重要渠道和平台。近年来,宁夏与蒙古国经贸合作大幅加快,蒙古国已成为宁夏对外贸易增长最快的贸易伙伴之一。特别是随着宁夏—中欧国际班列和TIR国际货运卡车班列的开通,宁夏对外贸易渠道已覆盖中亚五国以及伊朗、俄罗斯、蒙古国等国家的40多个城市。2022年上半年,宁夏进出口总额达122.5亿元,同比增长70.1%,增速排名全国第一位。启动仪式上,中蒙两国企业在"云端"进行了推介交流,在平台项目、煤炭、基础设施建设和绿化工程等领域达成合作成果11项、签约金额118亿元。

【中企承建的孟加拉国政府基础网络三期项目竣工】 2022年11月22日,由中国资金支持、中国企业承建的孟加拉国政府基础网络三期项目在孟加拉国首都达卡举行竣工仪式。该项目是孟加拉国政府"数字孟加拉国"战略重要组成部分,在一期和二期项目基础上,三期项目将网络延伸至最基层的2600多个行政单元,覆盖全国62%的地区和人口,将"信息高速公路"从首都铺至全国各地,惠及约1亿民众。项目使用中国进出口银行优惠贷款,总承包商为中铁国际集团有限公司(中铁国际），主要分包商为华为技术有限公司。中孟在信息通信技术相关领域的合作，有助于"数字丝绸之路"和"数字孟加拉国"的进一步融合，造福两国人民。中国作为孟加拉国的好朋友和战略伙伴，将同孟方一起共同探索更多高端产业合作机会，推动两国高质量共建"一带一路"。

【"中国造"最高速内燃动车组阿联酋亮相】 2022年12月2日，中国中车四方股份公司（以下简称中车四方）为阿联酋国家铁路研制的高速内燃动车组在阿联酋成立51周年国庆庆典活动中亮相。该列车是中国企业出口阿联酋的首列内燃动车组，设计运营时速200公里，是目前世界最高速的内燃动车组。作为阿联酋首个干线铁路客车项目，中车四方出口阿联酋的内燃动车组对于助力阿联酋打造现代化、与国际接轨的铁路网络，拉动海湾国家区域铁路一体化进程，造福当地社会经济发展具有重要意义。该车为阿联酋"量身定制"，不仅在全球同类产品中速度最高，且具备耐高温、防沙尘等独特技术优势，是国际先进的现代化高速内燃动车组。

【第十三届中国（阿联酋）贸易博览会举办】 2022年12月19—21日，第十三届中国（阿联酋）贸易博览会在阿联酋迪拜世贸中心举办。此次博览会吸引了我国各地企业飞赴阿联酋组团参展，开展系列抢订单、拓市场活动。全国超千家企业参加，涉及食品机械、美容、家电等十大行业。阿联酋是中东地区重要的交通枢纽和最大的贸易中心，在这里举办贸易博览会可辐射海湾六国、西亚七国、非洲及欧洲南部国家，贸易覆盖人口超过13亿。与普通参展不同，中国（阿联酋）贸易博览会是今年中国在海外举办的单个展览项目中规模最大的自办展。此次博览会能够为中国企业量身定制服务，为全国的外贸企业搭建更广阔的贸易自主平台。

文化人文交流

【中国脱贫攻坚成就展在亚美尼亚举行】 2021年3月26日,中国脱贫攻坚成就展在亚美尼亚首都埃里温正式启动。本次展览由中国驻亚美尼亚大使馆和亚美尼亚国家通讯社联合举办,采取线上展览形式,共展出104张图片,记录中国人民在脱贫攻坚历程中的艰苦奋斗和取得的伟大历史成就。本次展览持续至2021年底,为方便读者观展,图片以英文、俄文、亚美尼亚文做了注释。

【2021中法文化之春举行】 2021年4月21日至7月31日,中法文化之春在全国14座城市陆续开展78个文化项目,活动历时101天,涵盖视觉艺术、时尚、音乐、美食、图书与思辨、电影等领域。

【以色列2021年"中国旅游文化周"举办】 2021年6月6—30日,以色列2021年"中国旅游文化周"举办。特拉维夫中国文化中心在其网站和社交媒体上推出文化周线上活动,让以色列民众足不出户就能欣赏到中国的壮丽河山和灿烂文化。此次文化周以"美丽中国"为主题,包括"非遗与美丽乡村建设""冰雪旅游""美食文化"3个板块,分别展示中国乡村文化资源、中国冰雪旅游景观以及中国不同地域的美食和风土人情。此外,文化周还推出"山水艺境——中国优秀旅游演艺项目"海外推广活动,通过独具特色的旅游主题短视频为以色列观众带来新的视听体验。此次文化周由中国文化和旅游部部署、中外文化交流中心和特拉维夫中国文化中心共同主办。

【中国共产党建党百年研讨会在巴基斯坦举行】 2021年6月17日,由中国驻巴基斯坦大使馆和巴基斯坦智库巴中学会共同举办的中国共产党建党百年研讨会以线上方式举行。中国驻巴基斯坦大使农融和巴基斯坦多个政党的参议员出席。研讨会围绕"中国共产党一百年:以人民为中心"这一主题,就中共执政理念、执政成就和中巴两国政党合作与交流等话题展开深入探讨。

【《习近平谈治国理政》(第二卷)尼泊尔文版首发式和(第三卷)英文版推介会在加德满都举行】 2021年9月23日,《习近平谈治国理政》(第二卷)尼泊尔文版首发式和(第三卷)英文版推介会在尼泊尔首都加德满都举行。此次活动由中国国务院新闻办公室、尼泊尔总统府、中国外文局、中国驻尼泊尔大使馆共同主办。尼泊尔总统班达里出席活动并致辞,中共中央政治局委员、中宣部部长黄坤明发表视频致辞。中国驻尼泊尔大使侯艳琪、尼泊尔中国研究中心执行主席巴特拉伊等各界人士参加了当天活动。活动现场，班达里为《习近平谈治国理政》（第二卷）尼泊尔文版新书揭幕，侯艳琪代表中方向尼方嘉宾赠送了（第二卷）尼泊尔文版和（第三卷）英文版图书。《习近平谈治国理政》（第二卷）尼泊尔文版由中国外文出版社和尼泊尔中国研究中心共同翻译出版。截至目前，《习近平谈治国理政》（第二卷）已翻译出版13个语种。

【"魅力北京"系列纪录片在阿联酋开播】 2021年10月15日，"魅力北京"系列纪录片在阿联酋阿尔安电视台开播。在6个多月时间里，该电视台播放《腾飞》《中关村》《双奥之城》等8个系列共28集纪录片，展现北京风采。

【第二届"中国电影周"活动在伊朗举办】 2021年10月16日，第二届"中国电影周"活动在伊朗首都德黑兰开幕，伊朗各界友好人士和部分国家驻伊使节等近百人出席。本届"中国电影周"活动由中国驻伊朗大使馆与伊朗电影艺术与体验组织共同举办。本届电影周采用线上线下相结合的方式，持续至22日。在此期间，伊朗艺术家之家及主流电影网站展映了《归来》《莫尔道嘎》《百鸟朝凤》等7部优秀中国影片。电影周框架下还增设了"中伊电影大师工作坊"活动，邀请两国知名导演、影评人等电影从业人士进行一对一交流，畅谈艺术心得。

【"新疆是个好地方"视频交流会在土耳其举办】 2021年10月22日，中国驻土耳其大使馆在安卡拉与新疆维吾尔自治区政府在乌鲁木齐共同举办"新疆是个好地方"视频交流会。来自土耳其政府、议会、政党、高校、智库、非政府组织等的各界人士以及《晨报》《光明报》、TV100电视台、国民电视台等土耳其媒体应邀在线参加交流会。交流会上还播放了《新疆是个好地方》主题片以及日前新疆农产品喜获丰收的视频短片。来自新疆的教培中心结业学员、外出务工人员、高校教师代表等，结合亲身经历，通过现场连线方式讲述了真实的新疆故事。

【中国和叙利亚签署"一带一路"合作谅解备忘录】 2022年1月12日，中国驻叙利亚大使冯飚与叙利亚计划与国际合作署署长法迪·哈利勒分别代表两国政府在大马士革签署"一带一路"合作谅解备忘录。冯飚在签字仪式上对叙利亚成为共建"一带一路"大家庭的新成员表示祝贺。他指出，中叙签署"一带一路"合作谅解备忘录，为双方在新的历史条件下深化务实合作，实现了"一带一路"倡议与叙总统巴沙尔提出的"东向"战略的对接，为中方未来参与叙经济重建提供了行动目标、指南和纲领。哈利勒表示，叙中关系源远流长，叙利亚的阿勒颇、巴尔米拉曾是古代丝绸之路上的重要城市。叙利亚加入"一带一路"倡议增进了叙中两国在基础设施、电力等多个领域的友好合作，也推动了叙利亚和周边国家开展合作。

【"寄语冬奥 共迎未来"中蒙友好优秀作品发布仪式】 2022年1月27日，中共中央对外联络部部长宋涛同蒙古人民党领导委员会委员、蒙古国文化部部长诺敏以视频方式共同出席"寄语冬奥 共迎未来"中蒙友好作品征集活动优秀作品发布暨颁奖仪式并发表致辞。该活动由中联部所属中国民间组织国际交流促进会与蒙古国主要政党、非政府组织和学校共同举办，蒙古国各界广泛参与了该活动，活动共收到短视频、画作、书法等作品230余件。

【纪录片《大上海》阿拉伯语版在阿联酋播出】 2022年3月1日，8集大型历史人文纪录片《大上海》阿拉伯语版近日在阿联酋主要视频网站Alraddar播出，位于迪拜世博园区内的世博会博物馆展馆同步推介了该影片。

【"新疆是个好地方"视频会向黎巴嫩各界展示一个真实的新疆】 2022年3月17日，中国驻黎巴嫩大使馆与新疆维吾尔自治区政府共同举办"新疆是个好地方"视频会，向黎巴嫩各界介绍近10年来新疆在各领域取得的成就，用事实批驳了西方一些国家编造的涉疆谎言和谬论。中国驻黎巴嫩大使钱敏坚和新疆维吾尔自治区人民政府副主席玉苏甫江·麦麦提出席会议并发表讲话。黎巴嫩议会人权委员会主席米歇尔·穆萨、外交部政治司司长加迪·扈里等黎巴嫩各界代表，以及黎通社、迈亚丁电视台、《白天报》、黎巴嫩国家电台等媒体参会。交流会上，维吾尔族的教培结业学员、公交集团工人、清真寺伊玛目、妇女村干部、新疆医科大学博士生导师等来自新疆多地的民众代表通过现场连线，结合亲身经历，讲述了新疆各族人民在政府支持下日子越过越好的情况。与会嘉宾表示，新疆维吾尔自治区领导与群众代表用生动事实展现了新疆人民在中国共产党带领下创造美好生活的图景。一些国家在没有任何法律和现实依据情况下，对他国内政横加干涉，这才是对最基本人权的侵犯。在事实面前，谎言将不堪一击。相信在中国政府和新疆人民的共同努力下，新疆会越来越美，发展越来越好。

【中国与阿塞拜疆签署关于经典著作互译出版的备忘录】 2022年3月30日，中国与阿塞拜疆以交换文本的方式签署了《中华人民共和国国家新闻出版署与阿塞拜疆共和国文化部关于经典著作互译出版的备忘录》，为中阿建交30周年献礼。中宣部副部长张建春代表中国国家新闻出版署签字，阿塞拜疆由文化部第一副部长埃尔努尔·阿利耶夫签字。根据备忘录，中阿双方约定在未来5年内，共同翻译出版50种两国经典著作，为两国读者和人民奉献更多优秀精神文化产品。此次中阿经典著作互译出版备忘录的签署和实施进一步加深了两国人民对彼此优秀文化的理解和欣赏，进一步推动了两国文化交流和文明互鉴。

【庆祝中国和阿塞拜疆建交30周年图片展在巴库举行】 2022年4月1日，阿塞拜疆外交部在首都巴库举行庆祝阿塞拜疆同中国建交30周年图片展。阿塞拜疆外交部副部长叶尔努尔·马马多夫和中国驻阿塞拜疆大使郭敏等共同出席活动并致辞。图片展展出的30余幅图片，记录了两国高层互访等双边关系重大事件，展示了中阿关系30年辉煌历程和精彩瞬间。

【中国—尼泊尔文学论坛在京举行】 2022年7月5日，由中国作家协会、尼泊尔学院共同主办的中国—尼泊尔文学论坛在北京以线上线下相结合的方式举行。此次论坛以"丝绸之路的文学想象"为主题，探讨文学在构建中尼命运共同体中的独特作用。中国作家协会主席铁凝、尼泊尔学院院长耿加·普拉萨德·乌普雷蒂出席论坛并致辞。中国作家协会书记处书记胡邦胜主持论坛。论坛上，宁肯、张清华、刘建、北塔、王璐琪等中国作家、学者，阿比·苏贝迪、约根德拉·普拉萨德·亚达夫、克里希纳·钱德拉·夏尔马、鲁德拉·保德尔、马赫什·波代尔等尼泊尔作家、学者围绕论坛主题展开了广泛深入的交流。大家表示，文学是中尼两国跨越喜马拉雅山脉进行沟通交流的重要桥梁，横贯欧亚大陆的丝绸之路则是联系中国和尼泊尔两个古老文明的纽带，为作家和艺术家们带来了无穷的灵感。敦煌、加德满都谷地等文化重镇，见证了丝路文化的交融与兴盛。丝绸之路的历史，是一部不同语言、不同民族、不同文明互学互鉴的历史。中尼作为传统的友好邻邦，一直坚持守望相助、彼此支持。相信此次论坛的举办，必将进一步深化中尼作家和人民的相互了解，切实促进两国民心相通，巩固双方的文学交往，把两国文学合作推向全新阶段，为携手打造中尼命运共同体作出积极贡献。论坛上，双方还对作品互译成果进行了分享与展示。近两年，中国作家协会和尼泊尔学院不断加强合作，推动两国作品互译出版。荟萃了尼泊尔现当代重要诗人作品的诗歌合集《尼泊尔之声》已由作家出版社在 2021 年翻译出版。精选中国当代 13 位诗人经典诗作的《中国当代诗歌》中尼双语对照版的出版工作也正由尼泊尔学院紧锣密鼓地推进。这是两国文学交流的又一重要成果，有助于两国作家和读者在阅读中拉近彼此的心灵。

【"电视中国剧场"论坛举办】 2022 年 9 月 2 日，由国家广播电视总局国际合作司主办的"电视中国剧场"论坛在北京举办。这是"电视中国剧场"论坛首次亮相中国国际服务贸易交易会。"电视中国剧场"践行"联接中外，沟通世界"职责使命，不断拓展出口渠道，发展多元传播模式，通过聚焦"一带一路"、人类命运共同体等主题主线，播出《习近平治国方略》《山海情》等近百部精品佳作，扩大了认同中国之治、参与中国发展的"朋友圈"。"电视中国剧场"是由广电总局策划推出的影视内容产品"走出去"品牌项目，其目的是鼓励中外媒体开展合作，推动中国优秀译配节目在海外电视台及新媒体平台实现常态化播出。目前该项目已在俄罗斯、白俄罗斯、尼泊尔、柬埔寨、老挝、越南、蒙古国、印度尼西亚、捷克、埃及、南非、阿联酋、塞尔维亚等 38 个国家开办了 62 个"电视中国剧场"。

【"蒙中友好周"系列活动在蒙古国举办】 2022 年 9 月 26 日，由蒙古国蒙中友好协会主办、中国驻蒙古国大使馆协办的"蒙中友好周"系列活动在乌兰巴托中国文化中心举行开幕式。本系列活动旨在促进中蒙友好交流、增进两国人民友谊。活动期间还举办了《中国文化知识辞典》蒙古文版出版发行仪式、"我眼中的中国发展"主题优秀文章大赛。蒙古国各电视平台播出关于中国如何脱贫和防沙治沙等方面的纪录片。

【中国与叙利亚签署《关于协同开展"亚洲文化遗产保护行动"的联合声明》】 2022 年 9 月 26 日，中国文化和旅游部副部长、国家文物局局长李群与叙利亚驻华大使穆罕默德·哈桑内·卡达姆分别代表中国国家文物局与叙利亚文化部，在中国国家图书馆签署《关于协同开展"亚洲文化遗产保护行动"的联合声明》。叙利亚文化部部长卢巴纳·姆沙威以视频方式出席。根据联合声明，中叙将在"亚洲文化遗产保护行动"框架下，开展濒危文化遗产保护、联合考古、文物保护修复、博物馆展览交流、打击文物非法贩运及青年人才培养等领域的务实合作。伊朗驻华大使克沙瓦尔兹扎德，土库曼斯坦、吉尔吉斯斯坦、巴基斯坦等国驻华使馆代表，以及外交部、文化和旅游部相关司局负责人共同出席了签署仪式。仪式后，中外嘉宾还共同参观了在中国国家图书馆举办的"邂逅·美索不达米亚"——叙利亚古代文物精品展。

【"美丽中国·七彩云南"文化周活动亮相马尔代夫】 2022年10月16日，"美丽中国·七彩云南"文化周活动在马尔代夫南阿里环礁丽世度假村举行，受到了当地居民和游客欢迎。本次文化周活动是"山海之约"——云南省庆祝中国马尔代夫建交50周年系列交流活动的分活动之一，由云南省人民政府外事办公室与中国驻马尔代夫大使馆共同主办，中国新闻社云南分社、云南省驻马尔代夫（马累）商务代表处、丽世酒店集团承办。文化周推出了一系列精彩纷呈的文化活动，包括品鉴云南普洱茶及咖啡、茶艺体验、东巴文探秘、非遗展示等。浓郁的云南民族风情和璀璨的民族文化，吸引了众多游客和居民前来体验。

【"新时代中国的非凡十年"图片展在白俄罗斯举行】 2022年10月20日，"新时代中国的非凡十年"图片展开幕式在白俄罗斯伟大卫国战争历史博物馆胜利厅举行。白俄罗斯政府官员、党派和社会各界代表，以及中国驻白各国使团代表等近400人出席。此次图片展由中国国务院新闻办公室和中国驻白俄罗斯大使馆共同举办，为期一个月，包含"续写发展奇迹""创造幸福生活""提升治理效能""汇聚人民伟力""共建美好世界"五部分，介绍了中国共产党如何在从十八大到二十大的10年间，带领中国人民塑造了生机蓬勃的繁荣国家，成就了欣欣向荣的美好生活，弘扬了奋发奋进的民族气质，为世界擘画了构建人类命运共同体的美好愿景。

【"美丽中国—新疆自然之美作品展"在以色列举办】 2022年11月22日，为期一个月的"美丽中国—新疆自然之美作品展"在以色列特拉维夫中国文化中心开幕。此次图片展共展出33件新疆风景题材的艺术作品，包括丝网版画和摄影作品。现场还展出了精美的"新疆主题"文创衍生品，多角度地向以色列民众展现了新疆的自然风光和文化魅力。此次图片展由中外文化交流中心、新疆维吾尔自治区文化和旅游厅、特拉维夫中国文化中心联合主办。

【中华人民共和国和蒙古国关于新时代推进全面战略伙伴关系的联合声明】 2022年11月27—28日，应中华人民共和国主席习近平邀请，蒙古国总统乌赫那·呼日勒苏赫对中华人民共和国进行国事访问。访问期间，习近平主席同呼日勒苏赫总统在亲切友好的气氛中举行会谈，双方就中蒙关系及共同关心的国际地区问题全面深入交换意见，达成广泛重要共识。访问期间，双方签署了《中华人民共和国和蒙古国经济贸易合作中期发展纲要》《中华人民共和国政府与蒙古国政府投资合作发展纲要》《中华人民共和国政府和蒙古国政府关于援蒙古残疾儿童发展中心配套设施项目交接证书》《中华人民共和国政府和蒙古国政府关于援蒙古学校项目（二期）交接证书》《中华人民共和国商务部和蒙古国经济发展部关于建立投资和经济合作工作组的谅解备忘录》《中华人民共和国自然资源部与蒙古国矿业和重工业部关于矿产资源领域合作的谅解备忘录》《中华人民共和国海关总署和蒙古国海关总局关于国际贸易"单一窗口"合作的框架协议》《中华人民共和国海关总署与蒙古国海关总局关于蒙古天然饲草输华卫生与植物卫生要求议定书》《中华人民共和国国家林业和草原局和蒙古国自然环境与旅游部关于干旱风险预防、荒漠化缓解和草原恢复的合作意向书》《援蒙古国家艺术大剧院项目可行性研究换文》《援蒙古总统体育中心项目可行性研究换文》《援蒙古口岸基础设施建设项目补充实施纪要（二）》《乌兰巴托跨铁路地下通道项目贷款协议》《中华人民共和国天津市与蒙古国乌兰巴托市关于进一步加强友好城市关系的备忘录》《中国中央广播电视总台与蒙古国家公共广播电视台合作备忘录》《中国红十字会与蒙古国红十字会合作备忘录》共16项双边合作文件。

【2022中国—阿拉伯媒体合作论坛在沙特阿拉伯举行】 2022年12月5日，2022中国—阿拉伯媒体合作论坛在沙特阿拉伯首都利雅得举行。本次论坛由中国中央广播电视总台和沙特新闻部联合主办，以"加强交流互鉴，推动构建中阿命运共同体"为主题，来自中国及22个阿拉伯国家的政府官员、媒体机构代表及专家学者等150余位嘉宾以线上线下结合的方式参与论坛。论坛上，中央广播电视总台与沙特广播电视局共同发布合拍节目《心手相连》，并启动"中国影视作品阿拉伯国家展播活动"。作为论坛的一项重要成果，中央广播电视总台与阿拉伯国家广播联盟共同发出《中国与阿拉伯国家深化媒体交流合作倡议》，倡导中国与阿拉伯国家媒体机构之间加强互学互鉴，恪守媒体职责，深化交流合作，为推动中阿战略伙伴关系迈上更高水平作出媒体贡献。

卫生人文交流

【中国援建的中国—斯里兰卡友好医院正式启用】 2021年6月11日，中国政府援建的中斯友好暨斯里兰卡国家肾内专科医院（简称中斯友好医院）在位于斯里兰卡中部的波隆纳鲁沃正式启用，斯里兰卡总统戈塔巴雅、前总统西里塞纳、卫生部长万尼亚拉奇和中国驻斯里兰卡大使戚振宏参加仪式。戈塔巴雅、西里塞纳和戚振宏为医院揭牌并剪彩。随后，在中斯友好医院院长陪同下，戈塔巴雅与嘉宾一起参观了医院手术室、输血室、重症监护病房等各种设施。波隆纳鲁沃地区是斯里兰卡慢性肾病最高发地区。2015年3月，在西里塞纳担任总统期间，应斯方请求，中方同意为斯里兰卡在波隆纳鲁沃地区援建一所肾病医院。按照规划，医院建筑面积为2.5万平方米，包括200个普通住院床位及100个血液透析床位。

【青海省援助蒙古国畜牧医院动物传染病预防及诊断线上培训班正式开班】 2021年12月22日，由商务部主办，青海省商务厅承办的"蒙古国畜牧医院动物传染病预防及诊断线上培训班"在青海国家电商基地举行开班仪式。2021年6月，蒙古国驻华大使图布辛·巴德尔勒先生应邀参加首届中国（青海）国际生态博览会。展会期间，大使先生与青海省副省长杨逢春座谈，达成了围绕"一带一路"倡议、推动合作交流、实现优势互补、互利共赢的共识。举办这次援助蒙古国的线上培训班是青海省商务厅积极推动落实共识，搭建蒙古国与青海省畜牧业交流平台，务实开展两国合作的具体举措。此次培训是青海省第一次采用线上直播方式开展的涉外援助培训。蒙古国高度重视此次培训，从全国范围内组织筛选了49名从事畜牧业动物疫病防治方面的技术人员参加培训。来自青海省青海大学等高校和相关单位的畜牧兽医专家教授围绕动物传染病预防及诊断技术、牛羊主要疫病诊断与防治和国际新发人畜共患病研究进展等方面内容，对蒙古国学员开展为期7天的线上专业培训。青海省商务厅相关负责人介绍，举办此次培训，旨在让蒙古国学员在收获新知识、掌握新技术、积累新经验的同时认识青海、了解青海、宣传青海，进一步深化双方友谊，搭建起青海与蒙古国等共建"一带一路"国家合作交流的桥梁。

（教育、科技、文化、卫生部分撰稿人：王纪澎）

体育人文交流

【2021年国际体育历史与文化大会在福建师范大学举办】 2021年12月3日，由泰勒·弗朗西斯（Taylor & Francise Group）出版集团旗下的SSCI刊物《亚洲体育历史与文化期刊》、福建师范大学及亚太体育学会联合主办，福建师范大学体育科学学院承办，上海体育学院奥林匹克学院协办的2021年国际体育历史与文化大会在福建师范大学开幕。本次大会的主题为"亚洲体育比较分析中的关键议题"，大会邀请了来自全球11个国家和地区的18位知名学者进行大会主报告。大会共征集到稿件近500篇，经组委会学术委员会评审，遴选330余篇稿件入选交流，最终注册代表人数达到226人，他们通过专题主报告和墙报交流两种方式进行学术交流。大会还评选了20篇左右的优秀专题报告推荐至SSCI刊物发表。无论是参会规模、稿件质量，还是社会影响力，本届会议都达到了新的高度。

【江苏省举办2021"一带一路"青年体育交流周活动】 2021年12月5日，江苏2021"一带一路"青年体育交流周活动在南京正式启动。来自60多个国家和地区的青年们齐聚赛场，挥洒青春活力。"一带一路"青年体育交流周活动此后将在江苏定期举办，让更多国际青年感知江苏现代化建设，感受中国传统文化魅力，并向世界传递"和平合作、开放包容、互学互鉴、互利共赢"的丝路精神。

【第27届沃尔沃中国高尔夫公开赛举行】 2021年12月16—19日，沃尔沃中国高尔夫公开赛在深圳正中高尔夫球会举行。沃尔沃中国公开赛由中国高尔夫球协会和广东省体育局主办，是中国男子职业巡回赛的认证赛事。赛事总奖金为200万元人民币。中国选手张进以1杆优势夺得冠军，首次问鼎这项历史悠久的国家公开赛。2016年赛事冠军李昊桐获得亚军。

【2021奥林匹克教育国际论坛举行】 2021年12月18日，世界人文社会科学高校联盟年会暨"共享、教育与未来：2021奥林匹克教育国际论坛"在中国人民大学以线上线下结合形式举办。论坛由中国人民大学、意大利路易斯大学、世界人文社会科学高校联盟主办，中国人民大学人文北京（人文奥运）研究中心承办，中国人民大学国际交流处、体育部协办，共设"奥林匹克文化共享与教育""奥林匹克愿景与未来"两个分论坛。

【2021年旅游经济与体育产业发展国际学术会议在中国昆明（线上）举行】 2021年12月24日，2021年旅游经济与体育产业发展国际学术会议

（TESID 2021）在中国昆明（线上）举行。TESID 2021 重点讨论了旅游经济与体育产业发展的相关研究领域，旨在为相关领域的专家学者、技术人才以及开发人才提供一个专业的学术交流平台，共同探讨经济发展与企业管理的新发展。

【第二十四届冬季奥林匹克运动会举行】 2022年2月4日，第二十四届冬季奥林匹克运动会开幕式在国家体育场举行，北京2022年冬奥会在万众瞩目中拉开大幕。北京2022年冬奥会共设7个大项（滑雪、滑冰、冰球、冰壶、雪车、雪橇、冬季两项）、15个分项（高山滑雪、自由式滑雪、单板滑雪、跳台滑雪、越野滑雪、北欧两项、短道速滑、速度滑冰、花样滑冰、冰球、冰壶、雪车、钢架雪车、雪橇、冬季两项）和109个小项，是设项和产生金牌最多的一届冬奥会。

【2022"汉语桥·一起向未来"——冬奥冰雪之约体验营举行】 2022年2月4日，由教育部中外语言交流合作中心主办，东北财经大学承办的"汉语桥·一起向未来"——冬奥冰雪之约体验营正式启动。东北财经大学国际教育学院院长张健、副院长印明鹤、项目授课教师、学生志愿者与来自泰国、越南、印度尼西亚、马来西亚、蒙古国、斯里兰卡等国家的近百名汉语学习者相聚云端，聆听冬奥故事，共赴冰雪之约。

【"外国人眼中的北京冬奥会"云对话活动举行】 2022年2月17日，北京市对外友协、京促会共同举办"外国人眼中的北京冬奥会"云对话，出席北京冬奥会开幕式观礼的18个国家的18名在京外籍友人纷纷表示，北京冬奥会的成功举办是世界上所有爱好和平人们的共同期盼，要用奥林匹克精神团结国际社会共同应对挑战，用奥林匹克运动宗旨推动人类进步事业。

【"我和北京冬奥有个约会"云对话活动举行】 2022年3月16日，北京市对外友协、京促会共同举办了"我和北京冬奥有个约会"云对话，数十位在京外国专家、留学生代表，国外友好组织、华人华侨组织代表，以及"祝福冬奥·圆梦冰雪"国际青少年绘画邀请展的中外获奖青少年代表出席活动，围绕一年来参加的市对外友协组织的各种冬奥主题活动，追忆燃情岁月，交流体会感受。大家一致表示，通过参加北京市对外友协组织的各项活动，自己在过去的一年中结交了朋友、增进了友谊，将永远记住这段难忘的冬奥冰雪情缘，携手开创更加美好的未来。

【2022"一带一路"青年体育交流周（江苏）举办】 2022年7月12日，2022"一带一路"青年体育交流周（江苏）开幕式在南京举行。本次交流周活动主题为"韵动江苏，共向未来"，于7月10—15日举行，共包括2022年"一带一路"国际青年男子3×3篮球邀请赛、"一带一路"青少年户外运动挑战赛、"一带一路"国际青年定向越野训练营和一系列青年体育文化交流活动，吸引了长期在南京工作和学习的"一带一路"沿线55个国家和地区的198名国际青年朋友参加。

【2022 国际冬季运动（北京）博览会举行】 2022年9月1日，国际冬季

运动（北京）博览会（下称"冬博会"）在北京开幕。本届冬博会进一步加强全球冰雪资源的融合，吸引了包括奥地利、意大利、日本、加拿大、法国、荷兰、芬兰、英国、斯洛文尼亚在内的20余个冰雪国家参与。本届冬博会纳入2022年中国国际服务贸易交易会体育服务专题，延续"冰雪力量"主题，吸引了近30个国家和地区的600余个品牌参展。冬博会通过对全球冰雪资源的充分整合以及对国际交流合作的持续加强，全面推进冰雪产业的可持续发展，促进中国与世界交流，为全球冬季运动以及冰雪产业创造更多价值。

【中国驻瑞士使馆举办"相约北京2022"冬奥主题活动】 2022年11月22日，中国驻瑞士使馆在洛桑国际奥林匹克博物馆举办"相约北京2022"冬奥主题活动。当晚，旅瑞华人华侨音乐家、瑞士山号协会艺术家等通过钢琴、古筝、阿尔卑斯长号演奏等艺术形式表达了对北京冬奥会的美好祝愿。此外，在现场嘉宾的共同见证下，中国驻瑞士使馆正式发布冬奥主题音乐片《2022相约北京：来自瑞士冰雪王国的祝福》。

【2022年首届"一带一路"国际体能高峰论坛在广西桂林举办】 2022年12月10—11日，由中国体育科学学会指导，中国体育科学学会体能训练分会主办，广西师范大学承办的2022年首届"一带一路"国际体能高峰论坛在广西桂林举办。首届"一带一路"国际体能高峰论坛邀请到23国内外知名专家作专题报告，共同围绕论坛主题进行研讨交流，分享体能训练的新趋势、新思路、新发展。

【中俄签署《2022—2023年中俄体育交流年行动计划议定书》】 2022年12月22日，国家体育总局局长高志丹以视频形式会见了俄罗斯体育部长奥列格·马迪钦，双方回顾了2022—2023年中俄体育交流年取得的丰硕成果，展望了2023年交流年活动设想，共同签署了《2022—2023年中俄体育交流年行动计划议定书》。

媒体人文交流

【第27届上海电视节举办,"百年风华,视听共享"全球播映活动举行】
2021年6月6日,第27届上海电视节正式拉开帷幕。期间举办了白玉兰电视论坛、白玉兰国际电视节目展播、电视市场、互联网影视峰会、国际广播影视技术论坛等活动项目。开幕式上,"百年风华,视听共享"全球播映活动正式启动,50部国产电视剧、纪录片和动画片于2021年6—10月在全球100多个国家播映。本届电视节注册电视市场的展商近170家,注册国际影视云市场的展商为401家,去重之后,今年海内外参展展商共计750家,超过2019年电视市场和电影市场的近600家。同时,今年海外展商共计占比53.4%,同比2020年有所提升。

【第一届中俄网络短视频大赛举行】
2021年6月7日,在上海电视节举办的"新形势·新平台·新机遇"——国际电视合作论坛上,咪咕视讯科技有限公司总经理何嵩代表承办方,发布了第一届中俄网络短视频大赛的消息。该活动由国家广播电视总局国际合作司、俄罗斯通信与大众传媒部指导,中国移动咪咕公司与俄罗斯SPB TV联合承办。咪咕视讯科技有限公司总经理何嵩表示,中国移动咪咕公司与俄罗斯SPB TV合作承办第一届中俄网络短视频大赛,旨在加强两国人民之间,尤其是两国年轻群体之间的文化、传统、技术等方面的交流与深入了解,为中俄文化交流提供更广阔的舞台。

【"中国联合展台"亮相2021戛纳秋季电视节线上平台】 2021年10月11日,戛纳秋季电视节(MIPCOM)2021拉开帷幕。今年"中国联合展台"共组织中国国际电视总公司、SMG、江苏省广播电视总台、优酷、哔哩哔哩等35家国内优秀的影视内容公司参加戛纳秋季电视节线上展会,再次创新"中国联合展台"参加MIPCOM的规模纪录。参展公司共带来200多部最新作品,其中纪录片20余部。

【中美影视合作高峰论坛举行】
2021年11月1日,第17届中美电影节、中美电视节中美影视合作高峰论坛举办,论坛在洛杉矶和北京分设两个会场,以视频连线方式举行。本次论坛由中美电影节、中美电视节与中影股份、中国电影海外推广公司、中华广播影视交流协会、中国电影基金会、中国电视剧制作产业协会以及首都广播节目制作产业协会联合举办。

【第四届世界媒体峰会举行】
2021年11月22日,第四届世界媒体峰会在北京举行。中共中央政治局委员、中宣部部长黄坤明出席全体会议,宣读习近平主席贺信并发表主旨演讲。本届峰会由新华社承办，来自近100个国家和地区的260多家媒体和机构近400名中外嘉宾以线上线下相结合的方式参会。

【中巴建交70周年线上研讨会举行】 2021年12月29日，"庆祝中巴建交70周年线上研讨会"在江苏师范大学举行。会议得到江苏省人民政府外事办公室、巴基斯坦驻上海总领事馆和中国驻拉合尔总领事馆支持，由徐州市人民政府、江苏师范大学、巴基斯坦旁遮普大学等共同推动。

【第一届国际短视频网红达人之夜举行】 2022年1月15日，第一届国际短视频网红达人之夜在常州恐龙城大剧场举办。作为网络视听国际传播系列活动的重要项目之一，晚会推出了第一届国际短视频网红大赛评选出的100个优秀入围作品、6个精品创作作品、12个优秀创作作品和3项特别推选作品及创作人。活动旨在借助新兴短视频社交平台与国内外网红力量，用活泼生动的方式，讲述温暖感人的故事，向世界展现可信、可爱、可敬的中国形象。

【中白新闻交流协议签约仪式暨中白记者交流会举行】 2022年4月26日，中白新闻交流协议签约仪式暨中白记者交流会以网络视频方式举行，中国记协副主席刘正荣与白俄罗斯记联主席安德烈·克里沃舍耶夫共同签署新闻交流合作协议。协议内容包括两国记协开展互访交流、举办论坛研讨、组织记者培训、相互支持帮助等。

【2022年"一带一路"记者组织论坛召开】 2022年6月29日，2022年"一带一路"记者组织论坛通过网络视频方式在北京召开。来自60多个国家和地区的近百位记者组织负责人和媒体代表围绕"媒体的社会责任"这一主题进行了深入交流。"一带一路"记者组织论坛由中国记者协会主办，截至2022年6月已成功举办了五届。"一带一路"记者组织合作平台是中国记者协会与共建"一带一路"国家记者组织于2019年共同发起成立的。

【第五届金砖国家媒体高端论坛举行】 2022年7月8日，第五届金砖国家媒体高端论坛在京举行，中共中央政治局委员、中宣部部长黄坤明出席论坛并致辞。本届论坛由新华社主办，以"聚金砖共识，促全球发展"为主题，来自73个国家和地区的170多家媒体和机构近300名代表以线上线下相结合的方式参会。

【世界互联网大会成立大会举行】 2022年7月12日，世界互联网大会成立大会在北京举行。中共中央政治局委员、中宣部部长黄坤明出席成立大会，宣读习近平主席贺信并致辞。此次成立大会采用线下线上相结合的方式举行，来自18个国家和地区的会员代表、国际组织代表、国内外知名专家学者、中国政府有关部门负责人等约150人与会。

【2022"一带一路"媒体合作论坛举行】 2022年8月9日，2022"一带一路"媒体合作论坛在陕西西安举行。中共中央政治局委员、中宣部部长黄坤明以视频方式出席论坛并致辞。

【2022年第五届中非媒体合作论坛举行】 2022年8月25日，第五届中

非媒体合作论坛在北京举行，主题为"新愿景新发展新合作"，由中国国家广播电视总局、北京市人民政府和非洲广播联盟共同主办。国家主席习近平向第五届中非媒体合作论坛致贺信。

【2022世界互联网大会乌镇峰会举行】 2022年11月9日，2022世界互联网大会乌镇峰会在浙江省桐乡市乌镇开幕，国家主席习近平向2022年世界互联网大会乌镇峰会致贺信。大会主题为"共建网络世界 共创数字未来——携手构建网络空间命运共同体"，由世界互联网大会主办，浙江省人民政府承办。

【2022中俄视听传播周举行】 2022年11月20日，"2022中俄视听传播周"以线上方式启动。"2022中俄视听传播周"开展了"2022中俄优秀视听作品互译互播"、中俄青年云歌会、中俄短视频大赛、第二届中俄动画产业对话会等一系列主题活动，致力于不断深化两国视听产业交流合作。

【2022"世界电视日"中国电视大会举办】 2022年11月21日，2022"世界电视日"中国电视大会在北京举行。大会以"连接新视界，融合向未来"为主题，全面展现了中国电视行业改革发展成果、媒体融合最新进展以及国际电视传媒行业发展新趋势。

【2022中国国际智能传播论坛举行】 2022年11月21日，由中央广播电视总台和江苏省人民政府联合主办的2022中国国际智能传播论坛在无锡举行。本届论坛以"新起点，'智'未来"为主题，致力于搭建国际交流合作平台，为促进全球媒体创新发展、深化中外文明交流互鉴、推动构建人类命运共同体积极贡献力量。

【第十四届中韩媒体高层对话举行】 2022年11月22日，第十四届中韩媒体高层对话以线上线下结合的形式举办。对话会以"新起点、新机遇、新发展：共创两国关系美好未来"为主题，中韩20余家主流媒体负责人和相关领域专家等围绕"加强新兴产业合作，激发两国经贸发展新动能"和"媒体在促进两国友好关系中发挥的作用"等议题展开交流。

【2022中日韩名记者对话会举行】 2022年11月25日，以"践行媒体责任 助力民心相通"为主题的2022中日韩名记者对话会在北京以线下线上相结合的方式举行。对话会由人民日报社主办。来自中国、日本、韩国27家主流媒体的代表及外交部、国际组织的嘉宾近60人参加对话会，围绕"交流互鉴夯实民心相通基础""继往开来齐筑文化共通之桥"两个议题展开了讨论交流。

【"一带一路"新闻合作联盟第二届理事会议举行】 2022年12月19日，"一带一路"新闻合作联盟第二届理事会议在北京举行。中共中央政治局委员、中宣部部长李书磊以视频方式出席会议并致辞。来自23个国家的38家理事单位代表以线上线下相结合的方式参加会议。会上，理事长单位人民日报社作首届理事会工作报告，各理事单位代表围绕如何更好发挥"一带一路"新闻合作联盟作用、促进人文交流和民心相通发表意见建议。会议对首届国际传播"丝路奖"进行终评，《哈萨克斯坦与"一带一路"倡议：路向何方》等19件作品获奖，巴基斯坦"丝路之友"俱乐部负责人、巴中学会主席穆沙希德·侯赛因·赛义德获得特殊贡献奖。

【第十三届中蒙新闻论坛举办】
2022年12月23日，由中华全国新闻工作者协会和蒙古国记者协会主办、内蒙古自治区人民政府新闻办公室承办的第十三届中蒙新闻论坛以网络视频方式举行。论坛期间，两国媒体代表签订了印刷发行和影视剧播出等合作协议，并共同发表了《携手共建人与自然生命共同体》倡议，承诺加强交流、凝聚共识、增进友谊、拓宽合作，携手共建中蒙命运共同体，同心守护碧水蓝天。

旅游人文交流

【2021"相聚浙里"国际人文交流活动举行】 2021年5月22日,由浙江省文化和旅游厅主办、浙江省文化艺术交流促进会和温州市文化广电旅游局协办的2021"相聚浙里"国际人文交流活动启动仪式在温州市海外传播中心举行。"相聚浙里"国际人文交流系列活动是浙江省文化和旅游厅打造的一扇让世界聆听浙江声音、感受浙江文化、领略浙江山水的"窗口",活动架起了中外文化交流、增进人民友谊的桥梁,让世界更好地了解中国文化、了解诗画浙江。2021"相聚浙里"国际人文交流活动,向外国友人提供丰富和深入的浙江文旅体验活动,包括知名汉学家和"诗画浙江"友好使者寻访浙江诗路,在浙外国友人走进传统古村落、体验浙江数字化改革成果等内容。浙江多个城市也推出了各类国际性交流活动,涉及文化、旅游、学术交流等多个领域,活动贯穿全年。

【2021"中国旅游文化周"举行】 2021年6月7日,由中外文化交流中心、宁夏回族自治区党委宣传部、自治区文化和旅游厅、银川市人民政府共同主办的2021"中国旅游文化周"启动仪式暨宁夏(银川)专场活动在银川举办。来自全国各地的120余位嘉宾出席了启动仪式。作为2021"中国旅游文化周"宁夏(银川)专场活动的重要组成部分,由中外文化交流中心,宁夏回族自治区党委宣传部、自治区文化和旅游厅,银川市人民政府共同主办,银川市文化旅游广电局承办的"旅游与乡村发展"主题论坛于6月8日在银川举办。

【2021年"天涯共此时——中秋节"线上文旅周在法国举行】 2021年10月,由巴黎中国文化中心联合中外文化交流中心共同举办的大型品牌活动"天涯共此时——中秋节"线上文旅周在法国落下帷幕。本届线上文旅周涵盖中心自主策划项目"2021中法中秋线上音乐会"和中外文化交流中心制作的"新疆是个好地方"虚拟体验馆、"寻味中秋"美食文化系列短视频、"国画里的中秋"艺术赏析微课堂等10个项目,通过"经典话中秋""美食品中秋""音乐颂中秋""诗画咏中秋"4个内容版块,以线上音乐会、虚拟展览、短视频展播、在线直播、微纪录片展映、音画相册作品交流、主题宣传短片等多种形式,立体展现中秋佳节的喜庆气氛,传递"团圆幸福"的节日祝福,同时结合时代主题,展现中华优秀传统文化和中国当代发展面貌,讲述经典传说中蕴含的文化习俗、人文精神和当代价值,展现中华民族团结的磅礴力量。

【2021中意(嘉兴)文化交流月系

列活动举行】　2021年10月上旬，中意（嘉兴）文化交流月系列活动开启。活动旨在通过文化带动国际交流，达到"以文促贸，以贸促投"的产业带动效果，让市民参与感受国际文化，提升嘉兴这座城市的国际化形象。

【2021中国—东盟博览会旅游展举行】　2021年10月15日，2021中国—东盟博览会旅游展开馆，330余家国内外展商齐聚广西桂林。10月17日，2021中国—东盟博览会旅游展落下帷幕。记者从旅游展新闻通报会暨颁奖仪式上了解到，该届旅游展亮点纷呈，展会品质不断提高，对深化中国—东盟旅游交流与合作起到积极作用。

【"海上丝绸之路"文旅合作高峰论坛举行】　2021年11月23日，"海上丝绸之路"文旅合作高峰论坛在福建福州举办，来自共建"一带一路"国家和地区的文化旅游业界代表论道"海丝"文旅合作新挑战、新机遇，尽抒所见，凝聚共识，达成《2021海丝（福州）宣言》。

【2022年"欢乐春节"线上项目举行】　2022年1月15日至2月15日，"欢乐春节"活动在线上举办。中外文化交流中心携手文化和旅游部直属单位、地方省厅和多家优质合作伙伴，围绕"春节"和"冰雪"两大主题，共同策划、生产、制作了500多个数字产品，涵盖"云"演出、线上展览、短视频、交互体验等多种形式。在全球140个国家和地区的400余座城市举办了包括专场演出、庙会、展览、美食互动等在内的十多个门类的2100多项文化活动，吸引了多国政要现场助阵，激发了各国民众的参与热情，海外受众超过2.5亿人次。在新年伊始为各国人民带去一丝温暖与乐趣，以中华优秀传统文化、中国北方冰雪胜景、中国现当代艺术佳品为礼，向世界各国传递"崇尚自然、生命至上、团结互助、命运与共"的中华民族精神。

【2022国际山地旅游日】　2022年5月29日，以"山地旅游倡导健康生活与文明交流"为主题的2022国际山地旅游日线上活动启幕。来自五大洲的联盟会员、目的地机构、企业、专家云集于此，群英荟萃，强势联动，展开了一场"云交流、云对话、云展现"。主题活动引起了全球媒体的关注和广大网友的积极参与，约有1135家媒体、直播平台、社交网站争相报道了该活动。据统计，全球有超过5.6亿人次关注了本次主题活动，充分反映出旅游业界和旅游消费者对旅游业复苏的期待，对山地旅游健康生活的良好预期和美好向往。

【2022"中国意大利文化和旅游年""意大利之源——古罗马文明展"开展】　2022年7月10日，"意大利之源——古罗马文明展"在中国国家博物馆开幕。习近平主席和马塔雷拉总统分别向展览开幕式致贺信。作为2022"中国意大利文化和旅游年"的重头项目，此次展览展出来自意大利26家国家级博物馆的308套共503件珍贵文物，系统反映了意大利半岛实现政治和文化统一的历史进程，展现了意大利文化渊源的丰富多彩。

【2022中国国际旅游交易会举行】　2022年7月22日，2022中国国际旅游交易会开幕，同日中老铁路助力亚洲命

运共同体建设论坛举办。论坛围绕"路相通 心相连 民相亲 共命运"设置了主题演讲、圆桌对话等环节。来自中老两国相关部门、企业、协会、院校的代表共话中老铁路国际旅游发展及其对亚洲命运共同体建设的作用和价值。此次活动将持续扩大中老铁路的国际旅游影响力，探索国际旅游恢复发展路径，充分发挥旅游在亚洲命运共同体建设中的独特作用。

【2022世界旅游合作与发展大会举行】 2022年9月1日，由世界旅游城市联合会主办的2022世界旅游合作与发展大会在北京国家会议中心开幕。大会主题为"深化合作创新发展"，主要活动包括开幕式、特别论坛"大使论旅游合作"、主题发言、沙发论坛四个部分。此次大会是由国际组织主办的高峰论坛，旨在于通过全球旅游业界的交流与分享，为深化创新发展世界旅游、促进城市发展发挥国际组织的纽带和平台作用。

【2022年"海外中国旅游文化周"举行】 2022年9—10月，由文化和旅游部指导的2022年"海外中国旅游文化周"在全球联动举办。56家海外中国文化中心和旅游办事处面向海外公众集中举办了专题展览、视频展映、研讨交流等线上线下活动，通过讲述中华优秀传统文化保护传承、文化和旅游助力脱贫攻坚和乡村振兴、当代中国创新发展的生动故事，充分展示了新时代中国特色社会主义建设的伟大成就。

【2022"相聚浙里"国际人文交流活动举行】 2022年9月16日，2022"相聚浙里"国际人文交流系列活动启动仪式举行。2022"相聚浙里"国际人文交流活动，以讲好浙江故事、提升文化感召力、向世界展示"重要窗口"建设风采为宗旨。活动今年还特别开设了面向在浙外籍友人的系列浙江深度体验——"亚运国际课堂"，以亚运会项目为线，串联浙江文化和旅游资源，开展文化体验、消费体验、城市生活体验、美食体验、运动场馆体验、周边乡村体验等等，由体育明星和外籍网红领衔，带领外国友人感受浙江美丽家园建设成果、共同富裕样本打造。活动采用"亚运+非遗"、"亚运+乡村（古镇）"、"亚运+美食"的方式，在传统文化和现代时尚的交融和碰撞中，展示充满活力、更为立体多元的浙江。

【2022年中日青少年修学旅行交流研讨活动在成都举行】 2022年12月16日，由文化和旅游部国际交流与合作局、四川省文化和旅游厅、成都市人民政府主办的2022年中日青少年修学旅行交流研讨活动在成都举行。活动通过主题论坛等形式，总结中日青少年修学旅行的成果，探讨面临的问题和未来工作设计，深入推进中日青少年修学旅行发展。

妇女人文交流

【2021年"指尖上的丝绸之路"丝路妇女论坛举行】 2021年5月11日,"指尖上的丝绸之路"丝路妇女论坛在西安圆满举办。20余名驻华使节夫人、女外交官,联合国驻华机构官员以及来自全国10个省份、澳门特别行政区妇联组织及社会各界的女性代表等200余名中外嘉宾围绕"凝聚女性力量·共建'一带一路'"主题展开交流研讨。陕西省妇联与福建省妇联、韩国济州女性家族研究院分别签署了交流合作意向书,推动妇女在经济、文化、教育等领域开展交流互鉴。论坛网络直播总浏览量近200万人次,各主流媒体发布活动信息2830余篇,活动累计传播点击达1900万余次。

【2021中国—东盟妇女论坛】 2021年9月11—13日,"凝聚女性力量 共建'一带一路'"2021中国—东盟妇女论坛在广西桂林市举行。本届论坛以"新形势下妇女与可持续发展"为主题,是第18届中国—东盟博览会高层论坛之一,由中华全国妇女联合会、广西壮族自治区人民政府联合主办。中国和东盟各国妇女事务官员、驻华使领馆官员、女专家学者、女企业家、女留学生、妇女工作者等共140多人参加了9月12日的论坛开幕式。论坛期间,广西、河北、上海、浙江、广东、云南等省(区、市)妇联共同签署《"妇联携手服务'一带一路'行动计划"合作备忘录》。

【2021年中韩妇女知名人士论坛】 2021年11月30日,2021年中韩妇女知名人士论坛以线上线下相结合方式在北京和首尔分设的主会场举行。论坛以"加强青少年儿童保护的政策方向与实践"为主题,邀请20余位中韩两国教育、法律、智库、健康等领域的女性专家和代表参加。十二届全国政协副主席、中国宋庆龄基金会主席王家瑞,全国妇联副主席、书记处书记蔡淑敏,韩国21世纪韩中交流协会会长金汉圭,韩国梨花女子大学前校长李培镕出席论坛开幕式并致辞。中国宋庆龄基金会党组书记、常务副主席杭元祥出席开幕式,中国人民大学原党委书记靳诺作主旨发言。据悉,本次论坛由中国宋庆龄基金会和韩国21世纪韩中交流协会共同主办,中华全国妇女联合会支持,中国宋庆龄基金会培训交流中心承办。

【尼日利亚中国文化中心举办"2022妇女文化日"活动】 2022年3月3日,为迎接"三八"国际妇女节的到来,增进中尼两国在女性文化艺术领域的交流合作,由尼日利亚中国文化中心主办,尼日利亚联邦首都区文化艺术理事会、女性艺术家协会、头饰协会协办的"2022妇女文化日"系列活动，在文化中心拉开帷幕。

【2022年"指尖上的丝绸之路"丝路妇女论坛举行】 2022年8月14日，由全国妇联和陕西省政府联合主办的"指尖上的丝绸之路"2022丝路妇女论坛在陕西西安举行。本次论坛是第六届丝绸之路国际博览会的重要活动之一，也是凝聚丝路女性共识的盛会。来自"一带一路"沿线国家和地区的约100名中外嘉宾以"凝聚女性力量·共建'一带一路'"为主题，围绕"妇女与丝路文化""妇女与生态文明"的议题开展交流研讨。

【2022年中国—东盟妇幼健康交流与合作论坛】 2022年9月14日，2022年中国—东盟妇幼健康交流与合作论坛首次在南宁举办。本次论坛以"携手同行，共筑妇幼健康丝绸之路"为主题，旨在推动中国与东盟国家乃至全球的妇幼健康交流与合作，探讨妇幼健康发展未来，提高妇女儿童健康水平。论坛上，来自中国及东盟国家妇幼健康领域的专家、学者代表以线下或线上的形式，围绕妇幼健康工作未来发展、母婴安全与围产保健、儿童健康与疾病防治、生殖健康与宫颈癌防治等议题开展交流研讨，分享研究成果和实践经验，共同促进妇幼健康发展。

【第三届"一带一路"中国—东盟妇产科论坛妇产科护理分论坛】 2022年11月18—20日，2022第三届"一带一路"中国—东盟妇产科论坛在柳州举办。本届论坛由广西柳州市妇幼保健院、广西壮族自治区生殖医院联合主办，广西医师协会、广西抗癌协会共同协办，为广西乃至全国的医疗卫生人才提供了一个深度交流的平台。与会嘉宾共话妇幼健康发展未来，致力于提高妇女儿童健康水平。

【第十届联合国教科文组织媒介与女性教席论坛】 2022年12月28日，以"妇女国际传播与人类命运共同体构建"为主题的第十届联合国教科文组织媒介与女性教席论坛在线上举办。来自23个国家近百名专家学者和嘉宾参加了论坛活动。

【2022年"凝聚女性力量 共建一带一路"中国—东盟妇女交流活动】 2022年12月29日，由广西妇联、广西民族大学主办，广西民族大学传媒学院承办的"凝聚女性力量 共建'一带一路'"中国—东盟妇女交流活动在广西民族大学举办，来自东盟各国的53名女性外教老师和留学生参加了该活动。

地方人文交流

【"2021年中韩友好城市论坛"举行】 2021年10月27日,由韩国大邱广域市和韩中城市友好协会共同主办的"2021年中韩友好城市论坛"在韩国南部城市大邱举行。中韩两国青年代表积极讨论发言,回顾中韩友好合作佳话,讲述中韩当代青年友好交流故事,展望中韩关系美好未来。"2021年中韩友好青年论坛"由中国驻韩国大使馆和韩国韩中城市友好协会共同主办,旨在增进两国青年间的友好交流。"2020年中韩友好青年论坛"在首尔举办。

【2021(中国·浙江·湖州)国际友好城市交流会举行】 2021年11月10日,2021(中国·浙江·湖州)国际友好城市交流会举行,湖州与13个国际城市以视频会议形式,共话友情、共商合作、共谋发展。会上,湖州与英国格拉斯哥市以视频连线方式签订了建立友好交流关系意向书;播放了湖州国际友城交流回顾短片;相关友城围绕"推动可持续发展 共创美好生活"主题进行深入交流与探讨;大会发布了《国际友城合作倡议》。自1987年与日本岛田市建立了第一对友好城市以来,湖州已与19个国家的39个城市建立了友城关系或者友好交流关系,友城遍布世界五大洲。

【2021"友城绘"国际青少年绘画展举行】 2021年11月30日,2021"友城绘"国际青少年绘画展启动仪式在江苏南京举行。本届"友城绘"活动由中国人民对外友好协会担任指导单位,江苏省外办、江苏省政府新闻办、江苏省教育厅、江苏省文联等单位联合主办。本次活动重点邀请了习近平总书记亲自见证结好签约仪式的江苏友好省州白俄罗斯莫吉廖夫州、瑞士沃州,南京市友城文莱斯里巴加湾市、尼泊尔加德满都市,苏州市友城刚果(布)黑角市参与活动。近年来,江苏深入推进与五对见签友城及所在国家的友好交流合作,不断增进战略互信,促进经济融合,加深人文交流,积极开展抗疫合作,全面深化各领域合作交流,为推动构建人类命运共同体作出了积极贡献。

【2022年福州国际友城文化节举行】 2022年6月21日,由福州市人民政府联合福州市国际友城、意向城市、友好交流城市共同主办的2022年福州国际友城文化节在福州鄢家花厅正式拉开序幕。来自世界各地的20个城市或地区共聚"云端"。

【2022年河南—日本友城交流视频会举行】 2022年7月21日,2022年河南—日本友城交流视频会以线上线下相结合的方式举办。江苏省人大常委会副主任徐济超,日本三重县副知事广田

惠子，中国驻日本大使孔铉佑，日本驻华使馆代办、公使志水史雄，中国人民对外友好协会副会长袁敏道及日本中国友好协会常务理事永田哲二等中日嘉宾出席会议并致辞。江苏省委外办主任、省对外友协会长梁杰一，省委外办二级巡视员焦开举分别主持上下半场会议。

【2022金砖国家友好城市暨地方政府合作论坛举行】 2022年9月20日，由中国人民对外友好协会、中国国际友好城市联合会和福建省人民政府共同主办，厦门市人民政府协办的2022金砖国家友好城市暨地方政府合作论坛以视频方式举行，在北京设主会场，在福建省政府、厦门市设分会场。本次论坛聚焦"团结合作 共同发展"主题，与会嘉宾围绕友城合作与绿色转型发展、开放创新与数字化发展、人文交流与民心相通、资源共享与联动发展等议题深入探讨、分享经验、共谋未来。

【"2022年广东拉美友城交流日"线上交流活动举行】 2022年12月8日，"2022年广东拉美友城交流日"线上交流活动举行，活动以"赓续友好纽带，共创发展机遇"为主题，围绕"地方合作 机遇共享""多元交流 互利共赢"等议题开展交流探讨。

【首届友好城市语言文化交流合作论坛举行】 2022年12月22日，以"语言为媒 特色发展 深化友城合作"为主题的首届友好城市语言文化交流合作论坛在线举办。教育部中外语言交流合作中心副主任胡志平出席论坛并致辞。来自赞比亚、意大利、法国、瑞典和中国的有关友好城市的市长、官员及相关教育文化机构和企业代表、专家等在线参会。

（体育、媒体、旅游、妇女、地方部分 撰稿人：杨宾）

附 录

一 重要文件

【2021年中国—中东欧国家合作北京活动计划】 2021年2月9日，中华人民共和国以视频方式主持召开中国—中东欧国家（简称"与会各方"）领导人峰会。为推动中国—中东欧国家合作可持续、稳步发展，与会各方共同制定《2021年中国—中东欧国家合作北京活动计划》，有关内容如下：

一、人文交流

（一）与会各方支持在希腊共和国举办第三届中国—中东欧国家非物质文化遗产保护专家级论坛。

（二）与会各方将探讨在黑山建立中国—中东欧国家创意中心的可能性。

（三）与会各方支持在塞尔维亚共和国举行第三届中国—中东欧国家艺术合作论坛。

（四）与会各方支持在希腊共和国举办第六次中国—中东欧国家旅游合作高级别会议。

（五）感兴趣的与会方支持在北马其顿共和国举办第二届中国—中东欧国家图书馆联盟馆长论坛。

（六）感兴趣的与会方支持在中华人民共和国举办第四届中国—中东欧国家出版联盟论坛。

（七）与会各方支持在北马其顿共和国举办中国—中东欧国家电影研讨会，关注电影发行和经验交流。

（八）感兴趣的与会方支持在中东欧国家举办中国—中东欧国家新闻发言人对话会。

（九）感兴趣的与会方欢迎中华人民共和国和中东欧国家间记者交流互访。中方将继续邀请中东欧国家记者来华访问。

（十）与会各方支持在保加利亚共和国举办第八届中国—中东欧国家高级别智库研讨会。

二、教育、体育、青年与地方合作

（一）与会各方支持举办第八届中国—中东欧国家教育政策对话和中国—中东欧国家高校联合会第七次会议。

（二）与会各方支持克罗地亚共和国和斯洛文尼亚共和国共同设立中国—中东欧国家体育协调机制。克罗地亚共和国负责夏季运动，斯洛文尼亚共和国负责冬季运动。

（三）感兴趣的与会方支持在中华人民共和国举办"未来之桥"中国—中东欧国家青年研修交流营活动。

（四）与会各方支持在波斯尼亚和黑塞哥维那首都萨拉热窝举行第五届中国—中东欧国家首都市长论坛。

（五）与会各方支持在中华人民共和国宁波举办2021中国—中东欧国家市长论坛。

2021年，参与中国—中东欧国家合作的各国将基于自愿原则，积极通过实体或线上形式准备并参与上述活动，并根据新冠疫情形势做出灵活调整。

【中阿数据安全合作倡议】 2021年3月29日，中华人民共和国外交部与阿拉伯国家联盟秘书处共同主持召开中阿数据安全视频会议。双方及阿盟成员国负责网络和数字事务官员出席对话。阿方欢迎中方提出《全球数据安全倡议》，支持秉持多边主义、兼顾安全发展、坚守公平正义的原则，共同应对数据安全风险挑战。

【全球健康峰会罗马宣言】 2021年5月21日，二十国集团和各国领导人、国际和区域组织负责人在罗马举行全球健康峰会，发表《全球健康峰会罗马宣言》，分享应对新冠疫情的经验，欢迎该领域开展的相关工作及预备会各项举措。

【《关于在澜沧江—湄公河合作框架下深化传统医药合作的联合声明》】 2021年6月8日，澜沧江—湄公河合作第六次外长会在中国重庆举行，各国外长忆及2020年8月24日澜湄合作第三次领导人会议关于加强公共卫生合作的有关共识，支持深化传统医药合作，中国和湄公河五国卫生部门联合发表了《关于在澜沧江—湄公河合作框架下深化传统医药合作的联合声明》。

【"一带一路"绿色发展伙伴关系倡议】 2021年6月23日，在"一带一路"亚太区域国际合作高级别会议期间，中国、阿富汗、孟加拉国、文莱、柬埔寨、智利、哥伦比亚、斐济、印度尼西亚、哈萨克斯坦、吉尔吉斯斯坦、老挝、马来西亚、马尔代夫、蒙古国、缅甸、尼泊尔、巴基斯坦、菲律宾、沙特阿拉伯、新加坡、所罗门群岛、斯里兰卡、塔吉克斯坦、泰国、土库曼斯坦、阿联酋、乌兹别克斯坦和越南共同发起"一带一路"绿色发展伙伴关系倡议。

【"一带一路"疫苗合作伙伴关系倡议】 2021年6月23日，在"一带一路"亚太区域国际合作高级别会议期间，中国、阿富汗、孟加拉国、文莱、柬埔寨、智利、哥伦比亚、斐济、印度尼西亚、哈萨克斯坦、吉尔吉斯斯坦、老挝、马来西亚、马尔代夫、蒙古国、缅甸、尼泊尔、巴基斯坦、菲律宾、沙特阿拉伯、新加坡、所罗门群岛、斯里兰卡、塔吉克斯坦、泰国、土库曼斯坦、阿联酋、乌兹别克斯坦和越南共同发起"一带一路"疫苗合作伙伴关系倡议。

【《上海合作组织成员国元首理事会关于加强科技创新领域合作的声明》】 2021年9月17日，上海合作组织成员国领导人，认为科技创新对全球经济增长和可持续发展具有重要意义，将造福各国及全人类，主张遵循上合组织宪章原则，继续加强科技创新领域合作，挖掘科技创新潜力，促进经济社会可持续发展，为积极开展协作，在杜尚别发表《上海合作组织成员国元首理事会关于加强科技创新领域合作的声明》。

【《中非应对气候变化合作宣言》】 2021年11月29—30日，中非合作论坛

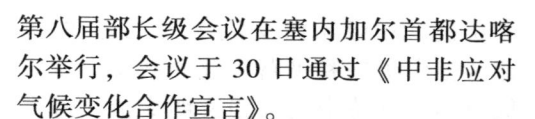

第八届部长级会议在塞内加尔首都达喀尔举行，会议于30日通过《中非应对气候变化合作宣言》。

【《中国—拉共体成员国重点领域合作共同行动计划（2022—2024）》】
2021年12月3日，中国—拉美和加勒比国家共同体论坛第三届部长会议以线上方式举行。中华人民共和国及拉美和加勒比国家共同体成员国通过平等友好协商，同意共同制定《中国—拉共体成员国重点领域合作共同行动计划（2022—2024）》，有关内容如下：

第四条社会人文合作

三、文化、艺术、体育

（一）促进中拉文明互鉴，维护文化多样性。推动中国和拉共体国家互设文化中心，或在各自国家的文化展示及推广上相互支持。

（二）支持文化和创意产业合作。

（三）推动物质及非物质文化遗产领域合作，加强展览、研究、博物馆管理、文物保护和修复，预防和打击文化财产非法贩运以及非物质遗产保护等领域合作。

（四）支持艺术家和艺术团组互鉴交流。

（五）拉共体成员国支持中方举办北京2022年冬奥会和冬残奥会。

（六）赞赏首届中拉太极拳网络大赛的成功举办，继续举办中拉武术交流论坛。

（七）扩大体育交流合作。鼓励体育协会加强交往，互派运动队参加在对方国家举行的国际比赛。同样，支持在体育领域通过南南合作和三方合作形式发起的其他倡议、计划和项目。

（八）强化体育对发展的贡献作用，及其与联合国2030年议程可持续发展目标的相互联系。

四、高校、智库、青年

（一）支持高等教育机构、研究院所、智库间加强交流，开展师生、学术等多种形式的交流合作，加强国别和区域，特别是妇女领域合作。

（二）中方将在2022年至2024年间向拉共体成员国提供5000个政府奖学金名额和3000个培训名额。

（三）继续举办中拉智库论坛、中拉高级别学术论坛，视情况举办中拉大学校长论坛，促进性别平等受益。

（四）推进青年领导人交往，落实好"未来之桥"中拉青年领导人千人培训计划，举办好中拉青年发展论坛。

（五）中方支持拉共体成员国开展中文教育，助力中文纳入成员国国民教育体系，基于互惠基础上在拉开办孔子学院或孔子课堂。

五、新闻媒体

（一）推动新闻媒体合作，鼓励在广播电视、网络视听、节目互播、联合制作、人才培训等领域开展交流，定期举办优秀电视剧展映活动，鼓励举办优秀电影展映活动。

（二）探讨设立中拉媒体合作传播机制。

（三）支持媒体机构交流对话，适时举办中拉媒体论坛。

六、地方和民间交往

（一）推动地方政府开展交往，支持省州市结好，构建中拉友好省市网络。

（二）继续举办中拉地方政府合作

论坛。

（三）加强民间友好主体交流，继续举办中拉民间友好论坛。

【《中华人民共和国和巴布亚新几内亚独立国联合声明》】 2022年2月3—6日，巴布亚新几内亚独立国总理詹姆斯·马拉佩应中方邀请出席第24届冬季奥林匹克运动会开幕式。在北京期间，国务院总理李克强2月5日会见马拉佩总理。双方就发展两国关系等共同关心的问题深入交换意见，达成广泛共识，共同发表了《中华人民共和国和巴布亚新几内亚独立国联合声明》，双方同意扩大教育、文化、青年、卫生、体育、执法、地方等领域的交流与合作。

【《中华人民共和国和巴基斯坦伊斯兰共和国联合声明》】 2022年2月3—6日，应中国领导人邀请，巴基斯坦伊斯兰共和国总理伊姆兰·汗访问北京并出席2022年北京冬奥会开幕式。其间，习近平主席会见伊姆兰·汗总理，李克强总理同伊姆兰·汗总理举行会晤，发表《中华人民共和国和巴基斯坦伊斯兰共和国联合声明》，双方重申将加强两国在应急管理系统、公共卫生基础设施以及在巴制药产业成立联合企业的既有合作，应对未来相似挑战。双方致力于进一步加强两国教育机构之间的合作。中方将在确保防疫安全的前提下，稳妥解决巴基斯坦留学生返华复课需求。双方重申人文交流、旅游合作和文化交流对加强双边关系的重要性。双方同意在2021年11月签署的《中华人民共和国文化和旅游部与巴基斯坦伊斯兰共和国省际协调部关于促进旅游交流与合作的谅解备忘录》基础上，于2023年庆祝"中巴旅游交流年"，加强两国旅游推广机构和民营企业间联系。双方同意尽力支持中巴加强文明交流，进一步扩大两国文物保护和展示合作。两国领导人对2022年在北京故宫博物院举办犍陀罗艺术展表示欢迎。

【《中华人民共和国政府和蒙古国政府联合声明》】 2022年2月3—8日，蒙古国总理奥云额尔登来华出席在北京举行的第24届冬季奥运会开幕式。其间，中华人民共和国主席习近平会见奥云额尔登总理，国务院总理李克强同奥云额尔登总理举行会晤。两国领导人在亲切友好的气氛中，就中蒙关系和共同关心的问题深入交换意见，达成广泛共识，发表《中华人民共和国政府和蒙古国政府联合声明》，双方一致同意，视疫情防控形势，推动恢复两国人员往来和人文交流，增进两国民众相互了解与友谊。拓展教育、文化、科技领域合作，包括加强相关领域专家、学者、大学生交流。

【《中华人民共和国和俄罗斯联邦关于新时代国际关系和全球可持续发展的联合声明》】 2022年2月4日，应中华人民共和国主席习近平邀请，俄罗斯联邦总统普京访华。两国元首在北京举行会谈，并出席第24届冬季奥运会开幕式，发表《中华人民共和国和俄罗斯联邦关于新时代国际关系和全球可持续发展的联合声明》，双方认为，人文合作对上合组织发展的重要意义不断提升。双方将进一步深化上合组织成员国文化、教育、科技、卫生、环保、旅游、人员交往、体育合作，增进成员国人民相互了解。

【《中华人民共和国和阿根廷共和国关于深化中阿全面战略伙伴关系的联合声明》】 2022年2月4—6日，应中方邀请，阿根廷共和国总统阿尔韦托·费尔南德斯出席北京冬奥会开幕式并访华，发表《中华人民共和国和阿根廷共和国关于深化中阿全面战略伙伴关系的联合声明》，双方还签署了绿色发展、数字经济、航天、北斗导航、科技创新、教育及大学合作、农业、地球科学、公共传媒、核医学等领域合作文件。

【《"中国+中亚五国"外长会晤联合声明》】 2022年6月8日，"中国+中亚五国"外长第三次会晤在努尔苏丹举行，中华人民共和国国务委员兼外交部部长王毅、哈萨克斯坦共和国副总理兼外交部部长特列乌别尔季、吉尔吉斯共和国外交部部长库鲁巴耶夫、塔吉克斯坦共和国交通部部长伊布罗希姆、土库曼斯坦副总理兼外交部部长梅列多夫、乌兹别克斯坦共和国代外长诺罗夫出席。

各方在友好、相互尊重与信任、富有建设性和相互理解的氛围中，发表《"中国+中亚五国"外长会晤联合声明》，相关内容如下：

各方承认开展中国同中亚国家间文化对话的重要性，旨在造福中国和中亚人民。在联合国"文化和睦国际十年"以及保护丝绸之路文化与自然遗产框架下，鼓励文化多样性、民族和宗教包容性，在博物展览、考古、世界遗产保护、加强学术联系，举办国际节日、论坛和竞赛，深化在音乐、戏剧、造型和手工艺术、电影、广播电视、档案和图书馆等领域合作，促进民众间特别是青年间直接交流。在教育、科学、文化、体育、保护纪念设施等领域实施联合项目，吸引青年人广泛参与，包括举办中国—中亚民间友好论坛、青年艺术节、文化遗产保护青年志愿大使计划和"未来之桥"青年领导人研修交流营。积极推动中国与中亚五国地方合作，促进友好城市交往。中方愿向中亚国家优秀大学生提供政府奖学金，以及卫生、农业、交通、信息技术等领域专业人才赴华研修名额。各方欢迎2023年举办"中国同中亚国家民间文化艺术年"活动。

【《金砖国家领导人第十四次会晤北京宣言》】 2022年6月23—24日，中华人民共和国、巴西联邦共和国、俄罗斯联邦、印度共和国、南非共和国领导人举行金砖国家领导人第十四次会晤。会晤主题是"构建高质量伙伴关系，共创全球发展新时代"。会议发表《金砖国家领导人第十四次会晤北京宣言》，相关内容如下：

我们重申人文交流在增进金砖国家及五国人民间相互了解和友谊、促进合作等方面的重要性。我们赞赏在2022年主席国中国的领导下，治国理政、文化、教育、体育、艺术、电影、媒体、青年和学术交流等领域取得的合作进展，并期待在上述领域进一步加强交流合作。签署《落实〈金砖国家政府间文化合作协定〉行动计划（2022—2026年）》，鼓励在其框架下推动文化领域数字化发展，在文化艺术、文化遗产、文化产业和文化联盟等方面继续深化合作，构建包容互鉴的文化伙伴关系。

成立金砖国家职业教育联盟，聚焦加强职业教育交流对话，推动职业教育务实合作，促进职业教育与产业融合，加强研究协作，支持职业教育标准互认。加强金砖国家绿色旅游联盟工作，采取措施，打造有韧性、可持续、包容的旅游业。举办第五届金砖国家媒体高端论坛，并在论坛框架下继续开展媒体培训班项目。举行金砖国家青年峰会，支持青年优先发展理念，鼓励加强金砖国家青年交流。欢迎金砖国家电影节在上海举办，期待继续推进电影领域交流与合作。

【《关于在澜沧江—湄公河合作框架下深化文明交流互鉴的联合声明》】 2022年7月4日，澜沧江—湄公河合作第七次外长会在缅甸蒲甘举行。澜湄六国外长忆及澜湄合作第三次领导人会议关于加强文化艺术与旅游合作的共识，支持深化文明交流互鉴，并发表《关于在澜沧江—湄公河合作框架下深化文明交流互鉴的联合声明》。

【《中华人民共和国和哈萨克斯坦共和国建交30周年联合声明》】 2022年9月14日，中华人民共和国主席习近平和哈萨克斯坦共和国总统卡瑟姆若马尔特·托卡耶夫在努尔苏丹签署《中华人民共和国和哈萨克斯坦共和国建交30周年联合声明》，相关内容如下：

值此《中华人民共和国和哈萨克斯坦共和国建交联合公报》签署30周年和《中华人民共和国和哈萨克斯坦共和国睦邻友好合作条约》签订即将迎来20周年之际，中华人民共和国和哈萨克斯坦共和国回顾总结双边合作成就，根据2022年9月14日在努尔苏丹会谈所达成的共识，发表《中华人民共和国和哈萨克斯坦共和国建交30周年联合声明》。

双方愿进一步密切旅游领域合作，中方愿为哈方在华开展旅游推介搭建平台、提供便利。全力推动两国教育和研究机构合作，促进哈萨克斯坦中心、中国高校哈语专业教研室和在哈孔子学院有效运转。全力恢复两国留学生交流，在确保疫情防控的前提下，采取措施保障学生返校，在哈开设鲁班工坊。两国共同出版中哈经典著作，展映电影和纪录片，在电影制片方面开展富有成效的合作。为延续文化交流良好势头，丰富人文合作内涵，双方商定力争尽早互设文化中心。

【《中华人民共和国和乌兹别克斯坦共和国联合声明》】 2022年9月14—15日，应乌兹别克斯坦共和国总统米尔济约耶夫邀请，中华人民共和国主席习近平对乌兹别克斯坦共和国进行国事访问，并出席在撒马尔罕举行的上海合作组织成员国元首理事会第二十二次会议，发表《中华人民共和国和乌兹别克斯坦共和国联合声明》，相关内容如下：

双方将进一步扩大文化、教育、科学、体育、旅游、考古、医疗卫生及制药领域合作，加强新闻媒体、学术机构、友好协会、艺术团体间友好交流。中方落实乌方关于宣布2023年为中国同中亚国家人民文化艺术年的倡议。在重点学科方向开展高新技术创新合作。依托两国信息技术产业园、相关试验区、产业集群等，在数字经贸、人工智能、大数据、电子政务和区块链技术等领域共同打造"智慧丝绸之路"和"数字丝绸之路"平台。中方愿为乌方在华开展旅游推介搭建平台、提供便利，乌方对此表示欢迎并支持为中国游客制定旅游路线。双方将加强卫生体系，推动建立包括远程医疗领域在内的两国医疗机构学术和应用合作机制，就发展传统医学交流经验。中方愿协助在乌设立地区疫苗研发中心并培训医疗专家。双方高度评价塔什干市和撒马尔罕市孔子学院工作并指出，上述机构为汉语学习和弘扬中华文化发挥着特殊作用。中方积极支持乌方体育代表团赴杭州参加第19届亚运会。

【《中华人民共和国和白俄罗斯共和国关于建立全天候全面战略伙伴关系的联合声明》】 2022年9月15日，中华人民共和国主席习近平同白俄罗斯共和国总统亚历山大·卢卡申科在乌兹别克斯坦撒马尔罕出席上海合作组织成员国元首理事会第二十二次会议期间举行会晤。两国元首就中白关系及共同关心的国际和地区问题深入交换意见，达成广泛共识，发表《中华人民共和国和白俄罗斯共和国关于建立全天候全面战略伙伴关系的联合声明》，相关内容如下：

双方将扩大教育、文化、旅游、影视、体育、媒体等领域合作。商定以联合教育计划为基础开展两国高校务实合作并共建院系，包括开展远程教学；充分利用政府奖学金等渠道互换留学人员，联合培养人才，努力为对方国家留学生提供良好的留学环境。继续支持两国青年学习对方国家语言并扩大语言教学方面的合作，将进一步发展在中国设立的白俄罗斯研究中心以及在白俄罗斯设立的孔子学院。双方致力于在白俄罗斯设立中国研究中心。鼓励两国科研机构通过举办会议、研讨会和开展联合科研等方式加强交流。积极推动两国电影界加强交流以及合作拍摄影片。支持互办艺术节、文化日、巡回演出、艺术展，推动两国博物馆及图书馆在文学、文化遗产保护等领域开展合作。支持明斯克中国文化中心运营。推动两国媒体直接合作，鼓励并支持出版机构互译出版两国古今经典著作。双方将增进两国旅行社间交流，为中国游客赴白俄罗斯旅游完善基础设施建设、推介新的旅游产品及目的地。

【《上海合作组织成员国元首理事会撒马尔罕宣言》】 2022年9月16日，上海合作组织成员国领导人在乌兹别克斯坦撒马尔罕市举行元首理事会会议，并发表《上海合作组织成员国元首理事会撒马尔罕宣言》，相关内容如下：

成员国进一步加强教育领域合作，扩大校际交流，举办校长论坛、科学会议和研讨会，通过了《上合组织成员国授权部门数字素养发展合作纲要》。进一步开展联合科研、科学家和科学组织间经验交流，寻找新的经济增长点和共同应对社会挑战的解决方案。举办大学生和中小学生"模拟上合组织"智力竞赛、创业论坛、青年创新创业大赛、青年科学家志愿者运动以及在上合组织青年委员会框架内落实"上合组织青年创业国际孵化器"项目。积极支持妇女参与政治、经济、社会及其他领域活动，欢迎2022年8月19日在塔什干举行的上合组织妇女论坛和首届上合组织成员国女企业家会议。

加强文学经典著作互译、电影摄制、音乐、戏剧、造型艺术、博物馆事务、展览及其他形式艺术创作方面合作。进一步发展旅游领域合作，决定宣布印度共和国瓦拉纳西市为2022—2023年上合组织旅游和文化之都。为支持上合组织旅游业、提升地区和城市的旅游吸引力，成员国商定2023年为"上合组织旅游年"。

成员国高度评价成员国民间外交机构和文化中心为在本组织地区建立互信、增进相互理解、扩大人文交往作出的贡献，以及中国上合组织睦邻友好合作委员会、上合组织比什凯克文化一体化中心、上合组织杜尚别友好合作中心和塔什干上合组织民间外交中心开展的相关工作。成员国加强包括官方新闻机构在内的新闻媒体和数字领域联系，在世界和地区范围内广泛宣传本组织目标、宗旨、原则和主要活动方向，批准《"上合组织亲善大使"荣誉称号条例》。成员国重申愿根据奥林匹克主义准则加强该领域合作。

【《关于进一步加强和深化中越全面战略合作伙伴关系的联合声明》】 2022年10月30日至11月1日，应中国共产党中央委员会总书记、中华人民共和国主席习近平邀请，越南共产党中央委员会总书记阮富仲对中华人民共和国进行正式访问。在各场会谈、会见中，双方相互通报各自党和国家情况，就中越两党两国关系及当前国际地区局势深入交换意见，达成一系列重要共识，发表《关于进一步加强和深化中越全面战略合作伙伴关系的联合声明》，相关内容如下：

双方同意，实施好中越文化和旅游合作执行计划，推动文化和旅游各层级人员往来，促进旅游业恢复和健康发展，加强文化产业合作。中方欢迎并支持越方在华设立文化中心，越方积极支持河内中国文化中心活动。

落实好两国教育合作协定，鼓励互派留学生到对方国家学习。双方将继续办好中越青年友好会见、中越人民论坛、边民大联欢等友好交往和文化交流活动，鼓励两国地方特别是接壤各省（区）开展友好交流和互利合作。双方愿加强两国媒体交流和记者互访，增进中越友好，为双边关系发展营造良好社会基础和舆论氛围。

【《中华人民共和国和巴基斯坦伊斯兰共和国联合声明》】 2022年11月1—2日，巴基斯坦伊斯兰共和国总理夏巴兹·谢里夫应邀对中华人民共和国进行正式访问。此访是夏巴兹总理就任后首次访华，发表《中华人民共和国和巴基斯坦伊斯兰共和国联合声明》，相关内容如下：

双方同意为两国人文交流、旅游合作和文化交流注入新动力，赞赏两国政府文化合作协定及其执行计划发挥的作用，欢迎执行计划有效期顺延至2027年。双方再次对2023年举办"中巴旅游交流年"表示欢迎，对2022—2023年在北京故宫博物院举办犍陀罗艺术展表示欢迎。

【《中华人民共和国政府和柬埔寨王国政府联合公报》】 2022年11月8—11日，应柬埔寨王国首相洪森邀请，中华人民共和国国务院总理李克强对柬埔寨王国进行正式访问。访问期间，李克强总理同洪森首相举行会谈，会见西哈莫尼国王，发表《中华人民共和国政府和柬埔寨王国政府联合公报》，相关内容如下：

双方加强科教文卫、旅游及地方合作，支持柬埔寨开展中文教学，推动教育数字化转型合作。有序恢复人员往来，增加两国直航航班，为柬埔寨留学生返华复学进一步提供便利。柬方将继续支持在柬的中国文化中心、孔子学院等机构运作。保持中柬青年组织和青年机构常态化交流，积极支持两国对口友好协会与机构、智库、媒体、非政府组织在增进民间交往方面发挥更大作用。落实好文化合作执行计划，鼓励非物质文化遗产领域交流与合作。积极参加对方国家举办的旅游展会活动。协同开展亚洲文化遗产保护行动，为柬埔寨吴哥古迹、柏威夏寺及其他文化遗产的保护和修复工作提供支持，开展防止文化财产非法进出境合作，举行中柬文化遗产青年对话。依托中柬中医药中心，继续支持柬埔寨医疗卫生事业发展。

【《中华人民共和国和泰王国关于构建更为稳定、更加繁荣、更可持续命运共同体的联合声明》】 2022年11月17—19日，应泰王国总理巴育邀请，中华人民共和国主席习近平赴泰出席亚太经合组织第二十九次领导人非正式会议并对泰王国进行访问。11月19日，习近平主席同巴育总理在总理府举行会谈。双方就构建更为稳定、更加繁荣、更可持续的中泰命运共同体达成重要共识，并就中泰关系当前和未来发展交换了意见，发表《中华人民共和国和泰王国关于构建更为稳定、更加繁荣、更可持续命运共同体的联合声明》，相关内容如下：

双方同意就卫生健康、扶贫减贫、乡村发展等领域加强治国理政经验交流。扩大人员往来有利于展现友好、增进友谊、增强跨文化认同。秉持平等、互惠和可持续原则，推动高质量旅游业复苏，加强在教育、文化、媒体、信息、友城等领域合作。

【《中华人民共和国和蒙古国关于新时代推进全面战略伙伴关系的联合声明》】 2022年11月27—28日，应中华人民共和国主席习近平邀请，蒙古国总统乌赫那·呼日勒苏赫对中华人民共和国进行国事访问，发表《中华人民共和国和蒙古国关于新时代推进全面战略伙伴关系的联合声明》，相关内容如下：

双方将深化文化教育、科学技术、观光旅游等领域交流合作，大力开展人文交流特别是青少年交流，鼓励教育、科学机构之间推进合作，促进民心相通。蒙方介绍了"总统派遣2100"留学计划，中方愿积极研究并继续推进两国互派留学生合作。

【《关于进一步深化中老命运共同体建设的联合声明》】 2022年11月29日至12月1日，应中国共产党中央委员会总书记、中华人民共和国主席习近平邀请，老挝人民革命党中央委员会总书记、老挝人民民主共和国主席通伦·西苏里对中华人民共和国进行国事访问，发表《关于进一步深化中老命运共同体建设的联合声明》，相关内容如下：

实施中老文化和旅游合作执行计划，有序推动文化和旅游领域各层级人员往来，促进旅游业恢复和健康发展，联合开展人员培训，加强人力资源能力建设，促进文化和旅游产业合作。开展公共卫生交流与信息合作，以热带病为重点加强传染病防控领域的交流合作，共同提升澜湄区域热带病防控能力。

深化双方在新闻、出版、影视等领域交流合作。鼓励双方媒体在新闻互换、联合采访、合作拍片、人员交流与培训等方面加强合作，推动中老出版机构、电影机构开展务实合作，为双边关系发展营造良好舆论氛围。拓展双方在高等教育、职业教育、数字教育等领域交流与合作，中方将继续为老挝优秀学生来华学习提供奖学金支持，共同落实好第三届中国—东盟教育部长圆桌会议成果文件《共建友好家园：中国—东盟教育合作发展愿景与行动（2022—2030）》相关项目举措。继续加强青年工作领域交流与合作，办好中老铁路青年友谊工程，共同培养中老友谊接班人。

【《中华人民共和国和沙特阿拉伯王国联合声明》】 2022年12月7—9日，应沙特阿拉伯王国国王萨勒曼·本·阿卜杜勒阿齐兹·阿勒沙特的邀请，中华人民共和国主席习近平对沙特进行了国事访问，发表《中华人民共和国和沙特阿拉伯王国联合声明》，相关内容如下：

在文化领域，在友好两国传统文化关系框架下加强合作，启动首届穆罕默德王储中沙文化合作奖。共同举办中沙数字文化年，以及落实多个文化领域已签署谅解备忘录。在两国开展旅游合作和推广活动，挖掘两国旅游资源潜力，加强在各可持续旅游产业的共同行动，中方宣布开放沙特为中国公民组团出境旅游目的地国。加强两国在体育计划与活动方面的合作与伙伴关系。提升两国科学教育合作水平，继续鼓励两国高校和学术科研机构开展直接交流，加强在数字教育以及两国中小学、大学和教育机构中文和阿拉伯语教学领域的合作。在新闻领域，双方同意加强两国现有新闻合作，探讨在广播、电视、通讯社、报业等领域推动新闻合作、开展经验交流和互访的机会，以推动双方新闻工作的发展。沙特政府努力服务中国朝觐人员并配合中国组织朝觐活动，为其完成朝觐功课提供便利。

【《中华人民共和国和海湾阿拉伯国家合作委员会合作与发展峰会联合声明》】 2022年12月9日，应沙特阿拉伯王国国王萨勒曼·本·阿卜杜勒阿齐兹·阿勒沙特邀请，中华人民共和国和海湾阿拉伯国家合作委员会成员国领导人在利雅得召开会议，发表《中华人民共和国和海湾阿拉伯国家合作委员会合作与发展峰会联合声明》，相关内容如下：

双方领导人表示愿加强文明对话和不同文化间的交流互鉴，维护文明多样性，强调各国人民和民族包容共处是国际社会最重要的原则和价值基础。鼓励双方在文化、教育、旅游、新闻、体育等领域的交流合作以及双方智库之间的友好交往，鼓励双方人民民心相通。双方领导人赞赏卡塔尔成功举办2022年世界杯，赞赏该赛事在促进人文、文明、文化和思想交流方面发挥的积极作用。

【《首届中阿峰会利雅得宣言》】 2022年12月9日，应沙特阿拉伯王国国王萨勒曼·本·阿卜杜勒阿齐兹·阿勒沙特邀请，为发展中阿双方各领域关系，中华人民共和国和阿拉伯国家联盟成员国领导人在沙特利雅得召开首届中阿峰会，发表《首届中阿峰会利雅得宣言》，相关内容如下：

双方加强文明对话，尊重不同文化，杜绝在不同宗教、文化背景人群中宣扬仇恨、极端思想和文明冲突。反对各种形式的"伊斯兰恐惧症"。强调中阿两大文明为人类文明进步作出了独特贡献，愿继续倡导文明对话交流，维护世界文明多样性，摒弃对特定文明的歧视与偏见，反对"文明冲突论"。巩固中阿在文化、体育、旅游和新闻等领域的民间友好关系。责成双方部委和机构通过中阿合作论坛执行计划及论坛其他机制落实峰会成果。在政治、经济、社会、发展、经贸、投资、金融、工业、交通运输、能源、环保、农业、粮食安全、旅游、人力资源开发、知识产权、文化、文明对话、教育、科研、科技、新闻、卫生、可持续发展、体育等方面继续开展合作。

二 国家领导人讲话、署名文章

2021年1月25日，中华人民共和国主席习近平在世界经济论坛"达沃斯议程"对话会上发表特别致辞《让多边主义的火炬照亮人类前行之路》。

2021年2月9日，中华人民共和国主席习近平在中国—中东欧国家领导人峰会上发表主旨讲话《凝心聚力，继往开来携手共谱合作新篇章》。

2021年3月20日，中国向哥伦比亚提供的第三批疫苗运抵哥伦比亚首都波哥大。应哥伦比亚总统杜克邀请，中华人民共和国主席习近平向哥伦比亚民众发表视频讲话。

2021年4月22日，中华人民共和国主席习近平在领导人气候峰会上发表讲话《共同构建人与自然生命共同体》。

2021年5月21日，中华人民共和国主席习近平在全球健康峰会上发表讲话《携手共建人类卫生健康共同体》。

2021年7月6日，中共中央总书记、中华人民共和国主席习近平在中国共产党与世界政党领导人峰会上发表主旨讲话《加强政党合作 共谋人民幸福》。

2021年9月9日，中华人民共和国主席习近平在金砖国家领导人第十三次会晤上发表讲话《携手金砖合作应对共同挑战》。

2021年9月17日，中华人民共和国主席习近平在上海合作组织成员国元首理事会第二十一次会议上发表讲话《不忘初心 砥砺前行 开启上海合作组织发展新征程》。

2021年9月21日，中华人民共和国主席习近平在第七十六届联合国大会一般性辩论上发表讲话《坚定信心 共克时艰共建更加美好的世界》。

2021年10月1日，中华人民共和国主席习近平在迪拜世博会中国馆发表致辞。

2021年10月12日，中华人民共和国主席习近平在《生物多样性公约》第十五次缔约方大会领导人峰会上发表主旨讲话《共同构建地球生命共同体》。

2021年10月25日，中华人民共和

附 录

国主席习近平在中华人民共和国恢复联合国合法席位 50 周年纪念会议上发表讲话。

2021 年 10 月 30 日，中华人民共和国主席习近平在二十国集团领导人第十六次峰会第一阶段会议上发表讲话。

2021 年 11 月 4 日，中华人民共和国主席习近平在第四届中国国际进口博览会开幕式上发表主旨演讲《让开放的春风温暖世界》。

2021 年 11 月 12 日，中华人民共和国主席习近平在亚太经合组织第二十八次领导人非正式会议上发表讲话《共同开创亚太经济合作新篇章》。

2021 年 11 月 22 日，中华人民共和国主席习近平在中国—东盟建立对话关系 30 周年纪念峰会上发表讲话《命运与共　共建家园》。

2021 年 11 月 29 日，中华人民共和国主席习近平在中非合作论坛第八届部长级会议开幕式上发表主旨演讲《同舟共济　继往开来　携手构建新时代中非命运共同体》。

2022 年 1 月 17 日，中华人民共和国主席习近平在 2022 年世界经济论坛视频会议发表演讲《坚定信心　勇毅前行　共创后疫情时代美好世界》。

2022 年 1 月 25 日，中华人民共和国主席习近平在中国同中亚五国建交 30 周年视频峰会上发表讲话《携手共命运　一起向未来》。

2022 年 1 月 26 日，中华人民共和国主席习近平向英国 48 家集团俱乐部同英中贸协、英国中国商会在伦敦举办的"破冰者"2022 新春庆祝活动致贺电。

2022 年 4 月 21 日，中华人民共和国主席习近平在博鳌亚洲论坛 2022 年年会开幕式上发表主旨演讲《携手迎接挑战　合作开创未来》。

2022 年 5 月 18 日，中华人民共和国主席习近平在庆祝中国国际贸易促进委员会建会 70 周年大会暨全球贸易投资促进峰会上致辞。

2022 年 6 月 22 日，中华人民共和国主席习近平在金砖国家工商论坛开幕式上发表主旨演讲《把握时代潮流　缔造光明未来》。

2022 年 6 月 23 日，中华人民共和国主席习近平在金砖国家领导人第十四次会晤上发表讲话《构建高质量伙伴关系　开启金砖合作新征程》。

2022 年 6 月 24 日，中华人民共和国主席习近平在全球发展高层对话会上发表讲话《构建高质量伙伴关系　共创全球发展新时代》。

2022 年 9 月 13 日，在应托卡耶夫总统邀请对哈萨克斯坦共和国进行国事访问前夕，中华人民共和国主席习近平在《哈萨克斯坦真理报》发表题为《推动中哈关系在继往开来中实现更大发展》的署名文章。

2022 年 9 月 13 日，在应米尔济约耶夫总统邀请对乌兹别克斯坦共和国进行国事访问并出席上海合作组织成员国元首理事会第二十二次会议前夕，中华人民共和国主席习近平在乌兹别克斯坦《人民言论报》、乌兹别克斯坦国家通讯社等媒体发表题为《携手开创中乌关系更加美好的明天》的署名文章。

2022 年 9 月 16 日，中华人民共和国主席习近平在上海合作组织成员国元首理事会第二十二次会议上发表讲话

《把握时代潮流　加强团结合作　共创美好未来》。

2022年11月4日，中华人民共和国主席习近平在第五届中国国际进口博览会开幕式上发表致辞《共创开放繁荣的美好未来》。

2022年11月5日，中华人民共和国主席习近平在《湿地公约》第十四届缔约方大会开幕式上发表致辞《珍爱湿地　守护未来　推进湿地保护全球行动》。

2022年11月15日，中华人民共和国主席习近平在二十国集团领导人第十七次峰会第一阶段会议上发表讲话《共迎时代挑战　共建美好未来》。

2022年11月17日，中华人民共和国主席习近平在亚太经合组织工商领导人峰会上发表书面演讲《坚守初心　共促发展　开启亚太合作新篇章》。

2022年12月9日，中华人民共和国主席习近平在中国—海湾阿拉伯国家合作委员会峰会上发表主旨讲话《继往开来，携手奋进共同开创中海关系美好未来》。

2022年12月9日，中华人民共和国主席习近平在首届中国—阿拉伯国家峰会开幕式上发表主旨讲话《弘扬中阿友好精神　携手构建面向新时代的中阿命运共同体》。

2022年12月15日，中华人民共和国主席习近平在《生物多样性公约》第十五次缔约方大会第二阶段高级别会议开幕式上发表致辞。

三　大事记

中俄

2021年2月20日，2021辽宁中俄经济文化座谈会在沈阳召开。

2021年4月23日，中俄青少年舞蹈杂技艺术节在北京牛栏山一中举行。

2021年4月25日，2021中俄极地研究讨论会在哈尔滨工业大学举行。

2021年5月21日，2021中俄高端催化国际研讨会开幕式在黑龙江大学举行。

2021年5月28日，2021中俄国际技术对接活动在徐州举办。

2021年6月8日，第五届"冰上丝绸之路"远东中俄青少年艺术交流周暨第十二届"春之声"中俄青少年"歌在飞"合唱交流系列活动结束线上展演。

2021年6月16日，中俄地方合作交流论坛暨中俄友城合作论坛在哈尔滨举行。

2021年6月21日，第十一届中俄文化大集启幕。

2021年6月22日，2021中俄（南京）数字经济创新合作论坛举行。

2021年7月29日，中俄人文合作委员会媒体合作分委会第十四次会议在线上召开。

2021年8月23日，北京大学—莫斯科大学孔子学院2021年线上中国语言文化夏令营活动开幕。

2021年9月6日，俄罗斯电影周开幕式在北京举办。

2021年9月7日，中俄教育合作分

委会第二十一次会议召开。

2021年9月9日，由中国文化和旅游部与俄罗斯文化部共同主办的2021年俄罗斯"中国文化节"开幕。

2021年9月17日，第一届中俄法律圆桌会议举办。

2021年9月18日，《"纯洁的冰雪 激情的约会"中国·俄罗斯—中外青少年人文交流邀请展》开幕式在京举行。

2021年10月9—11日，中俄合作办学发展研讨会暨中俄合作办学高校联盟第三次会议召开。

2021年10月11日，中俄人文合作委员会档案合作分委会第五次会议以视频会议形式召开。

2021年10月14日，"2021中俄大学生艺术联欢节"颁奖典礼暨展演活动在吉林省长春市以线上线下相结合的形式举办。

2021年10月21日，中俄文化艺术大学联盟第二届全体大会召开。

2021年10月21日，2021中俄媒体视频交流活动在哈尔滨举行。

2021年11月5日，2021年度"谊于画语—中俄绘画交流展"在北京开幕。

2021年11月11日，中俄人文合作委员会旅游合作分委会第十八次会议召开。

2021年11月12—13日，2021年中国中俄关系史研究会年会举行。

2021年11月16日，中俄人文合作委员会第二十二次会议召开。

2021年11月22日，2021年中俄网络媒体论坛在北京和莫斯科以视频连线方式召开。

2021年11月29日，第三届中俄能源商务论坛以线上与线下相结合的方式在京召开。

2021年12月2日，由中俄教育类高校联盟主办，华中师范大学承办的"2021中俄教师教育论坛"在线上举办。

2021年12月8日，2021年中俄青年创业孵化器交流项目"云论坛"在渝举行。

2021年12月17日，2021厦门·俄罗斯电影周开幕。

2021年12月18日，"庆祝《中俄睦邻友好条约》签订20周年——中俄绘画艺术交流展"在合肥公麟美术馆开幕。

2021年12月22日，中国教育国际交流协会在线举办中俄职业教育交流与合作研讨会。

2021年12月27日，"推进中西文化交流展示家国情怀——迎2022新年中俄文化艺术交流展"在郑州绿城书院展览馆开幕。

2021年12月28日，中俄友好、和平与发展委员会第十三次全体会议和2021年中方全体会议召开。

2022年1月4日，2021年中俄数字经济高峰论坛通过云会议形式在北京市、广东省深圳市、吉林省珲春市和俄罗斯莫斯科等地连线举办。

2022年1月14—16日，"2022俄罗斯科幻电影展"在南京展映。

2022年6月1日，2022年中俄工科大学联盟（阿斯图联盟）第五届年会开幕式暨校长论坛在线上举办。

2022年4月21日，中俄青年发展论坛在北京举办。

2022年4月25日,"中俄关系未来无限"青年论坛在莫斯科举办。

2022年5月28日,第11届"俄语日"在广州举办。

2022年6月10日,"2022年远东媒体峰会"在俄罗斯符拉迪沃斯托克的远东联邦大学举行。

2022年6月28日,中俄先进医学技术合作研讨会暨中国康复技术转化及发展促进会与俄罗斯国际科技合作之家协会战略合作协议签约仪式举行。

2022年7月14日,第二届莫斯科"孔子杯"中国体育艺术节在莫斯科举行。

2022年7月14—15日,第二届"中俄医学和健康计量研讨会"以视频会议的形式召开。

2022年7月27日,中俄人文合作委员会媒体合作分委会第十五次会议以视频连线方式召开。

2022年8月4日,2022中俄蒙生命健康国际学术研讨会在满洲里召开。

2022年8月5—8日,"中俄生物医药国际工程科技战略高端论坛暨第十三届中俄国际药理学大会"在哈尔滨举行。

2022年8月17日,中俄人文合作委员会体育合作分委会第22次会议召开。

2022年8月23日,2022年中俄文旅产品推介会在黑龙江省黑河市举办。

2022年8月25日,第十二届中俄文化大集活动开幕式在黑龙江省黑河市和俄罗斯布拉戈维申斯克市同步举行。

2022年8月30日,中俄人文合作委员会文化合作分委会第二十二次会议以视频形式召开。

2022年8月31日,中俄人文合作委员会档案合作分委会第六次会议以视频会议形式召开。

2022年9月1—15日,"中国旅游文化周"暨"天涯共此时——中秋节"双主题活动在莫斯科举办。

2022年9月15日,中俄人文合作委员会教育合作分委会第二十二次会议召开。

2022年9月15日,首届中俄大学生武术文化交流会举行。

2022年9月20日,俄罗斯高等教育和科学部中央学者之家开设中国学学部启动揭幕仪式举行。

2022年9月26日,俄罗斯电影节在北京开幕。

2022年9月28日,"和平友谊未来"2022年中俄少年儿童主题绘画展开幕。

2022年9月28日,"译"起成长——2022年俄罗斯高级中文口译人才实训班启动。

2022年9月28日,"我眼中的家乡"中俄青少年交流活动举办。

2021年10月1日,俄罗斯国家社会政治史档案馆将重要档案复印件赠送给中方。

2022年10月17日,"中俄国际学术文化交流会"在北京举行。

2022年10月25日,俄罗斯汉语教师协会和俄罗斯国立人文大学孔子学院共同举办的俄罗斯汉语教学现状与未来发展研讨会在俄罗斯国立人文大学举行。

2022年10月29日,2022—2023年

附 录

"中俄体育交流年"健身气功友好交流活动举办。

2022年11月1日，中俄数字经济高峰论坛暨佳木斯市平行论坛举行。

2022年11月1—2日，中国教育科学研究院与俄罗斯教育科学院举办2022中俄教育科学论坛。

2022年11月2日，"2022中俄大学生艺术联欢节"颁奖典礼及展演活动在俄罗斯圣彼得堡举办。

2022年11月9—10日，"汉语教学师资培养：中俄高校的经验与前景展望"国际研讨会在雅罗斯拉夫国立师范大学举行。

2022年11月16—17日，由中俄教育类高校联盟主办、新西伯利亚国立师范大学承办的"2022年校长圆桌论坛暨教师教育学术研讨会"举行。

2022年11月16—18日，莫语大孔院举办第四届"全俄最佳中文教师"讲课大赛。

2022年11月17日，"希望寄托在你们身上"——毛泽东同志在莫斯科大学发表重要讲话65周年纪念活动在莫斯科举行。

2022年11月19日，中俄体育交流年主题交流活动——中俄冰球友谊赛在莫斯科举行。

2022年11月19日，中俄友好、和平与发展委员会中方教育理事会第七届年会暨"后疫情时代的中俄人文交流与教育合作发展论坛"在西安召开。

2022年11月20日，中俄视听传播周启动。

2022年11月22日，中俄人文合作委员会第二十三次会议召开。

2022年11月23日，2022"走近东北虎豹·共建生态文明"中俄专家线上交流活动举行。

2022年11月29日，第三届中俄能源商务论坛以线上与线下结合方式在北京召开。

2022年11月29日，2022辽宁中俄经济交流会举办。

2022年12月1日，第二届中俄动画产业对话会以视频连线方式举办。

2022年12月1日，烟台举办2022中俄经贸与人才交流会。

2022年12月2日，"2022中俄大学生艺术联欢节"颁奖典礼及展演活动举办。

2022年12月4日，"2022—俄罗斯工程院院士中国行交流活动"惠州站举办。

2022年12月6日，中俄科技人文交流合作联合委员会第二次会议在线上举行。

2022年12月8日，2022年第二届中俄"Magika"媒体节举办。

2022年12月8日，首届中俄同类大学联盟校长论坛在线上召开。

2022年12月9日，第十届中俄经济类大学联盟年会在线上召开。

2022年12月9日，2022中俄儿童创意节颁奖典礼及优秀作品展示活动举办。

2022年12月12日，首届符拉迪沃斯托克市中国动画片节在"乌苏里"影院开幕。

2022年12月20日，第三届中俄冬季青少年运动会在长春闭幕。

2022年12月20—21日，第十四届

俄罗斯东欧中亚与世界高层论坛以线上方式举办。

2022年12月22日,《2022—2023年中俄体育交流年行动计划议定书》签署。

中美

2021年1月16日,中美教育合作未来展望论坛在线上举行。

2021年3月2日,第五届中美省州立法机关合作论坛视频会举行。

2021年3月25日,"重塑中美教育交流"研讨会召开。

2021年4月及11月,纪念中美"乒乓外交"50周年纪念活动在中美两国相继举行。

2021年4月17日,《中美应对气候危机联合声明》发表。

2021年5月15日,2021中美公共外交论坛举办。

2021年5月27日,中美地方应对气候变化系列对话首场视频对话举行。

2021年6月9日,中美青年创客大赛启动。

2021年6月18日,第五届女性经济峰会举行。

2021年7月14日,中美环境技术交流会召开。

2021年7月16—17日,第六届中美高校图书馆合作发展论坛召开。

2021年7月20—22日,第六轮"中美健康二轨对话"会议在线上举行。

2021年8月23日,第十四届中美大学生交流论坛在线上举行。

2021年11月10日,《中美关于在21世纪20年代强化气候行动的格拉斯哥联合宣言》发布。

2021年12月7—8日,第三届"中美大学智库对话"会议在线上举行。

2022年3月31日,中美高等教育合作暨《中美人才培养计划》工作研讨会以线上线下相结合的方式举办。

2022年5月24日,国家主席习近平复信美国艾奥瓦州友人萨拉·兰蒂女士。

2022年6月12日,第四十三届波士顿龙舟节举行。

2022年7月20—22日,第七轮"中美健康二轨对话"会议在线上举行。

2022年7月28—29日,中美可持续发展系列研讨会首次会议举行。

2022年8月4日,2022福布斯中国卓越女性论坛召开。

2022年8月22日,中国科学技术大学和美国化学会出版部宣布共同出版新刊《精准化学》(Precision Chemistry)。

2022年9月25日,"纪念物理学家吴健雄诞辰110周年"国际学术论坛在美国举办。

2022年9月29日,中国美国商会2022年科技创新峰会通过线上线下相结合的方式举办。

2022年10月8日,中国国家大剧院原创歌剧首次亮相美国广播电台。

2022年10月16日,首届中美民间友好大联欢在芝加哥举办。

2022年11月1日,2022中美创新创业交流会举办。

2022年11月28日,第四届世界科技与发展论坛—女科学家论坛举办。

2022年12月2日,中美人才计划会议在线上举行。

2022年12月11日,首届全美中文教育直播成果展在线上举办。

附　录

2022年12月15日,"中美健康桥"线上启动仪式暨中美卫生健康研讨会召开。

中英

2021年2月25日,中英合拍的《行进中的中国》第一季播出。

2021年3月13日,中国驻曼彻斯特总领事郑曦原出席领区国际劳动妇女节线上活动。

2021年4月12日,第二届"用英语讲中国故事"活动在天津开幕。

2021年4月14日,中英高等教育人文联盟执行理事会议暨年度大会圆桌论坛举办。

2021年4月28日,中国驻英国使馆临时代办杨晓光与英国乒乓球协会副主席、乒乓球运动员海德斯举行视频会议,纪念"乒乓外交"50周年。

2021年4月30日,"2021第三届英国中国旅游文化周"开幕。

2021年5月6日,中英青年科学家论坛在线举办。

2021年5月12日,中英科技创新合作联委会第10次会议举行。

2021年5月22日,2020—2021中英数学教师交流项目在上海和英国多地同步举行。

2021年5月27日,2021"全球胜任力"中英校长峰会在京举行。

2021年5月27日,湖北省首次使用中欧班列向英国进行跨境电商出口。

2021年6月27日,第二十届"汉语桥"世界大学生中文比赛全英大区赛决赛举行。

2021年7月3日,第一届中国英式学校大奖启动仪式举办。

2021年7月5日,英国汉语教学研究会、班戈大学孔子学院共同举办第十八届英国汉语教学会议。

2021年7月5日,2021年"汉语桥"英国"中文培优"项目学生夏令营开幕。

2021年7月14日,深圳—爱丁堡创新创意产业交流会举办。

2021年8月16—17日,首届中英联合翻译学研讨会召开。

2021年9月1—20日,"连接·重启"中英当代艺术展览活动在中国多个城市同步开展。

2021年10月23日,由英国担任主宾国的2021中国国际教育展在京开幕。

2021年10月27日,东南大学、英国伯明翰大学共同发起"碳中和世界大学联盟"。

2021年10月28日,英国驻广州总领事馆在广州举办英国—华南气候变化大会。

2021年11月3—4日,第六届中英创新与发展论坛举行。

2021年11月11日,中英人工智能协会年会在伦敦召开。

2021年11月19日,电影《长津湖》正式登陆英国院线。

2022年1月27日,中国驻英国大使馆主办2022中英教育界线上新春招待会暨全英中国留学生春节联欢晚会。

2022年1月6日,中国高等教育学会与英国大学联盟召开视频会议。

2022年1月19日,北京大学汇丰商学院与伦敦政治经济学院国际MBA项目签约,并签署了汉语学习教育合作备忘录。

2022年1月20日，中国驻英国大使郑泽光就北京冬奥事宜拜访英国奥委会。

2022年1月26日，中国国家主席习近平向由英国48家集团俱乐部、英中贸易协会、英国中国商会在伦敦举行的"破冰者"2022新春庆祝活动致贺电。

2022年2月6日，中国国家主席习近平向英国女王伊丽莎白二世登基70周年致贺电。

2022年3月12日，2021—2022中英数学教师交流项目举行。

2022年3月13日，中央广播电视总台举办"50年·新启航：寻找新时代的破冰者"大型融媒体互动节目，庆祝中英建立大使级外交关系50周年。

2022年3月20—25日，英国大使馆国际贸易处在北京举办中英体育图片展45周年庆祝活动。

2022年4月8日，英国皇家建筑师学会、英国文化教育协会共同推出"Open Door"项目。

2022年5月6日，英国第四届"一带一路，民心相通——中国旅游文化周"在伦敦举行。

2022年5月10日，Odyssey英国华语电影展映在伦敦和爱丁堡正式启动。

2022年5月13日，英国开放大学网络孔子学院揭牌仪式暨第一届理事会议举行。

2022年6月8—10日，第二届"一带一路"倡议跨学科会议于英国兰卡斯特召开。

2022年6月23日，英中商会和英中贸易协会合作举办"共创繁荣未来"中国—苏格兰合作论坛。

2022年8月10日，英国交通部、中国民航局同意恢复中英双向直航客运服务。

2022年8月21日，第三届"用英语讲中国故事"活动再次在天津启动。

2022年9月1日，中国国际服务贸易交易会举行"光影互动文化互鉴共享未来"——中英文化IP合作论坛。

2022年9月9日，中国国家主席习近平就英国女王伊丽莎白二世逝世向查尔斯三世致唁电。

2022年9月9日，欧美同学会纪念中国公派留学英国50周年论坛在北京举行。

2022年9月10日，中国国家主席习近平向英国国王查尔斯三世登基致贺电。

2022年10月9日，中国前驻英国大使刘晓明的新著《尖锐对话》在北京举行首发仪式。

2022年12月7日，中英青少年教育文化交流会举办。

2022年12月9日，牛津布鲁克斯大学孔子学院下设英国迪考特女子学校孔子课堂成立。

2022年12月10日，由帝国理工中国学生学者联谊会发起的中英科技峰会在伦敦举行。

中欧

2021年1月21日，中国科技部部长王志刚与欧盟创新委员加布里埃尔举行中欧科技创新高层对话。

2021年2月9日，中国—中东欧国家领导人峰会举办，教育领域成果斐然。

2021年4月15日，"上海（长三角）—欧洲创新技术合作大会"在沪

附 录

举办。

2021年5月12日，克罗地亚国家广播电视台开播"魅力北京"系列纪录片。

2021年5月30日，中国驻巴塞罗那总领馆举办"学历史，讲故事"华校赠书活动。

2021年6月16—17日，中欧光电和微波创新合作对接会召开。

2021年7月4日，"一带一路"中欧青年教育文化国际交流项目在广东举办。

2021年10月25日，中比两国共同摄制的系列微纪录片《比邻：遇见50年》系列微纪录片在比利时开播。

2021年10月29日，第八届中国—中东欧国家教育政策对话举办。

2021年11月1日，国家体育总局与中欧商会签署合作协议，进一步深化双方奥运合作。

2021年11月26日，中欧科技创新合作发展论坛在深举行。

2021年11月27日，第六届中欧国际文学节开幕，本届文学节主题为"女性视角—字里行间"，首次聚焦于来自中欧的女性作家。

2021年12月6—15日，由中国驻比利时使馆、新疆维吾尔自治区文化和旅游厅、中国文化交流中心共同主办，布鲁塞尔中国文化中心承办的"新疆是个好地方"比利时线上新疆文化和旅游周活动举办。

2021年12月16日，中欧气候变化与生物多样性旗舰计划专家研讨会以线上线下相结合的形式举办。

2022年1月，应中国驻比利时使馆之邀，比利时钢琴家、作曲家尚·马龙先生专门创作一首钢琴曲《致北京奥林匹克》。

2022年2月，欧盟27个成员国全部来华参加2022年北京冬奥会。

2022年3月16日，中国常驻联合国代表在中国—欧盟妇女与生物多样性保护问题视频研讨会上发言。中欧双方应共同助力妇女全面发展，同发展中国家开展三方合作，推动将性别平等、妇女赋权落到实处。

2022年3月20日，第六届非暴露空间PNT国际学术（欧洲）论坛在北京经开区举行。

2022年5月17日，第一届大学联合会全球论坛于巴塞罗那举行，中国高等教育学会参加首届大学联合会全球论坛。

2022年5月17日，中欧签署国内首条跨洲际100G科研网络合作协议。

2022年6月21日，中欧女性电影展在香港拉开帷幕，本次影展主题为"女性电影人如何为自己创造机会"。

2022年6月23日，西班牙格拉诺列尔斯华文学院举办揭牌仪式。

2022年7月，马耳他圣玛格丽特中学"中国角"师生致信习近平主席，表达对中马建交50周年的祝福，习近平主席向学生复信。

2022年7月10日，"意大利之源——古罗马文明展"在中国国家博物馆开幕。

2022年9月23日，"世界未来青年领袖"培养计划—中欧教育合作项目在广州发布。

2022年9月29日，由中国驻保加利亚大使馆和保加利亚畅销书出版社共同主办的《保加利亚人眼中的中国》新书发布会在索非亚中国文化中心举行。

2022年11月8日，"视听中国走进欧洲"作品展播活动拉开帷幕，20余部中国视听佳作在法国、德国、英国、比利时、匈牙利等多个欧洲国家的媒体平台上集中亮相。

2022年11月8日，中国驻卢使馆举行卢森堡中国文化中心揭牌仪式暨中卢建交50周年主题图片展和"新时代中国非凡十年"主题图片展开幕式。

2022年11月9日，"中欧青年科学家对话未来"活动在布鲁塞尔举行。

2022年11月18—19日，"中欧文化遗产保护科技论坛——2022博物馆藏品保护研讨会"在故宫博物院举行。

2022年11月26日，"东方旋律"室内音乐会在卢森堡中国文化中心举办。

2022年11月25—26日，第18届中欧软件工程教育国际研讨会（CEISEE 2022）在线举行。

2022年12月1日，第十届"中欧论坛"在布鲁塞尔举行。

2022年12月9日，欧盟中国商会与中欧数字协会在比利时首都布鲁塞尔共同举办首届中欧金融科技峰会。

中法

2021年1月6日，中国驻法国大使卢沙野接受采访时赞扬中法抗疫合作。

2021年1月6日，中国驻法国大使卢沙野接受《欧洲时报》专访谈及旅游业恢复。

2021年1月26日，中国科技部部长王志刚与法国高等教育、研究与创新部部长举行视频会晤。

2021年2月4—26日，法国巴黎中国文化中心和中外文化交流中心共同承办的"欢乐春节"系列活动在线上举行。

2021年3月8日，法国驻华大使馆文化教育合作处举办圆桌交流会。

2021年3月9日，广州市广播电视台和巴黎政治学院校友会联合主办《海上来客》线上观影交流活动。

2021年3月12日，中国驻法大使卢沙野应邀在使馆同巴黎政治学院东亚事务协会举行座谈会。

2021年3月25日，中法能效管理应用人才培养和研究中心在北京工业职业技术学院正式成立。

2021年3月26日，中法大学百年和里昂中法大学百年纪念活动在北京法国文化中心举行。

2021年3月26日，为期两周的联合国妇女地位委员会第65届会议闭幕。

2021年3月29日至4月5日，巴黎中国文化中心在线上举办中国旅游扶贫案例图片展。

2021年4月6日，中国驻法大使卢沙野会见法国国家奥委会主席。

2021年4月8—13日，巴黎中国文化中心在线上举办"大美新疆——古今丝路上的别样繁华"系列活动。

2021年4月21日，由中国作家协会和法国驻华大使馆共同主办的第五届中法文学论坛在北京中国现代文学馆举行。

2021年4月29日，中国国家卫健委主任马晓伟与法国卫生部部长维朗进行视频通话。

2021年5月，法国开发署融资助力

附　录

贵州完善和健全基本养老服务体系建设。

2021年5月8日,中央歌剧院"歌剧瑰宝"音乐会法国歌剧作品专场在北京大学上演。

2021年6月1日,中国科技部与法国高等教育、研究与创新部共同主办的中法农业科技合作研讨会在线上举办。

2021年6月1日,反映中法两国人民人文交流和民心相通的纪录电影《风筝·风筝》在中国公映。

2021年6月16—17日,科技部国际合作司与法国光电和微波竞争力集群联合主办中欧光电和微波创新合作对接会召开。

2021年6月24日,中国驻法国大使卢沙野与第十三届"汉语桥"世界中学生中文比赛法国预选赛冠军交流。

2021年6月23日至12月31日,由巴黎中国文化中心和中央广播电视总台欧洲总站共同主办的"100年前的启航"图片展开幕。

2021年6月26日,第20届"汉语桥"世界大学生中文比赛法国预选赛举行。

2021年7月5日,中法领导人视频会议支持非洲药品生产能力。

2021年7月9日,中国驻法国大使馆和中国驻马赛、斯特拉斯堡、里昂总领馆与新疆维吾尔自治区政府共同举办"新疆是个好地方"线上交流会。

2021年9月20日,巴黎中国文化中心举办2021中法中秋线上音乐会。

2021年9月21日,里昂新中法大学协会和法国"吴建民之友"协会举办里昂中法大学成立100周年网络研讨会。

2021年9月29日至10月3日,第十一届欧洲华语纪录片节在巴黎举行。

2021年10月1—31日,欧洲时报文化传媒公司—欧时代平台举办中法人才秋季云聘会暨第六届中法人才交流会。

2021年10月21日,中法合作办学发展联盟交流研讨会年度会议在北京召开。

2021年10月21日,西欧法语国家孔子学院联席会在法国波城召开。

2021年10月21日,中国国家航天局与法国国家空间研究中心共同主持召开中法天文卫星SVOM第八次联合指导委员会。

2021年10月23日,巴黎中国文化中心举办"汉语之夜"云端晚会。

2021年10月27日,中法聚变联合研究中心第十次执委会会议召开。

2021年11月16日,北京冬奥推介会在法国巴黎中国文化中心举办。

2021年11月25日,《奥林匹克宣言》发布129周年研讨会在北京察哈尔学会秘书处举行。

2021年11月26日,由全国妇联与法国驻华大使馆主办的第七届中法反家庭暴力研讨会召开。

2021年11月29日,中法合拍纪录片《粉雪奇遇》在长影电影院首映。

2021年12月1—2日,中国人民外交学会和法国法中基金会共同举办第三届中法二轨高级别对话视频会议。

2021年12月4日,中法合作的国内首个国际疫苗创新中心在深圳落成。

2021年12月10日,由中国科技部

和法国高等教育、研究与创新部共同主办的中法人工智能研讨会召开。

2022年1月13日,法国总统外事顾问博纳同国务委员兼外长王毅共同主持法战略对话时表示反对体育政治化。

2022年1月20日,教育部部长怀进鹏与法国农业和食品部部长签署农业高等教育合作协议。

2022年1月24日,科技部与法国原子能委员会举行中法聚变联合研究中心第四届理事会会议。

2022年2月1日,"和平·友谊·爱"音乐会通过法国国际电视五台播出。

2022年2月4—20日,法国体育代表团参加北京冬季奥运会。

2022年3月7日,法国女演员亚历山德拉·拉米获法华商业俱乐部"2022年度女性"表彰。

2022年4月18日,法国驻华大使罗梁在原中法大学旧址向中国社会科学院世界历史研究所研究员端木美授予法兰西学术棕榈骑士勋章。

2022年4月21日至7月31日,第16届"中法文化之春"在全国25个城市举办文化项目。

2022年6月10日,法国电影联盟和法国驻华大使馆联合举办的2022年法国电影展在大连百丽宫影城开幕。

2022年6月11日,中国广州与法国里昂青少年国际象棋友谊赛开幕式在广州棋院举行。

2022年6月19日,"中华风韵"交响音乐会在法国巴黎香榭丽舍剧院举行。

2022年6月23日,浙江大学脑科学与脑医学院院长胡海岚获"世界杰出女科学家成就奖"。

2022年6月25日,第21届"汉语桥"世界大学生中文比赛法国预选赛举办。

2022年6月30日,"2022中国当代诗歌朗诵会"在法国巴黎中国文化中心举办。

2022年7月8日,《世界中医药》杂志法国版在法国创刊。

2022年7月28日,奥运会霹雳舞项目宣介会在北京举行。

2022年8月24日,中国驻法国大使馆在使馆本部举办以"留学魅力中国,共促文明互鉴"为题的联谊招待会。

2022年9月5日,巴黎中国文化中心举办"中国旅游文化周"媒体吹风会。

2022年9月10—11日,中国驻巴黎旅游办事处在图卢兹开展中秋旅游文化推广活动。

2022年10月3—16日,"江山壮丽——中国美术馆藏山水与风景题材作品展"在巴黎中国文化中心官网及多个海外社交媒体平台同步上线。

2022年10月11日,彭丽媛向教科文组织女童和妇女教育奖致贺词。

2022年10月17日,巴黎国际食品展探讨《中欧地理标志协定》。

2022年10月17日至11月15日,第九届中法环境月系列活动举行。

2022年10月18日,中国驻法国大使馆与法国"艺术8"协会在巴黎联合举办"美美与共——中法文化交流活动"。

2022年10月20日,妇女儿童驿站公益项目落户巴黎。

2022年10月31日至11月13日,

附 录

由陕西省文化和旅游厅与巴黎中国文化中心主办的《陕西非遗之美》主题摄影作品展在巴黎上线。

2022年11月15日,中国驻法国大使馆在联合国教科文组织总部举办首届巴黎中法论坛。

2022年11月17日,中国对外文化交流协会主办的"东方旋律"音乐会在法国巴黎举行。

2022年11月25日,全国妇联和法国驻华大使馆联合主办的第八届中法反家暴研讨会召开。

2022年11月26日,"贵州非遗文化展"暨贵州文化旅游推广活动在巴黎举办。

2022年11月28日至12月2日,"秦丨QIN—兵马俑的前世今生现代艺术展"在巴黎上线。

2022年11月29日,第七届中法医学日活动在北京召开。

2022年12月2日,由科技部和法国高等教育和科研部共同主办的中法空间研讨会在线上召开。

2022年12月3日,中国纪录片节在联合国教科文组织总部拉开帷幕。

2022年12月7日,由中车时代电动汽车股份有限公司制造的自动驾驶客车在法国巴黎进行路况实测并将正式开始载客运营。

2022年12月8—9日,中国人民外交学会和法国法中基金会共同举办第四届中法二轨高级别对话会议。

2022年12月10日至2023年2月5日,"灯彩耀世界·文明传四海——中国彩灯节"在法国塔恩—加龙省蒙托邦市福柯公园开展。

2022年12月19日,王毅与法国外交部部长举行视频会谈交流旅游领域发展。

中印尼

2021年2月25日,肖千大使出席"提升巴厘旅游"部级协调会。

2021年3月10日,"热带风暴——印尼现当代艺术叙事"展览在清华大学艺术博物馆开幕。

2021年4月8日,印尼乌达雅纳大学旅游孔子学院在线揭牌。

2021年5月21日,中国(重庆)—印尼投资贸易文化旅游合作洽谈会举行。

2021年5月24日,中国—东盟共话公共卫生合作,携手构建人类卫生健康共同体。

2021年6月5日,印尼泗水印华中文补习学校开课仪式举行。

2021年6月14日,中印尼高校师生线上交流端午文化习俗。

2021年8月7日,首届"汉语桥"世界小学生中文秀印尼赛区总决赛线上举行。

2021年10月13日,中国—东盟携手推动后疫情时代健康旅游合作。

2021年10月24日,2021中印尼人文交流发展论坛在北京举行。

2021年11月10日,印尼泗水大学孔子学院成立10年,成为当地民众了解认知中国窗口。

2021年11月24日,印尼丹戎布拉大学孔子学院成立十年获多方称赞。

2021年11月25日,天津大学与印尼苏钢集团、天津摩天集团及苏钢集团旗下三所院校签订国际人才培养合作协议。

2021年12月14日，首届印尼—中国数字交流合作论坛举办，推动共建数字丝路。

2021年12月29日，共促"一带一路"浙大儿院心脏中心助力中国—印尼医疗健康合作。

2022年1月29日，搭建医药卫生国际化桥梁，助力构建人类命运共同体。

2022年2月1日，印尼三一一大学孔子学院举办"庆春节迎冬奥"文化活动。

2022年2月25日，中国田径协会副主席王楠与印尼驻华大使馆公使狄诺举行会谈。

2022年2月25日，印尼大学生"云游"广西：希望成为印尼和中国文化交流使者。

2022年2月26日，"人文交流与'一带一路'"东南亚—中国青年论坛活动举办。

2022年3月21日，以文交朋、以技惠友，2022印尼青年领袖春令营在线上举行。

2022年4月1日，中印尼高校共建国际经济与贸易研学基地。

2022年4月8日，印尼887名教师参加线上培训，"中文+职业技能"助力未来之路。

2022年4月12日，中印尼繁荣公共卫生云论坛举办。

2022年4月22日，张敏总领事会见北苏门答腊省文化旅游局局长祖姆利。

2022年6月12日，印尼中国商会时隔近三年续办线下体育赛事，40余家中企参与。

2022年6月20日，2022年第二届中印尼文化艺术交流盛典正式启航，中国区域选拔积极展开。

2022年7月5日，中科院海洋所与印尼国家研究创新署（BRIN）地球科学与海洋学院签订合作协议。

2022年8月7日，印尼主流媒体聚焦"一带一路"建设成果。

2022年8月10日，柳工—柳职院印尼国际工匠学院正式签约。

2022年8月30日，中国（山东）—印尼投资贸易与文化旅游交流周活动举办。

2022年9月10日，在"2022年'花好月圆'中秋文化交流活动走进印尼"活动中，中国印尼书画家云端挥毫泼墨共迎中秋。

2022年10月12—13日，中国驻东盟使团与印尼外交政策协会（FPCI）合作以视频方式举办"推进中国东盟全面战略伙伴关系"青年研讨会。

2022年11月7日，"2022视听中国·优秀视听节目印尼展播活动"在印尼启动。

2022年11月8日，由环球网、中国驻印尼使馆主办，中国—东盟中心和印尼驻华使馆、中国国家国际发展合作署全球发展促进中心联合主办的中国—印尼"Z世代"对话举办。

2022年11月10日，中国海军和平方舟医院船赴印尼执行"和谐使命—2022"任务。

2022年11月11日，"侨交会"2022智能科技展在印尼雅加达举行。

附 录

2022 年 11 月 15 日，2022 中印尼人文交流发展论坛举办并发布《中国与印尼人文交流发展报告（2022）》。

2022 年 11 月 16 日，中印尼合作建设的雅万高铁试验运行成功。

2022 年 11 月 17 日，中央广播电视总台与印尼国家广播电台签署合作备忘录。

2022 年 11 月 28 日，中国—印尼科技创新合作与发展论坛召开。

2022 年 11 月 28 日，印尼万隆国立艺术文化学院与中国广西艺术学院专题音乐会举办。

2022 年 12 月 18 日，中国喷气式支线客机 ARJ21 首次交付印尼。

中南非

2021 年 6 月 6 日，中国驻南非大使馆主办、开普敦大学孔子学院承办南非赛区第二十届"汉语桥"世界大学生中文比赛。

2021 年 7 月 6 日，第八届金砖国家教育部长会议以视频方式召开，中国、巴西、俄罗斯、南非等金砖国家教育部门官员出席。

2021 年 8 月 4 日，南非约翰内斯堡大学非洲中国研究中心主办的首届"南非—中国旅游合作线上论坛——开拓新视野"在线举行。

2021 年 10 月 29 日，南非体育联合会暨奥林匹克委员会（SASCOC）特向北京冬奥会组委会致以祝福，支持北京冬奥会的举办。

2021 年 12 月 1 日，《中国卫星导航系统管理办公室与南非国家航天局关于卫星导航用于和平目的合作谅解备忘录》于"中南北斗/GNSS 应用研讨会"期间线上签署。

2021 年 12 月 14 日，2021 中非（南）职业教育合作联盟年会暨中国—南非产教融合研讨会在江苏省常州市以线下线上结合方式举办。

2022 年 2 月 24 日，教育部副部长田学军主持召开中南高级别人文交流机制协调人视频会议。

2022 年 3 月 18 日，中国国家主席习近平同南非总统拉马福萨通电话。

2022 年 9 月 7 日，中国驻南非大使馆举办"天宫对话—神舟十四号航天乘组与非洲青少年问答"南非分会场活动。

2022 年 11 月 15 日，国家主席习近平在巴厘岛会见南非总统拉马福萨。

2022 年 12 月 5 日，南非科学与创新部在北开普省卡鲁地区举办平方公里阵列射电望远镜（SKA）工程建设启动仪式。

2022 年 12 月 7 日，中国科技部和南非科学与创新部联合主办的"中南人工智能研讨会"线上举办。

中德

2021 年 4 月 22 日，教育部部长陈宝生与德国联邦教育和研究部部长卡利切克举行视频磋商。

2021 年 6 月 29 日，德国联邦教育和研究部发布《学术界中国能力区域发展资助指南》。

2021 年 10 月 20—24 日，中国出版社集体亮相线下法兰克福书展。

2021 年 11 月 15 日，第 15 届"西门子杯"中国智能制造挑战赛线上总决赛落幕。

2021 年 11 月 29 日，第十二届中德媒体圆桌会在北京和柏林同步举行。

2021年12月3日,北京德国文化中心·歌德学院(中国)在北京百老汇中心协办德国电影展。

2021年12月17日,德国法兰克福(四川)足球青训中心成立仪式在国家南方·连界足球竞训基地举行。

2022年3月20日,德国奥芬堡家政和农业学校开设"中国商务"课。

2022年5月8日,"丢勒来了"版画艺术展暨中德文化艺术交流展在德国国家馆开幕。

2022年5月16日,"光华教育杯"中德建交50周年知识竞赛落幕。

2022年5月27日,"中德学术合作的新战略方向——同济大学与德国伙伴高校合作论坛"由同济大学和德国学术交流中心(DAAD)于线上线下联合举办;同济大学推出"对德合作2.0战略"。

2022年6月1日,德国大、中学生"汉语桥"选拔赛暨首届"汉语桥"小学生中文秀活动在线上举办。

2022年6月3日,由总部位于扬州的世界运河历史文化城市合作组织和深圳市国际交流合作基金会联合发起的全球"运河深潜"穿越行动在德国柏林举行。

2022年6月4日,德国武术锦标赛预选赛暨北德武术锦标赛在德国首都柏林举行。

2022年6月25日,浙江科技学院联合同济留德校友会共同举办中德云论坛。

2022年8月31日,中国驻德国大使馆在柏林中国文化中心举办郎朗音乐会。

2022年9月10日,"中德青少年云合唱音乐会"在德国北威州埃森音乐厅举行。

2022年9月19日,第十三届中德媒体圆桌会在北京和柏林以线上线下相结合的方式同步举行。

2022年10月5日,"中德医学教育联盟"成立大会在同济医学院召开。

2022年10月13日,中央广播电视总台第二届中欧音乐节暨中德建交50周年音乐会举办。

2022年9月至11月,"永恒的温度——中国美术馆藏路德维希夫妇捐赠作品选展"在清华大学艺术博物馆展出。

2021年10月18日,首届中德农业青年领军者论坛在江苏南京召开。

2021年11月24日,中国青年志愿者协会与德国国际青少年工作专业服务机构(IJAB)在线举办2021年中德青年志愿服务在线交流活动。

2022年12月2日,"青岛非遗文化产品——剪纸走进德国雷根斯堡"活动在德国举办。

2022年12月9日,第十届德国电影节在北京开幕。

2022年12月13日,海南省与德国比勒费尔德应用科学大学签约仪式在德国比勒费尔德举办。

2022年12月16日,南京高等职业技术学校举办中德职教合作南京项目40周年主题活动。

2022年12月21日,第六届中德体育发展国际学术论坛由北京体育大学和德国科隆体育大学联合主办。

2022年12月27日,富春山居影像

展在浙江万里学院德国汉堡校区展出。

中印

2021年1月26日，中印青年创业论坛暨创业故事会在线举办。

2021年2月10日，"欢乐春节"—新春线上音乐会在印展播。

2021年3月22日，中国驻印度大使孙卫东会见印度青年领袖联合会主席苏万。

2021年4月2日，中国驻印度大使孙卫东同印度学者举行视频对话。

2021年4月15日，第七次中印关系对话线上会议举行。

2021年5月24日，中印携手脱贫发展专题研讨会举办。

2021年6月30日，建党百年线上庆祝活动举办。

2021年8月4日，印度赛区第二十届"汉语桥"中文比赛举行。

2021年9月23日，中国驻印度大使孙卫东出席第四届中印高级别二轨对话开幕式。

2021年11月12日，印度驻沪总领事访问上海社会科学院。

2021年12月26日，"2021中国—印度职业教育合作"研讨会举办。

2022年1月10日，2022年"欢乐春节"线上演出展播。

2022年1月31日，2022虎年新春线上庆祝活动举办。

2022年6月21日，2022年国际瑜伽日暨中印人文交流系列活动举办。

2022年7月4日，中国驻印度大使孙卫东出席第21届"汉语桥"中文比赛印度赛区颁奖活动。

2022年7月25日，中印青年对话论坛举行。

2022年9月1日，2022"中国旅游文化周"活动举办。

2022年11月16日，第八次中印关系对话举行。

2022年12月8日，中印鲁班工坊五周年纪念会召开。

中日

2021年1月19日，中国人民友好协会会长林松添会见新任日本驻华大使垂秀夫。

2021年1月26日，"亮马丝路"国际讲堂启动仪式暨中日青年企业家交流会在北京举行。

2021年2月3日，第十二轮中日海洋事务高级别磋商以视频方式举行。

2021年3月12日，第一届中日友好青少年艺术交流季暨CIDC青少年国际舞蹈公开赛（北京）启动仪式在海淀文旅集团举办。

2021年3月25日，无锡国际赏樱周暨中日樱花友谊林建设34周年纪念活动在太湖之滨举行。

2021年4月6日，洛阳市与日本冈山市缔结友好城市40周年纪念活动——"白马寺与长泉寺祈福鸣钟"活动在两地同时举行。

2021年5月17日，2021中日对话论坛暨BFC"日本文化日"启动仪式在BFC外滩金融中心举行。

2021年6月3日，第二届中日新时代健康论坛召开。

2021年6月24日，2021年第二届大千富士中日青少年书画展启动仪式在四川省内江市举行。

2021年7月9日，第七届中日教育交流会举办。

2021年7月16日至10月19日，"中日两国年轻人在传统文化传承方面的作用"交流活动在线上举办。

2021年8月25日，中国驻名古屋总领馆、爱知县日中友好协会、爱知县乒乓球协会及新建文体俱乐部在名古屋联合举办纪念"乒乓外交"50周年友谊比赛。

2021年8月26日，纪念"乒乓外交"50周年研讨会在日本名古屋举办。

2021年10月8日，国家主席习近平同日本首相岸田文雄通电话。

2021年10月25—31日，"2021东京·中国电影周"在日本东京举办。

2021年10月25日，由中国国务院新闻办公室、日本外务省支持，中国外文局和日本言论NPO共同主办的第十七届北京—东京论坛开幕。

2021年10月29日，"中日友好杯"中国大学生日语征文比赛线上颁奖仪式举办。

2021年11月23日，"熊猫杯"日本青年感知中国征文大赛举办线上颁奖仪式。

2021年11月26日，第15次中日经济伙伴关系磋商会召开。

2021年11月27—29日，首届2021亚洲青年领袖论坛在广州南沙星海会议中心举办。

2021年11月27日，第24届日中青少年书画交流大会颁奖仪式正式举行。

2021年12月1日，智慧赋能 共创未来——2021中日友好未来医学研讨会举办。

2021年12月7日，第二届中日旅游论坛在浙江绍兴举办。

2021年12月13日，第22届阿含·桐山杯中国围棋快棋公开赛决赛暨第22届阿含·桐山杯中日围棋快棋冠军对抗赛日前在成都落幕。

2021年12月16日，第38届中日经济知识交流会举行。

2021年12月27日，由中国国家发改委、商务部与日本经济产业省、日中经济协会共同举办的第十五届中日节能环保综合论坛以视频方式举行。

2022年3月26日，中日文化艺术交流季在北京中华世纪坛开幕。

2022年4月2日，第一届日中青少年舞蹈艺术文化节在日本名古屋市沙漠绿洲银河广场开幕。

2022年6月4日，日本中国友好协会第71次全国大会举办。

2022年6月17日，2022中日经济与环境交流合作论坛在苏州相城经济技术开发区举办。

2022年8月10日，第三届中日青少年书画大赛的现场交流及颁奖仪式在上海举行。

2022年8月13—20日，"2022北京·日本电影周"举办。

2022年8月27日，中国社会科学论坛"重温初心 面向未来"——纪念中日邦交正常化50周年国际学术研讨会举办。

2022年9月6日，第二届中日先进

附　录

陶瓷创新发展大会在中国江西景德镇和日本京都线上同步举行。

2022年9月12日，中国驻日本使馆同日本经济团体联合会共同主办"不忘初心、开创未来"——纪念中日邦交正常化50周年研讨会。

2022年9月17日，由日本日中友好协会主办的中日邦交正常化50周年研讨会举行。

2022年9月23日，由清华大学和日本奈良县政府共同主办的"跨越两国的审美：日本与中国汉唐时期文化交流"特展开幕。

2022年9月26日，纪念中日邦交正常化50周年——2022中日文明对话："一带一路"人文交流青年领袖大连论坛在大连外国语大学召开。

2022年9月29日，由中国人民对外友好协会和中国日本友好协会共同主办的中日邦交正常化50周年纪念招待会在钓鱼台国宾馆举行。

2022年10月12日，中国人民对外友好协会与日本自治体国际化协会以线上线下相结合的方式共同举办中日友城合作共赢共同发展论坛。

2022年10月12日，第18届日中水墨协会展暨国际艺术家展yokohama2022在日本横滨举办。

2022年10月18—25日，"2022东京·中国电影周"活动在日本举办。

2022年10月26日，中日（陕西·咸阳）历史文化名城对话会以线上线下相结合的方式举办。

2022年11月6日，由商务部投资促进事务局主办的中日先进技术交流对接会在国家会展中心（上海）举行。

2022年11月8日，京都国际书画交流展在日本京都国际交流会馆开幕。

2022年11月12日，第八届中日教育交流会采用"线上+线下"双线融合方式开幕。

2022年11月20日，2022第七届世界中华太太大赛暨第五届国际华文小姐大赛日本全国总决赛在首都东京的品川王子酒店举办。

2022年11月25日，中国敦煌市与日本九州农政局线上交流会召开。

2022年11月28—29日，2022年中日大学科技创新论坛以在线形式举办。

2022年12月7日，由中国国务院新闻办公室、日本外务省支持，中国外文局和日本言论NPO共同主办的第十八届北京—东京论坛开幕。

2022年12月8日，由一般财团法人国际经济文化交流协会、上海市静安区南京西路社区楼宇青年联谊会联合主办的纪念中日邦交正常化50周年——2022中日青少年艺术大赛作品上海展在上海开幕。

2022年12月9日，"传承友好　共创未来"——纪念中日邦交正常化50周年妇女交流会举办。

2022年12月17—18日，中国驻东京旅游办事处代表中国文化和旅游部首次参加日本"城郭博览会2022"。

2022年12月17日，第23届阿含·桐山杯中日围棋快棋赛冠军对抗赛在线上举办。

上合组织

2021年6月3日，《上海合作组织

民间友好论坛武汉倡议》在武汉发布。

2021年9月16—17日，上海合作组织成员国元首理事会第二十一次会议在塔吉克斯坦首都杜尚别召开。峰会发表《上海合作组织二十周年杜尚别宣言》。

2021年9月17日，国家主席习近平以视频方式出席上海合作组织成员国元首理事会第二十一次会议，并发表重要讲话。

2021年9月17日，杜尚别峰会通过《上合组织成员国主管部门间青年工作合作协定》。

2021年9月17日，上合组织在会徽、旗帜基础上增加一个新的官方标志——会歌，会歌首次在上合组织元首理事会会场、杜尚别纳乌鲁孜宫奏响。

2022年4月8日，上海合作组织成员国第六届科技部长会议在乌兹别克斯坦共和国首都塔什干召开。

2022年5月19日，上海合作组织成员国文化部长第十九次会晤举行。

2022年6月29日，"上海合作组织：历史、现状和前景"圆桌会议举办。

2022年8月16日，第二届上海合作组织经济论坛在乌兹别克斯坦塔什干市举办。

2022年9月14—16日，上海合作组织成员国元首理事会第二十二次会议在乌兹别克斯坦撒马尔罕举行。上海合作组织成员国领导人签署了《上海合作组织成员国元首理事会撒马尔罕宣言》。

2022年9月16日，习近平主席出席上海合作组织成员国元首理事会第二十二次会议，并发表重要讲话。

2022年11月1日，上海合作组织成员国政府首脑（总理）理事会第二十一次会议以视频方式举行。中华人民共和国国务院总理李克强主持会议。

2022年11月2日，"上海合作组织撒马尔罕峰会：共同发展合作的新阶段"圆桌会议举办。

2022年12月3日，"上合高端论坛2022"举行。

2022年12月9日，首届上海合作组织国际和平妇幼健康发展论坛在上海举行。

2022年12月21日，2022首届上海合作组织国家人文交流论坛在青岛·上合之珠国际博览中心开幕。

金砖国家

2021年1月18日，金砖国家海洋与极地科学工作组2021年度会议召开。

2021年3—11月，2021"一带一路"暨金砖国家技能发展与技术创新大赛举办。

2021年6月10日，2021金砖国家智库国际研讨会举行。

2021年7月2日，第六届金砖国家文化部长会议召开。

2021年7月6日，第八届金砖国家教育部长会议召开。

2021年7月28日，第十一届金砖国家卫生部长会议暨传统医药高级别会议召开。

2021年8月3日，第十三次金砖国家学术论坛召开。

2021年8月18日，《关于金砖国家遥感卫星星座合作的协定》签署。

2021年9月7日，2021金砖国家新工业革命伙伴关系论坛召开。

附 录

2021 年 9 月 13 日，第六届金砖国家青年科学家论坛召开。

2021 年 10 月 22 日，第七届金砖国家通信部长会议召开。

2021 年 10 月 23 日，2021"一带一路"暨金砖国家云媒体创作与传播技术应用大赛落幕。

2021 年 10 月 27 日，第二届金砖国家博物馆联盟大会暨学术论坛召开。

2021 年 11 月 2 日，2021 金砖国家治国理政研讨会举行。

2021 年 11 月 26 日，第九届金砖国家科技创新部长级会议召开。

2021 年 12 月 10 日，首期金砖国家媒体培训班开班。

2021 年 12 月 20 日，金砖国家大学联盟 2021 年度会议召开。

2022 年 3 月 22 日，金砖国家疫苗研发中心在线启动。

2022 年 3 月 24 日，金砖国家智库理事会 2022 年度第一次会议召开。

2022 年 3—11 月，金砖国家职业技能大赛举办。

2022 年 4 月 20 日，金砖国家网络大学年会召开。

2022 年 4 月 25 日，2022 首场金砖国家智库国际研讨会召开。

2022 年 4 月 26 日，金砖国家可持续发展大数据论坛召开。

2022 年 4 月 27 日，金砖国家职业教育联盟成立。

2022 年 5 月 6 日，2022 年金砖国家卫生高官会议召开。

2022 年 5 月 6 日，2022 第二场金砖国家智库国际研讨会召开。

2022 年 5 月 10 日，第十二届金砖国家卫生部长会议召开。

2022 年 5 月 10 日，2022 年金砖国家城市化绿色创新青年科学家论坛召开。

2022 年 5 月 11 日，2022 金砖国家传统医药高级别会议召开。

2022 年 5 月 19 日，金砖国家政党、智库和民间社会组织论坛召开。

2022 年 5 月 20 日，第十四次金砖国家学术论坛举行。

2022 年 5 月 20 日，金砖国家青少年儿童戏剧联盟达成 2022—2026 年战略合作意向。

2022 年 5 月 24 日，第七届金砖国家文化部长会议召开。

2022 年 5 月 25 日，金砖国家航天合作联委会正式成立。

2022 年 5 月 26 日，第九届金砖国家教育部长会议召开。

2022 年 5 月 28 日，金砖国家疫苗研发中国中心在北京科技周闭幕式上正式成立。

2022 年 6 月 7 日，2022 年金砖国家学术会议——"面向高质量的共享发展"举行。

2022 年 6 月 9 日，金砖国家美术馆联盟第二届论坛召开。

2022 年 6 月 16 日，《金砖五国科学院签署大数据支撑可持续发展北京联合声明》签署。

2022 年 6 月 28 日，金砖国家图书馆联盟线上研讨会召开。

2022 年 7 月 6 日，第八届金砖国家通信部长会议召开。

2022 年 7 月 8 日，第五届金砖国家媒体高端论坛召开。

2022年7月9日，第五届世界金融论坛暨金砖国家与全球治理论坛举行。

2022年8月29日，第七届金砖国家青年科学家论坛召开。

2022年9月1—30日，2022年金砖国家运动会举行。

2022年9月14日，金砖国家青年峰会暨2022年北京友好城市国际青年交流营开幕。

2022年9月15日，2022第三场金砖国家智库国际研讨会召开。

2022年9月18日，金砖国家青年能源峰会暨国际能源青年大会举办。

2022年9月20日，2022金砖国家友好城市暨地方政府合作论坛举行。

2022年9月27日，第十届金砖国家科技创新部长级会议召开。

2022年10月1—7日，2022金砖国家电影节举办。

2022年11月1日，2022年金砖国家体育部长会议召开。

2022年11月17日，2022第四场金砖国家智库国际研讨会召开。

2022年12月19日，第二期金砖国家媒体培训班开班。

中非

2021年5月5日，中国驻非盟使团与联合国非经委联合主办2021年"联合国中文日"线上庆祝活动。

2021年5月22日至6月15日，第二十届"汉语桥"系列中文比赛在埃及、尼日利亚、南非等非洲国家赛区的决赛陆续举行。

2021年6月21日，线上"2021年非洲英语国家旅游业可持续发展研修班"在中央文化和旅游管理干部学院开班。

2021年9月2日，非洲法语国家货币与银行管理研修班举行线上开班仪式。

2021年9月26日，浙江—非洲共建"一带一路"经贸合作对接会在湖南长沙举行。

2021年11月4日，中非创新合作中心与非洲科学院联合举办线上中非传统药物治疗研讨会。

2021年11月25日，"中非合作的全球意义：从政策到实践"报告发布会在中国农业大学举行，发布了《2021年非洲发展展望》等四份智库报告。

2021年11月27日，第四届中尼乒乓球友谊赛在尼日利亚首都阿布贾的中国文化中心大院举办。

2022年2月18日，马达加斯加鲁班工坊揭牌仪式在塔那那利佛大学理工学院举行。

2022年3月10日，"非洲高等技术教育，造就专业创新非洲青年"项目启动仪式在科特迪瓦举行。

2022年4月9日，首届中非文明对话大会以线上线下相结合的方式举行。

2022年4月20日，中国驻非盟使团同联合国非经委联合举办2022年"联合国中文日"线上庆祝活动。

2022年4月27日，中国援助塞内加尔8座体育场技术合作项目启动仪式在卢加市体育场正式启动。

2022年5月11日，未来非洲—中非职业教育合作计划推进会暨中非职业教育联合会成立大会以线上线下相结合方式举办。

2022年5月14日至6月18日，第

附录

21届"汉语桥"系列中文比赛在埃及、塞内加尔、南非、坦桑尼亚、马达加斯加等非洲各国家赛区的决赛陆续举行。

2022年5月25日,"新时代新发展:中国共产党与南部非洲六姊妹党的探索与交流"研讨班在坦桑尼亚滨海省的尼雷尔领导力学院开班。

2022年7月8日,非洲科学外交之都启动仪式于南非比勒陀利亚举办。

2022年7月14—15日,中国—赞比亚中小学校长教育领导力工作坊在线举办。

2022年7月20日,中非智库论坛第十一届会议在北京中国历史研究院主会场举行。

2022年9月6日,"天宫对话"在非盟总部主会场及南非、埃及等八国分会场举办。

2022年9月7日,"汇聚青年领袖力量,共创中非美好未来"中非青年论坛在江西庐山举行。

2022年10月9日,中非科技创新合作国际会议举办。

2022年11月21日,2022中国(浙江)中非经贸论坛暨中非文化合作交流周在浙江金华举行。

中东盟

2021年6月1日,以"美丽中国"为主题的2021年中国旅游文化周在马来西亚启动。

2021年7月19日,国务院总理李克强同东盟轮值主席国文莱苏丹哈桑纳尔互致贺电,以纪念中国和东盟建立对话关系30周年。

2021年10月15日,2021中国—东盟博览会旅游展在桂林国际会展中心开幕。

2021年10月27日至11月2日,第三届中国—东盟电视周在南宁举办。

2021年11月29日至12月4日,中国—马来西亚教育交流周活动于在线上举行。

2021年12月22日,中缅媒体双城论坛在昆明举行。

2022年7月5日,2022中国—东盟教育交流周项目启动。

2022年9月6日,第四届中国—东盟视听周在广西南宁开幕。

2022年9月19日,2022中国—东盟博览会旅游展在桂林开幕。

2022年12月17日,以"法治合作推动共建'一带一路'高质量发展"为主题的第四届"中国—东盟法治论坛"在重庆举行。

2022年12月18日,斯里巴加湾市为期三天的"中国日"文化交流活动在文莱国际会展中心落幕。

2022年12月24日,2022首届上海合作组织国家人文交流论坛在青岛举行。

2022年12月29日,中缅媒体双城论坛在中国云南省德宏傣族景颇族自治州举行。

中南太

2021年1月7日,斐济中国文化中心举办中心成立五周年招待会。

2021年9月10日,中瓦在瓦首都维拉港共同签署《关于合作开展瓦努阿图中小学中文教育项目的谅解备忘录》。

2021年10月21日,首次中国—太平洋岛国外长会以视频方式举行。

2022年4月12日,由清华大学东南亚中心与万科公共卫生与健康学院共同举办的中印尼繁荣公共卫生云论坛在线上举行。

2022年4月29日，中国援助基里巴斯外岛20辆校车交接仪式在基首都塔拉瓦比休岛举办。

2022年5月30日，第二次中国—太平洋岛国外长会在斐济苏瓦以线上线下结合的方式召开。

2022年7月26日，由中国人权研究会和中国人权发展基金会共同主办的2022·北京人权论坛在北京举行。

2022年12月15—16日，中国—南太岛国人道主义救援减灾桌面联演举行。

其他双边人文交流

2021年1月30日，2021"友城绘"国际青少年绘画展举行。

2021年2月8日，中国机车从大连首次出口阿联酋。

2021年3月26日，中国脱贫攻坚成就展在亚美尼亚举行。

2021年4月16日，蒙古国举行中学生"汉语桥"决赛。

2021年4月21日至7月31日，"中法文化之春"举行。

2021年5月11日，"指尖上的丝绸之路"丝路妇女论坛举行。

2021年5月23日，中国扶贫基金会启动"紧急社区氧气站"项目助尼泊尔抗疫。

2021年6月6—10日，第27届上海电视节举行。

2021年6月6日，以色列2021年"中国旅游文化周"开幕。

2021年6月7日，2021"中国旅游文化周"举行。

2021年6月11日，中国援建的中国—斯里兰卡友好医院正式启用。

2021年6月17日，中国共产党建党百年研讨会在巴基斯坦举行。

2021年9月23日，《习近平谈治国理政》（第二卷）尼泊尔文版首发式和《习近平谈治国理政》（第三卷）英文版推介会在加德满都举行。

2021年10月，"天涯共此时——中秋节"线上文旅周举行。

2021年10月11日，"中国联合展台"亮相2021戛纳秋季电视节线上平台。

2021年10月15日，2021中国—东盟博览会旅游展开馆。

2021年10月15日，"魅力北京"系列纪录片在阿联酋开播。

2021年10月16日，第二届"中国电影周"活动在伊朗开幕。

2021年10月22日，"新疆是个好地方"视频交流会在土耳其举办。

2021年10月29日，2021年中韩友好城市论坛举行。

2021年11月10日，2021（中国·浙江·湖州）国际友好城市交流会举行。

2021年11月22日，第四届世界媒体峰会举行。

2021年11月23日，"海上丝绸之路"文旅合作高峰论坛举行。

2021年11月30日，2021年中韩妇女知名人士论坛举行。

2021年12月16—19日，沃尔沃中国高尔夫公开赛举行。

2021年12月18日，世界人文社会科学高校联盟年会暨"共享、教育与未来：2021奥林匹克教育国际论坛"举行。

2021年12月22日，青海省援助蒙

附录

古国畜牧医院动物传染病预防及诊断线上培训班正式开班。

2022年1月12日，中国和叙利亚签署"一带一路"合作谅解备忘录。

2022年1月15日至2月15日"欢乐春节"活动举行。

2022年1月17日，中成药治疗新冠肺炎患者临床研究成果在巴基斯坦发布。

2022年1月27日，"寄语冬奥 共迎未来"中蒙友好优秀作品发布仪式举行。

2022年2月4日，第二十四届冬季奥林匹克运动会开幕。

2022年3月1日，纪录片《大上海》阿拉伯语版在阿联酋播出。

2022年3月17日，"新疆是个好地方"视频会举行，向黎巴嫩各界展示了一个真实的新疆。

2022年3月30日，中国与阿塞拜疆签署关于经典著作互译出版的备忘录，开启两国人文交流互鉴新阶段。

2022年4月1日，庆祝中国和阿塞拜疆建交30周年图片展在巴库举行。

2022年5月13日，中国和塞浦路斯签署高等教育与科研合作谅解备忘录。

2022年5月29日，2022国际山地旅游日线上活动举行。

2022年6月21日，福州国际友城文化节举行。

2022年6月29日，2022年"一带一路"记者组织论坛举行。

2022年7月5日，中国—尼泊尔文学论坛在北京举行。

2022年7月8日，第五届金砖国家媒体高端论坛举行。

2022年7月10日，"意大利之源——古罗马文明展"举行。

2022年7月12日，世界互联网大会成立大会举行。

2022年7月21日，2022年河南—日本友城交流视频会举行。

2022年7月23日，2022中国国际旅游交易会暨中老铁路助力亚洲命运共同体建设论坛举行。

2022年7月28日，中国（宁夏）—蒙古国大宗商品跨境交易直通平台启动。

2022年8月9日，2022"一带一路"媒体合作论坛举行。

2022年8月14日，"指尖上的丝绸之路"丝路妇女论坛举行。

2022年8月25日，第五届中非媒体合作论坛举行。

2022年9—10月，2022年"海外中国旅游文化周"举行。

2022年9月1日，国际冬季运动（北京）博览会开幕。

2022年9月1日，2022世界旅游合作与发展大会举行。

2022年9月2日，"电视中国剧场"论坛举办。

2021年9月11日，"凝聚女性力量 共建一带一路"2021中国—东盟妇女论坛举行。

2022年9月14日，2022年中国—东盟妇幼健康交流与合作论坛举行。

2022年9月26日，"蒙中友好周"系列活动在蒙古国启动。

2022年9月26日，中国与叙利亚签署《关于协同开展"亚洲文化遗产保护行动"的联合声明》。

2022年10月6日,孔子学院中文课堂走进土耳其总统府。

2022年10月16日,"美丽中国·七彩云南"文化周活动亮相马尔代夫。

2022年10月20日,"新时代中国的非凡十年"图片展在白俄罗斯举行。

2022年11月9日,世界互联网大会乌镇峰会举行。

2022年11月20日,"2022中俄视听传播周"举行。

2022年11月22日,中企承建的孟加拉国政府基础网络三期项目竣工。

2022年11月22日,"美丽中国—新疆自然之美作品展"在以色列开幕。

2022年11月28日,《中华人民共和国和蒙古国关于新时代推进全面战略伙伴关系的联合声明》发表。

2022年12月2日,"中国造"最高速内燃动车组在阿联酋亮相。

2022年12月5日,2022中国—阿拉伯媒体合作论坛在沙特阿拉伯举行。

2022年12月8日,2022年广东拉美友城交流日活动举行。

2022年12月19日,"一带一路"新闻合作联盟第二届理事会议举行。

2022年12月19—21日,第十三届中国(阿联酋)贸易博览会开幕。

2022年12月22日,中俄签署《2022—2023年中俄体育交流年行动计划议定书》。

2022年12月22日,首届友好城市语言文化交流合作论坛举行。

2022年12月28日,第十届联合国教科文组织媒介与女性教席论坛举行。

四 典型案例

中俄人文交流

【中俄智库高端论坛(2021)举行】 2021年6月1日,以"中国与俄罗斯:新时代合作暨庆祝《中俄睦邻友好合作条约》(简称《条约》)签署20周年"为主题的中俄智库高端论坛(2021)以线上线下相结合的方式在北京、莫斯科两地举行。中国国务委员兼外长王毅和俄罗斯外长拉夫罗夫分别向论坛作视频致辞。中国社会科学院院长谢伏瞻,俄罗斯国际事务委员会主席伊万诺夫等出席论坛开幕式并致辞。中国社会科学院副院长王灵桂主持开幕式。

王毅表示,20年来《条约》为中俄关系长期健康稳定发展奠定了坚实的法律基础,塑造中俄新型国家间关系的脉络清晰可见,在"世代友好、永不为敌"精神指引下,双方恪守平等信任、相互支持、共同繁荣的方针,推动双边关系持续高位运行,各领域合作发展日新月异。20年实践证明,《条约》确立的和平理念和新型国际关系原则符合两国和两国人民的根本利益,契合和平与发展的时代主题,经受住了国际风云变幻的考验。

王毅表示,新时代中俄智库高端论坛可以进一步发挥思想库、智囊团作用,中方支持中国社科院和俄罗斯国际事务委员会共同打造政策咨询、理论创新的一流平台,为巩固中俄友好、提升中俄关系、完善全球治理、推动构建人类命运共同体提供更多智力支撑和行动支持。

谢伏瞻指出，20年来，《中俄睦邻友好合作条约》确立的世代友好理念和新型国际关系原则，在中俄关系发展中得到忠实践行和充分彰显。中国社会科学院期待以《条约》签署20周年为新起点，与俄罗斯国际事务委员会进一步深化交流、拓展合作，充分发挥中俄智库高端论坛平台作用，筑牢两国关系发展政治根基；全面深化务实合作，携手推动国际秩序朝着更加公正合理的方向发展，为推动新时代中俄关系深入发展贡献更多智慧和力量。

拉夫罗夫表示，20年前两国元首签署的《俄中睦邻友好合作条约》，掀开了两国人民世代友好的新篇章，促进了两国经贸、能源、人文等领域合作，将两国关系提升至新高度，开创了新型国际关系模式。拉夫罗夫强调，俄中关系超越了军事政治同盟，《条约》意义也超越了时代。《条约》将为俄中与时俱进深化战略协作进一步发挥重要作用。

伊万诺夫表示，《条约》的签署为两国关系开启了新的光辉一页，在双方国际关系中占据重要位置，是发展俄中关系的指导性文件。双方应对《条约》开展长期的、不间断的研究，创造性地发展条款，为进一步推动平等互信的全面战略协作伙伴关系发展提供新思路。

论坛期间举行了《庆祝〈中俄睦邻友好合作条约〉签署20周年文集》揭幕仪式。该文集由中俄两国专家沟通撰写，深入阐释了《条约》的历史背景、时代价值，全面总结了中俄关系发展的经验，为推动新时代中俄全面战略协作伙伴关系向更高水平发展建言献策，是中俄智库为庆祝《条约》签署20周年共同推出的重要合作成果。文集分别以中文、俄文在中国和俄罗斯出版。

此次论坛由中国社会科学院和俄罗斯国际事务委员会主办，中国社会科学院俄罗斯东欧中亚研究所承办。来自中俄智库、文化界、企业界、政府部门及相关机构的百余名代表与会。中国驻俄罗斯大使张汉晖、中国政府欧亚事务特别代表李辉、中国人民对外友好协会会长林松添、中共中央对外联络部原副部长周力等；来自俄方的重要嘉宾还有俄罗斯杜马第一副主席梅尔尼科夫、俄罗斯联邦委员会副主席科萨乔夫、俄罗斯外交部副部长莫尔古洛夫、俄罗斯驻华大使杰尼索夫等参加了会议。

【中俄人文合作委员会档案合作分委会第五次会议召开】 2021年10月11日，中俄人文合作委员会档案合作分委会第五次会议以视频会议形式召开。中国国家档案局局长陆国强与俄罗斯联邦档案署署长阿尔基佐夫共同主持会议，中俄两国档案合作分委会成员，外交部档案馆、中央军委办公厅档案局有关负责同志，俄罗斯外交部历史文献局、俄罗斯联邦武装力量档案局代表，以及中俄地方档案部门代表等参加会议。

陆国强表示，过去一年，虽然新冠疫情仍在蔓延，线下的交流受阻，但是中俄两国关系迈上了新台阶，档案领域的合作和交流不断深化。6月28日，习近平主席与普京总统共同发表《〈中俄睦邻友好合作条约〉签署20周年的联合声明》（以下简称《联合声明》），首次将"深化两国档案领域合作"写入《联合声明》，这既是对近年来中俄两国档案部门合作交流成果的充分肯定，也对进一步深化两国档案领域的合作寄予了厚望。在中国共产党百年华诞之际，俄罗斯联邦档案署转交了与中国共产党早期历史有关档案，中方也向俄罗斯联邦档案署提供了有关档案复制件。两国外交部门分别在线上举办了"庆祝《中俄睦邻友好合作条约》签署20周年"档案文献展。中国档案部门举办了多种形式的展览展示活动，用档案见证历史，讲好中俄两国人民友谊的故事，为进一步密切两国关系贡献了档案力量。

阿尔基佐夫表示，普京总统和习近平主席共同发表的《联合声明》，强调了两国档案合作的重要作用。俄方高度评价中方所做的大量工作，认为近年来双方开展了很多务实工作，中俄档案合作取得了突破性进展。相信在双方的共同努力下，中俄档案领域合作将取得更多新成果。

双方回顾了分委会第四次会议以来两国档案领域合作情况，通报了《2021—2025年中俄档案合作分委会工作大纲》的执行情况，就继续加强两国档案领域务实合作交换了意见。双方商定继续查找并交换对方感兴趣的档案复制件，于今年共同举办纪念东方劳动者共产主义大学和中国劳动者共产主义大学100周年线上展览，在2022年上半年共同出版《中苏文化关系档案汇编（1949—1960年）》中文版和俄文版、抓紧开展《中苏经济关系档案汇编（1949—1959年）》的编辑工作，继续加强地方档案部门之间的合作。会后，两国档案部门的负责人共同签署了会议纪要。

【2022"中俄友好和平发展杯"全国高校俄语教师"微课+"教学创新大赛总决赛及颁奖典礼】 2022年6月5日，2022"中俄友好和平发展杯"全国高校俄语教师"微课+"教学创新大赛总决赛及颁奖典礼圆满落幕。本次教学创新大赛由中俄友好、和平与发展委员会主办，中俄友好、和平与发展委员会教育理事会、中国人民大学承办。总决赛及颁奖典礼通过线上会议平台进行，来自全国各地的一千两百多位观众通过网络直播平台观看了比赛。

2022"中俄友好和平发展杯"全国高校俄语教师"微课+"教学创新大赛自2022年1月发布比赛通知以来，收到来自全国高校60份参赛回执。经过专家及学生评委的层层筛选之后，来自全国8所高校的10份作品进入决赛。

决赛包括说课展示及专家提问两个环节。各位参赛选手都发挥出了优秀的教学创新水平，展示出了中国高校俄语师的风采。

赛后在线上举办了颁奖典礼。俄罗斯驻华大使安德烈·杰尼索夫特意发来贺信，他指出，在2021年首届全俄汉语教师大赛顺利召开之后，举办教学大赛成为了中俄友好、和平与发展委员会的优良传统。外交部欧亚司参赞，中俄友好、和平与发展委员会中方秘书处负责人张伟先生强调，本次大赛切合了《中俄睦邻友好合作条约》签署20周年和中俄友好、和平与发展委员会成立25周年两大庆祝活动的主题，表明了中俄两国对学习和使用对方国家语言的高度重视和大力支持。

中俄友好、和平与发展委员会俄方教育理事会主席、深圳北理莫斯科大学第一副校长谢·米·沙赫赖在致辞中表示，深圳北理莫斯科大学始终坚持践行中俄友好、和平与发展委员会及教育理事会的倡议，于去年举办了首届全俄汉语教师大赛，愿共同推动中俄两国语言学习与教学，促进两国友谊，开展文明对话。

中俄友好、和平与发展委员会中方教育理事会主席、中国人民大学副校长杜鹏教授在致辞表示，教育理事会通过举办"微课+"教学创新大赛，以期进一步加强中俄两国教育领域互动，为中俄新时代全面战略协作伙伴关系高水平运转作出贡献。经过参赛选手的激烈角逐和专家评委的认真评议，大赛评选出了个人（团队）奖一、二、三等奖和优秀组织奖。

6月5日是联合国俄语日，本次教学创新大赛的总决赛和颁奖典礼选在这一时刻举办具有特殊而深远的含义，表达了中俄两国文化、教育更为密切联系的美好愿景。"微课+"教学创新大赛是在"互联网+教育"背景下，为贯彻《中共中央国务院关于全面深化新时代教师队伍建设改革的意见》《中国教育现代化2035》等文件要求，持续深化俄语教学改革，推动数字技术与俄语教学的深度融合，全面提升俄语本科教学质量与水平而搭建的全国性教育竞赛平台。此次大赛鼓励了广大高校俄语教师积极探索俄语课堂教学的新理念和新模式，主动参与微课等多媒体教学资源建设，有助于提升课堂教学实效。

中美人文交流

中美在气候问题上的合作与协调对全球应对气候变化至关重要。2021—2022年期间，中美在气候问题协调一致方面取得了重大成绩。通过多次高层会议和共同宣言，展现了双方加强合作、推动全球气候行动的坚定决心。

首先，中美在应对气候变化方面采取更加积极的行动。中国气候变化事务特使解振华与美国总统气候问题特使克里于2021年4月15—16日在上海举行会谈，讨论气候危机所涉问题。会谈结束后，双方发表《中美应对气候危机联合声明》。该声明是中美两国在气候变化问题上的重要合作文件。《声明》强调了应对全球气候危机的紧迫性，中美致力于相互合作并与其他国家一道解决气候危机，按其严峻性、紧迫性所要求加以应对。2021年11月10日，中美在《中美应对气候危机联合声明》以及9月天津会谈所取得进展的基础上，在联合国气候变化格拉斯哥大会期间发布《中美关于在21世纪20年代强化气候行动的格拉斯哥联合宣言》，进一步提出了中美双方开展国内行动、促进双边合作、推动多边进程的具体举措。双方同意建立"21世纪20年代强化气候行动工作组"，推动两国气候变化合作和多边进程。

其次，中美领导人在气候问题方面展开对话。2021年4月22—23日领导人气候峰会以视频方式举行，聚焦气候变化挑战、应对气候变化解决方案、资金援助、创新等议题。此次峰会由美国总统拜登发起，邀请了包括中国、俄罗斯在内38个国家的领导人以及欧盟委员会主席和欧洲理事会主席出席会议。4月22日晚，国家主席习近平在北京以视频方式出席领导人气候峰会，并发表题为《共同构建人与自然生命共同体》的重要讲话。2022年11月14日，国家主席习近平在印度尼西亚巴厘岛同美国总统拜登举行会晤。两国元首就中美关系中的战略性问题以及重大全球和地区问题坦诚深入交换了看法。两国元首同意，双方外交团队保持战略沟通，开展经常性磋商。同意共同努力推动《联合国气候变化框架公约》第二十七次缔约方大会取得成功。同意用好中美联合工作组，推动解决更多具体问题。两国元首强调了在当下关键十年中美加快努力应对气候危机的重要性，欢迎两国气候特使近期开展的积极讨论，包括：2020年代国内减排行动，共同推动联合国气候变化迪拜大会（COP28）成功，启动中美"21世纪20年代强化气候行动工作组"以加快具体气候行动。

中美在2021—2022年期间在应对气候危机方面取得的重大成绩。这些成绩体现了双方在气候变化问题上的共同责任感和合作精神。中美的联合声明、宣言以及领导人对话都为全球气候行动树立了榜样，为推动全球绿色低碳发展注入了新的动力。然而，值得注意的是，气候问题是一个长期而复杂的挑战，中美之间仍存在一些分歧和挑战。因此，中美需要进一步加强对话与合作，寻求相互理解和妥协，共同克服困难，推动全球气候行动迈上新台阶。

总之，中美在2021—2022年期间在气候问题协调一致方面取得了重大成绩，展现了双方共同应对全球气候变化的决心和行动。中美双方应该继续加强合作，共同推动全球气候治理进程，为实现可持续发展和人类福祉做出更大贡献。

【**中美乒协联合纪念"乒乓外交"50周年**】 2021年4月及11月，纪念中美"乒乓外交"50周年纪念活动在两国相继举行。4月24日，中国人民对外友好协会、国家体育总局和中国美国人民友好协会在北京联合举行中美"乒乓外交"50周年纪念活动。中美各界人士400余人通过现场与会或线上视频方式参加了纪念活动。中国国家副主席王岐山和美国前国务卿基辛格分别发表视频致辞，积极评价中美"乒乓外交"的历史意义，高度赞赏中美老一辈领导人的政治智慧和远见卓识，期待中美双方落实两国元首通话达成的重要共识，携手致力于合作共赢、共同发展，建设和平与繁荣的世界秩序。"乒乓外交"亲历者李富荣、梁戈亮和前美国乒乓球运动员朱蒂分享了当年中美乒乓运动员友好交流的美好时光，并通过虚拟现实技术远程打乒乓球。中美体育界知名人士刘国梁、姚明、乔良、陈露、马布里现身说法，通过自身经历分享各自对中美体育交流合作与人民友好的深刻认识和理解，表达了通过体育交流推动中美人民友谊的热切期待。

附 录

中英人文交流

【习近平主席点赞"破冰精神"】 2022年1月26日，英国48家集团俱乐部与英中贸易协会、英国中国商会在伦敦举行"破冰者"2022新春庆祝活动，适逢中英建交50周年。中国国家主席习近平特地向庆祝活动及其主办方发去贺电，贺电由中国驻英国大使郑泽光代为宣读。习近平主席回顾了20世纪50年代杰克·佩里等英国企业家勇敢开启的"破冰之旅"，称赞他们在非比寻常的冷战时期决然打破了西方对华贸易的坚冰，为两国关系的发展作出了历史性贡献。在当今世界，多重挑战交织，经济全球化也正面临逆流，习近平主席希望中英两国有远见的人士共同发扬"破冰精神"，携手开创互利共赢的新局面，推动构建开放型世界经济，为中英友谊和合作贡献更大力量。郑泽光大使在致辞中呼吁两国各界人士积极响应习近平主席的号召，发扬"破冰精神"，为推动中英关系在新的历史起点上健康稳定发展贡献力量。20世纪50年代，杰克·佩里等英国企业家敏锐地看到了新中国的光明前景和中英合作的巨大潜力，鼓起勇气打破了西方对华贸易的冰封，成为了当时中英合作的奠基人。

中欧人文交流

【国家主席习近平复信马耳他圣玛格丽特中学"中国角"师生】 2022年7月，马耳他圣玛格丽特中学"中国角"师生致信习近平主席，表达对中马建交50周年的祝福，并援引《礼记》中"圣人耐以天下为一家"，积极赞赏中国提出的构建人类命运共同体理念和"一带一路"倡议。致信还介绍了"中国角"开展的丰富多彩的活动，以及为促进多元文化理解、增进中马友谊作出的积极努力。2022年8月8日，中国驻马耳他大使于敦海向马耳他圣玛格丽特中学教师阿佐帕迪转交了习近平主席的回信。习近平主席在复信中指出，在中马双方共同努力下，圣玛格丽特中学"中国角"为增进马耳他青少年对中国的了解、促进中马友好发挥了积极作用。在实际教学中，阿佐帕迪老师凭着对中国的热忱，积极开拓学生视野，摒弃偏见，为他们搭建起通往世界的桥梁。在中马建交50周年之际，希望更多马耳他师生和青少年积极参与中马人文交流，做文明互鉴的促进者和人民友好的传承者。

中法人文交流

【"欢乐春节"线上系列活动在法国落下帷幕】 根据文化和旅游部统一部署，由文旅部国际交流与合作局主办，巴黎中国文化中心和中外文化交流中心共同承办的2021辛丑牛年"欢乐春节"线上系列活动于2021年2月4—26日举办。"欢乐春节"活动在法国已经家喻户晓，成为许多法国民众每年翘首以盼的盛事。受欧洲疫情影响，牛年"欢乐春节"活动采用融媒体和数字技术手段，在线上为法国友人和旅法华人送上新春的祝福。

2月4日，《欢乐春节·大话春节》开幕音乐会拉开了系列活动的序幕。巴黎中国文化中心围绕春节地方民俗、非遗及美食等主题，为法国民众奉上了一台春节盛宴。观众体验了春节民俗知识演绎，如系统讲述春节故事的《寰宇同春》"欢乐春节"主题虚拟展，《听瓷语，观世界》互动体验展为观众提供"亲临"龙泉感受青瓷传承的机会，走近大师见证千年窑火，品味青瓷文化千年时光，以中国春节文化"团圆之乐"为线索的国潮风手绘长图，浓缩中国春节文化传承与发展的《多彩中国年》交互动画体验展，《中国味道》春节美食工作坊等，让法国观众了解了中国各地春节美食及饮食文化。此外，观众还聆听了《弦音兆丰年》新春祝福交响音乐会、《春之序曲》民族音乐会和《红梅花开》民族室内音乐会等音乐盛宴，欣赏了《情境冰秀》冰上杂技艺术晚会，领略了黑龙江冰雪文化和历史文化等。

活动期间，各项活动陆续在巴黎中国文化中心官网、微信公众号、海外社交媒体、法国华人卫视频道等平台发布，其中的亮点节目和活动，吸引了法国受众的关注，引发了热烈的互动和讨论，如《赏非遗·过大年》系列视频展播活动选取了江苏省扬州杖头木偶戏、戏曲舞蹈"雏凤凌空"、江苏织染技艺及云南省香囊、香篆五个视频，让法国民众充分体会了非遗文化承载的美好寓意；《美丽中国》微春晚之"知年俗·赏美食"系列视频展播选取辽宁、山西、福建等地老百姓沿袭多年的民间传统年俗、春节美食的精彩视频片段，传达中国人民在祈福迎新、相聚团圆活动中对生活的美好祝愿，让海外观众领略有趣的中国民俗、感受地道的"中国年味儿"；《吉祥春节·美好祝愿》中国春节文化图片展以图文并茂方式回顾海内外人民丰富多彩的春节活动；收官演出《春华国韵》民族音乐会在元宵节当日举办，中国歌剧舞剧院知名艺术家们精彩演绎，为法国观众呈现涵盖彝族、壮族、维吾尔族等少数民族的经典音乐作品；同日，中心在线上多个平台还举办线上双语猜灯谜活动，吸引了广大法国网友前来竞猜。

此次法国站"欢乐春节"系列活动体现出种类多元、形式多样、主题突出、现代与传统并重的特色，充分展现了东西方文化互鉴、文旅融合的宗旨，并借助融媒体传播优势成功吸引了法国民众的关注，屡创热点话题，掀起了线上"春节热"。最后一周的活动保持了高人气和吸引力，线上观众近35万人次，收获互动2万余次。在近一个月的时间里，各项活动分别通过562篇推送及38次电视频道播放，覆盖线上受众近120万人次，触及传统电视端受众近920万人次，收获线上互动近7万余次，各项数据均创下历届"欢乐春节"之最。

"欢乐春节"活动是中国文化和旅游部为推动国际文化和旅游交流，在全球推广的一系列内容丰富、形式多样的主题文化和旅游活动。该活动旨在提供一个中国和全世界朋友共贺传统佳节、共享中国文化、共度美好时光的平台，把祥和的节日氛围、新年的祈福祝愿带到世界各地。新冠疫情期间，中国与世界各国的文化交流和人文往来也从未中断，各种跨国、跨地区的线上文化和旅游交流活动异彩纷呈。百余家驻外文化和旅游机构总部携手部直单位、各地方省厅，精心策划制作各类线上活动，为增进世界各国人民友谊，推动文明互鉴，共筑人类命运共同体作出各自的贡献。

中印尼人文交流

中印尼人文交流发展论坛已成为促进两国人文合作的重要平台，为深化中印尼战略伙伴关系发挥了重要作用。自2019年首届中印尼人文交流发展论坛举办以来，论坛已举办四届，中印尼人文交流的交流内容不断丰富，影响力持续提升。

2021年10月24日，中印尼人文交流发展论坛在北京举办。论坛以线上线下相结合的形式进行，来自中印尼的教育部门代表、高校专家、企业代表等就人文交流模式创新与产学研用合作进行了深入探讨。在论坛期间，中印尼70多家高校、企业倡议成立了"中印尼产学研合作联盟"，这有助于发挥驱动和示范作用，持续促进中印尼青少年交流理解，为创新人文合作模式奠定民意基础。论坛同期还发布了《中国与印尼人文交流发展报告（2021）》。

2022年，中印尼人文交流发展论坛在华中师范大学召开。来自中印尼的专家学者围绕"共享治理经验 共谋合作发展"的主题，就多项议题进行了积极交流，包括城乡基层治理、疫情防控、数字经济治理等。论坛发布了《中国与印尼人文交流发展报告（2022）》，对2021年中印尼人文交流现状进行系统总结，并提出政策建议。

综上，中印尼人文交流发展论坛是促进中印尼人文交流的重要平台。一是研讨内容广泛。论坛主题围绕人文交流模式创新、产学研合作、共享治理经验等，涉及教育、科技、文化、青年、旅游、疫情防控等多个领域。二是取得丰硕成果。成立中印尼产学研合作联盟，发布人文交流发展报告，总结交流经验，提出政策建议等。三是影响力不断扩大。自2019年举办以来，论坛已举办四届，交流议题日益丰富，受关注度持续提升。四是意义深远。论坛搭建中印尼人文交流平台，有助青少年交流理解、创新合作模式、深化战略伙伴关系，为中印尼合作注入正能量。

总体来看，中印尼人文交流发展论坛内容丰富、成效显著、影响扩大，已成为促进中印尼人文合作的重要平台，对深化中印尼战略伙伴关系意义重大。双方应在此基础上继续丰富内涵，拓展新领域。

中南非人文交流

【2021中非（南）职业教育合作联盟年会暨中非—南非产教融合研讨会举办】 2021年12月14日，2021中非（南）职业教育合作联盟年会暨中国—南非产教融合研讨会在江苏省常州市以线下线上结合方式举办。此次年会暨研讨会由中国教育部中外人文交流中心、南非工业和制造业培训署联合主办，常州信息职业技术学院、南非教师发展中心、南非中国文化和国际教育交流中心承办，中国教育部中外人文交流中心主任杜柯伟、中国驻南非大使馆教育参赞李旭东、教育部国际司亚非处处长杨洲等官员出席开幕式并致辞。研讨会期间还举办了中非（南）职业教育合作联盟中方理事会成员单位三周年成果图片展。17家院校和1家企业报名参展，展示了近年来联盟成员单位代表与南非及其他非洲国家在教育合作和人文交流的硕果。中方线下参会人员有150余人，来自南非高等教育和培训部、工业和制

造业培训署、地方政府、行业协会等的70余名代表和近40所院校负责人线上参会。中国和南非两国通过网络在线参会的人数逾万。会议为提升双方职业教育工作者人文素养和教育创新能力，推动职业教育领域加强交流互鉴，实现创新发展，促进民心相通发挥了积极的作用。

中德人文交流

【**中德职教合作南京项目40周年，"双元制"中国实践走向未来**】 2022年12月16日，在南京市教育局指导和基金会倡议下，南京高等职业技术学校举行"中德职教合作南京项目40周年"主题活动。活动回顾合作历程、增进中德友谊、总结改革经验、彰显办学成效、凝聚发展合力、谋划远景未来。汉斯·赛德尔基金会上海代表处首席代表施泰德表示，1982年，中华人民共和国教育部决定建立南京高等职业技术学校，并在中国首次尝试根据德国"双元制"教育模式在建筑、电气和暖通技术领域培养人才。2022年是中德职业教育合作南京项目走过的第40年。在中德双方互信、负责、友好的态度下，南京项目从未中断。中德双方不断适应新形势，转变思路，创新合作发展之路，为其他职业院校学习实践符合中国学校实际的"双元制"提供了典型范例。现场，南京高职校与汉斯·赛德尔基金会签订第十四期合作协议，与威能公司签订校企合作协议。

中印人文交流

印度鲁班工坊是天津轻工职业技术学院和天津机电职业技术学院与印度金奈理工学院携手知名企业，在天津市政府和天津市教委的指导下结合印度制造产业和职业教育发展实际，以中外双方共同制定认可的国际化专业教学标准为依据，以国家级优秀教学成果——工程实践创新项目为教学模式，以全国职业院校技能大赛所选用的优秀教学装备为基础，以海外职业院校本土师资系统化标准化培养培训为根本的创新型国际化职业教育服务项目。该项目建立于2016年5月，作为中印人文交流教育领域的代表性项目，鲁班工坊为中印教育人文交流开拓了新板块，构建了新领域，指出了新方向。

中印合作的印度鲁班工坊建于金奈理工学院校内，建筑面积1200平方米，合作专业包括四个：光伏发电技术与应用、数控设备应用与维护、工业机器人、机械设计与制造（3D打印方向），工坊内建设有四个国际化专业和工程实践创新项目及新能源车项目六个实训区。作为结合了科技，教育两大板块的人文交流项目，鲁班工坊在印度的建立标志着中印两国人文交流取得了突破性的成果。

印度鲁班工坊自2017年12月揭牌以来运营状况良好，截至目前累计培训企业员工共计760人，学生600余人。其毕业生大多服务于印度当地企业，为这些企业培训员工和提供技术服务，同时承接全印度技术委员会培训项目，服务于5个行业技术委员会，2019年66名印度鲁班工坊学生在当地知名企业就业。中印双方通过"鲁班工坊"这一项目搭建了共研、共建、共享、共用、共赢的中印职业教育交流与合作平台。2021年与2022年，通过线上线下结合的模式，中印双方就鲁班工坊的阶段性运营成果与未来发展方向进行了讨论，并参考了双方师生代表的意见，相信通过鲁班工坊的发展，中印双方的教育人文交流将结出灿烂的果实，为中印两国培养出一批相知，相交，相亲的技术人才。

中日人文交流

【第18届"北京—东京论坛"举办】 2022年12月7—8日，第18届"北京—东京论坛"在北京、东京两地以线上线下相结合形式举行。来自中日两国政治、经济、外交、安全、媒体、数字科技等领域的近百名嘉宾，围绕"维护世界和平与国际合作的中日两国责任——邦交正常化50周年之际的思考"这一主题展开了坦诚交流和深入研讨，为重温中日实现邦交正常化之时的初心使命，落实两国领导人达成的最新共识，在百年变局下共同维护世界和平与合作，构建契合新时代要求的中日关系贡献宝贵智慧，凝聚广泛共识。

在7日的论坛开幕式上，中共中央政治局委员、国务委员兼外长王毅发表了视频致辞。王毅表示，2022年正值中日邦交正常化50周年，2023年两国将迎来中日和平友好条约缔结45周年。中日双方要以信相交，坚守政治承诺；相互成就，坚持合作共赢；以诚相待，致力和平共处；以心相交，厚植友好根基；坚持原则，维护公道正义，推动中日关系沿着正确的方向持续稳定前行，共同开创契合新时代要求的中日关系，合力打造亚洲发展振兴的新纪元。

日本前首相福田康夫、日本外相林芳正等出席论坛或发表视频致辞。

福田康夫在主旨演讲中提出，日中联合声明与和平友好条约建立了日中关系的基本框架，奠定了双方和平友好合作的基础。希望大家重温初心，为推动构建契合新时代的日中关系而努力。"希望日中双方通过扩大和深化交流，促进彼此相互信任与尊重。让日中两国在全球背景下，建立起双方国民坦诚相待、携手共赢的关系。"

林芳正在视频致辞中表示，日中邦交正常化50年来，在两国领导人的战略思维和政治勇气指引下，双方在政治、经济、文化和人员交流等领域取得了切实发展。当前，两国存在着广阔的合作空间，也面临着诸多共同课题。日中两国作为对地区和世界的和平与繁荣肩负重要责任的大国，需要开展坦诚对话与深化合作。

本届论坛为期两天，共举行和平秩序、双边政治与外交、经贸、安全、媒体、数字经济六个分论坛与青年、民调两场对话活动。在充分交流之后，为应对世界和亚洲的历史性困局，各位与会嘉宾通过坦诚对话，达成了以下核心共识：1. 尊重各国主权和领土完整，尽最大努力以和平手段解决一切争端；2. 携手推动国际合作，遏制全球分化趋势进一步加剧。12月8日，在论坛闭幕式上，中日双方联合发布了《第18届"北京—东京论坛"和平合作宣言》。

"北京—东京论坛"创办于2005年，每年举办一次，在北京与东京轮流召开，今年已是连续第18次举办，目前已是中日两国之间规模最大、层次最高的公共外交和民间交流平台之一，在促进中日关系健康稳定发展、增进两国民众相互理解与信任等方面发挥着重要作用。

上合组织人文交流

【上合组织国家人文交流论坛在青岛举办】 2022年12月21日,由教育部中外人文交流中心、青岛市人民政府、上海合作组织秘书处联合主办,青岛市教育局、市外办和中国—上海合作组织地方经贸合作示范区管理委员会等承办的"2022首届上海合作组织国家人文交流论坛"在青岛·上合之珠国际博览中心开幕。此次论坛旨在落实习近平主席在上海合作组织青岛峰会上的重要讲话精神以及2022年9月在上海合作组织成员国元首理事会第二十二次会议重要讲话中关于"加强人文交流"的要求,围绕服务上合示范区建设,立足青岛推动上合组织和"一带一路"国家教育合作与人文交流,促进民心相通、人民友好。

论坛发布了《2022上海合作组织国家教育人文交流合作青岛倡议》,倡议深化教育合作和人文交流,加快构建上海合作组织教育共同体,为上合组织命运共同体和人类命运共同体构建提供智力和人才支撑。

《2022上海合作组织国家教育人文交流合作青岛倡议》倡导深化教育交流,加强务实合作。鼓励和支持各国大中小学通过各级政府、科研机构、企事业单位和社会组织以及国际学生等方面资源,搭建上合组织地区基础教育、职业教育、高等教育校际交流合作平台,根据各国各学段特点和发展需求,举办校长对话、教学研讨、学生交流等活动,深化和扩大校际交往,孵化实施新合作项目,加强数字教育合作。

坚持创新驱动,推动事业发展。鼓励和支持各国大学和职业院校发挥学科优势,结合各地区产业发展实际,推动科教融汇、产教融合、校企合作。支持上合组织大学平台开展联合科研等工作,加强科技领域研究、人才培养、成果转化、资源共享等方面的交流与合作,促进教育链和人才链、产业链、创新链有机衔接、融合发展,提升教育服务经济社会发展能力。

坚持互学互鉴,促进民心相通。践行"上海精神",加强国际理解教育,促进相互学习借鉴。鼓励将以人为本、开放平等、尊重包容、理解欣赏、交流互鉴、合作共赢、秉持正确义利观和实现可持续发展的人文交流理念融入教育教学和国际交流合作的各个环节,推动培养具有国际视野、通晓国际规则、善于处理国际事务的新时代青少年,通过教育合作助力相互理解、民心相通,厚植构建人类命运共同体的民意基础。

倡导转型升级,用好数字技术。把握和利用好当前互联网、大数据、人工智能等数字技术发展的新成果,创新线上线下交流方式。鼓励各国大中小学本着共商共建共享原则,建立国际友好学校关系,围绕语言共学、教研共商、活动共办、课程共建、资源共享等内容,通过"互联网+"等多种方式和途径,推动各级各类学校和教育机构开展常态化线上线下交流与合作。

金砖国家人文交流

为落实习近平主席在金砖国家领导人第十三次会晤上提出的建立金砖国家职业教育联盟的倡议,2022年4月27

附 录

日，由中国教育部主办的金砖国家职业教育联盟大会在北京以线上线下相结合形式召开。金砖五国职业教育主管部门、驻华使节、行业组织、职业院校和企业代表共百余人出席会议，共同见证了金砖国家职业教育联盟正式成立。

中国教育部副部长田学军发表视频致辞。田学军指出，在五国的共同努力下，金砖国家职业教育联盟正式成立，这对于促进五国职业教育改革发展、打造对话和信息平台、推动职业教育合作走深走实具有重要意义，将为共同应对教育领域挑战、助推各国经济转型和产业升级、共创全球发展新时代作出积极贡献。田学军对联盟未来发展提出三点建议：一是五国共同参与，确保取得实效，联盟建设应秉持开放合作理念，充分发挥每个国家、每个成员的积极性。二是深化产教融合，不断增强职业教育适应性，培养更多适应经济社会发展需求的高素质人才。三是创新发展途径，利用现代技术加快技能人才培养模式改革，加大绿色技术和数字化赋能推广力度。

在金砖五国职业教育主管部门支持和指导下，金砖国家职业教育联盟由各国行业组织、职业院校、研究机构和企业等组成，五国发起成员单位共68家。

职业教育不同于大众教育，其目的是培养具有实践能力和专业知识技术的应用型人才。近年来，新业态不断涌现，职业技术型人才在全球范围内流动增加，职业教育顺应时代潮流开始向数字化、网络化和智能化方向转型，因而发展职业教育不再单纯是某个国家的责任。除了掌握职业技术能力，各国职业教育还要倡导以"人类命运共同体"为职教新理念，与提高全球公民意识一起放入人才培养计划，提升职业人才的国际理解力、包容力、全球视野以及责任意识。

2022年以来，金砖国家职业教育合作项目在多地开花，硕果累累，交流与互动形式增多，覆盖人群增广。通过政府、企业与合作院校的组织和参与，金砖国家近年来共同开展了师资培训、校长论坛、未来职业之星研习营，举办了职业院校双边活动、合作课题研究、职业技能大赛等项目，凝聚各国共识，坚持实践创新，健全运行机制，提升了职业人才包括语言能力、协调能力、创新能力、组织能力、文化认同、思维理解、国际沟通、团队合作等在内的软技能。未来，金砖国家职业教育合作与交流将继续围绕合作国人才发展的需要，以可持续发展的眼光共同应对新挑战，为推动后疫情时代世界经济复苏，完善全球治理添砖加瓦。

中东盟人文交流
【中国—东盟教育交流周开幕】
2021年9月24日，以"知行合一——共建可持续发展合作的教育愿景"为主题的2021中国—东盟教育交流周在贵安新区开幕。老挝副总理宋赛·西潘敦，印尼人类发展与文化统筹部部长穆哈吉尔·艾芬迪发表视频致辞，贵州省委书记、省人大常委会主任谌贻琴出席活动并宣布开幕，教育部部长怀进鹏发表视频致辞，省委副书记蓝绍敏，中国职业技术教育学会会长鲁昕，中国教育国际交流协会会长刘利民，缅甸驻华大使吴苗丹佩，中国科学技术大学党委书记舒歌群发表致辞。东盟秘书长林玉辉，文莱教育部部长哈姆扎，柬埔寨教育、青年与体育部部长韩春那洛，老挝教育与体育部部长适马拉翁，马来西亚高等教育部部长诺莱妮，缅甸教育部副部长佐敏，菲律宾教育部部长布里奥妮丝，新加坡教育部部长陈振声，泰国高等教育与科研创新部部长阿奈·劳塔玛塔、教育部部长德丽如，越南教育培训部部长阮金山视频致辞。省委常委、贵阳市委书记、贵安新区党工委书记胡忠雄出席活动，副省长郭锡文主持开幕式。开幕式上，教育部、外交部及贵阳市负责同志共同启动了交流周实体化项目成果，与会嘉宾观看了交流周主题片，聆听了中国与东盟学生集体合唱，巡展了交流周展示馆。出席开幕式的还有外交部、教育部等国家部委负责人，东盟国家及特邀伙伴国驻华大使等外交使节、驻华教育官员，相关国际组织负责人，国内部分高校负责人、专家学者等。

五　驻外使节讲话、致辞

亚洲

尼泊尔

2021年3月9日，中国驻尼泊尔大使侯艳琪在尼泊尔主流媒体《新兴尼泊尔报》《廓尔喀日报》发表署名文章《脱贫攻坚奏凯歌，扬帆启航新征程》。

2022年4月20日，中国驻尼泊尔大使侯艳琪应邀出席加德满都大学和特里布文大学孔子学院联合举办的第十三个"联合国中文日"活动并致辞。

2022年7月7日，中国驻尼泊尔大使侯艳琪在尼泊尔主流媒体《加德满都邮报》《坎蒂普尔日报》发表署名文章《维护世界和平安宁，促进全球合作发展》。

阿富汗

2022年11月3日，中国驻阿富汗大使王愚在阿富汗主流媒体《亚洲之心》发表题为《中国发展新征程，中阿关系新机遇》署名文章。

2022年12月4日，中国驻阿富汗大使王愚在阿富汗主流媒体《亚洲之心》发表题为《伫立时代十字路口，眺望中阿友好愿景》署名文章。

蒙古国

2021年4月22日，中国驻蒙古国大使柴文睿在News新闻网、iKon新闻网、Zindaa新闻网等蒙古国主流媒体发表署名文章《中国减贫：实践、经验和对世界的贡献》。

2022年10月7日，柴文睿大使出席《中蒙经济及文化合作协定》签订70周年学术会议开幕式并致辞。

印度

2021年2月10日，中国驻印度大使孙卫东在印度青年领袖联合会官方网站"政策纪事"发表署名文章《走人间正道，与世界同行——牛年的中国与世界》。

2021年3月26日，中国驻印度大使孙卫东在印度青年领袖联合会官方多媒体平台——政策纪事发表署名文章《伟大的脱贫成就，人类的共同事业》。

2022年1月11日，中国驻印度大使孙卫东在印度青年支持北京冬奥会

附 录

"一起向未来"视频交流活动上的主旨发言。

2022年6月28日，中国驻印度大使孙卫东在印度主流英文媒体《印度快报》《金融快报》金砖专版发表署名文章《金砖国家共创人类美好未来》。

2022年7月7日，中国驻印度大使孙卫东大使在第21届"汉语桥"印度赛区颁奖活动上发表讲话《汉语为"桥"，促人文交流互鉴》。

2022年8月30日，中国驻印度大使孙卫东一行到访马哈拉施特拉邦索拉普尔，参观柯棣华故居纪念馆并发表题为"精神永续、友谊长存"的致辞。

新加坡

2021年3月23日，中国驻新加坡大使洪小勇在新加坡《商业时报》发文《中巴经济走廊是中巴牢固双边关系的写照》。

2021年12月21日，中国驻新加坡大使洪小勇以视频方式在第三届"聚焦狮城放眼全球"中新经贸合作论坛上致辞。

2022年9月2日，中国驻新加坡大使孙海燕出席中新大熊猫保护研究合作延期协议签约仪式并致辞。

2022年10月11日，中国驻新加坡大使孙海燕出席第四届中新经贸合作论坛并致辞。

2022年11月19日，中国驻新加坡大使孙海燕与新加坡卫生部长王乙康等共同出席2022世界针灸学术大会开幕式并致辞。

2022年11月21日，中国驻新加坡大使孙海燕出席由中金公司主办的中国—东南亚经济与金融论坛并致辞。

日本

2021年7月30日，中国驻日本大使孔铉佑应邀出席国际亚洲共同体学会研讨会并发表题为《世界大变局下的亚洲合作与中日关系》的演讲。

2021年10月26日，中国驻日本大使孔铉佑出席第17届"北京—东京论坛"全体会并发表致辞。

2022年1月25日，中国驻日本大使孔铉佑在庆祝中日邦交正常化50周年九州中日友好大会发表视频致辞。

2022年6月1日，中国驻日本大使孔铉佑应邀出席日本对华友好七团体之一的日中协会交流大会，发表"纪念邦交正常化50周年、思考和平与发展时代"主题演讲。

2022年6月18日，第3届全日本大学生中文演讲比赛暨第21届"汉语桥"世界大学生中文比赛日本赛区决赛在早稻田大学举行，中国驻日本大使孔铉佑发表视频致辞。

2022年9月12日，中国驻日本使馆同日本经济团体联合会共同主办"不忘初心、开创未来"——纪念中日邦交正常化50周年研讨会，驻日本大使孔铉佑发表主旨演讲。

2022年9月20日，中国驻日本大使孔铉佑应邀出席"纪念中日邦交正常化50周年'共创共赢'"系列活动——首届中日科技创新高端论坛并致辞。

2022年11月12日，中国驻日本大使孔铉佑应邀出席"第八届中日教育交流会"开幕式并发表视频致辞。

2022年12月8日，中国驻日本大使孔铉佑出席第18届"北京—东京论坛"全体会并发表致辞。

2022年12月22日，中国驻日本大使孔铉佑应邀出席"日中新世代对话Dialogue & Synergy"活动并发表视频致辞。

韩国

2021年2月8日，中国驻韩国大使邢海明在"多边主义与中韩未来"研讨会上发表主旨演讲。

2021年6月27日，中国驻韩国大使邢海明为"汉语桥"世界大学生、中学生中文比赛韩国赛区决赛致辞。

2021年7月23日，中国驻韩国大使邢海明在线出席中国国际问题研究院和韩国成均中国研究所共同主办的人类命运共同体和习近平外交思想研讨会并致辞。

2021年8月12日，中国驻韩国大使邢海明在纪念中韩建交29周年——中韩关系未来论坛上致辞。

2021年8月18日，中国驻韩国大使邢海明在韩国《文化日报》发表题为《铭记历史，把握当下，面向未来》的署名文章，回顾中韩共同抗战的艰苦岁月和坚固友谊，并就中韩日地区合作提出设想。

2021年8月25日，中国驻韩国大使邢海明为第17届东北亚青少年论坛开幕式致辞。

2021年8月31日，中国驻韩国大使邢海明线上出席亚洲新闻集团和韩国中国商会共同主办的中韩友好经济论坛并致辞。

2021年10月10日，中国驻韩国大使邢海明在韩国侨界纪念辛亥革命110周年座谈会暨图片展上致辞。

2021年10月20日，中国驻韩国大使邢海明视频出席首尔人民币兑韩元直兑交易市场发展及中国宏观经济展望线上研讨会并致辞。

2021年11月1日，中国驻韩国大使邢海明在韩国《亚洲日报》《亚洲经济》分别以中韩文发表题为《美美与共，携手创造更加美好的未来》的署名文章。

2021年12月10日，中国驻韩国大使邢海明出席韩中安保和平论坛并发表主旨演讲，介绍中韩关系近况和未来的努力方向。

2021年12月31日，中国驻韩国大使邢海明在韩国《亚洲日报》《亚洲经济》分别以中韩文发表题为《对当前中国投资环境的思考》的署名文章。

2022年3月23日，中国驻韩国大使邢海明线上出席中韩ABC论坛并致辞。

2022年4月27日，中国驻韩国大使邢海明在韩国《亚洲日报》《亚洲经济》同时以中韩文发表题为《同舟共济、破浪前行》的署名文章，深入解读习近平主席在博鳌亚洲论坛2022年年会开幕式上提出的"全球安全倡议"。

2022年5月26日，中国驻韩国大使邢海明出席第二届中韩企业家合作交流会并致辞。

2022年6月30日，中国驻韩国大使邢海明和韩国总理韩德洙共同出席中韩建交30周年经济论坛并致辞。

2022年8月19日，中国驻韩国大使邢海明出席"汉语桥俱乐部首尔站"揭牌仪式并致辞。

2022年8月22日，中国驻韩国大使邢海明出席纪念中韩建交三十周年各界人士招待会并致辞，题为《中韩关系没有迈不过去的坎、没有翻不过去的山！》。

2022年12月16日，中国驻韩国大使邢海明在韩国《月刊中国》杂志发表题为《扩大友城朋友圈 共谱合作新篇章》的署名文章，回顾两国友城合作成果，提出未来发展方向建议。

朝鲜

2021年6月21日，中国驻朝鲜大使李进军在朝鲜劳动党中央机关报《劳动新闻》上发表题为《初心不改、矢志不渝，共创中朝关系美好未来》的署名文章。

哈萨克斯坦

2021年7月15日，中国驻哈萨克斯坦大使张霄出席第20届"汉语桥"世界大学生中文比赛、第14届"汉语桥"世界中学生中文比赛和首届"汉语桥"世界小学生中文秀哈萨克斯坦赛区决赛颁奖仪式，并发表致辞。

2021年9月29日，中国驻哈萨克斯坦大使张霄应邀出席由哈萨克斯坦首任总统图书馆、哈中国研究中心主办的"中亚能源丝绸之路：对华油气合作成果与展望"国际研讨会，并发表致辞。

2022年8月8日，第三届"丝路云端中文夏令营"举行在线开营仪式，中国驻哈萨克斯坦大使张霄发表书面致辞。

乌兹别克斯坦

2021年3月20日，在乌兹别克斯坦传统节日纳乌鲁斯节来临之际，中国驻乌兹别克斯坦大使姜岩在"详实网"发表署名文章，向乌人民致以节日祝贺。

2021年5月15日，中国驻乌兹别克斯坦大使姜岩在乌《人民言论报》发表署名文章《中国经济复苏将给中乌合作带来更多"增长点"》。

2021年6月23日，中国驻乌兹别克斯坦大使姜岩在乌《人民言论报》发表庆祝建党100周年的署名文章——《中国共产党的人民情怀》。

2021年8月4日，中国驻乌兹别克斯坦大使姜岩出席"中国与乌兹别克斯坦：加强交流互鉴，深化伙伴关系"国际视频会议并致辞。

2021年9月28日，中国驻乌兹别克斯坦大使姜岩在乌《人民言论报》发表署名文章《不负历史使命 携手迈向复兴》。

2021年10月11日，中国驻乌兹别克斯坦大使姜岩出席第七届"伟大丝绸之路上的普世价值观与民族价值观：语言、文化和教育"国际学术研讨会并致辞。

2021年10月29日和11月2日，中国驻乌兹别克斯坦大使姜岩分别在"新乌兹别克斯坦"网和《东方真理报》发表署名文章《中乌关系发展开启新征程》。

2022年6月21日，中国驻乌兹别克斯坦大使姜岩应约在乌发展战略中心《乌兹别克斯坦战略》杂志发表题为《乌兹别克斯坦改革开放为中乌关系发展注入新活力》的署名文章。

2022年11月4日，中国驻乌兹别克斯坦大使姜岩出席《中乌丝绸之路考古》纪念邮票和邮折发行仪式并致辞。

2022年11月24日、25日，中国驻乌兹别克斯坦大使姜岩在乌《人民言论报》"详实网"等主流媒体发表题为《解读中国式现代化密码，共享发展机遇》的署名文章，宣介中国共产党的二十大精神。

马来西亚

2021年10月29日，中国驻马来西亚大使欧阳玉靖出席2021年第三场中马企业跨境合作线上对接会开幕式并致辞。

2021年12月16日，中国驻马来西亚大使欧阳玉靖在全球华人经济和科技峰会上发表视频致辞。

2022年5月24日，中国驻马来西亚大使欧阳玉靖出席马来西亚华教组织座谈会并致辞。

2022年9月6日，中国驻马来西亚大使欧阳玉靖出席2022中国智能科技展览会及论坛开幕式并致辞。

2022年9月15日，中国驻马来西亚大使欧阳玉靖出席2022马来西亚"中国电影节"开幕式并致辞。

2022年9月29日，中国驻马来西亚大使欧阳玉靖出席2022马中数字经济论坛并致辞。

2022年9月18日，中国驻马来西亚大使欧阳玉靖出席第37届马来西亚全国华人文化节闭幕式并致辞。

2022年11月1日，中国驻马来西亚大使欧阳玉靖在《星洲日报》《南洋商报》《中国报》《星报》《自由今日大马》等马来西亚中、英、马来文媒体发表署名文章《奋进新征程 共享新机遇》，宣介中国共产党的二十大精神。

沙特阿拉伯

2021年3月4日，中国驻沙特大使陈伟庆在沙特主流媒体《祖国报》发表题为《民之所向，我之所往》的署名文章。

2021年3月20日，中国驻沙特大使陈伟庆在沙特主流媒体《经济报》发表题为《立足新起点构建新格局》的署名文章。

2021年4月25日，沙特外交部举办"沙特'2030愿景'——转型和进步的五年"视频研讨会，陈伟庆大使应邀出席并发言。

2021年4月29日，中国驻沙特大使陈伟庆在沙特主流媒体《利雅得报》发表题为《相通的美德 相同的原则》的署名文章。

2021年6月16日，中国驻沙特大使兼驻伊斯兰合作组织代表陈伟庆在《阿拉伯新闻报》发表题为《站在中国同伊斯兰国家关系新的起点上》的署名文章。

2021年6月23日，中国驻沙特大使陈伟庆在《阿拉伯新闻报》发表题为《以人民为中心，谋发展促和平》的署名文章。

2021年9月30日，中国驻沙特使馆和沙特最大报纸《利雅得报》合作出版庆祝中华人民共和国成立72周年专版，陈伟庆大使在专版上发表署名文章。

2021年12月3日，中国驻沙特大使陈伟庆在知名媒体《中东报》发表题为《多元的世界需要多样民主》的署名文章，介绍中国发展全过程人民民主，坚持以人民为中心的理念。

2022年2月23日，中国驻沙特大使陈伟庆应邀出席沙特智库知识研究与交流中心举办的"中国—海合会国家关系"研讨会并致辞。

土耳其

2021年6月1日，中国驻土耳其大

使刘少宾在土主流媒体《共和国报》发表署名文章《相约北京，共赴冬奥》。

2021年8月5日，"中土建交50周年经贸文化发展论坛"在安卡拉举办，中国驻土耳其大使刘少宾出席并致辞。

2021年11月27日，中国驻土耳其大使刘少宾在土主流报刊《民族报》发表署名文章《百年大党风华正茂，凝心聚力再创伟业》，宣介中国共产党的十九届六中全会精神。

2022年3月21日，中国驻土耳其大使刘少宾大使在土耳其发行量最大的报刊之一《晨报》发表署名文章——《中国"两会"：与世界共享高质量发展机遇》。

2022年5月30日，中国驻土耳其大使刘少宾出席首届"一带一路"倡议与土耳其国际研讨会开幕式并致辞。

2022年7月11日，中国驻土耳其大使刘少宾在土主流报刊《土耳其报》发表署名文章——《共谋发展，合作共赢，携手构建全球发展共同体》。

2022年11月1日，中国驻土耳其大使刘少宾在土发行量最大的报刊《晨报》就中国共产党第二十次全国代表大会发表署名文章《中国式现代化，世界新机遇》。

2022年11月15日，中国驻土耳其大使刘少宾在《国际商报》G20国际经贸合作特刊发表署名文章《共建开放型世界经济 共促复苏与繁荣发展》。

2022年12月8日，中国驻土耳其大使刘少宾在土主流报刊《自由报》发表署名文章《为世界和平发展贡献中国力量》。

越南

2021年11月25日，中国驻越南使馆、中国人民大学重阳金融研究院与越南社会科学翰林院中国研究院共同举办"共产党领导与国家治理：中越两国的经验"视频研讨会。驻越南大使熊波出席会议并致辞。

2022年11月9日，中国驻越南大使熊波在"百年变局下的大国内外政策走向及其影响"研讨会上发表致辞。

伊朗

2021年3月2日，中国驻伊朗大使常华在伊朗国家通讯社发表署名文章《中国脱贫攻坚战取得全面胜利》，宣介习近平总书记在全国脱贫攻坚总结表彰大会上的重要讲话精神和中国脱贫攻坚成就。

2021年3月28日，中国驻伊朗大使常华在伊朗国家通讯社发表署名文章《促和平，固友谊》，介绍国务委员兼外长王毅访问伊朗等中东国家有关情况和中方提出的实现中东安全稳定的五点倡议。

2021年7月28日，中国驻伊朗大使常华在伊朗迈赫尔通讯社发表署名文章《2021年上半年中国经济持续稳中向好》，介绍当前中国经济形势。

2021年11月1日，中国驻伊朗使馆付莉华临时代办在伊朗国家通讯社发表署名文章《锚定历史正确和人类进步，实现世界永续和平发展》。

2021年11月21日，伊朗国家通讯社发表中国驻伊朗大使常华的署名文章《中国的四个"伟大飞跃"》，宣介中国共产党的十九届六中全会精神。

2021年11月24日，伊朗大学生通讯社发表驻伊朗大使常华的署名文章《共建通向共同繁荣的机遇之路》，宣介习近平主席在第三次"一带一路"建设座谈会上的重要讲话精神。

2022年8月23日，中国驻伊朗大使常华应邀出席第十三届中国伊朗两国友协年会暨中伊友好省市对话会并致辞。

2022年10月22日，中国驻伊朗大使常华在伊朗国家通讯社发表署名文章《画好国际舆论场亚太"同心圆"》。

2022年11月16日，中国驻伊朗大使常华在伊朗《德黑兰时报》发表署名文章《中国经济恢复向好》。

2022年11月19日，中国驻伊朗大使常华在伊朗塔斯尼姆通讯社发表署名文章《团结合作迎时代挑战，凝聚共识促全球发展》。

2022年11月21日，中国驻伊朗大使常华在伊朗大学生通讯社发表署名文章《构建亚太命运共同体开启亚太合作新篇章》。

泰国

2021年9月27日，中国驻泰国大使韩志强和泰国诗琳通公主等中泰嘉宾应邀出席泰国孔子学院（课堂）发展联盟（简称"联盟"）成立大会并致辞。

2022年3月30日，中国驻泰国大使韩志强出席第九届亚太可持续发展论坛开幕式并致辞。

2022年6月29日，中国驻泰国大使韩志强出席"携手共建中国东盟命运共同体——泰国青年领袖论坛"开幕式并发表演讲。

2022年7月18日，中国驻泰国大使韩志强应邀出席泰国青年企业家协会第十、十一届理事会交卸就职典礼暨主题讲座，发表"当前中国经济形势及未来发展"主旨演讲。

2022年8月18日，中国驻泰国大使韩志强出席泰国国家发展管理学院举办的可持续发展问题国际研讨会并发表题为《携手实现更加强劲更可持续的发展》的主旨演讲。

欧洲

德国

2022年1月13日，中国驻德国大使吴恳在CGTN《决策者》栏目发表署名文章《合作是顺应时代发展潮流的正确选择》。

2022年6月16日，中国驻德国大使吴恳在中下莱茵地区工商大会"对外经济战略论坛"上发表演讲。

2022年7月1日，中国驻德国大使吴恳应邀出席德国家族企业基金会举办的"2022德国家族企业日"活动，以"中国视角下的国际贸易构建"为主题发表主旨讲话。

法国

2022年3月4日，中国驻法国大使卢沙野应邀出席巴黎联合国校际委员会（CINUP）专场交流活动，就当前乌克兰问题回答现场学生的提问。

英国

2021年1月25日，英国《每日电讯报》在纸质版和网络版刊登驻英国大使刘晓明署名文章《难忘英伦十一载》。

2021年6月26日，中国驻英国大使郑泽光在第二十届"汉语桥"世界大学生中文比赛全英大区赛决赛开幕式上发表致辞《共享汉语之美　共扬合作之力》。

2021年6月29日，中国驻英国大

附 录

使郑泽光在"在英中资企业成果展"发布会上发表主旨演讲《抓住机遇，砥砺前行，推动中英经贸关系向前发展》。

2021年10月27日，中国驻英国大使郑泽光在英国《卫报》发表署名文章《中国在气候变化问题上重信守诺，成效显著》。

2021年11月10日，中国驻英国大使郑泽光在《净零目标：英中工商界的作用》报告发布会上发表讲话《共促绿色低碳发展　打造互利合作成果》。

2022年3月13日，《国际商报》在网站及新媒体平台刊登驻英国大使郑泽光的署名文章《新起点新机遇，努力推动中英经贸关系向前发展》。

2022年3月13日，为纪念中英建立大使级外交关系50周年，驻英国大使郑泽光在中国国际电视台（CGTN）"决策者"专栏发表题为《推动中英关系在百年大变局中向前发展》的署名文章。

2022年6月27日，中国驻英国大使郑泽光在第二十一届"汉语桥"世界大学生中文比赛全英大区赛决赛开幕式上致辞。

2022年9月9日，中国驻英国大使郑泽光在欧美同学会（中国留学人员联谊会）纪念中国公派留学英国50周年论坛发表视频致辞。

俄罗斯

2021年7月22日，中国驻俄罗斯大使张汉晖在庆祝中国共产党成立100周年中俄主流媒体见面会上发表致辞。

2022年1月25日，中国驻俄罗斯大使张汉晖在中央广播电视总台与俄政府机关报《俄罗斯报》合办的"中俄锐评"专栏发表署名文章《相聚在北京，一起向未来》。

2022年6月24日，中国驻俄罗斯大使张汉晖在俄罗斯《劳动报》发表署名文章《共享进博机遇　共赢未来发展》。

2022年8月12日，中国驻俄罗斯大使张汉晖《劳动报》发表署名文章《习近平外交思想是构建人类命运共同体的行动指南》。

2022年8月20日，中国驻俄罗斯大使张汉晖在俄罗斯国家通讯社塔斯社发表署名文章《金砖"中国年"：扬帆定航再引新程》。

2022年9月21日，中国驻俄罗斯大使张汉晖在俄罗斯塔斯社发表署名文章《疾风知劲草　中国经济展现强大韧实力》。

2022年9月30日，中国驻俄罗斯大使张汉晖在俄罗斯《劳动报》发表署名文章《教育发展实现历史性跨越，中俄教育合作亮点纷呈》。

2022年11月15日，中国驻俄罗斯大使张汉晖在《国际商报》"G20国际经贸合作特刊"栏目发表署名文章《为全球经济复苏插上开放和腾飞的翅膀》。

2022年12月30日，中国驻俄罗斯大使张汉晖在俄罗斯《劳动报》发表署名文章《踏平坎坷成大道，斗罢艰险又出发——新时代十年是中俄关系大发展、大跨越的十年》。

乌克兰

2021年6月26日，中国驻乌克兰大使范先荣在乌政府机关报《政府信使报》上发表题为《中乌战略伙伴关系面临新的历史机遇》的署名文章，纪念中乌建立战略伙伴关系十周年。

2021年9月30日，在中华人民共和国成立72周年国庆前夕，中国驻乌克兰大使范先荣在乌《2000报》发表题为《同舟共济抵风浪，一起携手向未来》的署名文章。

希腊

2021年9月30日，中国驻希腊大使肖军正在希腊《每日报》发表署名文章《志同道合　共创未来》。

2021年10月20日，中国驻希腊大使肖军正在《人民日报》发表"大使随笔"《让奥林匹克精神照亮美好未来》。

2021年11月19日，中国驻希腊大使肖军正在希腊《海运》发表署名文章《共赢之港、绿色之港、机遇之港、旅游复苏之港》。

2022年3月11日，中国驻希腊大使肖军正在希腊《每日报》发表署名文章《为推动世界和平与人类发展贡献中国力量》。

2022年6月5日，中国驻希腊大使肖军正就中希建交50周年在希腊《每日报》发表署名文章《中希关系的里程碑与新起点》。

2022年9月27日，中国驻希腊大使肖军正出席"2022尼山中希古典文明对话"活动并致辞。

2022年11月6日，中国驻希腊大使肖军正在希腊主流媒体《每日报》发表《以中国新发展为世界提供新机遇》署名文章，介绍中国共产党第二十次全国代表大会精神，阐释中国式现代化为世界和平与发展带来的重要机遇。

意大利

2021年2月18日，中国驻意大利大使李军华就中欧关系在意《外交报》发表署名文章《中欧携手共创共享新机遇》。

2021年3月9日，中国驻意大利大使李军华在意《经济讲坛报》发表署名文章《中国的目标：让人民生活更美好》。

2021年5月7日，中国驻意大利大使李军华就中圣建交50周年在圣马力诺《共和国报》发表署名文章《愿中圣友谊之花更加绚烂》。

2021年6月8日，中国驻意大利大使李军华在意新社发表署名文章《让人民更幸福，让世界更美好》。

2021年10月5日，中国驻意大利大使李军华向"'一带一路'沿线的现代化和全球化：中意法学领域交流与合作"主题国际研讨会致辞。

2021年10月14日，中国驻意大利大使李军华在意安莎社发表署名文章《聚焦合作　应对挑战　期待G20峰会为全球发展注入新动力》。

2022年2月18日，中国驻意大利大使李军华在意《米兰财经报》发表署名文章《中国经济稳中求进，继续坚持开放合作》。

2022年2月20日，中国驻意大利大使李军华在意《晚邮报》发表署名文章《"接力"办冬奥，携手向未来》。

2022年9月14日，诺瓦新闻社刊载中国驻意大利使馆临时代办郑璇的署名文章《中意共建"一带一路"前景仍然广阔》。

2022年10月27日，意大利新闻社刊登中国驻意大利使馆临时代办郑璇的署名文章《非凡十年照亮中国式现代化之路》。

西班牙

2021年4月22日，中国驻西班牙大使吴海涛以视频方式参加西班牙塞万提斯学院举办的中西双语版《魔侠传》新书发布会并致辞。

2021年5月12日，中国驻西班牙大使吴海涛应邀出席西班牙行政论坛举办的线上研讨会，就中国发展形势和中西、中欧关系等发表演讲。

2021年6月15日，中国驻西班牙大使吴海涛通过伊比利亚新闻报业集团旗下16家媒体同步发表题为《中国共产党的百年奋斗路》的署名文章。

2022年11月17日，马德里孔子学院成立十五周年庆祝活动在马德里自治大学举行，中国驻西班牙大使吴海涛应邀出席并致辞。

葡萄牙

2021年4月5日，中国驻葡萄牙大使赵本堂在葡《新闻日报》发表署名文章《携手共创中葡关系更美好的明天》。

2021年4月13日，中国驻葡萄牙大使赵本堂在葡《太阳报》发表署名文章《仰望星空，中葡共筑航天梦》。

2021年11月15日，中国驻葡萄牙大使赵本堂在葡《新闻日报》发表署名文章《回首百年路，启航新征程》。

2021年11月，中国驻葡萄牙大使赵本堂在葡《外交杂志》发表署名文章《把握时代机遇，开创美好未来》。

2021年12月6日，中国驻葡萄牙大使赵本堂应邀出席由葡萄牙新丝路协进会和中国与葡语国家科学合作澳门协会共同主办的葡中科研合作大会并致辞。

2021年12月10日，中国驻葡萄牙大使赵本堂在葡《新闻日报》发表署名文章《坚持发展全过程人民民主携手推动人类政治文明进步》。

2021年12月27日，中国驻葡萄牙大使赵本堂在葡《商报》发表署名文章《世界好，中国才能好；中国好，世界会更好》。

2022年2月19日，中国驻葡萄牙大使赵本堂在葡《公众报》发表署名文章《北京冬奥会是"绿色奥运"的里程碑》。

2022年4月8日，中国驻葡萄牙大使赵本堂在葡《快报》发表署名文章《中欧携手为国际局势注入稳定性和正能量》。

2022年4月27日，中国驻葡萄牙大使赵本堂应邀在科英布拉大学中国研究中心用葡语发表题为《新形势下中国外交与全球发展倡议》的演讲。

2022年7月4日上午，中国驻葡萄牙大使赵本堂出席"首届莱里亚中国语言文化周"活动并致辞。

2022年10月29日，中国驻葡萄牙大使赵本堂在葡《新闻日报》发表署名文章《中共二十大将对中国和世界产生重大积极影响》。

2022年11月17日，中国驻葡萄牙大使赵本堂出席"中国经济与双循环战略"研讨会开幕式并致辞。

2022年12月11日，中国驻葡萄牙大使赵本堂出席由葡中经济文化促进协会主办的《中葡讲堂》五周年纪念座谈会并致辞。

瑞典

2021年4月15日，中国驻瑞典大使桂从友在瑞典中小企业"中国日"活动上发表致词《中国发展世界获益》。

2021年4月28日，中国驻瑞典大使桂从友在瑞典"一带一路"视频研讨会上发表致辞。

2021年7月18日，中国驻瑞典大使桂从友在扬·米达尔纪念日活动上发表书面致辞。

2021年9月17日，中国驻瑞典大使桂从友在"天涯共此时——中秋节"活动上发表视频致辞。

2022年2月1日，中国驻瑞典大使崔爱民在第二届全瑞典暨第十四届斯德哥尔摩中国学生学者网络春晚上发表致辞。

2022年6月28日，中国驻瑞典大使崔爱民应邀出席瑞典"一带一路"执行小组举办的"'一带一路'是国际和平、安全与发展之路"的视频研讨会并致辞。

2022年7月12日，中国驻瑞典大使崔爱民应邀赴斯德哥尔摩港为"哥德堡号"仿古商船再度远航中国送行并致辞。

2022年12月3日，中国驻瑞典大使崔爱民应邀出席中瑞科技产业合作与人才交流会并致辞。

荷兰

2021年5月10日，"江苏号"南京—蒂尔堡中欧班列首发仪式在江苏南京举行，中国驻荷兰大使谈践应邀通过视频发表致辞。

2021年9月29日，中国驻荷兰大使谈践应邀出席荷兰—香港友谊晚宴，并围绕中荷经贸亮点、香港营商环境、中国对外政策、国际合作等发表演讲。

2021年12月8日，中国驻荷兰大使谈践应邀出席荷中商务理事会2021年网络研讨会，就中荷关系发展作了题为"机遇、挑战与期望"的主题演讲。

2022年2月26日，中国驻荷兰大使谈践应邀出席中荷创业与创新交流峰会暨第八届荷兰华人学者与工程师协会创业与创新论坛并致辞。

2022年3月22日，中国驻荷兰大使谈践应邀出席在荷兰北布拉邦省罗森达尔市举办的"中荷建交50周年"主题交流活动，并发表演讲。

2022年4月19日，"中荷设施农业与园艺合作论坛"在阿尔梅勒世界园艺博览会园区内举行，中国驻荷兰大使谈践应邀出席论坛并致辞。

2022年5月10日下午，中国驻荷兰大使谈践应邀出席荷兰侨界庆祝中荷建立大使级外交关系50周年文艺汇演活动并致辞。

2022年8月6日，由中国文化中心与海牙皇家美术家协会联合举办的"2022中荷艺术交流展"在海牙Pulchri Studio美术馆开幕，中国驻荷兰大使谈践出席开幕式并致辞。

波兰

2021年2月5日，中国驻波兰大使刘光源在《欧洲时报》发表题为《凝聚合作共识，共创美好未来》的署名文章。

2021年3月17日，中国驻波兰大使刘光源在波兰《论坛报》发表题为《中国减贫道路的世界意义》的署名文章。

2021年4月2日，中国驻波兰大使刘光源在波兰《论坛报》发表庆祝中国共产党成立100周年署名文章《回望来时路，百年恰风华——讲述一个真实的中国共产党》。

2021年9月16日，中国驻波兰大使孙霖江在波《共和国报》发表题为《让中波友好合作之路越走越宽广》的署名文章。

2021年11月7日，中国驻波兰大使孙霖江在波兰新闻门户网站Onet发表题为《以共识凝聚合力 用行动践行承诺》的署名文章。

2022年5月13日，中国驻波兰大使孙霖江在波《论坛报》发表题为《应对国际安全挑战的中国方案》的署名文章。

2022年7月6日，中国驻波兰大使孙霖江在波《共和国报》发表题为《携手应对挑战 续写友好篇章》的署名文章。

2022年12月19日，中国驻波兰大使孙霖江在波《论坛报》发表题为《共行大道 共谋发展 新征程中国与世界共命运》的署名文章。

北美洲
加拿大

2021年2月11日，中国驻加拿大大使丛培武在加拿大《明报》发表题为《中国外交的变与不变》的署名文章。

2021年3月15日，中国驻加拿大大使丛培武在加中贸易理事会网站发表题为《2021，踏上新征程的中国将提供更多合作机遇》的署名文章。

2021年3月19日，中国驻加拿大大使丛培武在加拿大主流媒体《环球邮报》发表题为《互利共赢是中加经贸合作的本质》的署名文章。

2021年4月30日，中国驻加拿大大使丛培武在加拿大首都地区主流媒体《渥太华生活》杂志发表题为《中国脱贫攻坚的成功实践是对世界减贫事业的巨大贡献》的署名文章。

2021年5月27日，中国驻加拿大大使丛培武在加拿大首都地区主流媒体《渥太华生活》杂志发表题为《体育交流为中加搭建友谊桥梁》的署名文章。

2021年6月2日，中国驻加拿大大使丛培武在加拿大首都地区主流媒体《渥太华生活》杂志发表题为《共建人类命运共同体，走向更美好的后疫情时代》的署名文章。

2021年6月9日，中国驻加拿大大使丛培武在加拿大首都地区主流媒体《渥太华生活》杂志发表题为《新发展理念，新合作机遇》的署名文章。

2021年6月29日，中国驻加拿大大使丛培武在加拿大首都地区主流媒体《渥太华生活》杂志发表题为《中加教育合作得益于中国教育发展》的署名文章。

2021年8月2日，中国驻加拿大大使丛培武在加拿大主流媒体《国会山时报》发表题为《推动科技创新 更好造福人类》的署名文章。

2021年10月11日，中国驻加拿大大使丛培武在加拿大主流媒体《国会山时报》发表题为《携手共进，推动人与自然和谐共生》的署名文章。

2021年11月3日，丛培武大使在加拿大主流媒体《温哥华商报》发表题为《第四届进口博览会对加拿大出口企业是机遇》的署名文章。

2022年9月5日，中国驻加拿大大使丛培武在加拿大主流媒体《国会山时报》发表题为《消除饥饿需要全球共同努力》的署名文章。

2022年9月22日，中国驻加拿大大使丛培武在加拿大首都地区主流媒体《渥太华生活》杂志发表题为《中国的经济发展将为全球经济复苏注入新的活力》的署名文章。

2022年12月21日，中国驻加拿大大使丛培武在加拿大主流媒体《国会山时报》发表题为《共同促进全球生物多样性治理迈向更好明天》的署名文章。

中美洲
墨西哥
2021年4月26日，中国驻墨西哥大使祝青桥在墨西哥主流媒体《宇宙报》发表题为《携手共建人与自然生命共同体》的署名文章。

2021年6月22日，中国驻墨西哥大使祝青桥在墨主流媒体《改革报》《每日报》中国共产党成立100周年特刊发表署名文章《风雨同舟 未来可期》。

2021年7月26日，中国驻墨西哥大使祝青桥在墨主流媒体《千年报》发表题为《中国人民解放军：主权与和平的捍卫者》的署名文章。

2022年1月27日，中国驻墨西哥大使祝青桥在墨主流媒体《经济学家报》发表题为《中国担当点亮希望之光》的署名文章。

2022年3月25日，中国驻墨西哥大使祝青桥在墨主流媒体《千年报》发表题为《在冰雪上绽放，在温暖中永恒——透过北京冬残奥会看中国残疾人权益保障和中国人权事业发展》的署名文章。

2022年9月8日，中国驻墨西哥大使祝青桥在墨主流媒体《金融学家报》发表题为《中国经济步伐稳健》的署名文章。

2022年11月7日，中国驻墨西哥大使祝青桥在《经济学家报》发表题为《中国式现代化立己达人，与世界同行》的署名文章。

巴拿马
2021年1月7日，中国驻巴拿马大使魏强在巴主流媒体《新闻报》发表署名文章《中国的承诺：雄心+实干》。

2021年6月14日，中国驻巴拿马大使魏强在巴主流媒体《星报》发表题为《新周年、新步伐》的署名文章。

2021年9月30日，中国驻巴拿马大使魏强应邀在线上出席巴拿马《财经周刊》主办的"2021巴拿马出口论坛"并作主旨发言。

2021年12月17日，中国驻巴拿马大使魏强在巴主流媒体《财经周刊》发表署名文章《中国和巴拿马经济关系前景展望》。

2022年8月23日，中国驻巴拿马大使魏强在巴主流媒体《巴拿马美洲报》发表署名文章《中国经济企稳回升》，全面介绍今年上半年中国经济运行情况。

南美洲
巴西
2021年4月12日，中国驻巴西大使杨万明应邀出席由巴西商业领袖组织（LIDE）举办的"国际关系对公共管理的重要性"在线午餐会，发表题为《中国新发展格局与中巴合作》的主旨演讲。

2021年5月4日,中国驻巴西大使杨万明在巴西主流大报《巴西利亚邮报》发表题为《减贫,中国为什么能?》的署名文章。

2021年7月8日,中国驻巴西大使杨万明应邀出席"中国国家治理"在线研讨会,发表题为《理解新时代中国治理的世界意义》的主旨演讲。

2021年8月31日,中国驻巴西大使杨万明在"消除饥饿、实现粮食安全、改善营养和促进农业可持续发展"线上研讨会"国际社会成功经验"板块交流发表讲话。

2021年9月13日,中国驻巴西大使杨万明在巴西主流媒体《米纳斯州报》发表题为《中国经济:坚持对外开放助力全球复苏》的署名文章。

2021年10月19日,中国驻巴西大使杨万明在第四届巴西—中国对话会:"'一带一路'与巴西"线上研讨开幕式并发表主旨演讲。

2021年11月16日,中国—巴西高层协调与合作委员会经贸分委会第八次会议以视频方式举行,中国驻巴西大使杨万明应邀出席视频会议并致辞。

2021年12月16日,中国驻巴西大使杨万明出席由中国驻巴西使馆同中国国际问题研究院和巴西国际关系研究中心(CEBRI)共同举办的"推动构建人类命运共同体:中国视角下的多边主义"在线研讨会并致辞。

阿根廷

2021年3月19日,中国驻阿根廷大使邹肖力在阿根廷主流媒体《十二页报》发表题为《大道不孤,天下一家——记2020年中阿政党交往"高光时刻"》的署名文章。

2021年3月31日,中国驻阿根廷大使邹肖力在阿根廷主流媒体《侧影报》发表题为《中国开启新征程》的署名文章。

2021年4月14日,阿根廷联邦投资委员会举行阿根廷中部地区对华推介计划启动仪式,中国驻阿根廷大使邹肖力应邀线上出席仪式并发表致辞。

2021年4月19日,中国农业农村部沼气科学研究所与阿根廷农业科学院举行中国—阿根廷沼气发展与合作中心项目启动仪式并揭牌,中国驻阿根廷大使邹肖力应邀线上出席仪式并发表致辞。

2021年5月5日,中国驻阿根廷大使邹肖力在阿根廷主流媒体《金融界报》发表题为《汇聚构建人和自然生命共同体的力量》的署名文章。

2021年5月19日,中国驻阿根廷大使邹肖力在阿根廷媒体《布宜诺斯艾利斯经济导报》发表题为《吹响促进中拉合作新的集结号》的署名文章。

2021年6月3日,中国驻阿根廷使馆同阿根廷执政党正义党共同举办庆祝中国共产党成立100周年线上研讨会。中国驻阿根廷大使邹肖力出席并致辞。

2021年6月17日,中国驻阿根廷大使邹肖力出席第四届中国国际进口博览会阿根廷线上推介会并致辞。

2021年11月2日,中国驻阿根廷大使邹肖力线上出席阿根廷贸易商会阿根廷—亚太贸易研讨会开幕式并致辞。

2021年12月7日,"唯物思维"中国—阿根廷当代材料艺术交流展线上开幕式举行,中国驻阿根廷大使邹肖力出席开幕式并致辞。

2022年9月8日,中国驻阿根廷大使邹肖力出席"中国—阿根廷社会科学虚拟中心"合作研究项目推介会并致辞。

2022年9月22日,阿根廷国家通讯社刊发邹肖力大使题为《携手构建全球发展伙伴关系》的署名文章。

2022年11月15日,国际商报G20国际经贸合作专刊刊发邹肖力大使题为《让真正的多边主义之光照亮全球经济复苏之路》的署名文章。

秘鲁

2021年11月8日,中国驻秘鲁大使梁宇在秘官方媒体《秘鲁人报》发表署名文章《维护多边主义、共创美好未来——纪念中华人民共和国恢复联合国合法席位50周年》。

2021年11月20日,中国驻秘鲁大使梁宇在秘官方媒体《秘鲁人报》发表署名文章《携手共建地球生命共同体》。

2021年11月26日,中国驻秘鲁大使梁宇在秘主流媒体《经营报》发表署名文章《应对气候变化,中国在行动》。

2022年4月29日,中国驻秘鲁大使梁宇在秘官方媒体《秘鲁人报》发表署名文章《全球安全倡议——应对全球安全困境的中国方案》。

2022年10月25日,中国驻秘鲁大使宋扬应邀出席秘鲁太平洋大学中国与亚太研究中心举办的"后疫情时代的中国经济:趋势、挑战和对世界经济的影响"国际研讨会开幕式,并发表题为《后疫情时代的中国式现代化》的讲话。

哥伦比亚

2021年3月26日,中国驻哥伦比亚大使蓝虎在哥主流媒体《观察家报》发表题为《脱贫开启幸福生活》的专栏文章。

2021年4月25日,中国驻哥伦比亚大使蓝虎在哥主要评论类报纸《新世纪报》发表题为《全球发展倡议促进全面进步》的署名文章。

2022年9月22日,第6届哥伦比亚国际太阳能展(ExpoSolar)在麦德林市拉开帷幕,中国驻哥伦比亚大使蓝虎应邀出席展会开幕仪式并致辞。

2022年9月26日,由中国驻哥伦比亚使馆、教育部中外语言交流合作中心及哥伦比亚山谷省政府、山谷大学共同举办的山谷大学"中国文化月"主体活动开幕,中国驻哥伦比亚大使蓝虎出席活动并致辞。

2022年11月9—10日,哥伦比亚安第斯大学孔子学院举办建院15周年庆典及系列文化活动。中国驻哥伦比亚大使蓝虎出席庆典活动并致辞。

大洋洲

澳大利亚

2022年3月24日,中国驻澳大利亚大使肖千在中国国际科学技术合作奖颁授仪式上致辞。

2022年5月12日,澳主流媒体《澳金融评论报》全文刊发驻澳大利亚大使肖千的题为《相互尊重:中澳友好合作的政治基础》的署名文章。

附　录

2022年6月11日，中国驻澳大利亚大使肖千在珀斯应邀出席澳中友协2022年全国大会，并发表题为《回顾过去，展望未来，开创中澳关系新局面》的演讲。

2022年6月20日，中国驻澳大利亚大使肖千在线出席第十五届"汉语桥"世界中学生中文比赛澳大利亚全国赛开幕式并发表致辞。

2022年6月24日，中国驻澳大利亚大使肖千应邀在悉尼科技大学发表题为《相互尊重，互利共赢，推动中澳全面战略伙伴关系健康稳定发展》的演讲。

2022年7月29日，中国驻澳大利亚大使肖千在线出席"第十五届中澳青年领袖发展峰会"开幕式并发表主旨讲话。

2022年8月10日，中国驻澳大利亚大使肖千应邀在澳大利亚国家新闻俱乐部发表题为《努力推动中澳全面战略伙伴关系重回正轨》的主旨演讲。

2022年11月21日，中国驻澳大利亚大使肖千在澳大利亚全国性主流媒体《澳金融评论报》纸质版和网络版发表署名文章《中国新征程，世界新机遇》，宣介中国共产党的二十大精神。

2022年12月7日，悉尼科技大学澳中关系研究院举行"使节看中澳关系50年"网络研讨会，中国驻澳大利亚大使肖千出席会议并致辞。

2022年12月8日，中国驻澳大利亚大使肖千应邀出席澳大利亚中国总商会2022年会员大会并致辞。

新西兰

2021年5月3日，中国驻新西兰大使吴玺应邀出席在奥克兰举行的2021年度中国商业峰会并发表题为《百年历程践初心，中新合作谱新篇》的主题演讲。

2021年6月21日，中国驻新西兰大使吴玺应邀出席在新西兰议会大厦举办的2021年端午节庆祝活动并致辞。

2021年9月28日，中国驻新西兰大使吴玺出席第31届中国—新西兰经贸联委会并致辞。

2022年5月5日，中国驻新西兰大使王小龙在中新FTA升级政策宣介会上发表致辞。

2022年6月2日，中国驻新西兰大使王小龙出席第五届中国国际进口博览会新西兰招展路演活动并致辞。

2022年6月9日，中国驻新西兰大使王小龙向厦门—惠灵顿缔结友好城市关系35周年庆祝活动发表视频致辞。

2022年6月18日，中国驻新西兰大使王小龙应邀在奥克兰出席新西兰—中国友好协会年会并发表主旨演讲。

2022年6月19日，中国驻新西兰大使王小龙在新西兰华联总会第79届年会上发表致辞。

2022年7月27日，中国驻新西兰大使王小龙出席北京大学与新西兰高校共建北大新西兰中心备忘录续签仪式并致辞。

2022年9月9日，新西兰惠灵顿中国和平统一促进会举办"迎国庆中秋联欢会"，热烈庆祝祖国73周年华诞和中秋节，中国驻新西兰大使王小龙应邀出席活动并致辞。

2022年9月20日，中国驻新西兰大使王小龙出席由中国科技部部长王志刚与新西兰研究、科学与创新部长弗拉尔共同召开的中新科技创新部长视频会议并致辞。

2022年9月24日，中国驻新西兰大使王小龙出席庆祝中新建交50周年暨2022年"汉语桥"新西兰全国中学生中文大会并致辞。

2022年11月10日，中国驻新西兰大使王小龙在新西兰全球城市论坛上发表讲话。

2022年11月14日，中国驻新西兰大使王小龙应邀在新西兰国际事务学会（NZIIA）发表《新时代的中国外交政策与中新关系》主题演讲。

2022年11月22日，中国驻新西兰大使王小龙在线出席由中国教育部部长怀进鹏与新西兰教育部部长希普金斯共同出席召开的中国—新西兰教育联合工作组磋商机制第十次会议并致辞。

2022年11月23日，中国驻新西兰大使王小龙在2022粤港澳大湾区全球招商大会（新西兰分会场）暨新西兰—广东商品博览会开幕式上发表致辞。

2022年11月27日，中国驻新西兰大使王小龙应邀出席由中国科学院深海科学与工程研究所和新西兰国家水与大气研究所举办的中新克马德克海沟联合科考第一航段成果发布招待会并发表致辞。

2022年11月29日，中国驻新西兰大使王小龙在新西兰国际商业论坛董事午餐会发表致辞。

2022年12月7日，中国驻新西兰大使王小龙在Vision2023活动上发表致辞《以务实合作铺就中新互利共赢之路》。

非洲
埃及

2021年1月17日，埃及"金字塔门户网"发表驻埃及大使廖力强署名文章《中埃友好合作深入人心》。

2021年1月25日，埃及《宪章报》纸质版和网页版同步发表驻埃及大使廖力强署名文章《自主自立，团结自强，共谋中东安全发展新合作》。

2021年2月5日，埃及"国家回声网"发表驻埃及大使廖力强署名文章《为世界经济复苏贡献中国力量 为全球走出危机提供中国方案》。

2021年2月10日，中国驻埃及大使廖力强在2021年旅埃华侨华人云端春节招待会上的致辞。

2021年2月28日，埃及加利基金会举办"埃及外交百年"线上研讨会，中国驻埃及大使廖力强应邀线上出席并发言。

2021年3月18日，中国驻埃及大使廖力强在埃及《宪章报》发表署名文章《携手构建人类命运共同体，共创繁荣美好未来》。

2021年4月6日，埃及《共和国报》发表中国驻埃及大使廖力强署名文章《开启中阿数字合作新愿景，为构建网络空间命运共同体做贡献》。

2021年5月3日，埃及《宪章报》纸质版和网页版发表中国驻埃及大使廖力强的署名文章《青蒿素—中国献给世界的一份礼物》。

2021年5月21日，中国驻埃及大使廖力强为"一带一路"医院创新发展国际高峰论坛致辞。

2022年7月24日，埃及《七日报》

纸质版和网站发表中国驻埃及大使廖力强署名文章《中国倡议为维护世界粮食安全作出新贡献》。

2022年10月26日，中国驻埃及大使廖力强在埃媒体《国家回声网》发表题为《十年砥砺奋进 创造中国新时代伟大成就》的署名文章。

2022年10月29日，中国驻埃及大使廖力强在埃媒体《今日埃及人报》发表署名文章《中国式现代化道路擘画新时代中国发展蓝图，创造人类文明新形态》。

2022年10月29日，中国驻埃及大使廖力强在埃媒体《鲁兹尤素福杂志》发表署名文章《坚定奉行独立自主的和平外交政策，推动构建人类命运共同体》。

2022年11月6日，中国驻埃及大使廖力强在埃媒体《门户网》发表署名文章《中国式现代化必将为全球绿色发展做出更大贡献》。

2022年11月23日，埃及阿拉伯研究院和解放研究中心举办"中阿（拉伯）峰会—蓝图与愿景"研讨会，中国驻埃及大使廖力强大使应邀出席并在开幕式上致辞。

2022年11月24日，埃及《宪章报》发表中国驻埃及大使廖力强署名文章《中国经济恢复向好为世界注入积极因素》。

2022年12月7日，中国驻埃及大使廖力强在埃最大媒体《金字塔报》官网"金字塔门户网"发表署名文章《携手构建面向新时代的中阿命运共同体》。

摩洛哥

2021年6月23日，中国驻摩洛哥大使李昌林在摩最大新闻网站"Hespress"发表题为《中国共产党的成功之道》的署名文章。

2021年10月28日，中国驻摩洛哥大使李昌林出席"中国—摩洛哥非遗精品展"开幕式并发表致辞。

2021年11月30日，中国驻摩洛哥大使李昌林在《国际商报》2021中非经贸合作特刊发表题为《共创中摩关系更加美好的明天》的致辞。

2021年12月1日，中国驻摩洛哥大使李昌林在摩主流周刊《新论坛》发表题为《书写构建新时代中非命运共同体的新篇章》的署名文章。

2022年5月9日，中国驻摩洛哥大使李昌林出席阿加迪尔伊本·佐赫尔大学和穆罕默德五世大学孔子学院共同举办的中摩旅游交流与合作之阿加迪尔研讨沙龙并致辞。

2022年6月16日，中国驻摩大使李昌林出席由拉巴特中国文化中心、华为公司与阿尔·阿卡维因大学共同举办的"中国文化日"活动并致辞。

2022年7月4日，中国驻摩洛哥大使李昌林在《今日中国》发表题为《深厚的民意基础助力中摩关系高水平发展》的署名文章。

2022年9月10日，中国驻摩洛哥大使李昌林出席由拉巴特中国文化中心和梅克内斯大伊斯梅利亚协会共同举办的中摩中秋诗会活动并致辞。

2022年10月31日，中国驻摩洛哥使馆和摩外交基金会共同举办"走向世界"摩少年儿童参访使馆活动，李昌林大使出席并致辞。

2022年11月12—13日，首届"大使杯——摩洛哥全国武术比赛"在特马拉举行，中国驻摩大使李昌林出席活动并致辞。

2022年12月12日，中国驻摩洛哥大使李昌林在摩主流媒体《挑战者周刊》发表题为《首届中国—阿拉伯国家峰会是中阿关系史上的里程碑》的署名文章。

2022年12月27日，中国驻摩洛哥大使李昌林在摩主流媒体《挑战者周刊》发表题为《弘扬中摩传统友谊，携手共创美好未来》的署名文章。

突尼斯

2021年4月1日，中国驻突尼斯大使张建国出席突尼斯第23届《现实周刊》国际研讨会，并围绕"推动'一带一路'与欧洲、地中海融合发展"发表主旨演讲。

2021年4月8日，中国驻突尼斯大使张建国出席"中国在非洲和平与发展中发挥的作用"主题研讨会并发表主旨演讲。

2021年4月30日，中国驻突尼斯大使张建国在突主流杂志《现实周刊》发表题为《战胜贫困的中国奇迹》的署名文章。

2021年6月2日，中国驻突尼斯大使张建国应邀出席第五届突尼斯数字峰会暨突尼斯数字周开幕式并致辞。

2021年8月18日，中国驻突尼斯大使张建国在突主流媒体《现实周刊》发表题为《聚焦国际合作坚持科学溯源》的署名文章。

2021年12月1日，中国驻突尼斯大使张建国在突尼斯主流媒体《新闻报》发表题为《携手构建新时代中非命运共同体》的署名文章。

2021年12月7日，中国驻突尼斯大使张建国出席中阿关系智库媒体主题研讨会并发表主旨讲话。

2022年7月5日，中国驻突尼斯使馆与突国际军事与安全战略研究中心共同举办以"中国倡议——促进人类持久和平和共同发展"为主题的研讨会，张建国大使出席并发表主旨演讲。

2022年9月29日，中国驻突尼斯大使张建国在《新闻报》、马赛克、《现实周刊》等突尼斯主流媒体发表题为《携手奋进共创未来》的署名文章。

阿尔及利亚

2021年3月18日，中国驻阿尔及利亚大使李连和在阿法文主流媒体《独立青年报》发表题为《消除贫困，共同发展》的署名文章。

2021年7月1日，中国驻阿尔及利亚大使李连和在阿尔及利亚主流媒体《独立青年报》发表题为《百年恰是风华正茂》的署名文章。

2021年7月31日，中国驻阿尔及利亚大使李连和在阿尔及利亚主流媒体《表达报》发表题为《携手实现中阿两国民族复兴》的署名文章。

2021年9月30日，中国驻阿尔及利亚大使李连和在阿尔及利亚主流媒体《独立青年报》发表题为《特殊一年携手逐梦》的署名文章。

2021年10月31日，中国驻阿尔及利亚大使李连和在阿尔及利亚阿文主流媒体《曙光报》发表题为《中国重返联合国：中国同阿尔及利亚的共同胜利》的署名文章。

2021年11月24日，中国驻阿尔及利亚大使李连和在阿尔及利亚主流媒体《消息报》发表题为《中阿携手推动中非合作，共建新时代中非命运共同体》的署名文章。

2021年11月25日，中国驻阿尔及利亚大使李连和在阿尔及利亚主流媒体《独立青年报》发表题为《不忘百年奋斗路，意气风发创未来》的署名文章。

2021年12月8日，中国驻阿尔及利亚大使李连和在阿尔及利亚官媒《晚报》发表题为《弘扬中非友好合作精神，携手构建新时代中非命运共同体》的署名文章。

2022年1月30日，中国驻阿尔及利亚大使李连和在阿尔及利亚主流媒体《独立青年报》发表题为《情聚北京冬奥，相约美好未来》的署名文章。

2022年7月4日，中国驻阿尔及利亚大使李健在阿尔及利亚法文主流媒体《独立青年报》发表题为《新时代的中阿关系将有更美好的愿景》的署名文章。

2022年12月11日，中国驻阿尔及利亚大使李健在阿发行量最大的《消息报》发表题为《不以山海远　更以信义长》的署名文章。

马达加斯加

2021年2月25日，中国驻马达加斯加大使郭晓梅在马主流媒体《午报》发表署名文章《中国——马达加斯加"可持续振兴"的坚定伙伴》。

2021年3月4日，中国驻马达加斯加大使郭晓梅在马主流媒体《快报》发表署名文章《中马经贸合作：携手同心共进，助推振兴发展》。

2021年7月24日，第二十届"汉语桥"世界大学生中文比赛马达加斯加赛区决赛在线举行，中国驻马达加斯加大使郭晓梅出席并致辞。

2021年11月20日，中国驻马达加斯加大使郭晓梅在马主流媒体《午报》发表署名文章《新一届中非合作论坛会议开启中非友好合作新篇章》。

2022年8月8日，中国驻马达加斯加大使郭晓梅在马主流媒体《新闻报》发表署名文章《做真诚友好、平等相待的伙伴》。

2022年11月16日，中国驻马达加斯加大使郭晓梅出席在塔那那利佛大学孔子学院举办的2022年度中国大使奖学金颁发仪式并致辞。

2022年11月25日，中国驻马达加斯加大使郭晓梅在马主流媒体《新闻报》发表署名文章《携手构建"海洋命运共同体"　推动中马渔业合作可持续发展》。

六　学术论文

刘彦果、李翔、张书婷：《高级别人文交流机制视域下校园足球合作的实现路径和优化方略研究》，《体育科技》2021年第1期。

王义桅：《中外人文交流如何服务构建人类命运共同体？》，《世界教育信息》2021年第2期。

王文、张梦晨：《理性看待中美人

文交流受阻》,《前线》2021年第2期。

艾文迪·宇纳勒:《"一带一路"倡议下中国与土耳其的人文交流》,《新丝路学刊》2020年第1期。

罗碧琼、唐松林:《国际人文交流的价值与路径》,《人民论坛》2021年第3期。

邢丽菊:《中美应保持和加强人文交流》,《国际问题研究》2021年第1期。

"'一带一路'沿线国家文化交流"课题组:《以人文交流促进与中亚的民心相通》,《西安交通大学学报》(社会科学版)2021年第3期。

王云飞、陈佳鑫:《试论中拉人文交流:内涵、障碍和路径》,《区域与全球发展》2021年第3期。

郑文东、王璐瑶、程平:《新时期中俄人文交流机制的特点》,《欧亚人文研究》(中俄文)2021年第2期。

钟秉枢、张建会:《"十四五"时期体育人文交流面临的挑战及实现路径》,《体育学研究》2021年第2期。

荆江、邢玉堂:《加强治国理政经验交流 推动深化金砖伙伴关系——"2020金砖国家治国理政研讨会暨人文交流论坛"会议综述》,《当代中国与世界》2021年第1期。

毛维准、王钦林:《大变局下的中美人文交流安全化逻辑》,《国际展望》2021年第6期。

刘超、代玉、王贺欣:《"一带一路"人文交流的先声——二十世纪五六十年代中国与东欧之间教育交流考论》,《社会科学论坛》2021年第6期。

田澍:《中国与中亚的"四好"关系与新时代的人文交流》,《甘肃政协》2021年第5期。

黄峪:《中法人文交流视野下中国世界语运动再探》,《中山大学学报》(社会科学版)2021年第5期。

孙华:《深化人文交流 提高国际传播能力》,《新闻战线》2021年第16期。

程平:《从镜像到重塑:中法人文交流机制的形象建构》,《法国研究》2021年第3期。

孙吉胜:《加强人文交流 构建人文共同体》,《对外传播》2021年第2期。

宁赋魁:《消除隔阂,促中韩人文交流再上新台阶》,《世界知识》2021年第6期。

杜卫:《"求同存异":关于我国国际艺术人文交流的一点思考》,《艺术学研究》2022年第1期。

徐以骅、盖含悦:《妈祖信仰的海外传播与中日人文交流考论》,《福州大学学报》(哲学社会科学版)2022年第2期。

刘早荣、陈苑:《中美人文交流的结构性困境与应对》,《江汉大学学报》(社会科学版)2022年第2期。

熊淑娥、邹皓丹:《中日复交以来人文交流的历史与现状》,《中国与周边国家关系研究》2022年第1期。

张婧姝、赵丹宁:《"一带一路"背景下中突人文交流发展研究》,《阿拉伯研究论丛》2021年第2期。

杨兴业、赵宝永:《在来华留学教育事业中促进中外人文交流——学习贯彻习近平总书记给北科大学子重要回信精神两周年》,《北京科技大学学报》(社会科学版)2022年第3期。

余烁、陈志伟、楚琳：《德国中文教育促进中德人文交流的功能、挑战及发展路径》，《民族教育研究》2022年第4期。

刘震、刘桂海：《中外体育人文交流探析》，《体育文化导刊》2022年第8期。

杨泳、侯楠：《新时代"一带一路"青少年科技人文交流发展研究》，《科普研究》2022年第5期。

严瑜：《新西兰太平洋文化艺术交流中心主席和志耘：为中新人文交流穿针引线》，《人民日报海外版》，2022年11月14日第6版。

张冶：《中外人文交流课程共建与实践路径拓展》，《教育科学论坛》2022年第34期。

李希奎：《深化人文交流提升国际传播效能》，《中国党政干部论坛》2022年第12期。

程佳：《密切人文交流，为深化中阿战略伙伴关系注入持久推动力》，《中国文化报》2022年12月23日第1版。

曹云华：《浅谈中国—东盟人文交流的若干问题》，《海洋文化研究》2022年第00期。

七、相关著作

贺文萍等：《"一带一路"与推进中非人文交流研究》，中国社会科学出版社2021年版。

张凡等：《中国与拉美：软实力视域下的人文交流》（西文版），朝华出版社2021年版。

张骥、邢丽菊主编：《百年未有之大变局与中外人文交流》，世界知识出版社2021年版。

韦红主编：《中国与印度尼西亚人文交流发展报告（2021）》，社会科学文献出版社2021年版。

贾文健、金利民主编：《中外携手助力人文交流——纪念北京外国语大学孔子学院建设十五周年论文集》，外语教学与研究出版社2021年版。

江静、关雅泉等：《风月同天：中日人物与文化交流》，浙江工商大学出版社2021年版。

葛继勇：《新中日文化交流史大系：中日汉籍关系论考》，浙江人民出版社2021年版。

陈圣来等：《"一带一路"城际文化交流合作的体系研究》，上海社会科学院出版社2020年版。

吴承忠、田昀：《中国对外文化交流与文化贸易发展历程》，经济科学出版社2021年版。

李河、[俄] A. H. 丘马科夫主编：《中俄文化交流年度报告（2018—2019）》，中国社会科学出版社2021年版。

邹振环：《再见异兽：明清动物文化与中外交流》，上海古籍出版社2021年版。

清华大学人文学院中华发展模式研究专项委员会主编：《中华优秀传统文化与国际传播交流》，清华大学出版社2021年版。

茅银辉、蒋涌主编：《中东欧国家文化发展报告（2021）全球疫情背景下的中东欧国家文化发展与人文交流》，社会科学文献出版社2021年版。

张朝意主编：《中外人文交流年鉴（2019—2020）》，中国社会科学出版社2022年版。

陈小萍：《中国与巴基斯坦人文交流研究》，国际文化出版公司2022年版。

赵雅婷：《人类命运共同体视域下的中非民间人文交流》，中国社会科学出版社2022年版。

董琦主编：《感知中德人文交流：中德人文交流优秀案例合辑》，同济大学出版社2022年版。

谌华侨：《中国与巴西人文交流录》，时事出版社2022年版。

孙永福、朱高峰等编著：《一带一路：工程科技人才培养与人文交流研究》，清华大学出版社2022年版。

李新烽、邓延庭编：《构筑中非人文交流高地：中国非洲研究院三大讲坛演讲集》，社会科学文献出版社2022年版。

刘志强：《中越文化交流史论（修订版）》，商务印书馆2022年版。

西安市丝绸之路经济带教育文化交流研究中心、西安文理学院长安历史文化研究中心、西安古都学会编：《跨文化语境下的中外文化交流研究》，陕西人民出版社2022年版。

张明杰：《海东游艺：中日文化交流纵横谈》，知识产权出版社2022年版。

上海博物馆编：《异域同辉：陶瓷与16—18世纪的中西文化交流》，上海人民美术出版社2022年版。

郑长铃主编：《上海合作组织：迈向人类命运共同体文化交流大会暨第四届"一带一路"文化艺术交流合作国际学术研讨会论文集》，文化艺术出版社2022年版。

韩丁：《中德跨文化交流中的尊重互动》，外语教学与研究出版社2022年版。

陈圣来主编：《天下大势与文化外交：文化外交官高级研修教程》，上海社会科学院出版社2022年版。

多丽梅：《清代中俄宫廷物质文化交流研究》，文物出版社2022年版。

王蕊、徐娜主编：《中国与俄语国家文化艺术教育交流精粹——首届中国与俄语国家文化艺术教育国际学术研讨会论文集》黑龙江大学出版社2022年版。

（撰稿人：李光宗）